Christoph Wehnelt

10 Jahre Euro
Wie er wurde, was er ist

Bibliografische Information Der Deutschen Bibliothek
Die Deutsche Bibliothek verzeichnet diese Publikation in der Deutschen Nationalbibliografie; detaillierte bibliografische Daten sind im Internet über <http:dnb.ddb.de> abrufbar.

Titelbilder: *50-Euro-Banknote, signiert von Wim Duisenberg; Porträts von links: Otmar Emminger, Karl Otto Pöhl, Helmut Schlesinger, Hans Tietmeyer, Wim Duisenberg*

Rücktitel: *Des Autors aufgeklärter Blick auf 50 Jahre Nachkriegsgeschichte*

1. Auflage 2008
ISBN 978-3-89870-526-4
Schriftleiterin: Helga Becker, Frankfurt/M.
Lektorat: Sonja Gebauer, Scheidegg
Layout: Georg Mader, Weiler im Allgäu
Gesamtherstellung: AZ Druck und Datentechnik GmbH, Kempten

Christoph Wehnelt

10 Jahre Euro

Wie er wurde, was er ist

Kunstverlag Josef Fink, Lindenberg

Inhalt

Inhalt

Inhalt

Inhalt

Inhalt

Inhalt

Grußwort

Eine Geschichte des Euro und der Deutschen Bundesbank nachzuzeichnen, gleicht einem schwierigen Unterfangen. Christoph Wehnelt wagt es und unterstreicht damit sein wirtschaftliches Wissen und seine Fähigkeit, Informationen zu vermitteln und Zusammenhänge zu erläutern. Er tut dies zu einem Zeitpunkt, der nicht besser gewählt sein könnte: Der Euro, vor zehn Jahren eingeführt, ist eine anerkannte und stabile Währung. Dabei war bei seiner Einführung gerade in Deutschland die Sorge groß, die Wirtschaft könne Schaden nehmen. Während sich mit der D-Mark Stabilität und Wirtschaftswachstum verbanden, musste der Euro erst noch unter Beweis stellen, welche Kraft er zu entfalten in der Lage sein würde. Das ist ihm eindrucksvoll gelungen.

Der Euro ist aber mehr als nur eine Währung. Er steht für das Zusammenwachsen Europas, an dem er einen erheblichen Anteil hat. Die europäische Integration ist eine der großen politischen Leistungen dieses Jahrhunderts.

Für Hessen hat der Euro eine besondere Bedeutung. Die Deutsche Bundesbank und die Europäische Zentralbank haben in Frankfurt am Main, dem Zentrum des Rhein-Main-Gebiets, also in einer der wirtschaftsstärksten Regionen des Kontinents, ihren Sitz. Vor allem im Bereich Finanzdienstleistungen ist Hessen einer der führenden Standorte. Die Entwicklung unseres Landes ist von der der Bundesbank – deren Geschichte das vorliegende Buch nachzeichnet – und der der Finanzinstitute in Frankfurt nicht zu trennen. Hessen und der Euro wie früher die D-Mark gehören zusammen.

Roland Koch
Hessischer Ministerpräsident

Vorwort

Die „Wacht am Main“ schildert die Geschichte der Deutschen Bundesbank. Das reicht von der Geburt der D-Mark, dem Bemühen, den Geldwert dieser Währung zu sichern, dem Prozess, der zur Aufgabe der D-Mark und der Einführung des Euro führte, bis in die Gegenwart, in der die Deutsche Bundesbank ihren Platz im Europäischen System der Zentralbanken eingenommen hat.

Aber dieses Buch beschreibt nicht nur, wie die Bundesbank handelte und wovon sich die Handelnden leiten ließen. Es geht weit darüber hinaus. Im Fokus der Betrachtung stehen Geldmärkte, Kapitalmärkte, Devisenmärkte, Kreditinstitute und der Mauerfall sowie die davon ausgehenden nationalen und internationalen Probleme. Das Buch konzentriert sich aber nicht nur auf wirtschaftliche Fragen, sondern schließt auch die politischen Dimensionen ein.

Eine solche Arbeit über die Deutsche Bundesbank und alle Facetten ihres Umfeldes zu schreiben, verlangt dreierlei: Man muss Zeitzeuge der geschilderten Epochen sein, man muss über das ökonomische Wissen, insbesondere die monetären Zusammenhänge, verfügen und man muss die Fähigkeit haben, die politischen Hintergründe wirtschaftlicher Entwicklungen zu erfassen. Ein solcher Dreiklang gelingt offenbar nur einem engagierten Journalisten wie Christoph Wehnelt. Das zeichnet sein Werk aus.

Prof. Claus Köhler
(ehem. Mitglied des Direktoriums der Deutschen Bundesbank)

Prolog

Wenn Deutschland gutes Geld hat

„Da ich im November 1927 geboren bin“, so erzählt R. G., „wurde ich noch im Spätjahr 1944, nach meiner Luftwaffenhelfer- und Reichsarbeitsdienst-Zeit zur Wehrmacht eingezogen. Am 22. März 1945 erfolgte meine Gefangennahme in Mainz durch die Amerikaner. Über Frankreich (Cherbourg) kam ich in die USA. Dort musste unser Trupp in der Landwirtschaft Akkordarbeit verrichten. Täglich verdienten wir etwa 8 US-Dollar. Das entsprach dem Lohn der Fremdarbeiter aus Mexiko und den Philippinen. Auch die Arbeit war dieselbe.

Die sah so aus: In Arizona mussten wir täglich 160 Pfund Baumwolle ernten. In Idaho und Montana waren es 110 Sack Kartoffeln oder 25 Kisten Zwetschgen. Auf den Zuckerrübenfeldern war das Hacken von 0,4 acres Akkordziel pro Tag. Der Capo, ein US-Unteroffizier, prahlte vor den Farmern: Meine Boys schaffen 0,5 acres. Wir schafften es auch. Da hatten wir in drei Wochen das Pensum erledigt, wofür eigentlich 4 Wochen angesetzt waren. Der Capo wusste Rat. Er hat in der vierten Woche uns den Farmern als Leiharbeiter verkauft und das ganze Geld der 200 Mann für sich eingestrichen.

Von dem genannten täglichen 8-Dollar-Verdienst erhielten wir einen Dollar ausbezahlt, und zwar 80 Cents Lagergeld. Die restlichen 20 Cents wurden für uns auf ein Konto bei der „Bank of America“ gutgeschrieben. Als wir 1946 nach England eingeschifft wurden, bekamen wir einen Scheck mit unserer angesparten Summe ausgehändigt. Mein Lohn betrug somit 54,80 Dollar. Dabei sagte man uns, wir sollten diesen Scheck in Deutschland einlösen, „when Germany has good money“. Ich vermute, dass es bereits 1946 in Amerika die Pläne für eine Währungsreform in Deutschland gab.

Nach weiteren zwei Jahren in England, wo nur zu arbeiten und nichts zu verdienen war (bis auf sogenanntes Lagergeld), wurde ich im Mai 1948 und damit einen Monat vor der Währungsreform aus der Gefangenschaft entlassen, da glücklicherweise in jenem Jahr in London die Olympischen Spiele stattfanden und die Briten olympische Freiheit demonstrieren wollten. Die Deutschen waren zu den Spielen sowieso nicht zugelassen. Meinen Dollar-Scheck hütete ich stets und brachte ihn auch gut nach Hause. Wie ich dann trotzdem vom eigenen Staat um dieses sauer verdiente Geld betrogen wurde (und mit mir sicher noch viele Kameraden), will ich auch noch erzählen.

In der Heimat habe ich den Dollar-Scheck weiter als meinen kleinen Schatz gehütet. 1953 wollte ich heiraten und dachte, jetzt kann ich das Geld gut gebrauchen. Damals, so habe ich es in Erinnerung, galt für Fälle wie den meinen ein Umrechnungskurs von 3,33 D-Mark, (obwohl der Dollar ganz offiziell noch mit 4,20 notiert war). So freute ich mich auf 182,48 D-Mark. Tatsächlich bekam ich aber nur 10 Prozent davon überwiesen mit dem Hinweis, ich hätte den Scheck ‚zu spät‘ eingereicht. Das ärgerte mich. Ich verlangte den Scheck zurück, doch ich hörte nichts mehr.

Die Geschichte erzähle ich auch gerne noch zu Ende. Ich habe für mich eine Gesamtrechnung aufmacht. Sie ergibt folgendes: 274 Tage in den USA als Akkordarbeiter tätig und dort 2.192 Dollar verdient. Für Kost und Logis gingen 1.918 Dollar weg. Von den verbliebenen 274 Dollar waren 219,20 Dollar für Lagergeld reserviert (Geld, das nur im Lager ausgegeben werden konnte für Zigaretten etc.). So verblieben mir als Verdienst, der nach Hause getragen werden konnte, die genannten 54,80 Dollar. Dann folgte die Abrechnungsakrobatik des deutschen Fiskus. Ergebnis: Ich, der fleißige Kriegsgefangene R. G., hatte (umgerechnet) insgesamt 7.299,36 D-Mark verdient, aber nur 18,25 D-Mark erhalten, ganze 2,5 Prozent oder ein Vierzigstel vom Lohn des Akkords. Ich kam aber nach drei Jahren wohl behalten und nicht unterernährt wieder heim. Mir ging es damit viel besser als Millionen anderen Kriegsgefangenen und ich konnte wie alle Westdeutschen mit dem Kopfgeld von 60 D-Mark ins neue Leben starten. Eines habe ich aber den allermeisten voraus gehabt: Ich gehörte zu den Ersten, die vom neuen, guten Geld gewusst haben.“

Vom Chaos zum Wirtschaftswunder

Erste vier-Mächte-Gespräche über eine Neuordnung des deutschen Finanzsystems fanden bereits Ende 1945 statt. Zu dieser Zeit diente Edward A. Tenenbaum im Stab von General Clay als Assistent des Finanzberaters. Tenenbaum war dort maßgeblich an den amerikanischen Planungen für eine deutsche Währungsreform beteiligt.

Im Januar 1946 trafen drei Experten, Gerhard Colm, Joseph Dodge und Ray Goldsmith, in Deutschland ein und berieten mit deutschen Experten über Währungsfragen. Unter Berücksichtigung deutscher Reformvorschläge wurde im April die erste Fassung des „Plan for the Liquidation of the War Finance and the Financial Rehabilitation of Germany", des CDG-Planes, vorgelegt. Die endgültige Fassung datiert vom 20. Mai 1946 und bildete die Grundlage der weiteren Beratungen im Kontrollrat. Vom 21. April bis zum 8. Juni 1948 fand im Haus Posen der Kaserne von Rothwesten ein „Konklave" zur Vorbereitung der Währungsreform statt.

Bundesbankvizepräsident Helmut Schlesinger erinnert sich: „Die elf deutschen Sachverständigen, die hier im Konklave von Rothwesten in nur 49 Tagen – mitunter bis tief in die Nachtstunden hinein – 22 Dokumente erarbeiteten, hatten sich schon vorher bei der Sonderstelle ‚Geld und Kredit' in Frankfurt mit Währungsproblemen befasst, und viele von ihnen haben später bei der Deutschen Bundesbank bzw. ihrer Vorgängerin, der Bank deutscher Länder, das wirtschaftliche Sanierungsprogramm der Währungsreform fortgesetzt und die neue Deutsche Mark weiter betreut. Karl Bernard wurde der erste Präsident ihres Zentralbankrates."

Der „Tag X"

In den Tagen vor dem 20. Juni, dem Tag der Geldausgabe, stiegen die Reichsmarkpreise in ungeahnte Höhen. Die bevorstehende Währungsreform erwartend wurden Waren entweder massiv gehortet oder man versuchte, noch so viel Reichsmark wie möglich in knappe Güter umzusetzen. Am 18. Juni verkündeten die Westalliierten die ersten beiden Gesetze zur Neuordnung des Geldwesens, das Währungsgesetz und das Emissionsgesetz, die zum 21. Juni in Kraft traten. Zum 27. Juni trat das dritte Gesetz zur Neuordnung des Geldwesens, das Umstellungsgesetz, in Kraft. Das Kopfgeld wurde in zwei Tranchen ausgezahlt: Am 20. Juni 40 DM und etwas später nochmals 20 DM.

Die Währungsreform in West-Berlin

Berlin stand unter gemeinsamer Verwaltung der vier Siegermächte und Währungsprobleme waren damit vorprogrammiert. Nach dem Auszug der Russen aus dem Kontrollrat im März begann ab April die Blockade des Westteils der alten Reichshauptstadt.

Eine letzte Chance einer gemeinsamen Währung für Berlin bot sich am 30. August, als die Westalliierten sich bereiterklärten, die DM-Ost gegen Aufgabe der Blockade in ganz Berlin einzuführen. Unzulängliche Zusicherungen der Sowjets ließen sie davon wieder abrücken.

Die in Westberlin umlaufenden DM-West-Geldscheine wurden zur Unterscheidung mit einem „B" versehen – sie galten auch als Zahlungsmittel in Westdeutschland. Ab 20. März 1949 erklärten die Westmächte die DM-West zum alleinigen gesetzlichen Zahlungsmittel in West-Berlin.

Französische Zone: Keine Aufhebung der Preiskommandos

Hochinteressant sind die Erinnerungen des ehemaligen bayerischen Ministerpräsidenten Franz Josef Strauß an diese Zeit: Wie untrennbar Währungsreform und die Entscheidung für soziale Marktwirtschaft zusammenhingen, zeigt sehr deutlich das Beispiel der damals französisch besetzten Zone. In Rheinland-Pfalz und in Südwürttemberg-Hohenzollern blieben auch nach dem 20. Juni 1948 die Waren rationiert, und die Preise wurden nicht freigegeben. Was waren die Folgen?

Das Wachstum der Wirtschaft in der französischen Zone hinkte beträchtlich hinter dem der sogenannten Bizone, der amerikanisch-britischen Besatzungszone, her. Das führte dazu, dass die Soziale Marktwirtschaft in der französischen Zone sozusagen auf dem Wege der Gesetzesübertretung gegen das dort geltende Recht eingeführt wurde. Weder die Bewirtschaftung noch die Preiskontrollen konnten dem durchbrechenden Sog des freien Marktes widerstehen.

Das ergab schließlich eine groteske Lage. In Rheinland-Pfalz wurde im Oktober 1948 ein Gesetz gegen Preistreiberei verkündet. Die Preise wurden aber erst im Februar 1949 zum Teil freigegeben.

Damals schrieb der Nationalökonom Wilhelm Röpke, das große Leitbild Ludwig Erhards: „Indem man in der französischen Zone die Währungsreform ohne die wesentliche Ergänzung durch die Aufhebung des Preiskommandos durchgeführt hat, konnte man in einer Art von Kontrollversuch abschätzen, wie sich die Soziale Marktwirtschaft auswirkte. Die französische Zone wird mehr und mehr dazu gezwungen, mit oder ohne Gesetzesänderung den von der Bizone beschrittenen Weg zu gehen. ..."

Als sich der Wirtschaftsrat nach einer Kräfte verzehrenden, zeitaufwendigen, fast eine ganze Nacht in Anspruch nehmenden Debatte mit einigen Vordebatten, einer erbitterten Debatte, für die Einführung der Sozialen Marktwirtschaft entschied, erhielt damit die Währungsreform die Kraft einer Initialzündung.

Schon am nächsten Tag schauten die Deutschen verdutzt, ja überwältigt in die Schaufenster, aus denen ihnen noch tags zuvor gähnende Leere oder wertloser Plunder entgegengestarrt hatte. Die Waren türmten sich geradezu, die jahrelang entweder überhaupt nicht oder nur gegen einen unerhörten Aufpreis oder im Wege des Tauschgeschäftes unter dem Ladentisch zu haben gewesen waren.

An diesem Tag war die Frage nach der Wirtschaftsordnung des sich abzeichnenden neuen Staates auf dem Gebiet der drei westlichen Besatzungszonen schon beantwortet, wenn auch für die französische Zone noch nicht endgültig.

Mit 52 gegen 37 Stimmen hatte sich der Wirtschaftsrat gegen die anti-marktwirtschaftliche Wirtschaftslenkung entschieden, für das System der auf freier Preisbildung, echtem Leistungswettbewerb und sozialer Gerechtigkeit gegründeten Marktwirtschaft.

Nach meiner Erinnerung haben damals für das Leitsätzegesetz gestimmt CDU/CSU, FDP/DP und eine einzelne Abgeordnete, dagegen die Sozialdemokratische Partei und die im Wirtschaftsrat vertretene Kommunistische Partei.

Noch heute bin ich stolz darauf, dass ich damals als 33-jähriges Mitglied des Wirtschaftsrates das Ordnungsprinzip der Sozialen Marktwirtschaft durchsetzen half.
(F. J. Strauß: Vortrag zu 40 Jahre Konklave in Rothwesten)

Das Drama

Ein großer Traum in vergangener Nacht:
Mühsam kämpfe ich mich durch dickes Gestrüpp und
komme in ein sehr farbiges Stückchen Land mit vielen
Blumen und bunten Schmetterlingen. Eine kolossale
Entdeckung mache ich da. In einer Ecke sehe ich
Josef Stalin. Er musiziert mit einem Amerikaner.
Dabei spielt der Amerikaner Orgel oder ein ähnlich
gewaltiges Instrument, während Stalin in sehr
sympathischer Weise Querflöte bläst. (Eschborn 18. 1. 80)

Die Wacht am Main

Ausscheren aus dem internationalen Geleitzug der Inflation

Moderne Wirtschaften brauchen hoch entwickelte Geldsysteme. Im internationalen Verkehr können Währungen allerdings Probleme verursachen, weil sie entweder schlecht gemanagt sind oder schlicht als Machtinstrumente eingesetzt werden. Noch schlimmer, wenn beides zusammentrifft und die Spekulation sich oben drauf setzt. Die Währungskämpfe zwischen Dollar und D-Mark waren immer schon ein ausgemachtes „Schurkenstück“. Als Otmar Emminger, der damalige „Außenminister“ der Deutschen Bundesbank, dem Geschäftsführenden Direktor des Internationalen Währungsfonds, Per Jacobsson, in Washington persönlich die Nachricht über die D-Mark-Aufwertung um fünf Prozent von 4,20 auf 4,00 D-Mark gegenüber dem Dollar überbrachte, ging dieser in seinem Amtszimmer mit hoch erhobenen Fäusten auf Emminger zu und wetterte: „Was haben Sie getan, Sie Schurke?“ (Emminger: D-Mark, Dollar, Währungskrisen s. 126)

Die schurkischen Deutschen hatten Anfang März 1961 die erste D-Mark-Aufwertung im IWF-System durchgesetzt. Es sollten noch diverse Aktionen dieser Art folgen, bis 1973 die D-Mark die Dollar-Fesseln abwerfen konnte. Seitdem sind die Währungskrisen zwar nicht weniger geworden, aber die Bundesbank hatte mehr Bewegungsfreiheit. Das „Schurkenstück“ der Abschaffung des Bretton-Woods-System hatte schon mit der ersten eigenmächtigen Aufwertung begonnen und kam ab 1971 so richtig in Gang.

Auf dem Weg der D-Mark vom Besatzungskind zum Weltstar brachte die Washingtoner Wechselkursneuordnung vom Dezember 1971 nur eine kurze Atempause. Zwar hatte der wegen der Watergate-Schurkerei schon angeschlagene Präsident Richard Nixon diese Neuordnung als das bedeutendste Währungsabkommen der Weltgeschichte nach dem 2. Weltkrieg bezeichnet. Mit dieser Einschätzung lag er aber falsch. Das internationale Währungssystem à la Bretton Woods hielt nicht mehr lange. Anfang März 1973 war es soweit. Zitat Emminger: „Da zogen wir die Notbremse. Das war die Totenglocke für das Paritäten-System von Bretton Woods.“ (ebenda S. 240)

Im Zusammenhang mit einer gravierenden Pfund-Sterling-Krise 1972 war schon Minister Karl Schiller ins Aus gestolpert. Es folgte eine Lira-Krise, die dem Schweizer Franken Schwierigkeiten bereitete und erhebliche Dollar-Franken-Spekulationen auslöste. Die Schweizerische Nationalbank handelte pragmatisch, hat den Ankauf von Grundstücken, Wertpapieren etc. verboten und schloss ihre Devisen-Schalter. Somit brandeten die Dollar-Milliarden allein bei der Deutschen Bundesbank an. Am 2. März 1973 stellte sie die Dollar-Ankäufe zu festen Paritäten ein – wie sie das IWF fast 30 Jahre vorgeschrieben hatte. Über 20 Milliarden Dollar waren in den vergangenen Monaten in das deutsche Bankensystem geschwemmt worden. Am 1. März mussten noch über zwei Milliarden Dollar zum Kurs von 2,8350 D-Mark aufgenommen werden. Dann aber war Schluss damit. Erst am 19. März wurden die Devisenschalter in Deutschland wieder geöffnet mit einer kleinen Überraschung: Der Dollar notierte nur einen Pfennig niedriger als drei Wochen zuvor.

Aber die D-Mark war befreit vom Moloch aus Washington. Der Dollar sollte in der Folgezeit noch Kurse von 3,47 D-Mark sehen oder auch 1,35 DM, je nach politischer Lage sowie Zins- und Inflationstrends. Das spektakulärste Ergebnis der neuen Stabilitätspolitik unter außenwirtschaftlicher

Abschirmung ab 1973 war, dass sich die Bundesrepublik sichtbar von der um sich greifenden internationalen Teuerung lösen konnte, nachdem sie bis Anfang 1973 vom weltweiten Inflationstrend unerbittlich mitgezogen worden war. Die D-Mark wurde zur stabilsten Währung der Welt. Diese Kärrnerarbeiten zur Bereinigung der Dollarabhängigkeit hatten als Bundesbankpräsidenten Karl Blessing (1958 bis 1969) und Karl Klasen (1970 – 1977) zu leisten. Klasen hatte zwischendurch auch mal eine kleinbürgerliche Seite.

Bleibet im Lande und sparet Devisen

Offizielle in der Deutschen Bundesbank können sich über die Äußerungen von Ex-Bundesbankpräsident und Kanzler-Intimus, Karl Klasen, nur wundern. „Wahrscheinlich wollte er nur breite Bevölkerungskreise auf das Währungsproblem aufmerksam machen", heißt es beschwichtigend. Auf die Frage der Bild-Zeitung: „Wir geben in diesem Jahr für den Urlaub und für Waren im Ausland fast 30 Milliarden Mark mehr aus, als wir einnehmen – geht das noch lange gut?", hatte Klasen gesagt: „Auf Dauer bestimmt nicht." Daraufhin empfahl der Ex-Präsident den Bundesbürgern einen „Deutschland-Urlaub und Ölsparen." Beides sollte dazu dienen, die deutsche Devisenkasse zu schonen.

„Jeder, der in Deutschland seinen Urlaub verbringt, sollte die Hotelrechnung von der Steuer absetzen können", regte Werner Wiederhold, Direktor der Dresdner Bank, beim Hessischen Bankenverband an. Er traf damit zwar nicht die Stimmung der Banker, doch schnitt er ein wichtiges Thema an. Verbands-Vorstandskollege, Klaus Subjetzki (BHF-Bank) fragte: „Wie können wir aber auf das Urlaubsverhalten der Deutschen einwirken?" In Bremen stellte Bundesbankpräsident, Karl Otto Pöhl, fest: „Die Ausgaben der Touristen sind die Einnahmen unserer Kunden." Bundesbankvizepräsident, Helmut Schlesinger, hält nichts von dirigistischen Maßnahmen in der Außenwirtschaft weder beim Tourismus noch anderswo. Er hat andere Ideen.

Ihm kommt es auch nicht auf eine Exportoffensive der deutschen Industrie an. Im jüngsten Monatsbericht der Bundesbank schreibt er: Nachdem jedoch inzwischen in der Leistungsbilanz eine beträchtliche strukturelle Lücke entstanden ist, bedeutet der starke Importsog bei ausländischen Fertigwaren, dass eine Besserung der außenwirtschaftlichen Lage nur zu erreichen sein wird, wenn die Wettbewerbsfähigkeit der deutschen Wirtschaft durch weitere Bemühungen um mehr Preisstabilität und durch eine maßvolle Lohnpolitik wieder gestärkt wird, und zwar nicht nur auf den Exportmärkten, sondern ebenso im Hinblick auf die Konkurrenz mit Auslandswaren am Inlandsmarkt. Schlesinger: „Unsere Leistungsbilanzprobleme rühren nicht nur vom Öl her." Der Bundesbankvize hält der deutschen Industrie vor, sich permanent Inlandsmarktanteile abknöpfen zu lassen. „Das gilt für Konsum- wie für Investitionsgüter." Schlesinger rechnet vor: In der Bekleidungsindustrie stiegen die Importquoten seit 1974 von 25 Prozent auf 37 Prozent, in der Elektroindustrie von 15 auf 20 Prozent, beim Maschinenbau von 17 auf 21,5 Prozent. Und für Urlaubsreisen geben heute die Deutschen 2,7 Prozent des Bruttosozialprodukts aus, gegenüber nur 1,9 Prozent 1974 und 1,5 Prozent 1970.

Die Bundesbank will damit aber nicht irgendwelche „buy German"-Appelle loswerden. Eher verlangt sie mehr Anstrengungen der deutschen Anbieter zum Wohle der D-Mark. In der deutschen Zentralbank hält man nicht mehr viel von globalen Überlegungen wie etwa dieser: Wenn es auf der einen Seite, bei den Öl exportierenden Staaten, Überschüsse von 120 Milliarden Dollar gibt, müssten an anderer Stelle Defizite in dieser Größenordnung auftreten. Moralisch sei es daher nur recht und billig, dass die reichen Staaten, an erster Stelle die Bundesrepublik, auch einen Großteil des Defizits trügen. „Moralisch mag es richtig sein", wendet ein Bundesbankdirektor ein, „aber wirtschaftlich nicht."

Der für Währungsfragen zuständige Bundesbankdirektor, Leonhard Gleske, rechnet vor: „Wir haben in diesem Jahr ähnlich wie die Schweiz unser Leistungsbilanz-Defizit aus den Währungsreserven bezahlt. Bis Juli schmolzen 17 Milliarden Mark ab, im August weitere drei Milliarden Mark." Wenn der Abbau der deutschen Reserven weiter so drastisch verläuft, kommt aber die D-Mark selbst in Gefahr. An der harten Währung lässt jedoch kein Bundesbanker gerne rütteln. „Was immer auch passieren mag, wenn wir 70 Milliarden Dollar als Reserven im Schaufenster haben, können wir alle Forderungen begleichen", merkt Pöhl an. „Doch 70 Milliarden müssen im Schaufenster bleiben, damit nichts passiert." Denn die D-Mark ist eine Reservewährung und soll es auch bleiben. Aber die Deutschen beginnen darunter zu leiden.

Es ist noch gar nicht so lange her, dass Emminger für die Bundesrepublik die Rolle des Schuttabladeplatzes der ungeliebten Dollars ablehnte. „Diese Rolle übernehmen wir nicht freiwillig", hatte der Ex-Präsident noch in den späten Monaten des vergangenen Jahres mit kräftigen Worten untermauert. Jetzt allerdings sind die Vorzeichen anders.

Gleske hartnäckig: „Weder in Bonn noch hier bei uns in Frankfurt denkt irgend jemand an eine Beschränkung des Reiseverkehrs." Es gibt auch keine Empfehlungen für einen Heimaturlaub. „Der Tourismus darf nicht isoliert gesehen werden." Wenn die Urlauber in Österreich, Jugoslawien, in Frankreich oder Spanien ihr Geld ließen, so Gleske, könnten diese Länder auch wieder Waren in der Bundesrepublik einkaufen. „Die höheren Energiepreise und die Teuerung in den Urlaubsländern bremsen die Reiselust der Deutschen ohnedies. Ein Blick auf die Buchungen bei den Reisebüros bestätigt das." Die deutsche Leistungsbilanz hatte 1979 mit einem Defizit von neun Milliarden Mark abgeschlossen. „Auf der Basis der Entwicklung von Januar bis Mai 80", meint Gleske, „rechnen wir mit einem Defizit von ungefähr 25 Milliarden Mark. Wir haben aber wieder Devisenzuflüsse. Die Kapitalströme drehen sich."

„Nichts wird in den 80er Jahren so sein wie in den 70er ... nichts", orakelte zur Jahreswende Bundeskanzler Helmut

Schmidt. Die Geldpolitiker in der Zentralbank bekommen es schon zu spüren. Das Blessing-Wort: „Notenbankpolitik ist in erster Linie eine Kunst und erst in zweiter Linie eine Wissenschaft", behält für sie aktuelle Bedeutung. Es bedarf aller finanztechnischen und volkswirtschaftlichen Finessen, um das Defizit zu finanzieren und eine Trendumkehr in der Entwicklung der Leistungsbilanz herbeizuführen, ohne mit der harten Keule des Außenwirtschaftsgesetzes zu hantieren. Das heißt den Urlaubern Reisedevisen zuzuteilen und Importe zu beschränken. Das aber will von den Verantwortlichen niemand – weder in Frankfurt noch in Bonn. Eine weitere Liberalisierung des Kapitalverkehrs soll es bringen.

So hat sich der Zentralbankrat neuerdings dafür ausgesprochen, die bestehenden Beschränkungen des Kapitalimports in die Bundesrepublik zu lockern. „Er stimmt insbesondere mit der Bundesregierung darin überein, dass die Laufzeitgrenzen für inländische festverzinsliche Wertpapiere, die ins Ausland verkauft werden, von vier auf zwei Jahre herabgesetzt werden", heißt es in der Bundesbank-Erklärung. Die gleiche Frist von wenigstens zwei Jahren gilt zukünftig auch als Mindestlaufzeit für Schuldscheine, die Kreditinstitute ins Ausland verkaufen wollen sowie für neu zu begebende, ins Ausland abtretbare Schuldscheine öffentlicher Stellen. Die lange Zeit seitens der Bundesbank gehegte Abneigung gegen eine Verschuldung der öffentlichen Hände im Ausland passt nicht mehr in das aktuelle Bild. Eindringliche Appelle gehen jedoch von Frankfurt an die Schuldenmanager in Bonn, in angemessener diplomatischer und insbesondere professioneller Form im Ausland D-Mark-Kredite aufzunehmen. „Absolut unerwünscht ist die Verschuldung in Fremdwährungen. Dänische Verhältnisse dürfen bei uns nicht einreißen."

Der Devisenmarkt: Vom Dollar gebeutelt

„Im Herbst 1979 hatte der Dollar mehr als die Hälfte seines Wertes u. a. gegenüber der D-Mark verloren und befand sich im freien Fall", erinnert sich Karl Otto Pöhl (Bundesbankmagazin 5/07). „Der amerikanische Finanzminister und Notenbankpräsident Paul Volcker machten, auf dem Weg nach Belgrad zum alljährlichen IWF-Treffen, in Hamburg am Wohnsitz Helmut Schmidts einen Zwischenstopp, um mit dem Bundeskanzler die Situation zu besprechen. Die amerikanischen Ideen massiver Interventionen der Bundesbank zur Stützung des Dollars wurden sowohl vom Kanzler als auch von Emminger und mir als unrealistisch abgelehnt. Volcker verließ das IWF-Treffen frühzeitig und folgte unserem Rat, dass nur eine restriktive Geldpolitik einen weiteren Dollarverfall mindern könne. Der amerikanische Diskontsatz stieg auf 12 Prozent und die Primerate betrug zeitweise mehr als 20 Prozent! Der Dollar erholte sich und stieg bis zum 26. Februar 1985 auf sage und schreibe DM 3,47! Es war eine wahrhaft historische geldpolitische Wende zu einer langen Periode der Geldwertstabilität." Der tiefste Kurs hatte bei DM 1,71 gelegen. Das war am 3. Januar 1980 gewesen. Auf der Dollar-Spirale nach oben hier das Szenario einer einzigen Sitzung an der Frankfurter Devisenbörse 1983.

Der sonst immer glatt gekämmte Dieter Henke und sein locker gewellter Kollege Ulrich Hörstel raufen sich die Haare. So etwas hatte es bis heute noch nicht gegeben. Normalerweise dauert die Kursfeststellung für den Dollar wenige Minuten, auch in hektischen Devisenzeiten. Heute sind Angebot und Nachfrage partout nicht deckungsgleich zu bringen und das schon fast eine halbe Stunde. Am Vormittag war der Dollar gegenüber dem Vortagskurs um viereinhalb Pfennig auf 2,43 Mark gestiegen. Der Run auf die stärkste Währung der Welt hält seit Wochen an und hat gerade in den letzten Tagen neue Rekorde gebrochen. Wer weiß, ob es heute so weitergeht. Die Hektik könnte neue Trends andeuten.

Henke wollte diesmal auf Nummer sicher gehen: „Wir beginnen bei rund zu zehn", ruft er den zwei Dutzend Devisenhändlern im Saal zu. „Rund" heißt 2,4300 und „zu zehn" demnach 2,4310 Mark für den Dollar. Im Devisenhandel wird nämlich auf Hundertstel Pfennig genau gerechnet. „Was macht München", fragt Hörstel in eines der vielen Telefone hinein? Denn mit Henke und Hörstel verbunden sind in diesen Minuten alle deutschen Devisenbörsen (Berlin, Düsseldorf, Hamburg, München). In Frankfurt wird jedoch der internationale Preis für die deutsche Währung festgemacht: in Dollar, in Pfund Sterling, in den EWS-Währungen sowie allen übrigen Devisen. Das ist auch der Grund, warum weltweit an den Devisen-Anzeigetafeln aller Banken für die DM-Notiz „Frankfurt" steht und nicht etwa Bonn als Bundeshauptstadt.

Hörstel noch nicht echauffiert: „Was macht München?" Dem Vertreter der Bank of Tokyo im Saale gefällt der runde Kurs. „Ich gebe 24,5 Millionen Dollar", sagt der Japaner. Ein anderer will ebenfalls einen größeren Betrag „bestens" verkaufen. Henke merkt sehr bald, dass er zu den guten Kursen zwar ein großes Angebot aber keine Nachfrage hat. „Rund zu fünf wird nun gerechnet," gibt er bekannt. Da rührt sich die BHF-Bank in der Person einer flinken jungen Dame: „Zehn Millionen bestens." Tokyo hält das Gebot aufrecht. Andere bleiben ebenfalls drin. „22 Millionen bestens aus Düsseldorf," vermeldet Hörstel. Die amerikanische Morgan-Bank hängt sich mit zehn Millionen dran. Henke: „Bei rund ist was da." Er meint Nachfrage. Doch zu wenig. „Wir rechnen neu." Henke kommt ins Schwitzen. „85 zu rund" (2,4285 zu 2,4300). Alle bleiben mit ihren Geboten drin. Keiner will Dollars kaufen zu diesen hohen Preisen.

Der in D-Mark ausgedrückte Dollar-Preis ist der D-Mark-Kurs. Doch der will sich heute gar nicht feststellen lassen. Henke: „Alles neu, 60 zu 80." Das bringt dem Makler aber nicht viel ein. Die BHF-Bankkauffrau wendet ein: „Das Niveau ist immer noch zu hoch. Im Freiverkehr wird der Dollar 40 zu 60 gehandelt." Das Mädchen hatte Recht. Henke: „Ich nehme alles neu auf, 60 zu 70." Damit war der Makler aber auch nicht gut beraten. Dem Weißköpfigen schwillt das Gesicht langsam tief rot an. „Neu 30 zu 45." Jetzt kommen die Käufer auf den Plan. „20 billige." Eine hübsche Untertreibung für die Nachfrage von 20 Millionen Dollar zum Kurs von 2,4230 Mark, die somit zusammen fast 50 Millionen Mark kosten. „35 Geld für 50 Millionen," schallt es aus der Ecke der Dresdner Bank. „Zehn billige," hängt sich ein anderer dran. „Was macht die Bank von Tokyo," fragt Henke? Die Japaner wollen den Markt nicht billigst versorgen.

Was Henke noch vor Minuten auf der Angebotsseite zuviel hatte, war nun auf der Nachfrageseite zuviel. Er schielt immer wieder zu dem Mann von der Bundesbank hinüber, ob der nicht etwa sagt: „Die Differenz übernehme ich." Die Bundesbank hat auf diese Weise immer die Möglichkeit, einen ganz bestimmten Kurs zu machen. Sie kann ihn mit der Hergabe vieler Dollars drücken oder durch den Kauf die Nachfrage und damit den Preis stabilisieren oder steigern. Zurzeit weiß die deutsche Zentralbank, dass sie die Milliarden-Geschäfte mit Dollars weltweit nicht ausreichend befriedigen kann oder will. Sie kann auch keinen Kurs machen und ihn längere Zeit durchhalten. So lässt sie in diesen hektischen Zeiten der Entwicklung freien Lauf. Sie greift in den Markt nicht ein. „Jetzt wieder 50 zu 70. 55 Geld für 50." Die BfG: „Kauf zehn." Das BHF-Mädchen schmollt: „Nichts."

Henke packt die schiere Verzweiflung: „Wir rechnen 55 zu 70." Zwei billige will die amerikanische Chase. Henke: „Kommt da noch was?" Nein, nichts kommt. „Ich muss versuchen Kurse zu machen", stöhnt der Makler. „Versuche 62 zu 70." Hörstel klappert die anderen Devisenbörsen ab. „Was macht Hamburg?" Der Hörer wird wieder hingelegt. „Was macht München?" Ein Banker aus dem Saal: „Ich bleibe bei 20 billigen." „Was ist in Düsseldorf?" Hörstel macht Notizen. „Wir kaufen total 15 billige", plärrt einer aus den hinteren Reihen. „Orderannahmeschluss", schimpft Hörstel. Hätte er das nicht getan, wäre in dieser Gegend ein Kurs zustande gekommen.

So beginnt Henke wieder: „Alles neu, 70 zu rund." Im Freiverkehr war zu diesem Zeitpunkt 80 Geld. „Was macht Berlin?" „Tokyo gibt 24." Es half nichts. Henke: „Versuche 70 zu 90." Ein Banker: „80 Geld für 15." Ihm war jedoch ein peinlicher Fehler unterlaufen. „80 Brief für 15", verbessert er sich. Hörstel hat die Ruhe noch nicht verloren: „Sie bieten also 15 Millionen Dollar, die Hälfte von 30, zum Kurs von 2,4280." Das Kursspiel glückt auch hier nicht. „Versuche 70! 70 ist Brief." Hörstel: „Bei 70 sind 63,55 Millionen da." Henke: „Versuchen wir's halt nochmal. Wir rechnen neu 50 zu 80." Die Morgan Bank bleibt bei zehn billigen. Die Chase faselt etwas von anderthalb. „Dann rechnen wir eben 55 zu 70." Die Deutsche Bank zieht alles zurück. „Das BHF-Mädchen: „Ich auch nichts." Hörstel: „Orderannahmeschluss." Etwas später Henke: „Der Kurs ist 55 geworden." Alle sind erleichtert. Die Dresdner Bank hat zu diesem Preis 35,35 Millionen Dollar übernommen.

Seit Eröffnung der Devisenbörse ist eine 3/4-Stunde vergangen. Jetzt erst kann die Mitarbeiterin Henkes an die Kurstafel hinter „USA" schreiben: 2,4255 / 2,4215 / 2,4295. Die Tafel hat drei Spalten. Als erstes kommt der Mittelkurs, dann der Geld- und schließlich der Briefkurs, wobei zwischen Geld- und Briefkurs immer eine Differenz von 0,8 Pfennig eingehalten wird. Das gehört zu den Geschäftsbedingungen. Die Bundesbank hatte an diesem Tage nicht an der Börse interveniert.

Während Henke und Hörstel sich abstrampelten, weilte Bundesbankpräsident Pöhl am Genfer See zufrieden der Internationalen Währungs-Konferenz in Lausanne bei. Dort ließ er verlauten, dass die jüngsten hektischen Kursbewegungen auf den Devisenmärkten – mit 2,43 war immerhin eine seit Langem nicht mehr da gewesene Höchstmarke erreicht worden – nicht auf fundamentalen Veränderungen wirtschaftlicher Daten basierten, sondern auf Kapitalbewegungen wegen plötzlicher Veränderungen der Zinsdifferenzen (hohe Zinsen in Amerika und niedrigere in Deutschland) zurückzuführen seien. Deshalb seien Interventionen der Notenbank keine angemessene Antwort. Und weil Pöhl das meinte, hatte der junge Bundesbanker zur selben Stunde in der Frankfurter Devisenbörse nichts zu tun. Das Instrument der Interventionen wolle man aber nicht grundsätzlich aufgeben, ließ Pöhl in Lausanne verlautbaren.

Die Bundesbank mischt, wenn es sein muss, an den Devisenmärkten auch direkt mit. Sie interveniert, indem sie beim freien Spiel des Kaufens und Verkaufens einsteigt. Wie alle Banken dieser Welt hat auch die Bundesbank ihre Händler an den Monitoren der Agentur Reuters, die je nach Politik und Marktlage tätig werden. Dabei geht es vorrangig um den Dollar. Alle anderen Devisen ordnen sich dann wie von selbst. Ausgefeilte Dollar-Strategien werden da von den Notenbanken in Washington/New York und Frankfurt entwickelt. Manchmal werden auch die Japaner mit eingeschaltet. Alle übrigen Währungen und ihre Notenbanken versinken dabei fast in die Bedeutungslosigkeit. Das gilt auch für Paris und London. Bundesbank und Federal Reserve (Fed) helfen sich gegenseitig auch über Swap-Abkommen, in denen sich beide Seiten verpflichten, die für Interventionen benötigten Währungen dem anderen zur Verfügung zu stellen. Damit ergeben sich drei Ebenen der Interventionsmöglichkeit: die Börse, der Interbanken-Handel und das ganz große Rad in Kooperation mit den Notenbanken.

Durch die Aufwertung der Mark in der 2. Hälfte der 70er konnten die damaligen horrenden Ölpreissteigerungen für die deutschen Verbraucher leichter verkraftet werden. Öl wird international in Dollar fakturiert. Eine aufwertende D-Mark macht das Öl daher billiger. Sie wirkt sich allerdings als Pferdefuß bei den Exporten aus. „Wir wollen nur die erratischen Kursbewegungen abmildern", hat der Pöhl-Vorgänger, Otmar Emminger, immer wieder hervorgehoben. Was sind aber die Gründe für die riesigen Devisenströme, die mit wechselnden Richtungen durch die Weltwirtschaft driften? Die Deutschen haben lange Zeit vielmehr exportiert als importiert und konnten dadurch rund 100 Milliarden Mark an Devisen bei der Bundesbank anhäufen. Der zunehmende Wohlstand machte uns über die Jahrzehnte auch träger. Ende der 70er-Jahre war es dann soweit, dass die Deutschen mehr verbrauchten als sie zu leisten in der Lage oder gewillt waren. Über die gesamte Volkswirtschaft gerechnet, verfrühstückten wir 1980 genau zwei Prozent mehr als wir produzierten. Der abermals gestiegene Ölpreis hat viel dazu beigetragen. Aber er ist nicht an allem schuld.

Rücksichtslos haben sich die Deutschen aus dem Ausland bedient mit Waren und Dienstleistungen (z. B. Urlaub). Sie glaubten auch noch Anspruch darauf zu haben und bezahlten die Chose aus den Devisenreserven, die ungehemmt wegschmolzen. Und so marschierten wir in ein Defizit der außenwirtschaftlichen Rechnung. Die Leistungsbilanz, die all das spiegelt, wurde stark negativ. 1980 fehlten Deutschland über 30 Milliarden an Devisen. Auf solche Zahlen reagieren die internationalen Devisenhändler sehr nervös. Ihre Meinung ist schnell gebildet: Wer seine Kasse nicht in Ordnung halten kann, taugt nichts, und wer nichts taugt, dessen Währung taugt erst recht nichts. Die meisten fliehen aus der D-Mark. Die Situation wird umso schwieriger durch die geografische Lage. Wenn in Polen die Russen husten, kommt die D-Mark unter Druck. Raus aus der Mark, rein in den Dollar heißt dann die Devise. Durch die Finanzzentren der Welt taumeln ganz erhebliche D-Mark-Beträge: derzeit rund 150 Milliarden Mark. 80 Milliarden Auslandsanleihen und 70 Milliarden Reserven bei den anderen Zentralbanken. Dazu kamen viele Milliarden an Liquidität für die deutschen internationalen Handelsgeschäfte.

Für Henke und Hörstel ist das Wichtigste ein freier internationaler Devisenmarkt. Die Währungen müssen konvertibel, frei handelbar sein. Die zentralen Verwaltungswirtschaften im Osten halten sich davon fern. Dort setzen die Regierungen den Außenwert ihrer Währungen fest aufgrund eines politisch-wirtschaftlichen Mix. Die freie Marktwirtschaft im Westen setzt auf das freie Spiel der Marktkräfte, wenn auch die Politik immer wieder mal Wünsche äußert, die von unabhängigen Notenbanken wie der Bundesbank nach Leibeskräften zurückgewiesen werden. Aber auch für gegängelte Ostwährungen bilden sich Märkte, graue Märkte. Bestes Beispiel ist die D-Mark-Ost, die offiziell zur Westmark 1:1 umgetauscht wird, inoffiziell aber für ein Drittel oder ein Viertel der DM-West zu haben ist. Besonders die gegenseitigen Besucherströme versorgen den Markt mit der heißen, weil von Ost-Berlin, verbotenen Ware.

Noch lange Jahrzehnte nach dem 2. Weltkrieg hatten wir in der westlichen Welt ebenfalls ein System fester Wechselkurse, allerdings mit starker wirtschaftlicher Fundierung. Bretton Woods steht als Name dafür, weil das System in den 40er-Jahren dort ausgearbeitet und beschlossen worden ist. Danach wurde auch die D-Mark jahrelang erst mit 4,20, dann mit vier Mark zum Dollar festgesetzt. Doch die wirtschaftliche Entwicklung in den Vereinigten Staaten und der Bundesrepublik lief stark auseinander. Die D-Mark drängte ständig zur Aufwertung, weil hierzulande (damals) eine solidere Finanzpolitik und stabilere Geldpolitik betrieben wurde. Nur eine völlige Freigabe des Kurses konnte wieder die richtigen Relationen herstellen. Otmar Emminger hat sie 1973 durchgepaukt. – Gegen den Widerstand der Bundesbank wurde am 13. März 1979 das Europäische Währungssystem (EWS) eingeführt, eine Fortsetzung des DM-Blocks, der sich schon mit verschiedenen Zwischenstationen viel früher herausgebildet hatte. Im EWS wurden für die angeschlossenen europäischen Währungen weitgehend feste Wechselkurse vereinbart, allerdings mit einer Schwankungsbreite von 2,25 Prozent nach oben und unten. Für die italienische Lira gelten drei Prozent. Ein Interventionsmechanismus wurde ebenfalls eingebaut. Wenn nichts mehr hilft, müssen sich Notenbankgouverneure und Finanzminister treffen, um neue Mittelkurse für die beteiligten Währungen festzusetzen. Realignment heißt diese Prozedur.

Henke und Hörstel sind übrigens Devisenhändler und keine Sortenhändler. Bares interessiert sie beim Börsenpoker nicht. Devisen sind ihre Profession, Guthaben bei ausländischen Banken, auf fremde Währung lautendes Giralgeld. Wenn Dostojewski sagt: Geld ist geprägte Freiheit, so kann sich das wirklich nur auf die Sorten beziehen. Für das Giralgeld gilt leider Gottes in zunehmendem Maße: Geld ist verbuchte Unfreiheit, denn die Verschuldung vieler Länder bei anderen Staaten, also der devisenschwachen Länder bei den reichen Ölstaaten z. B., nimmt schon beängstigende Formen an. Viele Entwicklungs- und Schwellenländer bekommen auf den internationalen Märkten wie in Luxemburg, London und New York kein Geld mehr und sind damit in die totale Abhängigkeit der Gläubigerländer geraten. Henke und Hörstel interessiert das wenig. Sie lassen an ihrem Selbstverständnis nicht rütteln, weil sie mit ihrer Kursfindung ganz wichtige Elemente des freien Marktes sind. Ausgleich von Angebot und Nachfrage heißt ihr Auftrag, welche Schurkenstaaten auch immer hinter den Währungen stehen.

Kein Grund zum Feiern: 25 Jahre Bundesbank

Juli 1982 – In nunmehr 25 Jahren hat sich die Deutsche Bundesbank im Inland Respekt als unabhängige Wächterin über Stabilität und Geldwert erworben. Im Ausland gilt sie vielfach als Vorbild. Doch ihre glänzende Position muss sie immer neu gegen den Totalitätsanspruch der Bonner Politik und die Neider in Europa verteidigen. Die Wächter in der Währungsburg am Main sind motiviert und unabhängig.

Frankfurter Börse an einem ganz normalen Tag. Der Rentenhändler der Bundesbank auf dem Parkett registriert ein wachsendes Angebot an öffentlichen Anleihen. Einige Banken wollen ganze Serien von Emissionen des Bundes, der Bahn und der Post abstoßen. Das deutet auf erwartete Zinssteigerungen hin. Auch an den übrigen sieben deutschen Börsen herrscht krasser Angebotsüberhang bei Anleihen.

Auf kurzem Dienstweg wird Professor Claus Köhler informiert, im Direktorium der Bundesbank für den Kapitalmarkt zuständig. Er weiß, was er zu tun hat. Er fährt eine Strategie, die in der vorangegangenen Zentralbankratssitzung für den Eventualfall aufkommender Markteruptionen abgesprochen wurde. „Wir dürfen“, seine Devise, „den Zins nicht zu schnell ansteigen lassen.“ Order an den Rentenhändler: „Wir übernehmen das gesamte Angebot.“

An diesem Tag setzen die Händler am Parkett locker Offenmarktpolitik der Zentralbank in die Tat um. Der Großeinkäufer im Namen des Direktoriums kauft für Rechnung der Notenbank öffentliche Anleihen in dreistelligen Millionenbeträgen.

In einem anderen Saal der Börse hat unterdessen der offizielle Devisenhandel begonnen. Hektik zeichnet die Gesichter der Akteure. Der Devisenhändler der Bundesbank aber plaudert mit einem Journalisten. Er kauft nichts und gibt nichts. Während die Händler sich abstrampeln, tritt der Präsident der Deutschen Bundesbank in Lausanne bei der International Monetary Conference auf. Aus der Westschweiz lässt Karl Otto Pöhl verlauten, dass die hektischen Dollar-Bewegungen auf den Devisenmärkten nicht auf fundamentalen Veränderungen wirtschaftlicher Daten beruhen, sondern auf plötzliche Veränderungen der Zinsdifferenzen und die davon ausgelösten Kapitalbewegungen zurückzuführen sind. Pöhl: „Deshalb sind Interventionen der Notenbank keine Antwort.“ Und nur deshalb konnte der junge Bundesbankvertreter an der Devisenbörse in Frankfurt eine Plauderstunde einlegen.

„An der Börse geht es für unsere Leute öfter mal spektakulär zu. Dort ist eine der Fronten, wo wir unseren gesetzlichen Auftrag erfüllen können und müssen, nämlich die Geldwertstabilität zu verteidigen – nach innen und außen.“ So beschreibt der Leiter des Präsidialbüros bei Pöhl, Rüdiger von Rosen, die zwei Gesichter der Notenbank: „Offenmarktpolitik ist Geldpolitik und gehört damit zu unseren hoheitlichen Akten. Das Bundesanleihekonsortium, die Kontoführung für die öffentlichen Hände und die Gewährung von Kassenkrediten zum Beispiel haben wir gesetzlich übertragen bekommen als Hausbank des Staates, als fiscal agent.“

Eine Staatsbank mit zwei Gesichtern: Sie besteht am 1. August 25 Jahre. An diesem Tage des Jahres 1957 wurde das Bundesbankgesetz (Gesetz über die Deutsche Bundesbank) verabschiedet. Aber keiner denkt ans Feiern. Das Silberjubiläum wird verdrängt. Otmar Emminger, der zweieinhalb Jahre als Präsident der Institution vorgestanden hatte: „Wir haben 30 Jahre Notenbank gefeiert. 1978 war das wichtigere Datum.“ Denn 1948 war gemeinsam mit der Deutschen Mark ein Zentralinstitut geschaffen worden: Die Bank deutscher Länder.

Nun haben Pöhl und sein Direktorium Wichtigeres zu tun als Festreden zu halten. Sie müssen sich darum bemühen, den Handlungsspielraum für ihre Geldpolitik zurückzuerobern, der durch zwei Entwicklungen eingeengt wird: Die amerikanische Zinspolitik und den starken Dollar von außen und die extrem hohe Staatsverschuldung im Innern.

Dass die Zentrale der Bundesbank unter dem Fernmeldeturm heute schon zu klein ist, obwohl sie erst 1972 bezogen wurde, liegt an den übertriebenen Sparmaßnahmen des ehemaligen Vizepräsidenten Heinrich Troeger. Er hatte noch im Planungsstadium eine Verringerung der Etagenzahl von 14 auf 13 durchgesetzt und auch die Statik so auslegen lassen, dass Aufstockungen fast unmöglich sind. Eine Klimaanlage gibt es nur für die Gemeinschaftsräume und die Direktoriumsetage und – nachträglich eingebaut, weil es technisch unumgänglich war – für das Computerzentrum. Troegers dröge Sparsamkeit bleibt für die Bundesbanker unvergessen.

Troeger bleibt aber auch noch aus einem anderen Grunde ein Datum in der Bundesbankgeschichte: Mit ihm begann der politische Kuhhandel um die Direktoriumsposten. Freilich machte die Politisierung der Zentralbankspitze, der Proporz zwischen den Parteigängern im Direktorium, die international so hoch gelobte und national so verbissen verteidigte Autonomie der Zentralbank möglich. Für den Herbst 1957 stand die Wahl zum dritten Deutschen Bundestag an. Konrad Adenauer wollte unter allen Umständen noch das neue Bundesbankgesetz vor der Auflösung des Parlaments durchbringen. Dieses Gesetz sollte die Umwandlung der Bank deutscher Länder in die Deutsche Bundesbank ermöglichen.

„Adenauers Eile hatten ihren Grund“, erinnert sich Otmar Emminger (Präsident von Juni 1977 bis Dezember 1979), „in der völligen Fehleinschätzung der Regierungsparteien CDU/CSU über den zu erwartenden Wahlausgang.“ Sie rechneten nämlich mit einer Wahlniederlage. Noch vor dem Wahlgang sollte die Umwandlung der Notenbank vollzogen und an deren Spitze ein der CDU genehmer Mann gesetzt werden. Indes waren die Abstimmungshürden in der verbleibenden Frist nur mithilfe der Opposition zu nehmen, und diese Opposition, die SPD, ließ sich ihr Wohlverhalten honorieren.

Adenauer wollte Karl Blessing als Präsidenten an die Spitze der neuen Bundesbank setzen. Die SPD brachte den ehemaligen hessischen Finanzminister Troeger als Vizepräsidenten ins Spiel. Der Handel wurde geschlossen und Blessing Präsident (1970–1977). Dabei machte es dem Realpolitiker Adenauer nichts aus, dass er das einzige CDU-Mitglied im Direktorium der Bank deutscher Länder, den Vizepräsidenten Wilhelm Könnecker, brüskierte. CDU-Könnecker wurde mit dem Eintritt von SPD-Troeger nach Inkrafttreten des Bundesbankgesetzes Anfang 1958 ins Glied zurückbefördert.

Mit der Amtsübernahme durch Karl Blessing konnte Adenauer außerdem zwei andere, von ihm weniger geschätzte Notenbanker in den Ruhestand schicken: Den Präsidenten des Direktoriums der Bank deutscher Länder, Geheimer Finanzrat Wilhelm Vocke, und den Präsidenten des Zentralbankrates der Bank deutscher Länder, Karl Bernard. Adenauer kühl: „Mit Vocke, dem überständigen Eisschrank, kann man nichts anfangen.“

Dass aus der Politisierung des Bundesbank-Managements kein Unheil resultierte, führt Otmar Emminger auf die deutsche Notenbanktradition zurück. „Die Unabhängigkeit der

Bundesbank hat historisch tiefere Wurzeln als die Verabschiedung des Bundesbankgesetzes."

Die Siegermächte des 1. Weltkriegs hatten der deutschen Reichsregierung eine unabhängige Deutsche Reichsbank diktiert, die sich endlich um die Geldwertstabilität kümmern sollte. Emminger: „Vorher hatte dieses Institut eine wirklich traurige Figur gemacht." Natürlich war die unabhängige Reichsbank kein uneigennütziges Geschenk der Sieger. Sie wollten vielmehr ihre Reparationen in sicherer Währung erhalten. Und das immerhin erreichte die Reichsbank. Noch vor Beginn des Zweiten Weltkrieges wurde die Reichsbank dem Reichskanzler unterstellt. Der Grund: Es sollte keine Schwierigkeiten bei der Kriegsfinanzierung geben.

Und wieder mussten sich nach Kriegsende die Siegermächte um die Schaffung einer deutschen Zentralbank kümmern. Am 1. März 1948 fassten sie die Landeszentralbanken der Trizone zusammen und bastelten daraus die Bank deutscher Länder. In der Währungsreform vom Juni 1948 konnte sich das neue Noteninstitut erstmals bewähren. Überhaupt begann mit der neuen Zentralbank und dem neuen Geld erst die Staatsbildung der Bundesrepublik Deutschland. Emminger: „Das hat natürlich sehr viel zum Standing und zur Unabhängigkeit der Bundesbank – rein gefühlsmäßig – beigetragen, dass sie schon anderthalb Jahre bestand, ehe es überhaupt eine deutsche Bundesregierung gab."

Dieses Erstgeburtsrecht ist eines der vielen Bausteinchen, mit denen die Notenbank seit 1948 ihre, wie die Direktoren meinten, verfassungsrechtlich unantastbare Autonomie untermauert. Diesen Anspruch bekräftigt auch Karl Otto Pöhl, wenn er sagt, das Bundesbankgesetz könne nur mit verfassungsändernder Mehrheit modifiziert werden, denn die Unabhängigkeit der Notenbank sei eine Verfassungsnorm.

Demokratische Legitimation

Karl Otto Pöhl in der Wirtschaftswoche vom 30. Juli 1982

Es ist normal, dass es zwischen der Notenbank und der Regierung ein gewisses Spannungsverhältnis gibt. Auch meine Vorgänger hatten ihre Probleme. Vocke und auch Blessing hatten ihre Probleme mit Adenauer. Klasen hatte eine nicht undramatische Auseinandersetzung mit dem damaligen Superminister Schiller, und auch zu Emmingers Zeiten schien zwischen Bonn und Frankfurt nicht immer nur die Sonne. Auch heute gibt es zwischen Bonn und Frankfurt ab und zu unterschiedliche Auffassungen. Im Allgemeinen verfolgen wir aber die gleichen Zielsetzungen.

- Die Frage, die Sie stellen, ist im Grunde die Frage nach der demokratischen Legitimation der Bundesbank, die ja gelegentlich in Zweifel gezogen worden ist. Aber die Bundesbank ist natürlich demokratisch legitimiert, ihre Legitimation ergibt sich aus dem Gesetz. Die Bundesbank ist nach dem Willen des Gesetzgebers unabhängig von der Regierung, von wirtschaftlichen Interessen und auch vom Parlament.
- Die Unabhängigkeit der Bundesbank hat nach meiner Überzeugung den Rang einer Verfassungsnorm gewonnen und wäre deshalb durch eine Gesetzesänderung mit einfacher Mehrheit wohl kaum zu beseitigen. Ganz abgesehen davon, dass die sicherlich auf entschiedene Ablehnung in der öffentlichen Meinung stoßen würde.

Mit Willen des Gesetzgebers hat sich die Bundesbank zur vierten Kraft im Staate entwickelt, die zwar der Exekutive zuzurechnen ist, aber nicht deren demokratische Legitimation beispielsweise durch die Kontrolle des Bundestages hat. Professor Hugo J. Hahn von der Universität Würzburg stellt fest: „Das Institut ist nur dem Bundesbankgesetz unterworfen. Es unterliegt keinerlei Fach- und Dienstaufsicht, auch keiner Rechtsaufsicht durch die Regierung."

Prof. Reiner Schmidt aus Augsburg, ein eifriger Verfechter der Zentralbankautonomie, schlug dem damaligen Bundesbankpräsidenten Emminger („er meinte es furchtbar gut") vor wenigen Jahren vor, eine Bewegung unter den Staatsrechtslehrern zu entfachen: Die Unabhängigkeit der Bundesbank sollte durch Gesetzesänderungen und -erweiterungen von Artikel 88 des Grundgesetzes fest in die Verfassung eingebaut werden. Schmidt wollte auf diese Weise absichern, was nicht ganz so gesichert ist. (Wortlaut des Art. 88: Der Bund errichtet eine Währungs- und Notenbank als Bundesbank.)

Emminger hat den Prof. Schmidt freilich enttäuscht, als er ihm schrieb: „Wir wollen Ihre wohlgemeinte Aktion nicht unterstützen." Der damalige Bundesbankpräsident und seine Direktoren befürchteten einen Aufruhr im Parlament und eine Flut von Gesetzesänderungen, bei deren parlamentarischer Behandlung möglicherweise weniger an Unabhängigkeit übrig geblieben wäre als der beabsichtigte Zuwachs an Souveränität.

Unter Präsident Karl Klasen wurde 1972 sogar vonseiten der Notenbank an einer Novelle des Bundesbankgesetzes und an einer Erweiterung der verfassungsmäßigen Vollmachten gearbeitet. Denn unter dem System der damals noch geltenden festen Devisenkurse war die Herrschaft der Bundesbank über die innere Geldmenge so unterminiert, dass der Gesetzesauftrag zur Sicherung der Währungsstabilität nicht mehr zu erfüllen war. Freilich: Mit der Suspendierung des Währungssystems von Bretton Woods, also dem Ende der weltweit gegen den US-Dollar fixierten Wechselkurse, kamen jene Ausarbeitungen 1973 in den Papierkorb.

Es kommt also nicht mehr darauf an, was in der Verfassung steht, sondern wie die Bundesbank als Hüterin der Geldwertstabilität im Bewusstsein des Volkes verankert ist. Ihre Stabilitätspolitik muss – vielleicht manchmal unter Kritik – von der Mehrheit des Volkes getragen werden.

Dass der Auftrag der Bundesbank und ihr stabilitätspolitisches Selbstverständnis so stark in der Öffentlichkeit verankert sind, lässt sich auf die ständige Aufklärung mit den Instrumenten der Pressemitteilungen, Monatsberichte, Pressekonferenzen, Reden und Interviews zurückführen, die von der Zentralbankspitze bald nach 1950 gemeinsam mit dem damaligen Chefvolkswirt Eduard Wolf entwickelt wurden. Schon Mitte der Fünfzigerjahre hatte eine britische Banken-Enquete dieses deutsche System als beispielhaft erwähnt, und die Amerikaner lernen heute von den Deutschen das Handling mit der heißen Ware Geldwertstabilität im Dialog zwischen Regierung, Kongress, Gewerkschaften und Volk.

Aber so wie die Bundesbank um Unterstützung bei der Presse wirbt, sucht sie bei den Geldinstituten Verständnis für ihre Politik. Sie steht im Gespräch mit den Verbänden der Kreditwirtschaft und Bundesbankdirektoren besuchen regelmäßig zu Fachgesprächen die Großbanken. Nur so schafften es die Zentralbanker, dass in den vergangenen Jahren ihre Geldpolitik nahezu einhellig vom Gewerbe mitgetragen wurde.

Ein enger Kontakt, der auch eine gesetzliche Grundlage hat, besteht zum Bundesaufsichtsamt für das Kreditwesen in Berlin, das ohne den Apparat der Bundesbank gar nicht effektiv arbeiten könnte. Präsidentin Inge Lore Bähre: „Ich habe doch nur 230 Mitarbeiter" – die Bundesbank beschäftigt rund 15 000. Von der Unabhängigkeit der Notenbank kann die Bankenaufsicht nur träumen. Sie ist nicht nur abhängig von den Informationen, die ihr von den Hauptabteilungen „Statistik" und „Volkswirtschaft" des Bundesbankvizepräsidenten, Helmut Schlesinger, zugänglich gemacht werden. Sie untersteht auch den Weisungen des Bonner Finanzministeriums, zu dessen Behörden sie zählt. Die Bundesbank indes tut alles, um nie zu einer nachgeordneten Behörde der Bonner Behörde zu degenerieren.

Doch ist die Unabhängigkeit der Bundesbank nicht nur durch eine theoretisch mögliche Gesetzesänderung oder das Umkippen der öffentlichen Meinung gefährdet, sondern auch durch die bekannte Implantation von Politikern in das Direktorium und über die Landeszentralbanken in den Zentralbankrat. Kaum war Karl Otto Pöhl, damals Staatssekretär im Finanzministerium, als Vizepräsident der Deutschen Bundesbank im Gespräch, hatte er die öffentliche Meinung gegen sich. Bonn wolle mit ihm die Bundesbank gefügig machen, hieß noch der harmloseste Vorwurf. Die Politisierung der Bundesbank sei von Übel. Besser geeignet als Pöhl sei beispielsweise Wilfried Guth, der Vorstandssprecher der Deutschen Bank. So liefen damals wochenlang die Kommentare in der Presse.

Pöhl hat weder als Vizepräsident (Juni 1977 bis Ende Dezember 1980) noch anschließend als Präsident die Richtigkeit der Skepsis bestätigt. Ganz im Gegenteil: Er konvertierte zum lupenreinen Bundesbanker. Kaum hatte er den Präsidentenstuhl in Frankfurt bestiegen, testete ihn der Deutsche Gewerkschaftsbund. DGB-Vorstandsmitglied Alois Pfeiffer schrieb dem SPD-Mitglied Pöhl schon am 28. Februar 1980 einen zweieinhalbseitigen Brief: „ Ich darf Sie, sehr geehrter Herr Präsident, seitens des Deutschen Gewerkschaftsbundes bitten, Ihren Einfluss dahingehend auszuüben, dass auch in der Politik der Deutschen Bundesbank dem Vollbeschäftigungs- und Wachstumsziel wieder mehr Gewicht beigemessen wird."

Schon zwei Wochen später antwortete Pöhl eindeutig: „Sie geben der Befürchtung Ausdruck, die Bundesbank habe mit der jüngsten Anhebung ihrer Leitzinsen Beschäftigungsrisiken heraufbeschworen, während die preisstabilisierende Wirkung ihrer Politik nur gering zu veranschlagen sei, weil sich wichtige Ursachen der gegenwärtigen Preissteigerungen der Einflussnahme der Bank entziehen. Sie können sicher sein, dass ich diese Risiken sehr ernst nehme. Ich habe auch nicht die Illusion, man könne durch eine restriktive Kreditpolitik von außen kommende Preissteigerungen rückgängig machen. Trotzdem glaube ich, dass es zu unserer Politik keine Alternative gibt." In der 60. Zeile der Pöhl-Antwort folgt dann doch das Gesprächsangebot an den gesamten DGB-Vorstand: „Es liegt mir sehr daran, die Zielsetzung unserer Politik für die Arbeitnehmerschaft verständlich zu machen."

Seitdem gibt es in unregelmäßigen Abständen eine Art „Teach-in" durch die Bundesbank bei der Gewerkschaftsspitze. Die Abgesandten aus der Wilhelm-Epstein-Straße sind theoretisch stets bestens vorbereitet durch den Chefdenker des Hauses, Helmut Schlesinger, „dem man auch nicht gerade nachsagen kann, dass er ein Jungsozialist sei", wie ein Kollege aus dem Direktorium anmerkte.

Der Dialog zwischen Gewerkschaft und Notenbank wurde versachlicht, was sicherstellt, dass sich auch im Arbeitnehmerlager nicht zuviel Sprengstoff gegen die geldpolitische Souveränität des Hauses Pöhl ansammelt. Wenn dann Wolfgang Roth, der wirtschaftspolitische Sprecher der Bonner SPD-Fraktion, wieder einmal eine Kanonade gegen die währungspolitische Wacht am Main loslässt, können die Herren von ihrer hohen Warte souverän herabschauen.

„Wir sind nach Par. 12 Bundesbankgesetz von Weisungen der Bundesregierung unabhängig", unterstreicht Präsidialbüroleiter von Rosen, „müssen aber die allgemeine Wirtschaftspolitik der Bundesregierung unterstützen." Rosens Chef Pöhl: „Jedes einzelne Direktoriumsmitglied verfügt durch seinen Acht-Jahres-Vertrag über eine unglaubliche Unabhängigkeit." Etwas verblüffend, Pöhl verneint die Frage, ob im Direktorium zu viele Politiker säßen.

Zum einen freilich bezeichnet er, dialektisch geschickt, Zentralbanker, die aus einer beamteten Spitzenposition nach

Frankfurt wechseln, nicht als Politiker. Zum anderen hat er auch einen kleinen Trick angewandt, um sicherzustellen, dass das Notenbankdirektorium nicht zu einer Pfründe ausgedienter Politiker wird. Laut Gesetz darf das Direktorium zehn Mitglieder haben, hatte aber zu Emmingers Amtszeit nur acht. Seit Pöhl Chef ist, sind es nur sechs. Der Präsident hat die Auffüllung bisher vermieden, um sich nicht den Parteienproporz in die 12. Etage seines Hauses zu holen. Pöhl: „Die Ressorts sind aufgeteilt. Wir brauchen niemanden mehr."

Zur Politik des Chefs gehört auch, begabten Nachwuchs zu fördern, ihm hohe und höchste Stellen im Hause frei zu machen oder wenigstens zu reservieren. Schließlich hat die Bundesbank mit dem heutigen Vizepräsidenten Schlesinger, der die Zentralbankkarriere von der Pike auf durchlaufen hat, beste Erfahrungen gemacht.

Schlesinger ist sogar zum starken Mann im gesamten Zentralbankrat avanciert, einem Gremium, das überwiegend durch die Länderregierungen besetzt wird und nicht an jeder Position die stärksten Figuren aufweist. Lange Zeit hat es Reibereien zwischen den Landeszentralbankpräsidenten und dem Direktorium gegeben. Alle wollten mitbestimmen, wenn es um die geldpolitischen Instrumente ging und möglichst noch an der Fein- und Feinststeuerung des Direktoriumsmitglieds Claus Köhler drehen. Das konnte aber keineswegs klappen. Denn bei Geldmarktgeschäften, Deviseninterventionen, Swaps, Offenmarktpolitik im Rentenhandel und bei Pensionsgeschäften brennt schnell mal was an, wenn nicht sofort und ohne jede Abstimmung gegengesteuert wird. So bedarf es einer klugen und permanenten Marktdurchdringung, die nur die Zentrale in Frankfurt darstellen kann, nicht aber der Zentralbankrat, der sich alle 14 Tage zu Routinesitzungen trifft. Wenn es auch Wochen gedauert hat, wurde schließlich doch der Burgfriede geschlossen, der dem Direktorium die technische Vorhand lässt.

Die Bundesbank gehört damit zu den am besten funktionierenden obersten Bundesbehörden. In der Gesellschaft dieser Republik hat sie sich Vertrauen bei jedem einzelnen Bürger erworben. „Die Bundesrepublik hat sich die Bundesbank zum Schutz gegen sich selbst geschaffen", sinniert der Chefjurist der Landeszentralbank in Berlin, Carl Theodor Samm.

„Mehr Eigenständigkeit erreicht man nicht durch lautes Reden und Vorwürfe an andere, sondern durch beharrliches Verfolgen eines stabilitätspolitischen Kurses", betonte Vorstandssprecher Wilfried Guth auf der Hauptversammlung der Deutschen Bank 1982. Der Bankier, der einst selbst für das höchst Amt der Bundesbank im Gespräch war, konterte die Kritik an der Notenbank: „Nach diesen Erfahrungen die Bundesbank zu kritisieren, statt Applaus zu zollen, erscheint mir einigermaßen weltfremd und absurd." Applaus für die Bundesbank gab es nicht allenthalben, manchmal von Fachleuten, die etwas von ihrer Politik verstanden, manchmal vom Volk, wenn es sich im Urlaub über die aufgewertete D-Mark freute, manchmal von wirtschaftswissenschaftlichen Instituten, wenn sie nicht politisch festgelegt sind, manchmal vom Bund der Steuerzahler, wenn die Währungshüter Politiker in ihren überweiten Spendierhosen kritisierten oder den Staat anprangerten, wenn er lieber Steuern erhöhte statt Staatsunternehmen zu privatisieren, immer von den Arbeitgebern, wenn die Gewerkschaften die Löhne extrem steigern wollen, selten von den Gewerkschaften, wenn die Teuerung angeprangert wird.

Die Bundesbanker sahen sich aber nicht als Zampanos moderner Geldwirtschaft oder als Dompteure der vielköpfigen Schlange namens Inflation. Die Bundesbanker horchten nach innen, dachten über eine geldpolitische Optimierung des Wirtschaftens nach. Ihre ideologisch verbrämte Wissenschaft heißt Monetarismus. Was es damit auf sich hat, skizziert Otmar Emminger in seiner Niederschrift über

Deutsche Geldpolitik im Zeichen des Monetarismus

(einige Auszüge)

Monetarismus gibt es in vielerlei Spielarten. Allen Varianten sind aber einige Grundüberzeugungen gemeinsam, nämlich

- dass die Inflation in erster Linie ein monetäres Phänomen ist, d. h. auf mittlere Sicht mit einer entsprechenden Ausweitung der Geldmenge einhergeht und daher nicht stattfinden kann ohne Mitwirkung der Notenbank;
- dass zur Erhaltung oder Wiederherstellung der Geldwertstabilität die Geldmenge angemessen, und zwar möglichst stetig, gesteuert werden muss.

Diese Grundsätze sind seit vielen Jahren auch für die deutsche Geldpolitik maßgebend gewesen. Aber im Übrigen unterscheidet sich die deutsche Variante einer monetaristischen Politik in mehrfacher Hinsicht von dem ursprünglichen englischen und amerikanischen Monetarismus, und es ist vielleicht nützlich, wenn ich die Hauptunterschiede vorweg klarstelle:

Erstens haben wir nie geglaubt, dass die Geldmengensteuerung nach vorbestimmten Zielen eine Wunderwaffe ist, welche Fehlentwicklungen auf anderen Gebieten, wie der Budget- oder Lohnentwicklung, ohne Weiteres ausgleichen könnte. Geldmengensteuerung ist nach unserer Ansicht für die Stabilitätspolitik zwar unerlässlich, aber nicht ausreichend; wenn die übrigen Entscheidungsträger, besonders die öffentliche Hand und die Tarifpartner, nicht am gleichen Strange ziehen, kommt es leicht zu einer Überforderung der Geldpolitik. Man kann keineswegs darauf vertrauen – wie es einige dogmatische Monetaristen zu tun scheinen – dass eine vernünftig gesteuerte Geldmenge von selbst wie eine „unsichtbare Hand" auch die Lohnentwicklung und die Fiskalpolitik sofort auf die richtige Linie bringt, wenigstens nicht auf kürzere Sicht.

Zweitens sind wir nie der Meinung gewesen, man könne die öffentlichen Defizite so verharmlosen, wie dies eine einflussreiche monetaristische Schule in Amerika bis vor einiger Zeit getan hat. (Dies führte zu meiner ersten direkten Kontroverse mit Milton Friedman vor mehr als 15 Jahren.)

Drittens haben wir uns nie eingebildet, wir könnten die irgendwie definierte Geldmenge von Monat zu Monat, oder auch nur Vierteljahr zu Vierteljahr, völlig zielgenau steuern. Nach unserer Überzeugung ist dies zur Erreichung des stabilitätspolitischen Zieles auch gar nicht erforderlich. Es kommt vielmehr auf die richtige mittel- und längerfristige Weichenstellung an, vorausgesetzt, dass das Vertrauen in die Stabilitätspolitik nicht tiefgreifend erschüttert ist.

Schließlich haben wir viertens ein Geldmengenziel immer nur als Zwischenziel aufgefasst; wir haben es nicht als Endziel oder Selbstzweck dogmatisch verabsolutiert. Endziel war und ist vielmehr stets die Geldwertstabilität selbst und eine befriedigende Wirtschaftsentwicklung. Kurzum, wir glauben nicht, dass man die Trickkiste des Keynesianismus einfach durch eine Trickkiste des Monetarismus ersetzen kann.

Als Ende der sechziger und zu Beginn der siebziger Jahre die große Diskussion über den Monetarismus begann (M. Friedman auf der 80. Jahrestagung der American Economic Association im Dezember 1967), sprach man von einer monetaristischen Gegenrevolution, nämlich gegen den bis dahin vorherrschenden Keynesianismus. Die kenysianische Lehre war von der Weltwirtschaftskrise der 30er Jahre inspiriert, die gekennzeichnet war durch weltweite Nachfrageschrumpfung, sinkende Preise und Löhne und eine (gerade deswegen) ziemlich intakte Geldillusion. Keynes selbst sah voraus, dass seine Lehre auf andere Situationen schlecht passen würde. Er sagte in den 30er Jahren: „Ich prophezeie, dass im Jahre 1950 alle Regierungen der Welt sich mit meinen Ideen und Vorschlägen befassen werden; aber dann werden natürlich inzwischen die Probleme ganz anders sein und meine Ideen werden nicht überholt, sondern gefährlich sein." Wie Recht hatte er mit dieser Voraussage!

Der Neo-Keynesianismus hat sich nie von der Vorliebe für „deficit spending" und „cheap money" lösen können und ist an der von ihm selbst geförderten chronischen Nachkriegsinflation und an dem damit einhergehenden Verlust der Geldillusion (vor allem bei den Arbeitnehmern) gescheitert. Nichts kennzeichnet besser den Bewusstseinswandel auch der Politiker als der folgende Satz im Kommuniqué des Londoner Wirtschaftsgipfels von 1977: „Die Inflation ist keine Abhilfe gegen Arbeitslosigkeit, sie ist im Gegenteil eine ihrer Ursachen." In der Bundesrepublik Deutschland und insbesondere in der Bundesbank haben wir schon seit den Fünfzigerjahren konsequent die Auffassung vertreten, dass man durch mehr Geldausgaben, durch Inflation, keine Mehrbeschäftigung erkaufen kann, jedenfalls nicht auf Dauer, und dass eine konsequente Stabilitätspolitik die beste Grundlage für solides Wachstum ist.

Emminger in einem persönlichen Schreiben an den Autor: „Ich sollte vielleicht noch erwähnen, dass ich seit fast 20 Jahren ziemlich enge Kontakte mit Milton Friedman gehabt habe, obwohl wir von Anfang an in einigen Punkten verschiedener Meinung waren. Ich kann meine Beziehungen zu ihm fast als „freundschaftlich" bezeichnen ...

Trotz unserer stets offen diskutierten Meinungsunterschiede lud mich Professor Friedman 1979 nach Chicago ein, um an seiner damaligen Fernsehserie über „Free to choose" mitzuwirken, und zwar bei dem der Geldpolitik gewidmeten Teil. Ich war dort der einzige Ausländer. Er führte unsere Geldpolitik als die einzig erfolgreiche eines ‚größeren' Landes an." (11. 4. 86)

Ihr Otmar Emminger

Hummrich und die Wacht am Main
(ein Szenario)

Für die „Wacht am Main" steht seit Jahren Günther Hummrich im Rentenhändler-Saal der Frankfurter Börse. Er ist der Degen der Bundesbank am Kapitalmarkt. Mit drei Kollegen operiert er im Namen der Zentralbank, kauft und verkauft im Auftrag der Bundesbank öffentliche Anleihen, Anleihen des Bundes, der Bahn und der Post. Er betreut aber auch zur „Kurspflege" Emissionen der Kreditanstalt für Wiederaufbau und der Lastenausgleichsbank, die beide Staatsbanken sind, also dem Bund gehören. Seine Geschäftspartner sind die vier Makler, die wenige Schritte vom Bundesbank-Büro entfernt, rechts hinter der Rampe, mit diesen öffentlichen Anleihen makeln, Angebote von den Händlern entgegennehmen und Käufer für die wertvolle Ware suchen. Sie gleichen, und das ist ihre Aufgabe, Angebot und Nachfrage aus. Für ihre Bemühungen kassieren auch sie Courtage. Je besser die Umsätze laufen, umso besser sind die Einnahmechancen, genau so wie bei den Kollegen am Aktienmarkt. Mit Hummrich müssen sie sich von Amts wegen gutstellen. Aber sie tun es auch von ganzem Herzen des Geschäftsmannes, abgesehen davon, dass sie ihn, Hummrich, und seine trockene Art hoch schätzen und manchen Spaß mit ihm treiben.

Hummrich hat eine doppelte Aufgabe: Erstens muss er die Kurse der ihm anvertrauten Anleihen pflegen. Der Bund als Emittent (aber auch die andere Großkundschaft) möchte nicht, dass der Kurs seiner Papiere täglich wie ein Lämmerschwänzchen hin- und herzappelt. Er soll ruhig liegen und nur gemächlich auf- und abwogen, wie es der breite Strom der Zinsentwicklung verlangt. Zur Kurspflege wird Material benötigt. Dazu gehören die Millionen, die beim Ankauf hereinkommen. Aber schon ganz zu Anfang reserviert sich die Bundesbank bei jeder Emission einen bestimmten Betrag – 20, 30 oder 50 Millionen DM. Zur besseren Spekulanten-Abwehr bevorzugt der Bund neuerdings sogenannte Wertrechtsanleihen, bei denen die einzelnen Anleihestücke nicht ausgedruckt werden. Wertrechte werden dem Käufer gutgeschrieben. Der Vorteil liegt einerseits in der Ersparnis der Druckkosten und ausländische D-Mark-Spekulanten können so besser abgewehrt werden. Tafelgeschäfte heißen die über den Tresen abgewickelten Wertpapierverkäufe oder auch Koffergeschäfte. Es ist nämlich Mode geworden, Wertpapiere und Bargeld kofferweise nach Luxemburg, in die

Schweiz oder Frankreich zu schleppen, nachdem man sich vorher bei der eigenen Bank damit eingedeckt hat.

Damit hat Hummrich aber nichts zu tun. Er und seine Kollegen würden sich längst zu Tode geschleppt haben, wollten sie ihre Anleihegeschäfte physisch abwickeln. Sind es Wertrechte, bei denen sie intervenieren, dann handelt es sich um elektronische Buchungsvorgänge nach dem Kauf an der Händler-Rampe. Sind es aber ausgedruckte Stücke, werden die Anleihen auch nicht bewegt, sondern entsprechende Gut- und Lastschriften über die Wertpapiersammelbank ausgetauscht, die dann in ihrem Keller die Papiere den jeweiligen Besitzern zurechnet und den Verkäufern abzieht.

Neben der Kurspflege hat Hummrich eine noch viel wichtigere Aufgabe. Er muss Offenmarktpolitik betreiben. Mit seinen Wertpapierkäufen und -verkäufen versucht er den Kapitalmarkt in eine bestimmte Richtung zu drängen. Sicherlich ist das nicht seine eigene Politik, die er so betreibt. Er weiß oftmals gar nicht, ob er gerade im Auftrag und für Rechnung der Emittenten Kurse pflegt, oder aber im Auftrag seiner Oberen und für Rechnung der Bundesbank Offenmarktpolitik betreibt.

Die Geldpolitik der Deutschen Bundesbank macht natürlich der Zentralbankrat. Nach den jeweiligen Zentralbankratsbeschlüssen setzt dieses Direktorium in persona von Prof. Claus Köhler den Hauptabteilungsleiter, Kurt Andreas, von seinen Absichten in Kenntnis. Es geht also um Einflussnahme über die Börse. Andreas bespricht sich mit seinen Abteilungsleitern und setzt Walter Reinhardt auf die Schiene, der dann die gewünschte Marschrichtung Günther Hummrich verklickert. Der Instanzenweg von oben nach unten kann Tage dauern. Aber es geht auch in Minuten.

Um 12.30 Uhr stellt Hummrich bei seinen Maklern fest, dass ein sehr großes Angebot seitens der Kundschaft vorliegt. Viele Banken wollen eine ganze Reihe von Rentenwerten in hohen Volumina verkaufen. Alles deutet auf Zinssteigerungen hin. Hummrich winkt seinen Kollegen Wolfgang Karbach herbei: „Mach' du mal weiter, aber nicht in diesen und jenen Bundesanleihen." Zu Makler Faust: „Wir stoppen hier. Ich bin bald wieder zurück." Hummrich informiert Reinhardt. Dieser gibt Meldung an Andreas und stellt sofortigen Kontakt zu den Rentenhändlern der Landeszentralbanken in den übrigen sieben deutschen Börsen her und befragt sie: „Wie sieht's bei euch aus?" „Krasser Angebotsüberhang." Reinhardt addiert auf. Es geht über 100 Millionen DM. Selbst der so unterkühlt erscheinende Andreas wagt sich aus seiner emotionellen Reserve heraus: „Was ist denn eigentlich los", faucht er? Kurzes Briefing mit Reinhardt. Andreas spricht sich mit Claus Köhler ab, dem dafür zuständigen Direktoriumsmitglied. Die Ringleitung Köhler – Schlesinger (Chefvolkswirt und Vizepräsident) – Pöhl funktioniert. Die Absprache über die Politikänderung, zumindest der Nuancen, klappt in einer Minute. In sehr schwierigen Fällen wird eine Ad-hoc-Direktoriumssitzung einberufen. Dann wetzt der Leiter des Präsidialbüros, Rüdiger von Rosen, von Tür zu Tür: „Der Chef bittet zu einem kurzen Gespräch."

Nach 12 Minuten wissen Hummrich und die Kollegen in den Börsenboxen der Landeszentralbanken, was sie zu tun oder zu lassen haben. Entweder kaufen sie zu unveränderten Kursen jede Menge auf oder lassen die Preise der Obligationen abgleiten. In jeder dieser Aktionen liegt eine zinspolitische Entscheidung. Kauft Hummrich jede Menge des angebotenen Materials zu unveränderten Kursen, soll das Zinsniveau auf der bis dahin geltenden Basis gehalten werden. Lässt die Bundesbank den Marktkräften freien Lauf, drückt das Überangebot auf den Kurs. Dabei ändert sich der fest vereinbarte Zinssatz einer achtprozentigen Bundesanleihe nicht, auch nicht ihr nominaler Wert von 100 DM. Wenn aber der Kapitalmarktzins auf zehn Prozent geht, muss bei niedriger (als 10 Prozent) verzinsten Anleihen der Kurswert sinken, zum Beispiel auf 80 Mark. So entsteht an der Börse die Kuriosität, dass 100-Mark-Anleihen zu 80 DM zu haben sind. Eines, das Wichtigste, ist aber justiert: die Rendite. Hummrich hat jetzt Order erhalten. Er kommt zu Faust zurück: „Wir machen weiter!" der gewifte Hummrich lässt sich nicht in die Karten gucken. Er camoufliert schon die Taktik. Die Strategie seiner Oberen erkennt er diesmal zunächst selbst nicht. Und wenn er sie Tage später erahnt, schweigt er. Schweigen ist das halbe Bankerleben – in der Bundesbank sowieso.

Apropos Rüdiger von Rosen. Trotz des immer wieder strammen Auftritts wird der Extremalpinist nur in den seltensten Fällen als Laufbursch genutzt. Er ist ein bestens qualifizierter Berater des Präsidenten. Manchmal versucht er sogar die Geldpolitik vorab zu formulieren, wird da aber dann doch in Zaum gehalten. Sein Chef schätzt seinen Habitus: „Herr von Rosen", sagte er beim Rückflug von der IWF-Tagung in Belgrad, „Sie haben all das, was mir fehlt. Sie sind adlig und Reserveoffizier und haben obendrein den Doktortitel."

Offenmarktpolitik historisch

Kurt Andreas, Hauptabteilungsleiter Geld und Kredit bei der Bundesbank, hat das Schweigen einmal gebrochen. Im Geschäftsbericht 1980 lieferte er einen historischen Abriss über die Offenmarktpolitik. Während der ersten 15 Wiederaufbaujahre des deutschen Rentenmarktes – seit der ersten Bundesanleihe 1952 – intervenierte die Bundesbank an den Börsen ausschließlich im Auftrag und für Rechnung der Emittenten öffentlicher Anleihen, niemals auf eigene Rechnung. Zu Käufen von Anleihen des Bundes, der Bundespost und der Bundesbahn auf eigene Rechnung kam es in nennenswertem Umfang erstmals im Herbst 1967, erinnert sich Andreas. Zu solchen Käufen ist die Bundesbank nach § 21 des Bundesbank-Gesetzes ermächtigt, jedoch mit der Auflage, dass die Offenmarktgeschäfte der Regulierung des ganz kurzfristigen Geldmarktes dienen. Die Bundesbank muss also im Falle des Erwerbs von Wertpapieren primär stets die Bereitstellung zusätzlicher Gelder (Liquidität) im Bankenapparat bezwecken. Eine ausgeprägte Phase solcher

Politik war die Zeit der Rezession im Jahre 1975. Die Bundesbank sah sich seinerzeit zur verstärkten Fortführung ihrer auflockernden Geldpolitik gezwungen, was unter anderem eine spürbare Liquiditätsanreicherung bei den Banken erforderte. Da sich gleichzeitig ein lähmender Zinspessimismus breit machte, schaltete die Bundesbank im Spätsommer 1975 ihre Liquiditätsbereitstellung auf den definitiven Ankauf von Anleihen der „Bundesemittenten" über die Börse um. Dies hatte die erwünschte Folge, dass sich die konjunkturell falschen Zinssteigerungstendenzen bald als „behebbares Stimmungstief" am Rentenmarkt erwiesen.

Die Zentralbank hatte seinerzeit Anleihen der Bundesemittenten von über 7,5 Milliarden DM erworben. Am Ende dieser Periode der konsequenten Nutzung ihrer offenmarktpolitischen Befugnisse hatte das Haus Pöhl mehr als ein Fünftel der damals umlaufenden Anleihen der „Bundesemittenten" in ihrem Bestand. Aber schon im darauffolgenden Jahr konnte es seinen Wertpapierberg in die Märkte wieder einspeisen. – Im Gegensatz zur Praxis im Jahre 1975 hat die Bundesbank ihre Interventionen und/oder Offentmarktkäufe von Wertpapieren später aber niemals mehr zu unveränderten Kursen vorgenommen, sondern sich der jeweils herrschenden Tagestendenz lediglich im Rahmen des für richtig erachteten Maßes „entgegen gelehnt". Kurs glättende Transaktionen, die jedoch niemals gegen den Trend oder gar zum Zwecke der Trendumkehr vorgenommen worden sind, bildeten die Regel.

An der hier kurz skizzierten Entwicklung der „Regulierung" des Börsenhandels von Anleihen der Bundesemittenten durch die Bundesbank im Zeitverlauf lässt sich unschwer der Bedeutungswandel der Geschäfte erkennen. Die zunächst nur der Kurspflege dienende Beteiligung der Bundesbank an den Börsengeschäften wuchs im Zusammenhang mit dem kreditpolitischen Einsatz des Offenmarktinstruments schubartig in Größenordnungen hinein, die früher kaum vorstellbar gewesen sind. Die ständige Präsenz der Bundesbank an den Börsen führte mit anderen Worten im Laufe der Zeit zur Ausbildung eines weit greifenden, eigenständigen Interventionsinstruments, wobei schon die Rücksicht auf das stark gewachsene Interventionsvolumen eine ständige Ausrichtung der Strategie auch an kredit- und kapitalmarktpolitischen Erfordernissen nahelegt. Die Bundesbank folgt dem Grundsatz, möglichst alle Wertpapiergeschäfte über die Börsen vorzunehmen, um stets die Gewissheit zu haben, dass die Interventionen die größtmögliche Kurswahrheit und Transparenz herstellen. Andreas weiß, wovon er spricht. Er spielt auf dem Offenmarktinstrument virtuos und hat mit diesen Ausführungen den Börsianern gezeigt, wo hier die Kniffe liegen.

Gentlemen's Agreements

Gegenüber der Rampe für die Makler inländischer Obligationen arbeiten hinter einer ähnlichen Brüstung die „Ausländer." Es sind natürlich deutsche Makler, die hier agieren. Sie handeln aber mit ausländischen D-Mark-Anleihen. So komfortable Kursstützungsaktionen wie bei den Bundesanleihen gibt es hier nicht. Nur die Deutsche Bank pflegt ihre beste Kundschaft. Alles Übrige bleibt der Entwicklung auf den Märkten überlassen. Geht es der D-Mark gut, florieren die Auslandsanleihen. Mickert die deutsche Währung im internationalen Kursvergleich dahin, haben auch sie es schwer. Da aber die Bundesbank in alles, was Geld heißt, die Nase stecken muss – das ist ganz gewiss ihre Pflicht – kann ihr die Entwicklung bei den Auslandsanleihen nicht ganz gleichgültig sein. So schließt sie zur Regelung dieser Märkte mit dem deutschen Bankgewerbe auch schon mal Gentlemen's Agreements ab.

Der Präsident des Deutschen Sparkassen- und Giro-Verbandes hat das hässliche Kind dann auch beim Namen genannt. Helmut Geiger bezeichnete diese Art von Vereinbarungen der deutschen Banken mit der Bundesbank als eine subtile Form des Markteingriffes. Die Maßnahme, vorübergehend auf den Kapitalexport über DM-Auslandsanleihen zu verzichten, „ist insofern Gift", meint Geiger. Das Haus Pöhl freut sich dagegen: „Das Agreement hat erwartungsgemäß dazu beigetragen, den Kapitalabfluss zu begrenzen." In einem Schreiben an die „sehr geehrten Herren" des deutschen Kreditgewerbes bedanken sich Präsident Pöhl und Bundesbankdirektor Köhler für die Kooperation. Sie wollen auch künftig nicht ganz auf das „Gift" verzichten. „Angesichts der veränderten Zinssituation erscheint es uns nicht mehr notwendig, Sie um eine Verlängerung der mit uns getroffenen Absprache zur Begrenzung der langfristigen Auslandskreditgewährung zu bitten". schreiben Pöhl und Köhler. „Wir würden es jedoch sehr begrüßen, wenn sich die deutschen Kreditinstitute auch künftig Zurückhaltung bei Kreditgewährung an ausländische Kreditnehmer auferlegen würden."

Für Realkreditinstitute, Hypothekenbanken zum Beispiel, gilt die dem Sinn nach gleiche Vereinbarung. Auch sie sollen die ihnen erlaubte Auslandskreditvergabe im Betrage von mehr als zehn Millionen Mark möglichst unterlassen. Zur marktwirtschaftlichen Ordnung aber, mahnt der Verband öffentlicher Banken, gehört freier Kapitalverkehr ebenso wie freier Güterverkehr. Dass die Bundesrepublik dieses Prinzip weiterhin strikt vertritt und auch in schwierigen wirtschaftlichen Situationen durchzuhalten gedenkt, sollte gegenüber dem Ausland zufriedenstellend klargemacht werden. „Dazu gehört auch, dass die Kreditinstitute als unmittelbar Betroffene gegenüber ihren ausländischen Kunden nicht länger den Eindruck entstehen lassen können, sie trügen Kapitalverkehrsbeschränkungen auf der Basis eines Gentlemen's Agreements" mit. So die öffentlichen Banken.

Finanzplatz-Schachpartie: Börsianer sind die Bauern – die Bundesbank die Dame

Doch freie Vereinbarungen zwischen den feinen Bankherren haben in der Bundesrepublik schon eine längere Geschichte. Sie begleiten die Entwicklung des DM-Auslandsanleihe-Marktes schon seit 1968. Damals vereinbarte die Bundesbank mit den Emissionsbanken, dass sich fortan deutsche Institute nur noch an jenen ausländischen DM-Anleihen beteiligen, die unter deutscher Federführung begeben werden. Tatsächlich sind seither sämtliche DM-Auslandsanleihen von Deutschen gemanagt worden und werden in Frankfurt an der Börse gehandelt. Commerzbank-Vorstand Jürgen Reimnitz sieht ganz klar: „Die Bundesbank bezwecke mit diesem Agreement die Kontrolle über die wachsende internationale Verwendung der D-Mark und die Sicherung ihres Einflusses auf Euro-DM-Anleihen.“ „Wir legen auf deutsche Konsortialführung wert“, betont Bundesbankdirektor Dr. Leonhard Gleske. „Auf diese Weise haben wir die Möglichkeit, zu einem gewissen Grade Einfluß auf den Markt zu nehmen.“ Tatsache ist, dass die deutschen Banken in den vergangenen Jahren DM-Auslandsanleihen auf dem so genannten Euro-Markt, also dem Kapitalmarkt, der zwischen den westlichen Ländern fließt, untergebracht haben, die sich in sehr hohen zweistelligen Milliarden-Beträgen bewegten. Heute sind von diesen Papieren rund 80 Milliarden Mark im Umlauf. Dazu kommen die D-Mark-Bestände der Zentralbanken der westlichen Welt von rund 70 Milliarden Mark. Somit hat die Bundesbank praktisch keinen Einfluss auf ein internationales DM-Volumen von 150 Milliarden Mark, für das sie aber jede währungspolitische Verpflichtung hat. „Das ist eine schwere Bürde“, bemerkt Pöhl. Doch es stellt sich noch ein weiteres Problem.

In den vergangenen Jahren konnten ausländische Finanziers am deutschen Kapitalmarkt zusätzlich zum Zinsertrag hohe Wechselkursgewinne einheimsen. Das hat sich 1980 gewandelt. Derzeit bestehen international kaum Aufwertungserwartungen für die DM. Somit sinkt das ausländische Interesse an DM-Titeln. Mit ihrer vergleichsweise höheren Rendite traten 1980 die „DM-Ausländer“ in Konkurrenz zu Inlandsanleihen, die dann aber nicht mehr reibungslos abzusetzen waren. Reimnitz: „Schwankungen in der Kaufneigung des Auslands können über die Rendite sehr wohl – wie in einem System kommunizierender Röhren – auf Inlandstitel zurück wirken. Außerdem bedeutete die Platzierung von DM-Auslandsanleihen am inländischen Rentenmarkt Kapitalexport, der die Leistungsbilanz verschlechtert. „Und hier wird der neuralgische Punkt der Bundesbank berührt.“ Die Interdependenzen zwischen dem inländischen Kapitalmarkt, dem ausländischen Kapitalmarkt und den Devisenmärkten sind unglaublich komplex.

Auf jeden Fall wird die Bundesbank auch in Zukunft den Kapitalex- und -import genauestens beobachten. Sie muss es, weil das Wohl und Wehe der deutschen Leistungsbilanz auch davon abhängt. Trotz Fallenlassen des Agreements gab Pöhl deshalb den Banken in zwei Punkten nicht nach. „Bis auf weiteres möchten wir Folgendes verlängern“, diktiert der Bundesbankpräsident. „Die deutschen Kreditinstitute werden zum Zwecke der Mittelbeschaffung im Ausland keine – in der Bundesrepublik nicht übliche – Einlagenzertifikate ausgeben, die auf DM lauten. Sie werden ferner bei der Begebung eigener Schuldverschreibungen keine variable Zinszahlung (Koppelung der Verzinsung an einen anderen Zins oder an eine Rendite) vorsehen. Sie werden Ihre ausländischen Tochterinstitute dazu anhalten“, beschied Pöhl, „bei auf DM lautenden Geschäften entsprechend zu verfahren.“

Die für das Inland wie für das Ausland wichtigen Kapitalmarktschachzüge, die die Finanziers in Deutschland, in Europa, in der ganzen Welt zu Gegenzügen veranlassen, werden in der Frankfurter Börse zuerst sichtbar, in einem Saal, der die Größe eine Klassenzimmers hat. Die Dame im Spiel ist die Bundesbank. Sie operiert meist mit den Türmen der Geschäftsbanken. Die Läufer, die öffentlichen Banken, kommen aber ebenso zum Einsatz wie die Rössl des übrigen Bankgewerbes. Die Börsianer sind in diesem Spiel die Bauern und der König die D-Mark.

Gutes Standing der D-Mark erfordert viele Aktivitäten

„Was die Bundesbank angeht“, so verabschiedete sich (1982) ihr Präsident Karl Otto Pöhl von den Frankfurter Bankern, „so werden wir jedenfalls alles in unseren Kräften tun, um auch im Ausland das Vertrauen in die D-Mark zu erhalten.“ Anschließend begab er sich auf die Goodwill-Reise nach Arabien. So wiederholte er die Sentenz wenig später vor Kuwaitis und Saudis. Für die daheim gebliebenen Bundesbanker handelt es sich um eine normale Informationsreise des Präsidenten. Von Kreditaufnahme könne keine Rede sein. „Wenn überhaupt wäre das Sache des Bundesfinanzministers.“ Zwar ist es nicht ganz ausgeschlossen, dass sich die Nachbarn aus Kronberg im Taunus, Pöhl und Finanzminister Hans Matthöfer, gelegentliche Freundschaftsdienste erweisen. „Doch in Arabien werden nicht aus dem Sofa heraus Milliarden geswitcht. Die Bundesbank ist kein Kreditnehmer.“ Ihr außenwirtschaftliches Interesse liegt – wenn möglich – in der Steuerung von Kapital- und Devisenströmen, um die D-Mark zu stabilisieren und die Leistungsbilanz besser zu fahren.

Hier ist arabische Hilfe willkommen, ja notwendig. Ähnlich wie die Bundesbank in dem Carter-Abkommen von 1978 der amerikanischen Notenbank die Munition zur Dollar-Verteidigung lieferte, könnte sich Pöhl diese Art Swap-Ressourcen für die D-Mark in Kuwait und Saudi Arabien gesichert haben. Da spielt dann der Betrag eine untergeordnete Rolle, ob neun, zehn oder 20 Milliarden Mark. Hauptsache, sie stehen zur rechten Zeit zur Verfügung, um die so gefürchteten erratischen Bewegungen auf den Märkten bekämpfen zu können. Ein Erfolg wäre schon die arabische Zusage niemals gegen die D-Mark zu spekulieren.

Frankreich versucht Sonderweg im EWS

Für die französische Regierung war die Richtung zunächst mal klar. In Anbetracht wachsender Teuerung, schlechter Wirtschaftsaussichten und eines steigenden außenwirtschaftlichen Defizits musste mit einem zunehmenden Druck auf den Franc-Kurs gerechnet werden. Dieser passte aber wiederum nicht in die politische Landschaft des Staatspräsidenten Mitterrand, der im März 1983 für die Sozialisten die Kommunal-Wahlen gewinnen wollte. So baute die Pariser Regierung eine Maginot-Linie zur Verteidigung des Francs auf. Bei aller Unabhängigkeit der Franzosen sind sie jedoch bezüglich ihrer Währung von anderen „Mächten" etwas abhängiger als ihnen recht ist. Erstens beherrscht der Dollar die Szene. Zweitens ist der Franc im Europäischen Währungssystem eingebunden und hier herrscht drittens die D-Mark.

Für das französische Selbstverständnis sind das sehr unangenehme Behinderungen in Ausübung ihrer Souveränität. Trotzdem oder gerade deswegen leistete sich Mitterrand einen höchst souveränen Akt, der nach außen Machtvollkommenheit demonstrierte, nach innen aber viel Geld kostete: Die Regierung beschloss, bis zur Wahl den Franc auf seinem EWS-Leitkurs zu halten, exactement in der Mitte der festgesetzten Bandbreite von 4,5 Prozent. Die Strategen der Deutschen Bundesbank und die übrigen Zentralbanken im EWS erfuhren von der neuen, rigorosen Leitkurs-Marschroute der Franzosen auf kleinem Dienstweg, und zwar während einer der täglichen konzertierten Devisenmarkt-Aktivitäten.

Die europäischen Notenbanken haben schon seit geraumer Zeit eine Ringleitung installiert, über die per Knopfdruck die Devisenhändler (Abteilungsleiter-Ebene) sofort an der Strippe sind und Marktdaten austauschen können über den Dollar-Kurs per Kassa und Termin, über Geldmarktsätze und Interventionen. Nach einem auf kollegialer Basis ausgehandelten Dienstplan hat reihum jeder einmal die Federführung. Wenn die Bundesbank den Vorsitz hat, ist Peter Fischer-Erlach gefordert. Er ist stellvertretender Abteilungsleiter A 1 Devisen. Üblicherweise konferieren die Devisenhändler viermal am Tag (9.30 Uhr/11.30 Uhr/14.30 Uhr/ 16.05 Uhr). „London would you start please", heißt es morgens um halb zehn und dann plaudern die Händler über die Taktik des Tages und die Strategie der Oberen. Die Deutschen bekennen dann ab und zu, dass sie allzu hektische Sprünge des Dollars nicht hinnehmen und gegensteuern wollen, und zwar durch permanente Marktpräsenz und Interventionen an den Börsen von Hongkong über Singapur bis Frankfurt. Bei dieser Gelegenheit ließen die Franzosen Anfang des Jahres durchblicken, dass sie den Leitkurs für den Franc bis März durchhalten wollen. Das EWS sollte bis dahin ruhig laufen. Frankreich hatte sich damit zu „freien" Interventionen am Markt entschlossen, um den Franc im EWS austarieren zu können. Über direkte Geschäfte mit den Banken und an der Devisenbörse hat die Banque de France längere Zeit versucht, so viele Francs zu kaufen bzw. zu verkaufen, dass dessen Dollar- und damit dessen DM-Relation unverändert bleiben.

Nachdem die Abwertungstendenz unübersehbar war und immer stärker wurde, musste die Pariser Nationalbank durch Dollar-Verkäufe und Franc-Ankäufe die eigene Währung stark stützen. Die Währungsreserven schmolzen dahin. Die Spekulation gegen den Franc schwoll so stark an, dass im Laufe der Zeit der mittlere Leitkurs nicht durchgehalten werden konnte. So kam es zu den „obligatorischen" Interventionen, zu denen sich die europäischen Zentralbanken bei der Gründung des EWS verpflichtet hatten. Bundesbankdirektor Fischer-Erlach: „Zu den obligatorischen Interventionen kommt es, wenn in einem Festkurssystem der Kurs einer Währung den oberen oder unteren Interventionspunkt erreicht." Die Initiative geht aber nicht von den Zentralbanken aus. Der Anstoß kommt von den Geschäftsbanken. „Laufen die US-Dollar-Kurse zweier EWS-Währungen so weit auseinander, dass einer der Interventionskurse der beiden Währungen überschritten wird, ist es für die Banken günstiger, die betreffende EWS-Währung statt im Markt von der zuständigen Zentralbank zu kaufen oder an sie zu verkaufen," rechnet der A-1-Direktor vor.

Fischer-Erlach erklärt die Situation so: Belaufen sich z. B. der Dollar-DM-Kurs auf 2,2410-2,2420 DM und der Dollar-Franc-Kurs auf 5,6140/70 Francs, errechnet sich hieraus ein Franc-DM-Kurs von 39,897–39,936 DM. Eine Bank, die französische Francs zu kaufen hat, müsste somit 39,936 DM für 100 Francs zahlen. Da sich (bei diesem Beispiel) der obere Interventionspunkt der Bundesbank für 100 Francs auf nur 39,920 DM beläuft, wäre es somit bei dieser Kurslage für die Bank günstiger, die Francs direkt gegen DM von der Deutschen Bundesbank zu erwerben (entsprechend wäre es für eine französische Bank günstiger, D-Mark an die Banque de France zu verkaufen, da deren Kurs von 250,50 Francs für 100 DM über dem sich auf der Basis der US-Dollar-Kurse von 2,2420 DM und 5,6140 F ergebenden DM/F-Marktkurs von 250,401 F läge).

Vor der Kursanpassung (Realignment) im März, die eine Aufwertung der DM gegenüber dem Franc von acht Prozent brachte, kam es schließlich über eine längere Zeit täglich zu solchen „unechten" Kursen, die die Bundesbank auf der einen Seite und die Banque de France auf der anderen Seite zu Interventionen zwangen. Nachmittags um 16.05 Uhr stellten die Herren an der Ringleitung dann das Interventionsvolumen des jeweiligen Tages fest: Mal 100 Millionen, mal 300 Millionen Francs. Diese Forderungen werden sofort an den Europäischen Währungsfonds verkauft, der der Bundesbank eine Gutschrift in der Kunstwährung (ECU) gibt und die Banque de France entsprechend belastet. Nach sechs Wochen, spätestens aber drei Monaten muss Frankreich diese Währungsrechnung bezahlen, einschließlich der Zinsen. Im Kassa-Dollar-Geschäft der Bundesbank zur Glättung erratischer Bewegungen des DM-Dollar-Kurses wird sofort bezahlt. Dazu muss man aber über Devisen verfügen.

Pöhl im Originalton: Wechselkursanpassung erfolgreich

27. April 1983 – Fragen an den Bundesbankpräsidenten, Karl Otto Pöhl.

– Herr Präsident, es ist schon ein Teufelskreis: Die niedrige deutsche Inflationsrate führt zu Disparitäten bei den europäischen Währungen. Die Deutschen müssen intervenieren und blähen damit die Geldmenge auf. Am Schluss steht dann wieder ein Realignment, das politisch so unerfreulich wie das letzte ausfallen kann. Wie lange kann das so weitergehen?

Pöhl: „Die jüngste Wechselkursanpassung ist doch recht erfolgreich gewesen. Die starken Devisenzuflüsse von 15 Milliarden D-Mark sind fast vollständig wieder abgeflossen."

– Aber wie lange? Wann wird es das nächste Realignment geben?

Pöhl: „Realignments im EWS sollten ganz normale Vorgänge sein. Sie sind ja auch im Vertrag über das EWS ausdrücklich vorgesehen. Sie sollten deshalb nicht als Angelegenheiten des nationalen Prestiges betrachtet werden. Sie dürfen aber nicht zu oft erfolgen, wie es in den letzten zwei Jahren leider der Fall war. Stabilität der Wechselkurse ist eben nur möglich, wenn es ein gewisses Maß an Konvergenz der wirtschaftlichen Entwicklung und der wirtschaftspolitischen Zielvorstellungen unter den Mitgliedern gibt. Ich habe den Eindruck, dass wir uns neuerdings mehr als bisher in die gleiche, richtige Richtung bewegen."

– Devisenbewirtschaftung kann wohl nicht die richtige Richtung sein?

Pöhl: „Nein. Sicherlich ist Devisenbewirtschaftung das Gegenteil dessen, was man bei der Schaffung des EWS als Ziel des Systems sich vorgestellt hat. Ein System, das nur funktionieren kann mit massiven administrativen Kontrollen des Geld- und Kapitalverkehrs und das lediglich die Fixierung der Wechselkurse anstrebt, halte ich nicht für sehr erstrebenswert. Ich hoffe deshalb sehr, dass die Einschränkungen der Konvertibilität einiger europäischer Währungen möglichst bald wieder aufgehoben werden."

– Gerade die Franzosen verlangen immer wieder auch massive Interventionen beim Dollar. Wird darüber auf dem Gipfel in Williamsburg auch gesprochen werden?

Pöhl: „Das ist möglich. In einigen ausländischen Zeitungen ist der Eindruck erweckt worden, es gebe eine Art europäische Einheitsfront, die von den Amerikanern mehr Interventionen an den Devisenmärkten fordert. Davon kann überhaupt keine Rede sein. Jedenfalls gehört die Bundesbank nicht dazu und unsere Währung müsste ja wohl, außer dem Yen, in erster Linie benutzt werden, wenn mehr als bisher interveniert würde. Wir haben Interventionen an den Devisenmärkten zwar nie prinzipiell abgelehnt, aber die Erfahrung hat doch klar gezeigt, dass Interventionen nur von sehr begrenztem Wert sind. In der gegenwärtigen Lage würden sie kaum etwas bewirken. Der Dollar ist vor allem wegen der Zinsdifferenz zwischen Dollar und D-Mark bzw. Yen so stark. Die Zinsdifferenz beträgt ja zurzeit wieder zwischen 3,5 und 4,5 Prozent je nach Fristigkeiten. Sie ist angesichts der nur geringen Inflationsdifferenz in dieser Höhe nur schwer zu begründen. Ein deutlicher Zinsrückgang in den USA würde sicher auch zu einer Korrektur des Dollar-Kurses führen, den vor allem die Amerikaner selbst als zu hoch empfinden, weil es die Wettbewerbsfähigkeit ihrer Wirtschaft erheblich beeinträchtigt."

Bundesbankpräsident Karl Otto Pöhl mit Bankern und Journalisten bei der IWF-Weltbanktagung 1983. Von links: Winfried Spaeh, Autor, John Fiehn, Pöhl, Klaus C. Engelen, Walter Vielmetter.

Pöhl nach Jahren in der Rückschau: Die Krise von Anfang 1983 drohte das EWS zu sprengen. Frankreich hatte unter der neuen sozialistischen Regierung einen stark expansiven Kurs eingeschlagen, der aber zu Abwertungsdruck auf den Franc führte. Erst nach zähen Verhandlungen gelang es dem französischen Finanzminister Jacques Delors, die französische Regierung und den Präsidenten davon zu überzeugen, dass nur eine konservative Wirtschaftspolitik mit Wechselkursstabilität zu vereinbaren war. Der „Franc Fort" war geboren. Allerdings war mit dieser Politik auch eine immer engere Bindung des Franc an die D-Mark verbunden so wie es zuvor schon mit den Währungen Österreichs, Hollands, Dänemarks und Belgiens der Fall war, d. h. die Geldpolitik für diese Länder wurde praktisch in Frankfurt entschieden, die D-Mark wurde zum Anker des Europäischen Währungssystems. Der damit verbundene Verlust an geldpolitischer Souveränität war für ein Land wie Frankreich jedoch schwer erträglich.

Williamsburg
28.–30. Mai 1983

Alle Erklärungen der Großen 7 (Deutschland/Kohl, Frankreich/Mitterrand, Großbritannien/Thatcher, Italien/Fanfani, Japan/Nakasone, Kanada/Trudeau und USA/Reagan – auch EG-Kommission/Thorn), so auch die nach dem Weltwirtschaftsgipfel in Williamsburg, wollen nicht nur die gute Zusammenarbeit in der westlichen Welt demonstrieren, sondern strahlen auch etwas von einer „Weltregierung" ab.

„Unsere Völker bekennen sich gemeinsam zu Demokratie, Freiheit des einzelnen und Kreativität, zu Moral, Menschenwürde, persönlicher und kultureller Entwicklung. Um diese gemeinsamen Wertvorstellungen zu wahren, stützen und ausbreiten zu können, ist Wohlstand wichtig" ... Der in Versailles begonnene Konsultationsprozess wird verstärkt, um die Konvergenz der Leistung unserer Volkswirtschaften und größere Wechselkursstabilität zu fördern." – Hinter diesen großen Worten stecken höchst komplizierte Zusammenhänge im Detail und dementstrechende harte politische Kämpfe zwischen den G 7-Teilnehmern. In Punkt 5 der Erklärung schimmert da manches durch: Wir haben die Finanzminister gebeten, zusammen mit dem Geschäftsführenden Direktor des IWF, die Bedingungen für eine Verbesserung des Weltwährungssystems zu erkunden und dabei auch zu prüfen, welche Rolle eine internationale Währungskonferenz auf hoher Ebene zu gegebener Zeit spielen könnte. Etwas später gehen die hohen Herren in verschiedenen Punkten noch stärker ins Detail.

Geldpolitik: Diszipliniertes, nicht inflationäres Wachstum von Geldmengen sowie angemessene Zinssätze, um einen späteren Wiederanstieg von Inflation und ein Hochschnellen der Zinssätze zu vermeiden und damit Spielraum für ein anhaltendes Wachstum zu schaffen.

Finanzpolitik: Wir werden, bevorzugt durch Disziplin bei den öffentlichen Ausgaben, einen Abbau der strukturellen Haushaltsdefizite anstreben und die Auswirkungen der Finanzpolitik auf Zinssätze und Wachstum bedenken.

Wechselkurspolitik: Wir werden Konsultationen, wirtschaftliche Konvergenz und internationale Zusammenarbeit verbessern, um die Stabilisierung der Devisenmärkte zu fördern, und dabei unsere Schlussfolgerungen aus der Devisenmarkt-Interventionsstudie berücksichtigen. Hier eine ganz exklusive Interpretation der Williamsburg-Abmachungen durch Altbundesbankpräsident Otmar Emminger (2. 6. 83):

Fromme Wünsche

1. Hat uns Williamsburg auf dem Weg zu größerer Währungsstabilität vorangebracht? Hier kann ich nur mit einem „Vielleicht" antworten. Die Gipfelteilnehmer haben Absichtserklärungen verabschiedet, die zweifellos geeignet wären eine größere Wechselkursstabilität zwischen den wichtigsten Währungen herbei zu führen – wenn, ja wenn sie wirklich voll verwirklicht werden, als nicht fromme Wünsche bleiben. Das Schlüsselwort ist „Konvergenz" in der Wirtschaftsentwicklung der Teilnehmerländer, und zwar in Richtung auf innere Stabilität und gesundes inflationsfreies Wachstum. Aber eine ähnliche Wunschvorstellung wurde bereits auf dem vorjährigen Wirtschaftsgipfel (Versailles) verkündet.
   Die entscheidende Frage ist also: Haben sich inzwischen die Voraussetzungen für eine Verwirklichung dieser guten Absichten verbessert? Wahrscheinlich ja. Aber hauptsächlich deswegen, weil sich bereits vor Williamsburg eine deutliche Tendenz zur Harmonisierung der Wirtschafts- und Stabilitätsentwicklung bei mindestens vier, wenn nicht fünf der sieben Gipfelstaaten abgezeichnet hat. Die USA, Japan, Deutschland, Großbritannien (sowie eine Reihe kleinerer Länder) haben die Inflationsrate auf unter fünf, teilweise erheblich unter vier Prozent herab gedrückt; die Konjunktur weist überall leicht nach oben. Aber es ist wahrscheinlich, dass diese Harmonisierung für sich allein noch nicht ausreichen wird, um die erhoffte größere Wechselkursstabilität zwischen diesen Ländern auf die Dauer abzusichern.
2. Als positives Element könnte man es werten, dass in Williamsburg mit Nachdruck unterstrichen wurde, dass die Herstellung größerer Wechselkursstabilität zu den wirtschaftspolitischen Hauptzielen der beteiligten Länder gehören solle, und dass sie bei ihrer internen Wirtschaftspolitik auf die Wechselkursentwicklung Rücksicht nehmen sollen. Also Abschied von der „benign neglect"-Politik! Auch die Absicht verstärkter Konsultationen wurde bekräftigt, und zwar sowohl hinsichtlich der Auswirkung der allgemeinen Wirtschaftpolitik auf die Wechselkursentwicklung als auch hinsichtlich der Entwicklung der Devisenmärkte selbst. Sogar gemeinsame „koordinierte" Deviseninterventionen werden ins Auge gefasst, freilich mit der Einschränkung: „unter Aufrechterhaltung unserer jeweiligen Handlungsfreiheit" und nur in Fällen, „in denen Übereinstimmung über die Nützlichkeit solcher Interventionen besteht." Es ist nicht schwer zu erkennen, dass hier alles auf die praktische Handhabung ankommt. Denn mit solchen Formulierungen ließe sich ebenso das kontrollierte Floaten („managed floating") des Dollars in den Jahren 1977–79 wie die Interventionsabstinenz seit 1981 verteidigen.
3. Eine nützliche Klarstellung bedeutet es zweifellos, dass der französische Wunsch nach einem baldigen Übergang zu festen Wechselkursen (oder zu offiziell deklarierten Zielzonen) praktisch abgelehnt wurde. Bei dieser Diskussion geht es de facto nur um das Verhältnis zum Dollar. Dass andere Währungen untereinander, wenn auch adjustierbare Wechselkurse aufrecht erhalten können, steht außer Frage; sei es, dass sie dies im Rahmen eines regionalen Währungsblocks (EWS) tun, oder dass einzelne Länder von sich aus ihre Währung an andere Währungen anhängen (wie etwa Österreich an die DM oder die EWS-Währungen). Der springende Punkt ist der Dollarkurs. Aber wer könnte überhaupt daran denken, den Dollarkurs heute, oder in absehbarer Zukunft, in irgendeiner Form zu fixieren, zumal der gegenwärtige Dollarkurs ja von den meisten als auf die Dauer unhaltbar betrachtet wird?
   Aber welcher andere Kurs sollte dann fixiert werden und von wem? Wer sollte den fixierten Kurs oder die deklarierte Kurszone verteidigen? Wie soll man mit den riesigen Devisenbewegungen fertig werden, die sich bei jeder Aufwärts- oder Abwärtsspekulation hinsichtlich des Dollarkurses mit Sicherheit in Bewegung setzen würden? Am Rande sei erwähnt, das ein fester Dollarkurs auch eine viel engere Anpassung unserer Zinssätze an das (überhöhte) amerikanische Zinsgefüge erforderlich machen würde.

Präsident Mitterrand hat in Williamsburg immerhin einen Trostpreis erhalten: Die sieben Finanzminister wurden beauftragt, „die Bedingungen für eine Verbesserung des Weltwährungssystems zu prüfen und dabei auch zu erkunden, welche Rolle zu gegebener Zeit eine internationale Währungskonferenz auf hoher Ebene spielen könnte". Man mag das als Begräbnis erster Klasse betrachten. Es bedeutet freilich auch, dass die Franzosen den Fuß in der Tür haben, und dass die Verbesserung des Weltwährungssystems für längere Zeit auf der Tagesordnung stehen wird. Und schließlich können Verbesserungen auch in anderen Dingen als in der Rückkehr zu festen Wechselkursen bestehen; z. B. in der Aufstellung von Regeln für eine bessere Kontrolle des internationalen Kreditsystems.

4. Was wird sich nun in der Währungspolitik praktisch ändern?

- Hinsichtlich der Deviseninterventionen offenbar nicht allzu viel. Die Amerikaner scheinen zwar etwas aufgeschlossener gegenüber dem Wunsch nach Dämpfung von vorübergehenden Kurssprüngen („erratischen Schwankungen") zu sein, schon weil sie nun selbst immer mehr die Hauptleidtragenden von spekulativen Kurssprüngen des Dollars nach oben sind. Aber als der amerikanische Notenbankchef, Paul Volcker, kürzlich vorsichtig andeutete, man könnte doch auch an Interventionen denken, wenn nach allgemeiner Ansicht das Kursniveau eindeutig falsch – „clearly wrong" – ist, da gab es ablehnende Stimmen aus dem Regierungslager.
- Tatsächlich sind die Devisenintervention nicht das Hauptproblem, da man damit nur vorübergehende Kurssprünge glätten, nicht aber fundamentale Verschiebungen im Kursniveau ändern kann. Das Hauptproblem sind längerfristige Verzerrungen im Kursniveau („misalignments"), die zu Verzerrungen in den Wettbewerbspositionen, protektionistischen Abwehrmaßnahmen und dergleichen führen. Hauptbeispiel: Der seit gut zwei Jahren überbewertete Dollar gegenüber dem unterbewerteten Yen. Hier liegt die Hauptursache klar zutage, nämlich die hohe Zinsdifferenz. 1982 hatten die Japaner einen Leistungsbilanzüberschuss von rund 7 Milliarden Dollar, gleichzeitig aber ein Nettodefizit in der langfristigen Kapitalbilanz von 15 Milliarden Dollar. Dagegen helfen Devisenintervention nicht viel. Sollen nun die Japaner ihre Zinssätze stark erhöhen (bei einer Inflationsrate von 2 %)? Oder sollen sie die Kapitalausfuhr dirigistisch bremsen? Hier drängt sich als nächstliegende Abhilfe eine Korrektur des überhöhten amerikanischen Realzinses auf. Fazit: Die viel beschworene Konvergenz darf nicht nur in der Harmonisierung der Inflationsraten bestehen. Sie wird nur dann die Verzerrungen im Wechselkursgefüge der Welt beseitigen helfen, wenn sie sich auch auf die Realzinsen und den „policy mix" von Geld- und Fiskalpolitik erstreckt. Insofern sind wir von einem echten Währungsgleichgewicht zwischen den wichtigsten Währungen noch ein gutes Stück entfernt. (Ende des Exkurses von Otmar Emminger für die damalige redaktionelle Arbeit)

Eidgenossen in der europäischen Geldpolitik

Den Advocatus Diaboli spielt Fritz Leutwiler nicht häufig und auch nicht gerne. „Es fehlt an Geld, nun gut, so schaff' es denn", zitiert der Präsident des Direktoriums der Schweizerischen Nationalbank den Mephisto aus Goethes Faust. „Aber", setzt er nach, „enthält dieser Rat wirklich das Rezept zur Überwindung der gegenwärtigen weltweiten Rezession und der Finanzkrise? Die Streitfrage, ob Geld Wohlstand schaffen kann, ist uralt, so alt wahrscheinlich, wie das Geld selbst." Leutwiler will es hier nicht mit Mephisto halten. Die Krise der 30er-Jahre und die Inflationswelle der 70er-Jahre zeigen nach Leutwiler deutlich, was die Geldpolitik nicht leisten kann. Die Geldpolitik gehe dann in die Irre, wenn sie sich an Größen orientiert, die sie im Grunde nicht kontrollieren kann. Ziele wie die Verteidigung der Währungsparität in den 30er-Jahren oder die Sicherung der Vollbeschäftigung in neuerer Zeit haben sich für die Geldpolitik als ungeeignet erwiesen. Leutwiler: „Sie liegen auf die Dauer außerhalb ihrer Grenzen."

Diese Erkenntnis der neueren Volkswirtschaftstheorie bildet den strategischen Hintergrund der Notenbankpolitik nicht nur in der Schweiz sondern auch in der Bundesrepublik Deutschland. Die Schweizerische Nationalbank und die Deutsche Bundesbank essen, um bei Faust und der Bibel zu bleiben, vom selben Baum der Erkenntnis. Ihre Geldpolitiken sind fast identisch angelegt. Ihr Einfluss bei den jeweiligen Regierungen bewirkte über die Jahre denn auch eine ähnlich optimal ausgerichtete Finanz- und Wirtschaftspolitik in beiden Ländern. Die Schweiz und Deutschland bilden eine Stabilitätsinsel in Europa mit den niedrigsten Inflationsraten und den härtesten Währungen. Beide Länder erfüllen das, was von den EWS-Mitgliedern – die Schweiz gehört nicht dazu – eigentlich gefordert wird: Die Konvergenz der Wirtschaftspolitiken als Voraussetzung für eine gleichmäßige, volkswirtschaftliche Entwicklung bei relativer Preisstabilität und stabilen Wechselkursen.

„Der Einsatz der Geldpolitik zur langfristigen Rückgewinnung der Preisstabilität setzt voraus, dass die Notenbanken alln Verlockungen zu kurzfristigen Aktionen im Interesse von Wachstum, Beschäftigung oder niedrigen Zinssätzen widerstehen", mahnt Leutwiler. Zu Recht habe Nobelpreisträger Milton Friedman davor gewarnt, dass die Geldpolitik das Unmögliche versucht und dadurch nicht einmal das Mögliche erreiche. Das Leitmotiv für die Geldpolitik der 80er-Jahre sollte deshalb heißen: Selbstbeschränkung auf erreichbare Ziele, d. h. Preisstabilität und Unnachgiebigkeit bei deren Verteidigung. Wie die Nationalbank und die Bundesbank nach innen parallele Geldpolitiken zu verwirklichen suchen, so kooperieren sie auf den Devisenmärkten und stimmen ihre Politik auf den internationalen Geld-Glacis wie beim Internationalen Währungsfonds in Washington oder der Bank für Internationalen Währungsausgleich (BIZ), Basel, ab.

Der Konsens kann besonders in Basel zum Tragen kommen, weil bei der BIZ Fritz Leutwiler Präsident ist und Karl Otto Pöhl im Verwaltungsrat sitzt. Dass 1982 eine breitflächige internationale Finanzkrise (ausgehend von Mexiko) vermieden werden konnte, war in hohem Maße der Kooperation von Nationalbank, Bundesbank und BIZ zu verdanken. Hier spielten dann auch der Niederländer Wim Duisenberg, die österreichische Nationalbank (Kohl) und der Berliner in der US-Notenbank (Fed) Wallich mit. Im Laufe des vergangenen Jahres (1982) erhielt Ungarn über die BIZ Überbrückungskredite von insgesamt 510 Millionen Dollar. Im August wurde Mexiko ein Überbrückungskredit von 1,85 Milliarden Dollar gegeben. Dazu heißt es im Geschäftsbericht der Nationalbank: „Die Hälfte davon gab die BIZ mit der Garantie europäischer Notenbanken, die andere Hälfte die amerikanische Zentralbank (Fed). Im Dezember wurde außerdem Brasilien ein Kredit in Höhe von 1,2 Milliarden Dollar eingeräumt." Und Bundesbankpräsident Pöhl hat in den ersten Monaten von 1983 weitere Überbrückungskredite zugesagt, wenn der Internationale Währungsfonds nicht ausreichend liquide sein sollte, weil die Quotenerhöhung nicht rechtzeitig über die politischen Hürden, besonders in den USA, kommt. Die Schweizer stehen mit ihrer starken Finanzkraft in dem von ihnen geforderten Rahmen als Kreditgeber nicht nach. Dafür gibt's Leutwiler.

In der wechselvollen deutsch-schweizerischen Geschichte gab es nie Zeiten, in denen die Zusammenarbeit beider Länder besser war als jetzt. Die Zentralbanken sind die Herolde der Freundschaft beider Länder und die Paladine ihrer Prosperität. Die harten Währungen, Franken und D-Mark, sind ihr Produkt und ihre Waffen zugleich. Ihre gleichartige Philosophie und die identische strategische Grundausrichtung dürfen aber nicht zu dem Fehlschluss führen, es handle sich hier um deckungsgleiche Institute. Die Eidgenossenschaft leistet sich, das wäre in Deutschland kaum denkbar, eine Privatbank, die mit den Aufgaben einer Notenbank betraut ist.

Die Aktiengesellschaft, die ihren Doppelsitz in Bern und Zürich hat, zahlt eine Standarddividende von sechs Prozent. Die Regierung in Bern ist am Aktienkapital ihrer Zentralbank nicht einmal beteiligt. Hauptaktionäre sind die Kantone, die Kantonalbanken und andere öffentlich rechtliche Körperschaften, die zusammen über 50 Prozent des Kapitals halten. Über 40 Prozent besitzt der freie Schweizer Bürger. Im Gegensatz zu anderen Aktiengesellschaften werden Organisation und Tätigkeit der Nationalbank aber nicht durch privatrechtliche Statuten sondern durch ein Bundesgesetz geregelt. Der Staat beruft die Präsidenten sowie die Direktoren. Er muss aber auch den Jahresabschluss genehmigen. Daher weiß der Fiskus genau, welche Milliarden-Gewinne die Notenbank macht. Das aber könnte für die Nationalbank missliche Folgen haben, denn die Begehrlichkeiten wachsen in Bern enorm. Weil es – im Gegensatz zum deutschen Bundesbankgesetz – im Nationalbank-Gesetz aber keinen Passus über die Gewinnabführung an den Staat gibt, kann Fritz Leutwiler seinen Schatz noch vor den Staatskommissaren sicher halten. „Die Ablieferung von Nationalbankgewinnen könnten den Kern für ein noch stärkeres Ansteigen der Staatsdefizite legen", räsoniert er. Leutwiler spricht damit abermals aus, was auch Bundesbanker denken.

Schuldenkrise: BIZ und Internationaler Währungsfonds

Die deutschen Zeichner von DM-Brasilien-Anleihen bekommen kalte Füße. Sie haben das Kleingedruckte in ihren Anleihe-Urkunden gelesen und handeln kontraproduktiv. Die vorzeitige Kündigung ist rechtens. Sie steht dem Schuldner wie den Gläubigern offen. Diesmal wollen die Gläubiger kündigen. Der brasilianische Staat soll jetzt nicht nur eine, sondern verschiedene DM-Anleihen zu 100 Prozent zurückzahlen, obwohl die Fälligkeiten bis 1987 reichen, also noch vier Jahre Laufzeit besteht und Brasilien kann nicht. Die Deutsche Bank und andere Emissionshäuser suchen zu retten, was zu retten ist. Der offene Ausbruch der Krise kann kaum noch verhindert werden. Während die deutschen Privatanleger die Krise eher anfachen, arbeitet die Bundesbank fieberhaft an ihrer Bewältigung.

Ähnlich unklug wie die deutschen Anleger verhält sich aber auch die brasilianische Regierung selbst. Sie will Geld holen, wo keines ist. Brasilien stellte einen Polen-Kredit fällig, ohne auf die leere polnische Devisenkasse zu achten. Die Brasilianer wollen offenbar gleichzeitig strenge Gläubiger und unverfrorene Schuldner sein. Sie sehen außerdem ihre nationale Würde beschädigt, nicht etwa weil sie in der Welt mit rund 90 Milliarden Dollar in der Kreide stehen, sondern weil eine globale Institution, der Internationale Währungsfonds (IWF), es wagt, dem Land Vorschriften zu machen, wie ein Weg aus der Krise gefunden werden könnte. Notenbankgouverneur Carlos Langoni trat zurück. „IWF-Auflagen können die Souveränität eines Landes stark berühren", gibt auch der Schweizer Leutwiler zu bedenken. Aber weil kein anderer Weg aus dem Chaos führt, unterzeichnete der neue brasilianische Notenbankgouverneur, Alfonso Pastore, jetzt das IWF-Paket. Wenn die nationalen Regierungen nicht genug tun oder tun können gegen überbordende Staatsverschuldung und Inflation und dadurch das Finanzsystem im Ganzen gefährden, muss der IWF eben hineinregieren.

Die Notenbankpräsidenten der westlichen Welt arbeiten sogar an Modellen, die Macht des IWF zu erweitern. Das, was auf politischer Ebene, bei den Vereinten Nationen, nicht läuft, gewinnt damit im Finanzsystem Konturen: eine Superregierung für Finanzen und Wirtschaft für 146 Staaten. Im „Sicherheitsrat" dieser Institution sitzen mit uneingeschränktem Veto-Recht die USA und die Bundesrepublik, Saudi-Arabien und Japan als Netto-Gläubiger. Nicht-Mitglied Schweiz übt Einfluss durch ihre Finanzkraft und durch ihren Nationalbankpräsidenten Leutwiler aus, der gleichzeitig Präsident der Baseler Bank für Internationalen Zahlungsausgleich BIZ ist.

Fritz Leutwiler und Karl Otto Pöhl, der seit Kurzem auch den Vorsitz bei den Notenbankgouverneuren des Zehner Clubs innehat, bilden innerhalb des „Finanzsicherheitsrats" eine besondere Riege gut kalkulierter Finanzmacht. Schon im Vorfeld der IWF-Jahrestagung Ende September haben sie die Marschroute abgesteckt, wie es beim Weltwährungsfonds langgehen soll.

- Der IWF soll als Institution gestärkt werden, aber nicht im Management.
- Die Finanzierung zur Krisenbewältigung wird im Rahmen des Möglichen sichergestellt.
- Die Refinanzierung auf den Kapitalmärkten bleibt ausgeschlossen. Der IWF darf selbst keine Anleihen begeben, sondern bekommt sein Geld von den Notenbanken. In der Anleihe-Begebung kann sich künftig – noch verstärkt – die Weltbank tummeln. Ihr Refinanzierungsrahmen von derzeit 60 Milliarden Dollar soll noch erweitert werden. IWF und Weltbank sind Kinder des Bretton-Woods-Systems.

Die Bundesbank setzt damit eindeutige Signale in Richtung der Washingtoner Bretton-Woods-Institutionen. Der Internationale Währungsfonds soll speziell auch über seine Refinanzierung an der kurzen Leine der Mitglieder, der Notenbanken, geführt werden. Das Warnsignal geht nicht nur in Richtung der Schuldenmacher, die beim IWF möglichst viel „Luftgeld-Sonderziehungsrechte" pumpen wollen. Die Warnung geht auch an das Management des Internationalen Währungsfonds, das sich mehr und mehr und ganz persönlich somit in missverstandener Weise als Finanz-Regierung der Welt fühlt und sich dafür auch die nötigen Freiräume bei der Refinanzierung (über die Anleihe-Märkte) schaffen will. Nicht nur die Amerikaner spielen offenbar mit dem Gedanken, den IWF an die Kapitalmärkte zu lassen, um Engagements von Staat und Notenbank dort zu reduzieren, sondern auch der IWF-Managing Director Jacques de Larosière. Dem Franzosen liegen die französischen Kolonien so am Herzen, dass er gerne mit leichter Hand Geld spendend einsteigen würde. Das wäre allerdings eine Fehlallokation von IWF-Ressourcen.

Dann und wann hat es tatsächlich den Anschein, dass der IWF-Chef auch seine Zusagen-Lücke für bisher nicht gedeckte IWF-Kredite übermäßig hochschreibt, damit er über gute Argumente für die Notwendigkeit neuer Refinanzierungsquellen verfügt. Dagegen mauert aber Bundesbankpräsident Pöhl. Er stellt ganz klar fest: „Bevor zur Marktfinanzierung in den IWF-Gremien möglicherweise irreversible Beschlüsse gefasst werden, sollte das Für und Wider der Mittelaufnahmen am Markt durch den IWF sorgfältig und objektiv gegeneinander abgewogen werden." Die Bundesbank sieht neben den IWF-Extravaganzen noch andere Inflationsherde und abgrundtiefe Finanzlöcher. Sie hat deshalb Bedenken, wenn zur Deckung des Finanzbedarfs der Entwicklungsbanken, dies wird diskutiert, kurzfristig angelegte Währungsreserven bzw. Zentralbankkredite maßgeblich beitragen sollen.

Sie steht deshalb „Bestrebungen der Entwicklungsbanken reserviert gegenüber, ihre Refinanzierung in diese Richtung auszuweiten. Fazit: Der IWF darf nicht an die Märkte und die Entwicklungsbanken, insbesondere die Weltbank, nicht an die Währungsreserven." Die Bundesbank will schon das Machtzentrum IWF aufbauen, ohne das dortige Management zu sehr erstarken zu lassen. So gilt auch und gerade im internationalen Finanzsystem die Regel: Wer zahlt, schafft an. Und der allerbeste Rat der deutschen Währungshüter an den Rest der Welt lautet: sparen, sparen, sparen. Denn eine Kumulierung von umfangreichen Zahlungsbilanzdefiziten wäre auf Dauer weder für die Schuldnerländer noch für die Gläubiger und die nationalen wie internationalen Finanzmärkte zu verkraften.

Die BIZ und ihr Präsident Leutwiler liegen auf derselben Linie. Der Chef grenzt klar ab, in welchem Kreditrahmen sich die BIZ bewegen wird. „Die kurzfristige Überbrückung ist die BIZ-Domäne", meint Leutwiler. Die Finanzierungsmittel der BIZ sind im Wesentlichen Depots der Notenbanken, die ihre Mitglieder sind. Sie legen einen Teil ihrer Währungsreserven kurzfristig bei der BIZ an. „Damit muss die BIZ außerordentlich vorsichtig umgehen." (Leutwiler) Sie muss erstens eine sichere Anlage vornehmen und zweitens eine kurzfristige. Es gibt nämlich auch bei den Mitgliedsländern permanent Leistungsbilanzveränderungen und ihre Notenbanken sehen sich unter Umständen sehr schnell gezwungen, Gelder von der BIZ abzuziehen. Deshalb muss die BIZ immer liquide sein.

Rollover-Kredite passen nicht in ihren Rahmen, bestenfalls eine Prolongation über ein halbes Jahr oder zweimal ein halbes Jahr, so wie sie kürzlich Brasilien in Anspruch genommen hat. Anders ist die Lage, wenn die Notenbanken ihrerseits uneingeschränkte Garantien für die von der BIZ herausgereichten Kredite geben. Dann kann zwar Leutwiler nach Lust und Laune agieren, aber die Zentralbanken kommen möglicherweise in Konflikt mit ihren Grundsätzen, die auch zur kurzfristigen Anlage verpflichten. „Sie gehören", so Leutwiler, „zu den wichtigsten Prinzipien der Notenbankpolitik." Leutwiler bleibt strikt. Er weiß wie Pöhl, dass mit Geld nicht alles zu lösen ist. Sparen sei besser als Geld ausgeben. Das gilt ebenso für die Länder wie für Institutionen, z. B. den IWF. Selbst eine Quotenausweitung über die 30 Milliarden Sonderziehungsrechte (auf 90 Mrd. SZR) hinaus, die demnächst in Washington beschlossen werden muss, hilft nicht weiter.

„Vorhandenes Geld weckt nur Begehrlichkeiten. Sie wachsen in der Regel", so der BIZ-Präsident, „überproportional." Die zentraleuropäischen Finanzmatadoren, Leutwiler und Pöhl, müssen vor der IWF-Tagung auch noch mit dem amerikanischen Partner ins Reine kommen. Da gibt es immer noch Meinungsverschiedenheiten, wie die IWF-Finanzierungslücke von rund sechs Milliarden SZR (ein SZR = ein Dollar) zu decken sei. Leutwiler räumt ein, dass die Amerikaner nicht wie die europäischen Notenbanken einfach in die Kasse greifen können, um dem Währungsfonds einen zusätzlichen Kredit zu geben. Das muss alles über den Kongress laufen, wie bei der Quotenerhöhung auch. Wenn IWF-Chef de Larosière etwas in seinen (eigenmächtigen) Finanzierungsansprüchen zurücksteckt und die Amerikaner konzilianter werden, wird die IWF-Tagung an den Gestaden des Potomac Ende September (83) letztendlich doch noch ein Erfolg.

Die Bundesbank will den Erfolg und hält ihn für ebenso notwendig und machbar wie Leutwiler. Schließlich hat die Bundesrepublik ihren Goodwill in der Bereinigung der Welt-Finanzkrise durch Geldzusagen und fest eingegangene Verpflichtungen über 30 Milliarden DM dokumentiert. Wie weit kann die Bundesbank mit ihrer Ausleihe an die Welt gehen? Ein Chefökonom in der Zentrale an der Frankfurter Wilhelm-Epstein-Straße meint: „Theoretisch gibt es keine Grenze, weil wir die D-Mark selbst schaffen. Ökonomische Grenzen gibt es. Sie könnten – indirekt in der Höhe der Währungsreserven liegen." Leutwiler bleibt in dieser Beziehung weniger spendabel und damit in guter schweizerischer Tradition: „Die Hälfte unserer Währungsreserven für diesen Zweck eingesetzt, wäre mir schon viel zu viel."

Konkordat, Kapinski und die leidige Kapitalflucht

In das internationale Finanzgeschäft hat sich ein neuer Begriff eingeschlichen, der mit einem sehr traditionsreichen Wort belegt ist: Konkordat. Konkordate schlossen bisher die Päpste mit weltlichen Machthabern, um den Einfluss der katholischen Kirche in den jeweiligen Staaten sicherzustellen. Die Kardinäle des Kapitalismus, die Notenbankgouverneure, haben jetzt in Basel ebenfalls ein Konkordat geschlossen. Es schreibt Grundregeln für die internationale Bankenaufsicht fest. Bei rechtem Licht besehen maßen sich damit die Zentralbankchefs gesetzgeberische Befugnisse für das von ihnen vertretene Land an und schließen gleichzeitig internationale Verträge, zu denen sie auch nicht berechtigt sind. Die Bundesbank beschwichtigt: „Dieses Konkordat gibt rechtlich unverbindliche Empfehlungen für die Zusammenarbeit der das Konkordat tragenden Bankenaufsichtsbehörden bei der Überwachung der Auslandsniederlassungen von Banken; das sind Zweigstellen, Tochterbanken und Gemeinschaftsunternehmen."

Tatsächlich ist es aber so, dass die Zentralbanker des Zehnerclubs (USA, Kanada, Frankreich, England, Japan, Deutschland, Österreich, Italien, Benelux) und der Schweiz Richtlinien für die Bankenaufsicht im Mutter-Tochter-Verhältnis verabschiedet haben, an die sich alle peinlichst genau halten wollen und werden. Sie sehen das „Unverbindliche" als sehr verbindlich an. Das hat auch seine Berechtigung. Die Bankenaufsicht über die Grenzen hinaus ist eine Notwendigkeit, die aus der zunehmenden Verflechtung der internationalen Finanzmärkte resultiert. Nur so kann ein möglicher Flächenbrand von Bankpleiten, der das weltweite Finanzsystem gefährdet, vermieden werden. Und weil die Parlamente in den jeweiligen Ländern nicht in der Lage sind, zügig notwendige Gesetze und Verordnungen zu verabschieden und – über ihre Regierungen in angemessenen Zeiträumen – internationale Verträge über den Austausch von Daten zu schließen, haben die Notenbankpräsidenten handeln müssen. In den westlichen Demokratien gehören Zentralbanksysteme immer noch zu den bestfunktionierenden Organisationen.

Das Baseler Konkordat wurde unter Federführung von W. P. Cooke erarbeitet. Er ist in der Bank of England der Chef für die Bankenaufsicht. Cooke leitet gleichzeitig den entsprechenden Ausschuss der „Elfer-Gruppe". Acht Jahre wurde an den zehn Schreibmaschinenseiten formuliert. Dabei hatten die Herren schon eine handliche Vorlage für den jetzt verabschiedeten Text, nämlich das Konkordat von 1975. Bei diesem hatten sich aber Ungereimtheiten gezeigt und mit der Zeit eklatante Schwachstellen aufgetan. Damals hatte man zum Beispiel übersehen, dass eine amerikanische Tochterbank, die irgendwo in Europa tätig ist, in den USA selbst keine Bank als Mutter haben muss. Eine Industrieholding kann ebenfalls Muttergesellschaft sein. Das warf aufsichtsrechtliche Probleme auf.

„Umfassen Gruppen sowohl Banken als auch Nichtbanken", heißt es jetzt im Konkordat 82, „so sollten sich die Bankenaufsichtsbehörden und die für die Beaufsichtigung der Nichtbanken zuständigen Behörden möglichst miteinander in Verbindung setzen insbesondere, wenn das Nichtbankengeschäft finanziellen Charakter hat." – Die Formulierung ist so schön, dass jeder Eingeweihte genau weiß, wo der Hammer hängt. – Und wenn das Nichtbankengeschäft nicht angemessen beaufsichtigt werden kann, sollten sich die Bankenaufsichtsbehörden bemühen, die aus dem Nichtbankengeschäft solcher Gruppen für das Bankengeschäft entstehenden Risiken möglichst auf ein Minimum zu begrenzen.

Ekkehard Bauer, der seitens der Bundesbank in dem Cooke-Ausschuss sitzt, weiß noch zwei andere, wichtige Punkte, die erstmals ins Konkordat aufgenommen wurden:

- die Konsolidierung der Bankbilanzen und
- die Negativaussage über die Verantwortlichkeit der Zentralbanken als lender-of-last-resort. Die Zentralbanken können also nicht (als letzte Quelle) zur Kasse gebeten werden, wenn eine Bank-Insolvenz droht oder schon eingetreten ist.

Der Leiter der Hauptabteilung B – Banken, Mindestreserven –, Bauer, betont: „Den Aufsichtsbehörden wird empfohlen, international tätige Banken auf der Grundlage konsolidierter Daten zu überwachen." Dieses Aufsichtsprinzip, das sich weltweit immer mehr durchsetzt, in der Bundesrepublik bisher noch nicht verwirklicht werden konnte, ermöglicht es den Behörden des Mutterlandes, die Kreditrisiken und die Angemessenheit des Eigenkapitals sowie der Liquidität von Bankkonzernen zu kontrollieren. „Die Verantwortung der Behörden des Gastlandes für die Bankenaufsicht von Niederlassungen wird dadurch allerdings nicht geringer", mahnt die Bundesbank.

Für die Beaufsichtigung der ausländischen Niederlassungen von Banken gibt es nach dem Konkordat zwei Grundprinzipien, die für die Zusammenarbeit maßgebend sind und die Konsultationen und Kontakte zwischen den betreffenden Behörden des Gastlandes und des Mutterlandes verlangen: Erstens sollte keine ausländische Bankniederlassung der Beaufsichtigung entgehen und zweitens sollte die Beaufsichtigung ausreichend sein. Bei der Verwirklichung dieser Grundsätze sollten die Behörden des Gastlandes sicherstellen, dass die Behörden des Mutterlandes unverzüglich über etwaige ernstliche Probleme, die sich bei der ausländischen Niederlassung ergeben, informiert werden. Das gleiche Prozedere allerdings in umgekehrter Richtung wird verlangt, wenn es der Mutter einmal schlecht geht.

Wie eine doppelte Buchführung stellt das Baseler Konkordat eine doppelte Bankenaufsicht her, bei der die Partner (Mutter- und Gastland) fast gleich verantwortlich sind. Funktioniert eine der beiden Aufsichtsbehörden nicht richtig, erhält die andere weitgehende Vollmachten, entweder die Mutterbank im eigenen Land zu zwingen, die Tochter im Ausland zu schließen, falls dort sich Risiken aufbauen, oder aber die ausländische Niederlassung in ihrem Hoheitsgebiet die Lizenz zu entziehen und damit zu verbieten.

Kavaliersdelikt Kapitalflucht – große Schieber auf allen Ebenen

Fritz Kapinski (45) will sich ein schönes Wochenende in Basel machen. Am Badischen Bahnhof, noch auf deutscher Seite, drückte der Berliner seiner Freundin einen Aktenkoffer in die Hand: „Halt doch mal." Sie hielt, bis beide durch den Zoll geschlendert waren. „Eben hast du 170 000 Mark über die Grenze geschmuggelt", eröffnete er dann feixend seiner Begleitung die wahren Umstände. Der Fall ist echt, der Name falsch. Das Geld war in Berlin schwarz verdient und verschwand nun auf Schweizer Konten. Die Schweizer Banken beobachten neuerdings den verstärkten Zufluss von deutschem Geld und freuen sich darüber. Dabei spielen politische Ängste, Steuerflucht, sogar die geplante Abschaffung des Bauherrnmodells eine zunehmende Rolle. Wenn das letzte Loch des Steuersparens in Deutschland gestopft wird, legen die Großverdiener am Fiskus vorbei ihr Geld im Ausland an. Luxemburg, Liechtenstein, Schweiz und Österreich sind bevorzugte, weil nahe Ziele.

Im Januar und Februar 1983 kam noch ein politisches Motiv dazu. Kurz vor der Bundestagswahl am 6. März wurden 1000-Mark-Scheine Mangelware, zumindest im Inland. Die Bundesbank musste in Eilaufträgen die braunen Lappen nachdrucken lassen. Bei einem Wahlsieg der Linken wollten gewisse Kreise liquide genug sein, wenigstens Teile ihres Vermögens unkompliziert ins Ausland transferieren zu können, oder selbst gleich damit abzuhauen. Die Angst im März war übertrieben. Der wohlhabende Bundesbürger baut aber vor und hat damit schon zu Zeiten der sozialliberalen Koalition begonnen. Er ist nach den Hessen-Wahlen auch nicht sicher, ob eines Tages nicht doch die rot-grüne Front Deutschland regiert. Dann soll wenigstens das Sparschwein im Ausland gefüllt sein, koste der Franken, koste der Dollar, was er wolle.

So sind schon deutsche Gelder in Milliarden-Höhe zu den Eidgenossen, ins Großherzogtum und nach Florida abgeschwommen. „Das ist keine Kapitalflucht", beteuert Theodor Schmidt-Scheuber, der Chef der ABD Securities Corp., „sondern die weise Voraussicht des deutschen Anlegers international zu diversifizieren." ABD, eine Tochtergesellschaft der Dresdner Bank, hat sich auf die steuerbegünstigte Kapitalanlage besonders für die deutsche Klientel spezialisiert. Das reicht von hohen Disagios bei niedrig verzinslichen Altanleihen bis zu den mafiotischen Steuerparadiesen in Curaçao, Nassau, Panama City und anderswo. Die Gründung einer offshore-Investment-Gesellschaft machen amerikanische Anwälte leicht. Die Briefkastenfirma kostet 1000 bis 1500 Dollar, ihre jährliche Verwaltung 250 Dollar. Je größer das Wertpapierpaket, das dort gehalten wird, um so höher ist die Steuer- und Kostenersparnis.

Was die Deutschen neuerdings praktizieren, ist für Italien und Frankreich ein altes Problem. Vor jeder Wahl, vor jeder Abwertung der eigenen Währung und nach jedem Sozialisierungsgetöse setzen sich dort Milliarden in Bewegung, trotz aller Devisenbeschränkungsmaßnahmen. Nur ab in die Schweiz und nach Amerika heißt dann die Devise bei weniger redlichen, dafür um so reicheren Sparern und abgefeimten Geldschiebern. Ein solches Devisenfieber hatte vor wenigen Tagen auch Israel geschüttelt. Die Sortenschalter der Banken in Jerusalem und Haifa mussten geschlossen werden, weil keine Dollars, keine D-Mark und keine Schweizer Franken mehr vorrätig waren. Ausverkauf der Hartwährungen. Per Luftfracht mussten die begehrten Scheine aus Zürich und Frankfurt eingeflogen werden. Die Israelis waren nervös geworden, als sie hörten und lasen, dass die Auslandsschuld ihres Kleinstaates 23 Milliarden Dollar beträgt, die Leistungsbilanz mit fünf Milliarden Dollar defizitär ist, die Devisenreserven auf drei Milliarden Dollar zusammengeschrumpft sind und eine Abwertung bevorsteht. Die Flucht aus dem Schekel kostete diesmal rund 50 Millionen Dollar Devisenreserven.

„Kapitalflucht hat wie die Spekulation eine gewisse Ordnungsfunktion. Sie deckt Fehler auf." Wolfgang Rieke kennt sich in diesen Dingen aus. Er ist bei der Deutschen Bundesbank Leiter der Abteilung Internationale Währungsfragen J. Aber auch Rieke kann nicht leugnen, dass die internationale Kapitalflucht der jüngsten Zeit das kapitalistische Finanzsystem an den Rand des Chaos gebracht hat. Der Chinese Man aus der Kronkolonie Hongkong behauptet sogar: „Für Geld gibt es nur einen wirklich sicheren Platz in der Welt: US-Dollars, US-Banken und amerikanischer Boden, weit weg von den aggressiven Kommunisten in Rot-China und der Sowjetunion." Mr. Man fürchtet um sein lukratives Geschäft in der britischen Kronkolonie und investiert nun in US-Immobilien.

„Der Dollar ist die begehrteste Fluchtwährung", weiß Henry C. Wallich, Mitglied der US-Notenbank. Daher erkläre sich auch der hohe Kurs der US-Währung. Die traditionelle Fluchtwährung der Europäer heißt aber Franken, der sichere Hort Schweiz. Mehr und mehr wird in die „internationalen Anlage-Überlegungen" auch wieder die Bundesrepublik und neuerdings Japan mit einbezogen. „Wo sollte man sonst noch investieren", fragt Hans Friderichs, Chef der Dresdner Bank. Geldanlage ja, aber möglichst weit weg vom eigenen Fiskus, möglichst nur in Hartwährungen und bestimmt in politisch sicheren Häfen. Das Schlimme dabei ist, dass die Kapitalströme auf den Kopf gestellt wurden. „Richtig wäre, dass die kapitalstarken Industrienationen mit kleinem Wirtschaftswachstum in die kapitalschwachen Entwicklungs- und Schwellenländer mit hohem Wachstumspotential investieren", weiß ein Bundesbanker, „dorthin also ihr Kapital exportieren." Diese Maxime kann natürlich kaum für die privaten Anleger gelten.

Das Kapital hat weltweit die Flucht in die sicheren Häfen angetreten. Nach Schätzungen New Yorker Banken sind seit 1975 sogar 120 Milliarden Dollar aus den Entwicklungsländern abgeflossen. Sie wurden in Hotels von Miami bis San Francisco, in Holiday-Parks und Spielhöllen, in Aktien und Rentenpapieren angelegt. Dem amerikanischen Präsidenten wurde es dadurch leicht gemacht, seine Defizite zu finanzieren. Auch schweizerische Banken kamen zu preisgünstigen Einlagen und die Frankfurter Metallgesellschaft erhielt einen neuen Großaktionär: die Afro-American Investment Holding Co., Cayman Island, die seit Anfang 1983 gemeinsam mit der Dresdner Bank etwa ein Drittel des Kapitals des Frankfurter Metallriesen hält, und zwar über die GMW Gesellschaft für Metallwerte mbH, Frankfurt.

Die Verarmung des westafrikanischen Staates hat dort offenbar einige Leute reich gemacht. Afro-Manager Egunjobi hat für den Einstieg bei der Metallgesellschaft an die Dresdner Bank über 100 Millionen DM bezahlt. Sie sollte dies als Trostpflaster für ihre notleidenden Nigeria-Risiken verstehen. Das Geld hat die nigerianische Volkswirtschaft verloren. Dabei gehört Nigeria zu den Pleite-Ländern der ersten Garnitur und bräuchte jeden Pfennig. Egunjobi war nicht so töricht, die ihm von den nigerianischen Mit-Ausbeutern anvertrauten hohen Summen nur in dividendenlose Papiere wie den MG-Aktien zu investieren. Hier glaubte er noch an Substanzwachstum. Die Afro-American gehört nigerianischen Financiers und steht unter Renditezwang wie der Fondsmanager eines deutschen Investmentfonds. Weil aber in Nigeria kaum noch Gewinne zu machen sind und vor dem eigenen Fiskus die Milliarden nicht mehr zu verbergen wären, haben er und seine Freunde im Lande abgeräumt: Kapitalflucht nach Cayman Island.

„Gäbe es die Kapitalflucht nicht", so ein Banker in der New Yorker Wallstreet, „hätten wir zwar immer noch internationale Verschuldungsprobleme, aber keine Finanzkrise dieses Ausmaßes." „Kapitalflucht beschleunigt, vergrößert und verschlimmert die bestehenden Probleme", meint Rimmer de Vries von der Morgan Guaranty. Der verhängnisvolle Kreislauf begann mit zu hohen Krediten für Länder wie Mexiko, Brasilien, Argentinien etc., die wegen eklatanten Risikos mit enormen Zinsen ausgestattet waren. Gleichzeitig setzte die Kapitalflucht der Schwerreichen ein. „Das ist wie bei einer Bluttransfusion, wo der Patient gleichzeitig zur Ader gelassen wird", grübelt ein Frankfurter Volkswirt. „Das gilt für alle Hauptschuldenländer."

Das mexikanische Handelsministerium hat festgestellt, dass dem Land allein im 1. Halbjahr 1983 durch Manipulationen in den Exportrechnungen der Firmen und durch schwarze Verkäufe über die Grenze in die Vereinigten Staaten etwa sechs Milliarden Dollar an Devisen verloren gegangen sind. Selbst wenn diese Zahl übertrieben sein sollte, heißt es in Berichten aus Mexiko-Stadt, könne nicht geleugnet werden, dass beachtliche Dollar-Beträge aus dem Export auf Konten im Ausland geblieben sind. Um einer solchen Entwicklung vorzubeugen, hat Argentinien jetzt kurzerhand alle Auslandskonten für 60 Tage eingefroren. „Die Gründe für die Kapitalflucht", so William R. Cline vom Institute for International Economics, Washington D.C., „liegen überwiegend in den verfehlten Wirtschafts-, Finanz- und Devisenpolitiken der betroffenen Länder." Besonders Venezuela und Mexiko geben hierfür ein schlechtes Beispiel ab. Der Grundfehler war hier die Aufrechterhaltung eines überhöhten Wechselkurses bei völliger Konvertibilität der Währung, kombiniert mit einem inländischen Zinsniveau, das keinerlei Anreize für die Investoren bot, also zu niedrig war. Das Geld bekam unredliche Füße. Das hatte zur Folge, dass 1982 die offiziellen venezolanischen Auslandsguthaben um acht Milliarden Dollar kleiner wurden, obwohl die laufende Rechnung der Notenbank nur mit 2,2 Milliarden Dollar im Defizit war.

Ähnliche Irrtümer und Steuerungsfehler bescherten Mexiko schon 1981 Kapitalabflüsse von 8,4 Milliarden Dollar, die sich ein Jahr später in ähnlicher Höhe fortsetzten. Damit addiert sich allein in diesen beiden Jahren die mexikanische Kapitalflucht auf über 17 Milliarden Dollar. In Argentinien verursachten die finanzpolitischen Fehlleistungen und der Falkland-Krieg einen Kapital-Exodus von rund 11,2 Milliarden Dollar. Die Kapitalflucht hat in Argentinien und Venezuela nahezu ein Drittel der Gesamtverschuldung ausgemacht, in Mexiko ein Fünftel. Bei Brasilien liegen die Dinge kaum anders.

Die eingeleitete Anpassungspolitik war meist auch nicht erfolgreich.

Die Brasilianer gingen hier zu hart ans Werk und verursachten damit eine Rezession, die bis heute noch anhält. Cline: „Ihre Wirtschaftspolitik war es, die die Krise mit verursachte." Nach dem ersten Ölpreisschock verfolgte die brasilianische Regierung eine riskante Strategie möglichst hoher Wachstumsraten, die auf zunehmende Auslandsverschuldung basierte, die wiederum nur durch wachsende Exporte hätte bedient werden können. Das Kartenhaus brach zusammen, als die Weltwirtschaft zurückging. „1981 versuchte Brasilien nochmals eine harte Anpassungspolitik in die falsche Richtung und prompt war die internationale Bankengemeinschaft der Meinung, dass die Wirtschaft richtig gesteuert würde.“ (Cline) Entsprechend großzügig blieb ihre Kreditvergabe basierend auf falschen Erkenntnissen und Analysen. Sie finanzierten damit zumindest teilweise auch die Kapitalflucht.

„Erst hatten die westlichen Banken den roten Teppich für die Kreditnehmer großzügig ausgerollt, dann aber zu abrupt wieder eingezogen“, tadelt Fritz Leutwiler, Präsident der Schweizerischen Nationalbank. „Beides war falsch.“ Kredite, die die Banken herauslegten, hätten sie ebenso rechtzeitig stoppen müssen wie das Fluchtkapital, das sie in wachsendem Maße vereinnahmten. Heute muss die Bankengemeinschaft unfreiwillig denselben Kreditbetrag nachschieben, den sie vorher den Schuldnern nachgeworfen hat. Die vom Internationalen Währungsfonds und den G 7-Regierungen verordneten Zwangskredite erreichen 50 bis 75 des bisherigen Kreditvolumens, vermutet Hanns Christian Schroeder-Hohenwarth, Präsident des Bundesverbandes deutscher Banken und Geschäftsinhaber der BHF-Bank. „Und wenn es nicht gelingt, die Mittel aufzubringen, kracht das System. Die Finanzkrise wird erst dann endgültig gebannt sein, wenn die Fluchtgelder wieder nach Hause zurückkehren.“

Deutsche Banken zeigen Flagge am Finanzplatz New York

Schatzminister Miller, der sich beim Regieren sonst wenig um die Auslandsbanken und deren Wünsche schert, musste umdenken. Die DG-Bank hatte den Treasurer, der in der Chrysler-Affäre die Vermittlung übernommen hatte, ins Abseits laufen lassen. Mit einem 10-Millionen-Dollar-Scheck von VW an Chrysler, der über ihre Filiale in New York lief, hat die DG-Bank ihr Konto gegenüber der US-Autofirma glatt gestellt. Von diesem Zeitpunkt an war ihr der Restrukturierungsplan für die Chrysler-Schulden schnuppe. Miller läutete schließlich den DG-Bank-Chef, Helmut Guthardt, an und weil er ihn in Frankfurt nicht erreichte, holte er ihn in Hongkong aus dem Bett. In ungewohnt freundlicher Ausdrucksweise warb Miller, dass sich das Spitzeninstitut der Kreditgenossen der internationalen Gläubiger-Gemeinschaft anschließt, weil sonst die ganze Chrysler-Sanierung infrage stehe. Guthardt mimte einen entgegenkommenden Gläubiger und behielt das Geld.

In der amerikanischen Finanzwelt wächst nach und nach der Respekt vor den Auslandsbankern. Sie nehmen sie ernst und bekämpfen sie dementsprechend, wenn es sein muss, auch mit Schlägen unter die Gürtellinie. Die Union-Investment hat einen solchen Tiefschlag einstecken müssen, als ihr nach elfjährigen Zulassungsbemühungen um den US-Vertrieb ihrer Investmentanteile eine fadenscheinige Absage der Wertpapieraufsichtsbehörde (SEC) ins Haus flatterte. Bankier Graf Galen, Aufsichtsratsvorsitzender der Union: „Die SEC hat dem rein protektionistischen Agitieren des amerikanischen Investmentverbandes klar Vorschub geleistet.“ Das ist ein harter Vorwurf an eine – unabhängige – Behörde in New York, mit der die dortigen deutschen Banken tagtäglich zu tun haben. Bestechung könnte auch im Spiel sein, doch spricht man am Bankenplatz New York nicht darüber.

Das Gleichgewicht der Kräfte in der Finanzwelt Manhattans wird durch einen starken Auslandsbankenverein so gut wie möglich arrangiert. Als Chef der ausländischen Finanzlobby (225 Mitglieder) an der Wallstreet zeichnet derzeit Kurt Zimmerling, einer der drei Filialleiter der Dresdner Bank New York. Er versucht Eklats möglichst zu vermeiden, um so effektiver sei die Arbeit, meint er. Neben den Erfolgen sind aber immer wieder typisch amerikanische Seitenhiebe wegzustecken. Die Lobby des Institutes of Foreign Bankers konnte immerhin erreichen, dass die neuen Reserve-Regelungen nach dem Monetary Control Act 1980 nicht nur auf die Auslandsbanken angewandt werden, sondern künftig für alle Kreditinstitute in den USA gelten, auch für die heimischen, die bisher befreit waren. Allerdings nicht verhindern konnte das Institut, dass den inländischen Banken eine Übergangsfrist von sieben Jahren zugestanden wurde, während sich die Ausländer innerhalb von zwei Jahren anpassen mussten.

Beispiele dieser Art gibt es viele. „Jeden Tag“, so Zimmerling, „ist man mit irgendwelchen Veränderungen konfrontiert. Um Schlimmeres zu verhüten, haben wir als Auslandsbanken gelernt, bei aller Bescheidenheit Flagge zu zeigen.“ Und die Deutschen zeigen so gut es geht Muskeln. „Wer Stärke ahnen lässt, wird geachtet“, hat auch schon Detlev Staecker, einer der Fillialleiter der Deutschen Bank erfahren können. „Damals als Gerüchte umliefen, wir kaufen einen Turm des World Trade Centers, haben die meisten Amerikaner erst gemerkt, welche Potenz hinter uns steckt.“ Doch die Yankees lernen langsam, wissen die Deutsch-Banker. Um den Eindruck eines Kräfte strotzenden Europäers, dem man Geld anvertrauen kann, noch zu unterstreichen, kam im Mai 1982 die Spitze des Vorstands in die Finanzmetropole gereist und zelebrierte eine Top-Präsentation vor Bankern, Brokern und Presse.

Der Erfolg hätte größer sein können. Noch vor wenigen Wochen (im Sommer 83) verlangte eine US-Bank vor Aufnahme der Geschäftsbeziehungen mit der Deutschen Bank die Zusendung der letzten drei Geschäftsberichte. Die Nr. 1 in Deutschland und Europa rangiert in New York auf den hinteren Plätzen. Sie übernimmt aber die größten Anstrengungen auch dort eines Tages ganz vorne mitzuspielen. Das Schuldenmanagement während der Krisen mit Mexiko und Brasilien half dem Bekanntheitsgrad und dem Image etwas auf die Beine. Staecker: „Hier am Platz New York erreichen die deutschen Banken jeweils ein Volumen von zwei bis vier Milliarden Dollar. Größer sind die Schweizer und der Credit Lyonnais.“ Staecker weiß aber auch, dass unter den deutschen Bankniederlassungen zwischen Hudson und East River die Commerzbank die Führungsposition innehat, sie

New York (vom Empire State Building aus gesehen)

aber gegen die Dresdner Bank immer wieder verteidigen muss.

Die Deutsche Bank, die West-Lb, die DG-Bank und andere folgen in wachsendem Abstand. „Unser Volumen übersteigt vier Milliarden Dollar", strahlt Klaas Peter Jacobs, der New Yorker Commerzbank-Chef. Sein Kollege von der Dresdner Bank, Michael Fritzsche, streitet dies zum Teil ab: „Da muss Jacobs aber die Interbanking Facilities mit eingerechnet haben." Richtige Angaben über die Geschäfte der deutschen Banken in den USA sind Mangelware. Die Kreditinstitute arbeiten nämlich in drei Taschen. Lassen sie in die eine etwas Licht, halten sie die beiden anderen zu. Über die Bankfilialen wird nicht nur das US-Inlandsgeschäft abgewickelt, sondern in getrennter Rechnung auch die Posten, die über Cayman Island laufen und – ebenfalls separat – die Engagements der Interbanking Facilities (IBF), also die des Banken-Freihandelsplatzes New York.

Und weil das Kreditgeschäft in den USA streng vom Investmentbanking getrennt ist, unterhalten die großen ausländischen Institute auch noch Beteiligungen an Investmentbanken. Die Commerzbank ist an der EuroPartners Securities beteiligt. Die Deutsche Bank besitzt die Atlantic Capital Corp. Und die Dresdner Bank hält gemeinsam mit der Bayern Hyp die ABD Securities Corp. „Als wir 1971 als erste deutsche Bank hier unsere Branch aufmachten", erinnert Commerzbanker Jacobs, „wollten wir zunächst der Exportkundschaft folgen." Dann wurde bei den multinationalen Konzernen akquiriert, die auch in Europa tätig sind, und jetzt gehören alle Großfirmen zur möglichen Klientel. Zum Dokumenten- und Kreditgeschäft kamen Geld-, Gold- und Devisenhandel. Über die Vermittlung von Beteiligungen haben sich die deutschen Banken auch Eingang in viele Konsortien verschafft, wenn es das eine oder andere Mal auch besser gewesen wäre, die Finger davon zu lassen.

Außer bei Chrysler hängen die deutschen Banken mit hohen Millionen-Engagements bei International Harvester, bei National Car, bei Wickes (Kal.) und anderen Pleitefirmen drin. Und alle auf Primerate vereinbarten Südamerika-Kredite stehen in den Büchern der New Yorker Niederlassungen. „Wir schreibe alle schwarze Zahlen", beteuert Staecker von der Deutschen Bank, „aber der Markt ist sehr schwierig." Franzosen und Japaner haben die Preise verdorben. Die Kostendeckung ist kaum noch gewährleistet. Außerdem nimmt der Druck auf die Provisionen für die Bereitstellung von Krediten zu. Gab es früher noch ein halbes Prozent, sind jetzt ein Viertel schon eine Seltenheit. „Dennoch wollen wir hier allesamt expandieren als Großhändler bei Krediten und Einlagen, aber auch als Investment-Banker." Staecker nennt dafür diese Gründe:

- Der wichtigste Markt der Welt hat für uns kein Länderrisiko.
- Hier werden die Finanzstrategien der meisten multinationalen Firmen entworfen. Da müssen die Deutschen von Anfang an dabei sein und
- Amerika bietet die besten Möglichkeiten für die Kapitalanlage in Wertpapieren und Immobilien.

Allein die Deutsche Bank hat seit 1975 in Nordamerika fünf geschlossene Immobilienfonds aufgelegt. 8000 Anleger, die meisten Europäer, haben da für 250 Millionen Dollar Anteile gezeichnet. Die Investmentbank Atlantic Capital hat darüber hinaus für einige hundert Millionen Dollar Wertpapiere an die überseeische Kundschaft in Europa verhökert. Die Deutsche Bank hat sich sogar einen Sitz an der New York Stock Exchange geleistet. „Atlantic Capital soll so nah wie möglich am Markt sein." Die Strategie hat sich allerdings noch nicht ausgezahlt. Atlantic Capital machte im vergangenen Jahr Verluste. Auch die EuroPartners, die überwiegend zur Commerzbank und dem Credit Lyonnais gehören, schrieben rot. „Wir dagegen", so Theodor Schmidt-Scheuber, Präsident der ABD, „hatten ein gutes Jahr und werden 1983 absolute Spitzenergebnisse vorlegen." Schmidt-Scheuber kann schon auf eine starke Vergangenheit in den USA zurückblicken. In den 70er-Jahren hatte er es zum Präsidenten der Bostoner Börse gebracht. Deutschland war wieder wer und Schmidt-Scheuber ganz oben.

„Von dem jährlich 100-Milliarden-Dollar-Bond-Markt werden etwa zehn Prozent von Deutschen übernommen. Beachtliche Beträge liefen dabei über die ABD." Das Portfolio-Volumen übersteigt bereits zwei Milliarden Dollar. Selbst amerikanische Pensionsfonds arbeiten eng mit Schmidt-Scheuber zusammen. „Wir sind die größte ausländische Investmentbank", freut sich der deutsche „Dynamo", wie die Amerikaner ihn ganz salopp nennen. Mit der Freiheitsstatue im Rücken und Wall Street vor Augen entwickelt Schmidt-Scheuber seit einiger Zeit ganz neue Anlagestrategien im Hochhaus am Battery Park Nr. 1, am südlichsten Zipfel von Manhattan. Eines Tages will er es mit den größten Brokern an der New Yorker Börse aufnehmen. „Ein einziger Sitz dort ist gar nichts", hackt er auf die Deutsche

Bank. Er braucht fünf oder acht. Schmidt-Scheuber versteht sich auf das Bodybuilding am größten Finanzplatz der Welt. Er weiß: „Nur der Stärkere setzt sich hier durch.“

Als Abs auf dem Heiligen Stuhl Platz nehmen wollte
(Deutsche Bank 1)

Hermann Josef Abs hat seine kurialen Schwierigkeiten. Der Berater des Papstes kommt mit der Sanierung der Vatikan-Finanzen nicht recht weiter, obwohl er dem Heiligen Vater eine detaillierte Studie, fast eine Enzyklika über den Weg aus der Krise vorgelegt hat. Abs selbst schweigt sich über die Gründe aus, die das heilige Consilium bewegen könnten, so starr und ohne jede Kreativität in den bisherigen Positionen zu verharren. Dabei ist Gefahr im Verzug. Der – bereits abgelöste – Kardinal Finanzsekretär war mit seinen Spekulationen in verdächtige Nähe der Mafia geraten. Ein Bankier wurde erhängt aufgefunden.

So viel zum Hintergrund, warum der geniale Deutsch-Banker und gläubige Katholik, der schon die Auslandsschulden des untergegangenen 3. Reiches im Londoner Schulden-Abkommen geregelt hatte, mit dem Heiligen Stuhl in direkten Kontakt gekommen ist, warum der Papst ihn mit der systematischen Aufarbeitung der Finanzfrage betraute. Aber das Geschäft stockt seit Wochen. Ein Vorstandskollege vermutet – und hier werden wieder althergebrachte Legenden um den Ehrenvorsitzenden der Deutschen Bank wach: Abs habe dem Papst vorgeschlagen zurückzutreten, um die Tiara selbst zu übernehmen. Denn nur ex Cathedra könne er die Sanierung der Kirchenfinanzen einleiten und durchführen. Wer A sagt, muss auch B und S zu stottern in der Lage sein.

Als Abs vor 45 Jahren (1937) sein Leben als Privatbankier mit hohen Bezügen und wenig Macht aufgab, das Bankhaus Delbrück Schickler & Co. verließ und in den Vorstand der Deutschen Bank eintrat, verglich er den damaligen Job mit dem eines Organisten an einer Zweimanual-Orgel mit 36 Registern. „Nun wurde mir plötzlich eine schlechter bezahlte Stelle allerdings als Domorganist angeboten, mit einer wundervollen Orgel, fünf Manualen und 72 Registern. Ich habe diese Berufung in den Dom angenommen, weil das größere Instrument mir ein angemesseneres zu sein schien.“

Der gebürtige Bonner hat in Berlin und Frankfurt Jahrzehnte das Instrument „Deutsche Bank“ virtuos beherrscht. Er war der Macher, der die Grundlagen der Prosperität für die größte deutsche Geschäftsbank gelegt hat. Er hat entscheidend dazu beigetragen, die Marktposition seines Instituts nach dem Krieg wieder aufzubauen und zu festigen. Die Deutsche Bank ist heute die
- größte Sparkasse der Republik,
- größte Kreditgeberin für Private und Firmen,
- Marktführerin beim Termingeld,
- Größte Effekten-Händlerin,
- Führerin im Eurobond-Markt.

Sie besitzt die
- größte Publikumsfonds-Gesellschaft DWS,
- größte Spezialfonds-Gesellschaft DEGEF,
- eine der größten Hypothekenbanken, die Frankfurter Hyp.

Über die Deutsche Bank läuft die Finanzierung von
- einem Viertel des deutschen Außenhandels bzw.
- einem Drittel des Osthandels.
- Sie hat fast fünfeinhalb Millionen Kunden.

Vorstandssprecher Friedrich Wilhelm Christians ist es zufrieden: „Wir sind die Bank der Banken.“ Gutgläubige ausländische Adressen schreiben denn auch immer mal wieder an die Deutsche Bank und meinen die Bundesbank. Die Verwechslungsgefahr liegt auf der Hand. Dies umso mehr als Werner Blessing im Vorstand der Deutschen Bank sitzt und Karl Klasen im Aufsichtsrat. Wer kann hinten in Asien, im mittleren Afrika oder südlichen Amerika schon wissen, dass es sich bei dem einen um den Sohn des ehemaligen Bundesbankpräsidenten handelt und beim anderen die präsidialen Bundesbank-Zeiten längst vorbei sind. Ganz abgesehen davon, dass Vorstandssprecher Wilfried Guth auch schon fast einmal Bundesbankpräsident geworden wäre und Karl Otto Pöhl, der es in Konkurrenz zu ihm geschafft hat, mit einiger Wahrscheinlichkeit mit Guth auch getauscht hätte, wenn das irgend möglich gewesen wäre.

Zwar ist die Position eines Bundesbankpräsidenten nicht schlecht, aber man wird nicht reich dabei, monieren die Betroffenen. Bestenfalls gelingt es den Zentralbankern durch eine entsprechende Geldpolitik – wie in den vergangenen anderthalb Jahren – die Banken reich zu machen. Es könnte schon ein Akt sozialer Gerechtigkeit sein, Bundesbankpräsidenten wenigstens interimistisch zu Sprechern der Deutschen Bank zu machen. Die so kreierten Topmanager der Geschäftsbank hätten dabei noch eine Gelegenheit mehr, sich in nationaler Verantwortung zu üben. Die totale Verwirrung zwischen Bundesbank und Deutscher Bank lieferte dann am 7. April 83 das Fernsehen. Um 21.45 Uhr meldete Hessen 3: Der Zentralbankrat hat keine kreditpolitischen Beschlüsse gefasst. Es wurde lediglich der Gewinn der Deutschen Bank bekanntgegeben, insgesamt 11,2 Milliarden Mark.

Da hatte sich in zweifacher Hinsicht ein Fehler eingeschlichen. Die Deutsche Bank hatte zwar 1982 ihr bestes Jahr der Nachkriegszeit. Trotzdem lag ihr ausgewiesener Gewinn noch im einstelligen Milliarden-Bereich. Außerdem hat Anfang April der Deutsche-Bank-Vorstand und nicht der Zentralbankrat der Deutschen Bundesbank eine eminent wichtige kreditpolitische Entscheidung getroffen, nämlich als Marktführerin den Spareckzins auf drei Prozent gesenkt, so dass dem deutschen Sparer übers Jahr unversehens einige Milliarden Zinserträge aus dem Konto fallen, besser gesagt, gar nicht dort ankommen. Wenn die Deutsche Bank mit solchen Entscheidungen vorausgeht, trippelt nämlich das gesamte Gewerbe hinterher. Und das nennt man Marktmacht.

„Was geht mich der Sparer an“, fragt entrüstet Eckart van Hooven? „Für mich ist der Bauherr wichtig, dem ich nun billigere Kredite anbieten kann." Und das heißt schließlich auch volkswirtschaftliche Verantwortung, wenn man durch billigere Baudarlehen die Konjunktur mit ankurbelt. Die betriebswirtschaftliche Verantwortung liegt zum Großteil in der Differenz zwischen Soll- und Habenzinsen. Eckart van Hooven aber, der wegen seiner Verdienste um das Mengengeschäft in den Vorstand der Deutschen Bank gelangte, wird betriebswirtschaftlich immer verantwortungsvoller, je flotter die Gewinne fließen. So muss richtigerweise das gesamte Dutzend Vorstandsmitglieder denken, von denen jeder ein oder zwei der insgesamt 14 Filialbereiche im Inland und entsprechende Gewinnverantwortung für das Auslandsgeschäft hat.

Das Ausland hat einen Anteil am Geschäftsvolumen von rund einem Drittel. Doch durch die schlechten Margen, die erheblich gestiegenen Länderrisiken und die ausländischen Firmenpleiten wie International Harvester hapert es neuerdings etwas bei den jenseits der Grenzen erzielten Erträgen. Für die DB Lux gilt das allerdings noch nicht. Vorstand Robert Ehret konnte in Luxemburg zwischen dem Reinziehen von zwei kräftigen „Schnupftabaksprisen" erklären: „Wir haben 1982 mit 450 Millionen DM mehr als je zuvor verdient." Für den Kollegen Herbert Zapp sollte ein Deutsch-Banker nicht unbedingt und ausschließlich Melker einer Cashcow sein. „Ein Vorstandsmitglied der Deutschen Bank", schwätzt der gebürtige Schwabe, „ist nur dazu da, um gelegentlich vorgezeigt und für ein Kundengespräch werbend eingesetzt zu werden." Weiter verzapft Zapp: „Die Verantwortung behält ausschließlich der jeweilige in der Filiale angesiedelte Account-Manager."

Darauf sollte man sich aber nicht unbedingt verlassen. Das hört sich nämlich ganz so an, als ob es sich bei der ersten Garde des größten deutschen Kreditinstituts mehr oder weniger um Schaufenster-Generäle oder Substituten handelt. Davon kann zwar keine Rede sein, aber im Vergleich zu Abs sind es überwiegend Epigonen. Freundlicher ausgedrückt: Bei der Deutschen Bank sind etwas demokratischere Verhältnisse eingekehrt. Leute von der Statur eines Hermann Josef Abs haben neuerdings im Vorstand keinen Platz. „A wie Abs, B wie Abs, S wie Abs," wie der große alte Mann einst seinen Namen buchstabierte, läuft nicht mehr.

„Leute wie Adenauer oder Abs muss man im Umfeld ihrer Zeit sehen," beteuert Hilmar Kopper, eines der jüngsten Vorstandsmitglieder. Ihn verbindet mit dem Ehrenvorsitzenden das Null-Studium, die Sprachgewandtheit und die Zuständigkeit für das Auslandsgeschäft, das Kopper im Vorstand koordiniert. Das hat sich die Deutsche Bank bisher übrigens immer geleistet: Ein Vorstandsmitglied, das von der Pike auf Banker und von jedem Hochschul-Glamour frei ist. Eingebettet in die Solidargemeinschaft der zwölf Vorstände wird Kopper es nicht schaffen, Autokrat à la Abs zu werden. Er will es auch nicht. Ein anderer, der über eine vergleichbare Robustheit verfügt hat, wurde rechtzeitig gestoppt.

Walter Seipp kam dort über den Generalbevollmächtigten nicht hinaus. Auf dem Umweg über die Westdeutsche Landesbank hat er es schließlich zum Vorstandsvorsitzenden der Commerzbank geschafft. Bei der Commerzbank haben immer schon, zuletzt unter Lichtenberg, aber auch bei Deuss und Dhom Diktaturen geherrscht, die allerdings recht unterschiedliche Geschäftserfolge zeitigten. Das dritte große Kreditinstitut, die Dresdner Bank, laviert seit Pontos Zeiten zwischen aufgeklärter Monarchie und Dreiklassengesellschaft auf und nieder. Bei der Deutschen Bank herrschen dagegen Oligarchen, mit dem Prä, dass dies gegenwärtig offenbar das wettbewerbsfähigste System ist, wie die Profite zeigen. Die zwölf Manager sind Pairs und als solche unter sich alle gleich, aber Götter für die Mitarbeiter und mächtige graue Eminenzen in der deutschen Wirtschaft.

„Die Art der Willensbildung in dieser Bank wird durch das Kollegialitätsprinzip geprägt, im Gegensatz zum Direktorial- oder Mehrheits-Meinungsprinzip", belehrte im April letzten Jahres Vorstand Herbert Zapp die Bankbeiräte in Essen, zu denen immerhin Leute wie Herbert Gienow, Vorstandsvorsitzender der Klöckner-Werke, Werner Bartel, Chef der Thyssen-Industrie, Walter Deuss von Karstadt und Detlev Rohwedder von Hoesch gehören. Zapp: „Wir haben in dieser Bank von Beginn an eine Tradition, insbesondere auch im Vorstand, Entscheidungen kollegial, das heißt im Einvernehmen zu fällen. Kein Vorstand hat jemals erlebt, dass Hände erhoben wurden um abzustimmen."

Das geht so weit, dass auch Vorstands-Neuzugänge faktisch durch Absprachen im Vorstand erfolgen, wenn das auch nicht ganz im Sinne des Aktiengesetzes ist. Nach Zapp „beschließt der Aufsichtsrat selbstverständlich autonom und souverän über die Bestellung von neuen Vorstandsmitgliedern." Aber er habe es bisher für richtig befunden, sich dabei dem einstimmigen Vorschlag des Vorstandsgremiums anzuschließen. Die Gleichheit der Pairs zeigt sich auch in der Wahl ihrer Sprecher. Nach dem Ausscheiden eines Sprechers geht der Vorstand in Klausur und entwickelt in stundenlangen Diskussionen den oder die Sprecher, die schließlich gewählt werden. „Der Aufsichtsrat hat da keinen Einfluss", betont Eckart van Hooven. „Wir sind freie Leute."

Das wurde auch mit der Wahl der Büroetagen in der neuen Frankfurter Konzernzentrale demonstriert, die im nächsten Jahr bezogen werden soll. Während einer Vorstandssitzung Anfang 1983 ging ein Frühstückskörbchen herum, das zwölf Lose mit den zu beziehenden Etagennummern enthielt. „Fein säuberlich zusammengebunden mit blauweißen Bändchen," freut sich van Hooven noch im Nachhinein. Er hatte auch das Glück, dieselbe Etage der beiden Vorstandssprecher zu ziehen. „Ich bin so frei," und reichte das Körbchen weiter. Kopper ist noch nicht so weit von der Basis entrückt, dass er nicht auch Gefahren ahnen könnte: „Die Vorstandsetagen sind schon ein verdammter Elfenbeinturm und das hierarchische Prinzip wirkt überall im Hause. Aber wir arbeiten hart daran, den Kontakt nach unten nicht zu verlieren." Nach Zapp versucht der Vorstand über die Delegation unternehmerischer Verantwortung, die Gasse in die unteren Etagen offen zu halten. „Einschließlich der Gruppen- oder Zweigstellenleiter, die neben der Bewältigung von Sachaufgaben auch mit der Führung von Mitarbeitern betraut sind, gibt es im Hause der Deutschen Bank rund 4700 Führungskräfte."

Auf rund acht Mitarbeiter kommt also ein Chef und der muss im elitären Bewusstsein aufgepäppelt werden. Die Aus- und Weiterbildung ließ sich die Deutsche Bank im vergangenen Jahr über 94 Millionen DM kosten. Vorstand Alfred Herrhausen: „Es ist kein Luxus, große Begabungen zu fördern. Es wäre ein sträflicher Leichtsinn dies nicht zu tun." Führungskraft bei der größten deutschen Geschäftsbank zu sein, heißt Verantwortung für einen Teilmarkt, für seinen Produktbereich zu haben, den Markt optimal ausschöpfen zu müssen und Ergebnisverantwortung zu tragen. Zapp: „Wenn Sie so wollen, ist jeder, der innerhalb unseres Hauses mit einer Führungsaufgabe betraut ist, in seiner Ergebnisverantwortung der ‚Unternehmer Deutsche Bank' in seinem Teilbereich."

Um diese Quadratur des Zirkels zu lösen, wurde noch zu Abs'schen Zeiten Klaus Mertin aufgebaut. Der promovierte Betriebswirt übernahm Anfang 1969 die Verantwortung für das gesamte Rechnungswesen der Bank. Heute ist er außerdem für die Fachbereiche Bilanz und Revision zuständig. Der kleine Mann hat nach und nach seinen Vorstandskollegen das richtige Rechnen und den Mitarbeitern die exakte Kalkulation beigebracht. Damit hat er für die Bank mehr getan als mancher noch so tapfere Mengen- oder Großkredit-Akquisiteur. Aus der BHF-Bank tönt es: „Mertin hat die Deutsche Bank groß gemacht." In der Deutschen Bank heißt es: „Hätten die Commerzbank und die Dresdner einen Mertin gehabt, stünden sie besser da."

Schlachtschiff Deutsche Bank – eine Klasse für sich
(Deutsche Bank 2)

Die Deutsche Bank hat, und dies schon seit einiger Zeit, das traditionelle Rechnungswesen zu einem optimalen Informations- und Steuerungsinstrument ausgebaut, gerade im Hinblick auf die Ergebniswirksamkeit. Es wurden entsprechende Kennziffern und Schwellenangaben für den Soll- und Habenzins entwickelt. Diese Margentabelle steht nicht nur dem Vorstand, sondern auch dem Kreditverkäufer an der Front zur Verfügung. Darüber hinaus versorgt Vorstand Mertin seine Klientel im eigenen Haus mit den aktuellen steuerlichen, bilanziellen und aufsichtsrechtlichen Informationen. Kollege Alfred Herrhausen lobt denn auch: „Ich glaube, es gibt drei Kriterien, die für den Erfolg der Deutschen Bank maßgeblich sind
– das Rechnungs- und Informationswesen,
– die motivierte Mannschaft und
– die Refinanzierungsstruktur."

Die billigen Spar- und Sichteinlagen machen mehr als die Hälfte der Fremden Mittel aus. Und wenn über Jahrzehnte Geld billig eingekauft und teuer verkauft wird, sammelt sich allmählich ein Milliarden-Speck an. Der Rest der Branche wird mit der Zeit deklassiert. „Das Schlachtschiff Deutsche Bank" (Christians) wurde eine Klasse für sich. Das beweisen ihre Dividendenpolitik und bombastische Kapitalerhöhungen, mit denen sie schon fast eine Art Verdrängungswettbewerb betreibt.

Commerzbank und Dresdner Bank suchen betroffen Erklärungen für die eigene, etwas mager ausfallende Fortune. Walter Seipp, Vorstandsvorsitzender der Commerzbank, meint entschuldigend: „Allein der Name Deutsche Bank ist ein Selbstläufer. Ansonsten haben wir gerade das beste Jahr unserer Geschichte hinter uns." Aber die Nulldividende wegen früherer Schieflagen ist damit noch nicht wegdiskutiert. Die Deutsche hat von zehn auf elf Mark erhöht. Die Dresdner ist bei der minimalen Ausschüttung von 4 Mark geblieben. Dresdner-Bank-Vorstand Wolfgang Leeb analysiert gründlich: „Strukturunterschiede wachsen in Jahrzehnten. Sie sind dadurch entstanden, dass aufgrund einer besseren Passiv- wie Aktivstruktur auch die Ertragskraft der Deutschen Bank es in Jahrzehnten ermöglichte, die Rücklagen besser zu dotieren. Und die hohen offenen Rücklagen sind ein Spiegelbild für die inneren Reserven."

Das so geschaffene Eigenkapital sind zinslose Passiva, die sich in Hochzinsphasen sehr viel stärker ertragsteigernd auswirken als in Niedrigzinsphasen. Leeb: „In Hochzinsphasen läuft uns die Deutsche Bank immer davon. Beim Niedrigzins nähern sich die Linien an, zum Beispiel haben wir Hinweise, dass die Commerzbank dann immer noch um 30 Prozent schlechter lag als wir. Die Deutsche war aber nicht besser als die Dresdner Bank." Im selben gesamtwirtschaftlichen Umfeld entstehen mit Sicherheit auch gleiche oder ähnliche Risiken und Verluste. Die Frage ist nur, wie die einzelne Bank damit fertig wird. „Es sah mal so aus," erinnert sich Kopper, „dass alle drei Banken parallel liefen. Das stimmt aber nicht. Die Deutsche Bank ist ein Aktivum in sich."

Für Ferdinand Graf von Galen, Geschäftsinhaber der Bank Schröder, Münchmeyer, Hengst & Co., steht fest: „Die Deutsche Bank ist die bestgemanagte Bank der Nation, wahrscheinlich Europas." Das Schlachtschiff hat vor allem Macht wegen seiner elitären Besatzung. Seine Kanonen reichen weit und tief in viele Unternehmen und Organisationen hinein. Gelegentlich müssen auch Regierungen in Deckung gehen, wie seinerzeit, als Christians den damals eher links als liberal amtierenden Wirtschaftsminister Graf Lambsdorff zurechtbügelte: „Sie haben," so der Sprecher der Deutschen Bank, „das Irrationale in den Vorstellungen über die Macht der Banken angesprochen. Ich möchte die Macht der Banken, die wir eher als Pflicht zum Handeln verstehen, jedoch nicht als unwiderlegbare Vermutung, die immer zugleich mit Machtmissbrauch verbunden wird, akzeptieren." Christians, damals Präsident des Bundesverbandes Deutscher Banken, rechnete dem Grafen dann vor, dass seine Vorstellungen von einer Obergrenze der Bankenbeteiligungen an Industrieunternehmen von 15 Prozent mehr oder weniger Nonsens seien.

„Wir haben in unserem erprobten System in Deutschland qualifizierte Minderheiten von 25 Prozent nicht nur des Schachtelprivilegs wegen sondern auch, um einmal ‚Nein' sagen zu können." Hatte schon sein Kollege Herrhausen in der Bankenstrukturkommission alles getan, um den Machtmissbrauch der Banken bei Unternehmen erheblich zu relativieren, so rückte Christians in diesem Falle dem Minister direkt zu Leibe. Unter Anspielung auf die immer schlechter werdende Wirtschaftspolitik der Sozialliberalen wies Christians darauf hin: „Alle die wir hier sitzen, haben mehr Angebote auf Übernahme von 25 Prozent als wir wollen und verkraften können." Das hat sich bis heute nicht geändert. Die Banken, mit der Deutschen an der Spitze, haben sich in puncto Industriebeteiligungen eindeutig durchgesetzt. Kein Mensch spricht mehr von einer Senkung der Quote. Der offene Schlagabtausch im Jahre 1979 hätte die Deutsch-Banker nicht daran gehindert, ihrer väterlichen Fürsorgepflicht, wie es einer aus dem Haus ausdrückt, nachzukommen und Herrn Lambsdorff auf den Sessel des Vorstandsvorsitzenden bei der immer schwächer werdenden Metallgesellschaft zu hieven. Zynismus wird ab und zu auch gepflegt.

Die Frankfurter Finanziers hatten aber nicht nur unbotmäßige Regierungsmitglieder im Visier, sondern auch ausländische Okkupanten. Den Kuwaitis haben die Deutsche-Banker den Stuhl vor die Tür gesetzt, als diese sich auf die Mehrheit bei Daimler Benz stürzen wollten. Der Aktienverkäufer Flick wurde damals als nationaler Unhold dargestellt und die Großbank präsentierte sich als Retterin der deutschen Industrie, indem sie Kuwait bei Daimler ganz abblitzen ließ und sie sich selbst das feinste Automobil-Unternehmen einverleibte. Da ihr aber das Risiko, dort die Mehrheit alleine zu besitzen, wieder zu groß erschien, packte sie eine Daimler-Schachtel in die neu gegründete Mercedes-Holding, behielt aber die Stimmrechte für sich. Die Mercedes-Holding wurde in lauter kleine Schächtelchen seziert und an die hochfeine Versicherungs- und Industriekundschaft verhökert. Diese Kumpels der Deutschland AG konnten, weil sie so hochfein waren, das Stella-, Stern- oder Star-Angebot – so hießen die Mercedes-Holding-Brocken – nicht einfach ablehnen, obwohl sie es oft gar nicht haben wollten. Vorstandsprecher Wilfried Guth sitzt seitdem im Aufsichtsrat bei Daimler mit über 50 Prozent Stimmrechten. Die Machtergreifung in Stuttgart hat die Deutsche Bank aber zu einem klaren Machtverzicht bei Volkswagen in Wolfsburg veranlasst.

„Christians hätte", so Karl Gustaf Ratjen, Vorstandsvorsitzender der Metallgesellschaft und gleichzeitig Aufsichtsratsvorsitzender bei VW, „wenn die Deutsche Bank es darauf angelegt hätte, natürlich AR-Vorsitzer in Wolfsburg werden können." Er hat es nicht getan, weil es in der Öffentlichkeit als abnorme und damit inakzeptable Machtballung verstanden worden wäre. Ratjen: „Dabei hätten die beiden Herren Christians und Guth keine Probleme mit der Macht. Sie würden sich nicht darüber austauschen oder gar absprechen, was in der jeweils anderen Firma passiert oder passieren sollte. Bloß die Öffentlichkeit versteht das nicht." Die Top-Manager der Deutschen Bank sind so mächtig, dass sie sich Jovialitäten dieser Art durchaus leisten können. Dazu gehört auch, dass sie auf die Präsidentschaft an der Frankfurter Börse verzichten, allenfalls in Düsseldorf dieses Amt übernehmen.

Graf Galen: „Für Frankfurt wird immer ein geeigneter Privatbankier gesucht. Die Deutsche begnügt sich mit der Kurfürstenrolle." So fein wird das Netz der Einflussnahme gestrickt, das auf alle Bereiche der deutschen Wirtschaft und viele internationale Firmen und Organisationen ausgeworfen wird.

110-mal sitzen Deutsch-Banker in Aufsichts- und Verwaltungsräten. Weil aber der Einfluss trotzdem nicht ausreichend gesichert schien, wurden für das eigene Haus noch Beraterkreise zusammengezogen, die insgesamt einige Hundert Mitglieder haben. Da trifft sich wirklich alles, was in Deutschlands Industrie und Handel einen guten Namen hat. Mitglied im Beraterkreis einer der großen Filialen zu sein, bringt schon Ehre und gewissen Einfluss. Man ist schließlich unter sich. Die Fürsten der Industrienation werden aber in den Beraterkreis der Gesamtbank geholt. Noch besser ist jedoch ein Sitz im Aufsichtsrat der Deutschen Bank. Diesen können allerdings nur wenige für sich beanspruchen wie: die Flicks, die Quandts, Boschs Merkle und Nestlés Maucher.

Der schnöde finanzielle Rahmen für so ein Finanzmacht-Geflecht beziffert sich bei der größten deutschen Bank auf rund 200 Milliarden Euro (Geschäftsvolumen). Die Kehrseite der Medaille, ein solches Netzwerk zu unterhalten, ist die damit zusammenhängende Verantwortungsübernahme für Firmen und für ganze Teile der Volkswirtschaft. „Vor gesamtwirtschaftlicher Verantwortung drücken wir uns nicht", protzt Herrhausen. Die Angst um das eigene Geld motiviert dabei ungeheuer. „Verantwortung haben wir in der Bankenstruktur-Kommission bewiesen. Das beweisen wir auch als Stahlmoderatoren und als Mitsanierer bei der AEG." Die Deutsche Bank bringt die von ihr so verstandene Verantwortung auch in internationale Gremien ein, wenn es zum Beispiel darum geht, die Finanzen Mexikos und Brasiliens neu zu ordnen. „Mitgefangen, mitgehangen," resümiert Wilfried Guth.

Hermann Josef Abs hat sogar für Deutschland schon große Außenpolitik gemacht beim Londoner Schuldenabkommen, mit dem er – durch die Vereinbarung eines geregelten Schuldendienstes – das ruinierte Westdeutschland wieder als guten Wirtschaftspartner in die Völkerfamilie zurückgeführt hat. Nur so konnte das „Wirtschaftswunder" der 50er-Jahre Wirklichkeit werden und Abs sich ein Denkmal in der deutschen Geschichte setzen. Abs: „Wir wurden wieder kreditfähig." Noch heute schimpft der Ehrenvorsitzende auf die DDR, weil der Satellitenstaat der Sowjets seinen Verpflichtungen weder aus dem Londoner Abkommen noch aus dem Israel-Vertrag – insgesamt 1,5 Milliarden Mark – nachgekommen ist. Die Bundesrepublik hat den Gesamtbetrag abgestottert, allerdings in Rekordzeit. Was

Abs ärgert: „Keiner fordert das Geld von Ostberlin zurück." London wirkte noch nach als der Papst den großen Deutschen in den Vatikan bat.

Zwei Kapitäne an Bord
(Deutsche Bank 3)

Zu den Erfolgen der Deutschen Bank tragen ganz gewiss auch die Sprecher bei. Zwei Sprecher leistet sich die Bank. Wie sieht die Arbeitsteilung der beiden aus? Gibt es eine Geschäftsordnung, die sie regelt? Herr Guth:

– Eine Geschäftsordnung gibt es eindeutig nicht. Die Frage, wer ist zuständig, oder wer betreibt irgend etwas, kommt mir heute so wenig in den Sinn, wie ich mir Gedanken darüber mache, mit welchem Fuß ich eine Treppe beginne. Natürlich haben wir gewisse Regeln. Wir wechseln uns Monat für Monat in der Leitung der Vorstandssitzungen ab. Wir wechseln uns von Jahr zu Jahr in der Präsentation des Jahresergebnisses sowohl vor dem Aufsichtsrat wie vor der Hauptversammlung ab. Voriges Jahr war ich dran, dieses Jahr Herr Christians. Das sind die wenigen Elementarregeln. Natürlich stimmen wir uns auch ab, dass immer einer von uns an den dienstäglichen Vorstandssitzungen anwesend ist.

Bei dem viel zitierten common sense in Ihrer Bank könnten die Vorstände doch auch mal ohne Sprecher auskommen!

– Wir wollen, dass immer ein Sprecher die Vorstandssitzung leitet. Und dann muss ich sagen, dass die Leitung einer solchen Sitzung immer noch viel anstrengender ist als die reine Teilnahme. Im Übrigen hat jeder Sprecher seine Ressorts und seine Bezirke. Ich habe München. Er hat Köln. Ich habe das Emissionsgeschäft. Er hat die Börse, sodass sich in der funktionalen Teilung sowieso die Zuständigkeiten ergeben. Darüber hinaus tragen wir selbstverständlich gemeinsam alle wichtigen Probleme, die die Gesamtbank betreffen.

Bei dieser Darstellung möchte man meinen, dass die Ideallösung für die Führung in der Spitze dieses Hauses zwei Sprecher sind. Stimmt das?

– Das hängt von den Persönlichkeiten ab. Herr Christians und ich halten dies für die ideale Lösung auch unter dem Aspekt der starken Anforderungen, die an uns gestellt werden. Um es bildlich auszudrücken, wir können gleichzeitig in Moskau und in Washington präsent sein. Wir können auch gleichzeitig beim Bundeskanzler und beim Bundesverband der Deutschen Industrie sein. Das Tandem ist eine sehr gute Lösung. Es kann aber nur funktionieren, wenn beide sich ausgezeichnet ergänzen, gewisse Komplementäritäten haben. Wir stellen fest, dass wir sehr komplementär sind. Das Zweiermodell ist ein gutes Modell, sehr tragfähig, sehr belastungsfähig. Alleinseligmachend ist es nicht. Es hängt von den Menschen ab.

Das war aber reine Glückssache, dass sich das bei Ihnen hier so entwickelt hat. Der Grundgedanke des Zweiermodells war doch die Gewaltenteilung.

– Das hat sicher eine Rolle gespielt. Trotzdem, man muss es erfühlen, ob die Menschen, die Sprecher werden sollen, zusammenpassen. Wir, die Vorstände, kennen uns doch. Ganz genau im Reagenzglas kann man diese bei uns herrschende totale Übereinstimmung nicht ausprobieren. Da ist ein Stück Glück dabei. Wenn die Personen nicht kompatibel sind, kann das Zweiermodell viel schlechter sein als das Einermodell. Trotzdem will ich nochmals auf Vorteile der Zweierlösung hinweisen. In sehr schwierigen Entscheidungssituationen kann sich eine Gruppe im Vorstand schon einmal eine Meinung gebildet haben. Und da ist es ganz wichtig, dass zwei Sprecher da sind, die an einem Strang ziehen.

Sind es auch die Sprecher, die gemeinsam eine Strategie für die Deutsche Bank entwickeln?

– Wir sind bei dem Wort Strategie sehr vorsichtig, weil sich auf längere Sicht doch herausstellt, dass man die ganz großen Richtungen, in die das Schlachtschiff Deutsche Bank auf den verschiedenen Kontinenten gelenkt werden soll, nicht exakt planen, nicht extrapolieren kann. Selbstverständlich haben wir Einjahresplanungen oder auch Dreijahresplanungen, in denen wir Ergebnisentwicklungen vorausplanen. Das kann man extrapolieren. Da macht man gewisse Annahmen, zum Beispiel wie sich die Inflation entwickeln wird, wie das gesamtwirtschaftliche Wachstum verläuft, wie die Kreditnachfrage sein wird. Strategien kann man nicht extrapolieren.

Es gibt also keine Deutsche-Bank-Strategie?

– Strategie ist ein schwülstiges Wort. Man kann sich Ziele setzen. Wir wollen auf dem amerikanischen Kontinent noch stärker werden. Wir wollen den euro-asiatischen Raum und das pazifische Becken als besonders zukunftsträchtige Märkte bearbeiten. Deshalb übernehmen wir jetzt auch insgesamt 60 Prozent der European-Asian Bank. Diese Übernahme hat sich jetzt so ergeben. Das konnten wir strategisch nicht planen. Wir waren bisher einer von sieben Minderheitsaktionären.

Nachdem der Erwerb der Majorität an dieser Bank nicht planbar war, hätten Sie auf jeden Fall eine Alternativ-Strategie entwickeln müssen. Oder lassen Sie alles laufen?

– Wir lassen nicht alles laufen, haben aber auch keine blueprints in der Schublade. Alternativplanungen wie in der Autoindustrie gibt es bei Banken nicht. Ich werde Ihnen auch noch ein anderes Beispiel nennen. Selbstverständlich hat unsere Bank größtes Interesse daran, auf dem amerikanischen Markt stark präsent zu sein. Aber heute schon zu sagen, wie wir in fünf oder sechs Jahren dort präsent sind, ob durch weiteren graduellen Aufbau unserer Filiale, oder ob es irgendwann einmal eine Möglichkeit eines mehr dialektischen, eines quantitativen Sprungs gibt, kann ich heute nicht sagen. Wir haben Zielvorstellungen für das Ausland wie für das Inland. Und Marktanteile wollen wir

erweitern, wenn es nicht auf Kosten des Ergebnisses geht.
Würden Sie in Amerika u. U. eine Bank kaufen?

1. Die bisherigen Beispiele von Bankkäufen durch Europäer in Amerika waren nicht sehr ermutigend. Wir warten auf die Abschaffung des Glass-Steagall-Gesetzes mit seiner Trennung von Investment und Kreditbanken. Dann würde es in den USA möglich werden, Universalbanken zu gründen. Eine „strategische“ Möglichkeit wäre dann die Zusammenführung unserer drei US-Stützpunkte. Aber können Sie eine Gesetzesänderung planen? Wir sind überall abhängig von politischen Einflüssen und gesetzgeberischen Maßnahmen.

Gibt es für die Deutsche Bank auf der Welt noch weiße Flecken?

„Ich würde im Moment nicht von weißen Flecken sprechen. Einige Positionen sollen noch ausgebaut werden. Kanada und Australien sind interessante Länder, rohstoffreiche Länder mit guter industrieller Zukunft. Wir würden dort sicherlich gerne stärker als bisher aktiv werden. Aber in Australien bekommen ausländische Banken keine Lizenz. In Kanada sind wir zwar etabliert, unsere Tochter arbeitet aber unter sehr einengenden Vorschriften. Weder in dem einen noch in dem anderen Land nutzt uns eine „Strategie“. Und um auf Ihre Eingangsfrage zurückzukommen: Die mittel- und langfristige Geschäftspolitik entwickeln nicht die Sprecher, sondern der Vorstand in seiner Gesamtheit.

Oh Bankgeschicht' – oh Krankgeschicht'

„Oh Bankgeschicht' – oh Krankgeschicht' und dennoch Gott-sei-Dank-Geschicht.“ So schließt Alt-Bundesbankpräsident, Otmar Emminger, sein Geleitwort zu Wolfs „30 Jahre Nachkriegsentwicklung im deutschen Bankwesen“. Herbert Wolf, Chefvolkswirt der Commerzbank, hat nach eigenen Worten das „Skizzieren und Analysieren von 30 Jahren deutscher Bankgeschichte Freude gemacht.“ Er schuf speziell für ausländische Leser, denen der Aufstieg der deutschen Kreditwirtschaft nach 1945 ein bisher kaum erklärbares Phänomen war, ein leicht fassbares Kompendium mit akribisch erstellten Tabellen. Der Volkswirt und Pressechef der drittgrößten deutschen Geschäftsbank schlägt in seinen Ausführungen einen Bogen vom Morgenthau-Plan (Deutschland muss Agrarstaat werden) bis zur Banken-Strukturkommission (unerträgliche Machtkonzentration bei den Banken in Deutschland). Immer wieder kreuzen die „Flaggschiffe“ (Wolf) des Bankgewerbes, die Deutsche Bank, die Dresdner und Commerzbank, die Abhandlung, die einer ihrer Decksoffiziere aufgezeichnet hat. Wolf legt ein säuberlich geführtes Logbuch der Bankenflotte vor.

Georgetown University: Gaudeamus igitur

„Allen hier Anwesenden Grüße und Frieden im Herrn.“ Der Präsident der Georgetown University, Timothy S. Healy, meint es ernst. Er steht der ältesten katholischen Universität der Vereinigten Staaten vor – gegr. 1789. Außerdem ist er Jesuitenpater. Dass er zusätzlich noch als Manager erfolgreich arbeitet, passt gut, denn die Universität im Washingto-

Father Healy, Karl Otto Pöhl, Ferdinand Graf Galen

ner Vorort Georgetown hat seit Langem die Rechtsform einer Aktiengesellschaft und diese gehört allein den Jesuiten. Der Erfolg hängt an Gottes Segen, ablesbar an den AG-Gewinnen. Der Umsatz des christlichen Hauses liegt im dreistelligen Millionen-Bereich. Zu den Studiengeldern kommen Auftragsforschung und Spenden, auch aus Deutschland. Von nichts ist nichts.

Die Georgetown University gehört zu den berühmtesten Hochschulen des Landes mit geachteten Wissenschaftler-Kapazitäten. Henry Kissinger, der ehemalige US-Außenminister, lehrt dort politische Strategien gemeinsam mit dem Ex-Verteidigungsminister Schlesinger. Beide waren am 28. September 1983 (16 Uhr) in der Gaston Hall der Universität allerdings nicht anwesend, dafür aber der Präsident des amerikanischen Notenbanksystems Fed, Paul A. Volcker, sowie Bundesfinanzminister Gerhard Stoltenberg, Bankenpräsident Hanns Christian Schroeder-Hohenwarth, deutsche und amerikanische Banker und Professoren.

Das nicht sehr große Auditorium von etwa 100 Leuten erlebte zu dieser Stunde die Verleihung des „Doctor of Humane Letters, honoris causa“, an Karl Otto Pöhl, den Präsidenten der Deutschen Bundesbank einschließlich Gebeten, Chorälen und Blasmusik. Auf der robenträchtigen Bühne schmetterte auch Ferdinand Graf Galen aus voller Brust das Gaudeamus igitur. Er gehört zum Verwaltungsrat des heiligen und hohen Hauses. In der sehr würdevollen Feier bereicherte Pöhl die englisch-sprachige Finanzwissenschaft mit dem deutschen Wort „Ersatz“: „There is no easy

‚Ersatz' in any monetary arrangements that we may think of." Pöhl meinte, es gebe keinen Ersatz für die eigenen Anstrengungen eines Landes seine Schuldenkrise zu bewältigen. Eine mutige Aussage, denn Pöhl tadelte damit das Gastland USA.

Aber nicht allein wegen der hervorragenden Rede und dieser Wortschöpfung bekam Pöhl den Dr. h.c., sondern: „Die Georgetown Universität ehrt in Karl Otto Pöhl", so Healy, „einen hervorragenden Repräsentanten der Generation von Deutschen, die durch hartes Streben, hohe Intelligenz und unerschütterliche Treue zu den demokratischen Prinzipien das Land seit 1945 aus den Tiefen herausgeführt hat," materiell und moralisch. Mit dem Hinweis auf 1945 hat Healy versteckt auf die traditionelle Deutschfreundlichkeit gedeutet. Schon bei Beginn der Naziherrschaft hatten dort zwei emigrierte Professoren Unterschlupf gefunden und ihre Lehrtätigkeit wieder aufnehmen können: Kronstein und Götzbriefs. Seitens der Jesuiten war das generös, ganz abgesehen davon, dass die Wissenschaftler das Universitätsangebot sehr bereichert haben. Geld hatten sie nicht mitgebracht. Das kam erst später ins Spiel und da begann der Ärger.

1976 – zum 200-jährigen Bestehen der USA – griff Bundespräsident Walter Scheel ins Füllhorn der Volkswagen-Stiftung und schenkte den Universitäten von New York und Georgetown jeweils einen Lehrstuhl. In Georgetown wurde damit der sozialwissenschaftliche Adenauer Chair begründet. Basis dafür war die von Scheel dedizierte eine Million D-Mark, damals immerhin 411 000 Dollar wert. Die Jesuiten strichen das Geld ein und legten es größtenteils in Grund und Boden an. Sie setzten auf den künftigen Wertzuwachs. „Die Leute sind sehr geschäftstüchtig", urteilt Hannelore Theodor von der Kulturabteilung des Auswärtigen Amtes. Ihr Referat 613 betreut solche AA-Aktivitäten weltweit.

Vom Wertzuwachs des Bodens kann aber kein Professor leben und der Pachtzins ist auch in God's own country, wie die Amerikaner ihr Land ideologisieren, zu niedrig, um einen hungrigen Professor übers Jahr zu alimentieren, jedenfalls bei einer nur mäßig hohen Investition von rund einer halben Million Dollar. „Die verfügbaren Mittel", so Prof. Wolfram Engels, „reichten gerade für ein bescheidenes Gehalt und eine halbe Sekretärin." Engels muss es wissen, denn er selbst hatte 1979/80 den Adenauer Chair inne. „Es langte nicht fürs Papier." Der deutsche Wissenschaftler konnte das akademische Jahr in Georgetown nur mit einem zusätzlichen Fulbright-Stipendium überstehen. Engels: „Mit gewissen Steuererleichterungen kam ich dann schließlich auf mein in Deutschland übliches Gehalt."

Die Geldknappheit des Lehrstuhls konnte also nur durch Spenden ausgeglichen werden. Und das brachte den Frankfurter Bankier Ferdinand Graf von Galen auf den Plan. Seine Profilierungssucht ging dabei eine glückliche Ehe mit dem in der Familie traditionellen Mäzenatentum ein. Aus seinem versteuerten Einkommen leistete er 1978 und 1981 Spenden für Sachmittel von jeweils 20 000 Mark. Auf die Dauer wurde dem Grafen das aber zuviel. Er riet daher den Jesuiten, sie sollten doch beim Auswärtigen Amt eine Aufstockung der Mittel verlangen. Das ging schief, hatte aber Folgen. 1982 drehte das Haus Genscher den Spieß um und verlangte die vollständige Anlage der Stiftungsgelder in hochverzinslichen Papieren. Dem wurde stattgegeben, obwohl dieser Ukas der Societas Jesu nicht recht gefiel.

Das Geld für den Lehrstuhlinhaber blieb trotzdem knapp. Graf Galen, der sich durch Spenden und Freundlichkeiten bereits in den Verwaltungsrat der Universität hineinmanövriert hatte, gab nicht auf. Dafür hatte er auch gewichtige persönliche Gründe, nicht nur

- die Freundschaft zu Amerika und
- die Verbundenheit mit der CDU. (Galen: Die Partei muss sich doch für den Adenauer Chair interessieren!)
- Galen reizte auch die Möglichkeit, mit Ehrendoktorwürden nützliche Freunde zu schaffen (Galen: Ein politisches Instrument) und als
- Lebensziel ein Denkmal für die eigene Familie zu setzen durch die Stiftung eines Galen-Chairs – Lehrstuhl für Ethik – zu Ehren seines Onkels, des streitbaren Münsteraner Kardinals, der als einer der wenigen Bischöfe gegen die Exzesse der Naziherrschaft Front gemacht hatte.

Kurz: Ihm schwebte, abgesehen vom familiären Anliegen, eine Art Georgetown-Gral mit höchsten Wirtschaftskapitänen und Top-Politikern vor, die für ihr Geld nicht nur jesuitischen Segen sondern auch akademische Würden erhalten und vergeben sollten. Um dafür den organisatorischen und finanziellen Unterbau zu schaffen, gründete er mit dem Bundesbankpräsidenten, Karl Otto Pöhl, und dem Chef von Robert-Bosch, Hans Merkle, sowie Prof. Wolfram Engels im Spätsommer 1983 den „Verein zur Förderung der Georgetown University". Seine Gemeinnützigkeit soll die Spendenfreude von Banken und Industrie noch zusätzlich fördern.

Horst-Dieter Esch bastelt an seinem Baumaschinen-Konzern

und mit Beginn der 80er-Jahre am Untergang der Galen-Bank

Mit Umsicht und Machtanspruch hat der Mainzer Unternehmer Esch in wenigen Jahren einen der größten Baumaschinen-Konzerne der Welt aufgebaut. Jetzt werden die Konsolidierung des Zahlenwerks und die Kontrolle des Managements dringend. Vorab will er aber noch General Motors die Tochter Terex aus den Zähnen ziehen. Esch muss da richtig baggern.

Einfach macht es der Master of Business Administration (MBA) seinen Geschäftspartnern im Board des größten Autokonzerns der Welt, General Motors (GM), wirklich nicht. Esch, Großaktionär und Vorstandsvorsitzender des Mainzer Baumaschinen-Konglomerats IBH Holding AG will nur die für ihn interessanten Stücke der Terex übernehmen, nicht die gesamte GM-Division. Außerdem will er kein Geld dafür aufwenden. „Ich kann nur soviel sagen, dass die

Transaktion nach dem Muster der vorhergehenden läuft." Aus den geheim gehaltenen Vereinbarungen zwischen Mainz und Michigan können jetzt aber einzelne Info-Bausteine herausgebrochen werden. Sie genügen, um den Grundriss der weltweiten Baumaschinen-Kooperation zu erkennen:

- Esch gründet mit einem Kapital von 20 Millionen Dollar in Ohio die Terex Corp.
- General Motors bringt dafür das Geld mit.
- Diese 20 Millionen Dollar entsprechen nämlich der Einlage von 40 Millionen Mark, die GM zum Erwerb einer Beteiligung an der IBH Holding lockermachen muss.
- Die Terex Corp. wird zu Beginn des nächsten Jahres (1981) die Werksteile und jene Beschäftigten der GM-Division übernehmen, die Esch für eine optimale Weiterführung der amerikanischen Baumaschinen-Interessen seines Hauses für notwendig hält.

„Ich übernehme die Mannschaften, die ich brauche." Dann wird der Mainzer Unternehmer aus der amerikanischen Manager-Schule (Absolvent der UCLA University of California und Los Angeles) genauer: „In der Verwaltung sitzen 15 Prozent zuviel Mitarbeiter. Wir werden also entsprechend weniger Weißkragen-Leute engagieren. Die Blaumänner brauchen wir überwiegend." Die Terex-Division der GM hatte 1972 etwa 6500 Beschäftigte. 1980 sind es noch 5900. Die Terex Corp. wird mit kaum mehr als 5000 Mitarbeitern starten. Dabei bleibt das Sozialplan- und Umsetzungsrisiko der übrigen Mannschaft voll und ganz bei General Motors.

Immerhin wird der größte Automobilkonzern auf diese Weise seine Baumaschinen-Aktivitäten los, die zwar eine Menge Umsatz (jährlich rund 500 Millionen Dollar) machen, damit aber nur einen minimalen Ertrag (25 Millionen Dollar) erwirtschaften. „Mit der Übernahme werde ich zum drittgrößten Baumaschinenhersteller der Welt." Nach der amerikanischen Caterpillar und der japanischen Komatsu folgt damit die Mainzer IBH Holding AG, die im kommenden Jahr 2,3 Milliarden Mark umsetzen will. Esch hat sich sogar zum Ziel gesetzt, die Japaner von Platz 2 zu verdrängen und in absehbarer Zeit direkt hinter Caterpillar zu rangieren. In zwei Punkten will der selbstsichere Esch Caterpillar kopieren: in der Vertriebsorganisation – nur ein Generalvertreter für ein Land – und im Ertrag. Da die Amerikaner aber ganze 7,5 Prozent vom Umsatz (nach Steuern) verdienen, muss sich die IBH kräftig anstrengen. Mit 1,2 Milliarden Mark Umsatz können die Mainzer 1980 nur rund 20 Millionen Mark an Gewinnen einfahren, etwas mehr als anderthalb Prozent vom Umsatz. „Wir werden zufrieden sein", korrigiert sich MBA-Esch, „wenn wir sechs oder fünf Prozent nach Steuern vorweisen können."

Der Mann, der in fünfeinhalb Jahren einen Milliarden-Konzern aufgebaut hat, glaubt an sein Glück wie damals. Ende 1973 kaufte er für ersparte 100 000 Mark an der Londoner Börse Aktien seines Arbeitgebers (Blackwood Hodge) zu 145 Cents je Stück. Im Verlauf des Jahres 74 kam es zu einem rasanten Kursverfall bei diesem Papier. „Daraufhin borgte ich mir 300 000 Mark und stieg zu 33 Cents ein." Und im Juni 1975 verkaufte er alles für 146 Cents je Aktie. „Damit habe ich meine erste Million verdient und konnte so das Baumaschinenwerk meines früheren Arbeitgebers Duomat kaufen, der Vergleich beantragt hatte." Fünf weitere Inlandsfirmen – Hamm, Hanomag, Lanz, Wibau, Zettelmeyer und vier Ausländer, die alleine nicht mehr lebensfähig waren, hat er seitdem im One-Dollar-Verfahren übernommen. Mit Wibau erleichterte Esch seinen Freund Graf Galen von einer schweren Bürde der SMH-Bank.

„Täglich werden mir Dutzende weiterer Firmen angeboten. Doch ich nehme nichts." Seine Finanzdecke ist, wie er sagt, mit 145 Millionen Mark – nach der Terex-Akquisition – recht kurz geworden. Esch zählt sich zur kommenden Unternehmergeneration, die viel von unabhängigem Management und wenig von persönlichem Besitz hält. „Ich habe manchem Geschäftsführer meiner Tochtergesellschaften Anteile an diesen Töchtern geschenkt, bis zu 20 Prozent. Wo finden Sie das sonst", fragt der 37-jährige Macher, der in seinem Hause über eine Machtvollkommenheit ohnegleichen verfügt.

Der gebürtige Hannoveraner, der nach dem Abitur auswandern wollte, um in den USA sein Glück zu machen, hält nun 20 Prozent des Aktien-Kapitals der IBH. Er hat sich aber 80 Prozent der Stimmrechte gesichert. „Hier kommt kein Aktionär rein, wenn er mir nicht die Stimmrechte überlässt." Nur Powell Duffryn Ltd. (20 Prozent Beteiligung) ist die Ausnahme, weil die britischen Gesetze Stimmrechtsverzichte nicht zulässt. „Wenn ich weiter erfolgreich sein will, und das muss ich, brauche ich freie Hand", rechtfertigt sich Esch. Auch Aufsichtsrat Graf Galen, Mitinhaber der SMH-Bank, die 6,4 Prozent von IBH hält, aber der weitaus größte Kreditgeber des Hauses ist, bleibt gelassen: „Warum sollen wir diesem glänzenden Mann nicht die Stimmrechte überlassen? Wir können auch so das Unternehmen kontrollieren."

Westfalenbank-Vorstand Schmidt, gerade in den IBH-Aufsichtsrat eingezogen, hat ebenso wenig gegen den Stimmrechtspool vorzubringen. Esch: „Schmidt ist ein langjähriger Freund von mir." So konnte sich der pfiffige Baumschinen-Bulldozer im IBH-Management eine Zwickmühle aufbauen. Er bestellt nicht nur Vorstände, sondern kann auch Aufsichtsräte feuern. Einen kleinen Schönheitsfehler hat das Ganze für den Supermacher neuerdings: Die Gewerkschaften haben jetzt ihre Steine auf das Mühlebrett von Horst-Dieter Esch gesetzt: Ab sofort hat die IBH einen mitbestimmten Aufsichtsrat. Was soll der aber noch richten?

Der Untergang der Galen-Bank
(Galen 1)

Nach der Rückkehr aus Washington von der Georgetown-Fete Ende September 1983 wurde Ferdinand Graf von Galen bald sehr besinnlich: „Mein Vater hielt zeitlebens Banken für etwas Unmoralisches." Wie sehr der alte Herr Recht hatte, demonstrierte der Sohn als Partner der SMH-Bank. Die Bruchlandung des Bankhauses Schröder, Münchmeyer, Hengst & Co. ist nicht nur der Unerfahrenheit des Grafen zuzuschreiben (Galen: Ich bin zweimal im ersten Staatsexamen durchgefallen), sondern ist ein Kabinettsstück verfeinerter Wirtschaftskriminalität. Das wird von Tag zu Tag immer deutlicher. Mitten im SMH-Schlamassel, dieses sogar provozierend, steckt der Mainzer Baumaschinen-Konzern IBH. Der SMH-IBH-Skandal wird Gesetzgeber und Aufsichtsämter, Banken und Gerichte noch lange beschäftigen. Gefängnisstrafen liegen im Bereich des Möglichen. Die Staatsanwaltschaft hat die Akten zur Recherche angefordert.

- Hintergangen wurde die Bankenaufsicht in Berlin und die Deutsche Bundesbank in Frankfurt. Gesetzlich geforderte Kreditmeldungen waren lückenhaft oder wurden unterlassen. Somit konnte sich die riesige Kreditpyramide bei einem einzelnen Kunden auftürmen. Einige Manager der dadurch begünstigten IBH-Gruppe betrieben regelrechten Bilanzschwindel.
- Geleimt wurde die Wirtschaftsprüfungsgesellschaft Treuhand-Vereinigung AG, die unter Vorspiegelung falscher Tatsachen ihr Testat unter die Jahresabschlüsse der SMH-Bank gesetzt hatte.
- Ganz sauber ist auch nicht die 90-Millionen-DM-Subvention für Hanomag in Hannover, die zur IBH-Gruppe gehört. Die Wirtschaftsministerin, Birgit Breuel, stützte so Esch und damit indirekt die Bank von Vater und Bruder Münchmeyer, nämlich die SMH-Bank.
- Hinters Licht geführt wurde auch Bundesbankpräsident Karl Otto Pöhl, der mit Graf Galen persönlich befreundet war und nichts ahnte. Schlimmer noch, die Ehrendoktorwürde vor dem Bankenkrach sollte die Freundschaft besiegeln. Graf Galen ist nämlich bei der Jesuiten Universität in Georgetown Mitglied des Aufsichtsrats. „Da kann man auch politisch was erreichen," ließ er im FAZ-Magazin vor einigen Jahren schon verbreiten. Georgetown sei ihm wichtiger als die Hälfte aller sonstigen Mandate. Jetzt ist es nur noch eine Frage der Zeit, wie lange er den Posten am Potomac noch halten kann. Alle übrigen Ehrenämter diesseits des Atlantiks hat er bereits verloren, insbesondere den Präsidenten bei der Frankfurter Wertpapierbörse, den Vizepräsidenten bei der Industrie- und Handelskammer, den Aufsichtsratsvorsitz bei der Union-Investment und für die Geschäftsführung der neuen SMH-Bank ist er natürlich auch nicht mehr tragbar.

Verloren hat Graf Galen gemeinsam mit seinen Partnern Hans Lampert, Hans Hermann Münchmeyer und Wolfgang Stryj vor allem aber die eigene Bank – ein kleiner, einstmals bildschöner Bankkonzern mit etwa drei Milliarden Mark in der Bilanz. Graf Galen trifft das doppelt, weil er die Bankanteile seiner Frau verspielt hat. Sie hat nämlich den Hengst-Anteil in die Ehe mitgebracht und ihren Mann mit dem Management betraut, was schließlich ein Missmanagement wurde. Die Galens sind damit noch keine armen Leute. Er besitzt noch Güter im Münsterland und in Arizona. Offen ist allerdings, ob er nicht noch regresspflichtig gemacht wird für den riesigen Schuldenberg, den er und seine Partner bei der SMH-Bank hinterlassen haben.

Persönlich bleibt es für Galen bitter, das Hengst-Vermögen durchgebracht und die Freundschaft zu Pöhl verspielt zu haben. Und das lag an der Freundschaft zum IBH-Unternehmer Horst-Dieter Esch. Galen über Esch: „eine faszinierende Unternehmerpersönlichkeit". Am Anfang dieser ruinösen Verbindung stand der Verkauf der Wibau-Mehrheit aus dem SMH-Besitz an Esch und am Ende die Pleite von beiden.

Galen hat zuviel auf einmal gewollt, ohne den soliden Bodensatz an fachlicher Qualifikation und moralischer Gestandenheit. Im Fall „Ferdinand" hat dagegen der Bundesbankpräsident erst seine wirkliche Promotion zum Krisenmanager ersten Ranges bestanden.

Pöhl hat gemeinsam mit Hanns Christian Schröder-Hohenwarth, dem Bankenpräsidenten, und der Präsidentin des Bundesaufsichtsamtes für das Kreditwesen, Inge Lore Bähre, blitzartig die Trümmer des Bankenbebens weggeräumt und damit Ordnung geschaffen, wo ein unabsehbares Chaos drohte.

Im Oktober ging bei der SMH-Bank im sogenannten Forfaitierungsgeschäft, also bei der Vorfinanzierung von Baumaschinen-Exporten, einiges schief. Zwar ist diese Art der Außenhandelsfinanzierung üblich und wird von allen in diesem Sektor tätigen Banken praktiziert, aber nicht so dilettantisch wie bei der SMH-Bank und schon gar nicht so stereotyp mit einer einzigen Adresse und mit solchen Beträgen, wie sie die SMH-Bank schon geraume Zeit von Frankfurt aus über Luxemburg und der Schweiz mit der IBH abgewickelt hat. Zur Unfähigkeit der SMH-Banker, diese Geschäfte souverän zu managen, kam die Unverfrorenheit der IBH-Manager, über die Forfaitierung für die Konzerntöchter einen Selbstbedienungsladen für Liquidität zu machen. Sie bedienten sich dabei – gelinde gesagt – unlauterer Praktiken. Im Rechenwerk der Wibau stimmte nichts mehr. Wie aus bestinformierten Bankkreisen verlautet, sollen von den ausgewiesenen Wibau-Umsätzen nur etwa ein Drittel echte Verkäufe an Endabnehmer gewesen sein. Beim Rest handelte es sich um konzerninterne Geschäfte.

Bei der Hin- und Herschieberei entstanden immer neue Exportaufträge, immer neue Forfaitierungen und damit immer neue Finanzierungswünsche. Die SMH-Bank musste ständig neues Geld nachschieben. So wurde Graf Galen zum Zahlemann für Horst-Dieter Esch, den Chef des Mainzer Baumaschinen-Konzerns. Das Forfaitierungsrisiko türmte sich für die SMH-Bank per Ende Oktober auf eine halbe Milliarde Mark auf. Dazu kamen 200 Millionen Kredite an Esch direkt von der SMH-Zentrale in Frankfurt und weitere 200 Millionen von der Luxemburger Bank-Tochter an dieselbe Mainzer Adresse. Zu dieser Misere addierten sich für die SMH-Gruppe 200 Millionen Mark Risiken im Pelzgeschäft. Allein unter dem Bankmantel Koch Lauteren – er gehört der SMH – sollen im Frankfurter Pelzviertel am Hauptbahnhof Felle für 70 Millionen DM eingelagert sein, Ware, die die Galen-Bank aus der Konkursmasse pleite gegangener Händler und als Kreditpfänder übernommen hatte. Der Marktwert der Felle liegt heute bei kaum der Hälfte des Beleihungsbetrages.

Die Sicherheiten des Horst-Dieter Esch sind allerdings noch weniger wert. Aus seinen Verbriefungen über 1,2 Milliarden DM sind bestenfalls 300 Millionen DM realisierbar. Das Szenario der heiß gewordenen Bankkrise skizziert Hanns Christian Schroeder-Hohenwarth: „Die Geschäftsinhaber der SMH-Bank zeigten am Allerheiligentag, etwa 10 Uhr, die akute Gefahr für die Bank der Bundesbank an. Der Präsident informierte die Präsidentin des Bundesaufsichtsamtes, die, aus der Kur zurückkehrend, die Sanierung am Nachmittag einleitete. Ich wurde gegen 11 Uhr vormittags unterrichtet. Zunächst waren nur die Banken angesprochen, die mit mehr als 10 Millionen DM engagiert waren. Ich nahm als Bankenverbandspräsident wegen des etwaigen Eingreifens durch den Einlagensicherungsfonds an der Nachtsitzung teil.“ Das Berliner Amt mutmaßte zunächst nur – es hatte noch keine ausreichenden Belege – dass die SMH-Bank beim Einzelrisiko „IBH-Holding“ bereits über die höchst zulässige Kreditgrenze von 75 Prozent des Eigenkapitals (110 Millionen DM) hinausgegangen war. Die Bankpolitesse, Inge Lore Bähre, hielt die rote Kelle hoch und stellte dann nach und nach das Desaster in seinen Umrissen fest.

Damit war die Schließung des ehemals ehrwürdigen Privatbankhauses Schröder, Münchmeyer, Hengst & Co. zum 1. November (1983) in der Sache unumgänglich geworden. So war im Ansatz der gleiche Fehler des Aufsichtsamtes programmiert wie bei der Herstatt-Krise 1974. Aber: Bundesbank und Kredit-Aufsichtsamt stellten die Ampeln nicht auf Rot, denn Karl Otto Pöhl ist nicht Karl Klasen, der als damaliger Bundesbankpräsident Herstatt mitexekutiert hat. Und Bankenverbandspräsident Schroeder-Hohenwarth überragt seinen Vorgänger Alwin Münchmeyer (!) nicht nur an körperlicher Größe. Während also der vormalige Präsident des Berliner Bundesaufsichtsamtes sowie Klasen und Alwin Münchmeyer die Herstatt-Bank plumpsen ließen, wollten Pöhl, Schroeder-Hohenwarth und Frau Bähre diese Dummheit nicht wiederholen.

Dabei hatte weder Pöhl im Sinn, Graf Galen aus dem Schlamm zu ziehen, noch hatte der jetzige Bankenverbandspräsident die Absicht der Familie seines Vorgängers Münchmeyer einen Gefallen zu tun. Es entbehrt aber nicht einer gewissen Pikanterie, dass Alwin Münchmeyer, der Herstatt fallen ließ, Anfang November selbst ein Objekt der Galen-Rettungsaktion wurde, und zwar als Senior-Teilhaber der SMH-Bank. Die äußerst diffizile SMH-Rettung wurde in der Nacht von Allerheiligen auf Allerseelen durchgezogen, im Hause der Deutschen Bundesbank. Das Krisenmanagement war perfekt, die Diskretion unübertroffen, bis endlich morgens um 3 h die SMH-Kuh vom Eis und damit keine Kettenreaktion im gesamten Gewerbe zu erwarten war. Verräterisch waren zur nächtlichen Stunde nur die weithin sichtbaren, hell erleuchteten oberen Etagen bei der Bundesbank. Wenn in diesem Beamtensilo zu später Stunde die Lichter noch brennen, gehen sie meist zur gleichen Zeit irgendwo anders aus oder die Währungsszene wackelt.

In dem zehnstündigen Gerangel, in dem Pöhl die Bankenaufsicht in Schach und Schroeder- Hohenwarth die Emissäre von 20 Kreditinstituten in Zugzwang hielt, machten nach Aussagen des Bankenpräsidenten drei Dinge Eindruck:
- die persönliche Beichte des Grafen Galen,
- die sich immer höher auftürmenden Risiken und schließlich
- das Einverständnis der Kreditinstitute, die kürzlich erst zugesagten Liquiditätslinien über 450 Millionen Mark als Eigenkapital einzubringen.

Dabei musste auch die Bundesbank eine Kröte schlucken. Denn die Kreditinstitute wollten nur das zugestehen, was der Bundesbank in der Eigenkapitaldiskussion immer als obsolet galt: nachrangiges Eigenkapital. Besser, so dachte der Pragmatiker Pöhl, eine Figur im Spiel der reinen Lehre verlieren als durch eine riesige Pleite das Gesicht der deutschen Banken in der Welt. Der Einlagensicherungsfonds (150 Millionen DM), die Liko-Bank (150 Millionen) und die Bundesbank (Sonderlinien) taten ein Übriges. Die Geschäftsinhaber der SMH-Bank mussten aus dem Privatvermögen vorab auch noch 50 Millionen einschießen.

Die so bereitgestellten 900 Millionen Mark sollten die Bank retten und Schaden vom deutschen Kreditwesen abwenden. Beides ist nicht recht geglückt. Da, wo früher die angesehene SMH-Bank residierte, ist heute nur noch eine Attrappe erkennbar, obwohl die Schalter stets geöffnet blieben. Aus der Galen-Bank war eine ungeliebte Tochter der Großbanken geworden. Die Statthalter der Geldgeber sind eingezogen und die Kunden laufen davon. Das Ansehen des deutschen Kreditgewerbes hat gelitten, obwohl ein einzigartig geschicktes Management die große Krise abgewendet hat. Das Ausland schätzt das deutsche Risiko neuerdings schlechter ein als vorher und der sonst sehr liberale Karl Otto Pöhl ruft nach einer Verschärfung des Kreditwesengesetzes, die schleunigst verabschiedet werden soll. Pöhl: „Der Fall SMH muss Konsequenzen haben.“

Vordringlich ist die Konsolidierung der Bankbilanzen für den Konzern einschließlich aller Mehrheitsbeteiligungen. Dazu muss die Quotenkonsolidierung in möglichst kurzen Übergangsfristen erreicht werden. Außerdem setzt sich mehr und mehr die Meinung durch, dass die Höchstkreditgrenze von 75 Prozent des Eigenkapitals der Bank an einen einzigen Kreditnehmer bei Weitem zu hoch ist. 50 Prozent, besser weniger, sei anzustreben. Die Bankenaufsicht muss lückenloser werden und auf Gentlemen's Agreements will niemand mehr etwas geben, weil die Gentlemen offenbar rar geworden sind, zu rar um mit ihnen branchendeckende Abkommen zu schließen.

Vor Jahren hatten nämlich die deutschen Banken mit dem Bundesaufsichtsamt für das Kreditwesen und der Deutschen Bundesbank ein Übereinkommen getroffen, dass sie die in Deutschland geltenden Gesetze bezüglich der Kreditmeldepflicht voll auf die Luxemburger Tochtergesellschaften anwenden wollen. Wenn dies geschehen wäre, wenn sich die Gentlemen der SMH-Bank daran gehalten hätten, wäre das Desaster zu vermeiden gewesen. Zumindest wäre es nicht dermaßen brutal ausgefallen. Die SMH-Bombe hätte auch früher entschärft werden können, wenn die Privatbankiers ein kluges und zupackendes Aufsichtsgremium im eigenen Hause gehabt hätten. Es war wirklich zum Piepen, was sich da als Beirat oberhalb der Geschäftsleitung präsentierte: zwei Tote und vier Greise, die am liebsten auch nicht den Untergang der eigenen Bank miterlebt hätten. Exakter Rat und straffe Kontrolle war hier nicht drin. – Noch zu seinen guten Zeiten erzählte mir Graf Galen, was ihm sein Vater während des Studiums geraten hatte: „Ferdinand bleib' bei uns auf dem Hof." So aber wurden Haus und Hof verspielt.

Schillernde Details der Pleite
(Galen 2)

Halbzeit im Fall SMH-Bank. Zumindest ist dieser Punkt am Tag der Übernahme durch die britische Lloyds Bank mit Wirkung vom 1. Januar 1984 erreicht worden. Seitdem ist SMH ausgeschlachtet und in zwei etwa gleich große Hälften geteilt, von denen sich die Briten die bessere für einen knappen dreistelligen Millionen-Betrag einverleibten. Sie übernahmen das Wertpapiergeschäft, die Einlagen und die werthaltigen Kredite, während den deutschen Banken der Trümmerhaufen der IBH-Risiken, der SMH-Luxemburg und des faulen Pelzgeschäfts verbleibt. „Und der muss möglichst schnell und leise aufgeräumt werden", raunt ein Vorstandsmitglied der Bank für Gemeinwirtschaft. Das kann aber nur für den bilanztechnischen Teil gelten.

Die Gläubiger-Banken werden den Milliarden-Verlust mit einem Federstrich in der Bilanz 1983 abschreiben. Damit hat sich der Fall zunächst erledigt. Die Betrugsaffären, die sich im Bereich der Wibau, der IBH und der SMH-Bank abgespielt haben, werden die Gerichte in der 2. Halbzeit der Aufarbeitung des Falls Galen weit über 1984 hinaus beschäftigen. Hier liegt noch manches im Dunkeln, wenn auch vieles immer klarer erscheint.

Heiß war der Fall schon am Montagmorgen, dem 31. Oktober, geworden. Am Reformationsfest läutete Graf Galen das Vorstandsmitglied der Deutschen Bank, Robert Ehret an, und bettelte um 200 bis 300 Millionen Mark. Ehret schaltete Thomas Wegscheider, den Chef der BfG ein, auch Manfred Meier-Preschany, Vorstand der Dresdner Bank, wurde ins Vertrauen gezogen. Es kam zu einem schnellen Treffen, bei dem Galen, noch nicht ganz entmutigt, den Einschuss von 300 Millionen DM forderte. Gleichzeitig schöpften Galens Geldhändler unverfroren die gerade erst vereinbarten Geldhandelslinien bei den Banken voll aus. Sie räumten ab, wo immer es ging. Bei der Bayerischen Vereinsbank z. B. riefen sie flugs 25 Millionen DM ab und machten damit die Linie von 35 Millionen DM und das Maß voll. „Wir fühlen uns betrogen", jammerte im Nachhinein Vorstandssprecher Maximilian Hackl.

In Frankfurt war dagegen die BHF-Bank schneller und besser informiert. Keine Mark mehr an SMH verfügte der Chef des Geldhandels. So konnte Geschäftsinhaber Hanns Christian Schroeder-Hohenwarth auch bald strahlend erklären: „Wir sind bei SMH nicht dabei." Es hätte allerdings nicht viel gefehlt und in den SMH-Abgrund wäre auch die BHF-Bank gefallen. In seiner ersten Sanierer-Begeisterung hatte Schroeder-Hohenwarth ein Blanco-Angebot ausgesprochen: „Wir übernehmen die SMH-Bank." Die Großbanken fühlten sich überrumpelt und zögerten. Das war ihr Pech und Schroeder-Hohenwarths groteskes Glück.

Nach der Galen-Forderung von 300 Millionen DM hatte Wegscheider im 36. Stock seines Frankfurter Hochhauses schon am Montag die Verluste bei SMH auf etwa 500 Millionen DM taxiert. Die richtige Zahl lag schließlich fast doppelt so hoch. Das kam überschlagsweise aber erst in der berühmten Nachtsitzung vom 1. auf den 2. November heraus. Aber erst in den folgenden Wochen wurde klar, dass es nicht nur den „Geldhandelsbetrug" gab, sondern vier weitere Betrugszirkel existierten, um deren Aufklärung sich die Staatsanwaltschaft jetzt kümmert: Die Luftgeschäfte bei Wibau, die Luftgeschäfte im übrigen IBH-Bereich, die Finanzierung der Luftgeschäfte durch die SMH-Bank und die Täuschung der Aufsichtsbehörden über die vorhandenen Kreditrisiken.

Baumaschinen der IBH-Tochter Zettelmeyer wurden an den arabischen IBH-Aktionär Dallah proforma verkauft und eingemottet. SMH finanzierte das Geschäft. Patronatserklärungen für andere Luftumsätze machten den Bilanzwust noch undurchsichtiger. Bei Wibau und Hanomag lief es nicht anders. Nach Aufdeckung der Machenschaften lagen bei Wibau schließlich die Verluste höher als der Umsatz. Der angestrebte Vergleich hatte keine Basis mehr. Der Konkurs war programmiert. Wie Wibau entpuppte sich auch IBH als solches Windei. Die Frage nach der Schuld für das Debakel kann bisher nur IBH-Chef, Horst-Dieter Esch, bündig beantworten: „Die Großbanken haben mich reinrasseln lassen."

Gläubiger kassieren das Privatvermögen

Kaum hatte Ferdinand Graf von Galen am 1. November 1983 die Generalbeichte über sein verpfuschtes Bankerleben abgelegt, war ihm im Haus der Deutschen Bundesbank klargemacht worden, dass seine SMH-Bank futsch war. Fünf Wochen später war dann auch noch sein gesamtes Privatvermögen verspielt. Die Banken haben es eingesackt. Am 5. Dezember 1983 trafen sich in Frankfurt, Niedenau 52, der Notar Arnulf Weigel und die Syndizi der DG-Bank, Hans-Joachim Holtzendorff und Hellmuth Bock, mit dem Grafen. Thema war die persönliche Haftung des Pleitebankiers, ihre buchmäßige Darstellung und die Überschreibung auf die Banken. Im Auftrag des SMH-Konsortiums hatte die DG-Bank die Treuhänderfunktion des „Oberkassierers" übernommen. Graf Galen gegenüber war sie nun Sicherungsnehmerin.

Und die DG-Bank-Emissäre nahmen alles, was sie sicherstellen konnten: Die silberne Manschettenknopfdose, eine silberne Zigarettendose (signiert), zwei Silbertöpfe, tibetanisch (alt), zwei Doppelbüchsen, vier Doppelflinten, zwei Empire-Marmor-Vasen (zusammen 30 000 DM), zwei Ölgemälde (Noland und Stella) zu je 150 000 DM, zwei Stühle Louis XV (zusammen 50 000 DM), 50 Esszimmerstühle (Grüner Salon, alt). Im beweglichen Vermögen befanden sich außerdem drei Automobile: Toyota Tercel (1983), Bentley (1974) und Jeep Wagoneer (1979/80). Die Sicherungsnehmerin ramschte obendrein Aktienpakete, Aufsichtsratstantiemen, Investmentanteile, riesige Ländereien, eine Villa in Frankfurt und ein Schloss im Münsterland. Mit roten Ohren saßen die DG-Banker da und scheffelten die vermeintlichen Schätze.

Jetzt aber, nach Monaten vergeblichen Bemühens, das Eingesackte wieder loszuschlagen, kehrt Katzenjammer bei den Bankgläubigern ein. „Die Autos sind verkauft, wer nimmt aber schon die tibetanischen Pinkeltöpfe", meckert ein Banker, der mit der Verwertung zu tun hat. „Und das Gemälde von Stella ist auch nicht so gut wie sein Wertansatz." Nach neuesten Schätzungen ist es nur 11 000 Dollar wert. Der Noland ging jetzt zur Versteigerung nach New York – Taxe 60 000 Dollar. Wer will außerdem des Grafen Zigarettenetui oder dessen Manschettenknopfdose?

Für solche Fälle, dazu gehört besonders auch das Landgut Assen im Münsterland, hat Notar Weigel allerdings vorgesorgt. Im Punkt V der Vereinbarung zwischen der DG-Bank und Galen heißt es: Die Sicherungsnehmerin räumt Graf von Galen bei Gegenständen, für die er ein besonderes Affektationsinteresse bekundet, ein Optionsrecht zum Kauf durch ein von ihm zu benennendes Familienmitglied zum jeweiligen Marktwert ein." Gräfin Galen kann also wieder erwerben, was ihrem Mann genommen wurde. Die Preise werden günstig sein, nämlich: Was heißt Marktwert, wenn kein Markt vorhanden? Galens mobiles Vermögen brachte den Banken also nicht viel. Mehr Honig saugen konnten sie aus seinen „Forderungen und Ansprüchen" sowie aus den „Geschäftsanteilen".

Bei der Deutschen Bank hatte der Graf am 5. Dezember letzten Jahres ein Guthaben von 10 000 Mark und bei der schweizerischen Bank Hentsch & Cie eines von 1500 Schweizer Franken (Schweizer Nummernkonten konnten nicht berücksichtigt werden, weil niemand ihre Existenz kennt).

Außerdem fielen den Sicherungsnehmern Aufsichtsratsvergütungen (1983) für Galens Tätigkeit bei Ymos (11 000 DM), Union Investment (32.250 DM), MAN Roland (15.000 DM), Löhr und Bromkamp (7.500 DM) und Lehndorff Vermögensverwaltung (50.000 DM) zu. Die DG-Bank wollte auch nicht auf Steuererstattungsansprüche verzichten und selbstverständlich mussten alle Gesellschaftsanteile des Grafen an der SMH-Bank abgegeben werden. Ein kleines Banken- und Industriekonglomerat ist der DG-Bank bei dieser Gelegenheit in die Hände gefallen:

- Galen Industrie KG, Frankfurt, Holding für SMH-Bank, Vermögensverwaltung Hengst (Ges. bürgerlichen Rechts) und Burghotel Dinklage GmbH.
- Galen Verwaltungsges.mbH, Offenbach.
- Westphalian American Ass. Mit Beteiligungen an Bisping Capital Investment Co. sowie an der Bangor Punta Corp.
- Lehndorff-Beteiligungen: USA Fonds I, USA Fonds II und Canada Grundstücksentwicklungen.

Die DG-Bank konnte als Treuhänderin die Bankguthaben und die Aufsichtsratsvergütungen sofort vereinnahmen. Auf mögliche Steuerrückzahlungen muss sie noch warten, bis das Finanzamt soweit ist. Auch konnten die Lehndorff-Beteiligungen schnell an den Mann gebracht werden. Zum 30. April (84) wurden ebenso die Galen-Anteile an der Westphalian American verkauft. In dieser Holding, die allerdings dem Grafen nicht alleine gehörte, waren 20 Prozent der Aktien des Mischkonzerns Bangor Punta zusammengefasst, der einen Umsatz von 1,5 Milliarden Mark aufweist, einschließlich dessen Beteiligung an der Flugzeugfirma Piper und der Waffenfabrik Smith & Wesson. Hierfür gab es klare Bewertungsmaßstäbe. Hier flossen harte Dollars. Ein sehr viel schwierigeres Unterfangen ist es, die Galen-Anteile an der SMH-Bank, bzw. die gesamte Bank richtig zu bewerten. Die Übertragung dieser Geschäftsanteile muss schließlich auch ordnungsgemäß abgerechnet werden.

Sie fielen zunächst einmal den Gläubigerbanken zu, die – ob sie wollten oder nicht – ihre Forderungen zum Stichtag 31. Oktober 1983 in nachrangiges Haftkapital umwandeln mussten. Ganz wertlos war die SMH-Bank aber zu dieser Stunde Null nicht. Für die bessere Hälfte der Bank wird Lloyds, die das Institut per Ende 1983 übernommen hat, noch einen dreistelligen Millionen-Betrag zahlen müssen. Drei Gutachter sitzen an der Bewertung. Außerdem steckt immer noch ein reeller Wert in den Pelzlägern, die die SMH-Bank im Laufe der Zeit übernommen hatte, und in den Forderungen an den Esch-Konzern, der zwar die Bank in den Abgrund gerissen hat, bei dessen Restverwertung aber noch einige Millionen zu holen sein werden.

„Wenn wir eine Zwischenbilanz ziehen würden", sagte ein Frankfurter Banker, „so müsste die Rechnung wie folgt aussehen: Auf der einen Seite stehen die Bankenleistungen für SMH von 830 Millionen Mark plus 25 Millionen Mark Forderungen der DG-Bank plus sieben Millionen Forderungen von Sal. Oppenheim Cie. Und einige Kleckerbeträge von dreieinhalb Millionen weiterer Gläubiger." Auf der anderen Seite stehen als Hauptposten maximal 150 Millionen DM von Lloyds sowie ein kleinerer Millionen-Betrag aus den Verkäufen der Lehndorff-Anteile, der Westphalian American und von Teilen des Galen-Privatvermögens wie den Autos, Tantiemen und Bankguthaben.

Den Forderungen der Banken an die ehemaligen SMH-Gesellschafter von rund 865 Millionen DM stehen bisher also Realisierungen von maximal 165 Millionen DM gegenüber. Sollte es schon geglückt sein, das Privatvermögen der Münchmeyers – fünf Millionen DM sind angesetzt (bei den anderen persönlich haftenden SMH-Gesellschaftern ist nichts zu holen) zu versilbern, hätten die Gläubiger-Banken heute eine SMH-Quote von knapp 20 Prozent erreicht. „Schon das ist reichlich geschätzt", so der Insider. Nun versucht die Hema Verwaltungsgesellschaft, Frankfurt, in die die schlechtere Hälfte der SMH-Bank eingebracht wurde, die Quote aufzubessern und hat dafür als Faustpfänder die Esch- und Pelzforderungen sowie das reichliche Grundstücksvermögen des Grafen Galen in Händen:

- das Haus am Lerchesberg in Frankfurt, taxiert auf 6,3 Millionen Mark.
- Ein Schloss im Münsterland, Haus Assen, mit 3,5 ha Park, taxiert auf 25 Millionen DM.
- 324 ha landwirtschaftlich genutzter Boden mit Gut bei Lippborg; Buchwert 13,8 Millionen DM.
- 802 ha Waldungen bei Lippborg zum Buchwert von rund 16 Millionen Mark.

„Das Haus am Lerchesberg hat aber ebenso seine Macken wie das Haus Assen," weiß ein Immobilienhändler. In die Frankfurter Nobelvilla will niemand einziehen, weil sie auf die persönlichsten Verhältnisse des Grafen zugeschnitten ist. Ein Neuerwerber müsste nochmals zwei Millionen für den Umbau investieren.

Auch bei dem bildschönen Wasserschloss, Haus Assen, muss der Erwerber zusätzlich zum Kaufpreis Gelder für die Renovierung mitbringen. Das wird nicht billig, denn das Schloss hat den technischen Stand von 1935 und damit einen Verschleiß von fast 50 Jahren auf dem Buckel. Zudem lebt dort die Familie des Vaters Galen, was das Objekt nicht fungibler macht. Dem alten Herrn gegenüber wollen sich die Banken zudem nicht gerade unritterlich verhalten. So hat Notar Weigel mit Zustimmung des DG-Bank-Syndikus, Holtzendorff, auch notieren dürfen: „Die Sicherungsnehmerin wird dafür Sorge tragen, dass Galen sen. ein angemessenes Wohnrecht und ein angemessener Lebensunterhalt verbleiben." Das macht das Schloss vollends unverkäuflich. Auch für die Ländereien und Waldungen des Grafen gibt es derzeit praktisch keinen Käufer.

Nur die Nonnen von Burg Dinklage haben Interesse an einem Streifen Wald mit Kapelle und Friedhof von zusammen 0,7 ha. Diese Waldecke soll diesmal voll bezahlt werden. Vor genau einem Jahr hatte es der Graf noch gratis gemacht. Damals schenkte er 20 ha Wald an die Vereinigung der St. Hildegard Schwesternschaft e.V. in Dinklage. „Diese Schenkung," so der Notar, der die katholische Affinität der Galens kennt, „wird nicht angefochten." Sie wird als weiterhin rechtskräftig bestätigt. Damit haben die Hildigardis-Schwestern der Galen-Gattin vieles voraus. Gräfin Anita von Galen hatte ihrem Mann kurz vor dem Zusammenbruch der Bank noch für 30 Millionen Mark SMH-Anteile verkauft, damit, wenn alle Stricke reißen, wenigstens das Geld im Hause bleibt.

Das Geschäft musste rückgängig gemacht werden. Die Gräfin wurde dadurch zwar keine arme Frau. Ihr Vermögen wird immer noch auf 50 Millionen Mark geschätzt. Ihr Mann aber, Graf Ferdinand von Galen, besitzt jetzt ganz offiziell nichts mehr. Er hat aber von den Banken die Chance eingeräumt bekommen, bei Null wieder anfangen zu können. Seine künftigen Einkommen werden durch den SMH-Fall nicht mehr belastet, allerdings mit einer Ausnahme: Erbschaften. Wenn solche Vermögenszuwächse in den nächsten zehn Jahren eintreffen, so wandern sie sofort in den Nikolaus-Sack der Banken. Fazit: Die Gräfin hat den Grafen enterbt.

Galens größte Demütigung: Preungesheim
(Galen 3)

Für Ferdinand Graf von Galen war die Verhaftung weit schlimmer als der Verlust seines gesamten Vermögens durch den Zusammenbruch der SMH-Bank Anfang November vergangenen Jahres. Hatte er es schon nicht geschafft, das väterliche Erbe zu vermehren oder zumindest zu erhalten, so wollte er doch weingstens die Ehre der Familie retten. Schließlich stehen da einige hundert Jahre auf dem Spiel. Aber das ist nun auch perdu. Seit Mitte Dezember 1984 sitzt der Graf in Frankfurt-Preungesheim ein. Um Vermögen und Ehre kann sich nun alleine seine Frau Anita Gräfin von Galen kümmern. Sie hat sich beides erhalten, wie ich mich bei einem Treffen mit ihr im Hotel Interconti überzeugen konnte. Ihr Management war immer schon besser gewesen als das ihres Mannes.

„Mein Mann ist kein Verbrecher," beteuerte sie. „Bei ihm ist nichts mehr zu holen. Wir waren stets bereit, mit den Ermittlungsbehörden zu kooperieren." Daher sei die Verhaftung unnötig gewesen. „Lachhaft", ihm Prospekthaftung bei der Wibau anlasten zu wollen. „Was hatte er als Börsenpräsident damit zu schaffen?", fragte sie. Von den anderen ihm angelasteten Delikten habe er nichts gewusst oder nie den rechten Durchblick gehabt. Galen und den Mitgesellschaftern der SMH-Bank, Hans Lampert und Wolfgang Stryj, wird Veruntreuung zum Nachteil der Kommanditisten vorgeworfen: Schaden 40 Millionen DM. – Veruntreuungen im Zusammenhang mit Factoring- und anderen Refinanzierungsbanken – Volumen 500 Millionen Mark.

„Für Betrügereien", so die Gräfin, „war er wirklich nie zu haben." Das zu prüfen ist allerdings Angelegenheit der Gerichte. Die Galen-Verteidigung hat zunächst der Frankfurter Rechtsanwalt, Rainer Hamm, übernommen. Aber auch die Gräfin selbst steht vor dem Kadi. Sie prozessiert mit dem Bundesverband deutscher Banken wegen der Verkäufe ihrer letzten SMH-Anteile an ihren Mann ein halbes Jahr vor dem SMH-Krach. „Mein Vater", so die Gräfin, „war Nutznießer der Anteile bis zu seinem Tod am 13. Juli 82." Erst danach konnte die Transaktion vollzogen werden. „Wir sind ehrliche Leute."

Rückblende

Am 16. Dezember 1984 ist Graf Galen an der Ecke Giulettestraße/Niedenau verhaftet worden. Seine Frau war dabei. Mindestens drei Wagen des Bundeskriminalamtes waren aufgeboten, um Galen dingfest zu machen. Ein Auto stoppte hart vor den Galens, ein BKA-Beamter sprang heraus, zückte seine Plakette, hielt sie den beiden vor die Nase und sagte zum Grafen: „Kommen Sie mit." Auch die Gräfin bestieg das Auto – hinten. Sie ließ sich dorthin fahren, wo beide hingehen wollten, nämlich zur Kanzlei des Rechtsanwalts Riesenkampff, Niedenau. Keine lange Strecke, nur wenige Meter. Etwa 10 Minuten musste sie aber dann im Wagen warten. Der Beamte sagte: „Sie können jetzt noch nicht aussteigen", erklärte aber nicht, warum.

Die Gräfin, die mir all das zwei Tage später in ihrem Hotelzimmer 2004 im Interconti erzählte, hatte das Gefühl, dass die Nötigung, sitzen bleiben zu müssen, mit einem besonderen Sicherheitssystem zu tun haben musste. Wenn sie ausgestiegen wäre, hätte es zu einer krisenhaften Situation kommen können. Dann hätten die Sicherheitsbeamten der anderen Fahrzeuge eingegriffen. – Die Gräfin war bei unserem Treffen im 20. Stockwerk des Interconti sehr aufgebracht gewesen über die Staatsanwaltschaft. Man hätte ihren Mann nicht festzunehmen brauchen, meinte sie. Er und sie seien überhaupt erst am Wochenende nach Frankfurt zurückgekehrt, um vor der Staatsanwaltschaft auszusagen. Sie hätten immer betont, dass sie dazu beitragen wollten, alle Hintergründe der Bankpleite aufdecken zu helfen. „Wir haben nie an Flucht gedacht", beteuerte sie mir gegenüber. „Wir haben uns auch nie in die Nähe von Ländern begeben, die keinen Auslieferungsvertrag mit der Bundesrepublik abgeschlossen hatten."

Größtes Strafverfahren bundesdeutscher Wirtschaftsgeschichte

Kaum hatte Erich Nold, Darmstadt, am 9. November 1983 seine Strafanzeige gegen Galen und andere eingereicht, setzte der Hauptversammlungsschreck vergangener Jahrzehnte eine Prozesslawine in Gang, von der er selbst überrascht war. Mit dem Nold-Papier, die Verteidigung spricht von „Querulantenanzeige", beginnt (Anfang 1986) unter der Nr. 1001 die Aktensammlung für das bisher größte Strafverfahren in der bundesdeutschen Wirtschaftsgeschichte. Ein Stapel von 26 000 Blatt gerichtsnotorischer Akten wurde zusammengetragen. Der persönlich haftende Gesellschafter Ferdinand Graf von Galen sitzt seit Ende 1984. Seine Kompagnons, Hans Lampert und Wolfgang Stryj waren zwischenzeitlich ebenfalls acht Monate in U-Haft gewesen. Die nach Ansicht der Staatsanwaltschaft kleineren Fische, Hans-Hermann Münchmeyer und der Sekretariatsleiter Ralph-René Lucius blieben zwar auf freiem Fuß. Aber auch ihnen wird der Prozess gemacht, wenn auch ein kurzer.

Die Staatsanwaltschaft hofft sogar, die beiden Letzteren mit der Zeit als Kronzeugen umfunktionieren zu können. Nach Teilgeständnissen wurde ihr Verfahren abgetrennt. Und da sich auch Stryj über Nacht zur Beichte bekannte, wurde er ebenfalls auf die etwas bequemere Münchmeyer-Lucius-Bank gesetzt. Diese drei, so ihre fast identische gerichtliche Aussage, haben „billigend in Kauf genommen", dass andere Banken durch eine mögliche SMH-Insolvenz geschädigt werden könnten. „Untreue" weisen sie aber weit von sich. „Untreue und Betrug" will Oberstaatsanwalt Scheu aber unter allen Umständen dem Grafen nachweisen. Vielleicht, so kalkuliert Scheu, schafft er es mit den Zeugen Münchmeyer, Lucius und Stryj. Mehr und mehr wurden Galen und Lampert von den übrigen isoliert und da nur noch Galen inhaftiert ist, spricht die Verteidigung ganz offen von Klassenjustiz.

Der Strafrechtslehrer und Galen-Verteidiger, Prof. Peter Cramer, Gießen, hat sich dagegen zum Ziel gesetzt, die Staatsanwaltschaft aufs Kreuz zu legen. Der Galen-Prozess wird, so sehen es Frankfurter Banker, ein Fall Peter Cramer gegen Udo Scheu. Der Professor hat Unterstützung von Rechtsanwalt Rückel (Münchener Institut für Strafrecht), vom Karlsruher Revisionsfachmann Widmaier und dem Frankfurter Rechtsanwalt Alexander Riesenkampff. Die teure Riege wird von der Multimillionärin Anita von Galen bezahlt, denn der Angeklagte hat schließlich den letzten Pfennig bei der SMH-Pleite verloren, insgesamt rund 85 Millionen Mark, und lebt zur Zeit auf Staatskosten im Gefängnis Frankfurt-Preungesheim.

„Unser erstes Ziel wird sein", so Cramer, „Galen aus diesen unwürdigen Verhältnissen zu befreien." Wenn der Hauptangeklagte zur Sache vernommen worden ist, kommt er frei, meint die Verteidigung – Ende Februar etwa. Die Chancen dafür stehen wirklich nicht schlecht, denn dann wird das Oberlandesgericht, wie schon einmal passiert, der zuständigen 2. Strafkammer des Frankfurter Landgerichts nicht mehr ins Handwerk pfuschen. Richter Bokelmann wollte Galen schon im Oktober 1985 freilassen. Das Oberlandesgericht verfügte aber die Fortdauer der Haft wegen Fluchtgefahr. „Das ist alles Unsinn", so Cramer, „wir haben es, recht besehen, mit einem Unschuldigen zu tun." Unschuldige hätten nicht nötig zu fliehen. Außerdem wolle Galen, das habe er immer bekundet, mit den Justizbehörden kooperieren, um jeden Winkel der SMH-Pleite gerichtlich ausleuchten zu lassen.

Schuld ja oder nein, wird das Gericht herausfinden müssen. Zumindest haben die SMH-Manager durch die Pleite ihrer Bank einen Schaden von über einer Milliarde Mark verursacht. Über 900 Millionen DM Kredite waren allein in die marode IBH-Holding des schon verurteilten Horst-Dieter Esch gesteckt worden. Nach Abzug der von den persönlich haftenden Gesellschaftern eingebrachten Werte und der Veräußerung von Bank-Restwerten verbleibt immerhin noch ein Schaden von 750 Millionen DM. Dies hatte der Geschäftsführer der SMH-Nachfolgegesellschaft, Hema

Schütz, am 29. Mai 1985 vor der Staatsanwaltschaft ausgesagt.

„Eine Begebenheit mag belegen", so der Strafverteidiger, „wie wenig der Beschuldigte Graf Galen im Sommer 1983 mit einer ebenso dramatischen wie unglücklichen Entwicklung bei SMH, wie sie im Spätherbst eintrat, gerechnet hat." Und dann erzählt der Staranwalt eine rührende Galen-Pöhl-Geschichte. Am 25. Juni 1983 fand die Erstkommunion des Sohnes des Beschuldigten im Schloss Assen, dem Wohnsitz der Familie Galen in Westfalen, statt. Der Einladung hierzu war unter anderen auch Bundesbankpräsident Karl Otto Pöhl gefolgt. Bei einer Rundfahrt, die der Beschuldigte mit dem Bundesbankpräsidenten an diesem Tag unternahm und bei der er diesem Größe und Anlage des Besitzes Assen erläuterte, fragte Pöhl den Beschuldigten Galen, ob dieser jahrhundertelang von der Familie gehaltene Besitz auch von der persönlichen Haftung des Privatbankiers Ferdinand Graf von Galen erfasst sei? Der Beschuldigte, Graf Galen, bejahte die Frage lächelnd und fügte hinzu, dass das rein theoretische Risiko einer Inanspruchnahme die Schwierigkeiten nicht rechtfertigen könne, die durch Übertragung auf seinen minderjährigen Sohn (im Wege der vorweggenommenen Erbfolge, insbesondere die fortwährende Notwendigkeit der Einholung vormundschaftsgerichtlicher Genehmigungen) entstehen würden. – Das war vier Monate vor der SMH-Pleite.

Wenn in München Bossi die einzige Hoffnung für Kapitalverbrecher ist, so spielt diese Rolle für Finanzdelinquenten in Frankfurt Cramer. Er ist Kommentator einschlägiger Gesetzeswerke, hat aber auch eine ebenso reiche Praxis als Strafverteidiger. Ihm ist ziemlich egal, ob der Bundesbankpräsident durch solche Storys im Galen-Prozess mehr und mehr zwischen Baum und Borke gerät. Schließlich hat ihn auch die Staatsanwaltschaft als Zeugen für den kommenden Mammutprozess benannt und bereits am 18. Mai 1984 vorab befragt. Cramer will auf den Zeugen Pöhl ebenfalls zurückgreifen, um zu beweisen, wie arglos und freundschaftlich sein Mandant war, bis hin zur Verschaffung der Ehrendoktorwürde an Pöhl in Georgetown. Als Entlastungszeugen führt Cramer auch den Vorstandssprecher der Deutschen Bank an. „Friedrich Wilhelm Christians", so Cramer, „spricht in einem Aufsatz zur KWG-Novelle im Hinblick auf die Schuldfrage im Fall SMH von einer ‚leichtfertigen' Risikobeurteilung durch die Geschäftsleitung." Christians schätze die subjektiven Gegebenheiten, die hier den Verantwortlichen der SMH vorlagen, aus seiner großen Erfahrung im Bankenbereich richtig ein, meint Cramer. „Leichtfertigkeit," so der Verteidiger, „reicht aber für Par. 266 Strafgesetzbuch – Untreue – nicht aus."

Die Staatsanwaltschaft sieht dagegen ein riesiges Verschleierungswerk des SMH-Managements mit dem Ziel, eine einzige Adresse – die IBH-Gruppe, Mainz – direkt und indirekt unerlaubt mit viel zu hohen Krediten aufzupumpen. Und dann macht selbst die inzwischen im Ruhestand lebende Präsidentin des Bundesaufsichtsamtes für das Kreditwesen, Inge Lore Bähre, in Cramers Sinne Aussagen: „Aus dem Gentlemen's Agreement", so Frau Bähre sinngemäß vor dem Staatsanwalt, „das die Banken zur Meldung der Kredite ihrer Luxemburger Töchter verpflichtete, können keine unmittelbaren Rechtsfolgen hergeleitet werden." Der Banker, der sich an solche – im Bankgeschäft üblichen – Abmachungen nicht hält, ist zwar kein Gentleman, aber im üblichen Sinne auch kein Betrüger. Cramers Verteidiger-Kollege Riesenkampff formuliert drastisch: „Galen ist vielleicht ein Esel, aber kein Schwein."

Und weil das so ist, zimmert die Crew der Verteidiger Eselsbrücken, um Galen aus der Haft zu holen und schließlich den Prozess des Jahres zu gewinnen. Ihre Hauptargumente: Galen war kein Kreditfachmann. Er war auch nicht für das Kreditgeschäft der SMH-Bank zuständig, sondern Kollege Lampert. Und Galen gehöre auch nicht zu den Selbstmordkandidaten, die aus Lust am Betrug das eigene Vermögen bis auf den letzten Pfennig verpulvern wollen. Zudem hätten es seine reichlichen Ehrenämter und Auslandsreisen unmöglich gemacht, die einzelnen Kreditengagements zu überprüfen. Galen sei schließlich der einzige gewesen, der überhaupt bei der SMH-Bank dafür gesorgt habe, dass Geld verdient werde. Das Investmentbanking, für das Galen verantwortlich war, hätte schließlich die SMH-Bank zu der guten Adresse im deutschen Bankgewerbe werden lassen, die sie einmal war. Riesenkampff: „Hier wird geschäftlicher Misserfolg kriminalisiert."

In ihrer über 100-seitigen Anklageschrift versucht die Staatsanwaltschaft Galen in vielen Einzelheiten, sehr akribisch Untreue und Betrug nachzuweisen:
- Untreue zum Nachteil der Kommanditisten,
- Untreue zum Nachteil der Konsortialbanken,
- Betrug zum Nachteil der Poolbanken,
- Betrug zum Nachteil der refinanzierenden Banken,
- Prospektbetrug.

Besonders die Beleihungsschiebereien – gemeinsam mit Esch – über die Finanzholding Finzac, U. A. Baumaschinenbeteiligungen, Roxlo und Malark lassen auf Detailarbeit schließen, um Behörden und Refinanzierungsbanken hinters Licht zu führen. Dabei holte sich die SMH-Bank nur Risiken ins Haus. Von Bereicherung kann weder persönlich noch institutionell (Bank) gesprochen werden.

Der Punkt, wo die Bereicherung der Galens beginnen könnte, nämlich die Veräußerung der SMH-Anteile von der Gräfin an den Grafen im April 1983, wird in dem anstehenden Verfahren überhaupt nicht erwähnt. Theoretisch könnte man hier konstruieren: Galen habe schon so frühzeitig die SMH-Pleite erkannt und mit der Übernahme der SMH-Anteile seine Frau und damit seine Familie weitgehend aus dem Risiko gezogen. Das aber ist ein 2. Prozess, der an anderer Stelle läuft und wo die Gräfin als Nutznießerin dran ist. Einstweilen nimmt sie aber ihren Mann ebenso drastisch wie treffend in Schutz: „Er mag ein Trottel sein, aber kein Verbrecher." Und weil das so ist, rechnet sich Starverteidiger Cramer die besten Chancen aus, den Grafen rauspauken zu können. Dann aber dürfte der Fall Cramer gegen Scheu dem deutschen Steuerzahler einiges Geld kosten für Haft-Entschädigungen des Grafen.

Soweit hat es Richter Bokelmann aber nicht kommen lassen. Anfang Juli 1986 wird Galen wegen Untreue in einem besonders schweren Fall zu einer Haftstrafe von drei Jahren und neun Monaten verurteilt. Das Gericht empfahl, ihm die Vergünstigungen des offenen Vollzugs und der Halbhaft zu gewähren. Danach hätte er am 14. Juni 1987 entlassen werden können. Das war nicht so ganz umsetzbar. Ein Gnadenerweis des Leitenden Oberstaatsanwalts Christoph Schaefer machte die vorzeitige Entlassung des 51-jährigen Galen zum 1. Oktober 1987 möglich. Da er noch 20 Tage Urlaub beanspruchen konnte, kam der Graf schon am 11. September frei.

Unterdessen kämpfte Anita Gräfin von Galen von Paris aus (weil sie in Deutschland Arrest fürchtete) um den Erhalt ihres Vermögens. In einem Zivilprozess mit dem Bundesverband deutscher Banken ging es wegen des zwielichtigen SMH-Anteilsverkaufs an ihren Mann um 19,91 Millionen Mark. Die Gräfin hat niemals zu erkennen gegeben, diese oder irgendeine Summe an den Bankenverband (der die Gläubigerbanken vertrat) zu zahlen. Letztlich kam es zu einem Vergleich, der, wie der Bankenverband mitteilte, „von beiden Seiten eingehalten wurde.“ Wahrscheinlich sind zehn Prozent der ursprünglich verlangten Summe tatsächlich gezahlt worden. Hierzu schweigen sich die Parteien aus – bis heute.

Jacques Delors geht aufs Ganze und bringt die ECU

Das geschickte Krisenmanagement von Bundesbank, Bundesaufsichtsamt und Bankenverband hat den Finanzplatz Deutschland eher gestärkt als geschwächt und die D-Mark litt keinen Tag darunter. Tagtäglich herrscht auf den Devisenmärkten dasselbe Bild: Dollar, Yen und D-Mark beherrschen die Szene. Die europäischen Währungen müssen sich auf den Märkten brav hinter der D-Mark einordnen. Das EWS will es so und für seine Mitglieder ist noch kein Kraut gegen das erfolgreiche Produkt aus Frankfurt gewachsen. Politisch aber ist Paris stets eine Nase voraus, zumindest sehr einfallsreich und rigoros genug, seine Interessen wenn auch immer möglich durchzusetzen, zumindest anzuschieben – bei aller kontrahierten deutsch-französischen Freundschaft. Instrumente dafür gibt es immer wieder genug, entweder über den französisch geleiteten Internationalen Währungsfonds oder entsprechende Posten in Brüssel. Oftmals hilft auch die romanische Solidarität der Weichwährungsländer, um Deutschland zu irgendwelchen – marktabstrusen – geld- und währungspolitischen Entscheidungen zu verleiten. Politische Metamorphosen ganz über Nacht gehören dazu. Für Willy Brandt, Bundeskanzler, Friedensnobelpreisträger und SPD-Politiker, waren die Franzosen immer „schwierige Freunde“.

Wie ein Phoenix aus der Asche seiner finanzpolitischen Vergangenheit erhob sich Anfang 1985 der neue EG-Präsident, Jacques Delors, als er von Paris nach Brüssel wechselte. War er als Finanzminister an der Seine noch ängstlich bedacht, die französischen Kapitalverkehrskontrollen möglichst wasserdicht zu halten, so setzt er sich nun – 1985 – in Brüssel für eine liberalisierte europäische Währung ein. Die frankophone Kreation ECU soll nach seinen Vorstellungen möglichst bald allgemeines Zahlungsmittel für die Europäer werden. Der Name passt. Er hat seit dem 13. Jahrhundert französische Goldwährungstradition. Selbst die englische Aufschlüsselung der drei Buchstaben – European Currency Unit – ist für französische Mentalität erträglich. Es schadet dabei nicht, dass die Briten im Europäischen Währungssystem (EWS) gar nicht mitarbeiten. Ein anderer Umstand ist für die ECU nicht weniger akzeptabel, dass nämlich die deutsche Währung für die Werthaltigkeit der ECU steht, DM aber nirgends zu erkennen ist.

Einen besonderen Spaß macht dem ehemaligen französischen Finanzminister seine neue Position auch deshalb, weil Delors in Paris wegen der Kapitalverkehrskontrollen immer der gescholtene Anti-Europäer war. Von Brüssel aus stellt er nun die Deutschen in diese Ecke: Die Bundesbank hintertreibe die Weiterentwicklung des EWS und ließe die ECU

nicht zur Vollform einer internationalen Währung auflaufen, meinte er.

Brüsseler Hierarchen können ohne jeden wirtschaftlichen Hintergrund Derartiges behaupten und lautstark eine Gemeinschaftswährung fordern. Das irritiert die mittlerweile hartgesottenen Bundesbanker kaum und schon gar nicht ihre Politik. Ihre Position zum Thema ECU haben jetzt Präsident Pöhl und sein Außenminister, Leonhard Gleske, eindeutig markiert und zwar so:

Hinter der ECU steht keine Institution, die für ihre Wertstabilität verantwortlich wäre. Sie leitet sich nur von der sehr unterschiedlichen Stabilität und Qualität der im ECU-Korb befindlichen Währungen ab. Deshalb ist auch die Ausgabe von ECU-Banknoten und ECU-Münzen und deren Anerkennung als Zahlungsmittel nicht ohne Weiteres vorstellbar.

Dennoch verfährt die Bundesbank mit der ECU weit liberaler als dies in anderen europäischen Ländern der Fall ist. Denn dort, wo die ECU als Devise behandelt wird, ist sie den jeweiligen Devisenbeschränkungen unterworfen. Ihre Nutzung wird dadurch weit mehr behindert als etwa in der Bundesrepublik, wo lediglich das Eingehen von Verbindlichkeiten in ECU bisher nicht zugelassen wird. Dagegen ist der Erwerb von ECU-Forderungen uneingeschränkt gestattet.

Der Stand der De-facto-Liberalisierung ist heute in Europa eher niedriger als zu Beginn der 60er-Jahre. Vor allem Frankreich und Italien glauben nach wie vor auf weitgehende Beschränkungen des Kapitalverkehrs nicht verzichten zu können. Für eine Fortentwicklung des EWS wären die Liberalisierung und Komplettierung des Wechselkurssystems von weit größerer Bedeutung als eine verstärkte Verwendung der ECU im offiziellen wie im privaten Bereich.

Die offizielle ECU ist bisher weder konvertibel noch wird sie marktgerecht verzinst. Daher ist die Bedeutung sogar zurückgegangen. Keine europäische Notenbank hält ECU in größerem Umfange freiwillig in ihren Reserven, dafür umso höhere DM-Beträge.

Aber auch bei marktgerechter Verzinsung – eine Voraussetzung für die Andienung der ECU an andere Notenbanken – dürfte kaum hohe Nachfrage bestehen, weil ECUs nur begrenzt verwertbar sind.

An der Erkenntnis, dass ein gemeinsamer Währungsraum mit festen Wechselkursrelationen letztlich nur durch hinlängliche Stabilität und Konvergenz der Wirtschaftsentwicklung und Wirtschaftpolitiker entstehen kann, geht kein Weg vorbei.

Außerdem fehlt die verantwortliche europäische Notenbank. Hier ist noch völlig unklar, welchen Grad der Autonomie, welche Aufgaben und welche Stellung gegenüber nationalen Regierungen diese Institution haben soll. Auf jeden Fall werde – und hier besteht Einigkeit zwischen Bundesregierung und Bundesbank – die Übertragung von Notenbankfunktionen und die endgültige Übertragung von Währungsreserven auf eine supranationale Institution eine Änderung des EWG-Vertrages oder einen ratifizierungsbedürftigen völkerrechtlichen Vertrag erfordern.

Die Schaffung einer solchen Gemeinschaftsinstitution hätte aber weitreichende Konsequenzen für die Geldpolitik und die Geldverfassungen in den Gemeinschaftsländern. Das kann man im Rahmen eines weit gespannten Integrationskonzepts politisch durchaus wollen. Dann sollte man aber die Implikationen einer solchen politischen Entscheidung genau bedenken. Die ECU kann jedenfalls nicht Basis einer solchen Entwicklung sein, und sie sollte in der politischen Diskussion über die Währungsintegration auch nicht als Vorwand für die Durchsetzung solcher Ziele dienen.

Helmut Schmidt traktiert in Washington die Amerikaner

Der German Marshall Fund, eine deutsche Stiftung in den USA aus Dankbarkeit für den Marshall-Plan, hat mich (Mitte April 85) nach Washington eingeladen und so bin ich auf dem Weg dorthin: Zwei Tage Marshall-Fund-Privatissimum über Devisenmarktprobleme und Weltwirtschaftsentwicklung. Dann schließt sich für zwei Tage der Interims-Ausschuss von IWF/Weltbank an. Eigentlich hatte ich gar nicht vorgehabt, mich während dieser Sitzung in Washington herumzutreiben, weil die versammelten Gouverneure keinen akuten Handlungsbedarf für die Regulierung des Weltschuldenproblems sehen. Wenn jene das so sehen, sehe ich es natürlich auch so. Damit gibt es für mich keine Aktualität.

Nun will aber mein Brüsseler Kollege eine WiWo-Titelgeschichte über die europäische Kunstwährung ECU schreiben (wahrscheinlich hat ihm das ein Interessent aus der Brüsseler Administration eingeredet). Er interviewt dazu den EG-Präsidenten Jacques Delors, der sich für die schnelle Einführung des ECU in ganz Europa einsetzt. Nicht nur das. Delors steht an der Spitze des französischen Stoßtrupps gegen die Bundesbank und gegen die D-Mark. Ich soll nun versuchen, Bundesbankpräsident Pöhl zu erreichen und mit ihm, dem eisernen Gegner der ECU (European Currency Unit), ein eben solches Gespräch zu führen. Bis jetzt bin ich nicht sehr hoffnungsvoll, dass das klappt.

Abends zittere ich – Meniskus angeschlagen – zu einem Vortrag mit Altkanzler Helmut Schmidt. Auch Schmidt ist auf Einladung des German Marshall Fund hier. Er soll über ein selbst gewähltes Thema reden und wie es so seine Art ist, tritt er als ganz großer Staatsmann auf, als Weltökonom ohnehin immer. Seine Ausführungen sind aber eher kläglich und bissig. Er beschimpft die Amerikaner wegen ihrer hohen Staatsdefizite und laxen Militärpolitik. „Sie setzen alles auf die Karte der Atombombe und unterhalten ein viel zu kleines stehendes Heer." Da seien die Deutschen schon ganz andere Kerle. „Wenn heute Kanzler Kohl", so der Exkanzler im Washingtoner Regent Hotel, „auf den Mobilisierungsknopf drückt, dann stehen 1,25 Millionen Deutsche unter Waffen, weil in der Bundesrepublik Wehrpflicht gilt."

Was aber haben die Verbündeten zu bieten, wenn sie nicht gleich zur Atombombe greifen wollen? „Bestenfalls 225 000

Amerikaner, ein paar Tausend Franzosen, Holländer und Belgier und in Dänemark: einen ganzen General!“ Vor Beginn des Vortrags kommt es zu einem kleinen Zwischenfall. Ein amerikanischer Politiker, wahrscheinlich Jude, wahrscheinlich Republikaner, griff Schmidt wegen seiner offen geführten Ostpolitik an. In Deutsch rief der Mann immer wieder: „Herr Schmidt, wann kommen die Russen?“ Helmut Schmidt hat in den 70er-Jahren eine Annäherung an die Sowjetunion gesucht. Diese Entspannungspolitik, die auch zu einem zweimaligen Besuch des sowjetischen Staats- und Parteichefs Leonid Breschnew in Deutschland geführt hat, war in den USA nicht gut angekommen. Schmidt und Breschnew haben u. a. eine gemeinsame Deklaration unterzeichnet, nach der die Ost-West-Entspannung ausgebaut und das Wettrüsten eingedämmt werden soll.

Der Altkanzler, der gemeinsam mit Giscard d'Estaing als Vater der ECU gelten kann, hatte in Richtung Bundesbank nur beißenden Spott parat: „Wenn es nach der Bundesbank geht, brauchen wir Europa überhaupt nicht zu bauen. Dass wir wirtschaftlich und verteidigungsmäßig von den anderen abhängen, interessiert die gar nicht.“ Schmidt ist zwar auch Ziehvater von Bundesbankpräsident Pöhl. Dieser hat sich aber noch weniger nach seinen Erwartungen entwickelt als die ECU.

Lyon: Europäisches Finanzzentrum der Extraklasse

Die französische ECU-Euphorie hat bereits in der Provinz merkwürdige Blüten getrieben. Wo sich die Saône mit der aus der Schweiz heran flutenden Rhône vereinigt, liegt von Paris aus betrachtet die Provinzhauptstadt Lyon. Die Nähe zur schwerreichen Schweiz mit dem starken Franken und Genf mit der langen Tradition als Finanzzentrum inspiriert offenbar die Väter der Seidenstadt. Sie wollen künftig im internationalen Finanzgeschäft mitmischen, Geldstrippen ziehen wie die Gnome aus der Zürcher Bahnhofstraße, ganz oben mitspielen. Immerhin ein interessanter Einfall, nur fehlt der Seiden betuchten Stadt die richtige Währung dafür. Der Französische Franc taugt noch lange nicht dafür und eine eigene Währung hat die Stadt vor langer Zeit das letzte Mal besessen, sie neu zu beleben wäre unmöglich. Man muss also nehmen, was zu haben ist: die europäische Pseudo-Währung ECU.

Und weil Lyon Finanzzentrum mit dem ECU werden will, wurde dort schon 1982 das sogenannte Förderungs- und Forschungszentrum CEPREM gegründet. Diese ECU-Lobby, die überwiegend von Lyoner und anderen französischen Banken, aber auch von luxemburgischen Kreditinstituten und den Börsen beider Städte finanziert wird, hatte jetzt ihre Jahrestagung bei der Dresdner Bank in Frankfurt. Warum gerade dort? Weil die Dresdner in Lyon eine feine Tochtergesellschaft besitzt, die Privatbank Morin-Pons. Politische Bedeutung erhält die CEPREM durch ihren Ehrenpräsidenten, den ehemaligen Regierungschef von Luxemburg, Pierre Werner (der sich schon durch den Werner Plan 1972 in Sachen Ankratzen der Bundesbank einen Namen gemacht hat), und Gaston Thorn, dem ehemaligen Präsidenten der Kommission der Europäischen Gemeinschaft, der gegenwärtig Präsident der Internationalen Bank in Luxemburg ist.

Sie und die übrigen CEPREM-Mitglieder wollen, dass die Index-Währung ECU, die 1979 einmal zur Verrechnung unter den Zentralbanken kreiert worden ist, zunächst allseits anerkanntes und dann möglichst alleiniges Zahlungsmittel innerhalb der Europäischen Gemeinschaft wird. ECU erst auf alle Konten und nach 1995 in die Taschen der Europäer, lautet hier die Devise.

In diesem Punkte kennt die Bundesbank, die gesetzlich für die Geldwertstabilität in Deutschland und damit auch in Europa verantwortlich ist, allerdings kein Pardon. Für sie ist die ECU nach wie vor keine Währung. Als Währungskorb oder Index sind ECU-Verbindlichkeiten nach Auffassung unserer Notenbank sogar genehmigungspflichtig. Genehmigungen wurden bisher nicht erteilt.

Jetzt argumentieren die Europäer aus Luxemburg, Thorn und Werner, sowie die Bankiers aus Lyon: Helft Europa weiter über die Runden, erkennt die ECU doch endlich an. In dieser Mission will Thorn in den nächsten Wochen auch bei Pöhl vorsprechen. Eine Währung ist aber ein hoch sensibles Ding. Da müssen sich nicht nur Notenbanken und Regierungen anstrengen, sie stabil zu halten, dazu sind ganze Volkswirtschaften aufgerufen. Die größten Erfolge hat hier die Bundesrepublik zu verzeichnen, vielleicht ist noch die Schweiz im selben Atemzug zu nennen.

Eine langfristig intelligent angelegte Geldpolitik hat die Inflation zu einem rostigen Nagel werden lassen und die Mark stark gemacht. Bei aller Europaliebe kann dies nicht so einfach drangegeben werden. Wer soll denn künftig für diese Währung verantwortlich zeichnen. Pierre Werner brachte den Vergleich: Die Abgabe der Landwirtschaft der EG-Staaten an Brüssel sei annähernd vergleichbar mit der Hergabe der Währungssouveränität. Das soll uns aber bitte erspart bleiben, dass bei Geld eine derartige Misswirtschaft einreißt wie in der EG-Agrarpolitik. Wer soll also für eine harte europäische Währung verantwortlich sein? „Eine Europäische Bundesbank“, gab Werner zur Antwort. Und wo soll sie stehen? Da wusste Gaston Thorn Rat: „In Luxemburg.“ Ihm fiel dabei nicht einmal Lyon ein, nicht einmal jene Bankiers, die ihn auf die Reise geschickt hatten. Wo bleibt da also der Finanzplatz Lyon? Das soll jedoch nicht unsere Frage sein.

Wo bleibt Frankfurt, wo bleibt der Finanzplatz Deutschland, ist hier eher die Frage. Da muss doch der hessische Wirtschaftsminister, Ulrich Steger, zitiert werden: „Der Finanzplatz Deutschland findet in Frankfurt statt und die europäische Notenbank gehört an den Main.“ Zitat Ende. – Mit Verlaub, das ist kein Votum gegen Europa, sondern nur eine Wettbewerbsfrage zwischen den europäischen Finanzzentren.

Otmar Emminger: Blücher im Kampf um die Geldwertstabilität

Prof. Otmar Emminger, Bundesbankpräsident

Auch mit seinen 75 Jahren (1986) ist Altbundesbankpräsident Otmar Emminger ein streitbarer Herr geblieben. Den Präsidenten des Bundesverbandes der Deutschen Industrie maßregelte er vor dem sogenannten Hessischen Kreis der Arbeitgeber: „Sie meinen, die deutschen Unternehmer wissen nicht, worum es bei der Änderung des Paragraphen 116 Arbeitsförderungsgesetz (AFG) geht? Dieses Armutszeugnis stelle ich diesen Leuten nicht aus." Der große alte Mann der Bundesbank kann sich auch diese Bemerkung leisten: „Es ist nur in unserem überdrehten Rechtsstaat, wo sogar die Schulnoten anfechtbar sind, möglich, dass eine Bankengruppe die Bundesbank vor den Richter bringt, nur weil ihr die neue Mindestreservestruktur nicht gefällt."

Sein wacher Verstand und die hohe Sachkenntnis, mit der Emminger in Diskussionen und Vorträge hineingeht, qualifizieren ihn bis heute zu einem begehrten Berater in Wirtschaft und Politik, diesseits und jenseits der Grenzen.

Weltpolitische Themen diskutiert Emminger regelmäßig mit dem ehemaligen amerikanischen Außenminister Henry Kissinger, der Anfang der 70er-Jahre das kommunistische China für den Westen geöffnet hat. Beide Grandseigneurs sitzen im Beirat der hochfeinen Investmentbank Goldman, Sachs & Co. und treffen sich dort jährlich drei- bis viermal. In der Bundesrepublik hat sich die Deutsche Pfandbriefanstalt den Rat des Geldrohflusses gesichert. Sie machte den Zentralbanker zu ihrem Präsidenten des Verwaltungsrates.

Hauptamtlich schreibt der Altbundesbankpräsident aber Memoiren, und zwar in einem bescheidenen Büro unterm Henninger Turm, das ihm der ehemalige Henninger-Bräu-Besitzer, Konsul Schubert, gratis zur Verfügung stellt. Eine Grafik des spanischen Malers Joan Miró dekoriert den etwas düsteren Raum. Seine Kunstleidenschaft gilt allerdings den Expressionisten, die er von früher Jugend an mit gutem Gespür und umso geringerem Kapitaleinsatz sammelt.

Emmingers zentrales Thema in Politik und Wissenschaft ist die Inflationsbekämpfung, bei der er als langjähriger „Außenminister" der Bundesbank meist die außenwirtschaftliche Front abgesichert hat. „Wer mit der Inflation flirtet, wird von ihr geheiratet", warnt der Geldwertmoralist unablässig.

In „D-Mark, Dollar, Währungskrisen – Erinnerungen eines ehemaligen Bundesbankpräsidenten" beschreibt Emminger die bundesdeutsche Geldgeschichte der Nachkriegszeit ebenso, wie er Geschichte der Geldpolitik gemacht hat. Um den von ihm für richtig erkannten Stabilitätskurs durchzupauken, hetzt er seinen Chef, den ehemaligen Präsidenten, Wilhelm Vocke, gegen Adenauer auf. Mit Helmut Schmidt legte er sich persönlich an.

Emminger hat als Bundesbankpräsident (1977–1979) mit seiner Geldpolitik den Grundstein für die Preisstabilität bis hin zur Null-Inflation in den 80er-Jahren gelegt. Er schuf die Voraussetzung dafür, dass die Teuerung, wie es Superminister Karl Schiller einmal ausgedrückt hat, so tot wie ein rostiger Nagel ist. „Die eigentliche Wende in der Geldpolitik begann am 14. Dezember 1978", schreibt Emminger in seinen Memoiren. Dass zusammen mit dem Geldmengenziel damals Restriktionsmaßnahmen beschlossen wurden, sollte nach außen demonstrieren, dass die Bundesbank auch im (politisch erzwungenen) europäischen Währungssystem (EWS) die Stabilitätspolitik fortzusetzen gedenkt.

Zum offenen Konflikt mit der Bundesregierung wegen der straffen Geldmengensteuerung über knappes Geld kam es am 18. Januar 1979. Während der Pressekonferenz nach der Zentralbankratssitzung zog Staatssekretär Lahnstein offen gegen die Notenbanker vom Leder: Weder er noch sein Minister hätten einen Handlungszwang für die Erhöhung von Lombardsatz und Mindestreserven gesehen. Die Lahnstein-Demarche war verglichen mit dem Auftreten Adenauers gegenüber Frankfurt allerdings harmlos. Kanzler Konrad Adenauer hatte im Oktober 1950 eine Erhöhung der Leitzinsen schlicht verboten, was ihm aber wenig half: Der Zentralbankrat setzte sie um zwei Prozentpunkte herauf und ließ sich seitdem von der Regierung nicht mehr hineinreden. Fünf Jahre später hat Adenauer nach einer Leitzinserhöhung in der berüchtigten Gürzenich-Rede nur noch geschimpft, ohne irgendetwas ausrichten zu können. Der deutschen Konjunktur sei ein schwerer Schlag versetzt worden. Auf der Strecke würden die Kleinen bleiben, die kleinen Industrien, die Handwerker und Landwirte. „Das Fallbeil trifft die kleinen Leute und deswegen bin ich sehr betrübt."

Nach der Diskont- und Lombardsatzerhöhung vom 12. Juli 1979 protestierte lautstark das Ausland. In den USA sprach man vom Zinskrieg. Der Vorsitzende des Sachverständigen-Ausschusses des Kongresses, Schultz, wetterte:

„Die Politik der Federal Reserve wird heute wahrscheinlich mehr in Frankfurt als in Washington gemacht." Hinter all diesen Aktionen stand der zähe Emminger mit seinem pragmatischen Monetarismus. Vom Theoretiker Milton Friedman hat er sich nur die Aggregate ausgeliehen. Eine Menge realistischer Wirtschafts- und Finanzpolitik kam dazu und etwas Glück. Heraus kam die härteste Währung der Welt. Eigentlich hätten die Bundesbank und Emminger ebenso wie Friedman den Nobelpreis erhalten müssen, insinuiert mir der drahtige Geldakrobat.

Die Bundesbank ist faktisch die einzige Zentralbank, die heute noch zur Inflationszügelung Geldmengensteuerung betreibt, pragmatisch und erfolgreich von Anfang an. Der Mann mit dem richtigen Kompass war stets Emminger. Selbst seine Kollegen und Vorgänger-Präsidenten musste er wiederholt vom falschen Kurs weglotsen und in die richtige Fahrrinne setzen.

Nach der Währungsreform hat Emminger jahrelang an die Kollegen im Zentralbankrat hinreden müssen, bis auch sie von der Notwendigkeit einer D-Mark-Aufwertung überzeugt waren. „Nur Ludwig Erhard und ich", so der Altbundesbankpräsident, „waren anfangs dafür gewesen". Und Erhard fiel immer wieder um, wenn es darum ging, die notwendige Mark-Aufwertung in seiner Regierung durchzusetzen. „Wir brauchen sie aber", wurde Emminger nicht müde zu argumentieren, „um die interne Stabilitätspolitik abzusichern."

Das Jahr 1958 war eines der wenigen Jahre, auf das die Bundesbank mit Befriedigung zurückblickte und dem sie ausdrücklich bescheinigte, dass in ihm „die Wirtschaft dem berühmten ‚Magischen Dreieck' währungs- und wirtschaftspolitischer Zielsetzung – optimale Beschäftigung, Preisstabilität und Gleichgewicht der Zahlungsbilanz – näher war als in wohl jedem der vorangegangenen Jahre, erinnert sich Emminger. Als äußere Krönung der währungspolitisch erfolgreichen Zeit trat 1958 der Übergang der D-Mark und einer Reihe anderer europäischer Währungen zur Konvertibilität hinzu. Gleichzeitig wurde die Europäische Zahlungsunion aufgelöst und damit die bisherige regionale Differenzierung zwischen Dollarraum und EZU-Raum im Zahlungsverkehr beseitigt. „Die Harmonie des binnen- und außenwirtschaftlichen Gleichgewichts ging aber schon nach eineinhalbjähriger Dauer im Jahre 1959 wieder verloren." (Emminger)

Im Frühjahr 1961 waren schließlich der damalige Bundesbankpräsident, Karl Blessing, sowie der Zentralbankrat überzeugt und Erhard soweit festgenagelt, dass er zur Sache stand und im Kabinett die nötigen Beschlüsse durchsetzte. Emminger hatte aber noch eine weitere Hürde zu nehmen. Als er in Washington beim Internationalen Währungsfonds die D-Mark-Aufwertung persönlich ankündigte, fuhr ihn der damalige Präsident, Per Jacobsson, an: „Was haben Sie Schurke gemacht?"

In das Weltbild des IWF-Präsidenten passte es damals durchaus nicht, dass sich der Kriegsverlierer Deutschland klamm heimlich daran macht, das eherne Bretton-Woods-System anzusägen.

Emmingers frühe Jahre

Schurkisches wurde Emminger schon früher einmal nachgesagt. Als sich der junge Gerichtsreferendar und Nationalökonom bei Deutschen Institut für Wirtschaftsforschung in Berlin bewarb, schaltete dessen Präsident, Professor Wagemann, einen Grafologen ein. Das Ergebnis war vernichtend. Er, Emminger, sei ein aufmüpfiger, revolutionärer Geist, war aus der Schrift zu lesen. So einer könnte seinem Institut mehr schaden als nützen. Emminger war abgelehnt.

Tatsächlich hatte Wagemann Probleme mit einem Nazi- und einem liberalen Flügel unter seinen Wissenschaftlern. Der Professor, der gleichzeitig Präsident des Statistischen Reichsamtes war, wollte das mühsam erreichte Gleichgewicht nicht durch einen jungen Revoluzzer stören lassen. Erst als Eduard Wolf, der Chefvolkswirt des Instituts, mit dem eigenen Ausscheiden drohte, wenn Emminger nicht eingestellt würde, wurde Wagemann weich. Die drei Wirtschaftswissenschaftler verband bald eine persönliche Freundschaft, die für Emminger nach dem Krieg noch einmal sehr nützlich werden sollte, als ihn Wolf in die Bank deutscher Länder nachzog.

Im Wagemann-Institut zeigte der Revoluzzer bald seine ganz Aufmüpfigkeit. Der Adolf-Weber-Schüler gehörte in den 30er-Jahren zu den wenigen Währungsexperten des Reiches. Er hatte über das Thema „Diskontpolitik oder gleitende Währung als Mittel des Zahlungsbilanzausgleichs" am Beispiel Englands promoviert. Als damals alle Experten des Reiches den starren Wechselkurs der Mark wie ein Gralsheiligtum hüteten, verfasste er am Institut ein Memorandum zur Abschaffung der rund drei Dutzend verschiedenen Wechselkurse, anhand derer der Wirtschaftsverkehr mit dem Ausland abgewickelt wurde. Seine Conclusio hieß: Die Reichsmark um 20 Prozent abwerten, dann haben wir, was wir brauchen, nämlich einen realistischen und einheitlichen Außenwert der Mark mit allen Vorzügen für Ex-und Import.

Wagemann warf das „Pamphlet" in den Papierkorb. Dennoch hielt sich Otmar Emminger für schlau und akzeptiert genug, sich bei der Reichsbank zu bewerben. Die Herren im Hause von Hjalmar Schacht lehnten mit drei Zeilen und deutschem Gruß ab. Otmar Emminger, dessen Vater 1923/24 in Berlin Reichsjustizminister gewesen war, hatte mit der braunen Riege nie ein sonderlich gutes Verhältnis. 1933 kam er aus London, wo er studierte, in seine Heimatstadt Augsburg eiligst angereist, um seiner Familie beizustehen, denn sein Vater wurde gleich nach der Machtergreifung Hitlers für ein Dutzend Monate eingesperrt.

Fünf Jahre später hatte der Jura-Absolvent Mühe, die Zulassung zum Assessor-Examen zu erhalten. Schließlich riet ihm sein Vater, doch in die NSDAP einzutreten, wie es verlangt war. Er tat's und wurde Volljurist. Seines revolutionären Geistes wegen flog er bald wieder aus den braunen Reihen. „Die besten Jahre meines Lebens", so der Altbundesbankpräsident heute, „habe ich dann bei der Wehrmacht verbringen müssen." Sechs Jahre waren perdu, aber die besten sollten erst kommen. Von 1949 bis 1979 war Emminger die beherrschende Persönlichkeit der deutschen Währungsszene, als Chefvolkswirt der Notenbank, im Direktorium und dann Präsident. Neben dem Bundesbank-Management und seinen Verpflichtungen beim Internationalen Währungsfonds, bei der BIZ Bank für Internationalen Zahlungsausgleich, beim Zehner-Club. Er hat für „Die Verteidigung der D-Mark“ (Emminger-Buchtitel) gekämpft.

Otmar Emminger kontra James Tobin

Es war immer wieder eine Freude, Otmar Emminger unterm Henninger Turm bei seiner Spurensuche in der Vergangenheit zuzuhören. Im Herbst vergangenen Jahres hat er den Oberen in Rotchina Grundkenntnisse der Geldpolitik zu vermitteln versucht. Wer freie Unternehmerschaft will, braucht eine straffe Geldpolitik, hat er im Reich der Mitte Parteikadern gepredigt, die weder das eine noch das andere kannten.

Während in Peking mehrere tausend Funktionäre mit Pomp und Palaver den neuen Fünfjahresplan verabschiedeten, schipperte eine elitäre Schar von internationalen Wissenschaftlern und heimischen Volkswirten den Yangtse hinunter. Die Gruppen hier wie dort, so unterschiedlich sie auch waren, hatten fast identische Ziele: die mittelfristige Wirtschaftslenkung in China.

In Peking wurden die Pläne verabschiedet und auf dem Luxusdampfer rund 2000 km weiter südlich intensiv über die Rahmenbedingungen dafür diskutiert. Zu beiden Veranstaltungen hatte Ministerpräsident Zhao Ziyang geladen, der selbst zu den fähigsten Wirtschaftsexperten des riesigen Staates gehört. Seine Leute, so wollte es Zhao, sollten die Kniffe der Marktwirtschaft erlernen. Also hatte er die Weltbank aufgefordert, auch Experten aus Europa und den USA zu sich ins Reich der Mitte zu schicken, um marktwirtschaftliche Aufklärung zu leisten.

So kamen Emminger und der amerikanische Nobelpreisträger James Tobin auf die Nobeldschunke im Yangtse. Nach Zhaos Vorstellungen sollten aber auch Experten aus osteuropäischen Ländern nicht fehlen, die ähnliche Probleme zu bewältigen hätten wie China selbst: raus aus der Planwirtschaft und rein in die Marktwirtschaft. Außerdem musste ein Japaner dabei sein, denn Zhao hatte erst wenige Monate vorher eine Untersuchung in Auftrag gegeben mit dem Thema: Sind japanische und deutsche Erfahrungen beim Wirtschaftsaufbau nach 1945 auf die heutige Lage in China zu übertragen? Hier könne er aus erster Hand erfahren, so die Überlegungen des Ministerpräsidenten, ob die Entwicklungen in Japan und Deutschland beispielhaft seien.

Hier konnte Emminger einhaken: „Die beiden Kriegsverliererstaaten“, so der Altbundesbankpräsident damals im Gespräch mit Zhao, „sind mit dem China der 80er-Jahre nicht vergleichbar.“ Deutschland habe zwar eine Zwangswirtschaft gehabt, kriegsbedingt, verfügte damals aber immerhin schon über ein brauchbares Bankensystem und nach der Währungsreform über eine Geldwirtschaft, auf die man schnell eine freie Marktwirtschaft aufbauen konnte. Außerdem gab es schon eine traditionsreiche Unternehmerschaft. „Wir mussten nur die Regeln etwas ändern.“ Zhao sinnierte: „Da haben Sie recht. Wir müssen dies alles erst aufbauen.“ Und dann vertraute Emminger dem Gastgeber seine ganze Weisheit an, die zum Kern die Inflationsbekämpfung hat: „Wer aus der Planwirtschaft heraus Unternehmern mehr Freiheit geben, die Wirtschaft liberalisieren will, muss gleichzeitig eine straffe Geld-, Finanz- und Wirtschaftspolitik einführen, sonst galoppiert die Teuerung.“ „Darauf trinken wir, gampei!“ Der hat's kapier, freute sich der Deutsche. „Zhao war einer der ganz wenigen.“

Nach den großen Erfolgen vor fünf Jahren bei der Privatisierung in der Landwirtschaft hat China zunehmend Probleme bei der Liberalisierung der Industriewirtschaft in den Städten. Die Teuerung nahm stark zu und die Devisenreserven schmolzen dahin. Jetzt soll eine marktorientierte Wirtschaftsreform die Industrieproduktion in 20 Jahren vervierfachen.

Die meisten der anwesenden Chinesen hatten von Anfang an Verständnisprobleme und die Uneinigkeit der westlichen Berater machte es ihnen nicht leichter, die Grundzüge von Globalsteuerung und Geldpolitik zu begreifen.

„Gestatten, ich bin Keynesianer“, so pfuschte Nobelpreisträger Tobin dem redlich argumentierenden Altbundesbankpräsidenten in die Diskussion: „Sie, Herr Emminger, unterstellen“, so repetiert der Deutsche die Rede Tobins, „dass aus kräftigen Lohnerhöhungen gleich Übernachfrage, also eine Lohninflation entsteht.“ Das müsse doch im Einzelnen erst untersucht werden, meinte der preisgekrönte Theoretiker zur unrechten Zeit. Auch für Emminger sind Keynes und seine Gefolgschaft mit ihren theoretischen Ergüssen kein Neuland. Nur passten die Tobin-Thesen nicht in den Nachmittag, wo den Chinesen die Grundfragen der Inflationsentstehung und die Bekämpfung der Teuerung beigebracht werden sollten.

Auch von den Osteuropäern kamen kaum nützliche Vorschläge. Die Experten aus Jugoslawien, Ungarn und Polen entpuppten sich auf dem chinesischen Schicksalsstrom als Dissidenten ihrer heimatlichen Ideologien. Sie schimpften auf die Entwicklung zu Hause und rieten den Kompagnons im Kommunismus, sofort die marktwirtschaftlichen Schleusen zu öffnen und der zentralen Verwaltungswirtschaft restlos den Garaus zu machen. Drei Viertel der ungarischen Volkswirtschaft seien noch staatskontrolliert, erst 25 Prozent liberalisiert. Und für dieses schwache Ergebnis hätte das ganze Land 15 Jahre gearbeitet. Schnell alles über Bord sei das Beste, war der übereilte Rat des Magyaren.

Nach Aussagen Emmingers war Brauchbares nur vom Deutschen zu erfahren. „Wer Unternehmen sich frei entfalten lassen will, muss eine straffe Geld-, Finanz- und Wirtschaftspolitik verfolgend“, trommelte der Altbundesbankpräsident schon nach dem Frühstück morgens um acht und abends beim Diner mit 25 Gängen immer noch. Aber auch bei der Peking-Ente konnte der drahtige Deutsche den Chinesen die Chose nicht immer schmackhaft machen. Einige verstanden kein Englisch, andere war so in ihrem traditionellen Denken verhaftet, dass Emminger an deren Gesichtern ablesen konnte, dass seine Lehre ihre geistige Leere nicht ausfüllen konnte.

Selbst der Notenbank-Vize, der im März 1985 schon mit ansehen musste, dass sein damaliger Che Li Peijan wegen Unfähigkeit gegen die clevere Dame Chen Muhua ausgetauscht worden war, horchte eher nach innen als auf die Heilsbotschaft aus dem Westen. „Das Beste ist", so fasste Emminger am Ende der Wasserfahrt zusammen, „Sie schicken einige Leute zur Bundesbank, um das nötige Rüstzeug zu lernen." Gesagt getan. (Aktiv mit einem Entwicklungshilfeprogramm befasst, ist Otmar Emminger am 3. August 1986 überraschend in Manila gestorben.)

Ausländer im Bundesanleihekonsortium

Für den Vorstandsvorsitzenden der gewerkschaftseigenen BfG Bank für Gemeinwirtschaft liegen die Dinge klar auf der Hand: Mit der Öffnung des Bundesanleihekonsortiums für Ausländer ist die Bundesbank über das Ziel hinausgeschossen. „Dafür habe ich kein Verständnis", rüffelte Thomas Wegscheider am 19. Juni 86 vom 36. Stockwerk seiner Konzernzentrale in der Frankfurter Kaiserstraße auf die hinter dem Grüneburg Park verschanzte Bundesbank.

„Wir hätten für die BfG eine Aufstockung der Quoten erwartet, jetzt ist das Gegenteil der Fall." Jede fünfte Anleihe-Mark der Bundes-Emissionen von Bund, Post und Bahn geht künftig sofort in die Portefeuilles von Auslandsbanken, die in Frankfurt Tochtergesellschaften unterhalten.

Das gute alte Anleihe-Konsortium von 1952 ist tot. Mit der sechsprozentigen Postanleihe über zwei Milliarden Mark vom 24. Juni hat es seinen Geist aufgegeben. Direktoriumsmitglied Claus Köhler hat es nicht anders gewollt und steht damit im Einvernehmen mit dem Zentralbankrat. Nach seinen Vorstellungen kann offenbar die Restliberalisierung des deutschen Kapitalmarktes vom Mai 1985 nur dauerhaft und überzeugend sein, wenn Auslandsbanken bis ins Allerheiligste der öffentlichen Schuldenmaschinerie hereingelassen werden und dann noch mit diesen fetten Quoten.

Denn zu den 20 Prozent, die mit der nächsten Bundesanleihe über vier Milliarden Mark im Juli den Ausländern zugestanden werden, kommen noch die Anteile deutscher Banken, die bisher schon mehrheitlich im Auslandsbesitz waren, wie Trinkaus in Düsseldorf oder die Deutsche Länderbank in Frankfurt, die neuerdings Schweizerische Bankgesellschaft Deutschland AG heißt. Bis zu 30 Prozent spielen also künftig die Ausländer beim konsortialen Schuldenmanagement des Bundes und seiner Sondervermögen mit. Nicht genug damit. Wie bisher schon Trinkaus wird demnächst noch eine weitere Auslandsbank sogar im engeren Ausschuss des Bundesanleihekonsortiums sitzen, dessen Führung aber unverändert in Händen der Bundesbank liegt.

Claus Köhler, der im Direktorium der Deutschen Bundesbank das Dezernat II Geld und Kredit leitet, ist allerdings nicht aus allzu weichem Holz geschnitzt. Er will durchaus nicht vorschnell die Interessen seines Hauses oder der deutschen Banken-Gemeinde verspielen. Er verlangt Reziprozität der Geschäftsmöglichkeiten deutscher Banken in den Partnerländern. Außerdem hat er Sicherungen bei der neuen Quotenaufteilung eingebaut.

Köhler liegt viel an einer dauerhaften Unterbringung einer Anleihe am Markt und dafür sind seines Erachtens vier Säulen notwendig:

Das Konsortium muss die Anleihen dauerhaft, d. h. mindestens für ein Jahr übernehmen und unterbringen. Dafür erhalten seine Mitglieder eine Bonifikation.

Sollte die Anleihe vor Jahresfrist wieder auf den Markt kommen, muss der größte Teil der Bonifikation wieder zurückgegeben werden.

Schließlich rundet das System ein Interventionsmechanismus ab. Die Bundesbank will den Markt wie bisher mit leichter Hand regulieren. Es soll gewährleistet sein, dass möglichst Bezahlt-Kurse zustande kommen.

Nichts überlässt Claus Köhler gerne dem Zufall. Wenn er die Ausländer mit ins Boot holt, werden ihnen nicht nur dieselben Auflagen wie den Inländern unterbreitet. Sie sollen sich darüber hinaus gemeinsam mit der Bundesbank Gedanken über die Reservewährung D-Mark machen, die es in Krisenzeiten auch einmal zu schützen gilt. Nicht das Schön-Wetter-Konsortium hat Köhler im Sinn. Er will sich ein allwettertaugliches Instrument schaffen, frei nach der Bundesbahnwerbung: alle Wetter – die Mark.

Seine Devise heißt: Nicht nur den Absatz für Bundespapiere sichern, sondern möglichst gleichzeitig ein sicheres Auffangbecken für die D-Mark schaffen. Kanäle einziehen für die wachsenden Milliarden-Ströme, damit in turbulenten Währungszeiten die Deutsche Mark nicht wie verendete Fische vor der Bundesbank in Frankfurt abgeladen werden. Die Strategie leuchtet ein: Erst die Banken aus der Schweiz, aus den USA, Japan und dem Rest der Welt nach Deutschland holen. Sie hier Tochtergesellschaften nach deutschem Recht gründen lassen, damit einbinden in das Steuerungssystem der Zentralbank und ihnen zusätzliche Aufgaben für Marktregulierungen im Ausland unterschieben.

So könnte ein tragfähiges Gerüst für den D-Mark-Block geschaffen werden, der nur in Teilbereichen mit dem Europäischen Währungssystem (EWS) deckungsgleich ist. Diese Art hintergründiger Strategie ihrer Notenbank wollen die deutschen Geschäftsbanken nicht gerade mit Enthusiasmus fördern.

Ewige Rangeleien mit Frankreich

In der ersten Woche des Januar 1987 ist die Bundesregierung unter Beschuss geraten: Sie soll die D-Mark aufwerten, am besten im Alleingang um rund fünf Prozent. Das ist die Forderung Frankreichs. Für die Franzosen ist dagegen eine einseitige Franc-Abwertung aus Prestige-Gründen kein Thema. Das war schon immer so, angefangen von de Gaulles Zeiten bis heute. Bonn aber zeigte sich noch spröde. Regierungssprecher Friedhelm Ost und Wirtschaftsminister Martin Bangemann haben das französische Ansinnen abgeblockt. Beide Politiker wissen zwar ganz genau, dass es eine Kursanpassung geben muss, weil die außenwirtschaftlichen Ungleichgewichte innerhalb der Europäischen Gemeinschaft zu groß geworden sind. Die Bundesrepublik platzt mit ihren Handelsbilanzüberschüssen von über 100 Milliarden Mark aus allen Nähten. Aber Bonn will mit sich nicht so umspringen lassen.

Gegenüber dem Dollar finden solche Anpassungen tagtäglich auf den Devisenmärkten statt. Im Europäischen Währungssystem mit seinen relativ festen Kursen muss bei Schwankungen von über 4,5 Prozent von den Regierungen jeweils die Neufestsetzung der Kurse beschlossen werden. Deshalb ist Bonn politisch und ökonomisch gefordert. Auch die Bundesbank erkennt diese Zwänge an. Am 12. Januar kam es zur notwendigen Ministerübereinkunft. Deutschland wertete die D-Mark um drei Prozent auf, ebenso wie die italienische Lira. Der Belgien-Franc zog mit zwei Prozent nach. Seit der Gründung des EWS 1979 hat es damit schon sieben Kursanpassungen gegeben.

Obwohl die ganze Geschichte wegen des Francs notwendig wurde, blieb die französische Währung im nominalen Außenwert unverändert. „Während die Bundesbank monierte, dass die Paritätsänderung wiederum erst unter dem Druck der Ereignisse erfolgt ist, beklagte die französische Seite eine mangelhafte deutsche Zusammenarbeit, obwohl die Bundesbank im Dezember 1986 und bis zum 9. Januar 87 mit 36,1 Milliarden Mark im EWS intervenierte." (50 Jahre Deutsche Mark/S. 808) Die Interventionen waren ganz überwiegend zugunsten des Francs erfolgt. Frankreich nörgelte aber weiter an der dominanten Stellung der Bundesbank im EWS herum und forderte diese „Asymmetrie" zu beseitigen. „Andererseits erlaubte es die an der D-Mark orientierte Stabilitätspolitik den französischen Politikern, sich das Verdienst der Inflationssenkung zuzuschreiben, während die Bundesbank für etwaige negative Beschäftigungsfolgen der Desinflation verantwortlich gemacht werden konnte." (50 Jahre Deutsche Mark) Damit war Paris voll zufrieden.

Dollar im Visier: Pariser Währungsgipfel im Louvre

Im Verlauf des vergangenen Wochenendes hätte man zeitweise vermuten können, dass sich der Pariser Währungsgipfel zu einer Krisensitzung zur Absicherung des Weltwährungssystems ausweitet. Grund genug dafür gab es. Schon am Freitag (20. 2. 87) hatte die Weltbank auf die katastrophale Finanzlage der Dritten Welt hingewiesen, die mittlerweile mit über einer Billion Dollar bei den reichen Nationen in der Kreide steht. Und wenig später hatten dann Brasilien und Argentinien, die – wenn man einmal von den USA absieht – höchst verschuldeten Länder dieser Erde, einseitig ein bisher nicht limitiertes Zinsmoratorium verhängt. Verkünden noch andere Länder Moratorien dieser Art, so würden in westlichen Bankbilanzen nach und nach einige hundert Milliarden Dollar als uneinbringbar deklariert werden müssen. Dann kracht es im Gebälk des Weltfinanzsystems ganz erheblich. Nur äußerst geschicktes Schuldenmanagement auf allerhöchster Ebene könnte dann den reihenweisen Zusammenbruch von Bankinstituten verhindern.

Auf der Weltwährungskonferenz in Paris war von krisenhafter Zuspitzung aber nichts zu verspüren, wenn man einmal von der beleidigten Reaktion der Italiener absieht, die gerne als „G 7" und den jetzigen Großen Sechs ganz oben im Weltfinanzgeschehen mitmischen würden, deren Finanzpolitik und damit deren Währung aber durchaus nicht qualifiziert genug ist. Offiziell gingen die im Louvre versammelten Finanzminister und Notenbankchefs der sechs wichtigsten Wirtschaftsmächte – USA, Japan, Bundesrepublik, Frankreich, Großbritannien und Kanada – nicht auf die Weltschuldenkrise ein. Sie hatten sich schließlich auch vorgenommen, Ordnung ins Währungssystem zu bringen und hielten sich strikt an diesen Fahrplan.

Die Währungsmächte waren zusammengekommen, um die Dollarströme in geordnetere Bahnen zu bringen, den Kurs der Leitwährung zu stabilisieren, damit durch das hektische Auf und Ab nicht auch noch die letzten Reste eines möglichen Weltwirtschafts-Wachstums vernichtet würden. Damit war an der Seine das US-Haushaltsdefizit ebenso Thema wie die außenwirtschaftlichen Ungleichgewichte zwischen den USA auf der einen Seite und Kanada, Europa sowie Japan auf der anderen. Um es ganz exakt auszudrücken, ging es in Paris um die US-Währung, um den US-Staatshaushalt und um den US-Außenhandel. Die Budget- und Handelsdefizite der USA produzieren logischerweise den Dollar wie er ist: iIn der Menge zuviel und im Kurs außer Rand und Band. Dies um so mehr als in jüngster Zeit amerikanische Wissenschaftler und Politiker immer dran waren, den Dollarkurs herunter zu reden, um auf einfachste wenn auch weltwirtschaftlich nicht bekömmlichste Weise die Handelsgleichgewichte wieder herzustellen.

Das beste Ergebnis von Paris dürfte sein, dass die US-Politiker nun davon ablassen wollen, ihre Währung in den Keller zu reden. Man hat sich auf die Stabilisierung des Dollarkurses auf dem jetzigen Niveau geeinigt. Für die Ziellinie könnte also 1,80 D-Mark gelten. Aber so präzise sind die Aussagen auch wieder nicht. Plus/minus zehn Prozent ist wahrscheinlich richtiger. Die Währungsmächte könnten also eine Bandbreite von 1,60 bis zwei Mark im Auge haben und durch konzertierte Interventionen versuchen, diese Band-

Weltgeld:
DM, Yen, Dollar

breite längerfristig zu halten. Das mag sich sehr bescheiden anhören, ist aber durchaus ein großer Fortschritt, weil alle Beteiligten für das Gelingen Verantwortung übernommen haben. Die Amerikaner haben sogar eine Verringerung des Haushaltsdefizits zugesagt.

Japaner und Deutsche wurden ermahnt, die Inlandsnachfrage anzukurbeln, damit Wachstum mit Importen stattfindet. Die Exporte sollten nicht mehr so robust laufen. Diplomatisch geschickt hat Finanzminister Gerhard Stoltenberg in Paris das neue deutsche Steuerpaket als Energiespender für die deutsche Konjunkturlokomotive angekündigt. Er versprach Steuererleichterungen. Alles in allem muss das Pariser Treffen als gelungene Veranstaltung gewertet werden. Das Louvre-Abkommen ist nützlich. Es konnte ein Minimalkonsens hergestellt werden, der gute Voraussetzungen für weitere Kooperationen bietet auch im Hinblick auf die Bewältigung der Weltschuldenkrise.

Mit Rohstoff-Index und Festkurssystem gegen die Defizite

Die am 1. Oktober (87) in Washington beendete Weltwährungskonferenz, die gemeinsame Jahrestagung des Internationalen Währungsfonds (IWF) und der Weltbank, war ein Treffen der Finanzleute unter dem guten Stern des politischen und wirtschaftlichen Konsenses. Es wurde niemand auf die Anklagebank gesetzt, wie es Deutschland schon einmal erleben musste. Es brachen auch keine neuen Schuldenkrisen aus, wie sie z. B. Mexiko 1982 präsentiert hat. Die Finanzstrategen des IWF glauben sich auf dem besten Wege, die Weltschuldenkrise durch geschicktes Management weiter bändigen zu können. Und die Chefs der Weltbank sind am Ende dieser Woche zuversichtlicher denn je, die von ihnen beantragte Kapitalerhöhung von rund 50 Milliarden Dollar in absehbarer Zeit unter Dach und Fach zu bekommen.

Damit wäre endlich die Finanzbasis geschaffen, die die Bank braucht, um ihren Part in den Umschuldungs-Programmen und Strukturhilfen für die ärmsten Länder der Erde zu spielen. Sehr optimistisch äußerte sich Weltbankpräsident Conable über die bevorstehende und äußerst notwendige Entlastung der total verarmten Länder südlich der Sahara. „Afrika muss geholfen werden", erklärte er vor der internationalen Presse im Sheraton (Washington). „Und wir können Afrika helfen." Die Atmosphäre unter den Finanzministern und Notenbankgouverneuren war nicht zuletzt deshalb aufgeräumt bis freundlich, weil das weltwirtschaftliche Szenario insgesamt ein erfreulicheres Bild zeigt und positive Perspektiven für das kommende Jahr offen lässt. Nach einer kleinen Wachstumsdelle 1987 soll wieder ein Plus von rund 2,5 Prozent erreicht werden. Eine sehr optimistische Einschätzung, wenn man bedenkt, dass 1988 die Konjunktur in das 6. Jahr ihres Aufschwungs geht.

Trotz der an den Tag gelegten guten Manieren und dem Austausch von Höflichkeiten ging auch an diesem Washingtoner Wochenende die Auseinandersetzung zwischen den Hauptschuldnern und den Reichen dieser Erde ebenso weiter wie unter den Überschuss- und Defizitländern, und zwar in kaum verminderter Härte. Brasilien hat immer noch keinen für die Banken akzeptablen Umschuldungskompromiss vorgelegt und die Finanzleute der wohlhabenden Länder denken nicht daran, den Aufrufen nach Forderungsverzichten nachzukommen. Wenn aber ein Mann wie Alfred Herrhausen, Chef der Deutschen Bank, mehr versehentlich als vorsätzlich diesen Terminus in den Mund nimmt, wird auf ihm ganz öffentlich herum gehackt.

Auf ihre Art sind auch die Amerikaner dabei geblieben, sich an der deutschen Wirtschaftspolitik zu reiben. US-Präsident Ronald Reagan hat bei seinem Weltbank-Auftritt rundheraus gefordert, die Überschussländer sollten doch etwas mehr Mumm beweisen – er benutzte dieses Wort – in der Ankurbelung ihrer Wirtschaft zum Wohle der Weltkonjunktur und der amerikanischen Exporte. Der einzig konziliante Zug in der Reagan-Rede war, dass er weder die Bundesrepublik noch Japan namentlich erwähnte. Bundesbankpräsident Pöhl hatte alle Mühe, auf diesem Glacis der Weltfinanz-Potentaten die Position Deutschlands zu erklären und zu verteidigen nicht ohne den verdeckten Hinweis, dass Bonn und Frankfurt durchaus nicht gewillt seien, sich von anderen Leuten die Marschroute vorschreiben zu lassen.

Zum Abschluss der Tagung tat sich der amerikanische Finanzminister, James Baker, mit einem besonders pfiffigen Vorschlag hervor und der britische Schatzkanzler, Nigel Lawson, unterstützte ihn dabei weidlich. Baker möchte das Gold wieder etwas mehr in die Währungspolitik hereinholen, und zwar über einen Warenkorb der Rohstoffe, der als sogenannter Frühindikator für die weltwirtschaftliche Steuerung mit herangezogen werden soll. Lawson schwärmte schließlich davon, die Wechselkurse einer Gruppe von Ländern, ähnlich wie im Europäischen Währungssystem aber weit darüber hinaus, in festen Kursrelationen an einander zu binden: Dollar-Pfund-Yen, D-Mark etc. Sowohl Bakers als auch Lawsons Vorschläge können von der deutschen Position her kaum akzeptiert werden. Der Dollar ist wegen seiner Potenz und seines Volumens in kein Kurssystem hinein zu pressen. Der Rohstoffindex kann eine flexible und ideenreiche Geldpolitik auch nicht ersetzen. Fazit: Der Kampf geht weiter, wenn es um die reine Lehre der Wirtschafts- und Geldpolitiken und deren Umsetzung in akzeptable Programme zur Konjunkturbelebung und der Hilfe für die Entwicklungsländer geht.

Ratschläge des Fed-Vettern

Robert Heller gehörte zur jungen deutschen Elite, die gleich nach dem verlorenen Krieg ihrer Väter nach Amerika gegangen ist, um dort zu studieren und sich nach Möglichkeit nach oben durchzuboxen. Bob Heller hat dies großartig geschafft. Er machte Karriere bis ins Allerheiligste der amerikanischen Geldpolitik. Heller wurde Gouverneur des „Fed“ Federal Reserve Board, Washington, ein Traumjob, wenn auch nicht übermäßig traumhaft bezahlt. Heller konnte ich für ein „Frankfurter Sonntags-Gespräch“ im Hessischen Rundfunk gewinnen. Da erzählte der Amerikaner aus Köln, welchen Ansatz Deutschland für eine umfassende Wirtschaftsbelebung finden müsse. Er war seines Erfolges von Anfang an sicher, witzelte er doch: „Dieses Frankfurter Gespräch wird die Hessen vom Kirchgang am Sonntagmorgen abhalten.“ Es war ihm zu diesem Zeitpunkt noch nicht klar gewesen, wie sehr er durch seine Ausführungen die Funktionäre des deutschen Einzelhandels – Arbeitgeber und Gewerkschaften gleichermaßen – um die feiertägliche Frühschoppenruhe bringen würde.

Heller forderte die Deutschen auf, auch Samstag- und Sonntagnachmittag die Läden offenzuhalten. Er ging dabei von der Annahme aus, dass längere Einkaufszeiten auch bessere Umsätze bringen, den Konsum in der Bundesrepublik anheizen würden. Hellers Interesse an steigenden Konsumausgaben hierzulande hat seinen Grund nicht etwa in deutschen Einzelhandelsbeteiligungen des amerikanischen Notenbank-Gouverneurs, sondern in einer gewissen weltwirtschaftlichen Sorge. Hellers Gedankenkette ist diese: Wenn die Bundesbürger mehr kaufen, wird auch mehr importiert. Steigen aber die deutschen Importe, werden in der Tendenz die außenwirtschaftlichen Ungleichgewichte, also die deutschen Handelsüberschüsse und die Defizite der USA und der Entwicklungsländer abgebaut. Das generiert Wachstumsimpulse.

Das Anliegen Hellers ist nicht verkehrt. Die gesündesten Handels- und Leistungsbilanzen sind die ausgeglichenen. Heller hat in dem Gespräch mehrfach betont, dass er in die internen deutschen Angelegenheiten nicht hineinreden wolle. Es gehe ihm ausschließlich um weltwirtschaftliche Anliegen. Dennoch hat der Fed-Vetter aus Washington die Deutschen auf dem falschen Fuß erwischt, sie an einem der wundesten Punkte in der hierzulande sonst so liberal geführten wirtschaftspolitischen Diskussion getroffen. „Mit Kanonen auf Spatzen geschossen,“ so bewertete der Sprecher der Deutschen Angestellten Gewerkschaft, Werner Klimm, in einer Stellungnahme die Argumentation von Heller. „Hier ist das Ladenschlussgesetz ganz sicher die falsche Waffe,“ Klimm wörtlich.

Heller hat offenbar die Spatzen ganz schön aufgescheucht. Seine Äußerungen platzten auch gerade zu dem Zeitpunkt herein, als das Frankfurter Oberlandesgericht den Einzelhändlern am Frankfurter Flughafen unter Androhung von Geldstrafen bis zu einer halben Million verboten hat, außerhalb der offiziellen Ladenschlusszeiten an Nichtreisende, also an ganz normale Bürger, ihre Waren zu verkaufen. Die Auseinandersetzungen haben viel weiter reichende Bedeutung. Ob mit Gerichtsurteilen oder nur in den sogenannten Diskussionen auf kommunaler, Landes- oder Bundesebene wird seit Jahren das Begehren der Verbraucher nach längeren Ladenöffnungszeiten abgewürgt. Dahinter stehen immer die Gewerkschaften aber auch die Einzelhandelsverbände, die oftmals die Sonderinteressen von Kaufhäusern vertreten.

In Bonn denkt man jetzt wenigstens über die Einführung eines Dienstleistungsabends in der Woche nach. In Hamburg haben die Koalitionsparteien vereinbart, dass Läden und Kaufhäuser bis zu viermal im Jahr ihr Pforten über die normale Ladenschlusszeit (18.30 Uhr) offen halten können. – Wenigstens etwas. Es ist aber noch manches faul in diesem Staat.

Börsenkrach im Oktober 1987

Da hatten wir nun am 19. Oktober den größten Börsenkrach in Deutschland seit der Kuba-Krise 1962. In Frankfurt fielen die Aktienkurse drastisch. Einige Werte – wie Porsche – sanken um 100 Mark pro Stück. Nachmittags war der Trend auch nicht viel besser, umso mehr als in der Wall Street die Kurse wie ein Steinschlag niedergingen. Der Goldpreis aber kletterte. Man fragte sich: Ist der Golfkrieg unkontrollierbar geworden? Der wichtigste US-Aktien-Index, der Dow Jones für 30 Industriewerte, begann die neue Woche mit einem Minus von 100 Punkten, das sich flugs bis auf 250 Minus-Punkte ausweitete. Ist das ein schnell vorüberziehendes Gewitter oder der Auftakt zu einer Weltwirtschaftskrise wie beim Schwarzen Freitag im Oktober 1929?

Dem gestrigen Montag kommt mit Sicherheit nicht eine ähnlich große historische Bedeutung zu. Zwar gab es von Freitag bis Montag Kursverluste von Abermilliarden Dollar rund um den Globus, quer durch alle Börsensäle. Dieses Minus kann in absehbarer Zeit aber wiedergutgemacht werden. Die Computer, die ihre Betreiber monatelang über Kurssteigerungen reich gerechnet haben, taten gestern nun das Gegenteil davon. Das verflixte Spiel an den Börsen hat nicht immer heiße Kriege oder böse Drahtzieher im Hintergrund, die andere durch Bomben oder Kursmanipulationen in den Abgrund stürzen wollen. Börsianer verhalten sich meistens wie ein Schwarm Spatzen. Fliegt ein Stein in ihre Richtung, stieben sie auf und davon, als ob ein Erdbeben stattgefunden hätte.

Und diesen Stein hat am Wochenende eindeutig der amerikanische Finanzminister James Baker geworfen. Er hackte im Fernsehen allzu lautstark auf der Zinspolitik der Deutschen Bundesbank herum und unterschob ihr in gewisser Weise „Vertragsbruch". Die Deutschen hätten, so Baker, mit ihren steigenden Zinsen den Geist des Louvre-Akkords missachtet, der auf unveränderte Raten basiere. Und weil die Deutschen ihre hausgemachte – wir sagen marktgerechte – Politik betreiben, müssten sich die Amerikaner wieder ihrer eigenen Interessen erinnern. Wenn also diesseits des Atlantiks die Zinsen steigen, sorgen die Verantwortlichen jenseits des großen Teiches, in New York und Washington, für eine Abwertung des Dollars.

Mit Sicherheit hat die Bundesbank den Geist von Louvre nicht mit Füßen getreten und es ist auch noch nicht klar auszumachen, ob die Amerikaner dies durch das Herunterreden ihrer Währung auf 1,77 DM vorsätzlich getan haben. Der Deutsche-Bank-Sprecher, Friedrich Wilhelm Christians, meinte, 1,77 Mark für den Dollar liege noch im vereinbarten Rahmen. Der Rahmen dürfte jetzt allerdings eine neue Qualität bekommen haben. Bisher hatten die Devisenhändler Eckdaten von 1,80 bis 1,90 Mark ausgemacht. Künftig dürften sie zehn Pfennig niedriger liegen. Damit haben die Amerikaner auf etwas unfreundliche Weise das erhalten, worauf sie ohnehin Anspruch zu haben glauben, nämlich eine weitere Dollar-Abwertung zur Gesundung ihrer immer noch verheerenden Handelsbilanz.

Fixe Statistiker in den USA meinen, dass der Dollar-Tiefstand von 1,72 Mark, sollte er jetzt wieder erreicht werden, gegenüber damals immer noch eine Aufwertung von gut zehn Prozent bedeute, denn seit 1980 seien in den USA die Preise etwa in diesem Umfang gestiegen. Da haben wir also eine Richtschnur dafür, was uns noch erwarten wird, wenn Finanzminister James Baker weiterhin so flott Wahlhilfe für seinen Kabinetts-Kollegen George Bush betreibt. Zu seiner deutschen Schelte bewogen Minister Baker sehr ehrenwerte, weltwirtschaftlich bedeutsame Motive und zwar diese: Seine Aktivität für eine marktwirtschaftlich orientierte Niedrig-Bewertung des Dollars gehöre zur Reagan-Bush-Strategie gegen den in den USA vielfach geschürten Protektionismus. – Es ist immer wieder erfreulich, wenn es gelingt, amerikanischen Poltereien gute Seiten abgewinnen zu können.

Künftig werden sich die Wirtschaftshistoriker streiten können, welcher Tag wohl der schwärzeste in der Weltbörsen-Geschichte sei. Ist es der Freitag im Oktober 1929 oder der Oktober-Montag des Jahres 1987? Für beide Thesen gibt es Argumente. Fest steht in jedem Falle, dass der Schwarze Freitag einen weniger steilen Kursverfall gebracht hat als der Schwarze Montag. Fest steht aber auch, dass die Folgen 1929 und später weit gravierender waren als das, was wir heute aufgrund der Entwicklung am vergangenen Wochenende und des gestrigen Tages erwarten müssen. Sicherlich, wir haben noch nicht die ausreichende Distanz zu den Ereignissen, die von New York ausgehend rund um die Welt Börsenpanik ausbrechen ließen. Aber es gibt gute Argumente dafür, dass die moderne Wirtschaft nicht wie damals über Nacht so tief in die Patsche gerät. Der Grund dafür liegt in den seit Jahrzehnten nach dem 2. Weltkrieg immer weiter verbesserten und jetzt hervorragend ausgebauten Notenbank-Systemen der westlichen Welt. Für unser Wirtschaftssystem war – und das muss ein weiteres Datum in der historischen Betrachtung sein – die beginnende Weltschuldenkrise 1982 – mit dem Problemfall Mexiko – weit schwerwiegender als der gestrige Kurstaumel an den Börsen.

Die Weltschuldenkrise wurde trotz ihrer Bankpleiten nicht zum Flächenbrand, weil die Notenbanken Europas, Amerikas und Japans in Koordination der Bank für Internationalen Zahlungsausgleich, Basel, ganz beherzt zugegriffen haben. Man stelle sich vor, welche Banken zwischenzeitlich an ihren fallierenden Länderengagements hops gegangen wären, wenn nicht die Zentralbanken ihre schützenden Hände mit viel Liquiditätszuschüssen über sie gehalten hätten. Und diese schützenden Hände sind auch jetzt am Werke, wenn der Dollar, der gestern noch um drei Pfennig gefallen war, heute wieder um zwei Pfennig beim Kurs zulegte. Ohne regulierende Eingriffe hätten die Baissiers einen solchen Umkehrtrend bei einem Börsenstrudel wie dem gestrigen niemals zugelassen.

Dass es aber zu einer derartigen Baisse kommen konnte, hat seine Gründe auch in der Computerisierung der Börse und der von den Großanlegern und Banken in die elektronischen Rechner programmierten Kauf- und Verkaufsverhalten nach raffinierten und damit oftmals utopischen, aus Charts extrapolierten und nach Gewinnmaximierung ausgestalteten Programmen. Diese Programme haben natürlich auch ihre Logik in der Baisse-Spekulation. Und so können in Sekundenschnelle Milliarden verpulvert werden. Beim Schwarzen Montag haben die Roboter ihr böses Spiel getrieben und den Kurssturz um 508 Punkte oder 22,62 Prozent zumindest teilweise in eigener Regie mit verursacht.

Am Schwarzen Freitag 1929 mussten zehntausende Buchhalter mit ihren Vier-Spezies-Maschinen bis in die Nacht des übernächsten Tages hinein rechnen, bis Aktionäre und Banken wirklich wussten, wie chaotisch ihre Lage ist, und oftmals dann zum Strick griffen oder sich von den Wolkenkratzern New Yorks stürzten. Selbstmorde waren in Manhattan damals an der Tagesordnung. Und dies alles, obwohl der Index nur halb so stark gefallen war wie gestern. Aber, vor 60 Jahren gestaltete sich das weltwirtschaftliche Umfeld viel schlechter als heute und der Wille zur Kooperation war weit geringer. Der 1. Weltkrieg war noch nicht verkraftet und viele dachten schon wieder an Revanche.

Bei besserer Kenntnis der ökonomischen Zusammenhänge und mehr gutem Willen wäre 1929 und später einiges zu verhindern gewesen. Aber auch der gestrige Börsentiefschlag hätte vermieden werden können, wenn der amerikanische Finanzminister, James Baker, nicht so aggressiv tönende und kontroverse Interviews über Zins- und Dollarentwicklungen gegeben hätte. Da könnten heute viele Leute noch viel reicher sein, aber wir alle um eine Erfahrung ärmer. Und die ist doch auch etwas wert.

Eines ist sicher, die akute Börsenkrise ist vorbei, aber die Nachbeben sind weiterhin vernehmbar. Im Grunde weiß auch niemand so recht, ob der Schwarze Montag nicht doch eine Depressionsphase ankündigt, die tatsächlich erst ab 1988 und dann vielleicht auf lange Zeit auf uns zukommt. Börsen sind die Seismografen für tatsächlich vorhandene oder in Vorbereitung befindliche Wirtschaftstrends, deren Ausmaße anfänglich niemand kennt, deren Untiefen die Börsianer mit ihrem feinen Gefühl für Zukünftiges aber erahnen.

Ganz nüchtern betrachtet haben die Weltbörsen eine Aufschwungphase von fünf Jahren hinter sich. So etwas hat es bisher kaum gegeben. Es muss also noch keine Weltwirtschaftskrise im Anzug sein, weil die Aktienkurse mal zusammenklappen. Aber auch die Fundamentals haben sich in den vergangenen Jahren der bildschönen Kursentwicklung auf den Wertpapiermärkten nicht sonderlich verbessert. Im Grunde lebten die USA, die Weltwirtschaftsmacht Nr. 1, auf Kosten des Rests der Welt, und der Rest der Welt war froh, dass jemand Mut zum Leben bewies und akzeptierte mit Freuden den Finanzhunger der Amerikaner, der doch wenigstens in bescheidenem Umfang die Chance bot, dass das weltwirtschaftliche Wachstum nicht total zusammenbrach.

Reagan und seine Wirtschaftsideologie, die sogenannten reagonomics, brachten durchaus Leben in die Fabriken und die Börsensäle. Ein Leben, das aber immer mehr seine Kraft aus wachsender Verschuldung und wuchernder Geldmenge zog. Und dann schockierte Reagan die Welt mit seinem hochmodernen Steuersystem, das den Gedanken zur Basis hat: Wer weniger Steuern zahlen muss, will mehr leisten. Somit wachse der Wohlstand, dessen Leistungsträger auch den Staat besser als vorher alimentieren. Der Beweis dafür muss allerdings erst noch erbracht werden. Die neuen amerikanischen Steuersätze haben erst vom Beginn des nächsten Jahres an ihre Gültigkeit und es bleibt abzuwarten, ob geringere Steuersätze letztlich tatsächlich höhere Einnahmen für den Staat generieren. Die erwünschte höhere Leistung soll und muss sich auch in einer stärkeren Position im Außenhandel ausdrücken.

Zurzeit ist es jedoch so, dass niemand an den Abbau des US-Zwillingsdefizits, nämlich bei der staatlichen Verschuldung und dem Außenhandel, glaubt. Und weil das so ist, selbst Börsianer und gerade sie sich vor der Depression fürchten, eine wachsende Inflation heraufziehen sehen und trotz wohlmeinender Hochrechnungen daran zweifeln, dass das Haushaltsdefizit kleiner wird; sie auch nicht daran glauben, dass der Dollar in seinem Wert gehalten werden kann, dazu befürchten, dass der Golfkrieg sich ausweitet, weil Präsident Reagan allzu zielsicher die Mullahs reizt, deshalb genügte ein einziges, ungeschicktes Wort des amerikanischen Finanzministers, um das Kurskartenhaus so schnell zusammenbrechen zu lassen.

Lange haben sich die USA um den Außenwert ihrer Währung überhaupt nicht gekümmert. So kroch der Kurs des Dollar in den schlechten Zeiten eines Präsidenten Carter um die Marke von 1,70 Mark oder hüpfte in den Stärkeperioden des Ronald Reagan in die Gegend von 3,50 Mark. Seitdem, so hieß es, hätten die Amerikaner die Verantwortung für ihre Währung übernommen. Im Hotel Plaza am Central Park in New York war das 1985 gewesen. Und im Louvre-Abkommen vom Februar 1987 wurden die Schwüre erneuert. Jetzt aber könnte die Dollar-Abwertung als Waffe benutzt werden. Wo bliebe aber dann die weltwirtschaftliche Verantwortung der USA? Zu merkwürdig sind in diesem Zusammenhang auch die ständigen Appelle und Drohungen der Vereinigten Staaten in Richtung Bundesrepublik und Japan, doch endlich ein größeres Interesse und besseren Einsatz für die weltwirtschaftliche Ordnung an den Tag zu legen. Sie wollen damit bei ihren Verbündeten eine Lokomotivfunktion für die Weltwirtschaft abfordern. Doch würde dies sehr schnell zu einem Strohfeuer-Aufschwung verkommen. Die Bundesbank hält dagegen. Die Börsianer zittern.

Nun haben wir einen 3. Schwarzen Börsentag kennengelernt nach 1929 und dem Schwarzen Montag, der vor zehn Tagen den Börsenhimmel von West nach Ost verdunkelte. In Frankfurt fand heute der Schwarze Mittwoch statt. Der Aktienindex der Commerzbank sackte um fast 90 Punkte ab und die Mehrheit der Standardpapiere verzeichnete ein

Kursminus von fünf bis zehn Prozent. Porsche verloren sogar 130 Mark. Das waren rund 15 Prozent des Kurses. Daimler büßten 73 Mark und Allianz-Versicherung 82 Mark ein. Auch die reichen Banken mussten bluten, die Deutsche Bank minus 35 Mark. Und an allem war der Dollar schuld. Trotz Stützungsaktionen der Notenbanken von Tokio, Zürich und Frankfurt fiel die amerikanische Währung um rund drei Pfennig auf 1,749 Mark und drückte die Stimmung auf den Nullpunkt. Wie eben aus New York zu erfahren ist, wird der neue Börsentag nicht besser. Die Verkaufsaufträge türmen sich. – Wer historische Aussprüche liebt, sollte sich mit diesem begnügen: Vom Schwarzen Montag 1987 ging von New York die größte Börsenbaisse der Weltwirtschaftsgeschichte aus und wir können sagen: Wir sind dabei gewesen!

Als Kanzler Kohl daran ging, die Bundesbank zu verschenken

Zur Feier der Unterzeichnung des deutsch-französischen Freundschaftsvertrages vor 25 Jahren – Élysée-Vertrag – hat sich jetzt (21. Januar 88) schnell noch ein handfester Krach eingestellt, der im Kräftedreieck Frankfurt, Bonn und Paris spielt. Dabei geht die Bundesbank zum Angriff über. Sie will die Kritik der französischen Regierung an der bundesdeutschen Geldpolitik, die unsere Zentralbank zu verantworten hat, nicht länger so hinnehmen und gleichzeitig baut die Wacht am Main ihr Positionen gegenüber der Bundesregierung aus, die offenbar nicht mehr gewillt oder in der Lage ist, die Unabhängigkeit der Bundesbank in ihrer Gesamtheit nach außen zu verteidigen. Zumindest hat die Bundesbank aller größte Bedenken gegen den deutsch-französischen Finanz- und Wirtschaftsrat, der gemäß dem Zusatzprotokoll zum Élysée-Vertrag, den Bundeskanzler Helmut Kohl heute in Paris unterzeichnet hat, gegründet werden soll.

Die Bundesbank ist auf die Bundesregierung sauer, die ihr erst einen Tag vor der Unterzeichnung den Vertrag zur Prüfung überließ, und hat außerdem schwerste Bedenken gegen die Inhalte. So kam es, dass der Zentralbankrat auf seiner jüngsten Sitzung, die zunächst nur der Festsetzung des Geldmengenziels gewidmet war, schließlich überwiegend und über die Maßen mit dem anwesenden Bundeswirtschaftsminister Martin Bangemann über das Zusatzprotokoll stritt. Zunächst waren die Journalisten um 13 Uhr eingeladen gewesen, dann für 13.30 Uhr und schließlich tauchten die Herren Bundesbankdirektoren um 14.30 Uhr im 13. Stock ihres Hauses vor der Presse auf, um den Zwist öffentlich zu machen. Präsident Karl Otto Pöhl zitierte den kurz vorher gefassten Beschluss: „Der Zentralbankrat nimmt von der Teilnahme des Bundesbankpräsidenten am vorgesehenen deutsch-französischen Finanz- und Wirtschaftsrat zustimmend Kenntnis.“ Pöhl weiter: „Da der vorgesehene Rat im Rahmen eines völkerrechtlich verbindlichen Vertrages gegründet wird – in der Kürze der Zeit, die man dem Zentralbankrat für seine Entscheidung gelassen hat, aber eine rechtliche Prüfung nicht möglich war – steht die Zustimmung des Zentralbankrates unter der Voraussetzung, dass durch das Zusatzprotokoll die Paragraphen 3, 6 und 12 des Bundesbankgesetzes inhaltlich nicht berührt werden.“

Ähnlich wie beim Grundgesetz die Artikel 1, 20 und 79 als unabänderlich gelten, so sind diese drei Paragrafen das Stahlgerüst des Bundesbankgesetzes. Par. 3 nennt die Aufgabe der Zentralbank, die deutsche Währung zu sichern. Die Machtvollkommenheit des Zentralbankrates beschreibt Par. 6. Da heißt es: Der Zentralbankrat bestimmt die Währungs- und Kreditpolitik der Notenbank. Und im Par. 12 ist knapp formuliert: Die Bundesbank ist bei der Ausübung der Befugnisse, die ihr nach diesem Gesetz zustehen, von Weisungen der Bundesregierung unabhängig. Punktum!

Durch das Zusatzprotokoll sieht sich die Bundesbank in ihrem Kern gefährdet. Sie sagt daher Bonn den Krieg an, verweist zumindest die Bundesregierung in ihre Grenzen. Außerdem sind die Zentralbankräte darüber verbittert, dass Bonn die deutschen Interessen – auch im Sinne der Fürsorgepflicht für die Notenbank – offenbar nicht eindeutig genug wahrnimmt. Bangemann hatte in der Diskussion mit den Journalisten nur ein – für die Einwände der Bundesbank – flau formuliertes Unverständnis parat. Es schien, als ob er gar nicht begriffen habe, worum es geht. Pöhl haderte aber auch mit Frankreich und den übrigen Verbündeten. Die Bundesbank habe das Vertrauen verloren, dass die Währungspartner immer in redlicher Weise die vereinbarten Verträge auslegten. Kaum hätte man z. B. das Louvre-Abkommen verabschiedet, gingen die Länder her und interpretierten die Texte nach eigenem Gutdünken. Das sei auch nach der Währungskonferenz im dänischen Nyborg der Fall gewesen. „Und im Europäischen Währungs-System“, so der verärgerte Pöhl wörtlich, „machen wir solche Erfahrungen ständig. Das ist ein bitterer Vorwurf und trifft den politischen Anstand im Kern. Vertragstreue ist das A und O auch einer Währungsgemeinschaft.“ Und diese ist offenbar nicht immer gewährleistet.

Die Bundesbank will vertragstreu sein. Sie will die harte D-Mark für die Bundesrepublik erhalten und dazu beitragen, dass dies auch europaweit möglich wird. Sie will allerdings gewiss nicht gemeinsam mit den Franzosen die Europäische Währungsgemeinschaft aushöhlen und dann auch noch die eigene Unabhängigkeit und die Währungsstabilität in Deutschland verlieren. Das muss Bonn offenbar erst noch verstehen lernen. Die Bundesregierung sollte wirklich wissen, dass diese Bundesbank tatsächlich einen großen Teil zum internationalen Ansehen unseres Staates beigetragen hat, nämlich die harte D-Mark zu entwickeln und zu erhalten. Wenn Deutschland das harte Geld nicht hätte, würde auf der internationalen Bühne kaum jeder Zweite mit uns voller Hochachtung sprechen. Damit wäre auch die bundesdeutsche Außenpolitik nur die Hälfte wert.

Pöhl fordert: Franc-fort soll es sein

Mit einem pfiffigen Wortspiel hat Bundesbankpräsident Pöhl die Bewerbung Frankfurts als Sitz der Europäischen Zentralbank ins Gespräch gebracht. Die Bundesbank gehört nach Pöhl, wie er heute (20. 4. 88) anlässlich der Einweihung der neuen Landeszentralbank in der Taunusanlage anmerkte, keineswegs zu den Gegnern einer Europäischen Zentralbank und einer europäischen Währung. „Wir meinen nur, diese europäische Währung der Zukunft, die ja letztlich die D-Mark ablösen soll, darf nicht schlechter, weicher sein als die Mark. Diese Währung kann von mir aus auch Franc heißen, nur ein Franc fort muss es sein, also ein starker Franc. Es wäre vielleicht auch mehr als nur Symbolik, das Emissionsinstitut für diese europäische Währung in Francfort sur le Main zu errichten", also in Frankfurt am Main. Aber das seien Zukunftsspekulationen.

Vor Jahren schon hatte der damalige hessische Wirtschaftsminister, Ulrich Steger, als Sitz für die Europäische Zentralbank Frankfurt vorgeschlagen. Damit hätte die Bundesrepublik als stärkstes EG-Land und mit der wichtigsten Währung erstmals ein angemessenes europäisches Amt auf ihrem Territorium. Natürlich sind auch andere Nationen ganz begierig, dieses Institut in ihren Grenzen zu beherbergen: Frankreich, das schon die Pseudowährung ECU namentlich für sich beansprucht und sofort eine Historie bis ins Mittelalter hinein über den „Goldenen ECU" bereithält, obwohl ECU schlicht und einfach European Currency Unit heißt. Selbstverständlich hebt auch Rom die Hand, das schon Geld in Millionen-Beträgen hinauswarf, als man in Germanien noch Felle gegen Speere tauschte. Sogar das kleine Luxemburg hat Ansprüche. Aber dort gibt es nicht einmal eine Banklehre, wo soll dann die personelle Basis einer solchen Zentralbank herkommen? Jeder europäische Staat, der kaum mit den eigenen Moneten zurecht kommt, will die EZB haben. Pöhl hat doch recht: Das sind alles Zukunftsspekulationen.

Pöhl bleibt bei der Krönungstheorie für das Euro-Geld

Es wäre zu einfach, die redundanten Ausführungen von Bundesbankpräsident Karl Otto Pöhl als simple Wiederholung seiner Krönungstheorie zu bezeichnen. Krönungstheorie deshalb, weil er vor gar nicht langer Zeit die Gründung einer Europäischen Zentralbank mit einheitlicher europäischer Währung als Krönung der Einigungsbestrebungen in der Europäischen Gemeinschaft bezeichnete. Zwar schmetterte der Notenbankpräsident auch diesmal (Mai 88) die von Europa-Politikern oftmals euphorisch vorgetragenen Ideen vom Europa-Geld und einer baldigen Gründung der dazugehörigen Zentralbank ab. Aber es fiel sehr diplomatisch aus und diente der Konsensfindung zwischen Frankfurt und Bonn, zwischen Geld und Politik.

Selbst die FDP-Staatssekretärin Adam-Schwätzer hat in der jüngsten Vergangenheit Geld-Blütenträume laut werden lassen. Sie wagte sich soweit aus dem Fenster zu sagen: europäischer Freihandel in vier Jahren – 1992 – nur noch mit europäischer Währung. Das war im Grunde schon so überspitzt, dass die Staatssekretärin auf diese charmante Weise den allzu kurzfristig angelegten Europa-Geld-Hoffnungen eine Absage erteilen wollte. Ihr FDP-Chef und Bundesaußenminister Hans-Dietrich Genscher hat schließlich für die innerparteiliche Diskussion ein Papier zur Schaffung einer europäischen Zentralbank entwickelt. Auch will er auf dem Hannover-Gipfel der Europäischen Gemeinschaft ein solches Geldinstitut thematisieren. Seine Vorschläge sind nicht allzu weit von den Bundesbank-Thesen entfernt, insbesondere wenn es um die Unabhängigkeit der Zentralbank in der Zwölfer-Gemeinschaft geht.

Allerdings legte Genscher eine Hektik an den Tag, die der Bundesbank auch nicht angezeigt erscheint. Noch wesentlich flotter und damit auch diffuser sind die franko-romanischen Vorstellungen, endlich zu einer gemeinsamen Währung zu kommen. EG-Präsident Jacques Delors unterscheidet sich da kaum von den Intentionen des französischen Wirtschafts- und Finanzministers, Edouard Balladur. Die Franzosen zitieren sich immer gegenseitig mit geringen Nuancen und meinen dasselbe: Die Bundesbank muss entmachtet werden. Auch Italiens Minister Amato befindet sich auf der schnellen Linie des Zusammenschlusses der europäischen Geldzentralen. Die Schwierigkeit liegt aber darin, dass die einen die Politik besteuern wollen und die anderen dafür die Ressourcen lockermachen sollen. Die Bundesbank hat die Mittel, ihren Beitrag in beiden Richtungen zu leisten. Das zu akzeptieren ist für die anderen mitunter nicht leicht.

Hatte man früher den Deutschen oftmals nachgesagt, sie seien von der schnellen Truppe, so gilt dies bei der Schaffung des Europa-Geldes und der dazugehörigen Zentrale nicht. Hier hat sich eher die romanische Mentalität des „Mañana" eingeschlichen – zu Deutsch: Verschiebe nie auf morgen, was du übermorgen auch noch kannst besorgen. Viel hat dazu die Bundesbank beigetragen. Sie will deshalb nichts überstürzen, weil die hoch sensiblen Güter Geldwertstabilität und Unabhängigkeit der Notenbank auf dem Spiele stehen.

Heute Vormittag hat der Zentralbankrat gemeinsam mit dem anwesenden Emissär des Finanzministers, Staatssekretär Hans Tietmeyer, das vollzogen, wozu das offizielle Bonn wegen offenkundiger politischer Überforderung nicht in der Lage ist. Für die kommenden Währungsgespräche in Travemünde und Hannover wurden die Pflöcke der deutschen Position eingerammt und öffentlich gemacht. Die europäische Notenbank, die in ungewisser grauer Zukunft erst zu gründen sich lohne, müsse föderalistisch aufgebaut sein und nicht zentralistisch wie in Frankreich und England, betonte Pöhl nach der Sitzung der Währungshüter. Sie müsse der Währungsstabilität verschrieben sein und nicht die Aufgabe haben, europa-interne Wechselkursstabilisierung zu betreiben. Sie müsse natürlich unabhängig arbeiten können, unabhängig von regierungsamtlichen Einflüssen.

Souveränität in ihrer Geldpolitik sei also vonnöten. Keinesfalls dürfe sie Staatsdefizite finanzieren, also die Notenpresse für den erst noch zu gründenden EG-Staat in Gang setzen. Bis dahin gleicht die Pöhl-Skizze von der europäischen Notenbank dem deutschen Zentralbanksystem. Einige amerikanische Farbtupfer würde er darauf noch zulassen, etwa eine gewisse Arbeitsteilung wie sie zwischen der Fed-Washington und der Fed-Außenstelle in New York stattfinde. Mehr Außeneinflüsse als ihnen die Fed seitens der US-Regierung ausgesetzt sei, dürfe es aber nicht geben. Im Übrigen fügte Pöhl hinzu: Wo soll denn die Europäische Zentralbank ihren Sitz haben? Frankfurt wäre wohl am geeignetsten. Das ist nicht nur eine Frage des Prestiges. Dahinter stehen starke Interessen. Wo die EG-Zentralbank steht, siedelt sich nach und nach der Weltfinanzplatz dieses Subkontinents an.

Das hier Gesagte, das hier Geforderte reicht für europäische Verhandlungsrunden bis ins dritte Jahrtausend hinein. Die Mitgliedsländer unserer Zwölfer-Gemeinschaft haben Zeit genug ihre Hausaufgaben zu machen. Fünf Staaten sind nicht einmal in der Lage, die Bedingungen des bewährten EWS-Systems zu erfüllen. EWS-Mitglieder hinken mir ihrer Wirtschaft immer wieder soweit hinterher und mit der Inflation voraus, dass regelmäßig Kurs-Anpassungen der Währungen, sogenannte Realignments, erfolgen müssen. – Die deutsche Position ist zumindest für die nächsten Verhandlungsrunden solide untermauert. Sie wird so schnell nicht geknackt werden, wenn es an europäischen Ergebenheitsadressen der Bundesrepublik auch in Zukunft nicht fehlen wird. Europa braucht aber die deutsche Solidität.

.„Die Neuordnung von 1948 und die Verantwortung für die Zukunft" waren im Juni 88 für Bundesregierung und Bundesbank Anlass zu einer Feier in der Frankfurter Alten Oper (12. 6.) und zur Enthüllung einer Gedenktafel zur Erinnerung an das Konklave von Rothwesten am 20. Juni auf dem Gelände der Kaserne in Kassel-Rothwesten. Die Einladung hatte der Vorsitzende der Ludwig-Erhard-Stiftung, Karl Hohmann, ausgesprochen und zwar an die Vorsitzenden der vier großen im Bundestag vertretenen Parteien: Bundeskanzler Helmut Kohl (CDU), Ministerpräsident Franz Josef Strauß (CSU), Hans-Jochen Vogel (SPD), Wirtschaftsminister Martin Bangemann (FDP) und den Bundesbankpräsidenten, Karl Otto Pöhl.

Nationaler Blumenschmuck verdeckt die Probleme

Die Deutsche Bundesbank erlebt heute (16. 9. 88) eine historisch wichtige Stunde. Es wird vermutlich keine Sternstunde werden, aber Marksteine werden gesetzt für unser unabhängiges Notenbanksystem und die deutsch-französische Zusammenarbeit. In Frankfurt tritt in wenigen Stunden zum dritten Mal der Anfang dieses Jahres gegründete französisch-deutsche Finanz- und Wirtschaftsrat zusammen mit Ministern und Notenbankchefs beider Länder. Er ist das Resultat einer Vereinbarung zwischen der bereits wieder abgewählten Regierung Chirac und Bundeskanzler Kohl. Die Basis liefert ein völkerrechtlicher Vertrag und das bringt auch die Probleme mit sich, denn in diesem Vertrag, der noch nicht ratifiziert ist, muss hineingeschrieben werden, dass die Deutsche Bundesbank bei aller Bereitschaft zur Kooperation auch mit französischen Stellen in ihrer Geldpolitik unabhängig und alleine dem Gesetz, d. h. der Währungsstabilität, verpflichtet ist.

Leider hat die französische Seite andere Interpretationen. Die französische Regierung meint zumindest in Umrissen, aufgrund des erweiterten Freundschafts-Vertrages ein wenig in die deutsche Geldpolitik hineinreden zu dürfen. Das kann aber in keiner Weise sein, denn die Bundesbank ist verantwortlich für das Geld der größten europäischen Wirtschaftsnation und ist neben den Japanern einziger ernst zu nehmender Gegenspieler gegen die Dollar-Politik der Amerikaner. Den französischen Franc kennt man auf dieser Bühne fast nicht. Das hat auch den Grund, weil die Banque de France immer die Regierungspolitik in Paris unterstützen muss, also nicht unabhängig in ihren geldpolitischen Entscheidungen ist.

Dass heute Bundesbankpräsident Karl Otto Pöhl Gastgeber in Frankfurt ist, unterstreicht seinen Unabhängigkeitsanspruch, den er sich und der Bundesbank weder von Paris noch von Bonn streitig machen lassen will. Wenn es zum Schwur kommt, geht unsere Zentralbank nach Karlsruhe zum Verfassungsgericht. Bei den heutigen Gesprächen über deutsch-französische Wirtschaftspolitik und Steuerharmonisierung der EG spielt dieser verfassungsrechtliche Anspruch eine wichtige Rolle. Dem diplomatischen Geschick Pöhls dürfte zuzutrauen sein, dass es nicht zu einem Eklat kommt. Finanzminister Gerhard Stoltenberg und Wirtschaftsminister Martin Bangemann, die ebenfalls anwesend sind, spielen da eher eine Statistenrolle, denn unsere Notenbank ist unabhängig.

Den offiziellen Stellungnahmen zufolge nach der Sitzung deutsch-französischen Finanz- und Wirtschaftsrates haben sich beide Delegationen geradezu blendend verstanden. Wenn man die Herren allerdings an den weiß gedeckten Tischen zwischen dem blau-weiß-roten und schwarz-rot-goldenen Blumenschmuck genauer betrachtet, hatte man andere atmosphärische Empfindungen. Zumindest haben sich Deutsche und Franzosen, bevor sie zum Treffen der EG-Finanzminister und Notenbankchefs nach Kreta abflogen, ein diplomatisches Lächeln auf die Lippen gezeichnet. Der Gast aus Frankreich, Pierre Bérégovoy, war sogar so wohlerzogen, dem Bundesbankpräsidenten Komplimente für seine Politik in den vergangenen Wochen zuteil werden zu lassen, obwohl es gerade Ende August, Anfang September wegen der deutschen Zinspolitik zu einem munteren Schlagabtausch zwischen dem französischen Wirtschafts- und

Finanzminister und dem deutschen Notenbankchef gekommen war.

Frankreich hatte kein Rezept der deutschen Geldpolitik entgegenzusetzen und musste auf die deutschen Zinserhöhungen nolens volens reagieren, also auch die Zinsen heraufsetzen, obwohl dies gar nicht ins wirtschaftspolitische Konzept der Regierung Rocard passte. Dass Deutsche und Franzosen sich bei allen Bemühungen oftmals nicht verstehen, liegt weniger am schlechten Willen als an unterschiedlichen Denkschulen. Auf wirtschaftliche Probleme umgesetzt heißt dies: Die Deutschen denken in Marktkategorien und die Franzosen immer noch in Dirigismen, zentralistisch und staatswirtschaftlich. Dies gilt insbesondere für die Sozialisten, die mit Mitterrand als Staatspräsidenten und Rocard als Ministerpräsidenten derzeit an der Macht sind.

In diese staatsdirigistischen Intentionen gehört jetzt auch das Verlangen Frankreichs, über ein Recycling der deutschen Überschüsse im europäischen Handel insbesondere im Warenaustausch mit Frankreich nachzudenken. Auch die deutschen Ökonomen wissen, dass Überschüsse besonders, wenn sie langfristig sind, eine Belastung für das internationale wirtschaftliche Gleichgewicht darstellen können. Auch die Bundesbank und die Regierung in Bonn machen sich zurecht darüber Gedanken, wie die Ungleichgewichte abgebaut werden können. Sie haben auch eine Antwort darauf: Abbau der Dirigismen bei den Partnerstaaten, zufriedenstellende Geldpolitik, Stärkung der Marktkräfte. Je weiter diese liberalistische Wirtschaftsstruktur entwickelt wird, um so eher bauen sich Ungleichgewichte ab, meinen die Deutschen.

Der französische Wirtschafts- und Finanzminister Bérégovoy hat dagegen heute in Frankfurt vorgetragen: Der deutsche Kapitalexport soll durch dirigistische Maßnahmen nach Frankreich umgeleitet werden, um dort Früchte zu tragen. Das aber ist für die deutsche Seite nicht akzeptabel, weil der Kapitalverkehr frei ist und das Geld sich zu Recht den Weg dorthin sucht, wo es die besten Anlagemöglichkeiten gibt.

Im Großen und Ganzen läuft die deutsch-französische Zusammenarbeit auch im Rahmen dieses von Anfang an umstrittenen Finanz- und Wirtschaftsrats erfreulich. Und der Ärger wegen der Unabhängigkeit der Bundesbank, die möglicherweise nicht ausreichend in dem Vertragswerk berücksichtigt ist, kann im Grunde nicht der französischen Seite angelastet werden. Er geht voll und ganz auf das Konto der Bonner Regierung, die erstens bei der Ausarbeitung des Vertragswerkes nicht genügend aufgepasst hat und zweitens – zumindest, was den Bundeskanzler angeht – nicht in der Lage ist, das Machtwort zu sprechen: Unsere Bundesbank ist solange in ihrer Geldpolitik unabhängig, bis es eine ebenso unabhängige europäische Notenbank geben wird. Wenn Kohl in dieser Frage nicht einlenkt, kann er sich allerdings bei der noch im laufenden Jahr anstehenden Ratifizierung des Vertrags im Bundestag eine Niederlage einhandeln, denn die Abgeordneten stimmen im Zweifel im Sinne der Bundesbank, die oppositionellen Sozialdemokraten inbegriffen.

Lusser mit kritischen Anmerkungen zu Frankreich

Ich habe zwei Stunden Zeit und diese nutze ich für eine kleine Dampferrundfahrt auf dem Zürichsee. Erstmals habe ich mit dem schweizerischen Nationalbankpräsidenten, Markus Lusser, gespeist, privatim (19. 9. 88). Schräg gegenüber der Zentralbank saßen wir beim Italiener. Gut Bürgerliches kam auf den Tisch. Das entspricht ganz dem Habitus Lussers. Themen unseres Gesprächs waren die Vorbereitung des Interviews aber auch ganz allgemein Politik und Wirtschaft in Europa und der Welt. Lusser machte recht spitze Bemerkungen zum französischen Hegemonialstreben in der Europäischen Gemeinschaft.

Auf den meisten Sektoren hätten die Franzosen ihren Machtanspruch schön befriedigen können, nur eben nicht in der Geldpolitik. Mitterrand, Chirac und andere Politiker hätten auch ganz klar den Willen zur Hegemonie in ihren Reden formuliert und den französischen Bürgern gesagt, die Europäische Gemeinschaft sei nun das Instrument, mit dem der große französische Gedanke verwirklicht werden könne. Es ist tatsächlich so, dass die Deutsche Bundesbank zum Kernstück der deutschen Interessen wird, das es zu verteidigen gilt, und zwar in richtiger Weise auch im Sinne der europäischen Nachbarstaaten, denn eine in Unabhängigkeit auf Währungsstabilität fixierte Notenbank nützt allen. Lusser freut sich, die Franken-Politik seines Hauses elegant im Windschatten der Bundesbank halten zu können. Die Schweiz gehört zum D-Mark-Block ebenso wie Österreich, aber auch Frankreich und das gesamte Europäische Währungssystem (EWS).

Lusser ist ein fahl aussehender Mann mit schütterem, glattem Haar. Er spricht recht schnell mit schweizerischem Akzent und immer in derselben Tonlage unisono fort in langen Monologen auf kurze Fragen. Der Hörer könnte leichte Schwierigkeiten haben, ihm zu folgen. Und weil das so ist, hatte ich für das heutige Gespräch in Zürich ein Studio beim Schweizer Rundfunk bestellt.

Zur Weltbanktagung in Berlin Ende September habe ich sehr vielfältige Aktivitäten entfaltet. Als erstes lief schon am 11. September ein „Frankfurter Gespräch" (30 Minuten) mit dem US-Notenbankgouverneur Robert Heller. Zur Aufnahme war ich eigens in Washington gewesen. Gestern hatte ich den deutschen Entwicklungsminister, Hans Klein, im „Frankfurter Gespräch" und am kommenden Mittwoch sende ich das Lusser-Interview. Dann bin ich zehn Tage, bis zum 30. September auf der IWF/Weltbank-Tagung in Berlin. Für meine Sendung habe ich in dieser Zeit beim Sender Freies Berlin täglich eine halbe Stunde Studiozeit belegt, um für den HR „Wirtschaft aktuell" aus Berlin aktuell bedienen zu können.

IWF-Weltbanktagung 88: Berlin ist kein Museum des Kalten Krieges

Wenn deutsche Bischöfe den Oberen der Weltwährungskonferenz Empfehlungen für eine bessere Politik zur Bewältigung der Weltschuldenkrise geben wollen, so ist das etwa vergleichbar mit guten Ratschlägen bundesdeutscher Ministerpräsidenten ans Konsistorium in Rom zur Sexualmoral. Das fruchtet wenig. Die einen wie die anderen lassen sich nicht gerne ins Geschäft hineinreden. Beide Gruppen tragen anerkanntermaßen moralische Verantwortung und gehen im Allgemeinen auch großzügig miteinander um. So regen sich die Finanziers auch nicht weiter auf, wenn die Bischöfe folgenden Text telegrafisch bei ihnen ablasteten: Es ist nicht nur ethisch geboten sondern auch von der wirtschaftlichen und politischen Vernunft her dringend erforderlich, dass die Lähmung der weltwirtschaftlichen Entwicklung, das Brachliegen wichtiger Produktivkräfte in den Entwicklungsländern und die Hoffnungslosigkeit verarmter Volksgruppen in der Dritten Welt schneller und nachhaltiger ein Ende nehmen.

Eine indirekte Antwort auf das Bischofstelegramm gab in Berlin Weltbankpräsident Barber Conable in seiner Rede zur Eröffnung der gemeinsamen Jahresversammlung von IWF und Weltbank (27. 9. 88). „Dass jeder fünfte Mensch auf unserem Planeten in Armut leben muss", so Conable im Internationalen Congress Centrum in Berlin, „ist eine moralische Schande. Es ist sogar noch mehr. Nämlich Ausdruck einer schlechten Wirtschaftspolitik in den betroffenen Ländern und eine Vergeudung wertvoller Entwicklungsressourcen." Der Weltbankpräsident versuchte aber auch Wege aufzuzeigen, wie die Menschheit aus der Armutskrise herausfinden kann. Zumindest hat er verstärkte Anstrengungen seiner Organisation zur Bekämpfung der Armut angekündigt. Er nannte fünf Schwerpunkte, auf die sich die Weltbank konzentrieren will:

Die Sicherung des Wachstums, die Bekämpfung des Hungers, die Eindämmung eines übermäßigen Bevölkerungswachstums, Investitionen im Erziehungs- und Ausbildungswesen und der Schutz der Interessen der Armen während des Anpassungsprozesses. Milliarden Dollar will er dafür mobilisieren. Eine besondere Verantwortung sieht die Weltbank für Afrika, wo jeder Vierte – insgesamt über 100 Millionen Menschen – hungert. Afrika müsse bei der Steigerung der landwirtschaftlichen Produktivität und bei den Einkommen der in Armut lebenden Landbevölkerung geholfen werden.

Conable hatte den Reigen eröffnet, dann konnten die deutschen Matadoren auftreten. Eberhard Diepgen, Regierender Bürgermeister Berlins, erinnerte die versammelte Weltfinanz daran: „Berlin ist kein Museum des Kalten Krieges." Seine Weltläufigkeit unterstrich er mit handfesten Thesen. Die Krise der Kreditfähigkeit vieler Länder sei nur im Zusammenhang mit dem Abbau von Protektionismus zu lösen. Den Armen müsse geholfen und die Umwelt geschützt werden. Unterlassene Hilfe zur Selbsthilfe führt nach Diepgen zu politischer Radikalisierung und gefährdet Frieden und Stabilität. Das sind Lippenbekenntnisse eines regionalen Regierungschefs, der selbst auf permanente Unterstützung durch den Bund in Milliardenhöhe angewiesen ist und durchaus unangenehme Randalierer der Wohlstandsgesellschaft in den eigenen Straßen am Werke sieht.

Bundeskanzler Kohl konnte aus einer starken Position heraus argumentieren. Denn wenn es um Geld geht, kann er seine Argumente auch mit kräftigen Kapitalspritzen stützen. Man denke nur an den Schuldenerlass (Staatskredite) für Afrika in Höhe von fast 8 Milliarden Mark. Dazu die gesamte deutsche Entwicklungshilfe in den vergangenen Jahren von über 140 Milliarden Mark. „Hunger und Elend, Seuchen und Umweltkatastrophen dürfen uns nicht unberührt lassen", betonte der Kanzler vor der Kulisse der 151 Flaggen der Mitgliedsländer von IWF und Weltbank im ICC. Kohl verwies auch auf die kürzlich beschlossenen Zinserleichterungen und Kredithilfen Deutschlands für die Dritte Welt. Viel Zeit verwendete er darauf, die westdeutsche Position im Kontext der Weltwirtschaft zu erklären. Dass Deutschland abermals ein Super-Überschussland ist, nötigte ihm schon fast entschuldigende Worte ab.

Michel Camdessus, Geschäftsführender Direktor des Internationalen Währungsfonds, ritt auch vor der in Berlin versammelten Finanzwelt sein Steckenpferd einer Weiterentwicklung des Weltwährungssystems. Er will die IWF-Sonderziehungsrechte an die Stelle der Weltwährung Dollar setzen. Ein typisch französischer Gedanke, der auf Europa abgewandelt heißt: Der ECU soll die D-Mark ersetzen. Das Eine wie das Andere kann nicht funktionieren, weil diese Währungen die jeweils stärksten in ihren Bereichen sind, außerdem keine Scheinwährungen darstellen wie Sonderziehungsrechte und ECU. Oberflächlich betrachtet kauft man Camdessus gerne solche flotten Geldausflüge ab, denn er ist ein ausgesprochen sympathischer Vertreter französischen Beamtentums.

Der Vorsitzende des IWF, der schwedische Finanzminister Kjell-Olof Feldt, mahnte eine Kapitalerhöhung für das nächste Jahr an, denn der Währungsfonds braucht, so unterstrich er, in den 90er-Jahren zur Bewältigung der wachsenden Probleme hohe Milliarden-Beträge in Dollar. Diese Berliner Weltbanktagung mit ihren mehr als 100 000 oft ganz unterschiedlichen Treffen der 10 000 anwesenden Finanzleute bringt IWF und Weltbank und damit die Zusammenarbeit in wichtigen internationalen Währungsfragen mit Sicherheit weiter. Mehr kann auch nicht verlangt werden.

Seipp: Anständiger Banker nimmt ‚Schuldenerlass' gar nicht erst in den Mund!

Wenn es auch auf den Straßen Berlins zeitweise recht heiß zuging, weil eingereiste Revoluzzer das so wollten, so ließen sich die Finanzdelegationen mit ihren Arbeitsprogrammen weder im ICC noch in den Nobelhotels auf beiden Seiten der geteilten Stadt irritieren. Es wurde da überall mit kühlem Kopf diskutiert und verhandelt. Und dies bezeichnenderweise in ganz anderer Richtung als die Demonstranten draußen vermuteten. Während die Straßenschreier den totalen Schuldenerlass für die Dritte Welt forderten und dies sofort, sprachen sich die Entwicklungsländer während der langen Debatten gegen einen globalen Schuldenerlass aus.

Brasilien, Argentinien, Mexiko und andere pochen nun mit wachsendem Stolz darauf, durch eigene Anstrengungen wieder zahlungsfähig und kreditwürdig zu werden. In Afrika liegen die Dinge allerdings anders. Die Volkswirtschaften dort sind zum Teil derart heruntergekommen, dass die bereits angekündigte Schuldenstreichung nur der kleinere Teil der nötigen Anstrengungen ist, um Schwarzafrika wirtschaftlich allmählich wieder auf die Beine zu bringen.

Schuldenerlass bleibt bei den Schwellenländern Südamerikas natürlich auf der Tagesordnung, wenn auch nicht der radikale und globale. Doch haben die deutschen Banken bisher keine einheitliche Position dafür erarbeitet. Alfred Herrhausen, Deutsche Bank, will die Diskussion über einen wenigstens teilweisen Schuldenerlass nicht abwürgen und spricht munter darüber, während Commerzbank-Chef Walter Seipp kategorisch feststellte: „Ein anständiger Banker nimmt das Wort ‚Schuldenerlass' gar nicht erst in den Mund." Alle Banker wissen aber, dass sie ihre Forderungen nicht mehr voll einstreichen können. Die Frage heißt nur: Wie können die Banken den Schuldenländern wenigstens einige Prozente davon abknöpfen und wie und wann? Dies soll in jedem Einzelfall nach individuellen Methoden, insbesondere nach der Leistungskraft der einzelnen Länder geschehen. Das nennt man Marktwirtschaft im Schuldenabbau.

Gipfel voller Konsensbereitschaft und Harmonie im RAF-Schatten

Das nun wollte Weltbankpräsident Barber Conable überhaupt nicht akzeptieren, dass ausgerechnet sein Haus den Hunger in der Welt und die Unterdrückung der Armen fördere. „Wenn es uns nicht gäbe", so Conable in seiner anderen großen Rede, „sähe es in der Welt noch viel trostloser aus." Doch dann verspürte der Weltbankchef ganz insgeheim zwar kein schlechtes Gewissen aber ein Informationsdefizit zwischen der Zentrale in Washington und den Machern in den Entwicklungsländern. Er und die 6000 Mitarbeiter seiner Organisation wüssten nicht immer, was die Basis-Gruppen wollten und bräuchten. Er, Conable, habe schon mehrfach erfahren müssen, dass in den örtlichen Entwicklungszentren in der Sozialarbeit und im Umweltschutz gut gearbeitet werde. Die Weltbank habe dieselben Anliegen, verstehe aber die Kritik der Basis nicht immer. So kündigte Conable an, verstärkt den Dialog zu suchen. Frisch eingestellte Verbindungsleute sollen dafür sorgen.

Die Berliner Jahrestagung von IWF und Weltbank hat auf vielen Ebenen nicht nur Konsensbereitschaft erkennen lassen, sondern entpuppte sich sogar als klarer Beweis einer wachsenden Verständigung zwischen Nord und Süd, Industrieländern und Dritter Welt sowie Schuldnern und Gläubigern. In der mächtigen Gruppe der G 7, zu der die sieben größten Industrienationen USA, Bundesrepublik Deutschland, Japan, England, Frankreich, Kanada und Italien gehören, war gar von Harmonie die Rede gewesen.

Wo doch das Weltwährungsgeschehen sonst immer genügend Zündstoff geliefert hat, der ausreichte, dass sich Deutsche und Amerikaner unter dem Tisch kräftig ans Schienbein traten, oder aber die Franzosen lauthals die böse Dollar-Welt und die aggressive D-Mark beklagten. Anfangs hatten die Franzosen die große Währungskritik angekündigt und natürlich Lösungsvorschläge für anderer Länder Währungen unterbreiten wollen. Doch ging ihnen offenbar die Luft aus, weil ihre Handelsbilanz zu schlecht ausgefallen ist und nach dem Franc ohnehin niemand fragt.

Wichtig: Erstmals hat dieser jährliche Kongress begriffen, dass die Welt unteilbar ist und die Menschheit in einer globalen und gemeinsamen Umwelt lebt, die es unter allen Umständen zu erhalten und wenn irgend möglich zu verbessern gilt. Deutschland hat auf diesem Gebiet Schrittmacherdienste geleistet und die Weltbank macht nun mit. Vor seiner Abreise hat Conable nochmals sehr sauber die Interdependenzen von Armut und Umweltschädigung, beziehungsweise die besonders von den armen Bevölkerungsschichten zu erleidenden Auswirkungen von Umweltzerstörung und Umweltkatastrophen herausgearbeitet.

Mit Stolz hat der Weltbankpräsident außerdem darauf hingewiesen, dass es ihm in Berlin gelungen sei, den 151 Finanzministern der Organisation den Zusammenhang von Handelshemmnissen und Entwicklungshilfe klargemacht zu haben. Die Handelshemmnisse absorbierten doppelt soviel Kapital ab, wie die Entwicklungshilfe diesen Ländern der Dritten Welt zukommen lasse. Die Finanzminister sollten nun bei ihren Regierungen zu Hause für echte politische Aktivität zum Abbau der Handelshemmnisse sorgen.

Der Gipfel der Harmonie hatte in Berlin auch viel mit Gesundbeterei zu tun. Auf den Straßen der geteilten Stadt rumorte es ganz erheblich und der RAF-Terrorismus war eine dauernde Gefahrenquelle. Gerade die Finanzindustrie war immer wieder im Visier dieser Leute. Wie aufgeladen die Stimmung besonders in der Bundesrepublik war, belegt das gottlob fehlgeschlagene Attentat auf den Bonner Finanzstaatssekretär, Hans Tietmeyer. Der Anschlag war am 20. September von der RAF (Rote Armee Fraktion) in der Nähe von Tietmeyers Wohnung in Bonn/Godesberg verübt worden. An jenem Morgen trafen die Schüsse seinen Wagen.

Tietmeyer berichtete später vor Gericht: „Als ich von meinem Aktenstudium aufgesehen habe, blickte ich in Mündungsfeuer und duckte mich sofort. Zu meinem Fahrer sagte ich: Nun aber schnell los. Er brachte uns trotz eines zerschossenen Vorderreifens wohlbehalten zu nächsten Polizeidienststelle." Der Staatssekretär im Bundesfinanzministerium war von der RAF als Zielscheibe ausgeguckt worden, weil er für die Bundesregierung das IWF-Treffen in Berlin vorbereitet hat. „IWF-Mördertreff" hieß das Schlagwort der extremen Linken. Der fromme Katholik Tietmeyer hat sein Unverletztbleiben immer als Wunder bezeichnet.

Begonnen hatte dieser teuflische Spuk schon in den 70er-Jahren, als der Vorstandssprecher der Dresdner Bank, Jürgen Ponto, am 30. Juli 1977 in seiner Oberurseler Wohnung erschossen wurde. Alfred Herrhausen, Sprecher der Deutschen Bank, sollte auch noch zum RAF-Opfer werden (30. 11. 89).

Weltwirtschaftsforum Davos 89: Der besondere Gipfel

Jahrzehnte war Davos Zuflucht für Asthmatiker. Dann entwickelte sich der schweizerische Höhenkurort hin zu einem bedeutenden Zentrum für Wintersportathleten und ist nun zumindest Ende Januar eines jeden Jahres Mekka des weltweit operierenden Unternehmertums. „Weltwirtschaftsforum" heißt seit Anfang der 70er-Jahre das Gütesiegel für das Unternehmertreffen in den Bündener Bergen. In dem als Schutzbunker nutzbaren Davoser Kongresszentrum treffen sich unter der Ägide des rührigen Professors Klaus Schwab nicht nur die Wirtschaftsaktiven sondern auch die ausgefuchsten Denker der hohen Volkswirtschaft, die gerne als Weltökonomen auftreten. In diesem Jahr Prof. Herbert Giersch, Chef des Kieler Instituts für Weltwirtschaft, oder Prof. Lester Thurow vom Massachusetts-Institute of Technology, MIT genannt, und Martin Feldstein, Präsident des nationalen Büros für Wirtschaftsforschung in Washington.

Zu den Weltökonomen gesellen sich dann gerne auch Geopolitiker wie Hans-Dietrich Genscher, der deutsche Außenminister, und ambitionierte Regierungschefs aus allen Teilen der Welt. Auch hat sich diesmal der Generalsekretär der NATO, Manfred Wörner, in der blockfreien Eidgenossenschaft angesagt, um über die Reduzierung der konventionellen Waffen in Europa zu sprechen. In Wörners Amtssprache (und deutsche Amtsträger befleißigen sich überaus gerne solcher Fassaden) heißt das Thema: Reduction of conventional forces: More security or destabilisation?

Im Mittelpunkt der diesjährigen Diskussionen stehen aber nicht wehrpolitische Fragen, sondern die Festung Europa als aufsteigende Wirtschaftsmacht in US-amerikanische Größenordnungen. Der europäische Binnenmarkt der 90er-Jahre wird vom Bruttosozialprodukt her ebenso stark wie die Vereinigten Staaten sein, dürfte aber zumindest bis zum Jahr 2000 eine größere Dynamik aufweisen als Amerika und somit an die erste Stelle der Wirtschaftsblöcke aufrücken. Achtung Abschottungsgefahr!

Das genau ist die Furcht in der übrigen Welt. Sie könnte mit ihren Lieferungen mehr und mehr vom größten Binnenmarkt der Erde ausgeschlossen werden. Die Amerikaner ballen bereits ihre Handelsfaust, um gegen diesen Block die notwendige Durchschlagskraft zu entwickeln. Und die osteuropäischen Länder flehen geradezu, von Westeuropa nicht gänzlich abgehängt zu werden. Der Generalsekretär der ungarischen Volkspartei, Karoly Grosz, beschwor in Davos die 1000-jährige gemeinsame Geschichte mit dem Abendland und der finnische Premierminister, Harri Holkeri, pflegte seine Zuhörerschaft nicht nur mit haufenweisen nordischen Spezialitäten (von Rentierschinken über Schneehühner bis Multbeeren), sondern traktierte sie auch mit einer Multivisionsschau, die 1000 Jahre finnische Geschichte aufarbeitete. Die Geschichte eines Volksstamms, der nicht nur schwedische Vorherrschaft und russische Gewaltherrschaft überlebt, sondern sich mit seiner Dickköpfigkeit aber auch Leistungsfähigkeit als die wirklich stabilisierende Wirtschaftskraft im Norden Europas durchgesetzt habe.

Auf diesem internationalen Glacis konnte der als Stargast gefeierte Hans-Dietrich Genscher den armen Osteuropäern mit guten Worten auf die Beine helfen und den Amerikanern die starke Hand reichen. Jacques Delors, Präsident der EG-Kommission, bewährte sich in der französischen Tradition von Freiheit, Gleichheit und Brüderlichkeit und hielt mit geschickter Rede alle Türen des gefürchteten Wirtschaftsblocks „EG" offen. Die Konfrontation der Blöcke fand in den Schweizer Bergen denn auch weniger auf Politiker-Ebene als unter den Wirtschaftswissenschaftlern statt. Der amerikanische Professor Thurow hat die größte Leistung handelspolitischer Zusammenarbeit, das allgemeine Handels- und Zollabkommen GATT, kurzerhand verbal abgeschafft, weil es überflüssig sei. Japan, die USA und Europa sollten künftig die Dinge unter sich ausmachen.

US-Regierungsberater Feldstein führte als Befriedungswaffe im möglichen Handelskrieg zwischen USA und Europa, beziehungsweise USA und Japan Dollar-Manipulationen in Richtung Abwertung in die Diskussion ein. Mit einem Dollarkurs von 100 Yen und 1,40 D-Mark glaubte er die Ungleichgewichte in den Handelsströmen aus der Welt schaffen zu können. Glaubwürdig erschienen die Feldstein-Aussagen, dass Washington nun allen Ernstes darangehe, den Abbau der Defizite in Angriff zu nehmen und seinen Beitrag zur Bereinigung der Weltschuldenkrise zu leisten, worum sich die amerikanischen Banken beharrlich gedrückt hatten.

Weltschuldenkrise, auch ein wichtiges Thema von Davos. Im atombombensicheren Keller des Kongresszentrums empfing der Geschäftsführende Direktor des Internationalen Währungsfonds, Michel Camdessus, einige Journalisten mit den Worten: Ich freue mich, Sie an diesem sicheren Ort begrüßen zu können. (Dicht daneben stapelten sich die wohl konservierten Lebensmittel für den möglichen Katastrophenfall, der die Eidgenossen treffen könnte.) Hauptanliegen des IWF-Chefs war die Umdrehung der Geldströme. Die hoch verschuldeten Staaten des Südens, Afrikas z. B., leiden an der Kapitalflucht aus ihren Ländern. Da bestehlen die Politiker sogar die Staatskassen und legen die Devisen, auch aus der Entwicklungshilfe, privat bei Banken in den USA und in West- und Mitteleuropa an. Künftig sollen die Gelder wieder aus dem Norden nach Süden fließen und dort investiert werden. „Nur so kann die Schuldenkrise bewältigt werden", sagte Camdessus. „Bis in fünf Jahren kann es soweit sein." Ein frommer Wunsch bei der kriminellen Energie, die dahinter steckt.

Der Geist von Davos weht also auch in den tiefsten Kellern und meint eine Weltherrschaft des Kapitalismus, wobei alle Kapitalisten Brüder werden. Und diese Brüder trifft man dann anschließend, wie sie in Freiheit zur Sonne der Graubündener Berge ziehen. Erholte Diskussionen sind gute Diskussionen und das soll in Davos auch so bleiben. ans Dietrich Genscher-von seiner ganzen deutschen Großmütigkeit zeige

Von hier und heute – eine neue Epoche der Weltgeschichte

Pariser Weltwirtschaftsgipfel 13.–16. Juli 1989

Avec pompe et pouvoir starteten die Feierlichkeiten zum 200. Jahrestag der französischen Revolution, die in den Weltwirtschaftsgipfel der sieben großen Industriestaaten einmünden. Da sind die Grenzen fließend, denn schon für heute Nachmittag sind bilaterale Gespräche der einzelnen Regierungschefs der Sieben untereinander aber auch mit Staatsoberhäuptern anderer Nationen vorgesehen. Schließlich treffen zum „Bicentenaire" Delegationen fast aller Länder der Erde an der Seine ein.

Die Weltwirtschaftsgipfel haben sich bewährt weniger als Foren, auf denen konkrete Entscheidungen gefällt werden, sondern als eine Einrichtung, die einen Informations- und Meinungsaustausch auf höchster Ebene ohne Entscheidungszwänge ermöglicht. Wenn die Wirtschaftsmächtigen mit dem gegenseitigen Schulterklopfen („Das mit der Weltkonjunktur haben wir ja wunderbar geschafft.") fertig sein werden, gibt es allerdings auch verdeckte Knüffe und Fußtritte: Die USA sollen ihre Defizite in Staatskasse und Außenhandel nun endlich verkürzen, die Japaner mehr importieren und die reichen Deutschen international besser umverteilen, die Konjunktur ankurbeln und ihre Devisen in die Defizitländer zurückschleusen. Die Deutschen-Schelte reduziert der französische Staatspräsident François Mitterrand schnell und sympathisch aufs Wesentliche: „Dass die Deutschen besser sind als alle anderen ist nicht ihre Schuld, ist ihnen nicht anzulasten." Die Bundesregierung hält von den vielfach vorgetragenen Ratschlägen nichts und beginnt vom Ozonloch zu faseln und über das gefährdete Weltklima zu orakeln. Beides taugt wenigstens dazu, die notwendige Umweltdiskussion wieder anzustoßen, die dann aber zu Lasten der 3. Welt geführt wird. Viele Schwellen- und Entwicklungsländer, die meist wie Brasilien auch hoch verschuldet sind, weigern sich, den Raubbau in den letzten bisher unangetasteten Urwaldrevieren zu beenden, selbst wenn die Industrieländer dafür bezahlen. Das aber lassen sich diese nicht gefallen und knüpfen ein Junktim zwischen Bekämpfung der Schuldenkrise und dem möglichst weitgehenden Erhalt der Natur im Äquatorgürtel dieser Erde.

Dann aber tut ein Gorbatschow-Schreiben Wunder. Als sensationell wird der jetzt bei den Gipfelregierungen eingegangene Brief bezeichnet, in dem der sowjetische Generalsekretär den Großen 7 eine offene Ost-West-Kooperation vorschlägt. Da bleiben dem in Paris versammelten Spitzen-Kapitalismus, der gerade mit Gänsestopfleber den proletarischen Sturm auf die Bastille vor 200 Jahren feiert, die Brocken im Halse stecken. Kanzler Kohl findet als Erster seine Fassung wieder: „Ein sehr bemerkenswertes Schriftstück." Endlich: Ost und West kommen sich näher. Die außenpolitische Öffnung der Sowjets nimmt konkrete Formen an.

Michail Gorbatschow

Im März 1985 wird der 54-jährige Gorbatschow vom ZK-Plenum einmütig zum neuen Generalsekretär der sowjetischen kommunistischen Partei (KPdSU) gewählt. Generationswechsel im Zentralkomitee. Er ist Nachfolger von Konstantin Tschernenko, der mit 73 Jahren gestorben ist. Der neue starke Mann im Kreml war 1980 Mitglied des Politbüros geworden, zuständig für Landwirtschaft, Wirtschaftsorganisation, Ideologie und Kaderfragen (Personalpolitik der Partei). Beim Gipfeltreffen mit US-Präsident Ronald Reagan – Oktober 1986 in Reykjavik – versuchte Gorbatschow die Amerikaner von ihrem SDI-Projekt abzubringen, das landläufig unter dem Schlagwort „Krieg der Sterne" lief. Reagan hatte in diesem Punkt für sein sowjetisches Gegenüber nur ein knappes: „Never." Gorbatschow legte daraufhin die schon auf anderen Gebieten mit den USA erreichten Abrüstungsvereinbarungen aufs Eis – bis Dezember 1987.

Gorbatschow hat niemals weder sich noch seinem Volke vorgemacht, dass die Sowjetunion irgendwelche Chancen – militärisch oder auch wirtschaftlich – gegenüber den USA, gegenüber der gesamten freien Welt hat, wenn sich die kommunistische Staatengemeinschaft nicht grundsätzlich ändert, politisch, ideologisch, technologisch wandelt. Er forderte „Glasnost" (Öffentlichkeit) und „Perestroika" (Umgestaltung). Glasnost ermöglichte Rede- und Meinungsfreiheit, unabdingbar für den Umbau von Staat und Gesellschaft.

Seine Rede vor dem Zentralkomitee am 27. Januar 1987 schließt der Parteichef: „Wir brauchen die Demokratie wie die Luft zum Atmen. Wenn wir das nicht begreifen und selbst dann, wenn wir das begreifen, aber keine realen, bedeutenden Schritte zu ihrer Erweiterung und ihrem Voranbringen und zur umfassenden Einbeziehung der Werktätigen des Landes in den Prozess der Umgestaltung unternehmen, so werden, Genossen, unsere Politik und die Umgestaltung ersticken.

Im gesellschaftlichen Bewusstsein setzt sich immer mehr der einfache und klare Gedanke durch, dass ein Mensch nur dann in seinem Haus Ordnung schaffen kann, wenn er sich dort als Hausherr fühlt. Diese Wahrheit gilt nicht nur für das tägliche Leben, sondern auch für den gesellschaftspolitischen Bereich ...

Nur bei konsequenter Entwicklung der demokratischen Formen, die dem Sozialismus eigen sind, und bei Erweiterung der Selbstverwaltung sind bei uns Fortschritte in der Produktion, in der Wissenschaft und Technik, in der Literatur, der Kultur und Kunst, in allen Sphären des gesellschaftlichen Lebens möglich ...

Nur durch Demokratie und dank Demokratie ist die Umgestaltung selbst möglich. Nur so erhalten die gewaltige, schöpferische Kraft des Sozialismus, die freie Arbeit und ein freier Geist in einem freien Land Raum ...

Die wichtigste praktische Aufgabe besteht darin, solche Voraussetzungen zu schaffen und solche Formen der Produktionsorganisation einzuführen, die es jedem Werktätigen ermöglichen, sich als wirklicher Hausherr des Betriebes zu fühlen."

Kohl: „Der Generalsekretär drückt in seinem Schreiben zunächst seinen Respekt gegenüber der weltwirtschaftlichen Kompetenz von G 7 aus, betont dann die Notwendigkeit der Zusammenarbeit und macht dazu interessante Angebote. Ich möchte in diesem Zusammenhang ausdrücklich begrüßen, dass Generalsekretär Gorbatschow in seinem Schreiben, das er über Präsident Mitterrand an die Staats- und Regierungschefs des Weltwirtschaftsgipfels gerichtet hat, die Verantwortung der Sowjetunion für die Lösung der weltwirtschaftlichen Probleme anerkennt."

Finanzstaatssekretär Hans Tietmeyer, Kohls rechte Hand beim Gipfel, interpretiert den Brief noch wesentlich weiter gehend: „Der Gorbatschow-Brief befasst sich damit, dass es insgesamt Diskussionen und Kontakte geben soll darüber, wie man denn eigentlich in Zukunft miteinander auskommen kann, wie man sozusagen die bisherigen Blöcke zueinander führen kann, ob es hier Möglichkeiten der Kooperation gibt über den Handel hinaus. Das alles wird man sorgfältig prüfen müssen. Viel interessanter ist nämlich, dass offensichtlich die sowjetische Seite gesehen hat, dass doch die weltwirtschaftliche Entwicklung im Westen viel stärker und weiter geht und dass sie deswegen jetzt spürt: Wir müssen ernsthaft in den Dialog hineingehen."

Deutliche politische Signale senden die Gipfelstaaten Richtung Polen und Ungarn aus, aber auch an alle anderen Länder des Ostens, die sich dem Reformprozess öffnen. Kohl: „Wir wollen nicht von uns aus in diese Prozesse eingreifen, aber die Länder, die sich für politische und gesellschaftliche Reformen und für mehr Marktwirtschaft entscheiden, sollen wissen, dass sie auf unsere Solidarität rechnen können."

Von der Aufbruchstimmung wird denn auch der brasilianische Präsident Sarné erfasst. Unvermittelt hat er gegenüber Kanzler Kohl größtes Interesse und jede Form der Zusammenarbeit angeboten, wenn es um die Regenwälder des Amazonas-Gebietes geht. Da war er wohl in die Schuldenfalle getappt. Doch positiv muss es gesehen werden: Vielleicht wird damit in Paris ein erster Ansatzpunkt gefunden, um der Naturvernichtung im Amazonas-Gürtel Südamerikas Einhalt zu gebieten. Die Bundesrepublik ist bereit, dafür Multimillionen aufzubringen und Brasilien will nun wenigstens den guten Willen und einige politische Aktivitäten beisteuern.

Kohl: „Von diesem Wirtschaftsgipfel in Paris geht erstmals ein deutliches Signal für die gemeinsame Verantwortung der Industrieländer zur Wahrung der Schöpfung aus."

Dreh- und Angelpunkt derartiger Kooperationen ist die so-genannte Konditionalität. Vergröbert ausgedrückt heißt dies: Die reichen Staaten geben an die 3. Welt Geld nur unter bestimmten Konditionen, die unbedingt eingehalten werden müssen. Darüber wacht der Internationale Währungsfonds. Die Konditionen beziehen sich neuerdings auch auf den Umweltschutz, seit einiger Zeit aber ganz generell auf maßgeschneiderte wirtschaftspolitische Programme, damit der Circulus vitiosus – Inflation, Kapitalflucht, Verarmung, höhere Auslandsverschuldung durchbrochen werden kann. In den betroffenen Ländern hat die „Konditionalität" schon viel böses Blut gemacht, weil in verkürzten Darstellungen von Medien und Politikern häufig diesen Bedingungen die Schuld an der zunehmenden Verarmung der schon lange angeschlagenen Staaten zugeschrieben wird.

Beim Sommet de l'Arche, beim Gipfel im Triumphbogen des Pariser ultramodernen Stadtteils Défense, geht es in vieler Hinsicht um die Konditionalität besonders und dies höchst politisch bei den Polen-Krediten. Auch der Abbau der außenwirtschaftlichen Ungleichgewichte zwischen Japan – USA – Europa ist nicht frei davon, ebenso wie der britische Kampf um mehr Preisstabilität im eigenen Land. Und im Hintergrund der bilateralen deutsch-französischen Couloir-Gespräche geht es ganz hart um die Konditionen beim Aufbau des europäischen Währungssystems. Frankreich will während seines EG-Vorsitzes im nächsten halben Jahr, gemeinsam mit dem EG-Präsidenten Jacques Delors, der ehemals französischer Finanz- und Wirtschaftsminister gewesen war, Pflöcke einrammen, die nicht mehr gelockert werden können. Die Bundesbank muss europäisiert werden.

In Kreisen der deutschen Kolonie beim Pariser Gipfel konstatieren Kenner der Szene: Die Franzosen sind sehr trickreich im Legen politischer Minen. Juristische Tatbestände würden sehr ausgeklügelt konstruiert, Fallstricke ausgelegt. – In diesen schwerer werdenden Zeiten hat die Bundesbank neuerdings einen eigenen Repräsentanten in Paris stationiert, Dirk Freytag. Demnächst positioniert die umkämpfte deutsche Nationalbank auch Vorposten in Rom und Madrid. Die Aufstellung von Außenposten kann nur recht wenig bedeuten, wenn Kohl und seine Fachminister in Paris nicht selbst auf dem „Quivive" sind. Gezielt angesprochen werden sie mit Sicherheit von der französischen Spitze beim Sommet de l'Arche, angesprochen auf ein vereintes Europa mit einheitlichem Geld – unter Abschaffung der deutschen Geldsouveränität. Und überhaupt: Wenn es jetzt zu einem west-östlichen Dialog, ja zu einer Kooperation kommt. Da sind doch die Deutschen die politischen Nutznießer und was haben wir davon?

Szenenwechsel nach Washington: Weltwährungstagung Sept. 89

Das war das Wochenende der großen Industriemächte gewesen, das Wochenende der tausend Gespräche tausender Washington durchwirbelnder Banker. Das war das Wochenende der Japaner gewesen, die mehr und mehr in die Verantwortung bei den Bretton-Woods-Organisationen drängen. Sie wollen nicht nur höhere Quoten beim Internationalen Währungsfonds übernehmen und aufgrund ihrer wirtschaftlichen Potenz sogar Großaktionär Nr. 2 nach den USA werden. Die Japaner greifen sogar zur Spitze beim IWF. Der japanische Vizeminister Toyoo Gyohten soll dem Franzosen Michel Camdessus nachfolgen, dessen Amtszeit als Geschäftsführender Direktor 1992 ausläuft.

Es ist viel in Bewegung geraten auf dieser Weltbühne der Hochfinanz, nachdem Bundesfinanzminister Theo Waigel kürzlich in Japan gewesen war. Es sieht ganz so aus, dass die Bundesrepublik und Japan einen Schulterschluss vorgenommen haben, dessen politische Bedeutung jetzt zutage tritt. Dies auch in Beziehung zum Dollarkurs und der mutigeren Diskussion mit den Amerikanern über deren Handels- und Staatsdefizite.

Während der G 7-Tagung und der anschließenden G 10-Sitzung gerieten Bundesbankpräsident Karl Otto Pöhl und der amerikanische Finanzminister Nicholas Brady hart aneinander, weil die USA beim Defizitabbau nicht vorankommen und der Dollar künstlich hoch gehalten werde, schimpfte Pöhl, Theo Waigel, der neue Vorsitzende der zehn großen Wirtschaftsmächte, hieb ebenfalls kräftig in diese Kerbe. Beim Dollar hat man sich schließlich auf die Formel geeinigt, dass der Dollar nicht noch höher steigen sollte, dass aber auch eine rasante Dollar-Abwertung der Weltwirtschaft ebenso abträglich sei. Schon in der vergangenen Nacht haben dann die Amerikaner begonnen, am Devisenmarkt in Tokio zu intervenieren. Das bescherte der Welt für heute fallende Kurse.

Nicholas Brady bekam aber nicht nur von Pöhl und anderen IWF-Gouverneuren die Leviten gelesen. Auch Commerzbank-Chef Walter Seipp hieb kräftig auf ihn ein und kritisierte mit harschen Worten dessen Umschuldungsmodell, das Forderungsverzichte von 35 Prozent verlangt. Der Brady-Plan ist nach Meinung Seipps nicht zu Ende gedacht. „Wir sollten Neues entwickeln," forderte der Commerzbanker. Er dachte dabei bestimmt nicht an die Schuldenstreichpläne seines Erzkonkurrenten Alfred Herrhausen, Deutsche Bank. „Sie sind zu kompliziert und nicht praktikabel." Seipp erinnerte abermals an die Eigenverantwortung der souveränen, wenn auch hoch verschuldeten Staaten, und es ärgerte den Commerzbanker ganz besonders, wenn er zu Lasten seiner Aktionäre aber auch zu Lasten des deutschen Steuerzahlers Ländern Schulden erlassen soll, die durchaus Vermögen im Ausland liegen haben, in Größenordnungen, die teilweise höher ragen als der eigene Schuldenberg.

Die vielfach praktizierte Kapitalflucht ist Seipp ein Dorn im Auge. Auch die Theorie stimme nicht, dass nach den Reformen in den Schuldenländern das Fluchtkapital zurückkehre. Die Fluchtgelder würden stets in den sicheren Häfen bleiben, in amerikanischen Banken, in der Schweiz und Liechtenstein. Sparkassenpräsident Helmut Geiger zeigte sich in Washington schockiert, wie wenig die Eliten in Südamerika, also der höchst verschuldeten Region, wie wenig diese Eliten daran interessiert seien, ihre Angelegenheiten, ihre Schuldenprobleme in Ordnung zu bringen.

Olympisches Treppchen wirtschaftlicher Stärke

Hohe Politik hat oftmals auch ihre kuriosen Seiten, denn es geht immer wieder nur ums Prestige. Niemand wird daran zweifeln, dass die Vereinigten Staaten die Weltwirtschaftsmacht Nr. 1 sind. Theo Waigel drückte das so aus: Die USA stehen auf dem olympischen Treppchen der weltwirtschaftlichen Stärke ganz oben. Lange Jahre hatte sich – anfangs zu Recht, später zu Unrecht – Großbritannien die Silbermedaille zugeschanzt. Auf Platz 3 postierte sich bieder die Bundesrepublik, der politische Zwerg als wirtschaftlicher Riese. Es folgte Frankreich an 4. und Japan an 5. Stelle. Solche lächerlichen Rangordnungen können allerdings wichtig werden, wenn es um Geldzuschüsse für internationale Organisationen, wenn es um Geldspritzen für den Weltwährungsfonds geht.

Nun stimmt aber der Medaillen-Spiegel längst nicht mehr, weil die Kraft strotzenden Samurai auf Platz 2 gehören und England entsprechend seiner Wirtschaftsstärke auf 4 oder 5, denn an der Bronzemedaille für die Bundesrepublik wagt niemand zu rütteln. Man könnte zur Tagesordnung übergehen, wenn es nicht für die Briten unzumutbar wäre, sich hinter Frankreich einzuordnen und für Frankreich unerträglich hinter England zu stehen. Da hat sich nun Theo Waigel als ehrlicher Makler hervorgetan. Im herbstlichen Washington schlug er folgenden Medaillenspiegel vor: Gold USA, aber nicht mehr ganz so goldig wie früher. Silber für Japan und die Bundesrepublik gleichermaßen. Und Bronze? Ja, Bronze wird nach den olympischen Regeln nicht vergeben, wenn es zweimal Silber regnete. So stehen auf Platz 4 vereint Franzosen und die Briten. Entsprechend gewichtet sollte nun die Kapitalverdoppelung beim Internationalen Währungsfonds vorgenommen werden von 90 auf 180 Milliarden Sonderziehungsrechte, umgerechnet über 200 Milliarden Dollar. Darüber würde sich besonders der Geschäftsführende Direktor des IWF, Michel Camdessus, freuen. Doch es muss Vorfreude bleiben. Der Hauptaktionär, die USA, kann sich mit der Quotenerhöhung nicht abfinden. Er lehnt sie rundheraus ab. Die Briten wollen nichts von einer Verdoppelung wissen und meinen, 25 Prozent reichen aus. Die Deutschen sehen ein Plus von 50 Prozent als gerechtfertigt an. Eine Einigung dauert noch. Schließlich soll Camdessus keine Inflationsmaschine betreiben.

Beschwörend hatte er den Journalisten zugerufen: „Wir brauchen diese Mittel, um für alle Eventualfälle gerüstet zu sein.“ Der Welthandel wachse schnell. Das bringe neue Ungleichgewichte, die ausgeglichen werden müssten. Die Schuldenkrise dauere an und im Ostblock, in Ungarn und Polen, wüchsen dem IWF neue Aufgaben zu. Camdessus hatte die Presse ins Allerheiligste seiner Behörde bestellt, in den Sitzungssaal des Exekutiv-Ausschusses, damit auf diese Weise die hoch gelobte Arbeitsatmosphäre innerhalb dieser vier Wände in die Medien der Welt zumindest kurzfristig Einzug oder Durchzug erhalten kann. „Die 22 Leute, die hier normalerweise sitzen“, so Camdessus, „sind eine Gruppe des Konsenses. Wenn auch jeder einzelne bestimmt seine eigenen Vorstellungen hat, so wird hier doch auf Konsens gesetzt.“ Dann müssen die Konsensbrüder ihren Regierungen eben mehr Konsens predigen.

Bundesbank: Wer seine Kinder liebt, züchtigt sie

Jetzt, Anfang Oktober 89, hat die Bundesbank zum 4. Mal zugeschlagen in diesem Jahr und die Leitzinsen erhöht. Damit stiegen 1989 der Diskont von 3,5 auf 6 Prozent und der Lombardsatz von 5,5 auf 8 Prozent. Das Haus Pöhl hat es sich diesmal allerdings noch weniger leicht gemacht als im Januar, April und Juni, weil es Wochen vorher schon das Terrain international und bei den heimischen Banken dafür vorbereitet hatte. Gute Gelegenheiten dazu boten sich auf der Weltwährungskonferenz in Washington, als die großen Finanzmächte nicht nur die Weltschuldenkrise sondern das ganze Bündel der Probleme der außenwirtschaftlichen Ungleichgewichte und der damit zusammenhängenden Währungsturbulenzen behandeln konnten.

Da ist schon klar geworden, dass der Dollarkurs nicht allein über international abgesprochene Interventionen gebändigt werden kann, sondern dass zu gegebener Zeit auch das sogenannte Zins-Differenzial zwischen den einzelnen Währungen justiert werden müsse. Die Zinsunterschiede zwischen DM- und Dollar-Raum haben besonders dazu beigetragen, dass der Geldstrom in Richtung USA anhielt und die Nachfrage nach Dollars groß blieb. Eine Annäherung von DM- und Dollar-Zinsen bringt also in jedem Falle Erleichterung. Wenn man heute auch nicht davon ausgehen kann, dass der Kurs der amerikanischen Währung dadurch schon die Bedingung erfüllt, die die G 7 in ihrer Washingtoner Erklärung fixiert haben. Damals hieß es, der Dollar dürfe nicht weiter über den Ende September geltenden Tageskurs von knapp 2 D-Mark steigen.

Es sei aber genauso gefährlich, die Währung der Weltwirtschaftsmacht Nr. 1 ins Bodenlose verfallen zu lassen. Die G 7-Chefs dachten wohl an eine Ideallinie von 1,70 bis 1,90 DM je Dollar. Fraglich, ob sie eingehalten werden kann. Denn trotz aller gut gemeinten und abgekarteten Geld- und Währungspolitiken bestimmen immer noch die Märkte den Wert einer Währung nach oben und nach unten. Und derzeit sieht die Konjunkturlage in den Vereinigten Staaten sogar eher wieder besser aus, sodass der Auftrieb für die US-Währung wohl erhalten bleibt. Dennoch darf eine Zentralbank wie die Deutsche Bundesbank, die für die zweitwichtigste Währung der Welt verantwortlich ist und die die Ankerwährung für Europa dirigiert, nicht einfach die Hände in den Schoß legen und den Gang der Dinge anderen überlassen. Sie muss die – und das war sie immer schon – Mahnerin und Macherin bleiben und dies, soweit möglich, in Absprache mit den Partnern.

Absprache tut in erster Linie im Europäischen Währungssystem (EWS) not, um so mit der Zeit die viel besprochene und beschworene Konvergenz der Geld- und Finanzpolitiken in Europa herzustellen, der angepeilten Währungsunion wegen. Dieses Eingebundensein in die europäischen Verantwortlichkeiten darf aber unsere Währungshüter nicht zur Untätigkeit verleiten. Mehr noch als auf der Weltwährungsszene muss die Bundesbank in Europa sogar Schrittmacherin bleiben. Sie wurde deshalb auch oftmals schon als Zuchtmeisterin gescholten. Doch wer seine Kinder liebt, der züchtigt sie, und so hat die Bundesbank schon ein halbes Dutzend europäische Länder mit in ihren Stabilitätsblock holen können, zum Wohle aller.

Ein Grenzfall bleibt bisher noch Frankreich, das in den letzten Jahren mit großen Anstrengungen die Bedingungen des Stabilitätsblocks erfüllen wollte und gute Erfolge dabei erzielte. Dennoch tut unseren westlichen Nachbarn die derzeitige, stringente Zinspolitik der Bundesbank recht weh. Es ist eben nicht allein damit getan, den Franc an die D-Mark festzubinden. Das nun seit Jahren starre Austauschverhältnis Franc/DM hat bereits starke handelspolitische Verwerfungen hervorgebracht. So steigt der deutsche Außenhandelsüberschuss in Richtung Frankreich, da trotz Wechselkursgleichklang die preisliche Wettbewerbsfähigkeit der deutschen Unternehmen zugenommen hat.

Viel problematischer liegen noch die Dinge im Verhältnis zu Spanien, Italien aber auch zu Großbritannien, die nun schon einige Zeit bundesdeutsche Stabilität importieren, ohne im eigenen Land auf Stabilität zu achten, z. B. in der Fiskalpolitik. Die heutige Zinsentscheidung der Deutschen Bundesbank wird dazu beitragen, auch in Europa die Spreu vom Weizen zu trennen, was letztlich bedeutet, dass mittelfristig eine Adjustierung der Währungen nicht zu umgehen sein dürfte. Aber es waren nicht nur außenwirtschaftliche Argumente, die die Bundesbank zu ihrer heutigen Leitzinserhöhung animierten. Hausgemacht droht die Inflation an Dynamik zu gewinnen und die Teuerung blitzt hinter jedem neuen Auftrag hervor, weil die Kapazitäten der Industrie weitestgehend ausgelastet, zum Teil schon überbelastet sind.

Außerdem melden die Gewerkschaften mit großer Dringlichkeit nicht nur höhere Löhne an, sondern verlangen gleichzeitig Arbeitszeitverkürzungen, wodurch die Arbeitskosten weiter nach oben getrieben werden. Zur Politik der Bundesbank gehört es seit jeher, schon in einem sehr frühen Stadium gegenzusteuern, wo Preisauftriebstendenzen wirklich noch abgebremst werden können. Sie hat die Leitzinsen heraufgesetzt und das Zinsniveau damit insgesamt schmerzlich angehoben. Doch wird dadurch zu vermeiden sein, dass Deutschland im nächsten Jahr in Teuerung und Superzinsen erstickt.

Das ungleiche Paar: Duisenberg und Pöhl

Auf internationalen Währungskonferenzen konnte Bundesbankpräsident Karl Otto Pöhl immer brillieren. Seine charmante Art, sein weltgewandtes Auftreten, seine politische Potenz mit einer der bedeutendsten Notenbanken im Rücken, die eine der interessantesten Währungen mit geschickter Geldpolitik leitet, verschafften ihm immer eine viel bewunderte Sonderstellung. Aus dieser Position heraus konnte er sich auch mit amerikanischen Notenbankchefs und Finanzministern politisch duellieren, ohne Schaden zu nehmen. Die Kollegen in Europa wurden durch das Europäische Währungssystem in Schach gehalten. Als Weltwährungen galten nur Dollar, Yen und D-Mark, deren Meister Pöhl war.

In Deutschland hat sich Pöhl gerne mit Bonner Politikern politisch geprügelt. Wegen der in der Bevölkerung stark verankerten Bundesbank und der politischen Unabhängigkeit dieses Hauses schadete ihm das kaum. Von Dankbarkeit wenig beleckt nahm er es auch mit seinem ehemaligen Chef, Bundeskanzler Helmut Schmidt auf, der ihn zur Bundesbank gebracht hatte. Später war Kanzler Helmut Kohl dran. Pöhl kämpfte ohne politische Rückendeckung. Das konnte nicht immer gutgehen. Nur solange bis die französische Regierung direkt im Verhältnis Paris-Bonn und indirekt über Brüssel die Brechstange ansetzen konnte. Die Bundesbank war ihr Euro-Intimfeind Nr. 1. Zu oft hatte sie die Grande Nation gedemütigt, weil sie sie zur Abwertung ihres Francs nötigte. Die schwache deutsche Europa-Politik gab letztlich keinerlei Schützenhilfe für die Wacht am Main oder gar für Pöhl.

Der niederländische Notenbankchef, Wim Duisenberg, erinnert sich. „Ich weilte gerade zum Golfspielen in Portugal. Das war 1987 gewesen. Da erreichte mich ein Telefongespräch. Pöhl rief mich an. Wim, sagte er, ganz erzürnt, die EG-Regierungschefs haben einen Ausschuss eingesetzt mit Delors an der Spitze, der eine Währungsunion vorbereiten soll. Ich bin absolut dagegen. Ich werde die Unabhängigkeit der Bundesbank und meine Unabhängigkeit als Präsident niemals infrage stellen lassen. Sie sind doch meiner Meinung? Sie machen doch da mit?“ Duisenberg antwortete: „Nun ja, ich bin auch für die Unabhängigkeit. Sie wissen aber auch, dass Sie genauso wie ich in dem Ausschuss sitzen.“ Pöhl: „Das macht die Lage nicht besser.“ Soweit das Gedächtnisprotokoll Duisenbergs.

Zwar waren die beiden Geldmänner gut miteinander befreundet. Aber Karl Otto unterschätzte Wim. Der Holländer hat zuerst seine ureigenste Politik betrieben und war dann erst Gefolgsmann Pöhls im D-Mark-Block. Das hatte schon eine mehrjährige Tradition. Als Helmut Schmidt noch vor seiner Kanzlerzeit Superminister im Bonner Kabinett war, musste er sich als Wirtschafts- und Finanzminister auch mit dem Wechselkursverbund „Schlange im Tunnel“ herumschlagen, ein etwas untauglicher Versuch die europäischen Währungen zu domestizieren. Ein Jahr später konnte Italien bei den notwendigen Interventionen nicht mehr mithalten und scherte aus. Es kam zum Blockfloaten. Wiederum zehn Monate später, im Januar 1974, trat Frankreich aus. Die D-Mark war einfach zu stark.

Da rief Schmidt den Kollegen in Den Haag an: „Wim wir machen doch weiter. Wir bleiben im Verbund?“ Antwort: „Ja, aber es muss sich auf die Dauer politisch für uns auszahlen!“ Schmidt verstand diese Sprache. Damals kam es zur deutsch-holländischen Währungsachse, die sich für beide Teile positiv auswirkte und Holland mit seinem Gulden langfristig wirtschaftlich und politisch aufwertete. Nutznießer war dann auch Duisenberg selbst. Jahr für Jahr steigerte er seine internationale Bedeutung.

Mezzogiorno mitten in Deutschland

Der überaus erfolgreiche Pöhl war zu selbstsicher. Er konnte seinen Kurs nicht mehr ändern, verharrte im Machtgefüge der Bonner Republik und sah sich da immer überlegen, unangreifbar. Er verstand die heraufziehende Wiedervereinigung Deutschlands nicht und übersah auch, die europäische Entwicklung für seine Zukunft zu nutzen. Wenn der SPD-Mann Pöhl Arm in Arm mit dem CDU-Kanzler Helmut Kohl ab Oktober 1989 unter vollem Einsatz der Möglichkeiten der D-Mark schnell vorstoßend die deutsche Vereinigung vorangetrieben hätte, wären höchste Stellen ihm offengestanden. So kamen andere zum Zuge und Duisenberg sammelte Punkte.

Am Dienstag, dem 10. Oktober 1989, am Vortag war in Leipzig gerade wieder eine stürmische Montagsdemonstration ohne Schießerei und damit glücklich zu Ende gegangen, hatte Pöhl die Leiter der ARD-Hörfunk-Wirtschaftsredaktionen zu einem Mittagessen gebeten. Der Vorsitz lag nach dem Platzhirschprinzip beim Hessischen Rundfunk, also bei mir. Bei Tisch diskutierte ich mit dem Bundesbankpräsidenten die Möglichkeit einer Währungskooperation der Bundesrepublik mit der DDR. Ich fragte ihn einfach, wäre es nicht möglich, eine solche Währungskooperation einzuleiten bzw. eine Patronatserklärung für die Ostmark abzugeben? Der tägliche politische und ökonomische Ärger wegen der Ostmark-Verschleuderung und die damit zusammenhängende Verarmung der DDRler hätten damit ein Ende, meinte ich. Pöhl antwortete: „Das ist nicht möglich und kann in keiner Weise in Betracht gezogen werden.“ Pöhl bleibt bei dieser Haltung noch viele Wochen.

Am 9. November fällt die Mauer. Die Ossis strömen nach Westdeutschland und die D-Mark noch mehr als bisher gen Osten. Im Direktorium der Bundesbank hat nur einer die Lage wirklich begriffen: Prof. Claus Köhler. Er erarbeitet für die Zentralbankratssitzung Ende November ein elfseitiges Papier und trifft mit dieser Vorlage auf völliges Unverständnis bei Vizepräsident Schlesinger und Präsident Pöhl.

Prof. Claus Köhler, Bundesbank-Direktorium

Politische Veränderungen i. d. DDR (Ostblock): Auswirkungen auf die Bundesrepublik Deutschland – 22. 11. 1989

In diesem Strategiepapier sind bereits alle wirtschafts-, finanz- und währungspolitischen Themen angerissen, die bei einer Vereinigung beider deutscher Staaten gelöst werden müssen. Es dauert auch nicht lange und er schiebt ein weiteres Papier nach, das die wirtschaftlichen Aspekte in West- und Ost-Europa mit einbezieht. Damit hat Köhlers Fleißarbeit noch kein Ende gefunden. Er konzipiert mit flotter Feder die deutsch-deutsche Währungsunion.

Köhler erliegt niemals irgendwelchen national beschwingten Wiedervereinigungsfantasien. Er bereitet das Instrumentarium für die notwendigen politischen Entscheidungen vor. Er weiß, wie man so ein Jahrhundertwerk vordenken muss und kann sich gut vorstellen, wie menschlich es da zugeht – ökonomisch gesehen.

Wechselkurs D-Mark/Ostmark

Ostdeutsche wollen Waren in Westdeutschland kaufen. Das Angebot an Mark der DDR nimmt zu. Aber auch die Nachfrage nimmt zu. Diplomaten aus Ost-Berlin, Militärpersonen aus West-Berlin, andere Personen aus dem Westen sowie Besucher aus der DDR, die ihr Begrüßungsgeld umtauschen, erwerben Mark der DDR und kaufen damit in der DDR ein. Außerdem gibt es Kreise im Westen, die Ost-Mark kaufen, weil sie längerfristig, wenn Ausfuhr und Einfuhr der Mark der DDR genehmigt werden sollten, sich Kursgewinne versprechen. Da Angebot und Nachfrage an Mark der DDR nicht zu quantifizieren sind, ist auch die Entwicklung der Wechselkursrelation DM/Ost-Mark ungewiss.

Die Grenzgängerproblematik vom Mauerbau bis zu ihrem Fall

Es besteht bei offenen Grenzen zwischen der DDR und westlichen Ländern, insbesondere gegenüber der Bundesrepublik die Tendenz, dass Bürger der DDR im Westen arbeiten und in der DDR leben. Sie erhalten als Arbeitsentgeld D-Mark, die sie in Ost-Mark umtauschen. Sie leisten also keinen Beitrag zum Sozialprodukt der DDR, haben infolge des für sie günstigen Wechelkurses DM/Ost-Mark ein nach DDR-Maßstäben überaus hohes Einkommen, andererseits aber kaufen sie subventionierte Lebensmittel, leben in Wohnungen, deren Mieten subventioniert sind und nehmen für sich und ihre Familien die kostenlose Gesundheitsfürsorge sowie für ihre Kinder die kostenlose Ausbildung in Anspruch. „Reiche" Grenzgänger und „arme" DDR-Beschäftigte tragen zu sozialen Spannungen bei. Dieses Problem des „Ausverkaufs" des Landes trug 1961 mit zum Mauerbau bei.

Verstärkte Inanspruchnahme des Sozialprodukts der DDR

Der geringe Wert der Ost-Mark reizt Bundesbürger und Ausländer, Mark der DDR bei relativ niedrigem Einsatz konvertibler Währungen zu erwerben und damit Waren in der DDR zu kaufen. Der Anreiz dazu wird noch verstärkt, da viele Waren subventioniert und somit ohnehin im Preis relativ niedrig sind. An diesen „Abkäufen" begeligen sich auch Bürger aus Ostländern, insbesondere aus Polen. Sie verkaufen Waren (Antiquitäten usw.) gegen konvertible Währungen im Westen, tauschen diese Währungen in Mark der DDR und kaufen in der DDR andere Waren. Häufig werden diese Artikel im Heimatland mit Gewinn weiterverkauft. Der niedrige Wechselkurs der Ost-Mark gegenüber der D-Mark, wesentlicher Grund der „Abkäufe", erklärt sich vor allem aus der Tatsache, dass die Ost-Mark eine reine Binnenwährung und nicht konvertibel ist. Ausfuhr und Einfuhr der Mark der DDR sind mit Gefängnis bedroht und im Wechselkurs kommt diese Risikoprämie für den Erwerber von Mark im Westen zum Ausdruck. Forderungen nach einem Währungsschnitt in der DDR, um den Wechselkurs zu ändern und die Ost-Mark wertvoller zu machen, gehen an dieser Tatsache vorbei. – Eine begrenzte Ausfuhr und Einfuhr von Ost-Mark-Beträgen sollte sofort gestattet bzw. legalisiert werden.

Das Begrüßungsgeld

Das Begrüßungsgeld trägt der Tatsache Rechnung, dass DDR-Gesetze verbieten, Mark der DDR auszuführen. Bürger der DDR, die diese Gesetze beachten, erreichen den Westen ohne bare Mittel. Das Begrüßungsgeld ermöglicht ihnen kleinere Ausgaben. Jede andere Lösung, bei der DDR-Bürger Ost-Mark in D-Mark im Westen tauschen müssen, zwingt DDR-Bürger Gesetze zu missachten und damit Risiken einzugehen. Solche Lösungen sind daher nur im Einvernehmen mit der DDR-Regierung und entsprechenden dortigen Gesetzesänderungen möglich. Geschieht das, dann könnten begrenzte Beträge, die der Staat in der Bundesrepublik – wie das Begrüßungsgeld – zur Verfügung stellt, zu einem festen Kurs in D-Mark getauscht werden. Die Gegenwerte in Ost-Mark könnten für Hilfen an die DDR verwendet werden. Wenn gemeinsame Lösungen der Bundesregierung und der Regierung der DDR gefunden werden, dann sollte sich auch die DDR mit DM-Beiträgen daran beteiligen. Dann könnten diese Transaktionen im Rahmen eines dazu gegründeten Fonds abgewickelt werden.

Devisen/Sortenkurse

	D-Mark für 100 Ost-Mark	Ost-Mark für eine D-Mark
1983	22.10	4.52
1984	20.66	4.84
1985	20.46	4.89
1986	17.70	5.65
1987	15.41	6.49
1988	13.64	7.33
1989	11.72	8.54
89/Jan.	13.34	7.50
Febr.	12.95	7.72
März	12.51	7.99
April	11.75	8.51
Mai	11.83	8.45
Juni	11.77	8.50
Juli	11.29	8.86
Aug.	10.46	9.56
Sept.	10.39	9.62
Okt.	10.86	9.21

Begrüßungsgeld

Das Begrüßungsgeld war eine Unterstützung, die in der Bundesrepublik Deutschland jedem einreisenden Bürger der DDR sowie der damaligen Volksrepublik Polen, soweit eine deutsche Abstammung nachgewiesen werden konnte, aus Mitteln des Bundeshaushalts gewährt wurde. Es begann 1970 mit 30 D-Mark und konnte zweimal im Jahr in Anspruch genommen werden. 1988 gab es eine Erhöhung auf 100 D-Mark, jedoch nur einmal im Jahr.

Direkt nach dem Mauerfall kam es kurzzeitig zu chaotischen Szenen, so am ersten Montag (13. 11.) nach Maueröffnung vor der Sparkasse in der Badstraße am Gesundbrunnen in Berlin-Wedding, am Moritzplatz in Berlin-Kreuzberg oder am Zoologischen Garten in Berlin-Tiergarten, als jeweils bis zu 10.000 Bürger der DDR gleichzeitig vor den Auszahlungsstellen Schlange standen, der Verkehr total zusammenbrach und Polizei, Feuerwehr und Rettungsdienste auffuhren, um die Lage unter Kontrolle zu bringen.

Bis zum 20. November waren 11 Millionen Besucher aus der DDR gekommen. Noch in der Nacht zum 10. November ordnete der Regierende Bürgermeister, Walter Momper, die Auszahlung des Begrüßungsgeldes durch Banken und Sparkassen an, die ihre Geschäftsstellen sogar während der Nacht offenhielten. Die Auszahlungsweise durch Banken und Sparkassen wurde in den nachfolgenden Tagen in der gesamten Bundesrepublik übernommen. Die Auszahlungsvoraussetzungen wurden vereinfacht und beschränkten sich auf die bloße Vorlage eines Personalausweises oder Passes, wiederholte Inanspruchnahmen waren kaum kontrollierbar. Einige Länder (Bayern) und Kommunen (München) zahlten noch einen Zuschlag. Die Zahlung des Begrüßungsgeldes wurde Ende 1989 (Freitag 29. 12. 89) eingestellt und durch den zwischen der Bundesrepublik und der Regierung der DDR vereinbarten Devisenfonds, in den beide Staaten einzahlten, ersetzt. Aus ihm konnte jeder DDR-Bürger 100 Ost-Mark im Verhältnis 1:1 und weitere 100 Ost-Mark im Verhältnis 1:5 in Westmark umtauschen.

Allein in den ersten drei Wochen nach dem Mauerfall erhielten 18 Millionen Besucher der Bundesrepublik Begrüßungsgeld. Es ist davon auszugehen, dass im November und Dezember insgesamt 3–4 Milliarden D-Mark dafür aufgewendet wurden.

Ampel auf stur geschaltet

Die Fakten kennen die Mitglieder des Zentralbankrates natürlich ganz genau. Trotzdem bleibt bei der Präsidentschaft die Ampel auf stur geschaltet.

Die Pressekonferenz vom 14. Dezember spricht da Bände. Es kommt die Frage hoch: „Was ist aus Ihrer Sicht ein realistischer Umtauschkurs, wenn Bürger der Bundesrepublik in die DDR fahren?“ Es antwortete Direktoriumsmitglied Storch: „Ein Umtauschkurs von 1:1 ist bestimmt nicht realistisch. 1:10 aber auch nicht. Pöhl schaltet sich ein: „Es gibt keinen Wechselkurs der DDR-Mark. Der größte Teil des Handels wird in Verrechnungseinheiten vorgenommen. Es gibt beim Handel mit RGW-Staaten (kommunistischer Ostblock) keine konvertiblen Währungen. Die Währung der DDR ist eine Binnenwährung. Wie Sie den Presseberichten der letzten Tage und Wochen entnehmen konnten, denkt die DDR-Regierung über dieses Problem intensiv nach. Es ist auf keinen Fall vorstellbar, dass die Bundesbank für die Mark der DDR einen festen Wechselkurs garantiert; auch wenn sich das manche Leute gerne wünschen. In erster Linie muss jedes Land seinen Wechselkurs selbst bestimmen. Zuerst müssen natürlich die binnenwirtschaftlichen Voraussetzungen geschaffen werden. So wie die Lage derzeit ist, wäre ein garantierter Wechselkurs eine Einladung an die DDR, sich billig Devisen zu verschaffen. Das ist eine Vorstellung, die manche Leute ohne nähere Kenntnis der Sachzusammenhänge in den vergangenen Tagen geäußert haben. Da hätten wir ja den Mezzogiorno mitten in Deutschland." (Mezzogiorno, das unterentwickelte und riesige Subventionen fressende Gebiet Mittel- und Süditaliens.) Eine volle Breitseite gegen Bundeskanzler Kohl.

Mit der Mezzogiorno-Schlagseite verabschiedet sich der Zentralbankrat bis ins neue Jahr. In Bonn und den Zentralen der Weltpolitik wird heftig für und gegen die Wiedervereinigung konspiriert. Aber auch Claus Köhler macht sich komplexe Gedanken. Mit Energie und großem Wissen bastelt er weiter an den Grundlagen der Nation und wie Deutschland unter den gegebenen bilateralen und multilateralen Zwängen doch noch die Einheit des Staates herstellen kann.

Die politischen Rahmenbedingungen interessieren ihn, aber auch technische Details bis hin zur Konstruktion einer Währungsunion. Die beiden deutschen Staaten in den Militärbündnissen werden untersucht, auch die Konferenz über Sicherheit und Zusammenarbeit in Europa (KSZE) als einzige gesamteuropäische Organisation. Er entwickelt auch Vorstellungen zu einer europäischen Gesamtlösung. Irgendwann landet er beim „Deutschlandvertrag" mit den Westmächten vom 26. Mai 1952 und analog dazu für die DDR die sowjetisch gefasste „Souveränitätserklärung" vom 25. 3. 54. Er registriert, dass sich am 11. Dezember 1989 die vier Alliierten erstmals seit 1971 wieder im Kontrollratsgebäude in Berlin trafen und „demonstrativ auf ihre Verantwortung für Berlin und Deutschland als Ganzes hingewiesen haben".

Realpolitische Wichtigkeit für die Bundesbank haben die Strategien auf eine Währungsunion hin. Anfänglich – Mitte Januar – bewegt sich Köhler noch recht tastend nach vorne. Soll die Leistungsfähigkeit der DDR-Wirtschaft schnell angehoben werden, dann muss die DDR die erforderliche Angebotspolitik betreiben und die notwendige Preis-, Lohn- und Bankenreform einleiten. Die D-Mark müsste als Umlaufwährung legalisiert werden. Das würde bedeuten, dass D-Mark-Zahlungen für Waren, Dienstleistungen, Löhne und andere Transaktionen in einem langsam steigenden Umfange ermöglicht würden. Forderungen und Verbindlichkeiten könnten entsprechend in D-Mark geschaffen bzw. in D-Mark eingegangen werden. Ende Februar legt er den Entwurf für den Rahmen einer deutsch-deutschen Währungsunion vor: „Zum Inhalt eines Vertrages zwischen der Bundesrepublik Deutschland und der DDR über die Errichtung eines gemeinsamen Währungsgebietes." Ein brauchbares Vademecum für Hans Tietmeyer bei seinen Verhandlungen. Der Finanzstaatssekretär war Anfang Januar ins Direktorium der Bundesbank gekommen, wurde aber nach kurzer Zeit von Kohl wieder nach Bonn gerufen, um den Vertrag für eine deutsch-deutsche Wirtschafts- und Währungsunion auszuarbeiten und auszuhandeln.

Es wächst zusammen, was zusammengehört

Jetzt wächst zusammen, was zusammengehört. Dieser Ausspruch von Willy Brandt ist mittlerweile zum geflügelten Wort geworden und trifft ganz speziell auch auf die Dresdner Bank zu, die sich vor Jahren schon überlegt hatte, ihren exotischen Namen abzulegen, weil Dresden im kommunistischen Ausland lag und an eine Rückkehr in ein vereinigtes Vaterland damals nicht zu denken war. Jetzt aber (19. 12. 89) ist alles anders. Der Oberbürgermeister der sächsischen Metropole Dresden, Wolfgang Berghofer, und der Sprecher des Vorstands der Dresdner Bank AG, Wolfgang Röller, haben vereinbart, dass die Dresdner Bank nach Dresden zurückkehrt. Zumindest sollte dort sofort ein Büro der sonst in Frankfurt/Main ansässigen Bank eröffnet werden.

Dafür versprach Röller auch, den dicken Geldsack für die geschundene Stadt zu öffnen. Die Bank wird für ihre Vaterstadt einen Stiftungsfonds gründen, aus dem sie in den kommenden Jahren Gelder für kulturelle, wissenschaftliche und städtebauliche Projekte bereitstellen wird, die unmittelbar den Bürgern Dresdens zugute kommen. Wie Röller bei Berghofer betonte, gehen er und seine Bank von der Überzeugung aus, dass Dresden in der gesamteuropäischen Entwicklung eine bedeutende Rolle spielen wird. Der Stiftungsfonds wird ein Gesamtvolumen von 20 Millionen D-Mark erreichen.

Die Dresdner Bank sieht den Schlüssel zum Erfolg der wirtschaftlichen Neuorientierung in der DDR in einem Transfer von Kapital, Technologie- und Managementwissen aus den westlichen Industrieländern. Dadurch sei eine Modernisierung der Infrastruktur und der Betriebe möglich. An diesem Prozess sollten sich neben der öffentlichen Hand vor allem Privatfirmen beteiligen. Dementsprechend liegen die Aufgaben des neuen Büros der Bank zunächst bei der Herstellung und der Vermittlung von Kontakten zwischen Behörden, Banken und Firmen mit dem Ziel, die Wirtschaftsbeziehungen zwischen Ost und West zu fördern und Möglichkeiten für Unternehmens-Kooperationen und Investitionen in der DDR durch Unternehmen aus der Bundesrepublik und aus dem Ausland zu erschließen.

Wenn es um Geld in der DDR geht, ist die Bundesbank immer präsent. Sie hat nun gelernt, auf aktuelle politische Ereignisse schnell zu reagieren. Dies zeigt auch folgende Mitteilung: Ab sofort (20. 12. 89) werden Büros und Repräsentanzen westdeutscher Banken und Firmen in der DDR und in Berlin-Ost zugelassen. Die neue Genehmigungspraxis bewirkt, dass die wirtschaftliche Zusammenarbeit zwischen beiden deutschen Staaten auf eine breite Basis gestellt wird. Es werden Direktkontakte erleichtert und neue Möglichkeiten der Geschäftsanbahnung, Vermittlung und Information geschaffen. Hierzu gehört, wie die Bundesbank schreibt, an Ort und Stelle Geschäftsmöglichkeiten zu entwickeln und laufende Geschäfte zu begleiten. „Berlin-West wird in vollem Umfang einbezogen." Damit ist die wirtschaftliche Einheit von Großberlin nach 40-jähriger Unterbrechung wieder hergestellt.

Nicht nur die Dresdner Bank sondern auch die Commerzbank, die Westdeutsche Landesbank und die Deutsche Bank haben die Genehmigung zur Eröffnung ihrer DDR-Büros bereits erhalten und beginnen mit deren Etablierung. Auch die Industrie zieht nach. Volkswagen und das DDR-Auto-Kombinat IFA gründen am 22. 12. 89 in Wolfsburg eine gemeinsame Firma zur Entwicklung des Nachfolgemodells für den Trabant. Nach den Planungen soll der völlig neu konstruierte Trabi frühestens in drei bis vier Jahren vom Band rollen. Sobald in der DDR die rechtlichen Voraussetzungen geschaffen seien, wird der Firmensitz nach Karl-Marx-Stadt verlegt.

Die DDR-Regierung rechnet damit, dass es infolge der Sanierung ihrer Wirtschaft auch zu Arbeitslosigkeit kommen kann. Die für Wirtschaft zuständige stellvertretende Vorsitzende des Ministerrats, Christa Luft (SED), sagte vor der Westberliner Industrie- und Handelskammer: Die Vollbeschäftigung solle zwar als Prinzip beibehalten werden, doch müsse wahrscheinlich zeitweilige Nichtbeschäftigung aufgrund des Strukturwandels in Kauf genommen werden. Christa Luft kündigte einen radikalen Bruch mit dem bisherigen Wirtschaftssystem an. Die DDR wolle auch die Voraussetzungen für eine Konvertierbarkeit ihrer Währung schaffen. Hier gehe es zunächst um die Festlegung realer Wechselkurse.

Infolge der Umwälzungen in der DDR und des wirtschaftlichen Umbruchs zeigen sich auch die ersten Veränderungen im Spitzenmanagement der Kombinate. So hat jetzt Wolfgang Biermann, der Generaldirektor des VEB Carl Zeiss Jena, seinen Rücktritt angekündigt. Der 62-jährige Kombinatschef war auch Mitglied des SED-Zentralkomitees gewesen und galt stets als guter Freund des ehemaligen Politbüromitglieds Günther Mittag, der nun wegen des Verdachts des Amtsmissbrauchs in Untersuchungshaft sitzt. Wolfgang Biermann – er muss als absolut integer bezeichnet werden – hatte Mitte der 70er-Jahre mit großem Erfolg das heruntergekommene Kombinat Carl Zeiss Jena saniert und schließlich zu einem Spitzenbetrieb der DDR entwickeln können. Ihm war es sogar gelungen, für das Kombinat auch im westlichen Ausland ein klares Profil aufzubauen. Biermann hatte sich bei den internationalen Prozessen Carl Zeiss Jena gegen Carl Zeiss Oberkochen auch als der große Gegenspieler der westdeutschen Stiftungsunternehmen profilieren können.

Der 22. Dezember 1989 erhält seinen historischen Glanzpunkt durch die Öffnung des Brandenburger Tores. Dies ist das sinnbildliche Zeichen des Aufeinanderzugehens der DDR und der Bundesrepublik. Einen ähnlichen Akt, allerdings bezogen auf die Wirtschaftspolitik, hat heute Morgen die DDR-Wirtschaftsministerin Luft auf der 3. Gesprächsrunde von Regierungsparteien und Oppositionsgruppen am Runden Tisch vollzogen. Dort warnte sie sehr ernst vor Streiks und zu hohe Lohnforderungen. Die sich damit verstärkenden Inflationstendenzen würden zu schnellem Austrocknen und Ausbluten der Wirtschaft führen, betonte Christa Luft. Die Regierung könne nicht allen Lohnforderungen nachkommen.

Als weitere Hauptgefahr für die Wirtschaft des Landes bezeichnete sie die mangelhafte Versorgung mit Zuliefer- und Ersatzteilen. 1989, so die Ministerin weiter, wird die DDR ihr Ziel, gegenüber den westlichen Industriestaaten einen Exportüberschuss zu erwirtschaften, nicht erreichen. Gegenüber dem Osten konstatierte sie jedoch Übererfüllung der Exportpläne. Nach ihren Angaben waren Ende November nur rund 61 Prozent der 388 Wirtschaftspläne erfüllt oder übererfüllt. Allein im Bauwesen seien 8000 Wohnungen weniger erstellt worden als vorgesehen. Die immer noch nicht gestoppte Abwanderung von Arbeitskräften und die Amnestie für Gefangene habe die Arbeitskräfteausstattung der Betriebe weiter geschmälert.

Sorge bereiten der Regierung auch die außerordentlich hohen Sparguthaben der DDR-Bürger. 158 Milliarden Ost-Mark seien ein echter Hammer, sagte Christa Luft. Sie kündigte ein Bündel von Maßnahmen an, um den Ausverkauf der DDR-Wirtschaft zu verhindern. Für schmuggelintensive Waren müsse z. B. in den Antiquariaten oder an der Grenze eine Bescheinigung über den offiziellen Geldumtausch von 1:3 vorgelegt werden. Die Grenzkontrollen würden verschärft. Forderungen nach mehr Grenzübergängen erteilte Luft eine Absage, weil die Grenzverwaltung außerordentlich teuer sei.

„Eine Übergangsstelle kostet 10 Millionen Mark im Jahr." Entschieden wandte sich Luft auch gegen Bestimmungen, die den Weiterverkauf von Grund und Boden an Ausländer und damit auch an Bundesbürger zuließen. Grund und Boden müsse Volkseigentum bleiben. Geprüft werden könne lediglich, ob die Grundstücke für den Bau von Wohnhäusern an die Nutzer verkauft werden sollten. Ein Weiterverkauf an Ausländer müsse durch eine Sperrklausel untersagt werden.

Damit dürfte Christa Luft allerdings übers Ziel hinaus galoppiert sein. Die DDR-Ministerin muss offenbar ideologisch in Richtung Marktwirtschaft noch einiges aufarbeiten und kommunistische Ideale ablegen. Aber ihre ersten marktwirtschaftlichen Erkenntnisse beeindrucken gleichwohl. Damit die Wirtschaftler der DDR einen besseren Durchblick erhalten, bietet die Dresdner Bank ab Januar 1990 allen DDR-Betrieben, die Kooperationspartner suchen, über ihr Electronic-Banking-System „Priorität-Kontakt" für einJahr ein kostenloses Inserat mit gleichzeitiger Recherche in der Datenbank an.

Deutschland Hauptgewinner der weltgeschichtlichen Entwicklung

Deutschland ist doppelt und dreifach Nutznießer der jüngsten geschichtlichen Entwicklung. Das gilt politisch für die nun möglich erscheinende Vereinigung mit der DDR und wirtschaftlich für die daraus entstehenden Impulse. Aber nicht nur das. Dieses Deutschland liegt inmitten Europas. Und die wirtschaftsstarke Bundesrepublik hat nicht mehr unter dem Grenzland-Syndrom zu leiden. Deutschland liegt politisch und wirtschaftlich jetzt wieder in Zentraleuropa mit all den unschätzbaren Möglichkeiten, die daraus resultieren, als Aufgabe für die Wirtschaftshilfe im Osten und Chance zunehmender Prosperität bei uns im Westen.

Als feinnerviger Sensor für die neuen global-wirtschaftlichen Trends erweist sich abermals der amerikanische Dollar. In langen Jahrzehnten strahlte er im Glanze der Weltmacht. Das zeigte sich in einer tendenziellen Überbewertung gegenüber allen anderen Währungen der Welt, wirkte sich aber speziell gegenüber der D-Mark aus. Bei aller inneren, wirtschaftlichen Kraft und trotz der System-Führerschaft im europäischen Währungsraum litt die D-Mark immer etwas unter dem Stigma der Frontwährung. Die Bundesrepublik war Grenzland an der Kante der verfeindeten Riesenblöcke. Der Eiserne Vorhang ging mitten durch Deutchland. Das schwächte die Mark und ließ den Dollar oftmals als einzig sicheren Hafen für die internationale Anlegerschaft erscheinen. Er war es wohl auch. Das hat sich aber grundlegend geändert, was leicht an der Entwicklung des Dollarkurses in den letzten Wochen abzulesen ist.

Die US-Währung wird in ihrem Wert nach und nach auf ihre tatsächliche innere Stärke reduziert. 1,67 DM pro Dollar wie heute kommt dem schon nahe. Dagegen avanciert die D-Mark zur Vorzeigewährung allererster Ordnung. Hinter ihr steht eine Volkswirtschaft, die nicht nur die größte im EG-Europa ist, sondern die durch das mögliche Zusammenwachsen der beiden deutschen Staaten tendenziell noch viel wichtiger wird. Sie ist in der Europäischen Gemeinschaft bisher schon Schrittmacherin und Blockbildnerin gewesen. An sie direkt angehängt haben sich auch so wichtige Währungen wie der Schweizer Franken und der österreichische Schilling. Dieser Trend geht nun im Osten weiter. Jugoslawien klammert sich an die D-Mark. Die Ostmark ist bereits in ihrem Schlepptau. Ungarn orientiert sich ebenfalls auf die deutsche Währung hin und auch Polen wird diesen Weg einschlagen müssen, wenn es dem Land und der Regierung mit der Sanierung ihrer Volkswirtschaft ernst ist. Der sinkende Dollarkurs und die in diesen Tagen aufgebrochene Börsenhausse besagen nichts anderes als: In Europa geht es aufwärts und Deutschland steckt mitten drin.

Wenn die D-Mark nicht kommt, geht das Volk zur D-Mark

Die Einführung der D-Mark als offizielles Zahlungsmittel in der DDR könnte nach Aussage von Finanzminister Theo Waigel nötig werden. Ein solcher Schritt könne erforderlich sein, um den Menschen in der DDR „eine unmittelbar überzeugende Zukunftsperspektive zu eröffnen“, erklärte Waigel am Freitag (1. 2. 1990) in Bonn. Die finanzpolitische Sprecherin der SPD-Fraktion, Ingrid Matthäus-Maier, sagte, die D-Mark könne bereits 1991 offizielle DDR-Währung werden, wenn die DDR ihre Wirtschaft energisch reformiere. Als Voraussetzung für die Einführung der D-Mark als DDR-Währung nannte Waigel die Freisetzung der marktwirtschaftlichen Kräfte. Die DDR müsse das Privateigentum, freie Märkte und Gewerbefreiheit zulassen und ein leistungsorientiertes Steuersystem schaffen. Die Bundesbank bleibe in jedem Falle Hüterin der Geldmenge.

Der Traum wird wahr

18. 1. 1980

Gebetet hatte ich, dann ein Traum in vergangener Nacht: Mühsam kämpfe ich mich durch dickes Gestrüpp und komme in ein sehr farbiges Stückchen Land mit vielen Blumen und bunten Schmetterlingen. Eine kolossale Entdeckung mache ich da. In einer Ecke sehe ich Josef Stalin. Er musiziert mit einem Amerikaner. Dabei spielt der Amerikaner Orgel oder ein ähnlich gewaltiges Instrument, während Stalin in sehr sympathischer Weise Querflöte bläst.

Traumdeutung: Amerikaner spielen Orgel, sind Meister der Königin der Instrumente, d. h. sie sind die unumstrittene Weltmacht Nr. 1. Sie musizieren mit den Russen, kooperieren also in gutem Einvernehmen mit ihnen. Für mich war Stalin von Kindesbeinen an Inbegriff sowjetischer Macht. Wenn er Querflöte bläst, bezieht sich dies eindeutig auf das preußische Deutschland. Die DDR war preußisches Gebiet. Friedrich der Große spielte hervorragend dieses Instrument und komponierte auch dafür. Datum des Traums: Am 18. Januar 1871 wurde das neue deutsche Kaiserreich im Spiegelsaal des Versailler Schlosses proklamiert und 170 Jahre früher war Preußen Königreich geworden. Außerdem hat der 18. Januar noch andere preußisch-deutsche Bezüge. Genau zehn Jahre nach dem Traum, im Januar 1990 begann die politische Angliederung der DDR an die Bundesrepublik. Die Supermächte USA und UdSSR haben durch ihre Kooperation die Einheit Deutschlands wieder hergestellt, wobei dem Russen Gorbatschow eine besonders sympathische Rolle – Melodie – zufiel. Damit habe ich ein Jahrzehnt vor dem Ereignis die Wiedervereinigung Deutschlands erträumt.

Millionen Werktätige sitzen gleichsam auf ihren Koffern und wollen gen Westen ziehen, wenn sich nicht, und zwar in nächster Zukunft, Entscheidendes an ihrer wirtschaftlichen Situation ändert, bessert. Das beste Argument zu bleiben wäre für die DDR-Bürger hartes Geld. Man muss es ihnen in die Hand geben, damit sie daran glauben. Warten auf gewisse Selbstheilungskräfte der Wirtschaft im 2. deutschen Staat würde den Kollaps noch schneller heraufziehen lassen und für Millionen Menschen das letzte Signal zum Exodus sein. Gesetze allein lassen die dortige Wirtschaft nicht gesunden. Lieber 1.000 D-Mark Arbeitslosengeld in der Bundesrepublik als selbst verdiente 800 Ostmark unter miserablen Arbeitsbedingungen ist schon heute die Devise der Wirtschaftsflüchtlinge aus der DDR.

Der Dresdner Oberbürgermeister, Wolfgang Berghofer, wirft den bundesdeutschen Politikern vor, sie hätten den Ernst der Lage noch nicht voll erkannt. Der Zeitfaktor werde immer mehr zum entscheidenden Moment. Eine gewisse Torschlusspanik setze bereits ein, meint der hochrangige Politiker, der bei der SPD auf der Warteliste steht.

Pöhl muss es in Ostberlin richten

Währungen machen Geschichte. Schlechte Währungen reiten die Staaten in den Abgrund, wie es im Osten und Westen (Südamerika) immer wieder zu beobachten ist. Stabile Währungen bauen auf, bringen Zuwachs an Wohlstand und Macht. Die bundesdeutsche Geschichte ist bestes Beispiel dafür. Das führte auch schon zu der bissigen Frotzelei der Franzosen: Früher hieß es bei den Deutschen „Gott mit uns", (weil dieser Spruch auf den Uniformkoppeln der Soldaten stand), jetzt heißt es: „Geld mit uns."

Deutschland wurde durch die Einführung der D-Mark in West- und Ostzonen geteilt. Insofern stand an der Wiege der Bundesrepublik das Geld. Und Deutschland wird nun über das Geld, über die Währungsunion vereinigt. Die Entwicklung hat ein atemberaubendes Tempo angenommen. Schließlich geht es darum, die Fluchtwelle aus der DDR aufzuhalten. Inbegriff des bundesdeutschen Wohlstands wurde die D-Mark. Die DDR-Bürger wollen möglichst schnell an diesen westlichen Wohlstand heran. Da ist es wohl das Beste, der DDR umgehend unsere Währung zuzuteilen und die Wirtschaft dort damit werkeln zu lassen. Das hört sich sehr vernünftig an, ist wohl auch vernünftig, aber tatsächlich nur mit äußerster Kraftanstrengung beider deutscher Staaten zu verwirklichen.

Schließlich hat die Bundesbank nicht über 40 Jahre an der stabilen Deutschen Mark gebosselt, damit sie nun durch ein marodes Wirtschaftssystem ruiniert wird. Deshalb steht zu Recht die Forderung im Vordergrund: Erst die volle Einführung des marktwirtschaftlichen Systems in der DDR, dann kommt das gute Geld aus dem Westen. Doch die Systemveränderung kommt nicht schnell genug voran. Die Werktätigen der DDR laufen schneller in Richtung Westen. Sie stimmen, wie schon so manches Mal in ihrer Geschichte mit den Füßen ab, obwohl sie nun erstmals die Chance haben, in freiheitlichen, demokratischen Wahlen ihre Stimmen abzugeben und das schon am 18. März. Dass dann alles besser wird, glauben die meisten DDR-Bürger nicht so recht. Es muss ihnen glaubhaft gemacht werden. Sie sollen wissen, dass es spätestens am 1. April – und genau mit einer solchen Terminbenennung – alles besser wird, zum Beispiel mit der Einführung der D-Mark als offizieller Parallelwährung in der DDR. Ein Überraschungseffekt darf zur Abwehr möglicher Spekulationen nur noch darin liegen, dass der Termin insgeheim nach vorne gezogen wird.

Anfang Februar trifft Bundesbankpräsident Pöhl in der Staatsbank der DDR den Präsidenten Horst Kaminski. Beide sind sich einig, dass eine Währungsunion nichts tauge, und als sie vor der Presse in Ostberlin dies mitteilten wollten, wurden sie mit der Meldung überrumpelt: Das Kabinett in Bonn hat die Währungsunion beschlossen. Der Bundeskanzler hat Pöhl voll gegen die Wand laufen lassen, ist aus dem Direktorium zu hören. Kaminski hat sich dann schnell der modernen Interpretationen seines Staatsbankgeneraldirektors Krebs angeschlossen, der in Berlin gesagt hatte: Die DDR-Staatsbank ist bereit, die Geldkontrolle an die Deutsche Bundesbank abzutreten.

Jetzt tönte aber die DDR- Wirtschaftsministerin, Christa Luft, am Runden Tisch in Ostberlin: eine deutsch-deutsche Währungsunion könne nur durch einen Volksentscheid zur deutschen Einheit geschaffen werden. Eine Währungsunion habe so tief greifende Auswirkungen, dass darüber in einer Volksabstimmung befunden werden müsse. Bis dahin sollte die Bundesrepublik die DDR über einen Lastenausgleich von 10 bis 15 Milliarden West-Mark wirtschaftlich unterstützen. Ferner könne eine Teilumtauschbarkeit der DDR-Mark gegenüber der D-Mark mit einem Kurs von 1:1 oder 1:2 mit Unterstützung der Bundesbank eingeführt werden, sagte die Ministerin. Christa Luft hat offenbar noch nicht verinnerlicht, dass das Volk der DDR schon seit Jahren für die D-Mark votiert, und genau diese Leute seit Monaten verstärkt mit den Füßen in Richtung Westen abstimmen, um in das Währungsgebiet der D-Mark zu kommen.

Nach seinem Schock muss Pöhl manches manchem klarmachen, was ihm sonst gar nicht gelegen hätte. Abgesehen von der politischen Maßgabe aus Bonn kann er dabei auch auf die Ausführungen des Vorsitzenden des Wirtschaftskomitees beim Ministerrat, Karl Grünheid, verweisen, der heute – ebenfalls am Runden Tisch – sagte, das Produktionsniveau in der DDR wird 1990 voraussichtlich um vier bis fünf Prozent unter dem des vergangenen Jahres liegen. Die Hauptgründe dafür seien Streiks, der Weggang der Menschen in den Westen und Fehler bei der Leitung der Betriebe. Grünheid verwies zugleich darauf, dass die DDR in diesem Jahr wesentlich mehr Mittel für die Sicherung der Versorgung aufbringen müsse. Er sagte, zur Bereitstellung von ‚Waren für den Inlandmarkt seien 1990 insgesamt etwa acht Milliarden Ost-Mark mehr aufzuwenden.' – Es steht wirklich nicht zum Besten um die Wirtschaft der DDR und zum Taktieren, wie Christa Luft sich anschickt zu tun, ist keine Zeit mehr.

Ende des Geldstaates

14. Februar 1990

In Bonn sprach heute Vormittag DDR-Ministerpräsident Hans Modrow mit bundesdeutschen Wirtschaftskapitänen. Gebetsmühlenhaft haben diese Gesprächspartner dem DDR-Regierungschef vorgehalten, wie die neuen Rahmenbedingungen für die Wirtschaft in der DDR auszusehen haben: Gewerbefreiheit, Investitionsschutz, Eigentums-Gesetzgebung, freie Preisbildung und Währungsunion.

Die Einführung der freien Marktwirtschaft kommt langsamer voran, als man es der Bevölkerung drüben wünscht. Der Grund dafür liegt an dem immer noch recht verdrucksten Verhalten der DDR-Regierung und des „runden Tisches" aller politischen Kräfte der DDR gegenüber dem Kapitalismus, den zu fürchten wie der Teufel das Weihwasser über 40 Jahre lang in der DDR gepredigt wurde. Dass die Planwirtschaft pleite ist, haben zwar alle erkannt, doch die ganze Marktwirtschaft soll es auch nicht sein. Sogar die in der Bundesrepublik propagierte „soziale Marktwirtschaft" wird als zu hemdsärmelig abgelehnt. Am besten sollte eine „Mischwirtschaft" entstehen mit den guten Elementen aus Sozialismus und Kapitalismus.

Solche Gedanken können jedoch nur romantischen Köpfen entspringen, die wenig Ahnung haben. Tatsächlich muss es schon die ganze Marktwirtschaft sein und es muss auch die volle Währungsunion sein, wenn etwas in der DDR bewegt werden soll. Der Präsident des Deutschen Industrie- und Handelstages, Hans Peter Stihl, hat wohl die richtige Methode erkannt. Er forderte die neue Kaste der DDR-Unternehmer auf, Druck auf ihre Regierung auszuüben. Es müsse endlich Schluss gemacht werden mit den kleinkarierten Bedingungen für die Unternehmen in der DDR, zum Beispiel müsse auch Auslandskapital zugelassen sein.

Szenenwechsel nach Frankfurt. In der Hessischen Landeszentralbank war heute großer Bahnhof. Der bisherige Präsident Alfred Härtl wurde in den Ruhestand verabschiedet und sein Nachfolger Karl Thomas ins Amt eingeführt. Bei dieser Gelegenheit ging Bundesbankpräsident Karl Otto Pöhl auf die aktuelle Diskussion ein: „Ich bin enttäuscht über die negative Reaktion in der breiten Öffentlichkeit und auf den deutschen Finanzmärkten wegen der Wiedervereinigung. Man redet nur noch über die Kosten." Das sei falsch. Hier gehe es nicht um Opfer sondern um echte Zukunftsinvestitionen. Das Zusammenwachsen der beiden Wirtschaftsräume böte zusätzliche Chancen. Pessimismus in Bezug auf die DDR und die Öffnung nach Osten ist nach Pöhl völlig unberechtigt. Auch stimme nicht, dass die Einführung der D-Mark in der DDR sofort Arbeitslosigkeit dort und allgemeine Inflation produziere. „Auf keinen Fall wird die Bundesbank die deutsche Wirtschafts- und Währungsunion über die Notenpresse finanzieren."

In seiner Antrittsrede ging auch der neue Landeszentralbankpräsident, Karl Thomas, auf das Thema ein. Seine Zielrichtung galt den europäischen Partnern: „Insgesamt steht die Welt vor einem enormen Kapitalbedarf und damit einem entsprechenden Bedarf an Finanzdienstleistungen, der sich noch dadurch verstärkt, dass sich die Tore zum Osten weit geöffnet haben. Allein das große Außenhandelsdefizit der EG-Partner, das gegenüber der Bundesrepublik 1989 fast 100 Milliarden Mark erreicht hat, muss finanziert werden. Dagegen stehen", so Thomas, „die heute absehbaren Größenordnungen, um die es bei der DDR geht, weit zurück." Pöhl sprach sich dafür aus, dass auch nach der Vereinigung Frankfurt Sitz der Bundesbank bleiben sollte. Er wandte sich gegen einen möglichen Umzug nach Berlin.

15. Februar 1990

Die deutsche Einigung ist ein schwieriges Unterfangen. Außenpolitisch scheint sie recht gut abgesichert. Auf den neueren Spielwiesen der internationalen Politik, in der Geld- und Währungspolitik und auf den Kapitalmärkten zeichnen sich dagegen Turbulenzen ab. Dies besonders deshalb, weil die Bundesregierung die Währungsunion als Vehikel für die Vereinigung Deutschlands gewählt hat. Dafür gibt es sehr gute politische Gründe, denn die Deutsche Mark ist die starke Seite unseres Staates. Die Währung ist das Feld, auf dem die deutsche Souveränität am höchsten entwickelt ist. In der Geldpolitik brauchen die Deutschen kaum jemanden zu fragen, was richtig und angenehm wäre.

Sie fühlen sich hier und das seit Jahrzehnten allein der Stabilität verpflichtet. So könnte man mit der Bundesbank nicht nur eine unabhängige Währung sondern auch einen unabhängigen Staat machen. Der Bundesrepublik wird von der Völkergemeinschaft immer noch die volle Souveränität verweigert. – Die jetzt angepeilte Währungsunion schreckt allerdings auch die Ökonomen auf. Sie behaupten, dass mit ihr der DDR-Wirtschaft nicht geholfen, der bundesdeutschen Wirtschaft aber Schaden zugefügt würde.

Der Brief des Sachverständigenrates an die Bundesregierung enthält dafür gewichtige Argumente. Die Weisen denken ökonomisch richtig aber politisch falsch. Nun ist die Politik auch nicht ihre Aufgabe. Die Bundesrepublik, der seit ihrer Gründung nachgesagt wird, sie sei ein Geldstaat ohne Perspektive, ist jetzt an dem Punkt angelangt, an dem der „Geldstaat" seinem Ende entgegengeht. Der bisher von der Bundesrepublik dargestellten europäischen Währungsunion wird nun die volle politische Integration im erweiterten Europa folgen müssen, mit der DDR bis hin, sagen wir, zum Ural. Wir stehen an einem sehr zukunftsreichen Umbruch der europäischen Geschichte. Die Vereinigung Deutschlands ist nur ein Teil davon.

Wer bisher die Bundesrepublik nur als Geldstaat wollte – im Inland wie im Ausland – dem müssen allerdings Bedenken kommen, obwohl dies nicht gerechtfertigt ist. Denn an der absoluten Verlässlichkeit der Bundesbank in ihrer Festlegung auf die Stabilität braucht nicht gezweifelt zu werden. Die D-Mark bleibt mit Yen und Dollar eine der großen Währungen der Welt und mit dem zunehmenden Gewicht der deutsch-deutschen Volkswirtschaft wird auch die Währung gewichtiger werden.

Dennoch überlegen bisher ganz getreue D-Mark-Blockmitglieder wie die Niederlande, ihre Währung von der D-Mark abzukoppeln, wenn es hart auf hart käme. Der Gulden soll weg von der D-Mark. – Das ist schlechterdings unmöglich, denn dann müssten die Niederlande aus dem Europäischen Währungssystem aussteigen. Aber selbst wenn alle übrigen EWS-Mitglieder feststellen würden, die deutsch-deutsche Währungsunion macht uns das Leben mit der führenden D-Mark zu schwer, zerbräche zwar das EWS, aber die Marktstellung der D-Mark bliebe ungebrochen, solange die Bundesrepublik die Wirtschaftsmacht Nr. 1 in Europa ist und sich die Bundesbank an den Paragrafen 3 des Bundesbankgesetzes hält, also an die Stabilität des Geldwertes. Und dann würde genau wieder das passieren, was schon in der Vergangenheit eingetreten ist, dass sich um die D-Mark abermals die kleineren Währungen scharen, einschließlich der neuen Ostwährungen, unter denen der jugoslawische Dinar mit seiner freiwilligen Bindung an die Mark schon den Anfang gemacht hat.

Anders ausgedrückt: Die Währungsüberlegungen der Niederlande, sich von der D-Mark abzukoppeln, sind nur die gelbe Karte aus Amsterdam wegen der deutschen Vereinigungspläne, gegen ein sogenanntes mächtigeres Deutschland. Damit muss man auch leben.

5. März 1990

Denke ich an die Währungsunion in der Nacht, bin ich ganz außer Fassung gebracht. Aber nicht deshalb, weil ich der Meinung wäre, sie sollte nicht vollzogen werden oder sie sei für unsere Wirtschaft nicht tragbar. Außerdem traue ich der Bundesbank zu, dass sie die Verantwortung für die Geldstabilität im erweiterten Währungsgebiet durchaus übernehmen kann. Bedenklich bis unruhig stimmen mich jedoch die Begleitmusik der europäischen Nachbarn und die sich immer höher auftürmenden finanziellen Belastungen, die im Zusammenhang mit der Vereinigung Deutschlands genannt werden.

Die staats- und völkerrechtliche Vereinigung nimmt eben ihren Anfang mit der Währungsunion. Das wissen auch die anderen und deshalb wird von vorneherein soviel draufgesattelt. Hier geht es nicht nur um die deutsch-deutsche Finanzpolitik oder um die Ausstaffierung der DDR-Bürger mit D-Mark. Hier geht es um's Ganze. Die DDR-Bürger werden ihr Geld eins zu eins, also eine Ostmark gegen eine Westmark umgestellt bekommen. Daran kann nicht gezweifelt werden. Allenfalls wird es nicht möglich sein, schon am 1. Tag die neuen D-Mark-Guthaben in voller Höhe von den Sparkonten abheben zu können.

Aber das Handgeld von 1000 oder 2000 Mark reicht für den Anfang des privaten Wirtschaftens wirklich aus. Die Ausstattung der DDRler mit D-Mark erfordert 20 bis 30 Milliarden Mark. Besser gesagt 20 bis 30 Milliarden Mark Bargeld sind im Spiel, die von den Bankstellen am Tage X ausgegeben werden. Die Kosten bewegen sich also im Rahmen. Teuer wird es erst bei der sozialen Abfederung der Währungsunion. Enorme Kosten brechen herein durch die Sozialunion aber auch wegen der gleichzeitigen Umweltunion. In der DDR darf nicht weiterhin ein derartiger Raubbau mit der Umwelt stattfinden. Zu alldem addieren sich noch die Mittel für den Aufbau der in jeder Weise zurückgebliebenen DDR.

Bundesdeutsche Wirtschaftsinstitute haben da Beträge von bis zu 1000 Milliarden Mark zusammengerechnet. Diese eine Billion Mark wären die „innerdeutsche Angelegenheit“ zur Bewerkstelligung der Einheit. Dabei sind allerdings noch nicht die über 700 Milliarden Mark enthalten, die gutwillige bundesdeutsche Professoren der DDR als Lastenausgleich zuschanzen wollen.

Nun melden sich aber auch Nachbarn, die aus der deutsch-deutschen Vereinigung Kapital schlagen wollen. Da schweben mögliche Forderungen aus dem Londoner Schulden-Abkommen im Raume, die auf über 100 Milliarden Mark beziffert werden. Und aus Polen wird ein Betrag für mögliche Reparationen in der Größenordnung von über 500 Milliarden Mark genannt, wobei die Okkupation von Schlesien offenbar nicht in Ansatz gebracht wurde. Zumindest gerüchteweise schwirren damit zwischen Warschau, London, Paris, Frankfurt, Rom und Bonn Billionenbeträge, die – begründet oder unbegründet – aus Deutschland abgezapft werden sollen. Der westdeutsche Steuerzahler kann das auf die Dauer nicht leisten.

Unschöne Begleitmusik zum deutschen Billionen-Spiel sind die gezielten Gerüchte auf den internationalen Finanzmärkten und das Getöse über Unredlichkeiten bei deutschen Großbanken. Die Franzosen sehen sich an ihrer Ostgrenze in einen Finanzkrieg verwickelt, bei dem die DG-Bank die Rolle des Feindes übernehmen musste. Briten reden den D-Mark-Kurs herunter wegen der hohen Belastungen der deutschen Wirtschaft aus der Vereinigung. Und wenn das alles nichts nützt, wird blitzschnell das Gerücht ausgestreut: Bundesbankpräsident Pöhl wolle zurücktreten. Dahinter steht der Gedanke: Wer Pöhl ausrangiert, demontiert die D-Mark, denn Pöhl ist Mister D-Mark.

In Zeitungsinterviews misstrauen britische Banker zunehmend der Weltwährung Mark, weil die Bundesbank gar nicht mehr in der Lage sei, die Geldpolitik im Sinne der Stabilität und somit in internationaler Verantwortung darzustellen.

Der Bundesbürger sollte sich aber von all dem nicht irritieren lassen. Unsere Nachbarn tun sich eben schwer, den dicken Kloß der deutschen Vereinigung zu schlucken. Es dauert jetzt etwas länger, den guten Willen zu mobilisieren. Es wird schon wieder klappen. Einstweilen bleiben Bonn und Frankfurt auf ihrem bewährten Trampelpfad. Die Bundesbank lässt sich nicht von ihrer Stabilitätspolitik abbringen und die Bundesregierung präsentiert sich weiterhin als verlässliche Partnerin in EG-Europa sowie als hilfsbereite Nachbarin für den Osten.

2 + 4-Gespräche

Heute, 9. März 90, beginnen die Gespräche, zumindest in der Vorrunde, zur Vereinigung Deutschlands. Da werden künftig die vier Siegermächte (USA, Russland, Frankreich, Großbritannien) den zwei deutschen Staaten gegenübersitzen und Deutschland neu zusammenzimmern. Der französische Präsident François Mitterrand war kurz vorher noch an die Uni Leipzig gereist, um vor den Studenten für die Zweistaatlichkeit zu werben. Die britische Premierministerin Margret Thatcher hat ganz öffentlich gefragt: „Warum haben wir eigentlich den Krieg gewonnen, wenn das nun das Ergebnis ist?" Frankreich und England sind also dagegen, USA und UdSSR dafür. Als großer Helfer der Deutschen erweist sich der amerikanische Präsident George Bush.

Der Supermann aber für die anbrechende neue Welt einer freien Völkerfamilie ohne Atombedrohung und Eisernen Vorhang heißt Michail Gorbatschow. Ihm ist es zu verdanken, dass bei den Leipziger Montagsdemonstrationen nicht geschossen wurde und es so zum Fall der Mauer in Frieden kam. Er ist der Friedensheld des 20. Jahrhunderts! Einige Kräfte in der DDR sind durchaus gegen die Vereinigung, weil sie ihre Pfründe verlieren. So mischen sich die Karten bei 2 + 4 wie folgt: Das starke Amerika und das wichtige Russland unterstützen die mittelgroße aber starke Bundesrepublik. Frankreich und Großbritannien sind die Hände gebunden, schließlich haben sie in den vergangenen vier Jahrzehnten der Nachkriegszeit Dutzende Verträge, bei denen Westdeutschland immer den Vorbehalt mit hineingeschrieben hat: „Bis zur Wiedervereinigung in Frieden und Freiheit." Als genialer Dompteur dieser Gemengelage kann sich Bundeskanzler Helmut Kohl hervortun. Am Geld lässt er es bestimmt nicht scheitern. Wenn dies in Ansatz gebracht wird, kann einem jedoch angst und bange werden. Es geht hier nicht mehr nur um ein Milliarden-Spiel. Es geht um Tausende von Milliarden.

Zur dritten Verhandlungsrunde und damit zur letzten vor der Volkskammerwahl am nächsten Sonntag ist heute (13. 3. 90) die deutsch-deutsche Regierungskommission zur Vorbereitung der Währungsunion zusammengekommen. Der Leiter der DDR-Delegation, Minister Walter Romberg, hatte gestern vor der Presse gesagt, dass bei einer Umstellung der Sparguthaben von DDR-Bürgern auf D-Mark ein Kurs von 1:1 als sicher anzusehen sei. Erheblich schwieriger zu lösen sei das Problem der Umstellungskurse für die laufenden Zahlungen, ohne dass beispielsweise Löhne und Renten zu stark abgewertet oder die DDR-Betriebe konkurrenzunfähig würden.

Die Kommission hat ihre Aufgabe der Sammlung finanzwirtschaftlicher Daten zum größten Teil erfüllt. Die Bundesbank hebt die bisher noch zum Schutz der DDR-Bewohner bestehenden Verfügungsbeschränkungen für deren Vermögenswerte in der Bundesrepublik auf. Damit können DDR-Bewohner vom 14. März an über ihre privaten Konten und Depots bei westdeutschen Geldinstituten frei verfügen. Mehr und mehr, so wird deutlich, rutschen wir an allen Siegermächten vorbei in eine Währungsunion. Die Bundesbank teilt weiter Folgendes mit: Die devisenrechtlichen Beschränkungen für natürliche Personen in der DDR konnten deshalb aufgehoben werden, weil die DDR ihren Bürgern nunmehr gestattet, uneingeschränkt und ohne Auflagen über ihre privaten Konten bei Geld- und Kreditinstituten in der Bundesrepublik und Westberlin zu verfügen.

Wie die Staatsbank der DDR zugesichert hat, werden im Falle eines Transfers über Freikonten von DDR-Banken bei westdeutschen Geldinstituten die Beträge in der DDR in vollem Umfange in D-Mark ausgezahlt oder auf D-Mark-Valuta-Konten gutgeschrieben. Damit wurde es möglich, dass die DDR-Bürger D-Mark-Konten in Ost und West führen können. Auch Personen in der Bundesrepublik können jetzt D-Mark-Überweisungen an Private in der DDR vornehmen.

Wenn die Währungsunion nicht schon an der Stelle begonnen hat, als DDR-Läden dazu übergegangen sind, nur noch D-Mark zu akzeptieren, so spätestens jetzt, wo die freie Verfügung für die DDR-Bürger über D-Mark-Konten in Ost und West eingeführt ist. Schnell die Wirtschaft der DDR wieder auf die Beine zu stellen, ist das Ziel bei der Einführung der gemeinsamen Währung. Die Produktion in der DDR liegt nahezu brach, wenn sich auch der seit November letzten Jahres anhaltende monatliche Rückgang nicht fortgesetzt hat.

Für gleiche Löhne in den Opel-Werken Westdeutschlands und der DDR hat sich der Vorsitzende des Gesamtbetriebsrates der Adam Opel AG, Richard Heller, ausgesprochen. Opel hatte am vergangenen Wochenende mit dem Automobilwerk Eisenach einen Vertrag zur Gründung des Gemeinschaftsunternehmens Opel-AWE GmbH mit Sitz in Eisenach unterzeichnet. Wenn alles gut geht, wird Opel jährlich 150 000 Autos eigener Marken in Eisenach herstellen. Gleicher Lohn hieße aber den Wettbewerbsvorteil der DDR als Niedriglohnland zu verschenken, ohne mehr Arbeit zu schaffen.

Paris einnehmen für die Wiedervereinigung

Von Hoechst Frankreich wurde ich nach Paris eingeladen. Ich halte am 14. März einen Vortrag beim Wirtschaftsclub Rexeco Centre de Recherches pour l'Expansion de l'Économie. Das bietet Gelegenheit, sich über Gegenwart von und Visionen für Deutschland Gedanken zu machen.

Die französischen Wirtschaftsleute und Publizisten (Les Echos gehört mit zu den Veranstaltern) wollen etwas zu der offenbar bevorstehenden Wiedervereinigung wissen, insbesondere die wirtschaftlichen Implikationen kennenlernen. Ort der Tat: 141, boulevard Haussmann 75008 Paris.

Meine sehr verehrten Damen und Herren!

Ich freue mich, heute vor Ihnen sprechen zu dürfen. Mein besonderer Dank gilt dem Ehrenpräsidenten des Centre de Recherches pour l'Expansion de l'Économie, Monsieur Philippe Boulin, dem Präsidenten Jacques Henri David, dem Directeur Général, Monsieur Jacques Plassard, und dem Délégué Général, Monsieur Nicolas Thiery. Nicht unerwähnt lassen möchte ich Herrn Erich Theis, Directeur Général der Société Française Hoechst. Herr Theis hat mich als Referenten vorgeschlagen. Er trägt damit die volle Verantwortung für diesen Abend. Allerdings werde ich bemüht sein, ihm das Leben nicht allzu schwer zu machen. Besten Dank dafür, dass Sie mich in deutscher Sprache anhören wollen.

Mein Thema heute ist: Die Entwicklung der deutschen Wirtschaft, ihre Impulse aus der Vereinigung beider deutscher Staaten und die Öffnung nach Osten. Für mich ist dabei Realität, dass Deutschland vereinigt wird. Ich verbinde damit die Hoffnung, dass der Integrationsprozess in Europa nicht gestört wird und ich habe die Vision, dass die osteuropäischen Staaten wirtschaftlich und kulturell mehr und mehr der Europäischen Gemeinschaft zuwachsen. Damit würden ein einzigartiger Wirtschaftsraum und eine unverwechselbare Kulturregion mit wachsendem Wohlstand und einem blühenden Geistesleben entstehen.

Herr Plassard hat schon in eindrucksvoller Weise den wirtschaftlichen Rahmen abgesteckt, in dem wir Europäer uns gegenwärtig bewegen. Wenn ich die eine oder andere Zahl wiederhole, sollte dies kein Schaden sein.

Zunächst möchte ich Ihnen ein Schaubild vorlegen, das von der Dresdner Bank zusammengestellt wurde, weitgehend aber auf den Prognosen der OECD basiert. Danach ist die Konjunkturlage in den westlichen Industrieländern insgesamt auch weiterhin sehr günstig. Für 1990 und 1991 wird in den Industriestaaten mit einem realen Wirtschaftswachstum von durchschnittlich jeweils knapp drei Prozent gerechnet, nach 3,6 Prozent im vergangenen Jahr. Die Inflation bleibt im großen und ganzen verhalten. Japan, Deutschland und Frankreich schneiden dabei am besten ab. In den Leistungsbilanzüberschüssen verteidigen Deutschland und Japan ihre starke Stellung.

Was die Bundesrepublik betrifft, so ist die hier gezeigte Prognose optimistischer als die Projektionen der Bundesregierung oder des Sachverständigenrates, die von nur 3 Prozent Wirtschaftswachstum ausgehen, gleichzeitig aber anmerken, dass dies wohl eher die Untergrenze sei.

Wir können also im laufenden Jahr getrost von + 3,5 Prozent realem Wachstum ausgehen. Auch Wirtschaftsminister Haussmann hat diese Rate jetzt genannt. Der Deutsche Industrie- und Handelstag hat erst kürzlich eine Wachstumsrate von 3 bis 4 Prozent in Ansatz gebracht, eher zu vier Prozent tendierend. Die Grundaussage ist: Die Wirtschaftsentwicklung bleibt gut.

Die Wachstumsimpulse Europas kommen in den vor uns liegenden Jahren weniger vom privaten Verbrauch als von den Industrieausrüstungen her und vom Bau. Zu der großen Binnennachfrage nach Investitionsgütern kommen weiterhin starke Exportimpulse. Die interne und externe Nachfragesituation beschreibt die Deutsche Bundesbank in ihrem jüngsten Monatsbericht wie folgt: Das internationale Konjunkturumfeld, das in den vergangenen Jahren durch eine weitgehend gleich gerichtete, kräftige Aufwärtsbewegung der Gesamtnachfrage in den Industrieländern gekennzeichnet war, deutet neuerdings auf eine stärkere Differenzierung der Nachfrage- und Produktionsentwicklung in wichtigen Partnerländern der Bundesrepublik.

Mit der robusten Konstitution der bundesdeutschen Wirtschaft könnten wir – ohne internationale Verwerfungen – national und international auf lange Zeit behäbig leben. Die D-Mark würde dabei jährlich um etwa ein Prozent aufgewertet. Aber wir leben ja in Europa und wollen dieses auch vorwärts bringen. Wir Westeuropäer werden dann dazu übergehen, die Wirtschafts- und Finanzpolitiken nach und nach deckungsgleich zu machen. Eine europäische Zentralbank würde installiert und die EG wüchse zu einem mächtigen Wirtschafts- und Währungsblock zusammen, der auch bald seinen politischen Überbau finden würde.

Und als dieses schon fast perfekt auf die Schiene gesetzt war, spielte am Grünen Tisch der Siegermächte Michail Gorbatschow die deutsche Karte. Dadurch wurde, und das steht heute schon fest, die Welt gründlicher verändert als durch alle revolutionären Bewegungen in den einzelnen Ostblockstaaten der letzten Jahre. Ich möchte der deutschen Revolution vom 9. November letzten Jahres keinen Abbruch tun, ich bin stolz auf sie, doch ohne die freundliche Zurückhaltung der Russen und Gorbatschows Zugeständnis, dass es allein Sache der beiden deutschen Staaten sei, ob und wann Deutschland vereinigt werde, hätte sie nicht gelingen können.

Hier möchte ich in Dankbarkeit auch an Charles de Gaulle erinnern, an Ihren großen Staatspräsidenten, der in der Nachkriegszeit viel dazu beigetragen hat, dem deutschen Volk seine Würde zurückzugeben. Die französische Regierung zeigte früher schon, in den 50er Jahren, Verständnis für die deutsche Lage. So konnte das Saarland 1957 wieder in die Bundesrepublik eingegliedert werden. Bei der Eingliederung dieses Bundeslandes vor 33 Jahren zeigten sich übrigens ganz ähnliche wirtschaftliche Probleme wie bei der Vereinigung der elf Bundesländer mit den fünf Ländern der DDR.

Am kommenden Sonntag sind die ersten freien Wahlen in der DDR. Die konservative „Allianz für Deutschland" hat sich mit der Bundesregierung auf diese Formel geeinigt: „Wir wollen die Wiedervereinigung so schnell wie möglich, die Wirtschafts- und Währungsunion sofort." Die Position der SPD in Ost und West weicht hier nicht wesentlich ab. Die Bundesregierung will eine Vereinigung nach Art. 23 des Grundgesetzes, die SPD nach Art. 23 oder auch nach 146 mit Volksentscheid. Der Artikel 23 lautet: Dieses Grundgesetz gilt zunächst im Gebiete der Länder Baden-Württemberg, Bayern, Bremen, Berlin, Hamburg, Hessen, Niedersachsen, Nordrhein-Westfalen, Rheinland-Pfalz, Schleswig-Holstein und Saarland. In anderen Teilen Deutschlands ist es nach deren Beitritt in Kraft zu setzen. Das war z. B. schon bei der Eingliederung des Saarlandes so abgelaufen. Der Artikel 23 hat sich damals bewährt.

Da gibt es allerdings auch noch den letzten Artikel in unserer Verfassung, den Artikel 146. Der besagt: „Dieses Grundgesetz verliert seine Gültigkeit an dem Tage, an dem eine Verfassung in Kraft tritt, die von dem ganzen Volke in freier Entscheidung beschlossen worden ist." Bestimmte Kreise in Ost und West würden diesen Weg bevorzugen. Dezidiert haben sich die Sowjets und die DDR dafür ausgesprochen. Es dürfte aber nicht ganz unproblematisch sein, eine neue Verfassung zu schreiben. Man male sich nur die parlamentarische und die internationale Begleitmusik bei der Verfassungsarbeit aus. Ihre Verabschiedung würde Ewigkeiten dauern. Bis dahin wäre die zur Zeit nach Osten geöffnete politische Tür längst wieder zugeschlagen.

Meines Erachtens ist eine um die DDR vergrößerte Bundesrepublik – unter Anwendung des Artikels 23 – für Europa leichter verdaulich, als ein neues Deutschland mit einer neuen Verfassung. Sprechen wir aber nicht über deutsches Verfassungsrecht. Sprechen wir über die deutsch-deutsche Wirtschafts- und Währungsunion, die im Vorfeld national und international schon so viel Staub aufgewirbelt hat. Das gravierende Ergebnis der kontroversen Diskussion war der Zinsschub in diesem Jahr.

Ich möchte daran erinnern, dass die deutsche Teilung 1948 durch die Einführung der D-Mark in den Westzonen effektiv vollzogen wurde. Die Teilung wird auch wieder überwunden durch einheitliches deutsches Geld. Aber es geht hier wirklich nicht um den Symbolcharakter. Es gibt handfeste politische und ökonomische Gründe für die Einführung der D-Mark in der DDR.

Die Auszehrung der DDR durch die anhaltende Abwanderung von täglich über 2.000 Menschen sowie die sehr zögerlichen Fortschritte der DDR-Reformen auf dem Wege zu einer marktwirtschaftlichen Wirtschaftsordnung haben die Bundesregierung veranlasst, der DDR eine Währungs- und Wirtschaftsunion in nächster Zukunft anzubieten. Man kann heute davon ausgehen, dass die Einführung der D-Mark als gesetzliches Zahlungsmittel in der DDR nur noch eine Frage der Zeit ist und dass eine Währungsumstellung im Verhältnis 1:1 die wahrscheinlichste Lösung darstellt. Sie ist für die Sparguthaben der DDR-Bürger schon fest versprochen.

Die Einführung der Währungsunion unter weitgehender Wahrung der Geldwertstabilität stellt eine große Herausforderung für die Bundesbank dar. Zu den währungspolitischen Vorbereitungen gehört die Übernahme des Bundesbank- und des Kreditwesengesetzes in der DDR sowie eines funktionsfähigen Geschäftsbanken-Systems. Die erste Geschäftsbank wird im Osten am 1. April eröffnet. Die deutschen Großbanken schaffen gerade dutzende Container in die DDR, um ebenfalls am 1. April dort das Publikumsgeschäft aufnehmen zu können.

Für den wirtschaftspolitischen Sprecher der SPD-Bundestagsfraktion, Wolfgang Roth, ist die Währungsunion bereits Realität, jetzt stehe allein die Frage der Legalisierung im Vordergrund. Viele Einzelhandelsgeschäfte in der DDR laufen bereits ausschließlich auf D-Mark-Basis. Die Ostberliner Staatsbank und die Deutsche Bundesbank haben gestern den DDR-Bürgern erlaubt, D-Mark-Konten in Ost und West zu führen.

Jetzt machen wir einen kleinen Streifzug auf ganz unwegsames Gelände: den Wirtschaftsvergleich Deutschland West mit Deutschland Ost. Lassen wir einmal außer acht, dass wichtige volkswirtschaftliche Statistiken der DDR nicht nur falsch sind, sondern über Jahre regelrecht gefälscht wurden. Es gibt auch keine direkt vergleichbare Zahl für das Bruttosozialprodukt. Die DDR-Statistik operiert da mit dem Terminus „produziertes Nationaleinkommen", das wesentliche Elemente des Dienstleistungssektors nicht enthält. Die Schätzung der Deutschen Bundesbank besagt, dass die westdeutsche Wirtschaftsleistung mit 2.265 Milliarden Mark etwa fünfeinhalbmal so groß ist wie die der DDR. Andere Schätzungen gehen von einem Verhältnis von 10:1 aus. Die Arbeitsproduktivität liegt nach allen Erkenntnissen bei einem Drittel, bestenfalls aber halb so hoch wie die bundesdeutsche. Dementsprechend ist der Lebensstandard.

An Produktivität, Lebensstandard, Umweltbelastung und Währungsumstellung knüpften sich in den vergangenen Wochen die phantastischsten Spekulationen unter dem Stichwort: Was kostet die deutsch-deutsche Wirtschafts- und Währungsunion?

Was kostet die Bundesrepublik die Vereinigung?

Die Diskussion begann einmal bei 10 Milliarden Mark und ist heute bei dem Hundertfachen angekommen. Unterdessen sind also Summen von rund 1.000 Milliarden D-Mark im Gespräch, abgesehen von Reparationen, Wiedergutmachungszahlungen und Londoner Schuldenabkommen. Die Aufnahme der 16 Millionen DDR-Deutschen in ein geeintes Gemeinwesen würde demnach wesentlich mehr kosten, als den rund 760 Millionen Indern und der gut einer Milliarde Chinesen gemeinsam als Bruttosozialprodukt pro Jahr zur Verfügung steht.

Aber es wird alles nicht so heiß gegessen wie gekocht. Die Bundesrepublik wird durch die Wiedervereinigung nicht Bankrott gehen. Selbst wenn die Zahl von einer Billion

Mark nicht falsch sein sollte, wird hier in keiner Weise der Zeitfaktor berücksichtigt. Der Gesamttransfer von einer Billion Mark würde sich auf einzelne Tranchen über 12 und mehr Jahre verteilen.

In der Bundesrepublik wurden im Zeitraum von 1973 bis 1989 Anlageinvestitionen in der Größenordnung von 5.400 Milliarden D-Mark vorgenommen. Damals – vor 17 Jahren – hatte die bundesdeutsche Industrie gemessen am heutigen Produktivitätsniveau, gerade mal 40 Prozent erreicht. Und diese 40 Prozent entsprechen dem heutigen DDR-Niveau. Hier können vielerlei Vergleiche angestellt werden. Der beste ist: Auch Rom wurde nicht in einem Jahr erbaut.

Diese eine Billion Mark für die DDR erhitzen aber die Gemüter. In- und ausländische Kritiker unterstellen außerdem, dass der Staat, die Bundesrepublik, für den Betrag aufzukommen hätte und zwar sofort mit allen Folgen für Staatsverschuldung und Inflation. So reagierten die Finanzmärkte entsprechend nervös. In Wahrheit wird die Bundesrepublik für die DDR, für Umweltschutz, Investitionszuschüsse, Hilfen für die Sozialetats und ähnlichem in der Anfangsphase nicht mehr als 20 bis 30 Milliarden D-Mark aufzubringen haben, die durch Umschichtungen im Bundeshaushalt, Höherverschuldung, wahrscheinlich auch durch Steuererhöhungen oder durch Vermeidung von Steuersenkungen aufgebracht werden. Damit sind künftig etwa 10 Prozent des Bundeshaushaltes DDR-gebunden.

Die Unterstützung des wirtschaftlichen Reformprozesses, der Aufbau der DDR, muß aber vorrangig durch Engagements der privaten Investoren und der Unternehmen aus der Bundesrepublik sowie aus anderen westlichen Ländern erfolgen. So steht es auch im Sondergutachten des Sachverständigenrates zur DDR-Wirtschaftsreform. Hinzugesetzt wird, dass der gesetzliche Rahmen dafür stimmen muß. Welche Perspektiven gibt es aber für die Wirtschaftsentwicklung in der DDR?

Wenn man einmal von der Fluchtbewegung absieht, die zum Kollaps der Wirtschaft dort führen kann und wird, wenn sich nichts ändert, handelt es sich bei der DDR um eine durchschnittlich leistungsfähige Wirtschaft, die nur so schlecht aussieht, weil sie im direkten Vergleich zur potentesten europäischen Volkswirtschaft steht, nämlich zur bundesdeutschen.

Die DDR hat alle Voraussetzungen, ein Wirtschaftswunder zu realisieren. In der Anfangsphase werden dort Wachstumsraten von real 30 bis 40 Prozent erwartet. Dann flacht sich die Kurve auf jährlich 7 bis 8 Prozent ab. Die Arbeitsproduktivität in der DDR dürfte sich nach Einführung der Marktwirtschaft in den nächsten zehn Jahren mindestens verdoppeln, meint das Institut der deutschen Wirtschaft in Köln. Auch ein so hoher Produktivitätszuwachs verträgt sich mit steigender Beschäftigung. Ein Wirtschaftswachstum von durchschnittlich 7,5 Prozent pro Jahr würde gewährleisten, dass die DDR von chronischen Arbeitsmarktproblemen verschont bleibt. Man darf vermuten, dass sich die DDR für das deutsche und europäische Wirtschaftswachstum in den 90er Jahren als ein echter Konjunkturmotor entpuppt.

Aber schauen wir wieder über den deutschen Tellerrand hinaus. Man darf mit Sicherheit annehmen, dass die Tschechoslowakei alle Anstrengungen unternehmen wird, bei diesem DDR-deutschen Wirtschaftswachstum mitzuhalten, wenigstens nicht abgehängt zu werden. Die Bundesrepublik wird sie dabei kräftig unterstützen. Die CSSR hat gemeinsam mit der DDR die besten Karten in der Hand, in der Nachkriegszeit verloren gegangenes Terrain wieder gutzumachen in den nächsten 10 Jahren.

Das Pro-Kopf-Einkommen in den Ostblockstaaten erreicht nur die Hälfte des EG-Durchschnitts. Die DDR und die CSSR liegen aber am besten. Mit Abstand folgt Ungarn. Deutschland dürfte sich in Zukunft besonders der CSSR und Ungarn verpflichtet fühlen. Die klare Politik Ungarns gegenüber den DDR-Flüchtlingen und die selbstkritische Haltung der Tschechen gegenüber der Vertreibung der Deutschen haben große Sympathien geschaffen.

Auch mit Russland hat die jüngste Geschichte eine gute Wende genommen. Gorbatschow ist für die Deutschen der Friedenszar. Er kann auf bundesdeutsche Wirtschaftshilfe setzen. Bei der Sanierung der osteuropäischen Volkswirtschaften, die auch für die EG eine große Herausforderung ist, geht es um eine doppelte Aufgabenstellung. Sie alle wissen es.

1. Die Umstrukturierung und Modernisierung des Produktionsapparates und
2. die Neuordnung des Wirtschaftssystems.

Sie, meine Damen und Herren, kennen die langen Diskussionen, die hierüber in Osteuropa geführt werden. Besonders verhängnisvoll wird die Politik, wenn Parlamente und Wirtschaftslenker aus Furcht vor der freien Marktwirtschaft so etwas wie eine sozialistische Marktwirtschaft kreieren oder gar den Sozialismus erhalten wollen. Dann wird jede wirkliche Reform im Keime erstickt und wertvolle Zeit geht verloren.

Nur sehr langsam kommen die Russen mit ihrem gesellschaftlichen und wirtschaftlichen Umbau voran. Der Gedanke der Perestroika wurde von den meisten noch nicht richtig verinnerlicht und die Marktwirtschaft wird verteufelt. Streiks und nationalistische Spannungen haben die Probleme in der UdSSR noch vermehrt. Die Inflation geht auf 10 Prozent und mehr. Es wird befürchtet, dass das sowjetische Bruttosozialprodukt im laufenden Jahr (1990) erstmals seit 1945 real sinkt. 1989 war es noch um 3 Prozent gestiegen. Die Versorgung der Bevölkerung ist katastrophal.

In Polen ist die Lage nicht viel besser. Im Januar ist dort die Industrieproduktion um 18 Prozent zurückgegangen und im Februar um 30 Prozent.

Als ich vor Jahren in China war, hat mir ein hochstehender, sehr gebildeter Ökonom gesagt: Das chinesische Volk werde niemals den Lebensstandard der Westeuropäer erreichen. Für die osteuropäischen Staaten würde ich nicht „niemals“ sagen, aber es dauert Jahrzehnte. Nur die DDR und die Tschechoslowakei, vielleicht noch Ungarn, können das Ziel bis zum Jahr 2000 oder in absehbarer Zeit danach erreichen.

Meine Damen und Herren, Westeuropa muß in Osteuropa eine große Aufgabe übernehmen. Wir sollten vermeiden, von Belastungen zu sprechen. Sicherlich muß auch humanitär geholfen werden bis hin zu gewissen Entwicklungshilfeleistungen. Aber die beste Hilfe ist ein für beide Seiten gutes Geschäft. So können die Defizite in den Volkswirtschaften des Ostens auch als permanente Konjunkturprogramme für den Westen gedeutet werden. Und wenn Deutsche und Franzosen zusammenhelfen, kann viel Segensreiches entstehen. Auf diese beiden Länder und ihre gute Zusammenarbeit bei der Bewältigung der Probleme unseres Kontinents kommt es tatsächlich an. Die beiden stärksten Nationen in Europa sollten auch unter diesem Aspekt alle Arten von Finanzkriegen gegeneinander vermeiden. Sie können sicher sein, dass Deutschland jeden guten Willen aufbringt.

Abschließend noch einige Worte zur deutschen Position. Was die monetäre Seite der Öffnung nach dem Osten angeht, ist Folgendes anzumerken: Die zielstrebige, sparsame deutsche Finanzpolitik hat in den öffentlichen Haushalten so viel Luft geschaffen, dass alle Belastungen, die aus der Vereinigung resultieren, getragen werden können. Ein Ansteigen der Neuverschuldung wäre unproblematisch. Auch sind ganz allgemein die finanziellen Ressourcen vorhanden, in Deutschland und Europa.

Die Euro-Märkte hatten im vergangenen Jahr ein Volumen von 360 Milliarden Dollar, von denen nur vier Milliarden vom Ostblock beansprucht wurden. Die Bundesbank ist mit ihrer stringenten Geldpolitik durchaus in der Lage, die deutsch-deutsche Währungsunion ohne größere Inflationsschübe zu managen. Die Bundesbank wird auch ihren Verpflichtungen im europäischen Währungsverbund und als Hüterin der zweitgrößten Reservewährung der Welt gerecht.

Zugegeben, der hohen Wissenschaft passt das Konzept der schnellen Währungsunion nicht. Sie kann sich diese Kritik aus dem sicheren Winkel hinter dem warmen Ofen auch leisten. Hier möchte ich Finanzminister Theo Waigel zitieren, der in der vergangenen Woche im Bundestag gesagt hat: „Jedermann weiß, dass man es nicht tun darf und jedermann weiß, dass man es tun muß.“

Die D-Mark wird durch die Vereinigung der beiden deutschen Staaten eher gestärkt als geschwächt. Von Deutschland werden weder politisch noch wirtschaftlich De-Stabilisierungstendenzen für Europa und die Welt ausgehen. Vielen Dank. Merci beaucoup!

Deutsch-französischer Finanzkrieg
20. März 1990

Nach dem Pariser Ereignis zurück in Frankfurt steht sofort wieder der deutsch-französische Finanzkrieg auf der Tagesordnung, ein „Finanzkrieg“, der nur entstehen konnte, weil die Wiedervereinigung ansteht. Die damit zusammenhängenden tatsächlichen oder erwarteten Transaktionen, die Erwartungen der Finanzleute in die von vielen Interessen beeinflussten Märkte treiben den Zins. Die Bundesbank hat auch schon munter die Zinsen erhöht. Die Zinserhöhungen wirken sich auch auf das gesamte europäische Zinsgefüge aus, so dass den anderen Europäern Lasten aufgebürdet werden, die sie sonst nicht hätten und die sie auch nicht haben wollen.

Das gehört zum üblichen Geschäft. Amerika lebt immer auf Kosten der anderen. Wenn Kriege geführt werden oder sonst große Umwälzungen, politische Veränderungen stattfinden, wirken diese sich häufig auf die Zinsentwicklung aus nach dem Motto, Kapital ist scheu wie ein Reh und wer dennoch Geld braucht, muss eben mehr dafür bezahlen. In dieser wackeligen Kapitalmarktlage verkaufte die Frankfurter DG-Bank erstklassige Bundesanleihen an Geschäftspartner in Frankreich. Einer ihrer Rentenhändler sah da eine Gasse des Geldverdienens. Die Bundesanleihen hatten aktuell nur einen Fehler: Sie sind niedrig verzinst, weil sie aus einer Zeit stammten, als der niedrige Zins noch marktüblich war. Eine solche Gemengelage wollten die französischen Partner nicht mehr akzeptieren. Es wurde ein politischer Streit mit in der Sache gerichtlichen Folgen. Die DG-Bank und ihr Händler verloren in doppelter Weise.

Mit der Währungsunion auf Europa warten?
21.3.1990

Politiker und Wissenschaftler reden sich immer noch die Köpfe heiß, ob die schnelle deutsch-deutsche Währungsunion denn wirklich notwendig und nützlich sei, ob man nicht besser abwarten und Stufenpläne entwickeln sollte. Am besten, so einige Sprecher, man warte gleich auf Europa. Die sofortige Einführung der D-Mark als Währung der DDR könne die dortigen realwirtschaftlichen Entwicklungsprobleme nicht lösen, meint der dezidiert links gerichtete Bremer Professor Rudolf Hickel.

Die drei CDU-Abgeordneten Werner Münch/Niedersachsen, Hartmut Perschau/Hamburg und Friedrich Merz/Nordrhein-Westfalen meinen, dass zum Schutz der inneren Stabilität des Europäischen Währungssystems die Ausdehnung des Währungsgebietes der D-Mark vorrangig unter dem Aspekt der Währungsstabilität vorgenommen werden müsse. Das zeitgleiche Inkrafttreten der ersten Stufe der europäischen Währungsunion mit der deutschen Währungseinheit am 1. Juli 1990 könnte die Integration der deutschen

Einheit in den europäischen Einigungsprozess zu einem frühen Zeitpunkt symbolisch verdeutlichen.

Der Staatsminister im Bundeskanzleramt, Lutz Stavenhagen, ist in München heute dem Eindruck entgegengetreten, die Bundesregierung messe bei der Herstellung der deutschen und der europäischen Währungsunion mit zweierlei Maß. Nach Stavenhagen muß in beiden Fällen die Stabilität der Wirtschaft oberster Grundsatz sein. Es liege aber auf der Hand, dass sich die währungspolitische Vereinigung in Deutschland schneller vollziehen könne als in Europa, weil die D-Mark bereits heute in der DDR zur Parallelwährung geworden sei.

Die Bundesregierung hoffe, sich mit der DDR rasch auf die notwendigen Formen und Stabilitätsverpflichtungen einigen zu können. In Europa handele es sich dagegen um einen Prozess des Zusammengehens sehr unterschiedlicher Volkswirtschaften und Wirtschaftspolitiken, der sich naturgemäß nur in Stufen vollziehen könne und Zeit brauche.

Für das Deutsche Institut für Wirtschaftsforschung, DIW Berlin, ist es bereits ausgemachte Sache, dass die Sanierung der zerrütteten DDR-Wirtschaft für steigende Zinsen und eine schwächer werdende D-Mark mitverantwortlich sei. Nach den Worten von Sparkassenpräsident Helmut Geiger hält die Wirtschaft der DDR den jetzigen Schwebezustand zwischen Ost-Mark und West-Mark nicht mehr lange aus.

Hans Tietmeyer, Mitglied des Direktoriums der Deutschen Bundesbank, stellt schon wieder eine gewisse Beruhigung beim Zinstrend fest. „Von einer D-Mark-Abwertung, wie das DIW meint, kann auch nicht gesprochen werden."

28.4.1990

Schon schmieden die Nachbarn ganz kräftig an dem Aufbau der Europäischen Währungsunion. Der Gouverneur der Banque de France, Jacques de Larosière, hat sich in Paris für eine Zweistufen-Direktion der geplanten Europäischen Zentralbank ausgesprochen. Er schlägt einen Rat aus den Notenbankgouverneuren der Mitgliedsländer vor, der die Orientierung in Währungsfragen formulieren und beschließen soll. Die Durchführung der Rats-Entscheidungen wäre nach seinen Vorstellungen Sache eines Direktoriumkomitees aus Persönlichkeiten, die der Europarat bestimmen würde. Die Ratsmitglieder des mit möglichst eng gefassten Kompetenzen ausgestatteten Entscheidungsgremiums sollen de Larosière zufolge über längerfristige Mandate verfügen, um sie von Pressionen freizuhalten und die Autonomie der Zentralbank zu bewahren. Die Bank müsse das Statut einer autonomen Gemeinschaftsinstitution erhalten.

Die Diskussion beginnt jetzt erst richtig und wird zwischenzeitlich von der CSU fortgesetzt. Der mir aus Studentenzeiten wohl bekannte Wolfgang Bötsch (ich habe ihn als fromm und sehr witzig in Erinnerung. Als ich ihm das später mal sagte, meinte er: weniger fromm als witzig), seines Zeichens Vorsitzender der CSU-Landesgruppe im Bundestag, hat sich gegen eine überhastete Gangart bei der Schaffung der europäischen Währungsunion gewandt. „Die aus gutem Grund durch den Delors-Ausschuss befürwortete Krönungstheorie darf nicht vernachlässigt werden, wenn Ende dieses Jahres die Verhandlungen über die Schaffung einer europäischen Währungsunion beginnen." Bundesbankpräsident Pöhl ist ebenfalls Verfechter der Krönungstheorie, die besagt, dass eine Europäische Zentralbank die Krönung der europäischen Wirtschafts-Währungsintegration sei.

Heute Morgen hat nun Prof. Claus Köhler, Mitglied des Direktoriums der Deutschen Bundesbank in Frankfurt, ganz eindeutig erklärt: „Solange das Pfund-Sterling außerhalb des EWS-Festkurssystems bleibt, wird man kaum auf dem Weg zu einer europäischen Wirtschafts- und Währungsunion vorankommen." Sein Kollege Wilhelm Gaddum geht auf andere Vorwürfe aus dem europäischen Ausland ein, nämlich dass die deutsche Währungsunion im Widerspruch zur europäischen Integration stünde. Gaddum sagte in Wien: „Die unterschiedliche Haltung der Bundesbank zur Währungsunion mit der DDR einerseits und mit europäischen Partnern andererseits ist kein Widerspruch. Im deutsch-deutschen Falle bleibt die Autorität der Notenbank bestehen, während sie im anderen Fall in Zweifel gezogen werde." In Europa sei die Souveränität einer unabhängigen europäischen Zentralbank bei den Partnerländern immer wieder umstritten. Die Bundesbank halte die Unabhängigkeit wie im deutsch-deutschen Falle auch in Europa für unverzichtbar.

Eine unabhängige Notenbank ist die beste Waffe gegen die Teuerung in Deutschland und in Europa. Und wenn die Bundesbank sich dafür einsetzt, tut sie dies nicht nur, um die deutschen Interessen durchzusetzen, sondern speziell um dem europäischen Bürger zu dienen, dessen Geld so am ehesten werthaltig bleibt.

24.4.1990

Von der Wiege bis zu Bahre: Kommentare, Kommentare. – Wer die Teilung überwinden will, muss teilen, ist gesagt worden. Und: Ein Umtauschkurs von 2:1 wäre Betrug am Wähler in der DDR. Oder: Die Einheit gibt es nicht zum Nulltarif.

Gutachter und Finanztechnokraten sind bei den Berechnungen über die Höhe der Belastungen, die auf die Bundesrepublik zukommen, in den vergangenen Monaten durchaus nicht kleinlich gewesen. Tausende von Milliarden haben sie nach Lust und Laune aufaddiert. Es wird ein Billionenspiel, die heutige DDR in ein ähnliches Schmuckkästchen zu verwandeln wie Westdeutschland. Für das erste Jahr der Währungsunion ist der bundesdeutsche Steuerzahler, und zwar jeder einzelne mit 1000 Mark dabei, d. h. etwa 60 Milliarden Mark gehen von unsere Staatskassen aufs Konto DDR.

Dabei hieß es anfangs doch, dass die Industrie – national

und international – durch ihre Investitionen das Meiste für Deutschlands Einheit trage. Stimmt auch. Trotzdem wird die Vereinigung für die Bundesrepublik, also die öffentlichen Haushalte und damit für den Steuerzahler viel teurer als zunächst erwartet. Die Bundesbürger haben sich bereits daran gewöhnt, für die Einheit kräftig blechen zu müssen. Daran gewöhnen kann er sich allerdings nur schlecht an stets neue und wachsende Forderungen, die von Regierungsmitgliedern in der DDR und Oppositionspolitikern im Westen in immer schnellerer Folge erhoben und so wenig kraftvoll von der Bonner Regierung pariert werden. Die jetzt vereinbarte Wirtschafts- und Währungsunion ist ein recht teures Geschäft. Überteuert wäre der Polit-Deal, wenn sich daraus langwierige ökonomische Fehltrends entwickelten, die zu reparieren einer seriösen Finanzpolitik und einer zielstrebigen Geldpolitik kaum noch möglich wären.

Die Bundesbank hat im politischen Gezerre um die Währungsunion eine Schlacht verloren. Sie wird die jetzigen Regierungsvereinbarungen mittragen (müssen). Das kann aber sicherlich nicht heißen, dass sie nun von ihrem Stabilitätsweg abweicht. Die Bundesbank wird den Wert der D-Mark weder außenwirtschaftlich noch im Lande selbst verrotten lassen. Sie legt damit eine größere Verantwortung für den Gesamtstaat und dem Wohlergehen des Gemeinwesens an den Tag als viele Bonner Politiker, die sich im Wahljahr profilieren wollen. Rigorose Zinssteigerungen sind angesagt, wenn der Geldstrom in Richtung DDR aus dem Ruder läuft und dies auch noch mit überhöhten Tarifabschlüssen im Westen zusammenfällt.

Unter diesen Umständen wird der harten D-Mark ein Stück Konjunktur geopfert, obwohl es doch darum gehen sollte und gehen könnte, durch die Vereinigung neue Wirtschaftsimpulse zu entfachen. Wer aber am Anfang alles verfrühstückt, hat später nichts mehr zu verteilen. Die Beschäftigten in der DDR werden dies besonders zu spüren bekommen. Dann folgen der Euphorie Frust und böse Auseinandersetzungen.

30. April 1990

Regierungsexperten beider deutscher Staaten sind heute in Bonn zur 3. Gesprächsrunde über die Wirtschafts-, Währungs- und Sozialunion zusammengekommen. Verhandlungsgrundlage bietet weiterhin der 25 Seiten umfassende Vertragsentwurf der Bundesregierung. Darüber hinaus hat die Bonner Regierung den Ostberliner Verhandlungspartnern ein Leitsätze-Papier von elf Seiten über die künftige Rechtsordnung der DDR vorgelegt.

Schon am 18. März hatte Hans Tietmeyer in (meinem) Frankfurter Gespräch des Hessischen Rundfunks die Notwendigkeit eines Leitsätze-Gesetzes für die DDR betont. Der frühere Staatssekretär im Bonner Finanzministerium, Tietmeyer, ist seit Januar dieses Jahres Mitglied des Direktoriums der Deutschen Bundesbank. Anfang April hat ihn Bundeskanzler Kohl als persönlichen Beauftragten für die Verhandlungen über die Währungsunion wieder nach Bonn geholt. Damit wurde Tietmeyer zur zentralen Figur im Vereinigungsprozess. Grund genug, sich den Werdegang des klugen Mannes einmal etwas näher anzusehen.

Sein wirtschaftswissenschaftliches Studium hat der gebürtige Westfale mit der Promotion abgeschlossen. Auf seinen Lehrer Müller-Armack ist Tietmeyer immer noch stolz. Dennoch trat der damalige Hochschulabsolvent – er hatte in Münster, Bonn und Köln studiert – nicht sofort in die Staatsdienste ein, sondern wurde Geschäftsführer des Bischöflichen Cusanuswerkes. Der Katholik wollte dort etwas Kirche mit gediegenem Broterwerb verbinden. Offenbar hatte er damals seine eigene Dynamik unterschätzt. Bei aller kirchlichen Bindung war er doch zu Höherem geboren.

1962 trat Tietmeyer in das Bonner Wirtschaftsministerium ein. Dort diente er nacheinander Ludwig Erhard, Karl Schiller, Helmut Schmidt, Hans Fridericht und Otto Graf Lambsdorff, zuletzt als Abteilungsleiter „Wirtschaftspolitik“. Das sogenannte Lambsdorff-Papier, mit dem der Sturz der sozialliberalen Koalition 1982 eingeleitet wurde, wird zum Teil ihm zugeschrieben. Da hat der CDU-Abteilungsleiter kräftig mitgewerkelt, dass es zur großen Wende in Bonn kam.

Er gilt als Workaholic, als besessener Arbeiter. Er liebt Beethoven, hat Thomas Morus zu seiner Lieblingsgestalt in der Geschichte erkoren. Den Widerstandskämpfer Maximilian Kolbe sieht er als Held der Wirklichkeit. Er hat eine ausgeprägte Mutterbindung. Wie ein roter Faden zieht sich starke Religiosität durch sein Leben. Er ist ein frommer Mann und dies nicht erst, seitdem das 1988 auf ihn geplante Attentat in unbegreiflich wunderbarer Weise fehlgeschlagen war. Als Motto fürs Leben hat er sich gesetzt: Tue recht und scheue niemand. Damit ist der heute 58-Jährige auch immer gut gefahren, seine Karriere inbegriffen.

Finanzminister Gerhard Stoltenberg holte Tietmeyer 1982 als Staatssekretär in sein Ministerium. Damals wurde internationales Finanzmanagement seine Profession, die ihn bis heute nicht mehr losgelassen hat. 1989 diente er noch ein Dreivierteljahr Finanzminister Theo Waigel, dann schaffte er den Sprung in die Bundesbank, bis Kohl ihn rief. Wie der Koloss von Rhodos überbrückt er von Stund an zwei Uferseiten. Denn Tietmeyer operiert jetzt nicht nur im Auftrag Bonns in Richtung Ostberlin, sondern nimmt als persönlicher Beauftragter des Bundeskanzlers weiterhin an den Sitzungen des Zentralbankrates teil. Sein (Zins-) Stimmrecht muss er allerdings für die Zeit seiner Sondermission als deutsch-deutscher Unterhändler ruhen lassen.

Zwischenzeitlich wurde sein Dezernat bei der Bundesbank zwischen dem Präsidenten und dem Vizepräsidenten, also unter Pöhl und Schlesinger aufgeteilt. Somit ist der als „Außenminister" der Bundesbank Ende 1989 nach Frankfurt berufene Währungshüter ein „Johann Ohneland". In Bonn übt er dagegen abermals die Funktion eines Sherpas für den Bundeskanzler aus. Er ist Kohls rechte Hand bei der Verwirklichung der deutschen Währungsunion.

Sherpas werden Träger und Bergführer im Himalaja genannt. Sie tragen die Verantwortung für das Gelingen der Expedition. Kohl selbst hat diese Bezeichnung für Tietmeyer erdacht, denn der Bundeskanzler hatte den Finanzmann schon in früheren Jahren als persönlichen Beauftragten für Vorbereitung und Management der jährlichen Weltwirtschaftsgipfel engagiert. – Sherpa damals wie heute.

Schon wird spekuliert, ob Tietmeyer eines Tages nicht ganz an die Seite des Vereinigungskanzlers tritt, als Minister. Genauer betrachtet, dürfte eine solche Karriere aber eher einen Rückschritt bedeuten. Außenminister bei der Bundesbank kann allenfalls durch die Präsidentschaft bei der Zentralbank überboten werden. Diese Position ist allerdings für eine Reihe von Jahren vergeben, doch nicht für immer. Das Beste, was Tietmeyer derzeit passieren kann, ist ein guter und für alle Seiten tragbarer Abschluss der Währungsverhandlungen und die Rückkehr in die Metropole Frankfurt nach seinem Motto: Tue recht und scheue niemand.

Stabiles Gerüst für die Währungsunion
28. Mai 1990

Für die Einführung der deutsch-deutschen Währungsunion bedarf es des politischen Willens auf beiden Seiten, eines Staatsvertrages zwischen den beiden deutschen Staaten, eines neuen Gesetzeswerkes für die DDR und eines ganzen Korbs Verordnungen und Verwaltungsmaßnahmen in Westdeutschland, aber auch eine Bankorganisation, die die Währungsunion in der DDR umsetzt. Das Wichtigste dürfte die politische Absicherung sein, die hier nur erreicht werden kann, wenn die Bundesbank auf dem Altar Europas geopfert wird, und zwar nicht erst nach Erreichen der politischen Union in Europa (Krönungstheorie) sondern als Motor für die Entwicklung dorthin durch frühzeitige Einbringung der Bundesbank in eine europäische Zentralbank.

Die Bundesbank arbeitet derzeit daran, die Währungsunion mit Leben zu erfüllen. Es müssen die Voraussetzungen für den Geldumtausch zwischen Elbe und Oder und die künftige Geld- und Kreditpolitik in der DDR zu schaffen. Am 1. Juli geht es richtig los. An diesem Sonntag öffnen in der DDR etwa 10 000 Auszahlungsstellen, die Ost-Mark und auf Ost-Mark lautende Guthaben entgegennehmen und nach den vereinbarten Grundsätzen – bis zu 2000 Mark 1:1 – umtauschen.

Behörden und Polizeiämter, Sparkassenfilialen und Bankstellen sind in die Großaktion eingebunden, bei der über 20 Milliarden D-Mark Bargeld in die DDR-Wirtschaft gepumpt werden. Die Umstellung der Bankkonten übernehmen die Kreditinstitute in den folgenden Tagen selbst. Parallel dazu baut die Bundesbank in der DDR ein Filialnetz mit 15 Kopfstellen auf, denn die Staatsbank der DDR ist vom 1. Juli an nicht mehr Notenbank. Diese Funktion geht voll auf die Bundesbank über. Sie arbeitet dabei eng mit den Landeszentralbanken zusammen. Dazu kommen jeweils 15 bis 20 Bundesbanker, die als Kerntruppe in den einzelnen Filialen Dienst tun werden. In intensiver Schulungsarbeit sollen pro Filiale sehr schnell auch 60 bis 80 Mann aus bisherigen Staatsbankdiensten mit Zeitverträgen in das DDR-Filialsystem der Bundesbank integriert werden, zusammen 800 Mann.

Als Kopf der Organisation fungiert eine Verwaltungsstelle der Bundesbank in Ostberlin, und zwar in der alten Reichsbank, dort sind nämlich noch aus früheren Zeiten gut verwendbare Tresorräume vorhanden. Die ebenfalls in diesen Mauern untergebrachte Volkskammer muss etwas zusammenrücken. Zusammenrücken muss auch die Bundesrepublik mit den europäischen Nachbarn.

Wichtige Schlüsselrolle der BIZ in Basel
Basel, 11. 6. 1990

Die Bank für Internationalen Zahlungsausgleich – BIZ – in Basel hat seit ihrer Gründung vor 60 Jahren für die Finanzwelt in Europa, Amerika und Japan immer eine bedeutende Rolle gespielt und tut dies weiterhin. Anfangs ging es um das Finanzmanagement der deutschen Reparationen nach dem 1. Weltkrieg. Nach dem 2. Weltkrieg kamen bedeutende Aufgaben im Management der Weltschuldenkrise hinzu. Die BIZ kümmert sich nun um die Zusammenarbeit zwischen den Zentralbanken weltweit, hat immer größere Aufgaben im Zahlungsverkehr zwischen den Notenbanken übernommen und fungiert auch als Agent und Treuhänder der fürs Geld verantwortlichen Finanzaristokratie dieser Welt.

Die BIZ wuchs nach und nach fast schon in die Schuhe einer europäischen Zentralbank hinein. Monat für Monat treffen sich hier – wie gestern und heute – die Notenbankgouverneure der Zehner-Gruppe, also der zehn wichtigsten Staaten der Welt (ohne den kommunistischen Block) einschließlich der Schweiz. Dabei wurden und werden alle wichtigen Probleme der internationalen Währungspolitik besprochen und wenn möglich auch geregelt, zumindest diskrete Ansätze für notwendige Regulierungen erarbeitet. Die Bank für Internationalen Zahlungsausgleich ist der regelmäßige Treffpunkt der Geldregierungen der westlichen Welt.

Heute setzte sich in Basel BIZ-Präsident W. F. Duisenberg mit Nachdruck für eine unabhängige Europäische Notenbank ein, denn nur so könne auch in Zukunft in Europa Preisstabilität erreicht werden. Duisenberg wörtlich: „eine solche Zentralbank kann das Ziel der Preisstabilität am besten erreichen, wenn sie keinen politischen Weisungen unterliegt." Dann formulierte der Niederländer aber eine wichtige Einschränkung, wenn er sagte: „Selbstverständlich kann eine Zentralbank kein Staat innerhalb des Staates sein." Sie müsse eine demokratische Legitimation haben und bedarf auch der Unterstützung durch die Öffentlichkeit.

Am 1. Juli wird nicht nur die deutsch-deutsche Währungsunion verwirklicht, sondern es geht auch der Delors-Plan in die erste Runde und damit die europäische Währungsunion. Im Hinblick auf die Währungspolitik wird damit das Mandat des Baseler Ausschusses der Präsidenten der EG-Zentralbanken erweitert. In Zukunft muss er bei Entscheidungen beispielsweise über die jährliche Festsetzung des Geldmengenzieles der einzelnen Länder gehört werden.

Im vorliegenden BIZ-Geschäftsbericht wird ganz unvermittelt die Frage gestellt: Wer oder was eigentlich die Funktion der D-Mark als Anker im europäischen System übernehmen soll? Diese wichtige Frage bleibt unbeantwortet, schließlich könne eine wirksame Geldpolitik durch destabilisierende Haushaltsentwicklungen in den einzelnen Mitgliedsländern durchkreuzt werden. Es bestehe offenbar, so die BIZ, eine große Abneigung, die europäische Währungsunion durch eine Abtretung gewisser Souveränitätsrechte auf diesem Gebiet zu vervollständigen.

In der Beurteilung der deutsch-deutschen Währungsunion halten sich die Schreiber des BIZ-Berichtes einigermaßen zurück: Es werde schwierig werden, aber nicht untragbar.

Tietmeyer zurück in Frankfurt
13. 6. 1990

Bedacht mit viel Lob kehrte heute Hans Tietmeyer an seinen Schreibtisch bei der Bundesbank zurück und nahm erstmals wieder als Direktoriumsmitglied an der routinemäßigen Zentralbankratssitzung teil. Auf Wunsch des Bundeskanzlers und mit Zustimmung des Zentralbankrates hatte Tietmeyer als Chefunterhändler die Bundesrepublik in den Verhandlungen mit der DDR vertreten. Helmut Kohl und Bundesbankpräsident Karl Otto Pöhl sprachen Tietmeyer, so hat es Regierungssprecher Hans Klein ausgedrückt, ihren Dank für seine Arbeit und sein großes persönliches Engagement aus. Tietmeyer habe wesentlich dazu beigetragen, dass die Verhandlungen über den Staatsvertrag in ungewöhnlich kurzer Zeit erfolgreich abgeschlossen werden konnten.

Am großen, ovalen Tisch im Sitzungszimmer der Deutschen Bundesbank traf Tietmeyer heute auch seinen wichtigsten Gesprächs- und Vertragspartner aus den DDR-Verhandlungen wieder, nämlich den DDR-Finanzminister Walter Romberg, der erstmals an einer Sitzung des Zentralbankrates teilnehmen durfte. Auch dies ein Ergebnis des deutsch-deutschen Währungsvertrages.

Klar, dass im Mittelpunkt der Sitzung die deutsche Währungsunion stand, deren Vorbereitungen bei der Bundesbank auf Hochtouren laufen. Am 1. Juli übernimmt die Bundesbank die Währungshoheit auf dem Gebiet der DDR, obwohl es weiterhin eine Ostberliner Regierung gibt. Damit wird die Währungsspaltung aus dem Jahr 1948 – Einführung der D-Mark im Westen, die die harte Phase der deutschen Teilung einleitete, nach 40 Jahren und zehn Tagen beendet.

Für den Umtauschkurs hatte die Bundesregierung ein Verhältnis von 1:1 festgelegt. Die Bundesbank war da zurückhaltender. Sie schlug hinsichtlich der Bestandsgrößen ein Verhältnis von 1:2 vor. Hinsichtlich der Stromgrößen machte sie keinen eigenen Vorschlag. Präsident Tietmeyer und Vizepräsident Schlesinger erklärten sich schließlich mit einem Umtauschkurs von 1:1,81 einverstanden.

18. 6. 1990

Die belgische Regierung hat ihre Währung, den belg. Franc, jetzt fest an die Deutsche Mark gekettet, als ob es eine Währung wäre. So hat es Premierminister Wilfried Martens im belgischen Fernsehen ausgedrückt. Diese formelle Anbindung hat eine hohe politische Bedeutung. Bisher hatten sich nur die Niederlande und Österreich zu so einem geldpolitisch weit reichenden Beschluss durchringen können. Sie haben seit Jahren schon ihre Währungen parallel zur D-Mark gesteuert. Seit Jahrzehnten gilt zum Beispiel für den österreichischen Schilling ein Umtauschkurs von 7:1 zur Mark. Auch die Schweiz orientiert sich an der D-Mark.

5-DM-Banknote
Vorderseite: Bettina von Arnheim
Rückseite: Tor zur Freiheit mit Bundesbank-Siegel

Sogar das kommunistische Jugoslawien hat dahingehende Anstrengungen unternommen und natürlich sind die meisten Währungen der EG-Länder über das Europäische Währungssystem – EWS – mit der Leitwährung D-Mark verwoben.

Zwischen den EWS-Währungen gibt es jedoch üblicherweise Kursbandbreiten von 2,25 Prozent nach oben und nach unten, sodass also Schwankungen von 4,5 Prozent möglich sind. Alle drei Benelux-Länder wollen aber künftig darauf verzichten, ebenso wie Österreich. Sie tun so, als ob es eine einzige Währung wäre mit der D-Mark. Zwar haben die anderen unverändert ihr angestammtes Geld in der Tasche, aber der Außenwert zur D-Mark soll sich nicht ändern. Zum erweiterten D-Mark-Block können aber durchaus auch die Schweiz und alle übrigen EWS-Währungen, letztlich alle Währungen Europas gezählt werden, denn wenn die Bundesbank wichtige geldpolitische Entscheidungen trifft, z. B. die Zinsen erhöht, müssen alle reagieren, wenn dies auch manchmal unter Stöhnen geschieht. Das Stöhnen kann dann auch in einer Neufestsetzung der Umtauschkurse ausarten, wenn die 4,5 prozentige Bandbreite nicht mehr ausreichen sollte.

Die D-Mark ist der Anker für das europäische Geldsystem. Das wird auch noch viele Jahre so bleiben müssen. Die EG-Staaten sind noch längst nicht soweit, echte Souveränitätsrechte an eine Zentralregierung abzugeben, die sich wiederum eine unabhängige und effektiv arbeitende Notenbank leisten könnte. Solange aber diese Institution fehlt, kann es nur mit der Bundesbank an der Spitze ein gut funktionierendes anti-inflationär wirkendes europäisches Geldsystem geben. Die Bundesbank hat das Zeug dazu, sie ist dafür gerüstet.

Ostberlin, 27. 6. 90

Die bundesdeutschen Großbanken setzen in der DDR zum Endspurt für die Wirtschafts-, Währungs- und Sozialunion an. Heute stellte die Deutsche Bank im Ostberliner Palasthotel ihre Aktivitäten in der DDR vor. Die Dresdner Bank wird am Freitag in Halle an der Saale mit ihrer Öffentlichkeitsarbeit abermals aktiv und die Commerzbank am Samstag am selben Ort.

Kleine Eifersüchteleien werden dabei zwischen den beiden Großbanken deutlich. Commerzbankchef Walter Seipp hatte für seinen Empfang in Halle, den Hallenser Hans-Dietrich Genscher eingeladen. Das wiederum konnte der Dresdner Bank-Chef, Wolfgang Röller, so nicht im Raume stehen lassen, schließlich war Röller vor Jahrzehnten in dieselbe Schule wie Bundesaußenminister Genscher gegangen. Röller musste also Genscher zum gemeinsamen Schulbesuch und zum Empfang zeitlich vor der Commerzbank haben mit dem Ergebnis, dass am Freitag in Halle Genscher mit Röller und am Samstag Genscher mit Seipp auftritt. (Die FDP-Parteikasse freut sich schon über die Zuwendungen von beiden Bankbossen.)

Die Deutsche Bank steht selbstredend haushoch über solchem Prestige-Kram. Der quirlige Röller wollte aber auch der großen Konkurrenz ein Schnippchen schlagen. Schon gestern ließ er bekannt geben, mit welchem Filialaufgebot sein Haus, die Dresdner, in der DDR auftritt. Der Start war – konkurrenzlos früh – schon am 2. Januar 1990 in der Gründungsstadt Dresden. Insgesamt verfügt die Röller-Bank über 72 Filialen gemeinsam mit der DDR-Kreditbank und 35 eigene Niederlassungen, zusammen 107 Filialen. Diese 107 sind ganz offensichtlich weniger als die 140 Filialen der Deutschen Bank. So kann man aber mit einem Wolfgang Röller nicht umspringen. Was die Dresdner Bank heute nicht hat, will sie innerhalb von anderthalb Jahren vereinnahmen. So ließ Röller schon gestern verkünden, dass sein Haus bis Ende 1991 über 150 Filialen auf dem Gebiet der DDR verfügen werde.

Das für die DDR zuständige Vorstandsmitglied der Deutschen Bank, Georg Krupp, sah sich schließlich auf der heutigen Pressekonferenz in Ostberlin veranlasst, noch eins draufzusetzen: „Unsere Absicht ist es, in den nächsten zwei bis drei Jahren das Filialnetz auf dem Gebiet der DDR durch Neugründung von zusätzlichen 100 Geschäftsstellen zu komplettieren, zusammen sind es dann 250. Die Deutsche Bank kann es nicht lassen, überall die Größte zu sein.

Daneben machen sich die 50 Filialen der Commerzbank recht bescheiden aus. Aber Commerzbank-Chef, Walter Seipp, ist es zufrieden. Er hat vor Monaten schon erklärt, dass sein Haus eines Tages wieder ihre alte Position auf den Kreditmärkten zwischen Elbe und Oder einnehmen werde. Sie war zu Reichszeiten das weitest verbreitete Bankinstitut in Mitteldeutschland. Wenn das beim Start in die Währungsunion nicht sofort wieder klappt, muss das kein Beinbruch sein. Dann braucht man eben etwas länger, um die alte Marktstellung zurückzuerobern. Eines ist aber heute schon sicher: Vom Bahnhof Friedrichstraße, von der S-Bahnbrücke, die sich über den Vereinigungsverkehr wölbt, grüßen bereits die überdimensionalen Lettern der Commerzbank auf den durchströmenden Weltstadtverkehr.

Heimflug von Houston: Bundeskanzler Kohl umringt von Journalisten (Autor links oben)

Umstellungssätze – Mark der DDR : Deutsche Mark

Forderungen und Verbindlichkeiten	2 : 1
Aber: Löhne, Gehälter, Renten, Mieten, Pachtkosten	1 : 1
Bankguthaben natürlicher und juristischer Personen	2 : 1
Aber: Bankguthaben natürlicher Personen mit ständigem Wohnsitz in der DDR – bis zum vollendeten 14. Lebensjahr in Höhe von 2.000 Mark	1 : 1
bis zum vollendeten 59. Lebensjahr in Höhe von 4.000 Mark	1 : 1
ab dem 60. Lebensjahr 6.000 Mark	1 : 1
Bankguthaben von natürlichen und juristischen Personen mit Wohnsitz außerhalb der DDR	
vor 31. Dezember 1989	2 : 1
nach 31. Dezember 1989	3 : 1

Die Banken starten in die Währungsunion von der ersten Stunde an. Sie öffnen die Schalter am Sonntag, 1. Juli, um 9 Uhr und halten den Publikumsverkehr bis um 21 Uhr aufrecht. Manche Filialen öffnen sogar schon um 0 Uhr. Über 40 Bankinstitute, fast 200 Sparkassen und etliche Kreditgenossenschaften treten dann in der DDR in Wettbewerb. Alle verbindet ein großer Gedanke: Goldgräberstimmung für eine goldene Zukunft in der neuen Welt.

Die Deutsche Bank ist über ihre Tochtergesellschaft Deutsche Bank Kreditbank von Anfang an mit 8500 Mitarbeitern aus der ehemaligen Staatsbank und 300 aus Westdeutschland importierten, in der Wolle gefärbten Deutschbankern dabei. Und damit die Kundenwerbung – gerade bei den Ossis unter den Akquisiteuren – besonders geschmiert läuft, wurde ein Mitarbeiter-Wettbewerb ins Leben gerufen. „Reisen können da gewonnen werden ins Blaue bis ins tropische Hawaii", beteuerte Vorstand Krupp heute am grünen Strand der Spree.

Gutes Geld ist geprägte Freiheit

1. Juli 1990

Zur deutsch-deutschen Zeitenwende sprach ich im „Frankfurter Gespräch" mit dem Präsidenten der Schweizerischen Nationalbank, Markus Lusser, und dem Vorsitzenden des Verbandes der deutschen Maschinen- und Anlagenbaufirmen, Hans-Jürgen Zechlin. Zwei ganz wesentliche Aussagen habe ich notiert. Lusser:

„Ich glaube, dass Deutschland und damit auch Europa auf gutem Wege sind. Ich glaube allerdings auch, dass es zunächst noch einige Probleme zu lösen gibt. Der wichtigste und entscheidende Moment ist sicher die deutsch-deutsche Währungsunion. Wir haben damit eine echte Währungsunion. Die D-Mark ist die Währung auch der DDR. Ich erinnere mich da an ein Wort eines russischen Dichters, es muss Dostojewski gewesen sein, der einmal gesagt hat: Gutes Geld ist geprägte Freiheit. Ich glaube, man muss es positiv vor allem unter diesem Blickwinkel würdigen.

Es gibt natürlich in Europa Ängste wegen eines größeren Deutschlands, die geschichtlich begründet sind. Ich glaube aber, diese Ängste sind heute nicht mehr berechtigt. Ich glaube, dass Europa wirtschaftlich von diesem größeren Deutschland profitieren wird und ich glaube, dass Europa politisch profitieren wird, weil das einige Deutschland der Normalfall ist und das, was wir vorher hatten, war nicht das Normale und war eigentlich viel gefährlicher als die Rückkehr zur Normalität."

Der Maschinenbauer Zechlin hat den Aspekt des „Unternehmertums" in der DDR herausgegriffen: „Die erste Überraschung war eine negative. Die Betriebe, die man vorfindet, sind schlechter als man erwartet hat. Man hat vorher nur die Vorzeigebetriebe, das Beste vom Besten gesehen. Nachdem die Grenze offen ist, sieht man, dass die Struktur in den Betrieben schlechter ist. Das ist aber gar nicht so wichtig wie eigentlich die positive Überraschung. Man hatte zunächst nämlich angenommen, dass es nach 40 oder 50 Jahren Kommandowirtschaft keine echten innovativen, motivierten Unternehmer mehr gibt. Und wir stellen zu unserer großen Freude fest, dass es ganz außerordentlich gut motivierte, engagierte Arbeitskräfte gibt, aber eben auch noch echte Unternehmer. Und wenn ich das in einem Bild sagen darf, dann so: Es vollzieht sich dort das, was wir aus dem Wald kennen. Die neuen jungen Bäume, die nachwachsen, bringen mehr Wachstum als die großen alten Bäume, die nicht mehr so viel Vitalität haben. Insofern sind wir durchaus optimistisch."

Weltwirtschaftsgipfel Houston

Treffen der Staats- und Regierungschefs vom 9. bis 11. Juli 1990

Geburt eines weißen Elefanten des Friedens

„Auf Gipfeln wurden noch nie Elefanten geboren", tönte Bundeskanzler Helmut Kohl während der Pressekonferenz beim Gipfel in Houston. Da aber hatte er eher die Themen wie Umweltschutz und Russlandhilfe im Sinn. Tatsächlich gebar der Weltwirtschaftsgipfel in Texas eine ganze neue Ära. Hier wurde die Wiedervereinigung Deutschlands unumkehrbar gemacht. Kohl verhalten beginnend: „Der jetzt zu Ende gegangene Gipfel hat sich durch seine besonders freundschaftliche Atmosphäre und Arbeitsintensität ausgezeichnet. Für uns – wie für die anderen europäischen Teilnehmer – war es die 3. Gipfelbegegnung innerhalb von zwei Wochen: Nach dem Europäischen Rat in Dublin folgte der Nato-Gipfel in London und jetzt der Wirtschaftsgipfel in Houston." Dann holte der Kanzler in seiner Emotion stark auf: „Die Teilnehmer aller drei Gipfeltreffen unterstützten nachdrücklich den Prozess der Einigung Deutschlands, sprechen sich für ein geeintes und freies Europa aus und unterstützen die tief greifenden historischen Veränderungen in Osteuropa und der Sowjetunion." Schließlich kam der glückliche Kanzler mit seiner Seelenlage voll zum Zuge: „ Noch in diesem Jahr wird der lange gehegte Wunsch meines Volkes in Erfüllung gehen, in Einheit und Freiheit zusammenzuleben. Ich möchte mich an dieser Stelle ausdrücklich für die Sympathie und die nachhaltige politische Unterstützung bedanken, die wir Deutschen auf dem Weg zur Einheit von unseren Freunden und Partnern erfahren haben."

Politische Erklärung: Die Demokratie festigen

Wir, die Staats- und Regierungschefs unserer sieben Länder (USA, Kanada, Japan, Großbritannien, Deutschland, Frankreich, Italien) und die Vertreter der Europäischen Gemeinschaft zollen den Männern und Frauen in der ganzen Welt unseren Respekt, deren Mut und Weisheit die historischen Fortschritte der Demokratie, deren Zeugen wir im letzten Jahr wurden, ausgelöst und herbeigeführt haben. Am Beginn des letzten Jahrzehnts dieses Jahrhunderts, das nach unserer Vorstellung ein Jahrzehnt der Demokratie sein sollte, unterstreichen wir erneut unsere Entschlossenheit, die Stärkung der Demokratie, der Menschenrechte, des wirtschaftlichen Wiederaufbaus und der wirtschaftlichen Entwicklung durch marktorientierte Volkswirtschaften zu unterstützen. Wir unterstreichen die gute Gelegenheit, die dieses Forum Vertretern aus Europa, Japan und Nordamerika zur Erörterung der schwierigen Herausforderungen der kommenden Jahre bietet.

Europa steht an der Schwelle eines neuen Zeitalters und damit in einem tief greifenden und historischen Wandel, der den Kontinent erfasst hat. Die Londoner Erklärung „Das Nordatlantische Bündnis im Wandel" schafft eine neue Grundlage für Zusammenarbeit zwischen früheren Gegnern beim Aufbau eines stabilen, sicheren und friedlichen Europas. Wir sind entschlossen, jede sich bietende Chance zu nutzen, um ein geeintes und freies Europa zu schaffen, und wir würdigen den Beitrag der Europäischen Gemeinschaft hierzu.

Wir begrüßen die Vereinigung Deutschlands, die ein sichtbarer Ausdruck des unveräußerlichen Rechtes der Menschen auf Selbstbestimmung ist und einen wesentlichen Beitrag zur Stabilität in Europa leistet. Wir begrüßen ein geeintes und demokratisches Deutschland, das uneingeschränkte Souveränität besitzt und keinen diskriminierenden Beschränkungen unterliegt. Die deutsche Wirtschafts- und Währungs- und Sozialunion wird zu einem verbesserten und inflationsfreien globalen Wachstum sowie zu einem Abbau außenwirtschaftlicher Ungleichgewichte beitragen. Dieser Prozess wird positive wirtschaftliche Entwicklungen in Mittel- und Osteuropa fördern.

Wir begrüßen die Ablösung repressiver Regime in Mittel- und Osteuropa durch vom Volk frei gewählte Regierungen. Wir begrüßen die Einführung der Rechtsstaatlichkeit und der Freiheiten, die das Fundament eines demokratischen Staates bilden. Wir fordern Rumänien angesichts der jüngsten Ereignisse mit Nachdruck auf, sich den positiven Entwicklungen anzuschließen, die sich in anderen Staaten Mittel- und Osteuropas vollziehen.

Wir begrüßen die Absicht der Sowjetunion, ihr politisches System zunehmend zu demokratisieren, sowie die sowjetischen Ansätze, die Wirtschaft des Landes nach marktwirtschaftlichen Grundsätzen zu reformieren. Wir sind zur Zusammenarbeit mit der Sowjetunion bei ihren Bemühungen um die Schaffung einer offenen Gesellschaft, einer pluralistischen Demokratie und einer marktorientierten Volkswirtschaft bereit. Solche Veränderungen werden die Sowjetunion in die Lage versetzen, ihren Pflichten in der Völkergemeinschaft nachzukommen, die auf diesen Grundsätzen beruht. Es ermutigt uns, dass es Anzeichen für einen konstruktiven Dialog zwischen der sowjetischen Regierung und den baltischen Staaten gibt, und fordern alle Seiten nachdrücklich auf, diesen Dialog in einem demokratischen Geiste fortzuführen.

Habt Ihr schon gejubelt?

Rückflug. Als der Tross der Journalisten schon in der Regierungsmaschine Platz genommen hatte, kam Kanzler-Berater Teltschik: „Habt ihr schon gejubelt? Ist was zu trinken da. Hier ist es so warm." Hemdsärmelig drückten dann die Minister Klein, Waigel und Haussmann in die Kabine. Nach einiger Zeit kommt der Gewinner des Gipfels, Kohl. Applaus. Der Flugkapitän in Majorsrang gratuliert dem Kanzler, macht Meldung über die Flugroute und die voraussichtliche Ankunftszeit in Köln Wahn. Wir diskutieren mit dem Sieger von Houston über den Konferenzverlauf, 10 000 m über dem Atlantik.

Für mich ist auch der Verbleib der Europäischen Zentralbank wichtig. „Herr Bundeskanzler, wo wird die EZB domizilieren?" „Frankfurt wird der Sitz sein. Das haben die EG-Partner verstanden. Bisher hatte Deutschland keinerlei Forderungen für irgendeine EG-Behörde gestellt. Jetzt ist es soweit."

Bundesbank entwickelt Doppelstrategie

Das Direktorium der Deutschen Bundesbank hechelte auf seiner heutigen Sitzung (22. 8. 90) die neuen Vorschläge der EG-Kommission zur Weiterentwicklung der Europäischen Währungsunion durch. Morgen wird sich der Zentralbankrat damit befassen und die Marschrichtung für die künftigen Gespräche und Verhandlungen festlegen. Dabei wird eine Doppelstrategie verfolgt. Erstens müssen die Interessen der Bundesbank gegenüber den Vorstellungen der Bundesregierung durchgesetzt werden, besser: gewahrt bleiben. Gemeinsam wird dann die deutsche Position für die kommenden Verhandlungen auf europäischer Ebene fixiert. Zur Doppelstrategie der Nationalbank gehört aber auch ein intensiver Gedankenaustausch mit den übrigen Notenbanken Europas, nicht nur der EG sondern auch der Schweiz und Österreichs.

Das Erfolgsmodell Bundesbank hat längst überall auf unserem Kontinent nicht nur Bewunderer sondern auch Nachahmer gefunden. So gibt es gemeinsame Interessenlagen der europäischen Zentralbanken gegenüber den Regierungen und der EG-Kommission. Das hat sich schon sehr segensreich in der europaweiten Diskussion zur Entwicklung des gemeinsamen Währungssystems ausgewirkt. Der Konsens heißt: stabiles Geld.

Bei den Brüsseler Behörden, die lange schon von einer europäischen Zentralregierung träumen, natürlich nach ihrem nicht gerade demokratischen Muster, haben sich eher die Fiskalisten der romanischen Tradition breit gemacht. Sie wollen die Geldpolitik möglichst straff an die Kandare nehmen. Der ehemalige französische Wirtschafts- und Finanzminister und heutige EG-Präsident, Jacques Delors, war einer der harten Verfechter dieser Staatsraison gewesen. Einige Läuterungen fanden bei ihm in den letzten Jahren jedoch statt. Dennoch müssen die mannigfaltigen und regen Brüsseler Vorstöße in den aktuellen Währungsangelegenheiten immer kritisch betrachtet werden, denn in den Römischen Verträgen steht kein Passus über die Übertragung von Notenbankaktivitäten auf die Brüsseler EG-Institutionen. Das hat sich erst in jüngerer Zeit geändert und leider wird man davon auch nicht mehr herunterkommen. Schließlich befinden wir uns bereits in der ersten Phase des sogenannten Delors-Plans zum Aufbau einer Wirtschafts- und Währungsunion in Europa.

Jetzt hat die Kommission der Europäischen Gemeinschaft eine schnellere Gangart hin zur Währungsunion empfohlen. Schon am 1. Januar 1993 soll die EG-Zentralbank ihre Arbeit aufnehmen. Damit einhergehen soll die Abtretung der geldpolitischen Souveränität von den einzelnen Staaten auf diese Institution. Immerhin soll das Verbot einer monetären Finanzierung staatlicher Defizite festgeschrieben werden. Die Notenpresse zur Staatsfinanzierung darf also weder auf der Ebene der Mitgliedsstaaten in Gang gesetzt werden noch auf der Ebene der EG. Ganz generell, so heißt es in dem jüngsten Brüsseler Papier, das Anfang September in Rom von den EG-Finanzministern abgesegnet werden soll, ganz generell soll der Grundsatz verankert werden, dass übermäßige Haushaltsdefizite zu vermeiden sind.

Den Brüsseler Finanzakrobaten schwebt vor, dass demnächst nicht nur das Pfund Sterling in den Wechselkursmechanismus des EWS aufgenommen wird, sondern auch der Portugal-Escudo und die Griechen-Drachme. In der zweiten Phase der Geldunion werden die Finanz- und Wirtschaftspolitiken der einzelnen Länder angepasst. Danach folgt die Aufbauphase der EG-Zentralbank. Später gibt es das einheitliche Geld, das ECU heißen soll.

Es ist klar, dass Europa jetzt die Dividende einfahren will, die sich die Behörden in Brüssel und die Nachbarstaaten durch die freundliche Aufnahme der DDR und die deutsche Vereinigung verdient zu haben glauben (obwohl der große europäische Umbau in diesem Punkte allein durch die USA, die Sowjetunion und Deutschland arrangiert worden ist!). Deutschland wird auch an Europa-Freundlichkeit und Entgegenkommen nichts zu wünschen übrig lassen. Bonn ist nach allen Seiten offen. Auch die in Frankfurt versammelten Zentralbankräte werden sich von ihrer konzilianten Seite zeigen. Sie dürften sich auf die Formel einigen: 1. Europa braucht stabiles Geld; 2. Stabiles Geld kann nur eine in geldpolitischen Dingen weisungsunabhänige Zentralbank darstellen – siehe Bundesbank-Gesetz. 3. Solange diese unabhängige EG-Zentralbank nicht etabliert ist, muss die Bundesbank in Verantwortung für das Europäische Währungssystem und einer harten D-Mark als Anker voll funktionsfähig bleiben. 4. Der parallele Aufbau einer EG-Zentralbank in Frankfurt steht dem nicht entgegen. 5. Um die EG-Währungsunion überhaupt voranzubringen, sollte mit jenen Staaten begonnen werden, die den Stabilitätserfordernissen von Anfang an entsprechen.

Wetterleuchten im Herbst 1990
Schlesinger: Von St. Martin das Teilen lernen

Auch Geldpolitiker haben zuweilen ihre besinnlichen Anwandlungen. Dabei rutscht ihnen unversehens treu katholisches Glaubensgut in die geldpolitische Predigt. Als sich der Vizepräsident der Deutschen Bundesbank, Prof. Helmut Schlesinger, im Club Frankfurter Wirtschaftsjouranalisten so richtig wohlfühlte, erinnerte er an das hochherzige Teilen des römischen Legionärs Martinus mit irgendeinem Alten an der Straße. Damals ging es immerhin um die Hälfte seines Besitzes, nämlich um den Mantel, den St. Martin zugunsten des Mitmenschen durchtrennte. Ähnlich hochherzige Gesten würde der Bundesbank-Vize gerne von den alten Bundesländern und den Kommunen in Westdeutschland zugunsten der neuen Länder und ihrer Bevölkerung sehen.

Schlesinger beklagte vehement die Ausgabenfreudigkeit der westdeutschen Gebietskörperschaften und ihren mangelnden Opferwillen für das Gebiet der ehemaligen DDR. Die westdeutschen Länder dürften nicht glauben, dass sie alleine mit den vereinbarten Zinszahlungen für den Fonds der deutschen Einheit davonkämen. Es werde mehr verlangt von den Ländern und Zusätzliches von den Gemeinden meinte Schlesinger. Es könne auch mehr geleistet werden, wenn man die Ausgaben-Expansion von Ländern und Kommunen beobachte. Dann wurde Schlesinger direkt: „Ich bin noch nicht in allen Frankfurter Museen gewesen, die so in den vergangenen 10 Jahren eröffnet wurden, und dennoch plant Frankfurt einen weiteren Musen-Tempel." Kunstfreund Schlesinger ist nach seinen Beteuerungen auch noch nicht in allen Theatern dieser Stadt gewesen und dennoch würden weitere neben der Wiedererrichtung des Schauspielhauses geplant.

Schlesinger erkennt darin eklatante Akte der öffentlichen Verschwendung. Er bezog seine Kritik nicht nur auf Frankfurt. Die Freie Reichsstadt diente ihm allein als Demonstrations-Objekt. Die Ausgabenpläne der Gemeinden sehen nach Schlesinger in den Jahren 1990 und 91 Mehraufwendungen von jeweils 8 Prozent vor. Und die Länderetats wüchsen nicht sonderlich geringer.

Kurz bevor die Martinsgans auf die Tische der Wessis flattert, forderte Schlesinger zur Zurückhaltung auf: sparen, sparen, teilen, teilen. Der Bundesregierung in Bonn empfahl er ebenfalls strikte Sparsamkeit. Es müssen die Ausgaben gezügelt, Subventionen gestrichen und zusätzliche Geldquellen erschlossen werden, und zwar über Privatisierungen, damit die riesigen Kapitaltransfers zugunsten der Ostländer einigermaßen vernünftig finanziert werden können. Aus konjunkturpolitischen Gründen, aber auch aus finanzerzieherischen Erwägungen sprach sich der Bundesbank-Vize gegen Steuererhöhungen aus. Steuererhöhungen würden die Konjunktur abdrosseln und harte Sparmaßnahmen in den Staatshaushalten vereiteln. Es dürfe in Deutschland durch eine langjährige Ausgabenflut nicht so weit kommen wie in den Vereinigten Staaten oder Italien. Dann nämlich würden Regierung und Bundesbank kaum noch über finanz- und geldpolitische Spielräume verfügen mit den entsprechend negativen Auswirkungen auf eine aktive Finanz- und Wirtschaftspolitik.

Im laufenden Jahr kann die Bundesbank auch nicht sonderlich zur Entlastung des Bonner Staatshaushaltes beitragen, da der rapide abgewertete Dollar den Bundesbankgewinn zusammenschrumpfen lässt. Gegenüber der Dollarbewertung im vergangenen Jahr von gut 1,58 macht die Abwertung 1990 nahzu 10 Pfennig aus, sodass der Bundesbankgewinn um vier bis 5 Milliarden Mark geringer ausfällt. Das heißt, dass Bonn aus Frankfurt für 1990 bestenfalls die 7 Milliarden Mark erhalten kann, die der Finanzminister bereits in den Haushalt 1991 eingestellt hat. Für den Abbau der Verschuldung des Bundes bleibt da nichts mehr übrig.

Margret Thatcher packt ein

Maggie Thatcher, die jetzt als Premierministerin von Großbritannien den Rückzug antritt, gehörte nicht nur in der europäischen Politik zu den markantesten Erscheinungen der vergangenen 20 Jahre, sondern es verbindet sich mit ihrem Namen auch eine ganz bestimmte Art der Wirtschaftspolitik, aber auch der Innenpolitik: Thatcherism genannt. Das war die Methode, mit der die Eiserne Lady vor etwa einem Dutzend Jahren begonnen hat, die durch Streiks und Ständewirtschaft zugrunde gerichtete britische Ökonomie wieder aufzumöbeln.

Margret Thatcher hat die alten Zöpfe des englischen Zunftwesens rigoros abgeschnitten und sich damit tatsächlich als Revolutionärin erwiesen. Der Europa-Politiker und deutsche Professor, der in London großen Einfluss hatte, der Life Peer Baron Ralf Dahrendorf of Clare Market stuft die Thatcher-Revolution auf allen Ebenen der Verwaltung bis hinein in das ständische Anwaltssystem ähnlich gewaltig ein wie Cromwells glorreiche Revolution. Mit diesen Aufräumarbeiten hat die konservative Revolutionärin mehr geleistet als sämtliche Labour-Regierungen vor ihr. Denn auch Labour hat sich stets mit der britischen Tradition arrangiert, wenn diese Partei erst einmal an der Macht war.

Margret Thatcher hat auch nicht davor Halt gemacht, die Behördenstrukturen der großen Städte zu zerschlagen. London hat seit einiger Zeit keine Zentralverwaltung mehr, sondern nur noch Bezirke. So hat die konservative Premierministerin Machtzentren der Opposition zerstört. Der Falkland-Krieg und die ausgesprochene Abneigung gegenüber der deutschen Vereinigung (Warum haben wir eigentlich den Krieg gewonnen, wenn das nun passiert?) sind wichtige Teilaspekte ihrer Außenpolitik. Insbesondere ist es aber ihre neoliberalistische Wirtschaftspolitik gewesen, die die Ökonomie auf den britischen Inseln seit Beginn der 80er-Jahre angekurbelt hat, und die damals sogar in der Bundesrepublik als vorbildlich hingestellt wurde.

Nach der Wachstumseuphorie der mittleren und späten 80er-Jahre herrscht unter den Briten jetzt aber wieder Katerstimmung. Löhne und Preise heizen sich gegenseitig auf und steigen mit jährlichen Raten von mehr als zehn Prozent, die Zinsen liegen bei 15 Prozent. Im Wettbewerb der Systeme unterlag eder Tatcherism der von Deutschen geprägten sozialen Marktwirtschaft.

Ihre typisch britische und damit anti-europäische Haltung und der Separatismus in der Währungs- und Geldpolitik haben Großbritannien schwer geschadet. Der kürzliche Beitritt zum Europäischen Währungssystem mit seinem Wechselkursmechanismus, dem nun auch das Pfund Sterling unterworfen ist, hat die Lage nicht bessern können. Das braucht mehr Zeit. Margret Thatcher lehnte bis zuletzt die Gründung einer Europäischen Währungsunion und die Errichtung einer Europäischen Zentralbank ab. Sie wollte einen derart hohen Souveränitätsverzicht nicht leisten. Mit dem Abgang der Eisernen Lady hat die britische Innen- und Außenpolitik, insbesondere aber die Europapolitik eine Vielzahl von Chancen mehr erhalten.

Visionen für einen blühenden Finanzplatz Frankfurt

Die deutsche Finanzwelt werkelt ganz emsig an der Weiterentwicklung des Finanzplatzes Frankfurt, an der Verbesserung seiner internationalen Wettbewerbsfähigkeit. Besonders tut sich der Präsident der Landeszentralbank in Hessen, Karl Thomas, hervor. Seitdem Thomas den Chef-Sessel in der Frankfurter Taunusanlage eingenommen hat, scheint sein Ziel zu sein, den Finanzplatz Frankfurt ebenso perfekt auszustaffieren, wie es dem Bau und dem Enterieur der neuen Landeszentralbank zukommt. Goethe, Faust und die lieben kleinen Währungsgeister. An der D-Mark hängt, zur D-Mark drängt Europa, ach wir Armen.

Was dort die Architekten im Geiste des Frankfurter Großmeisters vorgegeben haben, wollen nun die Finanzstrategen ebenso perfekt nachempfinden. Bildlich gesprochen geht es um die komfortable Ausstaffierung der Finanzmarkthallen für das gemeinsame Europa. Thomas: „In Osteuropa suchen die Staaten marktwirtschaftliche Reformen durchzusetzen und eigene Finanzsysteme aufzubauen, während Westeuropa zu einer Wirtschafts- und Währungsunion verschmelzen soll. Und Deutschland liegt an der Schnittstelle dieser Strömungen. Damit rückt der Frankfurter Finanzplatz, bisher eher in westeuropäischer Randlage, in das gesamteuropaische Zentrum."

Abgesehen von der geografischen Beschreibung des in den Mittelpunkt Europas Rückens, weiß die Landeszentralbank noch von einem anderen unverwechselbaren Vorteil der Mainmetropole zu berichten. „Die internationale Rolle der D-Mark ist für Auslandsbanken", so schreibt Thomas im Finanzbericht seines Hauses, „ein maßgeblicher Beweggrund, sich in Frankfurt niederzulassen. Die Teilnahme an D-Mark-Geschäften an Ort und Stelle unterscheidet Frankfurt von anderen Plätzen. Darunter auch vom Hauptkonkurrenten London, wo Auslandsbanken ihren Sitz vorwiegend zu dem Zweck genommen haben, Fremdwährungsgeschäfte, z. B. in US-Dollar, D-Mark oder Yen zu betreiben."

Für die Hessische Landeszentralbank ist es unbestritten, dass die geplante Herstellung einer Währungsunion mit einer einheitlichen Währung in Zukunft zu dem letztlich entscheidenden Kriterium für die Standortwahl der großen Finanzhäuser der Welt machen wird. Die energischen Bemühungen beim Ausbau der Marktorganisation in Frankfurt tragen dem Rechnung. Um es auf den Punkt zu bringen: Durch die jetzt mit Nachdruck betriebene Ansiedlung der Europäischen Zentralbank mit dem Namen „Bank von Europa" in Frankfurt wird die Schlacht um die Spitzenstellung der Weltfinanzmärkte entschieden. Bleiben das europäische Gemeinwesen sowie die europäischen Finanz- und Geldpolitiker auch nach der Bildung einer europäischen politischen Union einigermaßen intakt, dann wird die Bank von Europa eine größere Bedeutung haben als das amerikanische Federal Reserve System oder die Bank von Japan. Unbestritten bleibt, dass unter diesen drei Notenbanken über viele Jahrzehnte die Geldpolitik der Welt alleine ausgemacht wird. Große Perspektiven ergeben sich also für den Wirtschaftsraum Rhein-Main, wenn die Euro-Zentralbank hier angesiedelt wird.

Im Zinsmanagement hat sich der Finanzplatz Frankfurt zusätzlich ein unverwechselbares und schlagkräftiges Instrument geschaffen, das den bis vor Kurzem noch bestehenden Wettbewerbsvorteil Londons wettmacht. Fibor ist erfolgreich gegen Libor angetreten. Das seit dem 1. Juli 90 angewandte Verfahren zur Ermittlung der „Frankfurt Interbank Offered Rate" (Fibor) hat sich in der Praxis bewährt, schreibt die Landeszentralbank. Der Dreimonats-Zinssatz unter Banken konnte nun an den Londoner Zinssatz „Libor" angepasst werden. Nun findet der Frankfurter Banken-Zinssatz auch bei internationalen Investoren hohe Anerkennung.

Rom – Schlappe für Delors

Der Herbst 90 hat für den EG-Präsidenten, Jacques Delors, eine politische Schlappe gebracht, von der er sich so schnell kaum erholen dürfte. In Rom wurden Delors' Währungspläne zerschlagen. Es war auch der falsche Weg gewesen, den Brüssel in den vergangenen Wochen verfolgt hat. Von der EG-Kommission wurde zuviel Druck in Richtung einer baldigen Einführung der Europäischen Währungsunion ausgeübt, wohl auch mit dem Hintergedanken, die Deutschen müssten als Gegenleistung für EG-Freundlichkeiten bei der Vereinigung ihre harte Haltung aufgeben, weich werden für eine weichere Geldpolitik.

Nach Delors' Vorstellungen, die von den Romanen in der EG unterstützt wurden, sollte die Währungsunion nun in einen zeitlich festen Rahmen gepresst werden, damit möglichst bald das Europa des Geldes unabänderliche Wirklichkeit wird. Brüssel nannte den 1. Januar 1993, an dem der

Einstieg in die sogenannte 2. Stufe des Delorsplans vorgenommen werden sollte. Ein Kompromissvorschlag enthielt die Jahreszahl 1994 mit der Perspektive, dass etwa zur Jahrtausendwende eine einheitliche europäische Währung mit dem Namen ECU entstehen sollte. Für die Deutschen ist die D-Mark aber auch im 3. Jahrtausend noch gutes Geld.

Die deutsche Seite und mit ihr die meisten Hartwährungsländer des europäischen Kontinents konnten den römischen Geldplänen nicht zustimmen. Ganz abgesehen von Großbritannien, das neuerdings wieder entschiedener als vorher eine separate eigenständige Linie fährt, ganz einfach auch deshalb, weil die Probleme auf der Insel eher größer als kleiner geworden sind. Man denke nur an die Teuerung von zehn Prozent derzeit. Nach früheren Bekundungen hätte das Pfund Sterling am vergangenen Wochenende in den Wechselkursverbund des EWS eintreten sollen. Nichts ist passiert. Die Briten waren schlichtweg nicht in der Lage dazu. Nun wird auf den November verwiesen.

Obwohl es sich in Rom nur um ein informelles Treffen der EG-Finanzminister gehandelt hat, bei dem insbesondere Bundesbankpräsident Pöhl die Vorstellungen der übrigen EG-Zentralbankchefs den Ministern erläuterte, hat die Konferenz zu einer klaren Justierung der europäischen Währungspolitik geführt. Niemand sollte jetzt noch Zweifel daran haben, dass die Bundesrepublik die Verantwortung für die europäische Leitwährung D-Mark weiter sehr ernst nimmt und dieses Instrument nicht zu opfern bereit ist, solange es keine gleichwertige europäische Institution gibt wie die Bundesbank für Deutschland. Es bleibt also bei der eindeutigen Dominanz des D-Mark-Blocks.

Dabei spielen die deutschen Finanz- und Geldpolitiker kein falsches Spiel nach dem Motto: Wir akzeptieren keine Europäische Zentralbank, weil sie nicht funktionsfähig wäre, und sie ist nicht funktionsfähig, weil die Deutschen sie nicht akzeptieren.

Machtpolitik ist die eine Seite, die sicherlich auch von Deutschland betrieben wird. Dennoch sollte nicht an dem ernst gemeinten Engagement der Deutschen gezweifelt werden, auch in der Währungspolitik. Das robuste Auftreten von Finanzminister Waigel in Rom ist nur daher verständlich, weil mit der Zeit zu offenkundig das Interesse anderer Mitgliedsstaaten der Europäischen Gemeinschaft und der EG-Behörden in Brüssel zutage getreten war, eher auf die alsbaldige Demolierung des D-Mark-Blocks hinzuwirken als auf den Aufbau eines stabilen Fundaments für ein europäisches Zentralbanksystem, ein Zentralbanksystem, in dem die Teuerung durch eine klar formulierte und unabhängige Geldpolitik ebenso gebändigt bleibt, wie in der Bundesrepublik. Die Bundesbank hat über Jahrzehnte gelernt, wie man der Teuerung in Deutschland am besten an den Kragen gehen kann. Sie war damit auch Zuchtmeisterin für die anderen europäischen Volkswirtschaften.

Es kann aber doch nicht sein, dass in wenigen Jahren irgendeine europäische Behörde für das europäische Geld verantwortlich zeichnet, die nicht mit einem ausreichenden Instrumentarium ausstaffiert ist. Wer keine Souveränitätsrechte an eine Euro-Zentralbank und eine gemeinsame Euro-Finanzpolitik abgeben will, darf nicht erwarten, dass die Bundesrepublik die Bundesbank aus dem Obligo entlässt, die D-Mark opfert für einen flauen ECU. Das muss als durchaus verantwortungsvolle Haltung gegenüber Europa gewertet werden, wenn sie den Deutschen auch eine Vormachtstellung im alten Kontinent verschafft. Die EG-Freunde mögen dies als peinliche Zwickmühle empfinden. Sie müssen aber auf die Dauer ihre Steine wirklich anders setzen, nämlich auf dieAufgabe von einzelstaatlichen Souveränitätsrechten, damit ein souveränes Europa entstehen kann.

Auf dem EG-Gipfel in Rom (Dez. 1990) haben sich die Regierungschefs auf einen Einstieg in die 2. Stufe der Währungsunion 1994 festgelegt. Dies aber mit einem Fünf-Punkte-Programm verknüpft: 1. Die Verwirklichung des Europäischen Binnenmarktes. 2. Die Ratifizierung eines EG-Vertrages, der die Bedingungen zur Schaffung der Währungsunion umreißt. 3. Die Sicherstellung, dass die Vertreter der nationalen Zentralbanken in der neuen EG-Zentralbank von der politischen Kontrolle der Mitgliedsstaaten frei sind. 4. Keine Finanzierung von Budget-Defiziten einzelner EG-Länder. Außerdem sollen die Gemeinschaft sowie die einzelnen EG-Staaten das Schuldenmachen eines Mitgliedsstaates nicht mittragen. 5. Sollte der Beitritt der möglichst größten Zahl der Mitgliedsstaaten in den Wechselkursmechanismus des Europäischen Währungssystems vollzogen sein.

Wenn man in der Politik in der Sache nicht weiter kommt, pickt man sich unliebsame Personen raus, um diese kaltzustellen. Pöhl, der Machtmensch, war für die Europäer immer mehr zur Inkarnation seines Instruments D-Mark geworden. Schon seit Längerem wird er „Mister D-Mark“ bezeichnet. Und wenn die D-Mark nicht so schnell wegzuschieben ist, dann muss eben Pöhl vom Sockel gestoßen werden. In diesem Punkte war Kanzler Kohl anfällig.

Estampas Mexicanas

Einmal darf aber noch richtig gefeiert werden. Pöhl, der weltbekannte und weltweit geschätzte Herr des deutschen Geldes holt mexikanische Impressionen in seinen Frankfurter Regierungssitz. Mexiko hatte nicht immer einen glänzenden Namen in der globalen Finanzszene. Der Latino-Staat musste Anfang der 80er-Jahre seinen Schuldendienst an die weltweiten Gläubiger einstellen und löste damit die Weltfinanzkrise aus, die zehn Jahre beträchtliche Unruhe in die internationalen Devisen- und Kapitalmärkte gebracht hat. Nur das beherzte und schnelle Handeln des Basler BIZ-Präsidenten, Fritz Leutwiler, der sich auch ganz auf den devisenstarken Bundesbankchef Pöhl stützen konnte, hat einen unkontrollierten Flächenbrand im Weltfinanzsystem verhindern können. Mit Schuldenstreckungen und -streichungen kam Mexiko außenwirtschaftlich wieder auf die Beine. Der Banco de México zeigte sich dankbar und schickte eine

Infiernilla (kleine Hölle) – mexikanische Impressionen in der Bundesbank

wunderschöne Kunstsammlung auf Reisen. So können vom 27. Februar bis zum 13. März (1991) im Hause der Bundesbank „Mexikanische Impressionen“ aufleuchten, festgehalten auf Lithografien und Stichen des vergangenen Jahrhunderts. Zur Vernissage berichtet Lic. Miguel Mancera Aguayo, Generaldirektor des Banco de México: „Die mexikanische Zentralbank besitzt unter ihren Kunstschätzen eine beachtenswerte Sammlung von Stichen und Lithografien, hauptsächlich aus dem 19. Jahrhundert. Sie ist eine der umfassendsten ihrer Art in unserem Lande. Erwähnen sollte man an dieser Stelle auch zwei bedeutende deutsche Namen, nämlich Karl Nebel und Johann Moritz Rugendas. Begeistert vom Werk des Naturwissenschaftlers Alexander von Humboldt bereisten sie unser Land und hinterließen großartige grafische Arbeiten, von denen hier eine Auswahl zu sehen ist.“ Karl Otto Pöhl stimmt in die traditionelle deutsche Begeisterung für den Azteken-Staat ein: „Mexiko hat wie kaum ein anderes Land der Neuen Welt die Menschen in Europa fasziniert. Seine Kultur und seine Landschaften bewegten ihre Phantasie und weckten Sehnsüchte und Begehrlichkeiten.“ Er erinnerte auch an die „wegweisenden landeskundlichen Studien des deutschen Forschers und Gelehrten Alexander von Humboldts“. Etwas fachlicher wurde die Diskussion durch den Beitrag von Elena Horz de Vía. Sie ist Kulturbeauftragte der mexikanischen Zentralbank und Kuratorin der Ausstellung.

„Die hier mit 64 Arbeiten vertretenen mexikanischen und europäischen Künstler schufen große graphische Kunstwerke, ganz gleich, ob sie ihre Bilder eher realistisch oder romantisch zeichneten, ob sie erzieherische, gesellschaftskritische Absichten hegten, oder ob sie lediglich ihre Erlebnisse dokumentieren wollten. Sie hinterließen der Nachwelt ein äußerst klares, vielschichtiges und aufschlussreiches Bild vom Mexiko des vergangenen Jahrhunderts.“ Die Mexiko bereisenden Maler fanden in in der alten Gravurtechnik und später in der Lithografie das geeignete Medium, um ihren Anliegen, Gefühlen, Sorgen und auch Träumen Ausdruck zu verleihen. Außerdem erwies sich die Grafik für die mexikanischen Künstler als hervorragendes Mittel, das Zusammenwachsen der Nation, auf das Mexiko nach der gerade errungenen Unabhängigkeit so sehr angewiesen war, zu fördern. Die grafische Darstellung ermöglichte eine umgehende, billige und rasche Verbreitung von Ideen.

Karl Otto Pöhl auf dem Absprung

Seit den Zerwürfnissen um die deutsch-deutsche Währungsunion driftete Bundesbankpräsident Karl Otto Pöhl auch im deutschen Regierungslager mehr und mehr ins Abseits. Pöhl: „Brüssel – Delors – hat die Propaganda-Maschine gegen mich in Gang gebracht." Paul Volcker, ehemaliger Präsident des US-Notenbank-Systems, wird zitiert: „Wenn in meiner Amtszeit der amerikanische Präsident ein Mitglied des Board für einen Sonderauftrag ins Weiße Haus beordert hätte (wie in Bonn mit Tietmeyer geschehen) wäre ich am nächsten Tag zurückgetreten. Wenn es intern um die Bundesbank so steht, wie es den äußeren Anschein hat, dann wäre es in der Tat sehr schlimm." Obwohl Pöhls Vertrag noch bis einschließlich 1995 lief, sah er sich veranlasst im Frühjahr 1991 die Segel zu streichen. Am 16. Mai 1991 hat der Bundesbankpräsident eine persönliche Erklärung abgegeben, die neun Punkte umfasste und einiges an Freud und Leid in seiner Amtszeit spiegelt:

„Ich habe heute den Zentralbankrat von meinem Wunsch in Kenntnis gesetzt, im Laufe dieses Jahres aus persönlichen Gründen aus dem Amt zu scheiden. Als Zeitpunkt meines Ausscheidens ist, im Einvernehmen mit der Bundesregierung, Ende Oktober ins Auge gefasst worden."

So geht denn die beispiellose Karriere des Karl Otto Pöhl ihrem Ende entgegen. Der britische „Economist" hatte ihn schon als Karl Otto von Bismarck bezeichnet. Brite Terry Thomas, leitender Direktor der Cooperative Bank und Vorsitzender der Gewerkschaftsbank Unity Trust, lobte: „Verglichen mit Pöhl sind einige EG-Wirtschaftsminister Pygmäen." Viele Pygmäen sind auch des Riesen Tod.

Nach und nach tritt eine der großen Persönlichkeiten der deutschen Hochfinanz in den Hintergrund. Pöhl (Jahrgang 1929) hatte als Journalist begonnen, nachdem er vorher schon beim Ifo-Institut für Wirtschaftsforschung als Volkswirt gearbeitet hatte. Erst die Journalistentätigkeit brachte ihm aber die wichtigen Kontakte in Bonn und weitere Karriere-Orientierungen. 1958 wechselte Pöhl zum Bundesverband deutscher Banken, und zwar in die Geschäftsführung. 1970 trat er in den Dienst der Bundesregierung, von 1972 bis 1977 war er als Staatssekretär im Bundesfinanzministerium für nationale und internationale Währungspolitik zuständig. Als persönlicher Beauftragter von Bundeskanzler Helmut Schmidt bereitete er die Gipfelkonferenzen in den Jahren 1975 – 77 vor. Sehr bald schaffte er es als „Schmidt-Vertrauter" zum Vizepräsidenten der Deutschen Bundesbank, wo er seit Januar 1980 als Präsident agiert.

Hatte er im Auftag der Bonner Regierung Ende der 70er-Jahre das Europäische Währungssystem EWS mitentwickelt, so fiel ihm in den 80er-Jahren und besonders seit Anfang 1990 die Vorbereitung der Europäischen Währungsunion zu. Dabei hat er einen Zug verpasst, nämlich sich rechtzeitig an die Spitze der deutsch-deutschen Währungsunion zu setzen.

Seit dem 1. 1. 1990 ist Pöhl Vorsitzender des Ausschusses der EG-Notenbank-Gluverneure. In dieser Eigenschaft hat er an hervorragender Stelle das Statut der Europäischen Zentralbank formuliert, das jetzt den Regierungen vorliegt und der europäischen Währungsakte, die noch in diesem Jahr verabschiedet werden soll, beigeheftet werden soll. Pöhl ist ein klar denkender politischer Kopf mit großer Formulierungskunst und ebenso strategischen wie witzigen Gedanken. Einige Zitate von ihm: Zum Tango gehören immer zwei, auch in der Geldpolitik."

„Es ist für mich ein persönliches Problem, dass manche in meiner Politik deutsches Hegemonialstreben sehen. Das macht mich bei einigen unbeliebt. Es gibt natürlich auch einpaar Leute, bei denen ich ganz schön beliebt bin. Ich bin das Gegenteil eines Nationalisten."

„Ich bin ein Karl-Schiller-Sozialist."

„Geldpolitik muss zentralistisch geführt werden. In diesem Punkt ist die Bundesbank nicht föderalistisch."

„Hans-Jochen Vogel hat kritisiert, dass mein Mitgliedsbeitrag bei der SPD zu gering ist." 1948 ist Pöhl der SPD beigetreten. „Kommunist wollte ich damals nicht werden, nach dem, was in der Sowjetzone geschah."

„Soll aber bitte niemand behaupten, dass die deutsche Volkswirtschaft und damit die D-Mark durch meinen Rücktritt schwächer werden. Vielleicht wird das Kolorit weniger farbig bei den Leuten, die Deutschland repräsentieren." An wen auch immer Pöhl dabei gedacht hat, seinen Nachfolger kann er damit nicht gemeint haben. Denn dieser hat noch einmal die Welt der europäischen Geldpolitik nach den klaren Strategien und in voller Souveränität der Bundesbank ausgerichtet.

Pöhl hat die Entscheidung der Bundesregierung sehr begrüßt, den bisherigen Vizepräsidenten, Prof. Dr. Helmut Schlesinger, zum Präsidenten und das Mitglied des Direktoriums, Dr. Hans Tietmeyer, zum Vizepräsidenten der Deutschen Bundesbank zu bestellen. Damit sei die Kontinuität der Bundesbankpolitik sichergestellt.

Bundesbankpräsident Karl Otto Pöhl hat der Bundesregierung gedankt, dass sie die Nachfolgefrage so schnell und überzeugend entschieden hat. Dies habe das Vertrauen in die Stabilität der D-Mark und in die Unabhängigkeit der Bundesbank gestärkt.

Hoch klingt das Lied vom braven Mann

Schlesinger hatte selbst nicht mehr daran geglaubt, dass er noch an die Spitze des Hauses berufen würde. „Das kam für mich völlig überraschend." Aus Bayern schallen Jubelrufe, weil nun einer ihrer Söhne aus dem Voralpenland die oberste Sprossenleiter bei der deutschen Notenbank erklommen hat.

Schlesinger wurde am 4. September 1924 in Penzberg geboren als Sohn eines Einzelhandelskaufmanns und Glasermeisters. Somit hat er alle guten und schwierigen Merkmale eines Oberbayern im Sternbild der Jungfrau. Ungeheuer zäh und penibel kämpft der von Jugend auf begeisterte Bergsteiger an der Finanzfront für die Geldwertstabilität in Deutschland und Europa und das seit Jahrzehnten. Nach Studium und wissenschaftlicher Arbeit in München – dazu gehörten Promotion und der erste Arbeitgeber Ifo-Institut, kam Schlesinger schon 1952 in die Bank deutscher Länder, der Vorläuferin der Deutschen Bundesbank.

Die Belegschaft zieht starke Motivationen aus dieser Karriere, hat es doch einer ihrer Leute vom wissenschaftlichen Angestellten bis an die Spitze gebracht. Für Schlesinger liegt der Vorteil dieser Ochsentour darin, dass ihm keine Höhen und Tiefen, keine Licht- und Schattenseiten der Bundesbankorganisation unergründlich geblieben sind.

Ab 1964 leitete er die Hauptabteilung „Volkswirtschaft und Statistik“, jenen Bereich, der die gesamtwirtschaftlichen Analysen, Prognosen sowie die national und international so hoch gelobten Monatsberichte erarbeitet. Gerade Letzteren widmete Schlesinger immer höchste Aufmerksamkeit bei eigenhändiger Redaktion. Auf diese charmante Weise hatte Schlesinger einen absoluten Wissensvorsprung. Er war stets klüger als alle anderen, insbesondere als seine Chefs, was ihn nicht beliebter machte, weil er oft auch mit Pedanterie seine Vorstellungen durchzusetzen wusste.

Seiner Idée fixe der Geldwertstabilität fiel zum Beispiel auch der interne Bonner Vorschlag für die Herausgabe einer Goldmünze zur Wiedervereinigung Deutschlands zum Opfer. Allerdings hat er sich stets auch gegen die Abschaffung der kupfernen Pfennige gewehrt, wie sie in Bonn auch schon mal erörtert worden war. Außerdem hat sein Vater, der Kaufmann, in den schlechten Zeiten des Reiches und der Nachkriegszeit, oft genug den Pfennig mehrfach umdrehen müssen, um mit seinem Laden zurechtzukommen. Sollte dies alles umsonst gewesen sein? Mit diesem Sohn an dieser Stelle nicht.

Als der amerikanische Außenminister, James Baker, noch Finanzminister war, soll er die Vermutung geäußert haben, dass Schlesinger unter jedem Kieselstein die Inflation vermute. Schlesinger ließ sich auch nicht beirren, als ihn Baker im November 1987 persönlich für die angeblich übertriebene antiinflationäre Politik und damit auch für den weltweiten Börsenkrach im Oktober des Jahres verantwortlich machte.

Schlesinger reagierte damals mit einem nüchternen Hinweis auf die Pflicht der Bundesbank, für Preisstabilität zu sorgen und verwahrte sich entschieden gegen den Vorwurf, eine unangemessen restriktive Geldpolitik zu betreiben und wies darauf hin, dass zwei Jahre hintereinander eine das Wachstum der Produktionskapazitäten bei Weitem überschreitende Expansion der Geldmenge zugelassen worden sei. –

Zum 1. Oktober 1990 gab Schlesinger seine Funktionen als Chefvolkswirt an den Würzburger Volkswirtschaftler Otmar Issing ab und übernahm anstelle des ausscheidenden Claus Köhler die Hauptabteilung K (Kredit). Damit ist er insbesondere zuständig für die laufende Geldmarktsteuerung und die Refinanzierung der Kreditinstitute bei der Notenbank sowie für alle Kapitalmarktfragen.

In der heftigen Diskussion um die Finanzierung der deutschen Einheit überraschte Schlesinger im Oktober mit dem unkonventionellen Vorschlag, in größerem Maße auch in den alten Bundesländern staatliche Beteiligungen zu privatisieren, um eine zu hohe Staatsverschuldung und die umstrittenen Steuererhöhungen zu vermeiden. Nach seinen Berechnungen hätten auf diese Weise bis zu 370 Milliarden D-Mark in die Bundeskasse fließen können. Der Denkanstoß erhielt den Beifall des Bundes der Steuerzahler, fand aber erwartungsgemäß wenig Widerhall bei Regierung und Opposition, was Schlesinger damit begründete, dass „viele dieser Gesellschaften von den Politikern gern im öffentlichen Besitz gesehen werden, weil es da Verwaltungs- und Vorstandsposten gibt, die sich gut für personalpolitische Anliegen eignen.“

Prof. Dr. mult. Helmut Schlesinger hat jetzt einen Zweijahresvertrag für seine Präsidentschaft erhalten und wird dann 69-jährig in den Ruhestand gehen. Mit der Berufung Tietmeyers zum Vize hat Bundeskanzler Kohl seinen Vertrauten, seinen Sherpa, zunächst an die 2. Stelle der Bundesbank gehoben. Kohl weiß jetzt ganz sicher, dass seine Konzeption für die Europäische Währungsunion weiter entwickelt und durchgesetzt wird.

Der knapp 60-jährige Tietmeyer gilt als treuer Diener dieses Herrn, ohne dass man dabei befürchten müsste, dass die so wichtige Unabhängikeit der Bundesbank in absehbarer Zeit auf der Strecke bliebe. In diesem Punkte lassen weder Schlesinger noch der ehemalige Staatssekretär im Bundesfinanzministerium, Tietmeyer, mit sich handeln geschweige denn spaßen. Tietmeyer und Schlesinger sind ein gutes Gespann an der Spitze der deutschen Notenbank in einer Zeit, in der es darum geht, die Europäische Zentralbank nach dem Muster der deutschen Bundesbank aufzubauen und dies, wenn irgendmöglich in Frankfurt.

Alte Kameraden: Weltwirtschaftsgipfel in London 1991

18. 7. 1991

Am Pariser Weltwirtschaftsgipfel vor zwei Jahren wurde zuvörderst die 200. Wiederkehr der französischen Revolution gefeiert. Aber Gorbatschow und die Russen machten von sich reden. Der sowjetische Präsident hatte einen hochoffiziellen Brief an Mitterrand und die großen Sieben geschickt. Der Houstoner Gipfel 1990 stand unter dem Zeichen der glorreichen deutschen Revolution und die Vereinigung Deutschlands machte die Behandlung der osteuropäischen Themen auf höchster Ebene immer dringlicher. Bundeskanzler Kohl versuchte schon von Texas aus, umfassende Hilfsaktionen für den Osten seitens der Industrienationen anzukurbeln. Er erreichte vielfach nur ein Achselzucken. Deutschland solle sich anstrengen, schließlich sei die Bundesrepublik der Hauptnutznießer der großen Wende.

Nun haben Kohl und Mitterrand in den ersten Monaten 1991 diplomatisch durchgesetzt, dass die Sowjets zu einer Art Nachgipfel in London eingeladen wurden. Somit beherrschte schon seit längerem und besonders in den Gipfeltagen vom 15. – 17. Juli der Gipfelstürmer Gorbi die Schlagzeilen der Welt. Die tatsächlichen Erfolge des Sowjetpräsidenten – politisch und wirtschaftlich – standen aber in keinem angemessenen Verhältnis zu dem medialen Ereignis an der Themse. Die Deutschen setzten sich abermals für eine großzügige Wirtschaftshilfe für den Osten ein, mit dem Zusatz, nun seien die anderen gefordert. Deutschland habe gegeben, was es konnte: 40 Prozent der gesamten Osthilfe des Westens, ohne die Milliarden für die Gebiete der ehemaligen DDR.

Mit dem sogenannten Start-Abkommen einigten sich Gorbatschow und US-Präsident George Bush über die Begrenzung der Strategischen Waffen. Ansonsten ging der Russe leer aus in London, wenn da nicht doch noch der Konsens zustande gekommen wäre, die Sowjetunion an IWF- und Weltbank anzubinden, zu assoziieren, wenn das möglich wäre. Zumindest können die Sowjets jetzt an die Beratungskapazitäten dieser Welt-Geldhäuser heran. Politisch ebenso wichtig, vielleicht sogar noch bedeutsamer ist die Verpflichtung der G 7, dass die jeweils federführende Regierung die Russen auf ihrem langen Weg zurück in die arbeitsteilige Weltwirtschaft politisch begleitet.

Deshalb wird der britische Premier Major dieses Jahr noch einmal zu Konsultationen nach Moskau reisen. Nächstes Jahr sind die Deutschen dran, die Sowjets an die Hand zu nehmen.

Der Weltwirtschaftsgipfel in München wird 1992 einen weiteren Meilenstein in den west-östlichen Wirtschaftsbeziehungen setzen. Die Deutschen werden für eine weitere Aufwertung des Sowjetreiches im Kreise der Industrienationen sorgen. Neben der Erledigung des Arbeitsprogramms wird da zünftig gefeiert mit Blasmusik und Gebirgsschützen, mit Rahmenprogrammen in der Residenz und in Nymphenburg.

So ein Gipfel wie der in London hatte natürlich auch seine gesellschaftlich amüsanten oder skurrilen Seiten. Am 2. Tag des G-7-Treffs fand im Buckingham-Palast auf Einladung der Königin ein festliches Abendessen statt, zu dem allerdings nur die Regierungsdelegationen zugelassen waren. Doch anschließend wurde der Kreis der Gäste erweitert z. B. um mich, der die Musik- und Lasershow im Innenhof des Palastes (die Briten sagen „quadrangle“ dazu) mitgenießen konnte.

Nebst typisch britischer Militärmusik wurden an die Fassaden des Schlosses per Lichtkanonen mehr oder weniger typische Symbole der sieben Gipfelländer projiziert oder das, was sich die knochigen Briten als typisch vorstellt. Peinlichkeiten gab es da genug.

Die Schau begann mit dem Einzug eines berittenen Musikcorps durch den zentralen Torbogen um 20 nach 10 (natürlich abends). Es gab ein Medley britischer Folksongs zum Besten und erfreute damit die 1000 Gäste. Ein Laserstrahl zeichnete den Turm von Big Ben auf das Buckingham-Gemäuer gegenüber der Königsloge. Ich saß darunter und konnte über diverse Spiegelungen die spannende Prinzessin Diana sehen. Die Uhr auf dem gelaserten Big Ben zeigte exakt 10 und schlug auch zehn, war damit 20 Minuten verspätet. Das Essen der hohen Herrschaften hatte sich verzögert. Die Elektroniker sahen sich nicht im Stande, die neue Lage einzukalkulieren. Im Laserzeitalter durchaus eine Panne.

Rechts und links tauchte das Symbol des Gipfels auf, der Erdball in der unteren Kurve eines S, das für „Summit“ (Gipfel) stehen sollte. Im Hof unten marschierten martialisch Musikcorps durch die Rundbögen: Rot befrackte Leibgarde, Irish- und Coldstream-Garde, zwei Bands der kgl. Marine, zwei Bands der Luftwaffe, außerdem Pfeifer und Trommler der Schottischen Garde. Gemeinsam und lautstark boten sie leicht aufgepoppte Militärmusik mit 340 Trommeln, Trompeten, Hörnern, Pfeifen und Dudelsäcken.

Dabei erschienen wie komprimierte Menetekel grelle Lichtzeichen auf der königlichen Fassade, die symbolhaft die einzelnen Länder darstellten. Für Kanada warb das Ahornblatt. Was denn sonst? Das Vereinte Europa wurde durch den Sternenkranz symbolisiert. Dabei ertönte die Europa-Hymne, Beethovens/Schillers Ode an die Freude. Alle Länder der G 7 wurden mit Musik, Landeswappen und geografischen Umrissen vorgestellt. So erschien das vereinigte Deutschland auf dem grauen Buckingham-Putz mit dem Brandenburger Tor als Gütezeichen für die friedliche Republik östlich des Rheins. Das klassische Tor mit seiner Quadriga wurde lässig im Kreise drehend gelasert, mal Kopf stehend, mal richtig rum. Wahrscheinlich sollte mit der beflügelten Bewegung der Bundesadler nachempfunden werden, den als Wappen auf der Königin Palast zu projizieren die Veranstalter sich offenbar nicht getraut haben. In der Begleitmusik wurde dafür ein bieder-nationaler Ausgleich geschaffen. Ich konnte meinen Ohren kaum trauen: Die Briten spielten als deutsche Erkennungsmusik den Traditionsmarsch „Alte Kameraden“. In dem Potpourri mischte er sich unter „Frère Jacques, Frère Jacques“, „Chor der Gefangenen“, „Tulpen aus Amsterdam“(wegen der holländischen EG-Präsidentschaft), „God bless America“ zu Ehren des großen Bruders jenseits des Atlantiks und Sukiyaki für das Land der aufgehenden Sonne. „Land of Hope and Glory“ hatte sich der britische Premier John Major gewünscht.

Bei der Silhouette der britischen Inseln fiel auf, dass das Vereinigte Königreich ohne Nordirland erschien und Japan ohne die von den Sowjets annektierten Kurilen auskommen musste. Nach den Ideen der Showmaster rangen – typisch für Japan – fette Sumo-Kämpfer und es winkte natürlich der Fujiyama. Insgesamt hätten die Regierungschefs der Sieben auch kulturreichsten Nationen Besseres verdient.

Peinlich wurde die Lichtshow der „Definitive Laser Company“, als die Symbole der sieben Währungen am Palast auf- und abzutanzen begannen, und schließlich in den Summit-Globus hineinschlüpften, letztlich die ganze Erde mit ihrem Geldwert überdeckend und darin verschwindend: Geld verdeckt, bedeckt die Welt, eine dumme Geschmacklosigkeit.

Irgendwann zogen die alten Kameraden Britanniens wieder ab durch die drei Torbögen des Quadrangle in Richtung Mall, angeführt von dem in London hoch geschätzten Flötisten James Galway. Galway strahlte für die Weltwirtschaftsgipfelstürmer der sieben reichsten Nationen mit den etwas flachen Musicaltupfern „Wenn ich einmal reich bin“

und „Money, Money, Money“. Das Buckingham-Puzzle wurde durch ein imposantes Brillantfeuerwerk, unterlegt mit Händels Feuerwerksmusik abgeschlossen. Am Ende sollte Gott die Königin schützen. So war es am Dienstagabend, dem 16. Juli 1991, in London auf dem Geldwirtschaftsgipfel, den am Mittwoch auch noch der sowjetische Präsident Michail Gorbatschow besteigen durfte. Von Anfang an hatten sie ihn nicht zugelassen. In München wird Russland bei G 7 voll anerkannt werden.

Abkehr vom Geist von Maastricht

Am 7. Februar (92) unterzeichnen die EG-Außenminister in Maastricht die Abkommen zur Wirtschafts- und Währungsunion bzw. zur Politischen Union, wie sie die europäischen Regierungschefs Anfang Dezember dort verabschiedet haben. Der exakte Vertragstext liegt noch nicht vor, aber die Inhalte sind weitestgehend bekannt. Man weiß auch, was nicht drinsteht, aber drinstehen sollte, nämlich wo die geplante europäische Zentralbank ihren Sitz haben soll. Da muss noch im laufenden Jahr manches vereinbart werden. Ein riesiger Kuhhandel steht ins Haus.

Wie schwer hier eine Entscheidung zu finden sein wird, deutete sich schon im Dezember an. Lange Zeit galt es als abgemachte Sache, dass die EG-Zentralbank nach Frankfurt kommt und Frankreich im Gegenzug das europäische Parlament beherbergen wird. Straßburg sollte alleiniger Sitz sein. Das Fait accompli von Mitterrand und Kohl scheiterte aber aus zweierlei Gründen. Die in Maastricht den Vorsitz führenden Niederlande forderten auf sehr unkonventionelle Weise, die EG-Zentralbank in Amsterdam zu errichten und boten den Franzosen, wie es die Deutschen auch schon getan hatten, den vollen Sitz des Euro-Parlaments an. Der teure Wanderzirkus von Brüssel über Luxemburg nach Straßburg sollte ein Ende haben.

Die lautstarke Forderung der Niederlande, die Zentralbank auf Kosten Brüssels nach Amsterdam zu holen, hat die Belgier genauso vergrätzt, weil auch die Rechnung zu ihren Lasten aufgemacht wurde. Brüssel will nicht auf das Europa-Parlament verzichten. Es soll am Sitz der EG-Kommission verbleiben. Die Lösung um die hohen EG-Behörden und Amtssitze wird nicht einfacher dadurch, dass Luxemburg schon im ersten EWG-Vertrag (50er-Jahre) zugesichert worden war, dass die europäischen Finanzinstitutionen im Großherzogtum angesiedelt werden sollen. Damit sitzen bei den Verhandlungen über das Domizil der Euro-Zentralbank Paris, Bonn, Amsterdam, Luxemburg und Brüssel mit eigenen politischen Interessen am Tisch und natürlich wollen die anderen EG-Mitglieder ein Wörtchen mitreden.

In diesem politischen Interessenspiel hat Paris alle Karten in der Hand. Bis auf Brüssel macht den Franzosen niemand das Europäische Parlament streitig. Frankreich kann also damit rechnen, das Parlament uneingeschränkt nach Straßburg zu bekommen. Außerdem kann Frankreich eine mehr als mitbestimmende Rolle bei der Sitzfestsetzung für die Zentralbank spielen. Paris kann für Bonn votieren oder auch für Amsterdam, ohne Gefahr zu laufen bei Straßburg etwas zu verlieren. Bonn muss also in Paris nachfragen, wie die Stimmung ist, ob sich Frankreich mit Freundlichkeit herab- und Frankfurt zulässt.

Derzeit scheinen die Franzosen dazu aber wenig Neigung zu haben. Kürzlich hat François Mitterrand, der französische Staatschef, schon die Bonner Abkehr vom Geist von Maastricht beklagt. Dies zeige sich nicht nur in der Anerkennung von Slowenien und Kroatien durch die Deutschen sondern insbesondere auch durch die harte Hochzinspolitik der Bundesbank, die auch Zins treibende Rückwirkungen auf Frankreich zeigt.

Auch wenn es die Bundesbankspitze nicht wahrhaben will, die Franzosen bemäkeln die deutsche Geldpolitik. Paris wird seine Konsequenzen daraus ziehen, übrigens ohne Gefahr für die europäische Währungsunion, denn in Maastricht wurde den Deutschen bereits die Geldsouveränität per Ende des Jahrzehnts abgeknöpft. Um es kurz zu sagen, zurzeit steht es schlecht um das Anliegen Frankfurts, die EG-Zentralbank hierher zu bekommen. Bonn hat nichts mehr zu bieten, um den Europäern Frankfurt schmackhaft zu machen.

In gewisser Weise wirft die Bundesbank schon die Flinte ins Korn. Das Direktorium hat am 14. Januar (92) entschieden, die Planung für einen Erweiterungsbau auf dem Bundesbankgelände in Frankfurt nicht weiter zu verfolgen. Die Begründung: Angesichts der Entwicklung zu einem Europäischen Zentralbanksystem, in dem Aufgaben der nationalen Notenbanken neu geordnet werden, hält das Direktorium es derzeit nicht für vertretbar, umfassende Neubaumaßnahmen mit erheblichen Aufwendungen durchzuführen. Ferner sei nicht überschaubar, wie die anstehende Änderung des Bundesbankgesetzes die Struktur der Bank verändern wird. Bei der Entscheidung des Direktoriums hat auch die bisherige und absehbare Kostenentwicklung eine wichtige Rolle gespielt, wird mitgeteilt. Als Schlussfolgerung kann daraus nur gezogen werden: Die Bundesbank weiß nicht, wie sie sich inhaltlich wieder findet, wenn die Europäische Zentralbank kommt – wo auch immer in Europa. Außerdem ist der Bundesbank (die selbst das Geld macht!) das Bauen zu teuer geworden. Ihre Zinsen sind zu hoch!

Das waren noch Zeiten, als der damalige Bundesbankpräsident, Pöhl, schlicht anmerkte: Da tauschen wir in der Wilhelm-Epstein-Straße nur die Schilder aus und haben flugs die EG-Zentralbank.

D-Mark – Opfer auf dem Altar Europas

Mit goldenem Federhalter haben heute (7. 2. 92) die europäischen Außenminister die Verträge zur Europäischen Wirtschafts- und Währungsunion sowie der Politischen Union unterzeichnet. Bei den in Maastricht ausgehandelten

Vertragsswerken handelt es sich im Wesentlichen um die Währungsgemeinschaft, weil die Politische Union in den Verhandlungen nicht strukturiert werden konnte, also keine große Einigung stattfand.

Diese Währungsunion wird neuerdings in der deutschen Öffentlichkeit zunehmend diskutiert, weil sie letztlich auf das Opfer der D-Mark auf dem Altar Europas hinausläuft. Mehr und mehr zeichnet sich ab, das die Bundesbürger das Opfer nicht bringen wollen und dass das Opfer im gegebenen politischen Umfeld als ziemlich sinnlos angesehen werden muss, weil eine gut funktionierende Währungsunion von einer ebenso gut funktionierenden politischen Union begleitet werden muss und daran hapert es eben.

In einer eilends angesetzten Pressekonferenz hat die Bundesbank denn auch darauf hingewiesen: „Die weitere Entwicklung im Bereich der politischen Union wird für den dauerhaften Erfolg der Währungsunion von zentraler Bedeutung sein." Schlesinger und sein Vize Tietmeyer gaben sich alle Mühe, das Maastrichter Vertragswerk seitens der Bundesbank zu erläutern, ohne direkten politischen Druck auf Bonn ausüben zu wollen. Dennoch standen die Chefs der Zentralbank nicht an, auf die Gefahren hinzuweisen, die mit einer so einseitig aufgezogenen Währungsunion zusammenhängen. Insbesondere wies Tietmeyer darauf hin, dass sich die Bundesregierung nicht wegen bestimmter Zeitvorgaben unter Druck setzen lassen sollte. Bei den Bundesbankern kam ganz eindeutig zum Ausdruck, dass man mit der rechtlichen Ausgestaltung, z. B. dem Statut für das künftige europäische Zentralbanksystem durchaus zufrieden sein kann. Aber es hake überall da, wo es zur politischen Umsetzung komme.

So sehen die Verträge für die 2. Phase der Währungsunion, die mit der Errichtung eines Europäischen Währungsinstituts 1994 ihren Start nimmt, ganz klar vor, dass auch in dieser 2. Phase, die Geldpolitik in nationaler Verantwortung bleibt, dass also der Bundesbank in den nächsten Jahren zumindest bis 1997 nicht ins Handwerk gepfuscht werden darf in ihrer Geldmengen- und Zinspolitik. Flotte Europäer haben aber in das Maastrichter Vertragswerk zusätzlich hineingeschrieben: „Das Europäische Währungsinstitut soll von Beginn an – 1994 – berechtigt sein, sich von den existierenden europäischen Zentralbanken, die es wünschen, Währungsreserven übertragen zu lassen. Damit wäre die volle Zentralbank da.

Außerdem soll das Währungsinstitut, das erst der Vorläufer der künftigen Zentralbank sein soll, beauftragt werden, die Verwendung des derzeitigen Kunstgeldes „ECU" zu erleichtern und deren Entwicklung zu überwachen. Das hieße nichts anderes als ECU geht vor D-Mark. Aus der Sicht der Bundesbank muss sichergestellt werden, dass sich diese Aktivitäten nicht verselbstständigen und die Kunstwährung ECU, auch Korb-ECU genannt, nicht gegenüber den Nationalwährungen insbesondere der D-Mark privilegiert wird. Und dann holt die Bundesbank den Knüppel aus dem Schrank und stellt ihn vorsorglich neben den Schreibtisch, wenn sie sagt, andernfalls könnte es, entgegen der im Vertrag vorgesehenen Regelung, zu Konflikten mit der Geldpolitik in den Mitgliedsstaaten kommen. Hier will die Bundesbank durchaus nicht alles mit sich machen lassen.

Gefahren liegen auch in den in Aussicht genommenen Kohäsionsfonds, das sind bestimmte Finanzhilfen der Gemeinschaft, die der Eigenverantwortung der Mitgliedsländer nicht entzogen werden dürfen. Hier geht es um zusätzliche Staatsverschuldung. Schließlich appelliert die Bundesbank an die Bonner Regierung: Lasst uns künftig in der Geldpolitik nicht alleine, wenn es um die Stabilität der Währung geht. Wir wären überfordert.

Wie geht es nun weiter? Die Bundesregierung ist drauf und dran, das D-Mark-Opfer für Europa zu bringen, um gewissen Isolationsgefahren in der Europäischen Gemeinschaft ausweichen zu können, Isolationsgefahren aufgrund des Misstrauens der übrigen Europäer gegenüber dem als zu mächtig dargestellten Deutschland. Gutes Europäertum muss allerdings nicht mit unangemessenen Opfern bewiesen werden, weil dadurch das Unbehagen im eigenen Volk wächst.

Nun haben die europäischen Parlamente das Sagen – insbesondere auch das deutsche – die die europäischen Geldverträge ratifizieren müssen, und zwar alle zwölf Parlamente. Steigt ein Staat aus, ist „Maastricht" dahin. In Deutschland gibt es allerdings auch Überlegungen, auf die Europäische Wirtschafts- und Währungsunion über eine Verfassungsklage einzuwirken.

Auf dem Weltwirtschaftsforum in Davos zwei Tage nach „Maastricht" wollte Tietmeyer nicht von sich reden machen, jedenfalls nicht auf die schnelle Tour. Vor dem internationalen Publikum sprach er selbstredend über die Europäische Währungsunion und den Maastrichter Gipfel. Er machte ganz deutlich, welche Opfer Deutschland für Europa bringt und wie das neue Geld bis zur Jahrtausendwende in die Taschen der Europäer gelangt. Franzosen, Amerikaner und Briten im Auditorium wollten wissen, warum Deutschland das D-Mark-Opfer überhaupt bringt? Tietmeyer wörtlich: „Das ist Sache der Bonner Politik." Die Ausländer unisono: Wenn wir Deutsche wären, würden wir nicht exekutieren.

Zu den Renommier-Exemplaren der Deutschen, international und damit auch in Davos – gehört immer wieder Karl Otto Pöhl, der Altbundesbankpräsident und neuerlicher Privatbanker bei den Kölner Oppenheims. Mit großem weltwirtschaftlichem Wissen, mit Witz und perfektem Englisch leitete er Podiumsdiskussionen und Plenarsitzungen. Mit seinen Wortspielen amüsierte er ein mitunter gelangweiltes Publikum.

Als Deutscher vom Scheitel bis zur Sohle muss der schwäbelnde Klaus Schwab bezeichnet werden, der sich zu Recht als Gründer und Vorsitzender des Weltwirtschaftsforums bezeichnet. „Founder und President", wie er stets betont. Er liebt das Englische. Er hat das Forum auch von A bis Z englisch durchgestylt. Das ist die Amtssprache, wenn auch die meisten Teilnehmer Deutsche bzw. deutschsprachig sind und Davos auch nicht gerade in Devonshire oder Dakota liegt. Dennoch hat es eine kleine Sprach-Revolution gegeben, diesmal nach über 20 Jahren der Forumsgeschichte. Beim World Economic Brainstorming, bei der allgemeinen Weltwirtschafts-Grübelei am vergangenen Freitag, war ein ganzer Saal für Leute reserviert, die sich gerne der deutschen Sprache bedienen. Da ließ es sich auch Nato-Generalsekretär, Manfred Wörner, nicht einfallen, seine Amtssprache – Englisch – zu nutzen. (Walter Hallstein, Präs. der EWG hätte auch besser daran getan, in Brüssel eine Doktrin zugunsten der deutschen Sprache zu erlassen, anstatt in saumseliger Internationalität das Englische zu forcieren. Da haben die Franzosen mal wieder besser aufgepasst.) Wörner plauderte deutsch und offenbarte in den kleinen Zirkeln der Achter-Tische höchst interessante Gedanken über künftige Nato-Strategien. Für die GUS-Länder sei der Nato-Kooperationsrat geschaffen worden. Gegen nukleare Überraschungsangriffe von Extremisten-Staaten werde ein SDI-Raketenabwehrprogramm angedacht. Ein Ausblick auf den „Krieg der Sterne".

Der Bonner Finanzstaatssekretär, Horst Köhler, diskutierte die weltwirtschaftlichen Probleme, insbesondere die US-amerikanische Rezession, deren Ende noch nicht abzusehen sei. Und: Wenn die Uruguay-Runde (Welthandelsgespräche) scheitere, sei dies ein Beweis dafür, dass der Westen mit seinen ureigensten Problemen nicht fertig werde.

Von der Großindustrie her machten in Davos Leute wie Carl Hahn, ehem. Chef des Volkswagenwerks, Lothar Späth, erst Ministerpräsident in Stuttgart dann Chef von Jenoptik/Carl Zeiss, und Birgit Breuel, Chefin der Treuhandanstalt, Furore. Hahn ließ sich über Mega-Wettbewerb in der Autobranche aus und stellte nüchtern fest, dass das Bundeskartellamt bis heute nicht die Zusammenhänge von Weltwirtschaft und nationaler Volkswirtschaft begriffen hätte. Außerdem moderierte Hahn Birgit Breuel, die sich in einem Spezialseminar über das Thema ausließ: Können die Erfahrungen der Privatisierung der Treuhand in Ostdeutschland auch auf andere Länder (im Osten) angewandt werden?

Nicht weit davon war das Thema von Lothar Späth angesiedelt: Unter welchen Bedingungen können ehemalige DDR-Betriebe wettbewerbsfähig sein – sollen sich ausländische Unternehmen engagieren? Das Cleverle bei unternehmerischer Basisarbeit.

Der Regierende Bürgermeister von Berlin, Eberhard Diepgen warb – nicht ohne lautstarken Widerspruch aus jüdischen Kreisen – für Deutschlands Hauptstadt und Olympia 2000 an der Spree. Sprachprobleme habe er nicht: „Ich bleibe bei Deutsch", sagte er nicht ohne Hinweis auf sein mageres Schul-Englisch (was auch typisch deutsch ist).

Edgar Meister schlägt Mainz als EZB-Sitz vor

Am Abend des 25. Mai (92) war ich mit dem Präsidenten der französischen Nationalbank, Jacques Delarosière, bei einem herrlichen Abendessen im Grand Hotel de L'Opéra in Toulouse zusammen gesessen. Die rege Diskussion führte natürlich auf den Punkt des Zentralbanksitzes. Delarosière sagte mir da: Briten und Franzosen könnten Frankfurt nicht akzeptieren, weil sonst Paris und London als Finanzplätze ins Hintertreffen gerieten. Die EZB müsse also in die Provinz, allenfalls sei Bonn akzeptabel, mit bestimmten Abteilungen, nicht einmal zur Gänze.

Einen Monat später, am Freitag, dem 26. Juni 92 waren meine Frau und ich, wie schon manches Jahr, zum Gartenfest bei Rosens eingeladen. Rüdiger von Rosen ist zurzeit Sprecher des Vorstandes der Frankfurter Wertpapierbörse. Vor Jahren leitete er als persönlicher Referent das Präsi-

diumsbüro K. O. Pöhl. Entsprechend setzte sich der Kreis der Gäste zusammen, wenn die Rosens auch darauf achten, dass die Runde bunt gemischt bleibt. Chefärzte, Künstler, Industrieleute und Journalisten hocken da friedlich mit Politikern, Finanziers und Börsianern zusammen. Sparkassenchef (1822) Klaus Wächter amüsierte sich ebenso im Garten an der Frankfurter Eichendorffstraße wie Gustav Adolf Schaeling, der Sektchef von Schloss Vaux, auch Manager der Dresdner und allerlei Deutsch- und Commerzbanker.

Das Wetter zeigt sich an diesem Abend von seiner prächtigsten Seite, hochsommerlich warm aber nicht zu heiß. Die Stimmung lässt ebenfalls nichts zu wünschen übrig, denn Deutschland steht im Endspiel der Fussball-Europameisterschaft gegen Dänemark. Vier Fernsehapparate schütten ihre Bilder, Worte und das Geschrei aus dem Stadion über uns. Davor knäulen sich die meisten Gäste, denn Deutschland liegt bereits 0:1 im Rückstand. Ich halte mich da etwas im Hintergrund und pflege Gespräche.

Edgar Meister, den ich seit vielen Jahren, damals noch als Vorstand der Deutschen Pfandbrief-Anstalt kenne, gesellt sich zu mir. Ich erzähle ihm, was ich gerade gehört habe. Günter Storch, Mitglied des Direktoriums der Deutschen Bundesbank, hatte diskret verbreitet, „dass heute Abend in Lissabon beim EG-Gipfel 16 europäische Institutionen, darunter der Sitz der künftigen Europäischen Zentralbank unter den Mitgliedsländern aufgeteilt werden und dass die Notenbank nach Bonn kommen soll. Meister und ich mäkeln an der Bonn-Entscheidung herum. Auch Wächter beteiligt sich an der Kritik. Es kommt zu einem „Rütli-Schwur“ der besonderen Art, geleistet von Meister und mir.

Ganz utopisch vereinbaren wir, die EZB nach Mainz zu holen, wenn heute nicht endgültig Bonn als Sitz festgelegt wird. Eigentlich war gar nicht daran zu zweifeln, dass der Beschluss „Bonn“ gefasst wird, denn der immer gut informierte Bundesbank-Storch, weiß wirklich, was da in Lissabon unter der EG-Präsidentschaft Portugals abgeht. Mit dem Vorschlag „Mainz“ soll aber das wichtige Institut für den Rhein-Main-Raum gerettet werden, wenn die lieben EG-Brüder wie Franzosen und Briten, sich partout nicht mit Frankfurt abfinden wollen.

Zur selben Minute als die Dänen mit dem zweiten Treffer die deutsche Niederlage in Göteborg besiegeln, schmettert der britische Premierminister, John Major, den portugiesischen Vorschlag „Bonn“ mit den Worten ab: London hält seine Bewerbung für den Sitz der EZB aufrecht. Gleichzeitig schwören Meister und Wehnelt bei Rosens im Garten auf Mainz. Tatsächlich sickerte die Meldung erst am folgenden Tag durch, dass mit dem Briten-Votum alles wieder offen sei, und am Sonntag fasse ich mir ein Herz, Meister, den rheinland-pfälzischen Finanzminister, an den Rütli-Schwur zu erinnern.

Am Autotelefon auf der Fahrt nach St. Goar zeigt sich Meister recht unlustig. Er müsse die Sache erst mit Ministerpräsidenten Scharping und FDP-Wirtschaftsminister Brüderle besprechen. Mein Übermut ist gedämpft. Ohne „hartes“ Meister-Interview kann im Funk und den Medien nichts laufen. – Das Blatt wendet sich. Stunden später interviewe ich ihn telefonisch (aus Stuttgart) und verbreite das Ergebnis sofort über den Sender. Folgende Pressemeldung habe ich dazu verfasst:

Mainz bewirbt sich um Sitz der Europäischen Zentralbank

Frankfurt am Main, 29. 6. 92 (HR) Die rheinland-pfälzische Landesregierung hat jetzt die Bewerbung für den Sitz der Europäischen Zentralbank bekannt gegeben. Wie Finanzminister Edgar Meister im Hessischen Rundfunk sagte, sei Mainz die ideale Lösung, wenn Frankfurt keine Chance haben sollte, weil die europäischen Nachbarn dadurch eine nicht akzeptable Verzerrung des Wettbewerbs unter den europäischen Finanzzentren sähen. Meister beharrt darauf, dass die EZB auf jeden Fall nach Deutschland kommt. Der Staatsminister nannte vier Punkte, die für Mainz als Zentralbanksitz sprechen:

1. Die Landeshauptstadt von Rheinland-Pfalz verfüge über die notwendige Infrastruktur, um eine solche wichtige internationale Behörde zu beherbergen. Die Nähe zum Rhein-Main-Flughafen gehöre ebenso dazu wie die Autobahnanbindungen und die Eisenbahn-Verbindungen an der Rheinschiene. Zur Infrastruktur gehöre auch die hoch entwickelte Kommunikationsindustrie wie der Sitz des ZDF, von SAT 1 und die Nähe des Hessischen Rundfunks und des Südwestfunks sowie national und international angesehener Printmedien in der Region. Zu dieser Infrastruktur gehöre auch der eminent wichtige Finanzplatz Frankfurt.
2. Mainz ist kein Wettbewerber für die Finanzzentren Paris, London und Amsterdam.
3. Die neue EG-Zentralbank sollte nicht an einen Regierungssitz gehen, wie es Bonn ist und auf Jahre noch bleibt.
4. Mit Mainz kann auch Bundeskanzler Helmut Kohl sein Versprechen einlösen, die EG-Zentralbank in den Rhein-Main-Raum zu bringen. (Diese Meldung ist überall in den Nachrichten gelaufen – Rundfunk, Fernsehen und Druckmedien.)

Am 3. Juli moderierte ich eine Stundensendung, zu der ich als Diskutanten Rüdiger von Rosen, Ingrid Matthäus-Maier, finanzpolitische Sprecherin der SPD-Bundestagsfraktion, Hermann Otto Solms, Vorsitzender der FDP-Bundestagsfraktion und Karl Thomas, Präsident der Landeszentralbank in Hessen, eingeladen hatte. Das Thema hieß: Von Gipfel zu Gipfel. Gemeint waren der EG-Gipfel in Lissabon (26. 6.) und der Weltwirtschaftsgipfel in München (6. 7.). Thomas setzte sich dabei ganz energisch für Frankfurt ein. Seine These:

Wer Bonn als EZB-Sitz zulässt, erhält London

Zwischen der Sitzfrage für die geplante Europäische Zentralbank und der Art der Geldpolitik, die dort geführt wird, besteht nach Meinung von Karl Thomas ein enger Zusammenhang. Dieser Zusammenhang sei in den bisherigen Diskussionen überhaupt nicht gesehen worden. So sei man auf die für Thomas sehr kurios erscheinende Idee ‚Bonn‘ gekommen. Im HR (am 3. 7. 92) sagte Thomas, der Mitglied des Zentralbankrates der Deutschen Bundesbank ist: „Ich betone ganz klar: Wenn man Bonn sagt, oder irgendeinen anderen Nebenplatz in Europa, der für einen Sitz dann ausgewählt würde, käme eine starke Tendenz Richtung London dabei heraus.“

Und so wie London sich zeigt, wie in London Geldpolitik gemacht wird, „hätten wir denn am Ende ein hoch zentralistisches System der Geldpolitik und damit genau das Gegenteil dessen, was heute immer beteuert wird, nämlich dass wir ein dezentrales System wollen, das auch den nationalen Notenbanken gewisse Lebensrechte lässt, während sie bei dem absolut zentralen System zu Filialen mit vielleicht Zahlungsverkehrsfunktionen absinken würden.“

Wenn Europa die Währungsunion will und Währungsunion als ein effizientes System der Geldpolitik, so Thomas im HR, dann muss ein Ort gewählt werden, der auch als Finanzplatz anerkannt wird und der auch eine gewisse Gewähr dafür bietet, dass die großen Prinzipien, die jetzt so stark betont werden, nämlich der dezentralen Ausführung und der sogenannten Subsidiarität gewahrt bleiben. Thomas wörtlich: „Das muss natürlich erst einmal gesichert werden und das kann eben auch unter Beachtung der geldpolitischen Bedingungen besprochen und letztlich entschieden werden."

Thomas wies darauf hin, dass die Bundesbank immer ganz deutlich gemacht habe, dass die politische Union noch fehle als Parallele zur Währungsunion. Insofern geht die Währungsunion der politischen Union weit voraus. Es werde sich nun zeigen müssen, ob das auf die Dauer so durchgehalten werden kann, besonders, wenn wichtige politische Entscheidungen als Nebenbedingungen für eine erfolgreiche Geldpolitik gebraucht werden.

Die Briten haben die Bewerbung Londons als Sitz der EZB auch auf dem EG-Gipfel in Edinburg aufrechterhalten, obwohl das Pfund Sterling schon im September aus dem Europäischen Währungssystem hinausgeflogen ist. In Edinburg war für Frankfurt nichts zu holen. Seit den Währungsturbulenzen im August/September macht die Bundesbank ohnehin in deutschem und europäischem Auftrag Geldpolitik alleine, wenn es auch vielen nicht passt.

Wie sehr Briten und Franzosen von Anfang an gegen Frankfurt als EZB-Sitz eingestellt waren, besagt eine Notiz von Claus Köhler: „Wir erfüllen Ihnen gerne jeden Wunsch, aber nicht den, dass die EZB nach Frankfurt an den Sitz der Bundesbank kommt. Das sagte zu mir Peter Cook, der Chef der britischen Bankenaufsicht. Auch M. David, Banque de France, war derselben Meinung. Ich hatte einen engen Kontakt zu diesem Kreis, denn ich war von 1979 bis 1982 Vorsitzender der Beratenden Bankenkommission bei der Kommission der Europäischen Gemeinschaften. Dort genoss ich das Vertrauen der Mitglieder. Ich nutzte das auch, um für den Sitz der EZB in Frankfurt zu werben."

...hatte einen Kameraden, einen bessern findst du nicht!

Meine sehr intensive Berichterstattung und Kommentierung zum Thema „Maastricht", Europäische Währungsunion und deutsche Geldpolitik hat zu einer außerordentlichen Aufmerksamkeit bei der Hörerschaft geführt. Es gab Briefe, in denen ich unglaublich gelobt wurde. Andere Schreiber waren kritischer. Ein „Politologe" sorgte sich gar „wegen unverhohlen vorgetragenen D-Mark-Nationalismus'" und machte mit dieser Behauptung Chefredakteur, Programmdirektor und Rundfunkratsvorsitzenden (Ignatz Bubis, Vors. des Zentralrates der Juden in Deutschland) verrückt. Doch auch dieser Hörer hatte einigen Respekt vor der Arbeit. Er forderte nämlich von den HR-Chefs, dass sie einen Redakteur einstellen, „der sich in HR-Sendungen ebenso gut und ebenso oft ‚für die Maastrichter-Verträge' einsetzt, wie CW dagegen argumentiert."

Der Politologe hat die Sorge geäußert: Wenn in Deutschland – wie in Dänemark – ein Referendum über die Maastrichter Verträge abgehalten würde, hätte ich das Zünglein an der Waage spielen können. Ich hätte bestimmt 20 000 Wähler gegen Maastricht umgedreht und genau diese Anzahl von 20 000 Leuten hätte in Dänemark genügt, um die Verträge abzulehnen. So könnte es auch in Deutschland passieren.

Der Politologe hat Recht. Die Stimmung in der Bevölkerung war und ist gegen Maastricht. Ein Referendum hätte dies schnell gezeigt. Deshalb haben Regierung und Opposition auch kein Referendum zugelassen oder beantragt. Das Votum dagegen wäre weit über die mir zugeschriebenen 20 000 Stimmen hinausgegangen. Parteien und Politiker haben das Volk für unmündig erklärt.

Währungsunion auf coole Tour erzwingen

Zu meinen tatsächlich geträumten politischen Träumen gehört dieser: Ich befand mich in einer Hochgebirgslandschaft am Rande eines hochgelegenen Tales. Die Berge ringsherum könnten 3000er gewesen sein. Einer von ihnen reckte sich besonders hoch auf. Er war offensichtlich aus Sand aufgeschüttet, eine ansehnliche Sandpyramide. Genau von dieser löste sich eine Lawine, die sich mit hoher Geschwindigkeit ins Tal ergoss und durch das Tal fegte. Ich stehe etwas abseits.

Klar ist, dass es sich um einen politischen Traum handelte, klar auch, dass in der Asyl- und Ausländerpolitik (erster Deutungsversuch) vieles falsch gemacht und versäumt wurde, sich dadurch ein Berg von Problemen aufgehäuft hat, der ins Rutschen geraten kann und schon ist.

Meine politisch-redaktionelle Arbeit bezieht sich aber auf Geldpolitik und nicht auf die Ausländerpolitik. Und in der Geld- und Währungspolitik geht es derzeit drunter und drüber. Maastricht ist seit Februar unterzeichnet. Heute läuft in Frankreich das dazu gehörige Referendum. Schon im Vorfeld wurde in den vergangenen Tagen das Europäische Währungssystem – EWS – faktisch weggefegt. Fünfeinhalb Jahre haben sich die europäischen Nachbarn geweigert, in diesem EWS die Wechselkurse den wirtschaftlichen Gegebenheiten in ihren jeweiligen Ländern (Wachstum, Inflation, Staatsverschuldung, Arbeitslosigkeit) anzupassen. Dann aber wollten sie auf die coole Tour die Währungsunion erzwingen. Doch irgendwann schlagen die Realitäten zu Buche. Jetzt wurde eine drastische Abwertung von italienischer Lira, dem britischen Pfund Sterling und der spanischen Peseta erzwungen. Die Abwertung des Franzosen-Francs konnte nur mit Interventionen der Bundesbank im Gesamtbetrag von 40 Milliarden D-Mark zugunsten des Franc gerade noch verhindert werden. Dabei haben die Franzosen ihr gesamtes Gold verpfändet. Der Sandberg riesiger Mengen spekulativen Geldes kam ins Rutschen.

Drama der europäischen Geldpolitik I
Der Auftakt: Heiße Luft

Die Deutsche Bundesbank hat klare Richtlinien vorgegeben, die für die Binnenwirtschaft ebenso notwendig sind wie für Europa. Bevor die Zentralbanker in die dreiwöchige Sommerpause gehen, haben sie heute (16. 7. 92) das Geld verteuert, den Diskontsatz von 8 auf 8,75 Prozent und damit eindeutige Akzente für die deutsche und europäische Geldpolitik gesetzt. Durch diese Leitzinserhöhung kommt es nach Meinung des Bundesbankpräsidenten nicht zu einer rezessiven Entwicklung in den gesamtwirtschaftlichen Trends. Der höhere Diskont habe aber durchaus Konsequenzen. Für die Bundesrepublik steht eindeutig fest: Das Geld wird teurer und für andere europäische Länder kann es Probleme geben, wenn auch nicht jede EWS-Währung von der Bundesbank-Maßnahme betroffen ist.

Pfund Sterling und Lira schwächen sich ab, Franc und Gulden können sich dagegen halten, und die US-Währung reagierte auf den Bundesbankbeschluss mit einem regelrechten Schwächeanfall. Der Dollar verlor in kurzer Zeit 2 Pfennige an Wert. Schon vor der heutigen Sitzung hatte sich die D-Mark als europäische Ankerwährung mit Aufwertungstendenz mächtig in Erinnerung gebracht. Durch die Zinserhöhung wird dieser Trend noch verstärkt. Die Zentralbankräte hatten bei ihren heutigen Beschlüssen aber nicht in erster Linie den Außenwert der D-Mark und mögliche europäische Reaktionen im Sinn, sondern eine möglichst gradlinige deutsche Antiinflationspolitik, um in diesem Lande die Teuerung in absehbarer Zeit zu drücken.

Es sei auch für Europa – so Schlesinger – außerordentlich wichtig, dass Deutschland keine weitere Inflation zulasse. Etwas sybillinisch erläuterte der Notenbankpräsident die Bestätigung des bisherigen offiziellen Geldmengenzielkorridors von 3,5 bis 5,5 Prozent, obwohl jeder weiß und die Bundesbank es auch nicht verheimlicht, dass hierzulande die Geldmenge seit Monaten mit einer Jahresrate von 9 Prozent wächst und damit doppelt so schnell wie geplant.

Bei den Geldmengenzielen, so Schlesinger, handele es sich um sehr mittelfristige Vorgaben, die unverändert angepeilt würden. Für Deutschland gilt da die Milchmädchenrechnung: 2,5 Prozent Wirtschaftswachstum plus 2 Prozent unvermeidliche Informationsrate. Die zweieinhalb Prozent gesamtwirtschaftliches Wachstum hat Schlesinger heute sogar auf 2,75 Prozent nach oben korrigiert, ein erfreuliches Signal dafür, dass die deutsche Konjunktur offenbar doch nicht so schlecht läuft, wie manche Leute befürchten. Dennoch geistert die Geldmenge mit einem riesigen Blähbauch durch die Wirtschaft. Den will die Bundesbank mittelfristig ablassen.

Die heiße Luft von über 4 Prozent muss raus, sonst feiert auf die Dauer die Teuerung in Deutschland fröhliche Urständ und kann nicht, wie derzeit angepeilt, von vier auf unter drei Prozent Anfang des nächsten Jahres gedrückt werden. Dazu gehört aber auch insbesondere, dass die enorme Kreditexpansion nach und nach abgewürgt wird. Sehen wir einmal von

Prof. Helmut Schlesinger, Bundesbankpräsident

den guten Vorsätzen für den Bundeshaushalt ab, so expandieren andere öffentliche Etats und Schattenhaushalte weiterhin in unverschämter Weise. Aber auch die privaten Haushalte und Investoren leihen sich Geld in Milliarden-Größenordnungen. Das hängt auch mit dem Aufschwung Ost zusammen, der überwiegend kreditfinanziert ist.

Ein Punkt wurmt die Bundesbanker ganz besonders: Etwa die Hälfte der Kreditvergaben an die Privaten sind zinssubventioniert, d. h. der Häuslebauer und der Investor erhalten das Geld durch direkte und indirekte Zuschüsse des Staates wesentlich billiger, als es zu Marktpreisen möglich wäre. Damit wird das Schwert Geldmengensteuerung stumpf. Was hat Geldpolitik für einen Sinn, wenn durch staatliche Maßnahmen zur Zinsverbilligung die disziplinierenden Maßnahmen der Bundesbank über Zinsverteuerungen unterlaufen werden? Gut gemeinte Zinsverbilligungen pervertieren so zu einem schlechten Wirtschaftswitz. Die Bundesbank wird künftig hier ganz strikt den Hebel ansetzen. Sie hat keine andere Wahl. Zinsverteuerung tut weh, ungebremste Inflation wäre aber tödlich.

Münchens Wirtschaftsgipfel der Zuversicht

Dem raketenhaften Aufstieg der Bundesrepublik zur Großmacht im Weltmaßstab beim Weltwirtschaftsgipfel in Houston/Texas vor zwei Jahren folgte der Gipfel der Beteuerungen vor einem Jahr in London. Beteuerung deshalb, weil Bundeskanzler Kohl und seine Equipe sich veranlasst sahen, immerfort zu beteuern, dass Deutschland keinen eigenen

Weg gehe, fest in allen Bündnissen verankert sei und sein wolle, dass die Deutschen auch wiedervereinigt beispielhafte Europäer blieben, die außerdem nicht an ihrer amerikanischen Gefolgstreue herumdeuteln lassen wollen.

Nun im Juli 1992 ist Kanzler Kohl Gastgeber in München und alles sieht ganz anders aus. Die Amerikaner zweifeln an Deutschland wegen verteidigungspolitischer Alleingänge mit den Franzosen. In Europa traut man den Deutschen längst nicht mehr über den Weg, ganz bestimmt seit der Vereinigung des Landes. Japan, wo Ende 1990 noch Töne laut wurden, dass nun endlich Deutschland und Japan auf der Bühne der Weltpolitik gegen den Rest der Nationen antreten wollten, techtelt mit den USA und erhofft sich dadurch einen schnellen Einstieg in den Weltsicherheitsrat. Doch da ist China davor. Deutschland hält sich vornehm zurück, weil die Europäer die Deutschen in diesem Punkte auch nicht stützen wollen.

Die meisten hier angesprochenen Punkte stehen bei Weitem nicht auf der Tagesordnung des Treffens der G 7 in München. Sie werfen nur Schlaglichter auf den Rahmen, wie man an der Isar zusammenkommt. Es gab Zeiten, in denen der Konsens unter den Großen 7 (USA, Japan, Großbritannien, Kanada, Frankreich, Italien und Deutschland) schon bedeutend besser war. Dies dürfte sich auch auf den Fortgang der Münchener Gespräche auswirken.

George Bush, der die Bayern-Metropole fast wie einen Umsteigebahnhof auf der Fahrt zum nächsten Wahlkampftermin benutzt, dürfte sich weiterhin nicht in der Lage sehen, Agrarkompromisse einzugehen. Frankreich zeigt sich ebenfalls nicht kompromissbereit. Da hat es ein ehrlicher Makler, wie es Bundeskanzler Helmut Kohl durchaus sein will, schwer. Kohl wird aber nicht in dem Bemühen nachlassen, München als Wirtschaftsgipfel der Zuversicht erscheinen zu lassen, vielleicht ihn sogar gegen den Strich dahin zu bürsten.

Zuversicht und Optimismus brauchen die Welt. Das weiß jeder, doch wird häufig zu wenig dafür getan. Die Uruguay-Runde zur Liberalisierung des Welthandels sollte schon in Houston/Texas zu einem guten Ende gebracht werden. Das klappte aber nicht. Auch London brachte Fehlanzeige. München schafft es ebenfalls kaum. Das Hauptthema des Münchener Gipfels ist aber die Gestaltung der internationalen Beziehungen in wirtschaftlicher und politischer Hinsicht nach dem Ende der Ost/West-Konfrontation. Der Übergang zu freien und demokratischen Marktwirtschaften weltweit, insbesondere in der ehemaligen Sowjetunion, aber auch in weiten Teilen der Entwicklungsländer, bietet die Chance für eine friedliche und wirtschaftlich prosperierende Welt.

Ein Komplex muss ganz bestimmt und vorrangig behandelt und akzeptiert werden: Die Sanierung der maroden Kernkraftwerke in den GUS-Ländern. Da sind die G 7 zum Wohle der Menscheit aufgerufen einzugreifen, auszubessern, zu erneuern, abzuschalten. Boris Jelzin freut sich auf Gastgeschenke. Das könnte im Geiste von München klappen, aber nur, wenn die Deutschen die Milliarden dafür herausrücken. Verbale Solidarität ist in München allenthalben zu haben, finanzielle kaum oder gar nicht.

Bundesbank im Kreuzfeuer der Kritik

Seit Dezember letzten Jahres und erst recht seit der Diskonterhöhung am 16. Juli steht die Deutsche Bundesbank im Kreuzfeuer der Kritik in- und ausländischer Analysten, Geldpolitiker und Finanzstrategen. Das Häuflein derer, die unverdrossen die Geldpolitik des Zentralbankrates verteidigt und damit für richtig hält, schmilzt dahin, entweder begreifen die letzten Anhänger es nicht oder sie haben viel Gottvertrauen. Die Bundesbank wurde vielfach zum Problemfall nicht nur für Gewerkschaften, Politiker und anderen Notenbanken in Europa. Unsere Zentralbank ist an dem Punkt angelangt, wo sie die Leute ärgert. Alle ächzen unter den von ihr verordneten hohen Zinsen und vermuten im Zentralbankrat einige hartgesottene Totschläger der Konjunktur.

In ihrer langen und erfolgreichen Geschichte hat die Bundesbank allerdings gelernt, sich zu behaupten gegen Kritik aus dem eigenen Lande, aber auch von draußen und gegen intellektelle sowie machtpolitische Usurpatoren jeglicher Art. In dem jetzt vorgelegten Monatsbericht (Aug. 92) erklären die Währungshüter, dass die von ihnen verordnete strenge Geldpolitik ihre Richtigkeit habe, dass es keine Alternative dafür gebe, dass man zur baldigen Erreichung von mehr Stabilität allerdings Mitstreiter brauche e. B. Gewerkschafter, die sich für niedrigere Lohnabschlüsse einsetzen und Finanzpolitiker, die ohne Tücke die Entschuldung des Staates verfolgen.

Doch sind solche Stabilitätsfreunde leider nur auf dem Papier zu finden. Kaum einer leiht für diesen guten Zweck seinen starken Arm, um etwas zu ändern. Geldwertstabilität, d. h. die Reduzierung der Teuerung ist zwar den meisten Akteuren immer noch ein erstrebenswertes Ziel, damit hat es sich aber schon. Landauf, landab heißt die Devise: „Wasch' mir den Pelz, aber mach' mich nicht nass." Einzig die Bundessbank kann und will sich nicht davonschleichen und diktiert aus souveräner Machtvollkommenheit dann eben, was sie für richtig hält. Im Nachinein betrachtet war dies auch meist das Richtigere gewesen. Wer ahnt und akzeptiert aber schon vorher?

Die Zinsen bleiben oben, bestimmen die Zentralbankräte, die Geldexpansion wird abgewürgt, nach Möglichkeit ohne die Konjunktur zu drosseln. Die Kreditnachfrage, die nach wie vor enorm ist, wird heruntergeschraubt, koste es was es wolle. Dabei bleiben die Herren sich in jeder Weise treu und denken nicht im Entferntesten daran, von den einmal gesetzten Projektionen abzugehen, so weltfremd das manchmal auch erscheint. Sie proklamieren weiterhin ihren Geldmengenkorridor von 3,5 bis 5,5 Prozent, obwohl per Dezember eher eine 8 vor dem Komma stehen dürfte. Sie halten an einem normativen Preisanstieg von zwei Prozent fest, obwohl sie bis ins nächste Jahr die 4 vor dem Komma als drückende Teuerungsrate begleitet.

Das aber zeichnet die Währungshüter aus: Sie sind in der Lage langfristige Strategien zu erdenken und sie kontinuierlich durchzusetzen, wenn nicht heute, dann morgen, aber irgendwann ganz bestimmt. Die Geldregierung in Frankfurt hat eben Ziel und Biss. Und das beweist sie ein weiteres Mal.

Drama der europäischen Geldpolitik II

Der Nachschlag: Geldpolitische Souveränität zurückgewonnen

Kommentar zum Zinssenkungsbeschluss des Zentralbankrates am 14. September 1992 in der Sendung „Wirtschaft aktuell" des HR 1 – Nach Bandaufnahme

Das währungspolitisch höchst turbulente Wochenende hat Folgendes hervorgebracht: Zinssenkungen am kurzen und am langen Ende. Zumindest wird der Lombardsatz von 9,75 Prozent auf 9,50 Prozent reduziert und der Diskontsatz von 8,75 Prozent auf 8,25 Prozent heruntergeschraubt. Das Ganze gilt vom 15. September an. Dabei kommt der Lombardsatz-Absenkung die größere Bedeutung zu, obwohl sie nur – ganz offiziell – um 0,25 Prozent ausgefallen ist. Damit das kurzfristige Geld auf den Geldmärkten aber etwas stärker verbilligt wird, wird die Bundesbank ein zinsgünstiges Wertpapierpensionsgeschäft als sogenannten Mengentender anbieten zu einem Festzinssatz von 9,2 Prozent. Damit werden die Geldmarktzinsen insgesamt von 9,75 Prozent auf 9,2 Prozent heruntergeschleust, zumindest fürs Erste.

Tatsächlich hat die Bundesbank die Obergrenze für den kurzen Geldzins mit dem Lombardsatz auf 9,50 Prozent festgeschrieben. Wenn also die Märkte den billigen Mengentender von 9,2 Prozent einfach unreflektiert verdauen und danach zur Tagesordnung übergehen mit möglicherweise einer steigenden Zinstendenz, werden sie sehr schnell wieder am Lombardsatz angelangt sein.

Genau an diesem Punkt wird dann die Bundesbank ihre uneingeschränkte geldpolitische Souveränität wieder zurückgewonnen haben. Die halbprozentige Absenkung des Diskontsatzes hat zunächst keine große Bedeutung für die Kreditmärkte. Sie putzt aber das Zinsangebot für das europäische Fenster etwas mit heraus. Eben habe ich schon das Thema geldpolitische Souveränität angesprochen. Es ist unübersehbar, dass derzeit auf der Währungsbühne ein Drama der Geldpolitiker aufgeführt wird.

Dabei ist seit Langem klar, dass die europäischen Nachbarstaaten kaum etwas anderes im Sinn haben, als der Bundesbank die Geldsouveränität mit allen Mitteln abzuringen, sie möglichst schachmatt zu setzen, ihr zumindest die Vorherrschaft in der europäischen Geldwirtschaft zu nehmen. Die größte Volkswirtschaft hat in langen Jahrzehnten die tragfähigste Währung aufgebaut, und mit der Zeit kam es zu einem europäischen Zuordnungssystem der Währungen – EWS genannt, in dem die Deutsche Mark die Nr. 1 wurde, und alles Übrige läuft unter „ferner liefen". Neben Dollar und Yen ist die D-Mark jetzt international die einzige ernst zu nehmende Währung. Wenn der Zentralbankrat der Deutschen Bundesbank zusammentritt und sich an seinen langen, ovalen Tisch setzt, stehen bildlich gesprochen elf Katzentische daneben und zwar die der Direktorien der Notenbanken der übrigen elf EG-Mitglieder, und irgendwo in einer fernen Ecke hat selbst das amerikanische Notenbanksystem Fed noch ein Stehpult.

Schon vor einer Woche hat sich in England ein Aufstand abgezeichnet, ein Aufstand jener, die sich von der Deutschen Bundesbank bevormundet fühlen und zu sehr unter den von den Deutschen auch für Europa diktierten hohen Zinsen leiden.

Am Wochenende brach die Krise vollends auf. Die währungspolitischen Zuchtmeister für ein stabiles Geld in Deutschland wurden nicht nur überstimmt, sondern gezwungen, diese heutige Zinssenkung durchzuführen. Die Bundesbank hat in ihrer Geldsouveränität Schaden genommen. Bonn hat Frankfurt im Stich gelassen. Es ist noch offen, welche Konsequenzen langfristig daraus zu ziehen sein werden. Aber auch die Deutschen konnten bei dem europäischen Schlagabtausch den EWS-Freunden Blessuren zufügen, an der jene noch lange herumlaborieren werden. Deutschland hat den EWS-Mitgliedern eine Neuanpassung der Wechselkurse abgetrotzt und damit nachhaltig bewiesen, dass wir uns noch nicht in einem Festkurssystem befinden, wie es Maastricht vorsieht. Dieses Realignment ist für die Politik der Bundesbank von unschätzbarem Wert. Bedauerlich nur, dass das Realignment allein in Bezug auf die Lira erfolgte und nicht auch Peseten, Escudos und Pfund mit einschloss.

Insofern bleibt Sprengkraft im Europäischen Währungssystem, die auch irgendwann verpufft. Beide Seiten, Deutschland wie der Rest Europas, haben am vergangenen Wochenende in der Schlacht ums Geld hohe Verluste erlitten. Es könnte sein, dass Deutschland für sich die größeren Vorteile sichern konnte: Denn es war immer erklärte Ansicht und Strategie des Zentralbankrates und auch Bonns, dass noch längst nicht alles auf die Europäische Währungsunion hin festzementiert ist, dass alles im Fluss ist und im Fluss bleiben muss. Das haben die Deutschen jetzt vorexerzieren können. Nicht schlecht, aber es tat weh.

Götterdämmerung

Die Bundesbank ist in Bedrängnis geraten. Für die Olympier des deutschen Geldes könnte sogar schon die Götterdämmerung angebrochen sein, meinen nicht wenige Beobachter. So hatte kürzlich Finanzminister Waigel eine Zinssenkung angekündigt und desavouierte damit die nach Gesetz und Verfassungsintentionen unabhängige Zentralbank.

Schon vorher hatte der französische Staatspräsident die künftigen Heroen der Europäischen Zentralbank zu währungstechnischen Erfüllungsgehilfen degradiert und damit durchaus auch die Bundesbanker gemeint, die zumindest dahin gebracht werden müssten. Die Peinlichkeiten hatten ihre Fortsetzung in der jüngsten Pressekonferenz, als

Bundesbankpräsident Helmut Schlesinger nach Aufforderung britischer Fernsehleute seine Erklärungen in englischer Sprache fürs britische Publikum wiederholte. Ein ähnliches Verlangen hatte Präsident Karl Klasen ebenfalls auf einer Pressekonferenz in der Bundesbank glattweg abgelehnt. Regierungen sollten im eigenen Land bei offiziellen Anlässen die eigene Sprache sprechen, auch eine Geldregierung.

Sind wir jetzt mit unseren Währungshütern am Ende? Hat Deutschland endgültig den Kampf um eine vernünftige europäische Geldpolitik verloren? Ist die Wacht am Main nicht mehr Turm in der Schlacht um die stabile D-Mark und eine unabhängige Euro-Zentralbank? Durchaus nicht. Die Bundesbank sieht derzeit zwar nicht überall glänzend aus, aber sie hat abermals ihre langfristige, auf Stabilität ausgerichtete Geldpolitik auf einen für das europäische Währungssystem strategischen Punkt gebracht. Sie hat mit dem Zinsköder im Zusammenhang mit der Lira-Abwertung eine Bresche in den Wust des EWS geschlagen und damit dafür gesorgt, dass die Stunde der Wahrheit kommen konnte.

Jahrelang haben die meisten EWS-Mitglieder die Notwendigkeit von Neuanpassungen der Währungen einfach geleugnet und sich als Ersatz den Popanz ECU aufgebaut. ECU war die Lüge der Währungsleute im Westen, um sich selbst nicht eingestehen zu müssen, dass es in Europa um die D-Mark geht und dies aus vielen Gründen. Die Bundesbank hat immer davor gewarnt, sich jetzt schon allzu bequem auf die Europäische Währungsunion einzurichten. Neuanpassungen, sogenannte Realignments müssten noch solange sein, wie es unterschiedliche Trends in den Volkswirtschaften gebe, zum Ausgleich unterschiedlicher Inflationsraten.

In Finnland nahm der Abwertungslauf jetzt seinen Anfang, dann folgte Schweden. Es wehrt sich zurzeit mit extrem hohen Zinsen von 75 Prozent gegen die Spekulation. Der große Paukenschlag war die Lira (Abwertung 3,5 Prozent). Es wird ein noch größerer mit dem Briten-Pfund folgen und Peseta wie Escudo dürften hinterher kleckern. Das ist kein Chaos, sondern das ganze Gegenteil davon. Nach der Aktion herrschen nur wenig realistischere Wechselkurse und man kann für den Aufbau einer Europäischen Währungsunion voll durchatmen.

Das verflixte 14. Realignment

Es kam so, wie es kommen musste. Nur engstirnige Politiker, eifersüchtige Europäer, währungspolitische Gesundbeter und einfältige Geldhändler konnten glauben, dass das gegenwärtige EWS so ganz unbeschadet in den Geldfrieden von Maastricht hinüber segeln würde. Das EWS, von Kanzler Helmut Schmidt und dem damaligen französischen Präsidenten Giscard d'Estaing so jovial und europafreundlich entworfen, hatte von Anfang an einen Fehler, nämlich, dass in freien Märkten bei unterschiedlich sich entfaltenden Volkswirtschaften und divergierenden Teuerungsraten ausschließlich die Wechselkurse festgeschrieben wurden. Die Deutschen hatten da immer Vorbehalte, dennoch bewährte sich das EWS mit gelegentlichen Interventionen erstaunlicherweise recht gut. Die europäischen Staaten haben daraus viele Vorteile über lange Zeiträume gezogen, dass streckenweise die Wechselkurse friedlich im Gänsemarsch parallel laufen konnten, manchmal mit einem kleinen Wackelgang in den festgelegten Bandbreiten von wenigen Prozentpunkten.

Die Probleme entstanden erst dann, als einzelne Staaten, mal Frankreich, mal Italien, mal Belgien oder England, mal alle zusammen außer Tritt gerieten, mit ihren Nachbarn nicht mehr mithalten konnten, sich aber aus irgendwelchen politischen Gründen über Wochen und Monate, sogar Jahre einfach weigerten, die ökonomischen Realitäten anzuerkennen und eine Neufestsetzung der Wechselkurse aus Prestigegründen ablehnten.

So wurden in den vergangenen 13 Jahren die im Verlauf notwendigen 12 Wechselkursanpassungen jedes Mal zu einer harten außenpolitischen Auseinandersetzung unter den Freunden in Europa. Schlimme Wortgefechte waren das Mindeste. Nach der 12. Wechselkursanpassung vor fünfeinhalb Jahren gefror das europäische Geldsystem. Es wurde nahezu einzementiert. Der Vertrag von Maastricht übergoss dann noch alles mit einer europäischen Zuckersoße, garniert mit der Parole: Noli me tangere! Einige Zeit glaubten viele Europäer an das Idyll. Dann schlug es allerdings 13 und nach dem Paukenschlag vom vergangenen Wochenende sofort 14, nämlich gestern, am 16. September (92).

Die 13. Kursanpassung war ein äußerst notwendiges aber vertracktes geldolitisches Ränkespiel, das die Devisenmärkte angezettelt, die Finanzminister aber nur fehlerhaft abgewickelt haben. Die Bundesbank ging mit der Brechstange ans System. Sie lockte mit einer Zinssenkung, zwang Italien mithilfe der anderen EG-Freunde zur Abwertung von 3,5 Prozent, ließ manchen Europäer kurze Zeit in der Sonne der Aufwertung schwelgen (alle anderen werteten um 3,5 Prozent auf), wohlwissend, dass der immer noch schiefe Turm des europäischen Währungsgebäudes dann zusammenklappen würde, wenn sich die Spekulation nicht nur auf Italien sondern flugs auch auf die anderen Schwachwährungen wie Pfund Sterling und Peseta stürzt. Das aber war gestern und heute zu erleben gewesen. Etwas nachgeholfen hat ein Interview Schlesingers, in dem er ausführte, dass die Probleme noch nicht endgültig gelöst seien. Da hatte er wohl Recht. Damit siegte zwar die Ökonomie über die Politik, aber London steht Kopf. Nach riesigen Reserveverlusten von mehr als 10 Milliarden Dollar an einem Tag allein bei der Old Lady erklärten England und Italien den Austritt aus dem EWS.

Für die europäischen Nachbarn gibt es leider den schlechten Beigeschmack, dass Deutschland abermals Europa seine Stärke bewiesen und die Abwertungsländer Italien, Spanien und insbesondere England ins Abseits gedrückt hat, dass die Bundesbank gegen den Rest der Welt obsiegte. Fraglich, wie die Franzosen auf das Geldspektakel dieser Woche reagieren. Fraglich wie sie sich bei ihrem Maastricht-Referendum davon beeinflussen lassen? Zwar waren die Lira-Abwertung und die Zinssenkung der Bundesrepublik vom letzten Wochenende auch als Schützenhilfe für das Ja des französischen Bürgers zu Maastricht gedacht gewesen, doch könnte der heutige Peseten- und Pfund-Krach von den Franzosen auch als gleißende deutsche Machtpolitik missverstanden werden.

Kraniche, Tross und Hoheitszeichen

Zu den für mich großen Naturereignissen des Herbstes 1992 gehört die Entdeckung eines mächtigen Kranichzuges mit gewiss 200 und mehr Vögeln, die sich über Eschborn, direkt über unserem Haus am Ritterhof von mittlerer Höhe – 200 bis 300 m – in große Höhen über die heranziehenden Kumuluswolken hinaus nach oben schraubten. In freier Wildbahn hatte ich noch niemals Kraniche gesehen. (Die Freude wurde doppelt, als ich im folgenden Frühjahr gut drei Dutzend Tiere wieder in nördlicher Richtung fliegend erkannte.)

Nicht im Zeichen des Kranichs (Deutsche Lufthansa) sondern mit einer Regierungsmaschine flog ich zwischenzeitlich (Ende Sept. 92) gen Westen. Das Bundesfinanzministerium hatte für seinen Minister einen Tross für die Weltwährungstagung in Washington zusammengestellt, einen Tross bestehend aus hohen Beamten, einigen Bundestagsabgeordneten, anderen Politikern und zwei Dutzend Journalisten. So konnte ich mit der Luftwaffe in einer mit Hoheitszeichen dekorierten (allerdings schon sehr betagten) Boeing 707 in Begleitung von Theo Waigel nach Amerikas Hauptstadt fliegen. Es war noch ein Finanzminister dabei, nämlich Edgar Meister aus Mainz als Emissär des Bundesrates.

Der Flug ging ab vom Köln-Bonner Flughafen Wahn – militärischer Teil. Bescheidenste Abfertigungsbaracke, bescheidener Flieger, ganz gutes Essen. Sich meist schlecht benehmende Kollegen, die rauchend, furzend und quasselnd die acht Flugstunden totschlugen, waren die überwiegend unschönen Begleiterscheinungen des Transfers zum IWF. Der staatstragende Blick auf die Tragflächen mit dem Militär-Kreuz und die Anwesenheit der Minister machten vieles wieder wett. Waigel verließ auch mal sein Separee, um mit uns zu diskutieren über Wechselkurse, Zinsen und Quotenerhöhung (Kapitalerhöhung) beim Internationalen Währungsfonds.

Der im Ganzen nicht schlechte Service der Luftwaffen-Mannschaft war nicht so gut, dass mein Gepäck vor mir, zumindest gleichzeitig mit mir im Hotel Washington Hilton angekommen wäre. In Schlamperkleidung ohne Krawatte, mit offenen Clogs an den Füßen schrieb ich mich ins Hotel ein. So hatte ich wenigstens den elektronischen Türschlüssel und konnte mein Zimmer (ohne alles) beziehen. Nicht verzichten wollte ich auf die abendliche Kreuzfahrt mit dem Mississippi-Dampfer „Cherry Blossom“ auf dem Potomac. Die traditionelle Einladung der Commerzbank. Hops in den Zubringerbus und hops aufs Schiff an der Anlegestelle bei der Torpedo-Fabrik in Alexandria. Herrliche Garnelen wurden aufgetischt und guter kalifornischer Wein. Nach meiner inneren Uhr wurde es langsam drei Uhr nachts. Die Müdigkeit übermannte mich und ich pennte auf dem Oberdeck.

4. Reich mit Raketenpanzer

Die Bundesbank und ihre Helden werden mehr und mehr zu Sündenböcken abgestempelt – mitschuldig an der schlaffen Konjunktur in Deutschland, verantwortlich für die Währungskrise in Europa. Dabei machen die Notenbanker in Frankfurt nichts anderes als Dienst nach Vorschrift: Stabilitätspolitik im Sinne des Bundesbankgesetzes. Das ist auch im Sinne des Maastricht-Vertrages, der eine Stabilitätsgemeinschaft vorsieht. Und daraus resultiert der ganze Schlamassel. Bedeutung gewinnt der Dienst nach Vorschrift durch die Kraft der deutschen Volkswirtschaft, die die Bundesbank mit ihrer jahrzehntelangen Stabilitätspolitik mit aufgepäppelt und durch die Wiedervereinigung und dem damit verbundenen angeblichen oder tatsächlichen Machtzuwachs für das gesamte Land, das nun schon wiederholt mit der Bezeichnung 4. Reich diffamiert wurde.

Wenn alle diese Ingredienzen zusammengeschüttet und durchgerührt werden, entsteht unter der Lupe der deutschen Gewerkschaften ein Bild der Bundesbank als Konjunktur fressendes Ungeheuer. Im Zerrspiegel der britischen Presse rollt da ein geldpolitischer Raketenpanzer an, der mit seinen Währungs- und Zins-Kanonaden Europa unterdrückt, ganz im Sinner deutscher Machtpolitik der 30er- und 40er-Jahre. Die Briten beherrschen dieses Thema ganz exzellent und wollen damit von den offensichtlichen Defiziten ihrer eigenen Wirtschafts-, Finanz-, Geld- und Industriepolitik ablenken. Sie begreifen sich als Zielscheibe der Bundesbank-Strategie, die es nun geschafft habe, das Pfund Sterling aus dem Währungsverbund herauszuschießen, ebenso wie die Lira. In hohem Maße handelt es sich hier aber um Fantasieprodukte.

Die Probleme mit dem Pfund Sterling sind einzig und allein hausgemacht. Das begann schon mit dem zu hohen Einstiegskurs fürs Pfund ins EWS vor zwei Jahren und reicht bis zur miserablen Produktivität der britischen Industrie, die die Währung mit herunterriss. Im Falle der Lira geht es um die jahrzehntelange Misswirtschaft in Italien, die abermals zur Abwertung zwang. Dazu kommen Eifersüchteleien, die Deutschen hätten den Franzosen bei der Stützung des Franc mehr geholfen als den Briten beim Pfund. Alles Nonsens, obwohl in den Entscheidungen der Bundesbank die Befriedigung des französischen Prestigedenkens sicherlich Vorrang hat vor dem imperialen Auftreten der Briten.

Das EWS, das kürzlich gesprengt wurde, kann nur funktionieren, wenn – wie im Vertrag vorgesehen, regelmäßige Kursanpassungen der Währungen erfolgen, so sie notwendig sind. Das haben die Europäer dem Währungsclub verweigert. Die Deutschen hatten die Last zu tragen, bis der

Devisenstrom unerträglich wurde und die Bundesbank mit der Brechstange ranging.

Das Management einer Weltwährung wie der D-Mark hat seine eigenen Gesetze und als Basis das Bundesbank-Gesetz und die vielen internationalen Abmachungen, so sie nicht von anderen gestört werden oder nicht bindend sind. Das Verteufelte an der Stabilitätspolitik ist, dass sie das Beste meint, das Optimale erreicht und doch von immer mehr Leuten verabscheut wird. (Übrigens auch ein Trend in der Gesellschaft, die sich immer weniger am Riemen reißen will.)

Heute (2. 10. 92) hat der Zentralbankrat auf seiner Sitzung in Schwerin die Chance, sich unbeliebter zu machen, nämlich wenn er keine Zinssenkung beschließt. Beschließt er niedrigere Zinsen, wird er tragischerweise auch nicht beliebter. Diese Tragik macht ihn jedoch frei: Er tut das, was er für das Beste hält, für Deutschland und Europa.

Schlüsselfigur Hans Tietmeyer

Die verbriefte Unabhängigkeit der Bundesbank ist eine Sache, die Achtung der Regierenden vor dieser Unabhängigkeit eine andere. Gut, wenn beides zusammenfällt, noch besser, wenn es darüber hinaus ein freundliches Einvernehmen der Bundesbankspitze und der Bonner Regierung gibt, keinen Filz, sondern ein Ein vernehmen über die großen politischen Linien. Nur so können die gegenwärtigen politischen Schwierigkeiten innerhalb Europas im Zusammenhang mit den Maastrichter Verträgen und dem EWS gemeistert werden.

Schlüsselfigur für die politisch angemessene und notwendige Kooperation von Regierung und Nationalbank ist Bundesbank-Vize, Hans Tietmeyer, und zwar deshalb, weil Tietmeyer der Vertraute von Kanzler Kohl ist – aus früheren Zeiten, als er noch Finanzstaatssekretär in Bonn und Sherpa für Kohl war, und aus den Zeiten der deutschen Wirtschafts- und Währungsunion, die Tietmeyer für den Kanzler vertraglich entworfen und zusammengefasst hat. Tietmeyer tritt immer wieder öffentlich auf. Er redet gut, manchmal charmant, immer inhaltsreich, vielfach aus dem Nähkästchen eines seit Anfang 1990 existierenden „Fliegenden Währungskabinetts", dem neben dem Kanzler Finanzminister Theo Waigel, Finanzstaatssekretär Horst Köhler und eben Tietmeyer angehören. Er sprach in Gravenbruch bei Frankfurt (5. 10.).

Sicherlich gibt er bei diesen Gelegenheiten nicht alle Tricks preis, die er mit Kohl, Waigel und Köhler bespricht, aber das Grundgerüst ist dasselbe. Besondere Bedeutung hat das Kanzler-Briefing Tietmeyers gerade in diesen Tagen der Vorbereitung auf den Sondergipfel der EG-Regierungschefs in Birmingham. Der Birmingham-Gipfel soll nach dem Dänemark-Nein und dem knappen „Ja" der Franzosen zu Maastricht sowie den Turbulenzen im EWS Europa wieder vom Kopf auf die Beine stellen. In der britischen Industriestadt wollen die Europa-Chefs wieder sicheren Boden unter die Füße bekommen. Da wird es aber auch nicht ohne Hinterhalt, Finten und Tricks abgehen.

Die Spanier rücken dort z. B. mit ganz neuen Vorstellungen über das Europäische Währungssystem an. Auch Briten und Brüsseler Behörden haben so etwas im Gepäck. Stichworte dafür sind „flexiblere Bankbreiten" für die Währungen im EWS-Kursrahmen und ein gemeinsamer „Währungspool". Der spanische Wirtschaftsminister Carlos Solchaga schlägt dreierlei Maßnahmen vor, um das „Vertrauen in den EWS-Wechselkursmechanismus wieder herzustellen".

Erstens: Eine Überprüfung des bestehenden Leitkurssystems.

Zweitens: Eine Zusammenlegung von Zentralbankreserven, die gemeinsam verwaltet werden, zur Verteidigung der EWS-Paritäten.

Drittens: Eine allgemeine Vereinbarung über Zinssenkungen in Europa.

Käme Spanien damit durch, hätten die europäischen Nachbarn einen perfekten Coup gegen die Bundesrepublik gelandet. Aus deutschen Währungsreserven würden die Defizite aus den Währungsturbulenzen der anderen bezahlt. Die Bundesbank wird dann auch noch zur Zinssenkung zitiert und das EWS-Leitkurssystem insgesamt umgebaut, so-dass alle Länder kräftig mitregieren können, nur die Bundesbank nichts mehr zu sagen hat. Das wäre insgesamt noch viel schlimmer als die krasseste Auslegung der Maastrichter Verträge für die Zeit nach 1999.

Hans Tietmeyer hat in Gravenbruch klargestellt, dass aus alledem nichts wird. Das reinigende Gewitter des Währungskrachs könnte nur zum Ergebnis haben, dass endlich die EWS-Statuten wieder richtig angewendet werden, meinte er. Außerdem würde in Birmingham am EWS nichts geändert, weil die EG-Finanzminister nicht dabei seien. Drittes basiert ein Großteil der EWS-Abmachungen auf Verträgen unter den Notenbanken. Tietmeyer mahnte auch die in Maastricht vereinbarte Unabhängigkeit der anderen europäischen Zentralbanken an, zum Beispiel in Frankreich. Nur auf dieser Basis könnte eine unabhängige Europäische Zentralbank errichtet werden.

Krieg der Worte: Zwischen V2-Rakete und Pfundkurs

Birmingham bedeutete für die deutsche Delegation ein heißes Pflaster, denn Großbritannien befindet sich mit Deutschland seit einiger Zeit im Krieg, den die britischen Massenmedien vom Zaun gebrochen haben. Beim Besuch der britischen Königin in Dresden flogen Eier (mindestens zwei), wenige skandierten „niemals vergessen" und meinten damit das britische Bombardement auf Dresden 1945. Richtig betrachtet gehörten diese Szenen zu den Rückzugsgefechten. Der Waffenstillstand war bereits manifestiert durch eine tiefe Verbeugung des Bundesbankpräsidenten, Porf. Dr. mult. Helmut Schlesinger. Denn die „Antwort auf die aktuelle Frage, ob das Ei zuerst gekommen sei oder der Bundesbankpräsident ist im britischen Fernsehen und in den Zeitungen des Landes jetzt unwiderlegbar dokumentiert: Schlesinger war zuerst da."

FAZ-Korrespondent Bernhard Heimrich kabelte weiter aus London, der Hauptstadt des perfiden Albions: „Alle haben das Bild gesehen, jenen tiefen Diener, den man von den im Umgang mit Königlichen Hoheiten der Insel ungeübten Bewohnern des Kontinents erwarten durfte. Im Inselreich bleibt der Mann, vor allem der Edelmann, selbst im Angesicht des Monarchen stehen, als hätte er einen preußischen Ladestock verschluckt, und beugt nur einmal nachdrücklich den Kopf; von Weitem sieht es eigentlich nur aus wie ein Nicken. Alle haben das Bild gesehen, mehrmals im Fernsehen und erst recht in den bunten Zeitungen mit ihrer Triumphierenden Begleitmelodie. Allein das Foto von diesem Diener macht den dritten Staatsbesuch Elisabeths zu einem Erfolg. Es wischt für einen Augenblick die Erfahrungen der Demütigung durch die ‚Bundesbank' weg."

Um die journalistische Ausgewogenheit nicht mit Füßen zu treten, bemüht sich der Chronist nun unter Verwendung des Fachblättchens MedienKritik (26. 10. 92) alle Seiten zu Wort kommen zu lassen. Der Tatbestand als solcher ist längst klar: Die Briten haben durch geldpolitische Hybris mit dem folgenden Austritt aus dem EWS den Pfundkurs in den Keller gefahren. Nun aber hat der Medienkritiker KF das Wort:

Britische Medien – Antideutsche Kommentare lagen unter der Gürtellinie.

Stark gestört war das deutsch-britische Verhältnis, als Königin Elisabeth II. vor einigen Tagen Deutschland besuchte. Ausgelöst wurde der ‚war of words' (so Premier John Major) durch den Einsturz des Wechselkurses des britischen Pfund Sterling vor allem gegenüber der D-Mark nach dem Pfund-Ausstieg aus dem EWS. Nicht zuletzt die Geldpolitik der Deutschen Bundesbank machte die Briten, an der Spitze ihr Schatzkanzler Norman Lamont, dafür verantwortlich.

Unzulässige Verknüpfung

Doch waren die Währungsturbulenzen nur der Auslöser; der ‚Krieg um Worte' ging viel weiter als nur um wirtschaftliche Fragen, auf beiden Seiten behandelten die Medien das Thema ausführlich.

In GB hatte der EWS-Austritt dabei zu zahlreichen antideutschen Kommentaren, vor allem in der Massenpresse, geführt. So titelte beispielsweise der „Evening Standard" am 28. September einen Leitartikel „V2s und das EWS" und kommentierte: Nach einigen Berichten sind wir praktisch wieder im Krieg mit Deutschland. Unser Rückzug aus dem EWS, gefolgt von Deutschlands neuer Umarmung Frankreichs, beschwört ultimative Visionen – Wiederaufrüstung und Vaters Armee – Und danach ging es in diesem Leitartikel nur noch um die letztlich abgesagte Feier zum 50. Jahrestag der ersten V2-Rakete in Peenemünde ohne einen weiteren Hinweis auf einen möglichen Zusammenhang zum EWS-Austritt. Und im „Observer" hieß es, dass nach der abgesagten V2-Feier der „Bundesbankpräsident, Helmut Schlesinger, am letzten Mittwoch (hohe Devisenabflüsse aus England) seine eigene Rakete gegen Großbritannien abfeuerte".

Aber auch andere Zeitungen wie „Financial Times" oder „The Times" berichteten über den Zusammenhang von V2 und EWS – ob mit der nötigen Distanz sei dahingestellt. So brachte die „Financial Times" (29. Sept.) von David Marsh auf Seite 3 eine große Geschichte über die abgesagte V2-Feier: „Kritiker in Britannien – mit Belgien Ziel der meisten V2-Angriffe 1944/1945 – werfen ein, dass die Zeremonie unnötigerweise wieder Kriegserinnerungen weckte. Das öffentliche Interesse, das dem Gedenken entgegengebracht wurde, fügte sich zu dem deutsch-britischen Unwohlsein, das schon durch die Bitterkeit von Britanniens herabwürdigenden Ausstieg aus dem Wechselkursmechnismus vor zwei Wochen geschürt wurde. Britannien Regenbogenpresse hat der Geschichte über die geplante V2-Feier große Aufmerksamkeit in den letzten zwei Wochen geschenkt."

Derselbe David March, Ressortleiter Europa der „Financial Times", zog aber auch zweifelhafte Verbindungen zwischen der deutschen Vergangenheit und Gegenwart. Auch wenn seine Verbindungslinie zwischen Wehrmacht und Bundesbank nicht in direktem Zusammenhang mit V2 und EWS stand, so fiel ein indirekter Kontext auf. In der „Zeit" (25. Sept.) schrieb Marsh über die Bundesbank – eine Essenz seines Buches „Die Bundesbank – Geschäfte mit der Macht": Dreißig Jahre später lacht keiner mehr. Die Bundesbank hat die Wehrmacht als bekannteste und gefürchtetste Institution Deutschlands abgelöst ... Die Ratschläge der Bank finden ernste und aufmerksame Zuhörer an den Tischen der Mächtigen, und ihr Arm reicht weit. Als Hüterin der D-Mark, dieser beispielhaften Währung, die zum Symbol des deutschen Nachkriegsaufschwungs geworden ist, herrscht die Bundesbank über ein größeres Gebiet Europas als irgendein deutsches Reich der Geschichte."

Auch „The Times" nahm am 16. September die Bundesbank aufs Korn. Auf der ersten Seite kniete ein verzerrter Premier John Major mit Riesenkopf nieder, der auf die Dienste eines fürchterlich hässlichen Henkers wartete, der nicht nur ein übergroßes Beil in der Hand hielt, sondern auf dessen kräftigem, teutonischen Körper das Wort ‚Bundesbank' stand. Die Botschaft dürfte eindeutig gewesen sein. Und unter dem Titel „Warum so scheußlich zu den Deutschen sein?" kommentierte Bryan Appleyard (30. Sept.): „Wir brauchen Feinde, um uns zu überzeugen, dass wir noch leben. Wir brauchen Feinde, um zu tadeln, zu bestrafen oder um uns etwas zu tun zu geben ... Norman Lamont braucht die Bundesbank."

Ein letztes Beispiel. Im „Daily Telegraph" (26. 9.) von Robin Gedye wurde ebenfalls auf den Zusammenhang verwiesen: „Aber es gibt eine allgemeine Verlegenheit darüber, dass die Feier zum 50. Geburtstag zeitlich zusammenfällt mit dem gegenwärtigen Austausch von verbalen Raketen zwischen deutschen und britischen Politikern über die Mitwirkung der Bundesbank an der aktuellen Währungskrise in der EG."

„Zeit"-Schreiber Helmut Schmidt: Schaden durch Gedankenlosigkeit

Altkanzler und „Zeit"-Herausgeber Helmut Schmidt hatte den „schroffen Klimasturz" zum Anlass genommen, gleichzeitig in der „Zeit" (9. Okt.) und der „Financial Times" (9. Okt.) zu kommentieren. Schmidt kritisierte in beiden Zeitungen die Medien (hier aus der FT): „Es ist an der Zeit, dass die britische Regierung und die Bank von England – genauso wie die Zeitungen in beiden Ländern – des politischen Schadens gewahr werden, der sich aus Gedankenlosigkeit auf beiden Seiten ergeben hat." Analysiere man die „britische Gedankenlosigkeit", so vermengten vor allem die Massenmedien zwei Dinge: die deutsche Vergangenheit und die aktuelle Währungspolitik. Schmidt ermahnte aber auch in beiden Zeitungen die Deutsche Bundesbank zu mehr Fingerspitzengefühl: „Währungspolitik ist immer zugleich Außenpolitik."

Neben allen Gereiztheiten – auf beiden Seiten des Kanals übrigens – darf man die Vermengung von deutscher Vergangenheit und Gegenwart nicht unterschätzen, denn dass die V2-Feier in keinem Zusammenhang mit der EWS-Krise steht, steht wohl außer Frage. In der FAZ (14. Okt) versuchte aber Bundesaußenminister Klaus Kinkel die Wogen wieder zu glätten und „die Ausbrüche der britischen Presse nicht überzubewerten". Man solle „die antideutsche ‚Eruption' in der britischen Massenpresse nicht zu wichtig nehmen".

3. Oktober 1992 aus der Sicht des Peenemünder Museums

Seit Herbst 1991 liefen – allerdings im begrenzten lokalen Rahmen Peenemündes – Planungen zum 50. Jahrestag des ersten Starts einer Rakete in den Weltraum. Hieran sollte am 3. Oktober im Peenemünder Museum gedacht werden, das in den ersten anderthalb Jahren seines Bestehens 240.000 Besucher verbuchte. Im Frühjahr 1992 übernahmen die Bundesregierung sowie die deutsche Luft- und Raumfahrtindustrie gemeinsam die Federführung der Planungen. Ein nicht zu unterschätzendes Motiv für diese Feier waren Marketing- und Werbeaspekte der beteiligten Industriezweige.

Proteste vor allem aus dem englischsprachigen Raum kamen bereits im Sommer 1992 auf. Sie bemängelten, dass das Objekt der Feierlichkeiten, das Aggregat 4 (V 2), als Waffe konzipiert worden war und durch seinen Einsatz und Produktion Tausende Menschen starben. Dieser Gesichtspunkt – so die Kritik – werde in der Veranstaltungsplanung nicht ausreichend berücksichtigt.

Nachdem diese eher verhaltenen Proteste von den Verantwortlichen ignoriert wurden, eskalierte der international ausgetragene Streit. Die Feier wurde Ende September 1992 abgesagt. In diesem Zusammenhang trat der für die Luft- und Raumfahrt verantwortliche Parlamentarische Staatssekretär im Bundeswirtschaftsministerium, Erich Riedl, zurück.

Bemerkenswert ist, dass es ein Dokument aus dem Jahre 1971 gibt, einen Brief Wernher v. Brauns an ein Mitglied der „Interessengemeinschaft Ehemaliger Peenemünder", in dem er den schon damals aufgetauchten Vorschlag, anlässlich des 30. Jahrestages 1972 eine Gedenkfeier zu veranstalten, recht scharf zurückweist: „... dass ich die Idee einer Feier des 30. Jahrestages des ersten Starts der V2 als Sonderveranstaltung der ‚Ehemaligen Peenemünder' nicht fuer eine gute Loesung halte. Angesichts der militaerischen und politischen Verknüpfung der damaligen Entwicklung koennte eine solche Feier in der Oeffentlichkeit und bei den Massenmedien sehr schnell eine unangenehme Reaktion ausloesen. Ich glaube, dies aus meiner eigenen Erfahrung besser beurteilen zu koennen."

Europa den Europäern

Der französische Publizist Gerard Mermet hat ein hochinteressantes Europa-Nachschlagewerk zusammengestellt, in dem er sich jedoch einen fast unverzeihlichen Fehler leistet. Er schreibt nichts über Währungen und Geld. In seinem Buch: Die Europäer – Länder, Leute, Leidenschaften vergisst er die Leidenschaft der Geldpolitik, die gerade in den letzten Jahren zu den hitzigsten Auseinandersetzungen geführt hat. Dennoch gibt das dtv-Sachbuch nützliche Hinweise auf die Entwicklung des Alten Kontinents, auf die bunte Völkerfamilie zwischen Mittelmeer und Arktis.

Wer hätte gedacht, dass ausgerechnet der Vatikanstaat die relativ größte Armee in Europa unterhält – mehr als zehn Prozent der Staatsbürger stehen dort unter Waffen. Oder: Weltmeister im Teetrinken sind nicht Briten sonden die Iren. Dafür haben es die Deutschen mit Bier und Würstchen. Die Franzosen aber schlucken am meisten Alkohol und konsumieren dabei die größte Vielfalt von Käsesorten. (De Gaulle soll einmal gesagt haben: Ein Volk, das 350 Käsesorten herstellt, kann nicht regiert werden.)

Vier Jahrhunderte nach Kopernikus und Galilei glauben immerhin noch zwölf Prozent der Europäer – also rund 40 Millionen Menschen, dass sich die Sonne um die Erde dreht. Und dies, obwohl der Papst vor wenigen Tagen diesen Aberglauben ganz offiziell aus der Welt geschafft hat. Europa hat immer noch viel mit Glauben zu tun.

Das avisierte politische Gebilde, die Europäische Union, flößt heute kaum jemandem noch Hoffnung ein, weil niemand mit Liebe dahintersteht.

Europa den Europäern könnte der Schlachtruf heißen, leider gibt es zu wenige davon. Sicherlich: Die Iren haben sich per Votum für Europa entschieden, ebenso die Franzosen, wenn auch knapp. Die Dänen waren dagegen. Und der britische Premier, John Major, gibt sich derzeit alle Mühe, das Vertragswerk durchs Unterhaus zu pauken. Kurz vorher hatte Major allerdings den EG-Vizepräsidenten, Martin Bangemann, gemaßregelt, der gesagt hatte, dass Maastricht den Durchbruch zu einem europäischen Bundesstaat darstelle. Töricht und falsch sei dies, meinte Major.

Abgesehen davon, dass sich die Briten eine Ausstiegsklausel haben reservieren lassen, interpretieren sie von vorneherein jene Verträge anders als die Deutschen. Die Franzosen kochen ebenfalls ihre eigene Europa-Bouillabaisse. Niederländer und Italiener machen es kaum anders. Vor dem EG-Gipfel in Edinburg, der Anfang Dezember noch einmal die Europa-Kräfte zusammenfassen soll, ist eine europäische Sprachverwirrung eingetreten. Der Turmbau von Maastricht kommt nicht weiter, erodiert sogar. Da festigt auch der darübergegossene Look des sogenannten Subsidiaritätsprinzips nicht mehr, worunter sowieso jeder etwas anderes versteht.

Bleibt das Europa-Geld, das doch alle wollen – ausgenommen die Deutschen. Die ausländischen Europäer wollen es, weil damit die deutsche Geldsouveränität gestürzt und die von der Bundesbank ausgehende sogenannte Zinsknechtschaft abgeschafft werden kann. Was das Euro-Geld angeht, hat jetzt Finanzminister Waigel einige wichtige Hinweise gegeben. Bis 1999 bleibt alles beim Alten. Mit Beginn der Endstufe der Währungsunion am 1. Januar 99 werde zunächst eine gemeinsame Währung mit einem festen Wechselkurs neben die nationalen Währungen treten. Bezogen auf die Zwölfer-Gemeinschaft gibt es dann zwölf nationale Währungen und als 13. eine gemeinsame Euro-Währung.

Dieser ECU-Euro-Franken – oder so ähnlich – wird in seinem Wert unverrückbar zu den anderen Währungen sein. Gleichzeitig haben die nationalen Währungen, D-Mark, Franc, Pfund etc. immer noch ein längeres eigenständiges Leben. „Vorausgesetzt, dass die Währungsunion überhaupt kommt“, muss hier der ehemalige Bundesbankpräsident Pöhl zitiert werden.

Wenn die Europäer weder einen Bundesstaat wollen, wie ihn Bangemann angedacht hat, noch einen D-Mark-Staat, wie er real existiert, wollen sie doch einen mit Kultur angereicherten Nachtwächterstaat nicht missen, hat Gerard Mermet herausgefunden. Wo lebt der Europäer mit höchstem Lustgewinn? Er arbeitet mit Maximalgehalt in Luxemburg, zahlt in Spanien die niedrigsten Steuern, wohnt des Klimas wegen in einem englischen Landhaus in Portugal und wählt in Erwartung der höchsten Lebenserwartung seinen Alterssitz in Frankreich.

Österreich ante portas

Wenn Frankfurt nicht schon eine so großartige Spitze im Direktorium der Bundesbank vorweisen könnte, sollte man sich bemühen, die Präsidentin der österreichischen Nationalbank als Managerin in der D-Mark-Geldpolitik anzuheuern. Maria Schaumayer hat feinen Witz, hohe Sachkenntnis, große politische, finanztechnische und wirtschaftspolitische Erfahrung. Darüber hinaus ist sei eine glühende Verfechterin der europäischen Währungsintegration und freut sich außerdem, im Windschatten der D-Mark ihre hausgemachte Schilling-Geldpolitik treiben zu können.

Der Schilling hängt wie eine Klette an der D-Mark. Ein Blick auf die Wechselkursentwicklung der letzten 20 Jahre zeigt, so referierte Präsidentin Schaumayer in der Frankfurter Landeszentralbank, dass sich das Wertverhältnis zwischen dem Schilling und der D-Mark über diesen Zeitraum nur wenig, seit 1981 überhaupt nur minimal geändert hat. Musste der Österreicher 1981 im Durchschnitt für 100 Mark 704, 77 Schilling bezahlen, bekam er 1991 denselben Fremdwährungsbetrag für 703,77 Schilling – eine Differenz von kaum mehr als 0,15 Prozent und das zugunsten der österreichischen Währung.

Im Hause der Landeszentralbank in der Frankfurter Taunusanlage, wo in verschiedenen Etagen die künstlerische Ausgestaltung dem Thema „Faust“ gewidmet ist, fallen der gebildeten Dame im Zusammenhang mit der Europäischen Währungseinheit – ECU – klare Parallelen zu Goethes Faust II ein, in dem von der Schaffung riesiger Mengen wertlosen Papiergeldes die Rede ist. Eine Bindung des Schilling an den seit 1979 bestehenden offiziellen ECU, eine Option, die der österreichischen Nationalbank EG-politisch wiederholt empfohlen wurde, hätte es der Wiener Institution weit weniger gut ermöglicht, den gesetzlichen Auftrag der Außenstabilität des Schillings zu erfüllen.

Seit 1979 hat der ECU, so Maria Schaumayer, gegenüber der D-Mark immerhin über 20 Prozent an Wert verloren. Außerdem wäre eine Bindung des Schillings an die ECU weniger transparent. „Wer kennt denn wirklich die genaue Zusammensetzung des ECU-Korbes“, fragte die Gelddame? Auch die Absicherungsfunktion im Außenhandel könne nicht in demselben Ausmaß wie durch die D-Mark-Bindung erreicht werden, da – wenn überhaupt – nur ein minimaler Teil des österreichischen Außenhandels in ECU fakturiert wird. Dass die Alpenrepublik daneben den Status eines „Sonstigen Halters“ offizieller ECU innehat, sei nur der Vollständigkeit halber erwähnt. Maria Schaumayer wörtlich: „Es gab Zeiten, wo wir darauf schon stolzer waren.“

Die Nationalbankspräsidentin geißelte die Regelungswut der Brüsseler Behörden, die vor der Mindestgröße von Äpfeln und der Krümmung der Gurken nicht halt mache. So sehr man sonst in der EG den Marktkräften verpflichtet sei, habe man bei der Erstellung derartiger Normen wohl übersehen, dass nicht die Vorschrift sondern die Marktakzeptanz über Erfolg und Misserfolg eines Produktes entscheidet. „Nicht die Kommissare sondern die Konsumenten entscheiden über die Akzeptanz einer Ware“, betonte die streitbare Dame. Lauterer Wettbewerb und Ungefährlichkeit sollten daher als wesenhafte Kriterien für den Marktzugang genügen. Der Rest der Regelungen wäre Subsidiarität.

Damit in Europa nicht noch mehr schief gehe, forderte die Nationalbankspräsidentin die baldige Aufnahme Österreichs in die EG. Möglichst bald wolle die Alpenrepublik an der künftigen Ausgestaltung Europas, und zwar von innen heraus, mitwirken. Dies gilt besonders für die Wirtschafts- und Währungsunion und die Verfassung der Europäischen Zentralbank. Eine Teilnahme dieses zwar kleinen aber äußerst zuverlässigen Partners dürfte durchaus auch im Sinne anderer, ebenfalls währungspolitischer Stabilität verpflichteter Staaten sein, meinte die Geldchefin. Ganz klar, dass Deutschland an der Mitarbeit dieses geldpolitisch so sicheren Kantonisten sehr interessiert ist.

Geldgilde mit europäischem Kulturbeitrag

Am 27. Oktober (92) bringt die Deutsche Bundesbank die letzten drei Banknoten der neuen Serie in Umlauf. Es sind dies die 5-Mark-, 500-Mark- und die 1000er-Scheine. Sie tragen die Konterfeis der Schriftstellerin und Goethe-Korrespondentin (Briefwechsel mit einem Kinde) Bettina von Arnim – 5 Mark, der Malerin Maria Sybilla Merian (Reise nach Surinam) – 500 Mark – und der Brüder Grimm (Deutsches Wörterbuch/Märchen). Seit einiger Zeit kursieren bereits folgende Noten: 10 DM/Carl Friedrich Gauß (Mathematiker), 20 DM/Annette von Droste-Hülshoff, 50 DM/ Balthasar Neumann (Barock-Baumeister), 100 DM/ Clara Schumann (Musikerin) und 200 DM/Paul Ehrlich (Mediziner).

Als Bundespräsident Richard von Weizsäcker die Serie vorgelegt wurde, erklärte er: „Bettina ist die Schönste der vier Banknotendamen. Abgesehen von dem hübschen Mädchengesicht bringt der neue grünlichgelbe 5-Mark-Schein eine patriotische Variante. Auf der Rückseite erscheint das Brandenburger Tor in seiner ganzen klassischen Schönheit. Der Bundesadler mit der Umschrift „Deutsche Bundesbank“ prangt zwar an nämlicher Stelle wie auf allen anderen neuen Geldscheinen. Eingeprägt auf der rechten Seite des Brandenburger Tores könnte der Triumphbogen des Friedens fast als Portal der Notenbank interpretiert werden.

Aber so schön zeigt sich weder die Bundesbank in Frankfurt noch gar eine mögliche Europäische Zentralbank. Und was hätte diese schon auf dem Rücken der Bettina verloren? Ursprünglich sollte dort auch nicht das Langhans'sche Bauwerk platziert werden, sondern irgendetwas aus dem Nähkästchen Bettinas, vielleicht auch ein Goethe-Brief, nicht nur die Namen von einer eiligst aus dem Schreibsekretär herausgezerrten, unerledigten Korrespondenz der Romantikerin. Stilvoller als das offene Kuvert daneben wäre ein verschlossenes gewesen, um die Fantasie anzuregen, wer da wohl was der schönen Frau nahebringen wollte, jedoch ungelesen und damit unerhört blieb.

Damit wären auch Design und Philosophie der Geldscheinserie ungebrochen geblieben: vorne eine deutsche Geistesgröße, ein Forscher oder Künstler, eine Schriftstellerin oder Malerin und auf der Rückseite ein Symbol aus dessen oder deren Welt. Die deutsche Herkunft dieser Geldgilde sollte in ihrem europäischen Kulturbeitrag nicht untergehen, aber verschwimmen. Da platzte in die neue Geldserie die Wiedervereinigung Deutschlands hinein. Das Brandenburger Tor wurde wieder geöffnet, zugänglich und durchlässig gemacht. Und weil wir so arm an vorzeigbaren Symbolen sind, musste Bettina gleichsam als Tatoo ihren schönen Rücken dafür hergeben, damit Deutsches auf der D-Mark rüberkommt.

Es könnte aber auch sein, es wäre sogar das Wahrscheinlichste, dass die Bundesbanker auf dem neuen Fünf-Mark-Schein mit List festhalten wollten, dass im Grunde allein sie mit der Wucht ihrer D-Mark das Brandenburger Tor aufgestoßen haben. Daher wohl auch der Adler rechts oben. Ein wahrlich interessanter Geldschein, den man sich hinter den Spiegel klemmen sollte. Er wahrt nicht nur den Schein des realen Geldes sondern ist tatsächlich unbezahlbar. Unbezahlbar auch die offizielle Erklärung der Bundesbank zum Geldschein der Romantik. Sie lautet: „Auf der Rückseite verweist eine Abbildung des Brandenburger Tores auf die Stadt, in der Bettina von Arnim überwiegend lebte und auf die Zeit, die sie prägte.“

Geldwäsche in Luxemburg

Wolfgang Kartte hatte damals als Präsident des Bundeskartellamtes öfters bedauert, dass seine Kanonen nur bis Aachen reichen, dass sein Amt keinen Einfluss oder auch Zwang auf wettbewerbsrechtlich bedenkliche Vorgänge in Europa, die auch nach Deutschland hinein strahlen, ausüben könne. Die Bundesbank steht demgegenüber weit komfortabler da. Ihre Geschosse reichen weit über Deutschland hinaus und werden sogar noch in Washington und Tokio registriert. Weite Teile Europas fühlen sich von den Währungshütern am Main niedergemacht, so läuft denn die Kampagne der Entmachtung der Bundesbank schon einige Zeit.

Die Bundesbanker vermeiden es, von Macht zu sprechen, von der Macht, die ihnen per Gesetz zugeschrieben wurde. Sie sprechen von großen Aufgaben ihrer stabilitätsorientierten Geldpolitik und von dem Konsens mit der breiten deutschen Öffentlichkeit, die allergisch gegen Teuerung und schleichende Inflation sei. Johann Wilhelm Gaddum, Kollege von Schlesinger, positionierte sich und die Bundesbank jetzt vor dem Verband der Auslandsbanken in Frankfurt. Er sagte: Dies als Macht zu interpretieren, lässt außer Acht, dass der Gesetzgeber den Status der Bank bestimmt und letztlich beherrscht. Wenn er hierbei den öffentlichen Konsens beachtet, ist er und damit die Bank so basisdemokratisch legitimiert wie nur möglich.

Peter W. Schlüter von der Auslandsabteilung der Bundesbank – er gehört zu den grauen Eminenzen der Geldregierung – interpretiert diese Politik wie folgt: Die Ziele der europäischen Integration sind nicht die Erzielung wirtschaftlicher Vorteile auf Kosten der Nachbarn, sondern eine gemeinsame Teilhabe an der Wirtschaftsausweitung. Nicht die Instabilisierung, sondern die Stabilisierung und Vertiefung der gegenseitigen Beziehungen, nicht die Abschottung gegenüber Drittländern sondern offene, wettbewerbsorientierte Märkte.

Aber auch eine gewaltfreie Politik und gerade diese ist eben, wie Max Weber es einmal ausgedrückt hat: das langsame Bohren dicker Bretter mit Leidenschaft und Augenmaß zugleich. Ein besonders dickes Brett für Deutschland dürfte derzeit Luxemburg darstellen. Das Thema heißt Zinsabschlagsteuer und Kapitalabflüsse. Gaddum: Was wir beobachten sind nicht Kapitalabflüsse endgültiger Art oder eine Abkehr von der D-Mark, sondern so etwas wie „Recycling“ oder „Geldwäsche“. Gaddum stellte das böse Wort „Geldwäsche“ in den Mittelpunkt.

Inländer schlüpfen steuerlich in das Gewand des steuerfreien Ausländers. Sie legen D-Mark offenbar in größerem Umfang in ausländische, in DM-Anleihen investierende Fonds an, deren Erträge nicht von der Steuer erfasst werden. Dabei geht es um hohe zweistellige Milliarden-Beträge und es ist noch kein Ende der Steuerflucht abzusehen. Den Slogan kennt man: Luxemburg hat die schönsten Anlagen. Doch mancher möchte da zum Taubenvergiften in den Park gehen.

Gaddum bedauerte vor den Auslandsbankern (die das dicke Geld mit den deutschen Steuerflüchtlingen machen), dass seine Bundesbank-Kanonen ebenso wie die des Aufsichtsamtes für das Kreditwesen in diesem Falle auch nur bis Aachen reichen, besser gesagt Trier, wo die Außenstelle der Bundesbank genau jene D-Mark-Scheine wieder einsammeln muss, die die Deutschen kofferweise ins Großherzogtum schleppen und die Luxemburger Banken lastwagenweise wieder nach Deutschland schaffen.

Der Bundesbanker setzte das Dickbrettbohren fort mit der Bemerkung: Das Ganze ist ein Schulbeispiel dafür wie wichtig eine zumindest EG-weite Harmonisierung von Steuerbemessungsgrundlagen, Steuersätzen und Steuererfassungstechniken ist. Dann wurde Gaddum letztlich doch bissig, als er betonte: Der Autonomie der Gesetzgeber – gemeint sind die Luxemburger – sind in einer offenen Weltwirtschaft Grenzen gesetzt, die nicht ungestraft überschritten werden. Ganz schön deftig. Beihilfe zur Geldwäsche ist verpönt. Luxemburg muss irgendwann einlenken.

Edinburger Gipfel bringt Europa ein Stück weiter

Nach Aussagen des britischen Premierministers, John Major, hat der EG-Gipfel Anfang Dezember (92) in Edinburg die Gemeinschaft zusammengeführt und Europa wieder auf Kurs gebracht. Kanzler Kohl sprach von einem schwierigen Treffen mit letztlich guten Kompromissen. Dänemark hat sich eine Reihe von Sonderrechten aushandeln können, einen „Ohne-mich-Status“ durchgesetzt: Nein zur Währungsunion. Nein zur Justiz- und Sicherheitspolitik. Nein für eine europäische Staatsbürgerschaft. Nein bei der gemeinsamen Innenpolitik.

Die schwülstige und alles umfassende Brüsseler Verwaltung des Jacques Delors hat in Edinburg einiges auf die Finger bekommen. Brüssel darf nicht mehr alles regeln, was irgendwelchen Verwaltungsbeamten einfällt. Von den Eurokraten wird nun mehr Bescheidenheit und Zurückhaltung gefordert. Im Schloss Holyrood wurde mit der Subsidiarität ernst gemacht. Die einzelnen EG-Staaten, ihre Länder und Regionen können nun mehr Selbstständigkeit bewahren, dürfen ihre Probleme zuerst zu Hause bei sich regeln und sind nicht gleich den Brüsseler Technokraten ausgeliefert.

EG-Präsident Delors hat zumindest teilweise sein Finanzpaket durchgesetzt. Es wurde um knapp ein Viertel auf über 160 Milliarden D-Mark (bis 1999) nach oben geschraubt. Bis dahin gehen 1,27 Prozent des Bruttosozialprodukts der EG an die Brüsseler Stellen, meist zur Umverteilung in Europa. Spanien hätte sich mehr gewünscht. Deutschland erreichte, dass die neuen Bundesländer und Ostberlin mit den strukturschwächsten Regionen Europas gleichgestellt werden und auf diese Weise auch kassieren können – 20 bis 28 Milliarden Mark im Zeitraum von 1994 bis 1999. Ungeachtet dessen bleibt Deutschland Nettozahler in der Gemeinschaft.

Die Finanzminister haben in der Schotten-Metropole außerdem ein Programm zur Förderung des Wachstums in Europa angestoßen, das schon im nächsten Jahr wirken soll und eine Größenordnung von rund 60 Milliarden Mark hat. Politisch haben die Deutschen auf Holyrood durchgesetzt, dass ihre 18 Europa-Parlamentsabgeordneten den Beobachterstatus verlieren und ordentliche Parlamentarier in Straßburg werden. Die Franzosen konnten für sich die Stabilisierung des Standorts Straßburg für das Europa-Parlament einheimsen. Zwölfmal im Jahr finden dort Plenarsitzungen statt. Zusätzliche Sitzungen gehen nach Brüssel. Das Sekretariat bleibt in Luxemburg. Mit diesen Edinburger Beschlüssen kommt Europa durchaus in die nächste Runde. Maastricht ist damit aber noch längst nicht gerettet.

Major hat abermals den Sitz der Euro-Zentralbank für London verlangt, kam damit jedoch nicht durch. Über das Geldhaus soll frühestens Mitte 1993 in Kopenhagen entschieden werden. Na denn, das ist kein Beinbruch. Es ist auch kein Beinbruch, dass die Dänen der Währungsunion nicht beitreten wollen, gleichzeitig aber brave Mitglieder des EWS bleiben. Damit ist die Dänen-Krone fest an die D-Mark und die Bundesbank angebunden. Die europäische Geldpolitik kann derzeit wirklich nicht anders unter einen Hut gebracht werden als unter der Ägide der Bundesbank.

In den zwölf Monaten nach Maastricht konnte die Bundesbank ihre Position tatsächlich festigen, wonach es am Anfang des Jahres durchaus nicht ausgesehen hatte. Letztlich gestützt auf das Wort des Kanzlers erzwangen die Frankfurter Währungshüter im August/September die Anpassungen der europäischen Währungen auf realistischere Wechselkurse. Sie haben aber auch erreicht, dass die Scheinwährung ECU mehr und mehr abgehalftert wird. Sie ist nicht mehr, was viele noch vor einem Jahr durchsetzen wollten, das Zugpferd für die kontinentale Währungsintegration. Die nordischen Länder – Finnland, Schweden, auch Norwegen – die auf Brüsseler Geheiß hin ihre Währungen an die ECU festgemacht hatten, erlitten damit Schiffbruch und haben diese Verbindung aufgelöst.

Die Deutsche Mark ist wieder in. Auf der Index-Währung ECU können zwar weiterhin irgendwelche Finanzspielchen getrieben werden, Anleihen etc., aber auch nicht mehr. Auch in diesem Zusammenhang muss der Edinburger Beschluss begrüßt werden, schon Anfang nächsten Jahres die Beitrittsverhandlungen mit den nordischen Staaten und Österreich aufzunehmen. Das sind allesamt nun sichere Währungs-Kantonisten – Österreich immer schon. Der Deutsche Industrie- und Handelstag lobt denn auch zu Recht den pragmatischen EG-Gipfel in Schottland. So könne Europa sich zusammenraufen und zusammenwachsen.

Instabile Staaten suchen Zuflucht beim Gold

Wieder Davos, wieder prachtvoller Winter, wieder Weltwirtschaftsforum, wieder monetäre Skurrilitäten. Im teuren Kurort suchen schwachbrüstige Staaten ihre Zuflucht bei einem ganz besonderen Zauberberg und bauen sich ihre eigene Schatzalp. Während sich der frisch gebackene slowakische Wirtschaftsminister etwas linkisch den Delegierten des Forums präsentiert, spenden wohlmeinende Bürger der neu gegründeten Slowakei Goldschmuck und Goldmünzen, um einen Staatsschatz anzulegen. Damit soll die Basis für die neue, eigene Währung geschaffen werden. Tschechen und Slowaken wollen sich künftig nicht nur eigene Staaten sondern auch eigenes Geld leisten, das in einem gewissen Verbund arbeiten soll.

Gleichzeitig propagieren die Russen im schön verschneiten Graubünden ihre Währungspläne. Der Rubel soll stabiler werden. Die Teuerung von 2000 Prozent – wie im vergangenen Jahr – führe in die Katastrophe. Der russische Ministerpräsident Viktor Tschernomyrdin hat sein Volk nicht zur Goldspende aufgerufen, um den Staatsschatz zugunsten der eigenen Währung aufzupäppeln. Seine Landsleute hätten ihn auch ausgelacht. Lenin und Stalin haben über Jahrzehnte ihre eigenen Leute auf jedes Gramm Edelmetall hin ausgequetscht. Wer von den Bürgern dort noch einen Goldrubel haben sollte, beißt zu Weihnachten selbst gerne einmal darauf, ob er noch hält, was er verspricht.

Unter Ulbricht hatte auch die DDR schon Staatsschatz-Zwangsspenden ihren Bürgern diktiert, dennoch ist aus der DDR-Mark nichts geworden, denn das System stimmte nicht.

Nun hat wohl auch der russische Premier erkannt, was der DDR unter Ulbricht (und der Sowjetunion unter Stalin ebenso) abging, dass nämlich eine stabile Währung, ein stabiler Rubel nur von einer unabhängigen Zentralbank entwickelt und gemanagt werden kann. Dazu bedarf es aber auch einer leistungsfähigen Exportwirtschaft, denn Devisenreserven resultieren meist und überwiegend aus Exportüberschüssen. Sie sind nichts anderes als Forderungen ans Ausland, nicht zuletzt auch, um notwendige Importe bezahlen zu können. Gold kann dann nur eine Rolle spielen, wenn es in großen Tonnagen zur Verfügung steht und marktfähig ist.

Eine ganze Reihe westlicher Zentralbanken haben teilweise enorme Goldvorräte und hier herrscht neuerdings der Trend vor, Gold zu verkaufen. Viele Zentralbanker sind der Meinung, Gold habe seine Währungsqualität verloren. Die Demonetisierung des Edelmetalls sei im Übrigen schon seit Jahren angezeigt. Tatsache ist, dass die meisten Länder und damit Zentralbanken der Welt an chronischem Devisenmangel leiden und durchaus darüber nachdenken müssen, wie sie ihren früher einmal günstig eingekauften Goldschatz versilbern können.

Die Krise im europäischen Währungssystem vom vergangenen Herbst, die übrigens bis heute nicht beigelegt ist, hatte ihre verheerenden Auswirkungen zum Beispiel auf England und Frankreich, weil diese Länder alleine nicht mehr in der Lage waren, ihre Interventionen zur Kursstabilisierung ihrer Währungen aus der eigenen Kasse zu bezahlen. Weil sie D-Mark brauchten, mussten sie sich in Deutschland mit jeweils hohen Milliarden-Beträgen verschulden, was nicht zu knappe Kreditkosten verursachte.

Die europäische Währungskrise – und das wurde in Davos intensiv diskutiert – hatte eine politische und eine doppelte wirtschaftliche Seite: Devisenmangel und gesamtwirtschaftliche Instabilität in den betroffenen Ländern. Die politische Seite galt dem Währungs-Prestigedenken („gegen jede Abwertung") und dem aggressiv vorgetragenen Wunsch nach einer vorschnellen Etablierung der Europäischen Währungsunion à la Maastricht.

Die Bundesbank hat die Schlacht auf den Währungsmärkten deshalb immer gewonnen, weil sie neben hohen Devisenreserven und einer klar formulierten Stabilitätspolitik über Jahrzehnte in der Welt ein Vertrauenskapital aufgebaut hat, dem gegenwärtig auch der französische Franc nicht beikommen kann, obwohl die fundamentalen Wirtschaftsdaten derzeit besser sind als in Deutschland. Aber es fehlt Paris eine unabhängige Zentralbank und damit ein Aktivum für das Vertrauen.

Dem Vertrauenskapital der Bundesbank muss auch der Dollar immer wieder seinen Tribut entrichten, obwohl dort eine einigermaßen unabhängige Zentralbank existiert. Doch die Weltmacht schert sich um Vieles nicht (the dollar ist our currency but your problem). Zwar zeigt sich die US-Währung in diesen Wochen von ihrer starken Seite, weil sich Präsident Clinton – und sei es mit den Mitteln des Protektionismus – um die US-Wirtschaft kümmert. Aber es wird nicht lange dauern, dann geht es wieder rapide abwärts. Die Märkte vertrauen einer hochverschuldeten US-Administration nur wenig, den Demokraten tendenziell noch weniger, weil sie vom Ansatz her noch weniger an geordnete Staatsfinanzen denken. Dazu kommt das Außenwirtschaftsdefizit. Dieses doppelte Defizit ist die Krankheit des Dollars.

In Davos wurde die bekannte Lenin-Doktrin ganz klar umgedreht: Vertrauen ist gut, Kontrolle viel schlechter. So müssen auch die jungen Demokratien im Osten lernen, dass zu einer stabilen Währung, die auch noch konvertibel sein soll, ein Währungsschatz, Devisenreserven insbesondere und etwas Gold als Bodensatz gehören, aber auch ein funktionierender Staat sowie Vertrauen, Vertrauen, Vertrauen.

Ein gänzlich neues Instrument: Die Bulis

Der Druck auf die Bundesbank ist in den letzten Wochen wieder mal so stark angewachsen, dass die Zentralbankräte nicht mehr anders konnten, als kreditpolitische Beschlüsse zu fassen, die die Verkrampfungen auf den Märkten lösen und der Welt signalisieren: Deutschland ist auf den Zinssenkungstrip eingeschwenkt. Tatsächlich stellt das Bündel der Maßnahmen, die Schlesinger angekündigt hat, einen gewissen Schritt in diese Richtung dar, wenn die einzelnen Elemente auch nicht so gewaltig erscheinen, dass man sagen müsste, die Bundesbank hätte ihre Politik geändert. Doch müssen die Beschlüsse der Geldräte vom 4. Februar 93 etwas genauer unter die Lupe genommen werden. Dabei ist schon auf die Reihenfolge der Maßnahmen, so wie sie bekanntgegeben wurden, zu achten. Sie hat ihre Bedeutung.

Der Punkt, der am lautesten von den Rundfunkanstalten, vom Fernsehen und den Zeitungen hinausposaunt wurde, die Senkung der Leitzinsen – Diskontsatz von 8,25 Prozent auf 8 Prozent, Lombard von 9,5 Prozent auf neun Prozent – rangiert erst an dritter Stelle, hatte damit nicht absolute Priorität. Die Leitzinssätze entsprachen ohnehin nicht mehr den Marktgegebenheiten und konnten, ohne die Ziele der hehren Stabilitätspolitik aufgeben zu müssen, herabgesetzt werden.

Im Punkt 2 liegt dagegen schon wesentlich mehr Musik. Er regelt die Senkung der Mindestreserve, die vom 1. März an gilt. Bisher waren die Banken gehalten, auf Spar- und Termineinlagen einen Anteil von vier bis fünf Prozent bei der Bundesbank zinslos zu hinterlegen. Mit der Zeit ist aus kleinen Prozentzahlen ein starker Betrag von über 50 Milliarden Mark geworden, auf dem die Bundesbank sitzt, ohne dass das Kreditgewerbe irgendeinen Nutzen daraus hätte ziehen können. Das brachte Wettbewerbsverzerrungen gegenüber ausländischen Banken z. B. in Luxemburg, die dort keinen Mindestreserven unterworfen waren und sind.

Durch die Senkung der Mindestreserven auf zwei Prozent der Einlagen werden für das Kreditgewerbe 32 Milliarden Mark frei. Das hat einen doppelten Effekt: Erstens, dass die kleinen Kreditgenossen und Sparkassen – sie waren davon am meisten betroffen – entlastet werden und zweitens, dass die großen Banken nicht unbedingt genötigt sind, sich im Ausland kostengünstiger als in Deutschland zu refinanzieren. Die Bundesbank setzte damit das Signal: Bleibe im Lande und finanziere dich redlich.

Parallel zur Halbierung der Mindestreserve beginnen die Frankfurter Währungshüter mit dem Verkauf von Bundesbank-Liquiditätstiteln, die kurzerhand Bulis genannt werden. Mit den marktgerecht verzinsten Bulis kann die Bundesbank jene Milliarden wieder einfangen, die ihr durch die Mindestreserve-Reduzierung abschwirren.

Das neue Bundesbankgesetz gibt der Zentralbank das Recht, Bulis im Umfang von 50 Milliarden Mark zu emittieren. Schlesinger und seine Leute beginnen zunächst mit 25 Milliarden Mark. Diese Bundesbank-Liquiditätstitel sind, so kann man fast sagen, eine neue Wunderwaffe im Arsenal der Währungshüter, die sich zum Ziel gesetzt haben, die Stabilität der Mark zu erhalten, aber auch die Wettbewerbsposition des Finanzplatzes Deutschland zu verbessern und ihre Stellung in der Abwehr immer größer werdender Devisen-Springfluten zu optimieren.

Das aktuelle Paket der Bundesbankbeschlüsse beruht auf Strukturüberlegungen der Währungshüter, die Geldströme in Europa besser regulieren zu können. Aus Deutschland soll nicht mehr soviel Kapital abfließen und nach Deutschland sollen nicht mehr so hohe Devisenmassen hineinströmen und wenn, dann möglichst geregelt. Die Bulis mit ihrer Stückelung von mindestens 100 000 Mark geben der Bundesbank tatsächlich ein interessantes neues Instrument in die Hand. Die Bulis sind die Köder der ausländischen Spekulanten, die unbedingt in die D-Mark drängen. Die Bulis sind aber auch die Schnappwurst für deutsche Banken und Großanleger für den Einkauf von Geldmarkttiteln allererster Adresse.

Daraus lassen sich sogar Geldmarktfonds stricken, wonach deutsche Anleger immer wieder lechzen. Bulis zusammen mit der deutlich reduzierten Mindestreservepflicht machen den Inlandsmarkt für kurzfristige Titel attraktiver, entlasten Termingelder sowie Sparanlagen und belassen der Bundesbank dennoch die Möglichkeit, überall da, wo es notwendig erscheint, fristgerecht mit geldpolitischen – zinspolitischen – Maßnahmen einzugreifen. Um es salopp zu sagen, anderen Finanzplätzen wie etwa Luxemburg, wird das Wasser aus Deutschland etwas abgegraben und die Devisenströme nach Deutschland haben ein neues Auffangbecken. Dieses wurde speziell installiert für die ausländischen Nichtbanken, für die stinkreichen Spekulanten und geldflexiblen, milliardenschweren Unternehmen, die mit ihren D-Mark-Dispositionen die Devisenmärkte immer wieder durcheinander bringen. Sie können künftig Bulis kaufen und die Bundesbank hat eine Option mehr, die Märkte zu regulieren. Alles in allem: Der Finanzplatz Deutschland hat gewonnen.

Franc leidet unter historischer Schwäche

Sparkassenpräsident Helmut Geiger hat sich mit allem Nachdruck hinter die Politik der Deutschen Bundesbank gestellt, zu der es keine Alternative gebe. Diese Feststellung war notwendig geworden, weil der designierte Nachfolger von Geiger – er geht Mitte des Jahres in den Ruhestand – in einem Magazininterview eine äußerst kritische bis negative Haltung gegenüber der Zentralbank ausdrückte. Dabei handelt es sich pikanterweise auch noch um den Finanzstaatssekretär Horst Köhler, der sich qua Amt und Bundesregierung eigentlich vor die deutsche Notenbank stellen müsste.

Köhler wird im Juli (93) als Nachfolger Geigers Chef des mächtigen Deutschen Sparkassenverbandes DSGV. Man kann gespannt sein, wie Köhler dann die Kurve auf die Linie der Bundesbank-Politik kriegt oder ob es auf Dauer einen Dissens zwischen der Sparkassen-Organisation, die 50 Prozent des Bankmarktes beherrscht, und der Bundesbank geben wird. Für diesen Fall wage ich die Vorhersage, dass Köhler nicht auf Dauer den Präsidentenstuhl des größten Verbandes im deutschen Kreditgewerbe verteidigen kann.

Geiger stellte klar und rückte damit Köhler zurecht, dass nicht die hohen Zinsen die gegenwärtige Nachfrage drosseln, sondern der Kostenanstieg der vergangenen Jahre deutsche Produkte zu stark verteuerten. Die Lohnstückkosten sind nach Geiger in den letzten zwei Jahren stärker gestiegen als in den gesamten 80er-Jahren. Zweitens aber liegen die für Investitionen wichtigen Langfristzinsen wieder auf dem niedrigen Niveau der Zeit vor der Wiedervereinigung. Die Umlaufrendite von etwa 7 Prozent und der Hypothekenzins von rund 8 Prozent mit sinkender Tendenz entsprechen fast dem langjährigen Durchschnitt: Geiger: „Deshalb liegt die Hochzinsphase eindeutig hinter uns."

In dem Zinsrückgang, den die Bundesbank aufgrund ihrer klaren Politik auf den Märkten erreicht habe, drücke sich das Vertrauen der in- und ausländischen Anleger in die Stabilität der D-Mark aus. Wichtigste Aufgabe der Bundesbank bleibe deswegen die Wahrung der Kaufkraft der Mark. Eine laxe Geldpolitik würde als Negativsignal für das Vertrauen in die Mark als stabile Anlagewährung verstanden werden und könnte damit den Zinsrückgang am Kapitalmarkt stoppen.

Dann wurde der Sparkassen-Präsident grundsätzlich. „Eine Währung lebt von ihrem Ruf", sagte er. „Diese Erfahrung machen gerade unsere Nachbarn. Trotz gegenwärtig besserer gesamtwirtschaftlicher Zahlen als in der Bundesrepublik wird der Franc immer wieder von der Spekulation attackiert." Die Zinsen könnten in Frankreich trotz der besseren fundamentalen Daten nicht gesenkt werden, weil in der Vergangenheit der Franc als tendenziell schwächere Währung eingestuft wurde.

Der Franzosen-Franc kann sich winden und wenden, wie er will. Er bleibt vorläufig und dies voraussichtlich noch über Jahre in seiner historischen Schwäche verstrickt. Die Bundesbank ist also nicht an allem Schuld – in Europa.

Damit die Bundesbank ihre Zügel lockern kann, sind zuerst ein langsameres Wachstum der Geldmenge, eine Verminderung des Preisauftriebs, eine klare Konsolidierungspolitik von Bund und Ländern sowie maßvolle Lohnabschlüsse notwendig. Nur dann wird eine geldpolitische Lockerung nicht als preistreibende Konjunkturspritze missverstanden. Geiger gehörte immer schon zu den treuen Soldaten der Bundesbank.

Tietmeyer liest Regierung und Bürgern die Leviten

Der Verein zur Förderung der Versicherungswirtschaft bot auf seiner Jahrestagung (25. 2. 93) in Hamburg für den Bundesbankvizepräsidenten das adäquate Forum um sich eine Rückversicherung für die Politik seines Hauses einzuholen. Tietmeyer las Bürgern und Bonn ebenso die Leviten wie den widerspenstigen Partnern im EWS und rückte damit die deutschen und europäischen Verhältnisse in der Finanz- und Währungspolitik aus der Sicht der Bundesbank zurecht.

Viele Menschen, so Tietmeyer, vor allem die Bundesbürger hier im Westen, haben offenbar noch nicht registriert, dass im wiedervereinigten Deutschland das Bruttosozialprodukt pro Kopf um rund 15 Prozent unter dem Niveau liegt, das heute in Westdeutschland ohne die Vereinigung zu verzeichnen wäre. Er mahnte: „Die deutsche Demokratie und der deutsche Föderalismus stehen in den nächsten Wochen vor einer entscheidenden Bewährungsprobe, deren Ausgang für die Zukunft unseres Landes von großer Bedeutung sein könnte. Über alle partei- und wahltaktischen Überlegungen hinweg, wird es hoffentlich in den nächsten Wochen zu einer tragfähigen Solidarpakt-Entscheidung kommen." Das beinhalte auch mehr Geld für den Osten, „aber bitteschön" nicht zur laufenden Subventionierung der Einkommen dort sondern für zukunftsträchtige Investitionen. „Im Osten darf keine Mezzogiorno-Situation permanenter Bedürftigkeit herangezogen werden." Und dann nahm sich Tietmeyer die Bonner Finanzpolitik vor.

Das vom Bundesfinanzminister vorgeschlagene Einsparvolumen sollte auf keinen Fall unterschritten werden. Es liege ohnehin an der Untergrenze des Notwendigen und der zusätzliche Spielraum bei der Abgabenquote sei gering. „Der Anstieg der letzten Jahre hat die Bundesrepublik bereits 1992 mit fast 44 Prozent des Brutto-Inlandsprodukts in die Gruppe jener Länder gebracht, die im internationalen Vergleich die höchste Abgabenquote haben.

Eine weitere kräftige Anhebung dieser Quote durch Steuer- oder sonstige Abgabenerhöhungen könnte die Wettbewerbsposition der deutschen Wirtschaft auf Dauer gefährden. Die Entwicklung der Preise und der Lohnstückkosten lasse ebenfalls nichts Gutes erwarten. 3,5 Prozent Inflation für 1993 ist nach Tietmeyer ein Wert, der von einem Zustand auch nur annähernder Geldwertstabilität noch weit entfernt ist. Die Bundesbank peilt nach wie vor eine jährliche Preisrate von maximal zwei Prozent an.

Die gesamtwirtschaftliche Lage verschärft sich dadurch, dass „leider" so manches Unternehmen es versäumt hat, in den guten Jahren die notwendigen Adjustierungen der Kosten- und Produktionsstrukturen vorzubereiten und durchzuziehen. Tietmeyer hat abermals deutlich gemacht, dass die Bundesbank ihre Aufgabe nicht darin sehe, die gemachten Fehler in der Finanz-, Lohn- und Unternehmenspolitik durch eine willfährige Geldpolitik auszugleichen. Solidarpaket ja, aber bitte wachstumsorientiert und ohne

Einbindung der Geldpolitik. Gottlob sei die Bundesbank nur für die Stabilitäts- und nicht für die gesamte Wirtschaftspolitik zuständig.

Sie will sich auch nicht durch das Fehlverhalten des einen oder anderen Partners im EWS zu einer verkrampften oder gar längerfristig krummen Politik verleiten lassen. Tietmeyer im Klartext: Wir können nicht soweit gehen, den aus binnenwirtschaftlichen Gründen erforderlichen Kurs mit Rücksicht auf die Außenwirkungen im EWS aufzuweichen, gerade auch im längerfristigen Interesse Europas. Schließlich wurde der deutsche Währungshüter in Richtung Europa und EWS ganz massiv: Allen beteiligten Ländern muss unmissverständlich klar sein, dass bei einer Verwässerung der Konvergenzkriterien dem Maastrichter Vertrag die Geschäftsgrundlage entzogen wird.

Alles in allem: Die Bundesbank bleibt auf ihrem von innen und außen oftmals angegriffenen Währungshüterposten. Sie hat auch das Ohr beständig am Markt. Zum Beispiel will sie genau wissen, wie demnächst ihre neuen Liquiditätspapiere – Bulis genannt – ankommen. Wenn sich hier ein Zinstrend nach unten abzeichnet, kann bei der allgemein günstigen Geldmengenentwicklung und weiterhin richtigen Signalen von der Lohnfront demnächst eine Leitzinssenkung möglich sein.

Mitreißende Währungsschaukel von Tokio bis London

Die gegenwärtigen Währungsturbulenzen schwirrten ganz unerwartet aus der Tiefe des Raums über den Ozean des Geldes. Um die eigene wirtschaftspolitische Unfähigkeit zu vertuschen, mäkelte die neue US-Administration lautstark über die japanischen Außenhandelsüberschüsse. Die darauf folgende japanische Beschwichtigungspolitik bescherte den Amerikanern eine Dollar-Abwertung gegenüber dem Yen oder anders herum ausgedrückt eine Yen-Aufwertung gegenüber dem US-Dollar. Solche bilateralen Währungsvereinbarungen haben – auch wenn sie im hintersten pazifischen Raum geknüpft werden – multilaterale Auswirkungen. Die D-Mark ist sofort betroffen.

Das Resultat ist nichts anderes als die Neubewertung der Weltwährungen insgesamt. Das labile Gleichgewicht zwischen Dollar, Yen und D-Mark muss sich neu einpendeln. Der höher bewertete Yen zieht die D-Mark mit nach oben. Wenn aber von außen so etwas anbrandet, erinnern sich die Märkte auch gleich wieder der wirtschaftlichen und politischen Ungereimtheiten in den EG-Staaten und im Europäischen Währungssystem. Die Italiener laborieren an ihrer Staatskrise. Die Franzosen bereiten Wahlen und einen Regierungswechsel vor. Portugiesen und Spanier kämpfen mit ihrer Wirtschaftsflaute. Andere leiden unter dem europäisch-amerikanischen Handelskrieg und dem Zwist über die Welthandelsrunde (GATT). Das Ganze führt zu einem vehementen Kleinkrieg unter den Euro-Währungen mit der täglich neu gestellten Frage: Wen erwischt es heute? Escudo, Peseta, Lira, Iren-Punt, Schweden- und Dänen-Krone, Pfund Sterling, am Ende auch noch den Franzosen-Franc.

Kühle Geld-Technokraten raten bei einem solchen Währungsdurcheinander zum Laisser-faire, am besten zum freien Floaten, bis sich die Spekulanten ausgetobt und sich die einzelnen Länder auf ihre Stärken besonnen haben. Die Franzosen sind an diesem Punkte bereits angelangt. Bei einem Regierungswechsel ist eine Franc-Freigabe und -Abwertung vorprogrammiert. Das dient der Zinssenkung und hilft dem Export, meint auf einmal auch Paris. Da drängt sich zwar die Frage auf, warum Deutsche und Franzosen im vergangenen Herbst mit Multimilliarden-Interventionen den Franc vor der drohenden Abwertung bewahrt haben?

Nun meldet sich Kanzler Kohl selbst aus dem fernen Asien und fordert den kräftigen Weiterbau am Haus Europa. Und wenn da Briten und Dänen nicht mitmachen wollten, würden die übrigen Zehn noch schneller in die Wirtschafts- und Währungsunion stürmen, als ohnehin schon geplant, donnerte der Kanzler.

Bei solchen Tönen fühlen sich sogar die Griechen aufgefordert, die wegen der Schwäche ihrer Drachme nicht einmal am EWS teilnehmen, einen eigenen Plan über den Weg zu einer einheitlichen europäischen Währung vorzulegen. Mitte März soll der Griechenplan von den EG-Finanzministern behandelt werden. Aber aus Athen wird voraussichtlich die neue Euro-Währungsweisheit nicht kommen können.

Bis Mai muss der Währungsausschuss auch noch einen Bericht über die Funktionsweisen des EWS vorlegen, in dem letztendlich die Währungsturbulenzen vom vergangenen Herbst durchleuchtet, bzw. aufgearbeitet werden sollen. In der europäischen Währungsszene wird bei solchen Gelegenheiten immer wieder „Gullivers Reisen“ nachgespielt, wo die Zwerge den Riesen fesseln wollen, der in diesem Falle Bundesbank heißt. Deutschland wird allerdings bis Ende Juni, bis zum EG-Ministerrat in Kopenhagen keine Zugeständnisse machen. In Kopenhagen soll nun endlich der Sitz der EG-Zentralbank festgelegt werden. Es geht da abermals um Frankfurt.

Es ist unbestritten: In der hohen Finanzdiplomatie und dem finsteren Poker zur Durchsetzung der eigenen geldpolitischen Interessen hat Deutschland in den vergangenen Jahren jede Menge dazugelernt. Pünktlich nach dem Londoner Treffen der Finanzminister und Notenbankgouverneure der G 7 (USA, Japan, Deutschland, England, Frankreich, Kanada und Italien) Ende Februar (93) geht in der Bundesrepublik der Zinszug nach unten ab, ohne dass die Bundesbank vom Pfad der Tugend abweichen würde. Teilnehmer Schlesinger freut sich: „Man kann damit rechnen, dass durch den künftigen Wettbewerb bei kurzfristigen Anlagen und Termineinlagen der Kreditinstitute – allein ausgelöst durch die Mindestreservesenkung – weitere leichte Zinsreduzierungen kommen werden.“

Deutschland befindet sich tatsächlich schon seit einem halben Jahr in der Zinsabschwungsphase, die im langfristigen Bereich bereits Tiefstände von 6,5 Prozent zeitigt. Auch die Zinsen für Tagesgeld sind nach anfangs 9,5 Prozent auf etwa 8,5 Prozent abgesackt und die Leitzinsen wurden erst kürzlich auf neun Prozent beim Lombard und acht Prozent beim Diskont gedrückt. Es ist nicht ausgeschlossen, sogar sehr wahrscheinlich, dass die Bundesbank im laufenden Jahr die Zinsfahrt rasant fortsetzt, wenn die Finanzpolitiker in Bonn sparsam wirtschaften und die Tarifparteien weiter kluge Abschlüsse liefern. Die Geldmenge spielt bereits mit. Vier Prozent Diskont und viereinhalb Prozent Lombard müssen per Ende 1993 nicht unbedingt utopisch sein.

Das wird kaum dazu führen, dass die europäischen Nachbarn und die G 7-Partner künftig alles herrlich finden, was in der deutschen Finanz- und Geldpolitik passiert. Der Grund dafür wird eher wieder in weltpolitischen Eifersüchteleien liegen, die dies hochspielt mit dem Ziel, vom eigenen Unvermögen abzulenken. In der Wirtschafts-, Finanz- und Geldpolitik ist wie in allen anderen Disziplinen auch alles relativ. Wenn die Deutschen z. B. eine relativ gute Politik betreiben – mehr ist es sicherlich nicht – andere aber eine relativ schlechtere Politik zu Hause nur durchsetzen können, entstehen sehr schnell wieder relative Spannungen, z. B. im Währungssystem, die wiederum relativ ruppige Auseinandersetzungen – wie im vergangenen Herbst – zur Folge haben können.

Die britische und amerikanische Kritik in London an der deutschen Geldpolitik – Hochzinspolitik – kommt relativ zu spät. Etwas zu früh wurden dagegen die Lorbeeren für die Reduzierung des US-Haushaltsdefizits verteilt. Schön wär's, wenn die Regierung Clinton das wirklich durchhielte, was Finanzminister Lloyd Bentsen an der Themse versprochen hat. Etwas hässlich standen in der Briten-Metropole am Wochenende allerdings die Japaner da. Sie wollten sich einen manipulierten, langfristig hohen Yen-Kurs nicht abhandeln lassen und konnten keine zusätzlichen Maßnahmen zur Wirtschaftsankurbelung zusagen.

Franzosen und Amerikaner beschworen den Geist der Kooperation unter den G 7-Staaten, wobei die USA an die Führungsrolle und Frankreich an die Einbindung der Deutschen dachten. Dann muss allerdings ein Bundesbanker dem französischen Finanzminister Michel Sapin ein Redemanuskript untergeschoben haben. Er sagte nämlich: „Die Wiederbelebung der Kooperation bedeute nicht, dass alle G 7-Länder dieselbe Wirtschaftpolitik betreiben. Vielmehr sollten alle sieben Nationen gemeinsam das Ziel eines inflationsfreien Wachstums verfolgen." Na endlich!

Ein Korb mit Äpfeln und Birnen: ECU

Die Währungsszene hat sich, wie längst klar geworden ist, seit Mitte 1992 ganz gewaltig verschoben. Wurde bis dahin die sogenannte Europa-Währung ECU noch als Renner für die Zukunft angesehen, so hat sich das seitdem total geändert. Der Renner kam ins Stolpern und krabbelt nun auf Krücken. Eine Korbwährung ist eben noch kein echtes Geld und ein Index genausowenig eine Stabilitätsgarantie. Verschiedene Währungen außerhalb des EWS sind im vergangenen Jahr mit der ECU regelracht baden gegangen. Die Spekulation hat sie fertig gemacht. Das kostete Milliarden. Schweden war so ein Fall.

Jetzt hat der schwedische Notenbankchef, Bengt Denis, eine erneute Anbindung der Schweden-Krone an die ECU ausgeschlossen. Diese Korbwährung habe sich als zu instabil erwiesen. Schweden habe jetzt zwei Alternativen, entweder die Krone an die D-Mark zu binden oder zu warten, bis Schweden als neu aufgenommenes EG-Mitglied auch am Wechselkursmechanismus des EWS teilnehmen kann. Das ist gehupft wie gesprungen. Schweden, Norwegen und Finnland hoffen auf einen gemeinsamen EG-Beitritt 1995. Da sind noch zwei Jahre hin, eine zu lange Zeit, um die Währung flattern zu lassen, denn die Schweden-Krone floatet schon seit dem 19. November 92. Um es anders auszudrücken: Die Schweden-Krone steht vor der Anbindung an die D-Mark. Auch eine EWS-Mitgliedschaft bedeutet nichts anderes.

Staaten können ihre Währungspolitik so ändern und tun dies auch, wenn sie aufgrund der Marktverhältnisse dazu gezwungen werden. Die private Anleihekundschaft sollte da aufpassen und sich auf die neue Währungslage einstellen.

In den vergangenen Jahren hat es eine muntere Emissionstätigkeit bei ECU-Anleihen gegeben, weil viele Banken sich und ihren Kunden eingeredet hatten, an der ECU als Europa-Währung käme niemand vorbei. Der Niemand kam aber vorbei und hatte den Namen Deutsche Bundesbank. Die Analysten der Privatbanken müssen nun schauen, wie sie aus dieser Klemme herauskommen.

Die Leute von der Deutschen Bank legen jetzt eine Ausarbeitung über die Perspektiven des ECU-Anleihemarktes vor. Die Herren Währungsforscher in den Doppeltürmen unterzogen sich der Mühe, vier Szenarien zu entwickeln. Die erste Frage heißt dabei: Die Maastrichter Verträge werden ratifiziert oder werden nicht ratifiziert. Diese beiden Richtungen werden nochmals untergliedert in „Ratifiziert – ja/ EWS überlebt ja oder nein". Maastricht wird „Nicht ratifiziert/EWS überlebt ja oder nein". Hier soll jetzt nicht jedes Szenario nachgezeichnet werden. Die wesentlichen Aussagen genügen.

Das beginnt schon ganz vorne. Da heißt es im 1. Satz der Ausarbeitung: Die Zukunft des ECU-Anleihemarktes ist ungewiss. Bis vor Kurzem glauben nur wenige Marktteilnehmer, dass sich die starke Zunahme des Emissionevolumens und die lebhaften Handelsaktivitäten am Sekundärmarkt der letzten fünf Jahre nicht fortsetzen würden. Das dänische Nein zu Maastricht führte jedoch zu erheblichen Kursverlusten bei ECU-Anleihen. Mit der Ausweitung der Währungskrise trat sogar eine noch weitere Verschlechterung ein. Die Deutsch-Banker schreiben: „Im Augenblick hat sich die Situation am ECU-Anleihemarkt etwas verbessert, doch ist der Markt weit vom Normalzustand entfernt und noch weiter von den Verhältnissen vor dem dänischen Referendum." Der Markt schwebt also weiter zwischen Hoffen und Bangen im Hinblick auf die Maastrichter Verträge und auf den drohenden Zusammenbruch des EWS.

Wie auch immer, schreibt Larry Anderson von der Deutschen Bank London: „Es dürfte kein Zweifel bestehen, dass die Straße in Richtung Ratifizierung aus wirtschaftlichen und politischen Gründen sehr steinig sein wird. So gesehen kann der ECU-Anleihemarkt dem unvermeidlichen Auf und Ab dieses Prozesses nicht ausweichen. Das Ganze kann natürlich noch viel einfacher erklärt werden. Früher glaubten die ECU-Anleihe-Spezialisten, mit diesen Anleihen hätten sie die Stabilität der D-Mark und die Kursmusik der Lira eingefangen. Das ist natürlich auf die Dauer unmöglich. Nach der neuen Währungsernüchterung kann Europa sehr wohl unterscheiden zwischen D-Mark-Stabilität und Weichwährungsrisiko. Im ECU-Korb sind eben knackige Äpfel und weiche Birnen enthalten.

Verbands-Europäer suchen eigene Währungsharmonie

Wenn bei der Deutschen Bank in Frankfurt Englisch gesprochen wird, ist entweder das ganz große internationale Geschäft in der Mache oder man versucht linguistisch die Wahrheit bis zur Unkenntlichkeit zu schönen. Nur gut, dass bei diesem Anlass Hilmar Kopper, Sprecher des Vorstands des größten deutschen Kreditinstituts, meist brav geschwiegen hat. Das Thema war problematisch genug. Letztlich ging es bei der Jahrestagung der Association of Monetary Union of Europe, um die Europäische Währungsunion, um das einheitliche Geld für Europa. Da war es doppelt gut, dass Kopper die meiste Zeit mucksmäuschenstill neben dem Präsidenten der Association, Etienne Davignon, gesessen hat und sich beim Thema „Währungsunion" nicht sonderlich alterierte.

Nur ganz zum Schluss, als schon fast alles vorbei war, musste er sich noch vor seine Gäste stellen. Eine italienische Journalistin fragte nach der Bedeutung der Deutschen Mark als Anker in dem Europäischen Währungssystem und wollte dabei ausloten, wie die großen alten Herren der europäischen Wirtschaft, und darum handelt es sich samt und sonders bei den AMUE-Mitgliedern, was diese Leute, die nach ihren Worten nichts mehr herbeisehnen als einheitliches europäisches Geld, im jetzigen Stadium des EWS von der Schwerpunkt-Währung D-Mark hielten. Kopper wollte seinen romanischen Gästen aus Belgien, Frankreich und Italien aus der Patsche helfen, wollte nicht als hässlicher Deutscher mit dem dicken Geld dastehen, auch nicht die Mark gegenüber den anderen europäischen Währungen herausstreichen oder schlicht ihre Bedeutung darstellen.

Kopper sagte: „Das System, das Europäische Währungssystem", steht für sich. Die deutsch-französische Zusammenarbeit, Deutschland und Frankreich sind die Garanten des EWS." Und dann tönte es in Deutsch und treudeutsch: „Das kostet dann jährlich Interventionen zur Stützung des Franc von 50 Milliarden Mark." Gemeint waren die Interventionen zur Stützung des Francs, wie sie im Herbst vergangenen Jahren vorgenommen werden mussten, um den Franc in seinem Außenwert gegenüber der D-Mark zu halten. Mit diesem Einwurf war der ganze Charme der Veranstaltung (v. 5. 4. 93) ziemlich perdu.

Wie schon festgehalten liegt der Assoziation für die Europäische Währungsunion einheitliches Geld am Herzen. Der Verband wurde 1987 auf Anregung von Helmut Schmidt und Valéry Giscard d'Estaing auf die Schiene gesetzt, als ein Zusammenschluss europäischer Firmen gegründet mit der Zielsetzung, das EWS zu stärken und die Einführung einer starken gemeinsamen Währung für einen erfolgreichen europäischen Markt zu fördern. Dem Club gehören über 250 aktive Firmenmitglieder an, die mehr als sechs Millionen Beschäftigte haben: Bosch, Thyssen, VW, die Großbanken, Fiat usw.

Vom Europa-Parlament erhielt die Assoziation kürzlich den Auftrag eine Studie zu erstellen, die sich mit der Rolle des EWS und der Übergangsphase zur Europäischen Währungsunion befasst, praktisch die Währungsturbulenzen vom Herbst 1992 aufarbeiten soll. Die Studie soll am 15. Juli vorgelegt werden. Man darf gespannt sein, was da alles drinstehen wird. Nachdem, was der Präsident der Vereinigung, Etienne Davignon, und sein Vize, François-Xavier Ortoli, in Frankfurt von sich gegeben haben, kann die Studie nicht sehr erhellend werden.

Davignon glaubt tatsächlich, dass die fünf Jahre vor dem Währungskrach 1992 eine glänzende Zeit der Währungsruhe in Europa gewesen sei. Dabei wurden hier nur lange Zeit die Probleme einfach unter den Teppich gekehrt, bis das EWS aufgrund der Marktkräfte gesprengt, zumindest Wechselkursanpassungen erzwungen wurden.

Davignon betete geradezu die Glaubwürdigkeit des EWS herbei, wie sie zu Zeiten von Maastricht bestanden habe. Dabei war Maastricht genau der Anfang vom Ende der Harmonie.

Derzeit ist Europa mit der klaren Zuordnung auf die D-Mark der Währungsehrlichkeit viel näher als früher. Und dies kann nur der Einstieg in die 2. Phase der in Maastricht festgeschriebenen Währungsunion sein, die am 1. Januar 1994 starten soll – vielleicht? Eines haben Davignon, Ortoli und die anderen Assoziierten gelernt: Die, die früher bei solchen Gelegenheiten stets vom ECU als ihrer Euro-Währung gesprochen hatten, kannten das Wort jetzt nicht mehr. ECU ist out. Die Apologeten versenkten ihre Schimäre.

In Basel sind die Räte ratlos

Auf der Jahresversammlung der Bank für Internationalen Zahlungsausgleich, die Mitte Juni 93 in Basel stattfand, diskutierten die Notenbankchefs der 32 angeschlossenen europäischen und überseeischen Zentralbanken ganz intensiv die Währungslage in der Welt. Nach Möglichkeit sollten Konsequenzen aus den Turbulenzen gezogen werden, die im Spätsommer 1992 begonnen und die sich bis ins Frühjahr

1993 hingezogen hatten. Der Schwede Bengt Denis, Präsident der BIZ, der als Chef der schwedischen Zentralbank selbst in die Turbulenzen eingebunden war und mit enorm hohen Zinsen bis zu 500 Prozent die Spekulation gegen die Schwedenkrone abzuwehren versuchte, lieferte den Kollegen eine treffende Analyse. Sie dürfte die Basis für anstehende Entscheidungen sein, wodurch die Notenbanker wieder mehr Ordnung in die Märkte bringen wollen. Die Lehren aus den letzten zehn Monaten fasst Bengt Denis so zusammen:

- Erstens müssen solide gesamtwirtschaftliche Eckdaten gegeben sein, nicht nur wohlgemeinte Absichten, wenn sich quasi feste Wechselkursbindungen als dauerhaft erweisen sollen.
- Zweitens kann selbst bei stimmigen Eckdaten nicht ausgeschlossen werden, dass es zu spekulativen Angriffen auf eine Währung kommt.
- Drittens ließen die wirtschaftlichen Gegebenheiten einigen Ländern keine andere Wahl als die Freigabe des Wechselkurses ihrer Währungen.
- Gleichwohl sollte eine wirtschaftliche Notwendigkeit nicht als politische Tugend interpretiert werden.

Die jüngste Erfahrung habe eindeutig gezeigt, dass durch die beispiellose Ausweitung der Kapitalmobilität die Aufrechterhaltung jeglichen Wechselkursregimes schwieriger geworden ist. Die größere Kapitalmobilität ist teilweise die Folge des Aufbaus von Wertpapiervermögen mit verschiedene Währungen und – damit zusammenhängend – das Entstehen einer aktiven Handelspraxis. Sie spiegelt aber auch den Abbau von Devisenkontrollen wider. Mit deren Abschaffung sollte der Kapitalverkehr liberalisiert werden, um die langfristige Ressourcen-Allokation über nationale Grenzen hinweg zu verbessern.

Die jüngste Erfahrung lässt außerdem die Frage aufkommen, ob die Devisenmärkte zeitweise zu vorrangig spekulativen Märkten werden können, an denen die gesamtwirtschaftlichen Eckdaten – sollten sie auch zu 100 Prozent stimmen – von geringerer Bedeutung sind als die Wetteinsätze, die die privaten Anleger zu leisten im Stande sind.

Eine Kooperation von Zentralbanken kann sehr wirksam sein, meinte Denis, was der Erfolg der konzertierten Aktion der Bundesbank und der Banque de France zur Verteidigung des Francs bewiesen hat. Aber eine solche Solidarität muss fast zwangsläufig scheitern, wenn sie nicht durch das Vorhandensein der entsprechenden wirtschaftlichen Bedingungen gestützt wird.

Der Notenbanker aus Stockholm lavierte in seiner Devisenmarkt-Analyse immer wieder zwischen Vor- und Nachteilen von Festkurssystemen bzw. freien Wechselkursen hin und her. Er erinnerte auch an die frühen spekulativen Attacken zu Zeiten des Goldstandards und des Bretton-Woods-Systems. Das sei alles nicht neu. Neu seien vielmehr das potenzielle Ausmaß und das Tempo dieser Attacken infolge der finanziellen Liberalisierung und der technologischen Fortschritte. Das erschwert natürlich die Verteidigung einer Wechselkursparität ganz erheblich.

Die Grenzen von Interventionen werden rascher auf die Probe gestellt, und zwar sowohl in den Weichwährungsländern, wo zur Eindämmung des Abgabedrucks ein enormer Bedarf an Devisen entsteht, als auch in den Hartwährungsländern, wo es sich als schwierig erweisen könnte, den expansiven Effekt auf die Liquidität im Inland – Geldmengenentwicklung – zu neutralisieren. Dadurch müssen Zinsanpassungen eine größere Rolle übernehmen, forderte der BIZ-Präsident. Achselzuckend bemerkte Bengt Denis vor seinen Notenbanker-Kollegen: „Einen festen Wechselkurs aufrechtzuerhalten ist heutzutage auf jeden Fall viel schwieriger als früher.“ Und dann riet er ihnen: „Bei der Formulierung und Durchführung der Geld- und Währungspolitik werden zunehmend die Erwartungen der Märkte berücksichtigt werden müssen.“

In Basel wurde auch immer wieder die Frage gestellt, ob sich die D-Mark als Ankerwährung des EWS halten könne. Am Ende würde der Franzosen -Franc Leitwährung im Alten Europa, weil Frankreich gute Erfolge in der Inflationsbekämpfung vorweisen könne, bessere als die Deutschen in letzter Zeit. Das britische Pfund Sterling hat seine Anwartschaft auf die europäische Leitwährung auch noch nicht aufgegeben. Die Briten hatten das ja mal geschafft zwischen den Kriegen und auch kurz in den frühen 50er-Jahren.

Dann aber setzte sich unverdrossen die Deutsche Mark an die erste Stelle, spätestens ab 1973, als das Bretton-Woods-System geknackt wurde. Schwierigkeiten in diesem Punkte werden erst in jüngster Zeit diskutiert, wegen der horrenden Verschuldung unseres Staates im Zusammenhang mit der Wiedervereinigung und der sonst auch hausgemachten Teuerungswelle, die uns jetzt wieder mit 4,2 Prozent drastisch vor Augen geführt wurde.

Im Wettstreit unter den Völkern spielt der innere und äußere Wert einer Währung durchaus eine wichtige Rolle, insbesondere auch dann, wenn von dieser Währung Rückwirkungen auf die Zinsen in anderen Ländern ausgehen. Man kennt das Theater mit der Zinsknechtschaft, die in den vergangenen Jahren angeblich oder tatsächlich von Deutschland ausgegangen und über die europäischen Nachbarn hereingebrochen ist. Diese absolute Zinsführerschaft der Deutschen wurde in den vergangenen Monaten nicht nur gemildert sondern sogar gänzlich abgebaut. Andere Länder wie Frankreich haben wieder mehr Bewegungsfreiheit. Sie können ihre Zinsen senken, auch unabhängig von der Bundesbank, wie dies jetzt wieder Frankreich getan hat.

Kaum aber ist die oftmals bescholtene Zinsknechtschaft der Deutschen – zumindest zwischenzeitlich – erledigt, heißt es, die D-Mark sei in ihrer Funktion als Ankerwährung erschüttert. Erst vor wenigen Tagen hat sich da der britische Superspekulant George Soros einen Namen gemacht. Nachdem er – die D-Mark im Rücken – einige europäische Währungen, insbesondere auch das Briten-Pfund geknackt und zu deftigen Abwertungen gezwungen hat, versucht er es jetzt mit einer Diffamierungskampagne gegen die Mark, bisher allerdings mit einem Null-Erfolg.

BIZ-Generaldirektor Alexandre Lamfalussy hat keinen Zweifel daran gelassen, dass die D-Mark Ankerwährung bleibt und bleiben muss. Er setzte sein volles Vertrauen in die Bundesbankpolitik. Sie werde in der Lage sein, die deutsche Teuerung wieder auf zwei Prozent zu drücken. Auch Otmar Issing, Mitglied des Direktoriums der Deutschen Bundesbank, sieht die Inflationstrends in Deutschland in die richtige Richtung laufen, nämlich nach unten, wenn auch nicht so schnell, wie es wünschenswert wäre. Die Ankerwährung „Mark" sei auch vom volkswirtschaftlichen Potenzial der gesamten deutschen Wirtschaftsleistung her gesehen nicht gefährdet. Damit bleibt es beim bisherigen Kräftespiel der Währungen. Die D-Mark schwimmt im Kurs auf und ab, und zwar gegenüber den beiden Weltwährungen Yen und Dollar und die europäischen Währungen schwimmen im Rahmen des EWS mit der D-Mark mit.

Drama der europäischen Geldpolitik III
Macht kaputt, was euch kaputt macht

Am letzten Wochenende des Juli 93 fand die von manchen so euphorisch angegangene europäische Währungsbewegung weitgehend ihr Ende. Das von Giscard d'Estaing und Helmut Schmidt, den damaligen Regierungschefs von Frankreich und Deutschland, unter Assistenz des luxemburgischen Finanzministers Pierre Werner etwas zu einfach ausgedachte Fast-Festkurssystem „EWS" ging in die Brüche. Und das begann mit der Zentralbankratssitzung am Donnerstag, dem 29. Juli. An diesem Tag hat die Bundesbank mit den ihr verfügbaren Mitteln die politischen Verkrampfungen im System gesprengt und die Spekulationsblasen platzen lassen. Das hörte sich dann so an:

Die Bundesbank hat den Lombardsatz um ein halbes Prozent gesenkt und damit mehr angerichtet, als wenn sie gar nichts getan hätte. Alle Welt bis hin zum (französisch besetzten) Internationalen Währungsfonds hatte deutsche Zinssenkungen gefordert und dabei an eine Reduzierung beider Leitzinsen, also des Lombards und des Diskonts gedacht. Es kam allein der Trippelschritt bezogen auf den Lombard, wenn man einmal die kürzlich erfolgte und jetzt stabilisierte Senkung des 3. Leitzinses, des Zinses für Wertpapierpensionsgeschäfte auf 6,95 Prozent, vergisst.

Mit ihrer Lombardsatzsenkung hat die deutsche Notenbank der Welt eine gewisse Lektion erteilt, fast vergleichbar der Diskonterhöhung vor einem Jahr. Sie hat der Welt demonstriert, dass sie weiterhin gedenkt, eine insbesondere auch vom Ausland unabhängige Geldpolitik zu betreiben. Der Trippelschritt war aber keine Trotzreaktion, sondern die Rückbesinnung auf ihren gesetzlichen Auftrag, Stabilitätspolitik für Deutschland betreiben zu müssen. Das Europäische Währungssystem rangiert im 12. Stock der Bundesbank allemal hinter einer deutschen Antiinflationspolitik, wenn die Zentralbanker im Auftrag Bonns hier schon manches Mal bis an die Grenzen des Zulässigen gehen mussten.

Die Lombardsatzsenkung passt genau in die langfristig angesetzte Zinssenkungslinie der Notenbanker. Kleine Zinsschritte dieser Art werden noch bis Ende dieses Jahres geprobt werden. Sie sollen den deutschen Wirtschaftsaufschwung fördern, genau so wie vor einem Jahr noch mit der Diskonterhöhung eine zusätzliche Bremse zur Abkühlung der Teuerung eingebaut worden war. Damals wie heute folgten Währungsunruhen, die zusätzlich angefacht durch private Spekulanten – um aus dem Auf und Ab der Devisen Milliarden-Gewinne zu ziehen – angenommen haben oder in den nächsten Tagen noch annehmen würden.

Ergebnis: Das Europäische Währungssystem kracht aus allen Fugen. Der Dollar schnellt nach oben. In Europa festigt sich die Ankerwährung „D-Mark" und andere Währungen brechen ab. Der holländische Gulden noch am wenigsten. Er ist fast so stark wie die Mark und will sich von ihr auch nicht trennen. Aber sonst bleibt nicht mehr viel.

Fast hätte ich den französischen Franc vergessen, der seit einiger Zeit, seit fast zwei Jahren, als stabile Währung gehandelt wird. Nicht nur das, er wurde vor Kurzem noch über den grünen Klee gelobt. Vor vier Wochen sah Frankreich schon den Franc als europäische Leitwährung, an den die durch innerdeutsche Verschuldung schwache D-Mark die Anbindung suchen müsste. Frankreich spielte mit dem Gedanken einer Währungsunion ohne die D-Mark. Der Franc, der vor einem Jahr nur mit Superinterventionen von über 40 Milliarden Mark aus dem Abwertungsstrudel gerissen werden konnte, wurde heute wieder schwach und wertete bis auf den unteren Interventionspunkt im EWS ab.

Das dürfte jedoch nicht nur den Tücken privater Spekulanten zuzuschreiben sein. Da knirscht es auch strukturell. Frankreich hat schwere Probleme in der Sozialpolitik. Die Arbeitslosenquote übersteigt die Zehn-Prozent-Marke, nimmt sogar noch zu und die Konjunkturlage sieht schlechter aus als in Deutschland. Da sollte es durchaus im Interesse der französischen Regierung liegen, einer allgemeinen Neufestsetzung der Kurse im Europäischen Währungssystem positiver gegenüber zu stehen, sie sogar durch die Franc-Abwertung zu unterstützen. Auf diese administrative Art wäre im Handumdrehen die Wettbewerbsfähigkeit der französischen Industrie zu verbessern, wenn auch die Preisprobleme durch eine möglicherweise dann importierte Inflation nicht zu unterschätzen wären. Der europapolitisch schlechtere Fall wäre Frankreichs Ausstieg aus dem EWS.

Wir stehen vor einem neuen Realignment, wodurch die italienische Lira mit einer richtigen Bewertung auch in das System zurückkehren könnte. Auch das Pfund Sterling wäre wieder willkommen, wenn die Briten es wollen. Noch besteht die Chance unter weniger hektischen Umständen als im vergangenen Jahr, die Währungskurse zu ordnen und mit einem vernünftigen Schritt dieser Art die allernächste Geldzukunft Europas zu gewinnen. So und nicht anders sieht das wirkliche Leben im Europa der Währungen aus. Maastricht ist ein weit entfernter Hoffnungswert. Die Bundesbank aber die Realität.

Journalistisch ein großer Erfolg war das „Frankfurter Gespräch“ mit dem Präsidenten des Bundesverbandes deutscher Banken, Eberhard Martini. Er stellte am 30. Juli (Aufnahme der Sendung) die Forderung nach einem allgemeinen Realignment, also einer Neuanpassung der Wechselkurse für die europäischen Währungen. Gleichzeitig schlugen an der Börse die Devisenkurse Kapriolen und auf höchster Regierungsebene gab es hektische Betriebsamkeit.

Mein Problem als Journalist war dieses: Bleibt das Martini-Gespräch bis zum Sonntagmittag, dem Zeitpunkt der Ausstrahlung, aktuell, wird es nicht durch die Ereignisse in seinen Aussagen überholt? Schon am Freitagabend habe ich eine komprimierte Meldung über die Martini-Aussagen an die Agenturen gegeben. Somit erschienen die ersten Nachrichten darüber bereits in der Samstagspresse und liefen den ganzen Tag über in den Radio- und Fernsehsendungen. Da sich an diesem Wochenende aber sonst kein Geld-, Währungs- oder Finanzpolitiker zum Thema „Realignment“ ausgelassen hat, beherrschte das „Frankfurter Gespräch“ mit seinen Inhalten zum Währungschaos das ganze Wochenende die Szene bis spät in den Sonntag, denn die eilends zusammengekommenen europäischen Finanzminister und Notenbankgouverneure einigten sich erst in der Nacht zum Montag (um 2 Uhr früh) auf eine erweiterte Bandbreite für die Wechselkurse.

Den ganzen Sonntag (1. 8.) schob ich im Funkhaus Wache, zunächst um möglicherweise notwendige Operationen am Interview vornehmen, und am Nachmittag, um einen Frühkommentar für Montag schreiben zu können. Ich blieb bis 22 Uhr in der Redaktion. Und weil bis dahin noch nichts vorlag, kam ich am nächsten Morgen um 5.30 Uhr wieder, um der staunenden Öffentlichkeit um 7.05 Uhr die neue Lage in Europa zu erläutern.

Nach über einem Dutzend Jahren haben wir heute wieder Gelegenheit die Währungswirklichkeit, wie sie nun mal in Europa gegeben ist, an den Devisenmärkten zu erkennen. Dies ist nicht nur finanztechnokratisch gemeint sondern auch realwirtschaftlich und europapolitisch. Die Brüsseler Beschlüsse der EG-Finanzminister und Notenbankgouverneure der vergangenen Nacht haben das Europa des Geldes wieder auf seine Füße gestellt. Das war notwendig, denn die Kopfstände, die in den vergangenen Monaten und Jahren gemacht werden mussten, um das EWS am Leben zu erhalten, sind mittlerweile unfinanzierbar geworden.

Um es auf den Punkt zu bringen: Die internationale Spekulation hat das EWS zur Strecke gebracht, weil die Europa-Politiker nationalistische Strategien verfolgten und nicht das wirtschaftliche Gemeinwohl des alten Kontinents im Auge behalten haben. Das EWS wäre ein taugliches Instrument zur Beruhigung der europäischen Devisenmärkte sowie zur Förderung des Handels und Sicherung der Prosperität gewesen, wenn die offiziellen Geld-Europäer auf ihrer monatlichen Agenda ein Treffen allein zur Überprüfung der Wechselkurse und zur Neufestsetzung der Paritäten eingebaut hätten. Regelmäßige Anpassungen in kleinsten Schritten wären notwendig und hilfreich gewesen.

Dazu waren die sonst so reisefreudigen Finanzminister und Notenbankgouverneure der Zwölfergemeinschaft nicht fähig. Da wurde gezockt und geschummelt, gekittet und gekleistert, bis das Gebäude so schräg dastand, dass es nur noch mit Multimilliarden Mark an Interventionen aufrechterhalten werden konnte: Am Donnerstag/Freitag letzter Woche 60 Milliarden Mark, im September letzten Jahres 90 Milliarden Mark und was dazwischen zusätzlich auf dem kleinen Dienstweg zu regulieren war. Die Spekulation freute sich.

Im Mittelpunkt dieses illustren Treibens standen immer die Bundesbank und ihr Kind D-Mark. Die Geldregierung der größten europäischen Volkswirtschaft war dabei nicht zu beneiden. Sie hatte immer den schwarzen Peter, ob sie an der Zinsschraube drehte oder nicht, ob sie intervenierte oder es unterließ. Tatsächlich kann europäische Geldpolitik nur aus einer Hand oder besser aus einem Guss betrieben werden. Wenn die richtige Legierung für den Guss von den Zwölfen aber nicht hergestellt werden kann, zeigen sich bald Risse.

Natürlich haben es unsere Nachbarn mit einem solchen Koloss wie Deutschland in der Mitte auch nicht leicht, umso mehr müsste man sich auf die ökonomischen Tatsachen beschränken und danach pragmatische Regelungen anstreben und durchsetzen. Daran mangelt es oft. So musste eben das Europäische Währungssystem fallen. Nichts anderes bedeutet die Festlegung der Schwankungsbreiten auf zweimal 15 Prozent oder zusammen von 30 Prozent, abgesehen von Holland, dem treuen Nachbarn, der mit der kleinen Schwankungsbreite von 4,5 Prozent bei der D-Mark bleiben will und davon profitiert. Die D-Mark wertet nun unterschiedlich auf. Das Europa von Maastricht rückt in weite Ferne. Aber in der EG bleiben wir ja alle – gottlob – beieinander. Und so haben wir auch die Chance, wieder alles besser zu machen. Europa kommt langsamer, aber gediegener.

Nach Paris des Friedens willen
3. 8. 93

Die Deutschen, das muss heute einmal festgestellt werden, haben die hohe Finanzdiplomatie gelernt und nutzen sie auch mit allen gebotenen Machtmitteln, wobei die wirtschaftliche Vernunft immer im Vordergrund steht. Das fällt der größten Wirtschaftsnation in Europa natürlich auch leichter als anderen.

Nach dem EWS-Kladderadatsch vom vergangenen Wochenende trifft sich heute in Paris der Deutsch-Französische Finanz- und Wirtschaftsrat, um in Europa in brüderlichem Verständnis die neue Lage auf den Devisenmärkten und die Zukunft des Europäischen Währungssystems mit Ausblick auf Maastricht zu erörtern. Die heutige Sitzung sollte eigentlich schon vor zwei Wochen stattgefunden haben. Damals hatten die Deutschen allerdings abgesagt, weil der französische Finanz- und Wirtschaftsminister Alphandery zu unverblümt und aggressiv eine weitere Leitzinssenkung und den sofortigen Eintritt in die volle Währungsunion verlangt hatte. (Seitdem hat er in Fachkreisen auch den Kosenamen: Elefantenderry) Günter Rexrodt, der Bonner Wirtschaftsminister, Finanzminister Theo Waigel und Bundesbankpräsident Helmut Schlesinger haben sich an die Seine aufgemacht und bringen als Geschenk völlig unverhofft und überraschend eine Senkung des 3. Leitzinses, des Zinssatzes für Wertpapierpensionsgeschäft mit.

Letzte Woche hatte die Bundesbank genau für den jetzt laufenden Tender einen Zinssatz von 6,95 Prozent angekündigt. Heute wurde die Verzinsung aber mit 6,80 Prozent festgesetzt. Die Bundesbank demonstriert damit, wie gut es ihr tut, aus den engen EWS-Fesseln befreit zu sein. Die niedrigeren deutschen Tender-Zinsen sollen eine nicht zynisch gemeinte Morgengabe an die Franzosen sein. Vielleicht gestalten sich damit die Diskussionen unten den ehemaligen Finanz-Achsenmächten Deutschland-Frankreich etwas relaxter und inhaltsreicher.

Die deutsch-französische Währungszusammenarbeit wurde durch das Auffliegen des EWS – vorgestern – durchaus nicht eingestellt. Es wurde nur klargestellt, dass Deutschland der Schrittmacher zur neuen Währungsordnung ist, und zwar ohne die Behinderung durch einen guten Freund, der den Akteuren stets in den Arm gefallen ist, wenn irgendwelche Maßnahmen anstanden. Wenn es die Franzosen nicht selbst waren, dann heftete sich die Meute der Spekulanten an den französischen Franc, den zu retten dann die Bundesbank wieder antreten musste, wobei jeweils auch ein gutes Stück deutscher Stabilitätspolitik auf der Strecke blieb. Durch die Interventionsverpflichtungen stieg schließlich das Geldmengenwachstum in Deutschland ins Astronomische.

Welche Bedeutung hat aber das jetzt festgesetzte breite Interventionsband von 30 Prozent? In einer solchen Bandbreite kann man fast ein weltweites Währungssystem installieren. Da passt alles hinein. Auf Europa bezogen soll dies auch für die nächste Zeit gelten. Da muss alles eingepasst werden können. Alle Mitglieder des EWS haben jetzt die Chance, ohne Komplikationen den Währungsstandort ihres nationalen Geldes selbst einzupegeln und können mit aller Kraft und auf eigene Faust ihre Paritäten zur D-Mark suchen und zu halten versuchen. Ohne Schwierigkeiten wären da auch neue Währungen, Währungen von Neulingen in der EG einzubauen. Und je enger der Währungsverbund der Teilnehmer wird und aus eigener Kraft zusammenhält, umso solider wächst die Stabilitätsgemeinschaft des dann immer größer werdenden D-Mark-Blockes zusammen. Klarer noch als bisher wird sich zeigen, dass das EWS ein D-Mark-Block ist und dass man allein mit diesem Anker das europäische Schiff vernünftiger Geldpolitik stabilisieren kann. Die Faxen mit der Kunstwährung ECU (European Currency Unit – eine französische Erfindung) haben ein Ende gefunden. Jetzt hat sogar Ungarn seine ECU-Bindung aufgegeben und auf die D-Mark-Relation umgestellt.

Im EWS selbst dürften sich die 15-prozentigen Bandbreiten nach oben und unten letztlich wie ein Trichter auswirken, wenn man so will, wie ein Maastrichter. Nur so kann – irgendwann einmal – die Wirtschafts- und Währungsunion im Sinne der Maastrichter Verträge in richtiger Weise erreicht werden. Hollands Notenbankchef Wim Duisenberg hat schon zugesichert, sein Haus verteidige die enge Bindung des Gulden an die D-Mark. Er bleibe bei den 2,25 Prozent. Belgien/Luxemburg wollen sich auch nicht abkoppeln lassen. Der österreichische Schilling hält ohnehin an der Mark fest. Selbst Portugal ließ mitteilen, dass es die zweimal 15 Prozent nicht nötig haben. Dänen und Spanier suchen noch ihren Platz. Italien kann wieder zurückkehren ins EWS (30 Prozent). Die Briten schaffen es ebenso, wenn sie wollen. Auch Frankreich hat die Aufgabe, sich realistisch einzupegeln. Das dürfte das Hauptthema – selbstverständlich diplomatisch sehr verklausuliert – beim heutigen deutsch-französischen Finanz- und Wirtschaftsrat sein.

Geldpolitik – und wo bleibt da die Ethik?

17. 9. 93

Bundesbankpräsident Professor Helmut Schlesinger plaudert aus dem Nähkästchen. Bei einem Gala-Essen hatte sich eine Dame aus bester Gesellschaft im Gespräch mit ihm ihr entscheidendes Argument bis zum Schluss aufgehoben: „Jetzt haben Sie mir soviel über Geld erzählt“, sie zog die Augenbraue hoch und fuhr fort: „Wo bleibt da die Ethik?“

Geld und Ethik, das uralte, ewig neue Thema! Jetzt hatte sie die Chance, endlich einmal einem Notenbankchef den Spiegel vorzuhalten, einem Manne, der das Geld selbst macht, um die Ohren zu hauen, wie jämmerlich er dasteht. Natürlich wirft eine solche Attacke einen hartgesottenen Ökonomen ohne Gefühle keineswegs um. (Schlesinger über Schlesinger: Gefühle leiste ich mir in meinem Amt nicht) Er blieb väterlich gütig und entwickelte eigens für die Dame seine ökonomische Ethik, die letztlich mehr hergibt als das landläufige Ethik-Geschwätz, das heutzutage in vielen Gesellschaftskreisen, aber auch Pfarreien und den meisten Parteizirkeln gepflegt wird.

Welche Ethik sollte das sein, wenn Kali-Gruben erhalten werden, die am Markt nicht bestehen können und jedes Pfund Salz mit x-Mark subventioniert wird. Gelder, die erst dem Staat und dann den Bürgern aus der Tasche gezogen werden. Für Schlesinger gehört es zu den größten Fehlern, wenn unrentable Betriebe erhalten werden. Das gilt insbesondere auch für den nicht sanierungsfähigen Teil der Treuhandunternehmen in den neuen Bundesländern. Die Ethik eines Notenbankpräsidenten wie Schlesinger zielt darauf, den Wohlstand des Volkes zu mehren. Seine Ethik heißt Stabilitätspolitik, die die beste Sozialpolitik ist. Durch Teuerung verarmen die meisten Menschen, insbesondere die Bezieher kleiner Einkommen.

Was die Stabilität der D-Mark nach innen und außen betrifft, kennt Schlesinger daher kein Pardon. Geradezu penibel doktert er da herum und scheut auch nicht vor höchst brisanten politischen Aktionen zurück. Der Fundamentalist und Stabilitätspolitiker Schlesinger kennt genau den Punkt, wo es Zeit wird, grundsätzlich zu werden, wo er für seine Ethik Farbe bekennen muss.

In den zwei kurzen Jahren seiner Präsidentschaft hat er auf diese Weise die europäische Währungsgeschichte neu formuliert. Schon vorher urteilte der ehemalige amerikanische Finanzminister, James Baker: Schlesinger entdeckt unter jedem Kieselstein eine Inflationsgefahr. Damals war es nicht ohne Dollar-Turbulenzen im Zusammenhang mit deutschen Zinsentscheidungen abgegangen. Zu jener Zeit stand der Dollar im Mittelpunkt des Gezerres. Politisch noch viel gravierender entwickelten sich die Aktivitäten des Zentralbankrates in den 25 Monaten der Schlesinger Präsidentschaft.

Dabei galt es, die von Anfang an schief gewickelten Maastrichter Verträge neu aufzuspulen und den Realitäten im Europa der Währungen anzupassen. Drei Grundsätze waren hier zu berücksichtigen: Geldwertstabilität nach innen, Verantwortung für Europa und Primat der Politik.

Mehr als die Bonner Politiker haben Schlesinger und seine Leute auf die politische Komponente geachtet: Eine Währungsunion kann ohne politische Union nicht funktionieren, ist ihr Credo. Irgendwann fand der französische Staatspräsident Mitterrand auch verständnisvolle Worte in Richtung Bundesrepublik: „Sicherlich muss auch Frankreich gewisse Souveränitätsopfer bringen, aber die Deutschen opferten immerhin die stabile D-Mark." Für Schlesinger ist klar, dass man Stabilität nicht opfern darf, wenn nichts Gleichwertiges an die Stelle tritt. Letztlich wurde die politisch verhängnisvolle Konstellation des einseitigen Aufbaus einer europäischen Währungsunion zu Lasten von Stabilität und D-Mark abgeblockt – durch die Rückbesinnung des Zentralbankrates auf seine ureigensten Aufgaben der Sicherung der Geldwertstabilität in Deutschland.

Eine Diskonterhöhung im Juli 92 und eine nicht erfolgte Diskontsenkung im Juli 93 wirkten wie Sprengsätze. Erst verließen Italiener und Briten das EWS, dann wurde es durch die weite Bandbreite von zweimal 15 Prozent praktisch außer Kraft gesetzt. Die Briten rückten in diesem Zusammenhang Schlesinger in die Nähe der alten deutschen Wehrmacht. Andere sprachen von Rambo-Methoden. Dabei ging es um nichts anderes als um Stabilitätspolitik gepaart mit dem Machtwillen, diese auch durchzusetzen.

In dem silber-schwarz-golden gehaltenen Vasareli-Saal im 13. Stock der Bundesbank sagte Schlesinger: „Wir sind keine Regierung, auch keine Gegenregierung. Wir arbeiten mit Bonn eng zusammen." Der große alte Herr verabschiedet sich Ende September in den Ruhestand. Er hinterlässt ein geldpolitisches Terrain, das wieder vernünftig beackert werden kann.

Bei dem Mittagessen, das Schlesinger zum Abschied gegeben hat, saß ich mit dem Rücken zur Fensterfront. Ich hatte genügend Muße mir den von Viktor Vasareli, dem französischen Maler und Grafiker, gestalteten Raum genauer zu betrachten. Rechts und links der silbern glänzenden Doppeltür hat der Künstler großflächige Rauten auf der Textil bespannten ockerfarbenen Wand platziert. Die Rauten sind zusammengesetzt aus jeweils 25 Alu-Tellern mit einem Durchmesser von je 25 cm. Diese flachen Silberscheiben wollen wohl an Münzgeld erinnern, an Rohlinge, die erst noch durch eine Prägung ihres Wertes harren.

Auch die Seitenwände sind mit diesen Scheiben bepflastert, allerdings nicht in Alu natur sondern bemalt. Rechts von mir ist die untergrundige Wandfläche in Metallicgold gehalten, auf der anderen Seite in Metallicsilber. Die Scheiben schweben wie auch die Rauten wenige Zentimeter vor der Wand, gehalten von einem Dorn. Über dem silbernen Hintergrund tanzen die Teller in Gelbgold bis Tiefschwarz: 25 x 10 Teller mit einer goldenen Achse. Dieses Tellerspiel wiederholt sich rechts von mir auf goldenem Grund mit silberner Achse und bis ins Anthrazitgraue changierende Scheiben. Gold und Silber symbolisieren die Währungsmetalle. Schwarz und Grau gelten als Kontrast, vielleicht Schwarzgeld und Grauzonen der Geldpolitik?

Washington, 28. 9. 93

Wieder in Washington zur Weltwährungstagung von IWF und Weltbank. Es liegt viel Segen darin, über viele Jahre hinweg solche Veranstaltungen besuchen zu können. Ich bin abermals Gast in der Luftwaffenmaschine des Finanzministers. Höhepunkte bilden in diesen Tagen das Abendessen in der Phillips-Collektion und der Empfang im Museum of American Art/Renwick Gallerie sowie die Schlesinger-Ehrung in der US-Zentralbank Fed.

Die Renwick Gallerie (nach ihrem Erbauer benannt) liegt an der Ecke Pennsylvania Ave/17. Straße, ein repräsentatives Gebäude im Stil der Neo-Renaissance oder besser des 2. französischen Empire. Überzeugend das Entrée und das stolze Treppenhaus, eine lange schöne Stiege bis in die Repräsentationsräume im Obergeschoss, Beletage comme il faut. Natürlich hat unten ein Schwarzer die blank geputzte Messing-Glas-Tür aufgehalten. Hübsche Blondinen erbitten ein Autogramm und die Hinterlegung der Visitenkarte in einer ausladenden Silberschale. Auf jeder der drei Dutzend Stufen (oder mehr) aufwärts stehen rechts und links Partyleuchter, Glasschalen mit schwimmenden Flammen. Es macht Eindruck, die Marmortreppe über einen schweren blauen Teppich hinauf zu schreiten, begleitet von dem Kerzenschein.

Die Balustraden oben sind mit üppigen Blumengebinden geschmückt. Im Zenit ein Renaissance-Himmel im Golddekor. Der große Saal, den ich nach einigem Händeschütteln betrete (ich bin Gast bei der in einem Weltverband – Unico – zusammengeschlossenen Gruppe der Kreditgenossenschaften), hat wunderschöne, geradezu erhabene Ausmaße. Um die reichlich beladenen Buffettische drängeln Menschentrauben. – Der Wein ist schlecht.

Wegen seiner optischen Wirkung fällt mir der Dessert-Tisch auf: erlesene süße Sachen und große Silberkörbe mit riesigen Brombeeren, ausgesuchten Erdbeeren, prallen Blaubeeren und herrlichen Himbeeren.

Der sehr hohe Saal ist ringsherum, von unten bis oben, mit größeren und kleineren Ölgemälden vollgehängt: American Art des 19. Jahrhunderts. Zum größeren Teil unmögliche Schinken ohne jeden künstlerischen Wert. Von den mehr oder weniger nackten Frauen geht eine nur wenig anheimelnde Schwüle aus. Aus den Porträts und Familienbildern spricht die brutale, reiche aber seelisch arme Enge der wohlhabenden amerikanischen Gesellschaft des vergangenen Jahrhunderts. Ein Gemälde reizt mich, eine sehr schöne Landschaft mit Gebirge. In den Nebenräumen wird modernes Kunsthandwerk ausgestellt. Extravagante Holzbänke, ein Schaukelstuhl für Zwei, Schmuck, überwiegend sehr gute Arbeiten.

Bei der Weltfinanztagung präsentieren sich die Deutschen abermals stark. Wenn manches dabei nicht immer gelingt, schadet dies dem Gesamteindruck nicht. Deutschland und sein Geld haben in Washington einen gewissen Sexappeal. Hier wird nicht nur mit der Weltwährung D-Mark aufgewartet, sondern Deutschland gehört auch zu den potentesten Zahlern für die Weltorganisationen IWF und Weltbank. Die Deutschen wollen nach Möglichkeit auch ein gehöriges Kuchenstück aus dem weltweiten Finanzgeschäft herausschneiden, das in Washington auf vielen Etagen angeboten wird. Sie sind natürlich ehr-geizig, predigen oftmals vom Katheder und immer machtbewusster werden sie auch.

Als die Luftwaffenmaschine mit Finanzminister Waigel dieser Tage in der amerikanischen Hauptstadt landete, nahm ein deutscher Oberst die Delegation in Empfang und begrüßte im Namen des „Bundeswehr-Kommandos USA-Kanada". So nennen sich jetzt unsere Grauröcke in Nordamerika. Ganz in diesen Kontext passt dann auch die Frage eines alten amerikanischen Journalisten auf der Pressekonferenz der Commerzbank im traditionsreichen Adams Hotel unweit des Weißen Hauses. Die Pressekonferenz wurde in Englisch abgehalten, das jeder deutschen Unterprima Ehre gemacht hätte. Dieser alte Journalist sprach amerikanisch. Nur ein Wort kam deutsch: Reichskanzler. „Ob denn Reichskanzler Kohl mit dieser und jener Entwicklung einverstanden sei?" Merkliche Irritationen beim Bankenchef, Martin Kohlhaussen, und Verbesserung auf Kanzleramt.

Bald darauf bewegten sich die Eingeweihten der Washingtoner Finanzgemeinde, Deutsche und Amerikaner, Briten und Japaner, Juden und Christen zum Federal Reserve Board, der kurz „Fed" genannten amerikanischen Zentralbank: 20ste / Ecke C-Straße. Das Magazin „The International Economy" hat sich in den Kopf gesetzt, den deutschen Notenbanker Helmut Schlesinger zum Amtsabschied zu feiern. An diesem Wochenende kam es öfters vor, dass Schlesinger in internationaler Runde mit Lobeshymnen bedacht wurde. Der amerikanische Finanzminister, Lloyd Bentsen, hat sich da für G 7 ebenso in verbale Gala geworfen, wie später – Bentsen – als Vorsitzender der G 10. Am Sonntag dann die Fete in der Fed.

Das zentrale Treppenhaus eignet sich für solche Ereignisse vorzüglich. In strenger klassischer Architektur: rechts 'ne Treppe, links 'ne Treppe, oben eine Balustrade, in der Mitte eine geräumige Piazza und hinten auf der Empore stämmige Säulen, dorisch. Dort in der mittleren Öffnung hatte ein Streichquartett Platz genommen – vielleicht war es auch nur ein Trio – und spielte mit kräftigen Strichen Mozart und andere Klassik.

Alan Greenspan, der Hausherr, murmelte Verständnisvolles über die deutsche Geldpolitik und gebar das Bonmot: „Mr. Schlesinger is centralbankers centralbanker." Wim Duisenberg, Notenbankchef aus Amsterdam, lobte die wichtige Rolle der deutschen Zentralbank in und für Europa. Der scheidende Bundesbankpräsident fühlte sich sichtlich wohl. Mit Stolz dachte er an die Zeit zurück, wie er als kleiner Abteilungsleiter die Fed schon besucht habe und damals in Washington mit der herablassenden Distanz der Welt-Geldregierung behandelt worden war und wie dann später genau jene Leute in Frankfurt bei ihm antichambrierten. So ändern sich die Zeiten. Er kam auf die Amtsübergabe an seinen Nachfolger, Hans Tietmeyer, zu sprechen. Im amerikanischen Sprachgebrauch wird dies mit einer Helmübergabe symbolisiert. Der Punkt war erreicht. Helm ab ...

In den drei Tagen bis zu diesem Augenblick galt für Schlesinger eher die Devise: Bart ab, denn der Internationale Währungsfonds unter der Leitung des Franzosen Michel Camdessus will nichts mehr von Geldmengen- und Anti-Inflationspolitik wissen. Sie werden neuerdings in den IWF-Berichten totgeschwiegen. Allein der Wirtschaftsankurbelung mit allen Mitteln nur nicht der Stabilität wird das Wort geredet. Für deutsche Monetaristen ein großer Sündenfall.

So dozierte der Bundesbanker am Potomac denn auch immer wieder streng: Wer die Zusammenhänge von Geldmengen-Entwicklung, Sozialpolitik und Preisen nicht zur Kenntnis nimmt, hat nichts begriffen. Letztmalig wird Schlesinger den Vertretern aus 180 Staaten der Welt diese Zusammenhänge bei seiner heutigen Rede als deutscher IWF-Gouverneur vortragen, ans Herz legen, ins Stammbuch schreiben.

Wunden lecken und Kräfte sammeln

Nachdem es vor sechs Wochen nicht gelungen war, die D-Mark zu einer Abwertung im EWS zu zwingen, konnten George Soros und seine Artgenossen das Währungssystem immerhin über die Franc-Spekulation knacken. Zwar hatten sich die Franzosen eher ausgemalt, mithilfe der Spekulanten die D-Mark aus dem EWS zu werfen. Das aber ging schief. In einem beispiellosen Befreiungsschlag, wie es Finanzminister Theo Waigel ausdrückte, kam es dann am 1. August zur Festlegung der nun geltenden 30-prozentigen Bandbreiten und damit zur tatsächlichen Außerkraftsetzung des EWS, insbesondere seines Interventionsmechanismus'.

Da Spekulanten ihr Geld aber partout durch Spekulation verdienen wollen, suchen sie sich immer neue Opfer. Ins

Visier geriet der österreichische Schilling, der seit Jahrzehnten als treuestes und erstes Mitglied des D-Mark-Blockes an die deutsche Währung fest angebunden ist. Sieben Schilling für eine Mark ist seit den 50er-Jahren ein festes Datum für Urlauber und den Güterverkehr. Das wird auch so bleiben. Die Österreichische Nationalbank und die Bundesbank standen die Spekulationsspringflut durch. Ein Angriff auf den niederländischen Gulden, der seine feste Bindung an die Mark kürzlich als einzige EWS-Währung nicht aufgegeben hat, könnte als Nächste anvisiert werden. Aber auch der Schulterschluss der Amsterdamer Notenbank mit der Bundesbank ist fest und in sich konsistent. Dies umso mehr als der Holländer Wim Duisenberg am 1. August durch eine geschickte Aktion während der nächtlichen Währungsverhandlungen in Brüssel den Rahmen des EWS gerettet und französische Hackentricks zum Hinauswurf der Deutschen vereitelt hat.

Seit Beginn dieses Monats lecken die Geldpolitikter ihre Wunden. Neubesinnung ist aber gefordert. Für das Währungseuropa ist ebenso eine Neuformulierung der Politik angesagt, wie sie Bundesaußenminister Kinkel jetzt für die gesamte deutsche Außenpolitik in Aussicht gestellt hat. Man muss mit dem Bau von Europa in Richtung einer Währungsunion und einer politischen Union ganz von Neuem beginnen.

Die Ecksteine müssen und können nun von vornherein richtiger gesetzt werden als bisher. Es darf nicht mehr eine zwergwüchsige politische Union einem tönernem Riesen der Währungsunion gegenüberstehen. Zwar wird Maastricht allenthalben noch beschworen, aber niemand glaubt mehr an die Verwirklichung der Verträge. Selbst der Europäer aus Leidenschaft, Helmut Kohl, spricht unüberhörbar von einer Verschiebung der Währungsunion um einige Jahre, auf bessere Zeiten hin. Der italienische Ministerpräsident, Carlo Ciampi, er war vor noch gar nicht langer Zeit Notenbank-Gouverneur in Rom, will zwar noch auf die alte Tour weitermachen. In einem Schreiben an Kohl setzt er sich für eine gemeinsame Verantwortung der europäischen Partnerländer für die EG-Währungen und die notwendigen Interventionen ein.

Der EG-Sondergipfel im Herbst sollte neue Vorschläge und Mechanismen für die Währungsunion erarbeiten. Das ist der alte Dreh, dass man ohne große eigene Anstrengungen wieder die Geldsouveränität der Bundesbank einbinden, paralysieren will. Das glauben selbst die Franzosen nicht mehr, hier auf die schnelle Tour verlorengegangenes Terrain wieder gutmachen zu können. Der französische Ministerpräsident Edouard Balladur wird sich Ende August mit Kohl eingehend darüber unterhalten, wie die Zukunft angegangen werden sollte. Auch Balladur winkt ab, wenn das Thema Maastricht genannt wird. Viel schlimmer ist aber das tiefgreifende Missverständnis, das sich zwischen Deutschland und Frankreich – im gegenseitigen Verhältnis – eingenistet hat.

Deutsche und Franzosen verstehen einander nicht mehr, weil die Deutschen einer verträumten Europa-Ideologie nichts mehr opfern wollen und die Franzosen für Europa noch nie etwas opfern wollten. Dazu kommen eine tiefgreifende Rezession und wachsende Arbeitslosigkeit in beiden Großstaaten der Gemeinschaft, nicht nur da, sondern überall in der Staaten-Familie. Das könnte die europäischen Nachbarn dazu verleiten, in einen Abwertungswettlauf zu treten, um den Export aufzumöbeln. Die Stabilität bliebe allerdings auf der Strecke und die Währungsgemeinschaft würde noch töter getötet.

Dänische Exporteure verlangen bereits eine Kronen-Abwertung und in Frankreich liegen die Dinge ähnlich. Wie soll dabei eine europäische Währungskooperation wieder zustande kommen, eine Kooperation, die den Namen verdient und Stabilität meint? Deutschland bleibt nichts anderes übrig, als seinen Augias-Stall der Finanzen in Ordnung zu bringen und eine klare Stabilitätspolitik zu betreiben. Da kann sich dann, wer will wie Österreich oder die Niederlande ganz bieder und ernst gemeint anschließen. Das Weltgeld in Europa heißt immer noch D-Mark.

Nun raffen sich wenigstens die Bonner Koalitionspolitiker auf, das hinzubiegen, was der Regierungschef in Maastricht vor fast zwei Jahren versäumt hat. Noch voll des Glücks der Wiedervereinigung und in lauterer Europa-Euphorie hatte Kanzler Kohl beim EG-Gipfeltreffen in Maastricht die Realpolitik vernachlässigt und nicht mit aller Macht darauf gedrängt, dass von Anfang an Frankfurt als Sitz der Europäischen Zentralbank in die Verträge der Europäischen Wirtschafts- und Währungsunion hineingeschrieben wurde. Mancher Währungsärger wäre auch dann nicht erspart geblieben, aber ausgehend von Maastricht und im ehrlichen europäischen Bemühen, für die EG alles richtig in die Wege zu leiten, hätten die Deutschen vom Start weg mit der Währungsunion ernst gemacht. Europa hätte viel gewonnen.

So aber folgten dem Maastrichter Treffen Jahre interner Machtkämpfe und offener Streitereien, die einerseits den deutschen Anspruch auf die EG-Zentralbank untermauern sollten und andererseits klarstellten, dass die Nachbarn durchaus nicht gewillt sind, die für die europäische Zukunft so wichtige Notenbank nach Deutschland zu vergeben. Die Briten sagten das jetzt ganz laut. Die Franzosen sekundierten etwas leiser.

Zwischenzeitlich hat sich die Devisenspekulation in Europa gesundgestoßen. Die Bundesbank intervenierte mit dreistelligen Mark-Beträgen zugunsten von Pfund Sterling, Franc, Lira und anderen. Und schließlich wurde das EWS mehr oder weniger außer Kraft gesetzt. In eine 30-prozentige Bandbreite für die Devisenkurse kann ein ganzes Weltwährungssystem einschließlich Dollar und Yen gesteckt werden. Das EWS hat damit seinen Sinn als Quasi-Festkurs-System verloren.

Und nachdem fast alles Geschirr zerschlagen ist, zertöppert Finanzminister Theo Waigel (CSU) den Rest und Außenminister Kinkel (FDP) trägt das Seine dazu bei. Waigel wörtlich: „Entweder die Europäische Zentralbank kommt nach Frankfurt oder aus der ganzen Veranstaltung wird nichts.“ Dieses

Spiel wird schon seit Maastricht gespielt. Die Frage heißt nur, warum poltert Waigel auf diese laute Weise zu einer Zeit, wo das politische Umfeld nach dem Kladderadatsch so weit befriedet erschien, dass man annehmen durfte, die EG-Freunde hätten die normative Kraft des Faktischen akzeptiert, dass Frankfurt der Mittelpunkt der europäischen Geldpolitik ist. Außerdem hätten es die Deutschen verdient. Und ganz gewiss ziehe Europa Nutzen daraus.

Erst vor wenigen Wochen hatte Waigel in Brüssel doch lautstark verkündet, er habe für den EZB-Sitz Frankfurt die Zustimmung aller seiner EG-Finanzminister-Kollegen. „Pustekuchen" konterten sofort die Briten. So wurde schon damals offensichtlich, dass Waigel nicht die notwendigen 12 Stimmen für die Sitzfestlegung hatte. Spätestens von diesem Zeitpunkt an hätte klar werden müssen, dass deutscherseits eine Doppelstrategie gefahren werden muss, die sogar noch eine dritte Dimension hat. Erstens: Deutschland besteht auf den Sitz der EZB. Wenn er aber nicht zu haben ist, muss – zweitens – der Schuldige klar ausgemacht werden. Drittens kann es Deutschland ganz recht sein, wenn aus der ganzen Veranstaltung – Europäische Währungsunion – nichts wird, denn die Bundesbank kann das Geschäft alleine betreiben. Im Sinne der Stabilitätspolitik für Deutschland und Europa sogar noch besser, wenn ihr nicht elf andere Staaten mit falschen Wirtschafts- und Finanzpolitiken sowie egomanen geldpolitischen Vorstellungen ins Geschäft pfuschen. Wenn die Einzelstaaten ihre Währungen nach den eigenen Bedürfnissen (oder auch zur Ausbügelung einer falschen Geldpolitik) auf- und abwerten können, bietet dies zusätzliche wirtschaftspolitische Chancen und bringt somit große Vorteile für die Einzelstaaten.

Die Bundesbank stellt im Europa des Geldes die stärkste Kraft dar. Sie kann als Schöpferin der zweitwichtigsten Reserve-Währung der Welt – nach dem Dollar und vor dem Yen – weitgehend nach ihren rationalen Strategien schalten und walten. Fast automatisch müssen sich die anderen europäischen Währungen der D-Mark und ihren Zinsen zuordnen. Deutschland ist politisch in einer komfortablen Lage. Wir brauchen die EG-Zentralbank nicht.

Derzeit läuft in Europa ein unglaublich harter Machtkampf ab, der in anderen Zeiten der europäischen Geschichte durchaus in eine heiße Phase hätte treten können. Anfang August wollte Frankreich Deutschland aus dem EWS hinaustrixen, um argumentieren zu können: Mit den Deutschen ist keine Währungsunion und kein Europa zu machen, auf lange Zeit jedenfalls nicht. Waigel und Schlesinger haben den Braten gerochen und mithilfe der Niederlande das EWS plakativ erhalten.

Der Kampf geht in die nächste Runde. Europa wächst unter Schmerzen, aber es wächst. Man darf sich nur nicht aus der Ruhe bringen lassen, immer versuchen die besseren Karten zu haben, gleichzeitig aber auch eine europäische Idee umsetzen wollen.

Schlesinger geht – Tietmeyer rückt auf

Wechsel an der Spitze der Bundesbank. Wechsel von konservativ zu konservativ, von schwarz zu schwarz mit einem roten Spritzer. Heute, am 30. September 1993, hat Professor Helmut Schlesinger seinen letzten Arbeitstag. Ab Morgen regiert Prof. Hans Tietmeyer in der Deutschen Bundesbank zu Frankfurt. Über Nacht wächst er vom Vizepräsidenten in die Schuhe des Präsidenten hinein. Vizepräsident wird Johann Wilhelm Gaddum. Und so sehr sich die beiden im Amt neuen Leute menschlich und intellektuell auch unterscheiden, sie sind beide CDU-Mitglieder und enge Vertraute von Kanzler Kohl. Außerdem vertragen sie sich.

Prof. Hans Tietmeyer, Bundesbankpräsident und EZB-Rat

Für den ausscheidenden konservativen Schlesinger, der keiner Partei angehört, rückt der bisherige rheinland-pfälzische Finanzminister Edgar Meister ins Direktorium nach. Meister gehört der SPD an und zählt zum engsten Berater- und Freundeskreis des Kanzlerkandidaten Rudolf Scharping. Im siebenköpfigen Direktorium der Bundesbank hält er als einziger die blassrote Fahne der SPD hoch. Das wird aber die in ihrer Unabhängigkeit komfortabel eingerichteten deutschen Zentralbanker kaum irritieren, weder den einen noch die anderen, denn vor der politischen Kungelei hat in der Bundesbank der Sachverstand das Sagen.

Schlesinger war immer die graue Eminenz in der Frankfurter Geldschaltzentrale, auch weil er als Chef der Bereiche Volkswirtschaft und Statistik Einfluss und hohe Kompetenz hatte. Seine politische Bedeutung hat er erst durch das Präsidentenamt erhalten. In den sehr schwierigen zwei Jahren seiner Regentschaft hat er die durch Inflation und Außenpolitik gefährdete D-Mark wieder knackig frisch und in jeder Weise gesund gemacht.

Tietmeyer musste nicht auf das Amt warten, das ihm Morgen übetragen wird, um politische Bedeutung zu erlangen. Er wird allerdings Gelegenheit haben, da noch einiges draufzusetzen. Seine historische Bedeutung hat Tietmeyer in die deutsche Geschichte geschrieben durch Entwurf und Aushandlung der deutsch-deutschen Wirtschafts- und Währungsunion. Er war kaum ein Vierteljahr Mitglied des Direktoriums der Bundesbank, als Kohl seinen ehemaligen Sherpa für die Weltwirtschaftsgipfel und Staatssekretär im Bundesfinanzministerium wieder nach Bonn holte und nach Berlin schickte, um die Vereinigung Deutschlands über die D-Mark vertraglich zu bewerkstelligen. Der Zentralbankrat hat seinen damaligen Neuling gerne und einstimmig für diese Aufgabe wieder frei gestellt. Mit großer Bravour unter höchstem Zeitdruck hat Tietmeyer das Geforderte geleistet. Zum 1. Juli 1990 konnte die deutsch-deutsche Wirtschafts-, Währungs- und Sozialunion in Kraft treten.

Als Tietmeyer seine Geld-Vereinigung gestemmt hatte, übernahm sein Vizepräsident von morgen, also Gaddum, die Exekution. Von Anfang an hat er das Geldsystem in den neuen Bundesländern umgestellt, die Organisation der Bundesbank in der ehemaligen DDR aufgebaut, das Geldwesen dort auf westlichen Standard gebracht. Damals wurde auch die Formel für das längerfristig konzipierte gesamtdeutsche Bundesbank-Management entwickelt. Für Kohl war der SPD-Mann Karl Otto Pöhl zu zögerlich in der Vereinigungsfrage. Pöhl war dagegen. Kohl deshalb gegen Pöhl. Der politisch sichere Tietmeyer sollte belohnt werden. Pöhl ging. Schlesinger rückte nach. Tietmeyer wurde Vize und hat für die Zukunft Gaddum an sich gebunden.

Tietmeyer – Jahrgang 1931 – kommt aus Münster in Westfalen, hat zunächst Theologie, dann Wirtschafts- und Sozialwissenschaften studiert, versuchte es erst in der Verwaltung katholischer Stiftungswerke, wechselte aber bald ins Wirtschaftsministerium, später ins Finanzministerium. Zu seinen Lieblingsblumen gehören Rosen, sein Lieblingsvogel ist der Adler (!), zu seinen größten Untugenden gehört die Ungeduld. So urteilt Tietmeyer über sich selbst.

Sein Vize Gaddum – Jahrgang 1930 – kann viel Geduld aufbringen und hat vielleicht keinen Lieblingsvogel. Er hat aber eine Handelslehre absolviert und dann Wirtschaftswissenschaften studiert. In Rheinland-Pfalz wurde er CDU-Fraktionsvorsitzender und Finanzminister. Zum Ministerpräsidenten hat er es dann nicht mehr gebracht. Die Karriere in der Bundesbank brachte aber keineswegs weniger Einfluss. Tietmeyer und Gaddum werden viele geldpolitische Kämpfe in Europa und der Welt zu bestehen haben. Die Europäische Währungsunion muss richtig organisiert werden. Da wartet ein Jahrhundertwerk auf beide und den gesamten Zentralbankrat.

Feierliche Amtsübergabe im Palmengarten
2. Oktober 1993

Keine deutsche Obsession

Prof. Helmut Schlesinger (Auszüge aus seiner Rede): Heute, da ich von meiner beruflichen Wirkungsstätte, der Deutschen Bundesbank, Abschied nehme, habe ich vor allem das Bedürfnis zu danken, zuerst allen, die diesem Wechsel im Amte des Bundesbankpräsidenten und Bundesbankvizepräsidenten in den Palmengarten der Stadt Frankfurt gekommen sind, ein Platz, an dem diese Stadt schon vor 100 Jahren und mehr schöne Feste gefeiert hat. Die Anwesenheit des Regierungschefs Deutschlands in diesen Räumen ist für uns eine besondere Ehre, Herr Bundeskanzler. Ein solch hoher Besuch in diesen Räumen ist freilich nicht ganz ohne Präjudiz, auch die Kaiser Wilhelm I. und Wilhelm II. waren hier – verständlicherweise. Sie mussten ja versuchen, bei den nicht lange zuvor zwangsweise zu Preußen gemachten Frankfurtern einen guten Eindruck zu machen.

Herr Bundeskanzler, Sie sind vorhin auf die Lage der Nation eingegangen, die Bewältigung der historischen Aufgabe, Deutschland wieder zu vereinen, und gleichzeitig – wie es in der Präambel unseres Grundgesetzes heißt – „als gleichberechtigtes Glied in einem vereinten Europa dem Frieden der Welt zu dienen".

Die Bundesbank ist an diesem historischen Prozess in jenem Teilbereich engagiert, der ihr kraft ihres Auftrages zukommt. In den letzten drei Jahren hieß das: Erstens, Schaffung der Währungsunion mit der DDR und alsbald eines einheitlichen Währungsraumes für das wiedervereinigte Deutschland. Und zweitens, die Fortsetzung der monetären Integration in der EG mit der Zielsetzung einer späteren Währungsunion gemäß dem vom Gesetzgeber ratifizierten Vertrag von Maastricht.

Ich verrate kein Geheimnis, wenn ich bekenne, dass beide Aufgaben zusammen zu lösen nicht frei von Konflikten sein konnte und vielleicht noch länger sein kann. Wofür ich Ihnen, Herr Bundeskanzler, im Rückblick auf meine Amtszeit nun besonders danken möchte, ist, dass Sie in dieser Zeit, gerade auch in der Zeit, als Spannungen im Europäischen Währungssystem aufkamen, die Bundesbank voll unterstützt haben. Im Herbst letzten Jahres und im Sommer dieses Jahres sind Sie, zusammen mit dem Bundesfinanzminister, auf unsere Bitte eingegangen, durch Verhandlungen mit unseren Partnern die Bundesbank von weitergehenden, mit der Stabilität unserer Währung nicht mehr verträglichen zwangsweisen Devisenankäufen zu befreien mit Maßnahmen, die von unseren Partner akzeptiert wurden. ...

In dieser Zusammenarbeit zwischen Bundesregierung und Bundesbank habe ich in gleicher Weise dem Herrn Bundesminister der Finanzen, Herrn Dr. Waigel, zu danken. Der erste Präsident des Direktoriums der Bank deutscher Länder, Herr Geheimrat Dr. W. Vocke, hat an den damaligen Bundesfinanzminister, Herrn Fritz Schäffer, geschrieben: „Die Schicksalsfrage der Währung ist die Unabhängigkeit der Notenbank ... und eine der wesentlichen Garantien zum Schutz der Währung". Dies Ihnen zu schreiben, lieber Herr Dr. Waigel, oder zu erklären, wäre nicht nur unnötig, es wäre deplatziert gewesen. Sie haben stets so gehandelt.

Ich habe – noch als Vizepräsident – mit Ihnen und es haben die Mitarbeiter unserer Häuser jenen Teil der deutsch-deutschen Währungs-, Wirtschafts- und Sozialunion zusammen ausgearbeitet, der die Bundesbank speziell betrifft, nämlich die Währungsunion. Das zwischen beiden deutschen Regierungen vereinbarte generelle Umstellungsverhältnis für Guthaben und Verbindlichkeiten von 2:1 geht auf den Vorschlag des Zentralbankrats der Bundesbank zurück; er ist im Grundsätzlichen von der Bundesregierung akzeptiert worden; die soziale Komponente – bei der Umstellung von Bankguthaben der Privatpersonen je nach Alter begrenzte Beträge 1:1 umzustellen – haben die Bundesregierung und die Regierung der DDR abweichend vereinbart, so dass hieraus global eine Umstellung 1,8:1 wurde, aber nicht 1:1, wie man jetzt immer liest. ...

Es ist heute nicht mehr an mir, für die Bundesbank, für die Geld- und Währungspolitik in Deutschland in die Zukunft zu blicken. Ich will auch nicht versuchen, ein Fazit aus meinen Jahren in der deutschen Notenbank zu ziehen. Manche haben schon geschrieben, das Ende meiner Dienstzeit sehe nicht so besonders gut aus. Gewiss, die Preissteigerungsrate liegt im Westen Deutschlands bei 4 Prozent; das ist unbefriedigend. In den Monaten von März bis September ist sie, auf Jahresrate umgerechnet, auf 2,7 Prozent gesunken. Das ist noch nicht voll befriedigend, aber ein Lichtblick. Wenn ich auf die 42 Jahre meiner Arbeit in der Notenbank zurückblicke, dann war die durchschnittliche Preissteigerung knapp 3 Prozent und damit weniger als in allen Industrieländern; nur die Schweiz hat ein fast ebenso gutes Ergebnis.

Mit der in über vier Jahrzehnten erreichten Glaubwürdigkeit für die D-Mark hängt es auch zusammen, dass der Außenwert der D-Mark in den letzten Jahren unbeschädigt blieb trotz aller inneren Probleme: der Wiedervereinigung, den zu hohen Lohnsteigerungen 1991 und 1992, im Osten auch 1993, der Ausweitung des Defizits des gesamten staatlichen Sektors und der zeitweilig zu starken Ausweitung der Geldmenge. Die D-Mark hat in dieser schwierigen Periode gegenüber allen wichtigen Währungen nicht abgewertet, sogar leicht aufgewertet. Und die Rolle als Ankerwährung im EWS hat sie – trotz einiger voreiliger Grabreden – behalten.

Die europapolitische Komponente spielt seit der Gründung des EWS eine zentrale Rolle in den Entscheidungen des Zentralbankrates der Deutschen Bundesbank, immer freilich auch im Hinblick auf unser primäres Ziel der Geldwertstabilität, denn die Bundesrepublik ist ein gebranntes Kind im Hinblick auf ein Festkurssystem und die damit verbundene Ankaufspflicht für andere Währungen; kein Land hat das so erlebt wie wir im Bretton-Woods-System und dann im EWS. Gleichwohl ging unsere Loyalität gegenüber dem 1979 geschaffenen EWS-System mit Zwangsankäufen von Devisen bis zu 60 Mrd. DM in wenigen Tagen wirklich an die Grenzen des Vertretbaren. Diese Grenzen liegen in der Verantwortung für die Stabilität unserer Währung, und das ist mehr als eine wirtschaftliche Zielsetzung oder nur eine deutsche Obsession. Es ist auch ein Garant für politische und gesellschaftliche Stabilität, ein Unterpfand für persönliche Freiheit und Gerechtigkeit, ein Band, das Ost und West unseres Vaterlandes mehr verbindet als manchens andere, wenn ich das richtig sehe.

Centralbankers Bollwerk der Stabilität

Prof. Hans Tietmeyer (Auszüge aus seiner Rede): Sie, lieber Herr Schlesinger, stehen heute im Mittelpunkt dieser feierlichen Amtsübergabe. In unterschiedlichen Funktionen und Positionen – davon über zwanzig Jahre im Direktorium und zum Höhepunkt dieser Laufbahn als Präsident – haben Sie die Arbeit der Bank seit den 50er-Jahren konzeptionell wesentlich mitgestaltet und geprägt. Ich meine, es ist keine Übertreibung und auch keine Verkennung der Leistungen anderer (die zum Teil hier anwesend sind), wenn ich sage: Ohne Ihre Arbeit und auch ohne Ihre Beharrlichkeit wäre die Bundesbank nicht das, was sie auch in den Augen der kritischen Finanzmärkte heute ist: ein Bollwerk der Stabilität.

Dass dabei gelegentlich auch Kritik nicht ausgeblieben ist, ist nur zu verständlich. Aber Hartnäckigkeit in der Sache und Überzeugungskraft in der Argumentation dürfen nicht mit dogmatischer Engstirnigkeit verwechselt werden. Nicht zu Unrecht hat Fed-Chairman Alan Greenspan Sie beim Abschiedsempfang in Washington „The Centralbankers Centralbanker" genannt. Ich bin überzeugt: Sie, lieber Herr Schlesinger, haben durch Ihre Arbeit in der Deutschen Bundesbank und durch Ihre unbeugsame Haltung entscheidend zur Stabilität und zum Aufstieg der D-Mark zur zweitgrößten Anlage- und Reservewährung der Welt beigetragen. Und da die Attraktivität der D-Mark ohne Zweifel auch den Prozess der Wiedervereinigung Deutschlands beschleunigt hat, haben Sie sich – der Bundeskanzler wird das sicherlich ebenso sehen – auch hierfür historische Verdienste erworben, von Ihrem unmittelbaren Anteil an den Verhandlungen über die innerdeutsche Währungsunion ganz zu schweigen.

Schon heute denken wir in der Bundesbank sehr wohl europäisch. Wir können aber nicht eine Zentralbank für Europa sein. Dem Auftrag des Gesetzes nach muss die Bundesbank vor allem für die Stabilität unserer eigenen Währung sorgen. Wir sind und bleiben aber bestrebt, die internationalen und europäischen Rückwirkungen jeweils sorgfältig zu beachten. Herr Duisenberg hat in Washington zu Recht betont, dass die Politik der Bundesbank stets von Kontinuität, Stabilität und Integrität geprägt war und dies nach seiner Überzeugung auch in Zukunft der Fall sein wird.

Sie alle können versichert sein: Wir werden uns auch weiterhin mit ruhiger Hand um Stetigkeit und Verlässlichkeit bemühen. Für mich persönlich füge ich hinzu: Westfälische Eichen sind bekanntlich nicht nur fest verwurzelt, sie können erfahrungsgemäß auch Stürmen standhalten.

Verfassungsrichter: Weniger wilde Männer als milde Weise

Mit Sicherheit hat das Bundesverfassungsgericht (BVG) mit seinem heutigen (12. 10. 93) Urteil nicht den wilden Mann in Europa gespielt. Eher die Rolle des Liberos wollte der 2. Senat des BVG in Karlsruhe übernehmen, des Liberos, der mit Argus-Augen darauf achtet, dass mit der Demokratie ganz allgemein in Europa nicht allzu viel schiefläuft. Entscheidend sei, dass bei fortschreitender Integration innerhalb der Mitgliedsstaaten eine lebendige Demokratie erhalten bleibe, heißt es da. Die demokratischen Grundlagen der Europäischen Union und die Rechte des Europaparlaments müssten mit der Integration Schritt halten. Generalermächtigungen darf es an die Brüsseler Adressen nicht geben. Brüssel darf in keinem Falle der Überstaat werden. Und dann legen die Karlsruher Verfassungsrichter die Hand auf die Kasse: Der Maastrichter Vertrag ermächtige die Europäische Union nicht, sich aus eigener Machtvollkommenheit Finanzmittel zu verschaffen. Insbesondere unterwerfe sich die Bundesregierung durch Maastricht nicht einem unsteuerbaren Automatismus für die Währungsunion.

Exakt, in unsere Sprache übersetzt, heißt dies: Es darf keine eigenen Brüsseler Steuern für die Europäische Union geben und wenn solche Ansätze bestehen, sollen sie schleunigst wieder verschwinden. Die EU und ihre Kommission bleiben die Kostgänger der europäischen Nationen und die Staaten werden sich verstärkt darum kümmern und kümmern müssen, dass der EU-Finanzmoloch, der sich da und dort schon überdeutlich bemerkbar gemacht hat, wieder beschnitten wird.

Nun das Thema Währungsunion: Die Karlsruher Richter haben unter dem Vorsitz von Ernst Gottfried Mahrenholz ganz klar festgestellt: Die Bundesregierung unterwerfe sich durch Maastricht nicht einem unsteuerbaren Automatismus für eine Währungsunion. Das verschafft jenen Bonner Politikern wieder Freiräume, die bisher geglaubt hatten, die deutsche Geldpolitik müsse möglichst schnell und unreflektiert Groß-Europa geopfert werden.

Mit diesem Einwurf haben die Richter die ungleichen Zwillinge Politische Union und Währungsunion nicht nur gleicher gemacht, sondern in ihrem politischen Gewicht vergleichbarer gemacht. Bisher ging Deutschland davon aus, die Politische Union müsse besser ausstaffiert, vervollkommnet werden. Der Vertrag zur Politischen Union müsse inhaltlich genauso schwer daherkommen, wie die Währungsunion bereits anformuliert ist. Nur so könne ein Gleichgewicht auch zwischen Geben und Nehmen der Völker hergestellt werden, die gemeinsam das europäische Haus bauen wollen.

Das Verfassungsgericht ist einen anderen Weg gegangen. Es hat die Währungsunion beziehungsweise die diesbezüglichen Verträge, genau so flau gemacht wie die Politische Union. Durch dieses BVG-Urteil ist für uns Deutsche Europa auf allen Ebenen wieder offener geworden. Die D-Mark bleibt, wo sie ist und was sie ist: gemanagt von der Bundesbank, Anker-Währung für Europa, zweitwichtigste Reservewährung für die Welt. Hier sei daran erinnert, dass die Weltbank gerade in diesen Tagen eine D-Mark-Globalanleihe auflegt. Das hatte es bisher noch nicht gegeben.

Wo stehen wir also jetzt mit unserer europäischen Geldweisheit? Das Verfassungsgericht hat keine neuen Breschen geschlagen. Die Herren mit und um Mahrenholz haben zusätzlich zur Exegese der Vertragstexte die Realpolitik der vergangenen zwei Jahre, seit Maastricht berücksichtigt. Sie haben also auch nicht den Fehler gemacht, eine Währungsunion da aufzupfropfen, wo sie politisch längst weggefegt war. In Karlsruhe sitzen weise Männer.

Wie sieht es jetzt mit dem europäischen Geld aus? Es kann etwas länger dauern, bis ein einheitliches Europa-Geld in Umlauf kommt. Ende Oktober wird der Sitz der Europäischen Zentralbank, bzw. des Vorgängers „Europäisches Währungsinstitut“ festgelegt. Der Sitz wird Frankfurt sein. Das Währungsinstitut nimmt am 1. Januar in der Mainmetropole die Arbeit auf.

Europäische Zentralbank kommt nach Frankfurt am Main

Jetzt muss die große Perspektive gelten, nachdem feststeht, dass die EZB nach Frankfurt kommt. Unsere Stadt am Main hat eine lange europäische Tradition und schon sehr wichtige Akzente in der deutschen Geschichte gesetzt. Und gerade zum 1200-jährigen Bestehen der Mainmetropole – 1994 – eröffnen sich Zukunftschancen, die kaum historische Parallelen haben. Die Entscheidung der Kurfürsten, den König und Kaiser des Heiligen Römischen Reiches deutscher Nation in Frankfurt zu wählen und zu krönen, könnte allenfalls größere Bedeutung gehabt haben, als der Beschluss der am 29. Oktober in Brüssel versammelten europäischen Regierungschefs für die Stadt zeitigen wird. Schon vor 750 Jahren entstand hier eine Messe, die nun Weltgeltung hat und vor 400 Jahren nahm die Frankfurter Börse ihren Anfang, die heute zu den größten Wertpapierhandelsplätzen zählt.

Den Grundstein für die nach dem 2. Weltkrieg neue Zukunft der Stadt wurde durch die Ansiedelung der Bank deutscher Länder gelegt, aus der die immer mächtiger werdende Bundesbank erwachsen ist und in deren Tradition und Geist nun das Europäische Währungsinstitut (EWI) schlüpft als Wegbereiterin der Europäischen Zentralbank.

Als im Frühjahr 1988 der Gedanke der Gründung einer gemeinschaftlichen Zentralbank für Europa aufkam und in politischen Kreisen diskutiert wurde, hat der Hessische Rundfunk vor allen anderen, auch lange vor der Gründung der Arbeitsgruppe von IHK, Oberbürgermeister, Börse und Banken die Bewerbung Frankfurts für dieses Institut empfohlen und geradezu gefordert. Nun: Es hat alles geklappt. Es kam Wichtiges zu einem guten Ende. Kohl als Ehrenbürger der Stadt Frankfurt ist gut vorstellbar und wäre richtig. Auch Außenminister Kinkel soll mit diesen Ehren bedacht werden, wenn es nach dem Willen der hessischen FDP geht.

Nachhutgefechte gibt es aber noch. Sie konzentrieren sich jetzt auf das Gebäude, in das das Europäische Währungsinstitut möglicherweise einzieht. Der Komplex heißt IG-Farben-Hochhaus. Da schrieb die britische Nachrichten-Agentur Reuters kürzlich Folgendes: „Immobilienexperten bezweifeln nämlich, dass sich die Eurobanker ernsthaft auf den gelb gestrichenen Riesenbau des in der Nazi-Zeit geschmiedeten und nach 1945 zerschlagenen deutschen Chemiekartells einlassen werden." An diesem Satz ist fast alles falsch. Die Interessen-Gemeinschaft Farben, der IG-Farben-Konzern wurde viele Jahre vor dem Dritten Reich nach dem Muster amerikanischer Trusts gebildet.

Damals war weltweit die Farbenindustrie in Schwierigkeiten geraten und die deutschen Farbenhersteller konzentrierten sich in der IG. Das Hochhaus ist auch nicht gelb gestrichen, sondern hat eine Fassade aus Travertin, der eine Art einfacher Marmor ist. Das alte Rom ist aus Travertin gebaut, wenn es nicht der viel teurere Marmor sein konnte. Das Gebäude wurde vor der Nazi-Zeit, nämlich am 1. Oktober 1930 bezogen. Eines der wichtigsten Kriegsziele der Alliierten hieß; Zerschlagung des IG-Farben-Konzerns, aber nicht etwa, weil es sich hier um eine unmoralische, unethische Anstalt gehandelt hatte, sondern weil es der größte Chemiekonzern der Welt war, größer als ICI und Dupont.

Die IG-Zentrale, das Bauwerk von Hans Poelzig, gehört zum Stil der „Neuen Sachlichkeit". Im Sinne der neuen Sachlichkeit in der europäischen Geldpolitik ist es den EU-Zentralbankern zuzumuten, geradezu zu empfehlen, dort einzuziehen, weil es der schönste und beste Platz ist.

Trippelschritte zur Währungsunion

Seit dem 1. November 93 sind die Maastrichter Verträge für die Europäische Gemeinschaft der Zwölf rechtsverbindlich. (Seitdem heißt sie auch Europäische Union, abgekürzt EU). So wird und kann auch die Europäische Währungsunion wie vorgesehen am 1. Januar 1994 in die 2. Stufe einsteigen. Das Europäische Währungsinstitut, das EWI, nimmt seine Arbeit auf. Unter seinem Präsidenten, Alexandre Lamfalussy, hat es vorrangig zur Aufgabe die Kooperation zwischen den Notenbanken zu fördern und soll zweitens die Angleichung der Instrumente vorbereiten, die Angleichung der Konzepte für den Fall, dass wir später in eine echte Währungsunion eintreten.

Mit dem 1. November gab es allerdings auch einen winzigen Schritt hin zur gemeinsamen Währung. Es wurde nämlich die Währungseinheit ECU in ihrem Bestand fixiert. Bis 1999 sollen demnach die 12 EU-Währungen, die jetzt schon im Korb der European Currency Unit zusammengefasst sind, Bestandteil der ECU bleiben. Das mag das Geschäft mit ECU-Transaktionen stimulieren, etwas mehr Sicherheit in den Währungskorb bringen, weil man jetzt ganz genau weiß, da platzen keine anderen Währungen mehr mit hinein. Europapolitisch ist die Festschreibung auf die 12 Währungen ziemlicher Nonsens, währungspolitisch bringt sie keine zusätzliche Sicherheit, denn wie bisher verändern sich die Gewichtungen der Währungen innerhalb des ECU.

Gewinnt eine Währung an Wert, gewinnt sie auch an Gewicht in der ECU – so wie die D-Mark in der Zeit vom September 1989 bis Oktober 1993. Sie legte um mehr als zwei Prozentpunkte auf knapp 33 Prozent ECU-Anteil zu. So sind auch in Zukunft ECU-Transaktionen mit dem Währungsrisiko behaftet. – Es bleibt also dabei: Nicht die ECU ist der Kristallisationspunkt sondern die D-Mark. So kristallisiert sich auch um Frankfurt das Europa der Währungen.

Im Dezember werden sich die 12 EU-Notenbankgouverneure in der Mainmetropole ein Stelldichein geben, dazu natürlich auch als Nr. 13 – man könnte auch sagen als Nr. 1 – das Europäische Währungsinstitut EWI. Die hohen Herren werden gemeinsam mit dem Oberbürgermeister die möglichen Domizile für das EWI in Augenschein nehmen. Dabei steht das IG-Farben-Haus, das durch fast 50-jährige Benutzung durch die US-Armee „geadelt" wurde, nicht an letzter Stelle.

Wann Baron Lamfalussy endgültig hier am Main seine Zelte aufschlägt, weiß man noch nicht. Es ist auch egal, ob es am 2. Januar oder 1. Juli 1994 sein wird. Auf jeden Fall beginnt die 2. Phase der Währungsunion im kommenden Jahr. Aber schon jetzt kommt es zu Streitigkeiten wegen der Kompetenzen. Um es einfach auszudrücken, geht es darum: Muss sich der Baron als Nr. 13 einordnen oder eben als Nr. 1, die den zwölf Anderen, den 12 regulären Notenbankgouverneuren etwas zu sagen hat.

Das erste Geplänkel wurde nicht von Lamfalussy angezettelt, sondern von seinen Landsleuten in Brüssel. Wie man weiß, ist der Baron Belgier – mit einer Familienvergangenheit in Ungarn. Der belgische Finanzminister Philippe Maystadt ließ in Brüssel verlauten, die im Januar beginnende 2. Stufe der Währungsunion sollte nicht mit einem Institut beginnen, das – so wörtlich – „allgemein als leere Hülle" betrachtet würde. Maystadt will echte Kompetenzen fürs EWI. Er regte die Festlegung eines gewissen Geldmengenziels durch das EWI für Europa an. In diese Kerbe schlug auch der EU-Wirtschaftskommissar, Henning Christophersen. Er regte in Brüssel an, dass das EWI Ziele für Geldmengenwachstum und Inflation für die Europäische Union insgesamt und für die einzelnen Mitgliedsländer festlegt und dafür auch die Überwachung übernimmt.

Das ist nun mal ganz und gar nicht in den Maastrichter Verträgen so vorgesehen. Die Initiative aus Belgien bedeutet nichts anderes als das uralte Bemühen der europäischen Nachbarn, die Geldsouveränität der Bundesbank zu brechen, bevor ein gleichwertiges Institut für Europa errichtet ist. Das EWI unter Lamfalussy sollte nicht EG-Zentralbank spielen, sondern alle Voraussetzungen schaffen, dass irgendwann einmal aus den dann übertragenen Kompetenzen von den EU-Zentralbanken an das EWI das neue europäische Notenbanksystem mit der EU-Zentralbank an der Spitze entsteht.

Bundesbankpräsident Tietmeyer hat gestern vor dem Währungsausschuss des Europäischen Parlaments auch eindeutig auf das Ansinnen Maystadts und Christophersens reagiert. Er lehnte geldpolitische Kompetenzen für das EWI ab. Das EWI könne selbst keine geldpolitischen Entscheidungen treffen, da die Geldpolitik in der 2. Stufe der Währungsunion, weiter bei den Nationalbanken liege, sagte Tietmeyer und wörtlich weiter: „Deswegen kann das EWI selbst keine monetären Steuerungsfunktionen übernehmen. Wenn man eine Mischkompetenz schaffen würde, wie manche anregen, würde das eine Grauzone der Kompetenzen mit sich bringen. Das wäre problematisch." Um es einfacher auszudrücken: Die Bundesbank würde sich das nicht gefallen lassen. Sie würde, wie schon so manches Mal, allein gegen alle operieren müssen. Die Bundesbank wird sich nicht auf dem kleinen Dienstweg die Verantwortung für die stabile D-Mark aus der Hand nehmen lassen. Eine europäische Geldverwässerung findet noch auf längere Zeit nicht statt.

Tietmeyer widersprach auch der Brüsseler Idee – und das hängt eng mit dem Vorigen zusammen – durch Zinssenkungen das Wirtschaftswachstum anzuheizen. Für ihn sei immer noch entscheidend die Sicherung der Geldwertstabilität in Deutschland. Die Bundesbank tue keinem Lande einen Gefallen, wenn sie die D-Mark schwäche. „Europa braucht eine stabile deutsche Währung ebenso wie ein ökonomisch stabiles Deutschland." Gegenüber den europäischen Parlamentariern in Brüssel versicherte Präsident Tietmeyer, die Bundesbank werde nicht versuchen, auf das EWI besonderen Einfluss zu nehmen.

Die Suche der Währungspfadfinder nach dem richtigen Weg wurde am 19. November beim European Banking Congress in Frankfurt fortgesetzt. Die größeren politischen Signale kamen dabei von den Zentralbankchefs aus Deutschland und England sowie vom französischen Wirtschaftsminister Alphandery. Sie steckten das Terrain ab, auf dem die europäische Geldintegration in nächster Zukunft stattfinden wird, stattfinden kann. Alphandery brachte fast eine kleine Morgengabe mit, als er die 400 anwesenden Banker informierte, dass die Bank von Frankreich im Januar (1994) unabhängig wird, soweit dies im Pariser Staatsdenken überhaupt möglich ist. Der französische Senat hat jedenfalls das entsprechende Gesetz am Vortag verabschiedet. Eine etwas vom „Tresor" unabhängigere französische Zentralbank erleichtert sicherlich die Kooperation mit der Bundesbank und dem EWI in Frankfurt. Die Franzosen signalisierten damit biedere Kooperationsbereitschaft auf der Basis der Maastrichter Verträge.

Wesentlich kritischer präsentierte sich der britische Notenbankchef, Eddie George, in der Alten Oper. Er hält nichts von der Rückkehr zu engen Bandbreiten innerhalb des EWS und erteilte einem Festkurssystem, wie es in der Währungsunion vorgesehen ist, eine totale Absage. Ein System fester Wechselkurse könne selbst dann durch Unterschiede in der Wirtschaftspolitik der Mitgliedsländer auseinander gerissen werden, wenn die Fundamentaldaten der einzelnen Länder übereinstimmen und gesund seien. George: „Ich hoffe, dass die Währungspolitiker in Europa sehr sorgfältig darüber nachdenken, ob die Rückkehr zu engen Bandbreiten im EWS und der Eintritt in die 3. Stufe der Währungsunion wirklich der wünschenswerte Weg sind."

Diesen wünschenswerten Weg wollen die Deutschen im Grund nicht mehr verlassen, immer im Auge behalten. Wenn auch die Bundesbank nicht das Währungsinstitut ist und umgekehrt, werden beide gemeinsam Europa von der Währungsseite her aufbereiten. Das ist der künftige Frankfurter Riegel, der auf dem Spielplatz der europäischen Geldpolitik keine endgültige Niederlage mehr zulässt. Das offizielle deutsche Vorgehen bleibt äußerst behutsam, weil die Bundesbürger erstens so schnell keine gemeinsame Europa-Währung wollen und die Nachbarn z. B. die Niederlande und Österreich, auch nicht. Tietmeyer hat sich denn auch für eine sehr vorsichtige Gangart bei der Integration Europas ausgesprochen.

Weichwährungsländer proben den Aufstand

Spanien hatte den Anfang gemacht. Portugal und Griechenland hakten sofort ein. Südeuropa probt den Aufstand gegen die europäische Währungsunion. Noch bevor die 2. Stufe mit dem EWI eingeläutet werden kann, bringen die südeuropäischen Weichwährungsländer das Ganze in Gefahr, wollen am liebsten die Maastrichter Verträge aufschnüren und zumindest in Teilbereichen neu verhandeln. Das Problem wird umso gravierender, weil im 1. Halbjahr 1994 Griechenland den Ratsvorsitz in der EU innehat, Griechenland, das erst kürzlich Deutschland vorgeworfen hatte, die Bundesrepublik sei ein Kraft strotzendes Monster mit einem Spatzenhirn. Das fördert keineswegs gutes Einvernehmen.

Die iberische Halbinsel und Griechenland gehen in Sachen Währungsunion nicht direkt auf Deutschland los. Sie haben sich als Brechstange die gerade laufenden Gespräche zur EU-Aufnahme von Österreich, Schweden, Norwegen und Finnland ausgesucht. Diese EU-Neulinge, die 1995 zur Gemeinschaft stoßen, sollten nach ihrem Beitritt, also 1996, nicht mit über den Übergang zur Währungsunion abstimmen dürfen, nicht mitbestimmen dürfen über die Modalitäten beim Übergang zur 3. Stufe. Das fordern die Südstaatler.

Hierdurch würde jedoch eine Mitgliedschaft 2. Klasse entstehen, die in Maastricht bestimmt nicht vorgesehen war. Die Südeuropäer, mit denen sich in dieser Sache Italien sicherlich auch verbunden fühlt, verfolgen mit ihrem Vorstoß natürlich handfeste politische Interessen. Die EU-Neulinge, insbesondere Österreich und Schweden, aber auch Norwegen und Finnland, stärken den nordeuropäischen Hartwährungsblock, befürchten sie, der ganz zutreffend auch D-Mark-Block genannt wird.

Wenn 1996 bei den Endverhandlungen in Brüssel über die 3. Stufe der EU verhandelt wird, so kalkulieren die Südstaaten, hätten sie keine Chance mehr, in den engeren Kreis der Hartwährungsländer, jener Staaten, die die Währungsunion mit der EU-Zentralbank dann wirklich darstellen, einbezogen zu werden. Das Übergewicht der Nordlichter ließe Ihnen keine Möglichkeit, von Anfang an dabei zu sein.

Die Überlegungen der Diplomaten aus Südeuropa sind nicht falsch, aber so kann die Union nicht geschaffen werden. Unbestritten – und das ist das Vernünftige an Maastricht – soll eine Stabilitätsgemeinschaft entstehen und kein Weichwährungsclub. Ungeachtet dessen enthalten die Maastrichter Verträge keinerlei Passagen darüber, dass Neuan-kömmlinge, neue Mitglieder, nicht an der Weiterentwicklung der Staatengemeinschaft mitwirken dürfen. Schon lange freut sich die österreichische Nationalbankspräsidentin Schaumayer darauf, in Kooperation mit den Deutschen das große Stabilitätsrad für Europa drehen zu können.

Eine sehr ernste Krise für Europa würde entstehen, wenn sich Portugal, Spanien und Griechenland angesichts ihrer währungspolitischen Machtlosigkeit dazu veranlasst sähen, die Aufnahmeverhandlungen zu blockieren. Europa würde in einen Schlingerkurs geraten und die große Währungsunion in die Ferne rücken. An den geldpolitischen Verhältnissen änderte sich aber nichts.

Standortbestimmung für die Währungsunion

Historische Abfolge

Das Europäische Währungsinstitut (EWI) besteht seit dem 1. Januar 1994, dem Beginn der Stufe II der Wirtschafts- und Währungsunion (WWU).

Bereits 1962 wurde im Marjolin-Memorandum darauf hingewiesen, dass der Vertrag von Rom zwar eine gemeinsame Handelspolitik, nicht jedoch eine gemeinsame Geldpolitik vorgesehen habe, und es wurde die Auffassung vertreten, dass diese Lücke geschlossen werden sollte. Das Memorandum hielt u. a. fest, dass es nach einer Übergangszeit erforderlich sein würde, die Währungen der (damals sechs) Mitgliedsstaaten innerhalb enger Bandbreiten zu fixieren. Das in dem Memorandum vorgelegte Währungsprogramm wurde damals nicht gründlich geprüft; allerdings wurden in der Folge mehrere seiner Empfehlungen verwirklich. Eine dieser Empfehlungen, die sich auf die Schaffung eines Ausschusses der Zentralbankpräsidenten bezog, wurde durch einen Beschluss des Rates im Mai 1964 in Kraft gesetzt; damit sollte die Zusammenarbeit zwischen den Zentralbanken der Mitgliedstaaten gefördert werden.

1970 wurde mit dem Werner-Bericht, der auf Ersuchen des Europäischen Rates erstellt worden war, ein Plan zur – stufenweisen – Verwirklichung einer Wirtschafts- und Währungsunion in der Europäischen Gemeinschaft vorgelegt. Damit sollte es schließlich ermöglicht werden, „eine Zone zu schaffen, in der sich der Güter-, Dienstleistungs-, Personen- und Kapitalverkehr frei und ohne Wettbewerbsverzerrungen vollzieht, ohne dass dadurch strukturelle oder regionale Ungleichgewichte verursacht werden“. Im März 1971 äußerten die Mitgliedstaaten „ihren politischen Willen, ... eine Wirtschafts- und Währungsunion zu schaffen“.

Danach wurden zwar einige wichtige Maßnahmen ergriffen (1972 wurde die „Währungsschlage“ geschaffen, 1973 der Europäische Fonds für währungspolitische Zusammenarbeit errichtet und 1974 wurden die Entscheidung des Rates zur Erreichung eines hohen Grades an Konvergenz in der Gemeinschaft und die Richtlinie über Stabilität, Wachstum und Vollbeschäftigung verabschiedet), aber Mitte der Siebzigerjahre geriet der Integrationsprozess bedingt durch die unterschiedlichen wirtschaftspolitischen Reaktionen auf die damaligen wirtschaftlichen Schocks (z. B. Ölkrise) ins Stocken.

Im Januar 1979 wurde der Prozess der Währungsintegration mit der Schaffung des Europäischen Währungssystems (EWS) und der Europäischen Währungseinheit (ECU) wieder in Gang gebracht. Weitere Fortschritte markierten die Verabschiedung des Binnenmarktprogramms 1985 sowie die Unterzeichnung der Einheitlichen Europäischen Akte.

Im Juni 1988 bekräftigte der Europäische Rat das Ziel der schrittweisen Verwirklichung der Wirtschaftsunion und beauftragte ein Komitee unter dem Vorsitz von Jacques Delors, dem Präsidenten der Europäischen Kommission, konkrete Etappen zur Verwirklichung dieser Union zu prüfen und vorzuschlagen. Diesem Komitee gehörten an: die Präsidenten der EG-Zentralbanken; Alexandre Lamfalussy, damals Generaldirektor der Bank für Internationalen Zahlungsausgleich; Niels Thygesen, Professor für Volkswirtschaftslehre, Kopenhagen; Miguel Boyer, Präsident des Banco Exterior de España. In dem aus der Arbeit des Komitees resultierenden „Delors-Bericht“ wurde vorgeschlagen, die Wirtschafts- und Währungsunion in drei behutsamen, doch evolutionären Schritten zu verwirklichen.

- **Mit der Stufe I** sollte der Prozess der Schaffung einer Wirtschafts- und Währungsunion beginnen. Angestrebt werden sollte eine größere Konvergenz der Volkswirtschaftlichen Ergebnisse durch verstärkte Koordination der

Wirtschafts- und Währungspolitik in dem bestehenden institutionellen Rahmen.

- **Stufe II** sollte eine Übergangsphase zur dritten, endgültigen Stufe darstellen, in der die grundlegenden Organe und Strukturen der Wirtschafts- und Währungsunion eingerichtet werden sollten.
- **Stufe III** sollte mit dem Übergang zu unwiderruflich festen Wechselkursen und der Ablösung der nationalen Währungen durch eine einheitliche Währung beginnen. Das Europäische System der Zentralbanken (ESZB) sollte für die Formulierung und Umsetzung der Geldpolitik, für die Wechselkurssteuerung, für die Verwaltung der Währungsreserven und für ein ordnungsgemäß funktionierendes Zahlungsverkehrssystem zuständig sein.

Auf der Basis des Delors-Berichts beschloss der Europäische Rat im Juni 1989, dass die erste Stufe der Verwirklichung der Wirtschafts- und Währungsunion am 1. Juli 1990 beginnen sollte. Damit erhielt der Ausschuss der EG-Zentralbankpräsidenten, der seit seiner Errichtung im Mai 1964 eine immer wichtigere Rolle in der währungspolitischen Zusammenarbeit gespielt hatte, zusätzliche Aufgaben, die in einem Beschluss des Rates vom 12. März 1990 niedergelegt waren. Dazu gehörten die Durchführung von Konsultationen über die Währungspolitik der Mitgliedstaaten und die Förderung der Koordinierung der Geldpolitik mit dem Ziel der Preisstabilität als unerlässlicher Voraussetzung für das einwandfreie Funktionieren des Europäischen Währungssystems sowie die Verwirklichung seines Zieles der Währungsstabilität.

Für die Verwirklichung der Stufen II und III musste der Vertrag von Rom (EWG-Vertrag) geändert werden, um die erforderliche institutionelle Struktur zu errichten. Zu diesem Zweck wurde eine Regierungskonferenz über die WWU einberufen, die ihre Sitzung im Jahr 1991 parallel zur Regierungskonferenz über die politische Union abhielt. Ergebnis der Verhandlungen war der Vertrag über die Europäische Union, der im Dezember 1991 verabschiedet und am 7. Februar 1992 in Maastricht unterzeichnet wurde. Der Vertrag umfasst u. a. auch das Protokoll über die Satzung des Europäischen Systems der Zentralbanken und der Europäischen Zentralbank sowie das Protokoll über die Satzung des Europäischen Währungsinstituts. Der Wortlaut dieser Texte lehnt sich eng an die Vorschläge an, die der Ausschuss der Zentralbankpräsidenten der Regierungskonferenz im November 1990 und im Oktober 1991 vorgelegt hatte.

Wegen der Verzögerungen im Ratifizierungsprozess trat der Vertrag nicht wie ursprünglich vorgesehen am 1. Januar 1993, d.h. ein Jahr vor dem geplanten Beginn der Stufe II, sondern erst am 1. November 1993 in Kraft.

Held der ersten Stunde: Baron Alexandre Lamfalussy

In der Dienstvilla des hessischen Ministerpräsidenten trifft Hans Eichel Professor Alexandre Lamfalussy. Der EWI-Präsident macht (am 10. Januar 1994) seinen Antrittsbesuch beim Landesvater. Eichel hat zum Plausch auch Hans Tietmeyer gebeten sowie den Vorstandsvorsitzenden von Opel, David Herman, den Messe-Chef, Eike Markau, dazu weitere Repräsentanten der hessischen Wirtschaft. So gibt es in Wiesbaden auf Landesebene „Lamfalussy zum Anfassen". Wenn die unterschiedlichsten Branchen und Interessen bei solchen Treffen zusammengewürfelt werden, ist auch immer die beste Gewähr dafür gegeben, dass nicht zu sehr ins Detail diskutiert wird. Da hat man schnell die Freundschaft von EWI und Bundesbank begossen und die Landesregierung drückt ihre Freude darüber aus, so berühmte Institute in ihren Grenzen zu haben, schließlich handelt es sich um die deutsche Geldregierung, die mit der Bundesbank seit der Gründung der Republik in Frankfurt ansässig ist und jetzt auch um das Europäische Währungsinstitut als Vorläufer der EZB.

Nach dem Eichel-Auftritt findet der wirklich große Einzug der Gladiatoren erst morgen statt. Dann treffen sich nämlich die Notenbankgouverneure der zwölf EU-Mitglieder zur ersten Ratstagung des EWI in Frankfurt – die zwölf Gouverneure plus Lamfalussy, ihr Präsident. Leider sitzen bei den 13 indirekt auch diverse Regierungen mit am Tisch, denn nur der kleinere Teil der Zwölfergemeinschaft hat wirklich unabhängige Notenbanken. Bedeutendstes Negativ-Beispiel ist die britische „Old Lady", die aus eigener Machtvollkommenheit geldpolitisch nichts zu sagen hat. Die Verantwortung nimmt ihr der Schatzminister ab. Frankreich hat sich dagegen ein neues Zentralbankgesetz geleistet, sodass ab sofort die Banque de France als unabhängige Notenbank gelten kann. Ebenso unabhängig wie die Bundesbank ist seit Langem De Nederlandsche Bank. Sie ist treueste Bundesgenossin der Deutschen in Sachen europäischer Geldpolitik. Den ganz großen Lohn dafür wird es irgendwann geben.

Die EWI-Gouverneure werden bei ihrem ersten Treffen nicht nur das Frankfurter Domizil festlegen, sondern auch den Vizepräsidenten wählen. Während der Präsident von den Regierungen bestellt wird, können die Notenbank-Gouverneure den Vizepräsidenten aus ihrer Mitte wählen. Dafür heißt die Empfehlung: Wim Duisenberg, Chef der niederländischen Zentralbank. Querschüsse sind aber bei solchen Gelegenheiten nie ausgeschlossen.

Lamfalussy, Duisenberg und Tietmeyer verstehen sich in der geldpolitischen Theorie und der stabilitätspolitischen Ideologie ausgezeichnet. Das dürfte die beste Basis für eine gute Zusammenarbeit hergeben, wenn auch das EWI weder eine Außenstelle der potenten Bundesbank sein wird, noch die Bundesbank als Erfüllungsgehilfin des EWI abgewertet werden darf. Aus Basel kommt aber nicht nur Lamfalussy in das neue Frankfurter Notenbanknetzwerk, sondern auch Gunter D. Baer, der bei der Arbeitsgemeinschaft der Notenbankgouverneure als Generalsekretär fungiert. Baer, ein Deutscher mit internationalem Zuschnitt, hat das Zeug und den Vertrag oberster Beamter, so eine Art Generaldirektor des EWI zu werden, eines Instituts, das mit weniger als 100 Beschäftigten zwar nicht zu den größten aber derzeit bestimmt zu den aufsehenerregendsten Geldhäusern der Welt gehört. Auch wenn das EWI ganz offiziell nichts zu sagen hat, ist der Bär los, wenn Lamfalussy auf den Tisch haut. Auch Gunter D. Baer wäre, wenn er zum Zuge kommt, ebenfalls nicht der Erfüllungsgehilfe deutscher Interessen im EWI, aber er wäre am richtigen Platz.

Unter den Fittichen des Frankfurter Adlers

Der EWI-Präsident schafft sich Platz und Respekt. Großer Auftritt Lamfalussys im Römer. Völlig unprätentiös betritt der kleine Mann den Plenarsaal des Rathauses Römer und verkündet unter dem Frankfurter Adler und vor der Weltpresse seine nüchternen Erkenntnisse und hochfahrenden Idee. Tatsächlich haben wir nun einen gefunden, der jetzt schon daran glaubt, dass es eines Tages eine gemeinsame europäische Währung geben wird. Das kann kaum 1997 sein, aber sicherlich irgendwann später, vielleicht auch noch nicht 1999, wie es die Maastrichter Verträge vorsehen.

Die Wirtschaft Europas braucht offenbar dieses monetäre Medium zur Mehrung des Wohlstandes und zur reibungslosen Abwicklung des wirtschaftlichen Laufs in einer Welt, die immer stärker zusammenrückt, in einer Welt, wo die Machtinteressen immer härter aufeinander prallen. Der Baron will das einheitliche Europa-Geld nicht aus dem Karrieredenken eines eurotechnokratischen Hierarchen heraus entwickeln. Er, der nüchterne Wissenschaftler, will Europa weiterbringen, herausführen aus kurzfristigem Denken hin zu langfristigen Strategien, die letztlich Nutzen für alle bringen.

Kaum hatte Lamfalussy dieses Feuerwerk abgebrannt, sitzt der zierliche Mann nicht etwa ausgebrannt unter den Fittichen des Frankfurter Adlers. Dann referiert er kraftvoll über das Arbeitspensum, das in Angriff zu nehmen ist, was alles bewältigt werden muss, damit das Währungsinstitut Sinn macht und Leistung erbringt – politisch und verwaltungsmäßig. Der Pfiffikus von Basel verkündet eine sparsame Haushaltsführung für ein Institut, das sich anschickt, eines Tages das Geld selbst zu machen. Sparsam geht es künftig zu bei Lamfalussys und hart muss gearbeitet werden, um den europäischen Währungszug auf die Schiene zu setzen. Dabei weiß der Baron, dass er zunächst nur in den hinteren Waggons Fahrpläne schreibt, während vorne Kondukteur und Heizer andere sind. Das Bild stimmt gerade auch im Zeitalter der Superschnellen Züge wie des französischen TGV und des deutschen ICE, denn das EWI soll zunächst keine große Währungspolitik machen, eher auf Nebengleisen rangieren und die großen Notenbanken in ihrem Handel nicht behindern. Es könnte weggefegt werden und wenn nicht das, dann zumindest in die totale Blockade geraten.

Nein, so etwas nicht mit Lamfalussy. Er wuselt sich durch und hat einen ausgeprägten Willen zur Macht. Anders kann man es nicht nennen. Der Baron aus Belgien, der noch bis September in Basel domizilieren wird, hat den Intellekt und das Durchsetzungsvermögen, die Maastrichter Verträge in seinem Sinne auszuschlachten, im Sinne des EWI zu interpretieren und weiter zu entwickeln. Wenn es nicht klappt, tritt er vors Europäische Parlament und erzeugt dort den Druck, den er braucht um weiterzukommen. Schon heute sagt er, wo er ansetzt, wo er die Gasse sieht, sich in Szene zu setzen, politisch zu wirken. In das Währungssystem will er eingreifen, falls sich wieder Krisen abzeichnen wie 1992 und 1993.

Lamfalussy hat durchaus seine Chance im EWI und das EWI hat seine Chance in den Verträgen und Maastricht hat nicht mehr als eine Chance als Fundament für die Europäische Union zu dienen. Die Nationalstaaten und ihre Währungsbehörden lassen sich aber auch nicht von den mutigsten EWI-Präsidenten überwältigen. Hier werden noch lange die Interessen aufeinander prallen. Die Stärksten diktieren die Richtung und machen letztlich die Politik, auf die es ankommt. Tatsächlich kann Lamfalussy nur Arm in Arm mit der Bundesbank gewinnen und daher ist es gut, dass beide Institute in Frankfurt sitzen. Hier am Main und nur hier wird harte europäische Münze für die Zukunft geschlagen.

Das ist auch der Grund, warum an diesem 11. Januar 1994 die Notenbank-Gouverneure der Zwölfer-Gemeinschaft zu ihrem ersten Ratstreffen in die Main-Metropole kommen. Von hier und heute geht eine neue Epoche der europäischen Geschichte aus und die Frankfurter können sagen, sie sind dabei gewesen. Frankfurt rückt in die Reihe der wichtigsten europäischen Zentren auf. Diese Stadt gehört künftig zu den wirklich wichtigen Metropolen des Alten Kontinents. Brüssel hat es längst geschafft. Dort regiert die Kommission. Luxemburg freut sich auch über seinen nicht geringen Anteil und Straßburg baut seine Zukunft als Sitz des europäischen Parlaments aus.

Zwar ist es gegenwärtig modern, Euro-Defaitismus zu verbreiten. Jeder Europa-Kritiker wird heutzutage lieber angehört und höher geachtet als biedere Europäer, die trotz vieler Hürden und Hindernisse den Weg in Richtung „großer Europa-Gemeinschaft“ eingeschlagen haben. Die Europa-Wahl wird in diesem Jahr auch wieder die ganze Lustlosigkeit an der Union ans Licht der Öffentlichkeit bringen. Viel vom Frust bei den Bürgern hat auch ernst zu nehmende Gründe. Ich bin ich nicht der größte Freund eines zu schnell eingeführten Europa-Geldes, wenn dieses auch noch ECU heißen soll.

Was aber jetzt und hier in Frankfurt seinen Anfang nimmt, hat eine viel größere Perspektive, als sich Skeptiker, nationale Chauvinisten oder alle Europa-Kleinkrämer ausmalen können. Die Zukunft Frankfurts wird kaum weniger bedeutend sein als seine Vergangenheit. Diese war schon ganz schön bombastisch, auch im besten Sinne europäisch. Der Kaiserdom, damals Schauplatz von Wahl und Krönung der Potentaten, hat noch Bedeutung als Kunst- und Betstätte. Seine politische Bedeutung büßte er ein. Die Geldleute haben sich ohnehin vorzugsweise in seinem Schatten herum getrieben, sei es auf den Römerberg-Messen oder den Wechselstuben nebenan.

Die mit Lamfalussy 13 Kurfürsten der europäischen Währungsunion sind angereist mit dem Segen ihrer Regierungen und treffen sich im Römer. Sie haben dort um 13 Uhr die erste Sitzung mit einem Festessen begonnen und auf diese die Gemüter besänftigende und somit Frieden stiftende Art, die Herkulesarbeit zur Entwicklung des Europa-Geldes aufgenommen. Auf der Tagesordnung steht die Wahl des Vizepräsidenten, eine Personalie, die es in sich hat. Als aussichtsreicher Kandidat wurde Wim Duisenberg gehandelt. Es dauert Stunden. Die Würfel sind gefallen.

Ohne jeden Krampf tritt Lamfalussy vor die Presse: „Als Vizepräsidenten haben die EWI-Räte den Präsidenten der Bank of Ireland gewählt, Herrn Maurice Doyle." Der Vorsitzende lobt die Anstrengungen des irischen Staates bei der Inflationsbekämpfung. Fazit: Duisenberg musste eine Schlappe einstecken.

Es kommt die Frage hoch: „Hat Frankreich auf den Posten des Generaldirektors beim EWI bestanden und diesen erhalten?" Der Baron verneint und fügt gleich hinzu: Er und er ganz allein, werde in den nächsten Monaten eine geeignete Persönlichkeit für die Generaldirektion präsentieren. Er sagt nicht, dass der deutsche Aspirant, Gunter D. Baer, bereits aus dem Rennen geworfen wurde.

Lamfalussy skizziert die Organisationsstruktur des EWI: Oben der Präsident, auf gleichem Niveau der Rat der Notenbankgouverneure. Darunter der Generaldirektor, der ausschließlich dem Präsidenten berichtet. Wiederum eine Stufe tiefer: Fünf Hauptabteilungen und zwar Volkswirtschaft/Statistik – Generalsekretariat – Verwaltung – Informationssysteme und Kommunikation – Reservemanagement. Ende des Jahres dürften 150 Mitarbeiter beim EWI beschäftigt sein. Es musste gesagt werden: „Zur Bundesbank habe ich ein sehr gutes Verhältnis. Es gibt gleiche und gleichere Zentralbanken."

Hermann Josef Abs und die Gartenzwerge

Es gibt auch gleiche und gleichere Bankiers. Im Deutschland der Nachkriegszeit kann nur Hermann Josef Abs als die ausgereifteste Persönlichkeit dieser Spezies bezeichnet werden. Spitzenmanager und noch viel mehr: Finanzdiplomat von Weltmaßstab. Er an der richtigen Stelle (und wesentlich jünger) hätte Deutschland manche Panne im Kontext der Europäischen Währungsunion erspart.

Aber, der große Deutsche ist tot (Febr. 94). A wie Abs, B wie Abs, S wie Abs, wie er seinen Namen gerne mal schmunzelnd buchstabierte, zählt zu den glänzendsten Persönlichkeiten Deutschlands im 20. Jahrhundert. Sein Leben, Schaffen und Regieren spiegelt in fast einmaliger Weise die deutsche Geschichte der vergangenen 90 Jahre. Dabei hat er es mit dem Bismarck-Spruch gehalten: Wo ich sitze, ist immer oben. Abs hat Unglaubliches für die Deutsche Bank getan, an deren Spitze er Jahrzehnte als Vorstand, Vorstandssprecher, Aufsichtsratsvorsitzender und zuletzt Ehrenvorsitzender gewirkt hat. Ganz besonders hat er sich aber um Deutschland verdient gemacht.

Das von ihm ausgehandelte Londoner Schuldenabkommen, das vor genau 41 Jahren unterzeichnet wurde, hat Deutschland international erste Anerkennung nach dem Desaster des 2. Weltkriegs gebracht, die Bundesrepublik als Rechtsnachfolgerin des Deutschen Reiches ein bedeutendes Stück in die Völkerfamilie zurückgeführt. Als Abs im Auftrag des damaligen Kanzlers Konrad Adenauer das Auslandsschulden-Problem des total zerstörten Restdeutschlands einzugrenzen begann, Vorstellungen entwickelte, wie so etwas überhaupt in die Wege zu leiten sei, prophezeite ihm Finanzminister Fritz Schäffer: „Wenn Sie es schlecht machen, werden Sie an einem Birnbaum aufgehängt. Wenn Sie es gut machen an einem Apfelbaum."

Abs wurde nicht aufgeknüpft, weder von den Nazis, noch von den Juden, noch von den Siegermächten oder gar von der unruhigen 68er-Generation mit ihrem Derivat RAF umgebracht (wie Alfred Herrhausen), obwohl in allen diesen Machtzentren und Gruppierungen zumindest kurzfristig darüber nachgedacht worden war. Der Katholik Abs, der ein Freund des Jesuiten-Professors Nell-Breuning gewesen war und der Verbindungen zu den jeweiligen Päpsten unterhielt, hat das biblische Alter von 92 Jahren erreicht.

Die Vor- und Nachkriegsschulden, die im Londoner Abkommen geregelt werden sollten – nicht etwa die Reparationen des Krieges – hat Abs durch seine Verhandlungstaktik erst einmal von 13,5 Milliarden D-Mark auf 7,3 Milliarden D-Mark herunter geschleust. Oben drauf kamen noch einmal rund 7 Milliarden D-Mark Nachkriegsschulden. Trotz des zunächst geglückten Zahlenexempels stockten die Verhandlungen vorübergehend wegen der Rückzahlungsmodalitäten, wegen Wiedergutmachungsforderungen Israels und wegen der Frage der Einbeziehung der Sowjetischen Besatzungszone und Ostdeutschlands. Abs blieb beharrlich.

Zur Auflockerung der Atmosphäre fiel dem deutschen Verhandlungsführer eine witzige, wenn auch etwas makabre Familiengeschichte ein. Seine Großmutter hatte sich 1912 ein Bein amputieren lassen müssen. 1916 lag sie – 84-jährig – im Sterben. Der Arzt kam zu ihr, sah nach dem Rechten, spendete Trost und brach nach einer Stunde wieder auf. Da rief ihn Oma-Abs ans Bett zurück und sagte: „Wenn ich sterbe und Sie schicken meinem Sohn die Rechnung, dann müssen sie aber das Bein abziehen." Besser konnte eine Parabel für das amputierte Deutschland nicht formuliert werden.

Abs hatte durchschlagenden Erfolg damit und Deutschland den Nutzen. Wenn der damalige Präsident der Bank deutscher Länder, Wilhelm Vocke, Abs auch vorwarf, er habe Deutschland mit den Rückzahlungsverpflichtungen ruiniert und die Konvertierbarkeit der Mark in unabsehbare Zukunft verschoben. Nur gut, dass Vocke diese Verhandlungen nicht führen musste. Er hatte keinen Weitblick. Die Auslandsschuld wurde in kürzester Zeit bezahlt. Deutschland war wieder akzeptierter Partner im internationalen Finanzgeschäft.

So zielstrebig wie Abs die junge Republik den Alliierten gegenüber wieder als ehrlichen Schuldner aufbaute, so gradlinig konterkarierte er die Beschlüsse der Siegermächte nach Zerschlagung der deutschen Bankkonzerne. Aus dem Bröselhaufen Dutzender Nachkriegsbanken schmolz er wieder die mächtige Deutsche Bank zusammen, parallel dazu wurde dies auch bei der Dresdner und der Commerzbank möglich. Abs wuchs schließlich zum Inbegriff der Bankenmacht in der jungen Bundesrepublik heran. Er half den IG-Farben-Nachfolgegesellschaften Bayer, Hoechst und BASF ebenso bei der Konsolidierung wie Mannesmann und der deutschen Grundstoffindustrie ganz allgemein.

Den Zeiss-Schott-Wissenschaftlern – zugewandert aus Jena – gab er einen hohen Blanko-Kredit zur Aufnahme ihrer wissenschaftlich-industriellen Arbeiten in Oberkochen und Mainz. Die Krupp-Sanierung war für ihn Ehrensache. Nach dem Krieg wieder angefangen als Initiator und Chef der Kreditanstalt für Wiederaufbau hatte er den richtigen Einstieg für seinen unverwechselbaren Beitrag zum deutschen Wirtschaftswunder.

Mit der Zeit breitete sich seine Banker-Macht über unzählige Aufsichtsratsmandate aus und wurde so groß, dass der Bundestag die Höchstzahl dieser Positionen auf 15 begrenzte. Diese „Lex Abs“ war für ihn, wie er später ironisch anmerkte, das beste Gesundheitsprogramm. Der nicht-studierte Großbanker liebte Kunst und Musik, engagierte sich als Mäzen, spielte verschiedene Instrumente und sammelte Auszeichnungen, die ihm in großer Zahl auch vom Ausland verliehen wurden. Seinen letzten bedeutenden internationalen Auftritt hatte Abs bei der Ersteigerung des Evangeliars Heinrichs des Löwen und anderer Utensilien des Welfenschatzes. Ohne Zweifel hat er dafür zu viele Millionen bezahlt. Die Kritik am Kaufpreis hat Abs als Aktivität von Gartenzwergen brüsk zurückgewiesen. Mit Abs war nicht immer gut Kirschenessen. Große Männer sind eben so. – Mit ihm ging eine Generation von weltoffenen Wirtschaftsführern unter, die den Krieg durchgestanden, die Niederlage verkraftet haben. Dann aber noch Visionen, Mut und Durchsetzungsvermögen für den Wiederaufbau mobilisieren konnten.

EWI in Frankfurt – Chance und Verpflichtung

Die Landeszentralbank in Hessen – die starke Frankfurter Säule der Bundesbank – legte jetzt eine Ausarbeitung über die zu erwartenden Einflüsse durch den Einzug des EWI vor, wägte Chancen und Verpflichtungen ab. Es werden Erfolge gefeiert, die keineswegs greifbar sind. Im allerletzten Absatz wird Aufatmen sichtbar, aber sehr bescheiden: „Mit dem Sitz des EWI ist der Finanzplatz Frankfurt in eine prominente Position gelangt, die auch andere Plätze gerne eingenommen hätten. Es steht deshalb dem Finanzplatz gut an, diese Rolle mit gebührender Zurückhaltung auszufüllen.“

Da kann man nur empfehlen, es mit der Zurückhaltung nicht zu weit zu treiben. Jetzt geht es nämlich darum, in den Schuh hineinzuwachsen, der unübersehbar vor der Haustür steht. Bisher hat Deutschland erst die leere Hülle einer europäischen Zentralbank an den Main geholt. Damit das EWI aber nicht zu einem Danaergeschenk ausartet und möglicherweise zu einem Trojanischen Pferd mutiert, muss die Bundesregierung dafür sorgen, dass in allen Etagen des Währungsinstituts und der künftigen EU-Zentralbank Deutschland seine Positionen angemessen besetzen kann.

Allzu vornehme Zurückhaltung bringt nur Frust für die Zukunft. Es darf nicht soweit kommen, dass stets und ständig die Bundesbank von außen das zu korrigieren versucht und korrigieren muss, was innerhalb der EWI-Organisation deutschen und wohl verstandenen europäischen Interessen verquert gedacht, gemanagt und in die Wege geleitet wird. Es darf also in Frankfurt nicht Usus werden, was in allen internationalen Organisationen gang und gäbe ist, dass nämlich der deutsche Einfluss auf die Personalentscheidungen nahe Null tendiert, wie zum Beispiel beim Internationalen Währungsfonds. Beim IWF in Washington zeichnet Deutschland zwar als zweitgrößter Geldgeber, aber es findet sich kein einziger Deutscher dort in bedeutender Stellung. Frankreich kann sich mit Camdessus und Delarosière und anderen Spitzenbeamten immer wieder beispielhaft präsentieren.

Bei der Bank für Internationalen Zahlungsausgleich (BIZ) in Basel wird ein ähnlicher Trend deutlich. Mit Mühen hat die Bundesbank vor Jahren dort Horst Bockelmann positioniert. Bockelmann, Chef der Währungs- und Wirtschaftsabteilung, geht demnächst in Pension. Warum sollte nicht Gunter D. Baer in diese Stellung gehievt werden, der gerade jetzt als möglicher Generaldirektor beim EWI herausgekegelt wurde. Baer hat lange Jahre als Generalsekretär der EG-Notenbank-Gouverneure das EWI von der Substanz her vorbereitet.

Jetzt aber kommt er nicht zum Zuge, weil die Franzosen Robert Raymond als EWI-General durchgedrückt haben. Damit kommt nicht nur ein Mann aus der Kreditabteilung der Banque de France in diese Top-Position, sondern es marschiert praktisch die gesamte „culture française“ in das Europäische Währungsinstitut ein. Im EWI-Rat sieht es nicht wesentlich besser aus. Tietmeyer steht mit seiner Stimme im Kreise der 13 Räte etwas verloren da. Nur wenige sind so vernünftig und gutwillig wie Duisenberg. Bei der Bundesbank handelt Tietmeyer für Europa und Europa – zumindest die Zwölf – können beim EWI mit Zweidrittelmehrheit Empfehlungen und Stellungnahmen zur Geld-, Währungs- und Wechselkurspolitik der einzelnen Mitgliedsstaaten abgeben. Er wird auch überstimmt, wenn die Geldpolitik der Bundesbank den Europäern nicht passt. Darüber Protokoll führen darf der deutsche Sekretär, Hans Peter Scheller, der doch immerhin als Chef des Generalsekretariats

– unter Raymond – beim EWI einsteigen konnte. – Das lässt Ungutes ahnen, wenn man an die geldpolitisch souveräne Europäische Zentralbank denkt.

Was bleibt jetzt zu tun, wenn die EWI-Europäer gegen die Bundesbank votieren? Tietmeyer zieht sich in seine Burg zurück und regiert geldpolitisch weiter mit dem Zentralbankrat für Deutschland und Europa, aber gegen die Europäer. Die Unabhängigkeit der Bundesbank ist vorläufig nicht gefährdet. Ein solches Szenario ist angetan, auf die Dauer eine erfreuliche Zusammenarbeit in Europa zu zermürben. Die Bundesbank darf nicht zum missliebigen Kontrapunkt des EWI abgestempelt werden. Es gilt, das EWI von innen heraus richtig einzustimmen und zu errichten mit gewissen deutschen Ingredienzen. Sonst geht vieles schief und in Europa wird mehr zertöppert als aufgebaut.

Ein Eklat der befürchteten Art stellt sich bei der EWI-Ratssitzung Anfang März (94) in Basel ein. Lamfalussy gab dort eine Stellungnahme zur Zinspolitik ab, die etwa so lautete: Die Geldpolitiker in Europa müssten sich wegen der Zinstrends in Amerika und deren Rückwirkung auf die europäischen Langfristzinsen keine Sorgen machen etc. etc. Solche Verlautbarungen passen nach Meinung der Bundesbank nicht ins Konzept des EWI. Tietmeyer: „Wir müssen mit Lamfalussy noch darüber reden." Der Bundesbanker denkt weniger an eine Korrektur der Aussage, als an eine Ausschaltung solcher monatlicher Presseerklärungen. Lamfalussy soll nicht für alle sprechen und damit versuchen, sich politisches Gewicht zu verschaffen, was dem EWI in der 2. Stufe der Währungsunion nicht zukomme.

Kulturrevolution für Europa und die Welt

Erster öffentlicher Vortrag von Alexandre Lamfalussy, Präsident des Europäischen Währungsinstituts, auf der Mitglieder-Versammlung des Bankenverbands Hessen am 9. März 1994 in Frankfurt. – Der hochgebildete, zierliche Baron übertrieb zu Beginn seiner Rede das Understatement reichlich. Er sagte: „Als Bauer von der Donau (er stammt aus Ungarn) kann man unverblümt sagen, was man denkt!" Er tat's:

Das EWI und die vor ihm liegenden Aufgaben

Von Beginn an war der Prozess der wirtschaftlichen Integration in Europa wechselnden und sehr gegensätzlichen Beurteilungen ausgesetzt, die mehr oder weniger dem Auf und Ab in der Entwicklung des Integrationsprozesses selbst entsprachen. Obwohl die europäische Integration zweifellos vorangeschritten ist, wechselten Phasen der Euphorie mit Phasen des „Euro-Pessimismus" ab.

Auf keinem Gebiet ist diese allgemeine Beobachtung so zutreffend wie auf dem der Währungsintegration. Ohne gleich in eine ferne Vergangenheit zurückzugehen, sei nur an die Geschehnisse der letzten drei Jahre erinnert. Irgendwann in den frühen Neunzigerjahren gelangten die Teilnehmer an den Finanzmärkten offenbar zu der Überzeugung, dass die damals gültigen Wechselkursverhältnisse bis zur Stufe III bestehen bleiben würden. Dieser merkwürdig optimistische Glaube erfuhr einen radikalen Umschwung, als es von September 1992 bis August 1993 dreimal nacheinander zu Krisen im EWS-Wechselkursmechanismus kam. Dann setzte sich die Ansicht durch, dass man mit dem Zusammenbruch des Wechselkursverbunds (dies war übrigens von vorneherein eine Übertreibung) den Prozess der Währungsintegration ebensogut endgültig abschreiben konnte. Nun bin ich neugierig, was als Nächstes kommt. Wie wird man die Rückkehr mehrerer Währungen in die im vergangenen August aufgegebene Bandbreite interpretieren?

In diesem unruhigen Umfeld nahm vor etwas über zwei Monaten das Europäische Währungsinstitut seine Arbeit auf. Kein Wunder, dass die Ansichten über seine Bedeutung und seine Perspektiven beträchtlich auseinandergehen. Einige sehen seine Errichtung als Schlag ins Wasser an, für andere kommt es (beinahe) schon der Schaffung einer echten europäischen Währungsbehörde gleich. Was ich heute Abend vor allem darlegen möchte, ist, dass diese extremen Meinungen falsch sind – ebenso wie die vor 1992 herrschende Euphorie nicht gerechtfertigt war und heute der Gedanke, die WWU werde auf dem Abfallhaufen der Weltgeschichte landen, nicht gerechtfertigt ist.

Fairerweise muss ich jedoch zugeben, dass die Unsicherheit, die bezüglich des EWI herrscht, nicht einfach der Wechselhaftigkeit der öffentlichen Meinung zugeschrieben werden kann. Sie hat ihre Ursache auch darin, dass es sehr schwierig ist, die Stufe II auf dem Weg zur Währungsunion und damit auch die Rolle des Instituts selbst – das die institutionelle Verkörperung der Stufe II ist – zu definieren. Überdies ist eine Reihe von Artikeln der Satzung des EWI die Frucht politischer Kompromisse, und solche Kompromisse laden natürlich zu unterschiedlichen Interpretationen ein.

Einige dieser Probleme sind schon bei der Erstellung des Delors-Berichts aufgetaucht und sind selbst bei flüchtigem Lesen des Vertrags von Maastricht nicht zu übersehen. Der springende Punkt ist, dass in dieser Übergangsphase auf dem Weg zur Währungsunion die Verantwortung für die Erarbeitung und Durchführung der Geldpolitik ganz klar bei den nationalen Währungsbehörden verbleibt – während es gleichzeitig eine der Hauptaufgaben des EWI ist, „die Koordinierung der Geldpolitiken der Mitgliedsstaaten zu verstärken" (Art. 109 f. des Vertrags sowie Art. 2 und 4 der EWI-Satzung). Ist es möglich, autonome Geldpolitiken zu koordinieren, ohne in die alleinige Verantwortlichkeit der nationalen Währungsbehörden einzugreifen? Ich werde Ihnen meine Antworten auf diese Frage in einigen Minuten geben. Zunächst aber möchte ich von einer anderen wichtigen Aufgabe des EWI sprechen, nämlich der Vorbereitung der Stufe III und insbesondere der Errichtung des Europäischen Systems der Zentralbanken (ESZB).

Dieser Aufgabe ist seitens der Öffentlichkeit keine große Beachtung geschenkt worden. Dies ist zwar bedauerlich, aber begreiflich, denn das Aufbauen einer Institution ist ein trockenes Thema. Aber es ist von wesentlicher Bedeutung, dass es richtig getan wird. Gewiss ist es eine gewaltige Aufgabe, für die inflationsfreie Konvergenz unserer Volkswirtschaften zu sorgen und damit die Voraussetzungen für die politische Entscheidung zu schaffen, zu einer Währungsunion überzugehen. Diese Aufgabe muss als Erstes erfüllt werden, und es ist daher verständlich, dass sich die Aufmerksamkeit darauf konzentriert. Aber wenn dann der Beschluss, die Wechselkurse einzufrieren, gefasst wird, müssen wir völlig sicher sein, dass ein entsprechender institutioneller Rahmen geschaffen werden kann, damit die einheitliche Geldpolitik zufriedenstellend funktionieren und das ESZB auch in allen anderen Bereichen, für die es zuständig ist, seiner Arbeit nachgehen kann.

Der Vertrag legt selbstverständlich die Satzung des künftigen ESZB fest – und ich möchte an dieser Stelle meiner Wertschätzung für die Arbeit Ausdruck geben, die unsere Vorläuferinstitution, der Ausschuss der Präsidenten der EG-Zentralbanken, geleistet hat. Dank dieser Arbeit stehen die Konturen des künftigen ESZB schon fest. Was jedoch den modus operandi der einheitlichen Geldpolitik betrifft, hält die Satzung zu Recht nur allgemeine Grundsätze fest, z. B. den Grundsatz einer offenen Marktwirtschaft mit freiem Wettbewerb, das Verbot der Finanzierung staatlicher Defizite durch die Zentralbank und die mögliche Dezentralisierung bei der Durchführung der Geschäfte des ESZB, so dass die nationalen Zentralbanken in Anspruch genommen werden können, „soweit dies möglich und sachgercht erscheint“. Die Festlegung der genauen Funktionsweise der einheitlichen Geldpolitik ist eine der wichtigsten Aufgabe des EWI.

Diese Erarbeitung wird viel Arbeit und zahlreiche Sitzungen erfordern. Sie wird nicht nur Bestandsaufnahmen umfassen, d. h. die Feststellung institutioneller Unterschiede zwischen den Ländern, sondern auch Entscheidungen über Fragen, die – trotz ihres scheinbar reich technischen Charakters – auch nationale Traditionen berühren, vielleicht sehr spezielle Interessen begünstigen oder verletzen und strategische Weichenstellungen beinhalten. Die Palette der Bereiche ist breit, wenn wir den rechtlichen, organisatorischen und logistischen Rahmen schaffen wollen, der nötig ist, damit das ESZB in der Stufe III seine Aufgaben erfüllen kann. Ich möchte diese Bereiche nicht alle aufzählen. Aber auf **einen** Schlüsselbereich, zu dem die Arbeit schon in Gang ist, möchte ich doch zu sprechen kommen: Die Strategie und die Arbeitsverfahren der einheitlichen Geldpolitik.

Wenn ich von Entscheidungen über die Strategie rede, dann meine ich **nicht** ein Infragestellen des Endziels der Geldpolitik. Diese Frage ist vom Vertrag geregelt worden, der dem ESZB als oberstes Ziel die Wahrung der Preisstabilität zuweist. Aber wie soll das Ziel erreicht werden? Indem man ein Zwischenziel festlegt? Wenn ja, welches? Wenn das Zwischenziel eine Geldmenge sein soll, welche Geldmenge? Oder kann man auf ein explizites Zwischenziel verzichten und die Preisstabilität direkt anvisieren? Worauf wir uns bezüglich des Zwischenziels auch einigen, die Europäische Zentralbank wird auf jeden Fall ein klar umrissenes operatives Ziel benötigen wie z. B. die Höhe der kurzfristigen Zinssätze, und man wird sich auch darüber einigen müssen, mit welchen Instrumenten und Verfahren dieses Ziel erreicht werden soll. Bezüglich der Instrumente werden beispielsweise die Vor- und Nachteile von Mindestreserven, ihre Verzinsung, die Palette von Instituten, die zu ihrer Haltung verpflichtet sind, und so weiter, geprüft werden müssen. Dieses Thema liegt Ihnen, liebe Zuhörer, sicher am Herzen (und Ihrer Brieftasche auch).

Die endgültigen Antworten auf einige dieser Fragen werden erst kurz vor Beginn von Stufe III gegeben werden können. Nehmen wir zum Beispiel ein Zwischenziel für die Geldmengen. Die Verwendung eines solchen Ziels hat eine Reihe attraktiver Vorzüge. Es ist auch einem breiten Publikum leicht zu erklären, denn für dieses ist die Quantitätstheorie des Geldes eine der wenigen makroökonomischen Thesen, die offenbar dem gesunden Menschenverstand entsprechen, und dies überrascht auch nicht, vor allem wenn man einmal – wie Deutschland – eine Hyperinflation miterlebt hat. Es schützt die Währungsbehörden vor den üblichen Versuchungen, die Zügel zu sehr schleifen zu lassen – Versuchungen, die entstehen, wenn die Beurteilungen der wirtschaftlichen Lage stets nur ad hoc erfolgen. Es schirmt sie bis zu einem gewissen Grad vor politischem Druck auf ihre Entscheidungsfindung ab. Wenn sie das Ziel einhalten, selbst nur auf mittlere Sicht, verstärkt sich ihre Glaubwürdigkeit. Dies sind wichtige Argumente. Aber die Verwendbarkeit eines Geldmengenziels hängt ganz wesentlich von zwei Faktoren ab. Ersten muss – wenigstens mittelfristig – eine genügend stabile Beziehung zwischen dem Preisniveau (das das Endziel ist) und der als Zielgröße benutzten Geldmenge bestehen. Zweitens müssen die Zentralbanken in der Lage sein, die mittelfristige Entwicklung des als Zielgröße benutzten Aggregats zu steuern.

Bisher sind diese Voraussetzungen in der Bundesrepublik und einigen anderen europäischen Ländern erfüllt – zwar nicht vollkommen (vor allem nicht in jüngster Zeit), aber doch in einem Maße, das die Währungsbehörden als ausreichend erachten, um bei einem expliziten Geldmengenziel zu bleiben. In anderen Ländern – Großbritannien ist das wichtigste Beispiel in Europa, aber hier wäre auch Kanada und die USA zu nennen – ist zumindest eine Voraussetzung weggefallen, manchmal auch beide.

Ob diese Voraussetzungen in Europa zum Zeitpunkt der Einführung einer einheitlichen Geldpolitik vorhanden sein werden, ist noch offen. Wir können und sollten versuchen, die Gründe zu verstehen, weshalb sie sich bisher in einigen Ländern halten konnten, in anderen aber nicht – welche Rolle spielen z. B. Deregulierung und finanzielle Innovation? –, aber letztlich wird die Antwort von der Praxis und nicht von irgendwelchen Theorien gegeben werden. Sie wird von der Entwicklung der Instrumente, der Arbeitstechniken und der Strukturen der Märkte selbst abhängen. Das heißt aber nicht, dass wir einfach abwarten sollen. Zu welcher Entscheidung über die Zwischenziele man schließlich auch gelangen wird, in den kommenden Monaten und Jahren sind erhebliche Vorarbeiten zu leisten. Man hat gerade erst begonnen, sich einen Überblick über die Funktionsweise der verschiedenen nationalen Geldmärkte zu verschaffen und der Frage nachzugehen, ob die Unterschiede für die Zukunft überhaupt von Belang sind. Statistiken müssen harmonisiert werden. Eine Menge Arbeit kann zu den operativen Zielvorgaben, der Verwendung von Mindestreserven und der – unabhängig von der Entscheidung über etwaige Zwischenziele nötigen – Harmonisierung der Geldmarktinstrumente getan werden.

Last but not least werden wir uns über Fragen einigen müssen, die mehr explizit normativer Art sind: Welche Änderungen der Strukturen und der Funktionsweise der einzelnen Geld- und Kapitalmärkte sind im Hinblick auf die Währungsunion wünschenswert? Und dies wird nicht einfach eine akademische Übung sein. Wie ich gerade erst sagte, wird die Entwicklung der Märkte letztlich bestimmen, ob Zwischenziele brauchbar sind. Aber diese Entwicklung ist nicht einfach als Ergebnis spontaner Entscheidungen von Marktteilnehmern wie Ihnen in Bereichen wie Finanzinnovation, Despezialisierung, Tätigkeitsspektrum, Fusionen zu verstehen. Viele solcher Initiativen werden eine Reaktion auf gesetzgeberische, regelnde oder deregulierende Beschlüsse der verschiedenen nationalen Behörden sein, sowohl bei der Einführung des einheitlichen Finanzmarktes als auch bei der Vorbereitung von Stufe III. Bis zu einem gewissen Grad – der aber nicht leicht zu bestimmen sein wird – werden solche behördlichen Beschlüsse nicht ohne Einfluss darauf bleiben, ob die Europäische Zentralbank Geldmengenziele verwenden kann oder nicht. Aber wir dürfen uns keine Illusionen machen: In einer Welt integrierter Finanzsysteme und ständiger Innovationen wird den europäischen Behörden bei ihren Bemühungen, Markentwicklungen und -praktiken unter Kontrolle zu halten, nur wenig Freiheit bleiben. Gute Aussichten für lebhafte Debatten im Rat der EWI.

Einige von Ihnen werden sich vielleicht fragen, wenn Ihnen auch die Höflichkeit verbietet, die Frage auszusprechen, ob sich all diese schwierige, zeitraubende und kostspielige Vorbereitungsarbeit wirklich lohnt. Werden wir die Währungsunion in absehbarer Zeit erreichen? Meine Antwort auf diese Frage ist ein ganz klares Ja. Ich weiß nicht, wie viele Länder am Anfang dabei sein werden. Ich weiß nicht, ob die Währungsunion das Ergebnis eines friedlichen und schrittweisen Konvergenzprozesses (zu dem das EWI seinen Beitrag leisten sollte) oder einer Krise sein wird (die das EWI noch Möglichkeit verhindern sollte). Aber ich glaube fest daran, dass sie eher früher als später zustande kommen wird und nicht erst irgendwann im nächsten Jahrhundert. Dieser Glaube entstammt nicht bloß meinem Respekt für den Zeitplan des Vertrages von Maastricht, wenn ich auch davor warnen möchte, die durch den Vertrag ausgelöste politische und institutionelle Dynamik zu unterschätzen. Es kommt darin ebenso sehr meine Überzeugung zum Ausdruck, dass die durch Integration der „realen“ Wirtschaft in Europa geschaffenen Fakten, zusammen mit der Entwicklung eines einheitlichen Finanzmarktes, uns dazu zwingen werden, uns auf die Währungsunion einzulassen.

Diese Überlegungen können in einigen Thesen zusammengefasst werden, die ich kurz vorstellen will, auf die Gefahr hin, dogmatisch zu klingen:

1. Die Integration der „realen“ Volkswirtschaften unserer Länder hat nicht nur einen Punkt erreicht, an dem keine Umkehr mehr möglich ist, sie schreitet auch weiter voran. Der große Binnenmarkt ist eine Realität. Seine Erhaltung wird zu einer lebenswichtigen Frage für die meisten Europäer.
2. Erhebliche Fehlentwicklungen bei den realen Wechselkursen der Mitgliedsländer würden nicht nur die Vorteile des Binnenmarktes für Europa erheblich vermindern, sondern könnten auch zu sozial und damit politisch untragbaren Entwicklungen führen und so den Binnenmarkt selbst gefährden.
3. Frei schwankende Währungen haben noch nie einen Schutz gegen Fehlentwicklungen bei den realen Wechselkursen geboten, ganz im Gegenteil.
4. „Zwischenlösungen“ von der Art des EWS-Wechselkursmechanismus können, zumindest eine Zeitlang, vor solchen Fehlentwicklungen schützen: Denken Sie an die relative Stabilität der realen Wechselkurse zwischen einigen (aber keineswegs allen) europäischen Ländern.
5. So wertvoll solche Lösungen aber auch während einer gewissen Zeit sein mögen, narrensicher und von Dauer sind sie nicht. Bei freiem Kapitalverkehr können sie durch spekulativen Druck torpediert werden, der als Reaktion auf echte, als solche wahrgenommene oder erwartete geld- und währungspolitische Fehlschläge oder Maßnahmen entsteht.
6. Auf lange Sicht bietet nur die Währungsunion einen angemessenen stabilen Rahmen für das Funktionieren des Binnenmarktes – wobei es sich natürlich von selbst versteht, dass die Stabilität der nominalen Wechselkursrelationen in der Union nur für Länder tragbar ist, die untereinander einen vernünftigen Grad der Konvergenz erzielt haben und die eine sehr weitgehende wirtschaftliche (und politische) Union als Ergänzung zur Währungsunion akzeptieren.
7. Die Verwirklichung all dieser Ziele wird, gelinde gesagt, nicht leicht sein – aber ich sehe einfach keine Alternative, wenn wir den großen Binnenmarkt erhalten wollen, vom Ernten seiner Früchte ganz zu schweigen.

Ich komme nun auf die andere Hauptaufgabe des EWI zurück, die ich am Anfang erwähnte und die die Zeit vor dem Inkrafttreten von Stufe III betrifft. Diese Aufgabe besteht darin, die Koordinierung der Geldpolitiken der Mitgliedsstaaten zu verstärken, während die Verantwortung für die Erarbeitung und Durchführung dieser Politiken noch fest in der Hand der nationalen Zentralbanken bleibt. Ich kann die Ansicht, dass dies der Quadratur des Kreises gleichkomme, nicht teilen. Lassen Sie mich erklären, warum.

Im Wesentlichen, weil der Vertrag ausdrücklich das Ziel dieser Koordinierung nennt: „die Preisstabilität sicherzustellen“. Diese Klarstellung hat eine zweifache Bedeutung. Zum einen bahnt eine so definierte erfolgreiche Koordinierung den Weg für eine Einhaltung des wahrscheinlich wichtigsten einzelnen Konvergenzkriteriums, das der Vertrag für den Beginn von Stufe III festlegt. Zum anderen ist dies auch als eine allgemeine und dauernde Aufgabe der Zentralbanken bei der Durchführung ihrer Geldpolitik anzusehen – eigentlich unabhängig davon, wie rasch Fortschritte in Richtung Währungsunion gemacht werden und wann diese in Kraft tritt.

Der den Zentralbanken erteilte Auftrag, die Preisstabilität sicherzustellen, hat nicht nur wegen des Drängens der Deutschen in den Vertrag Eingang gefunden. Die feste Haltung Deutschlands hat gewiss eine bedeutende Rolle gespielt; sie hätte jedoch nicht obsiegt, wenn nicht schon vor den Verhandlungen über den Vertrag in fast allen wesentlichen Ländern und ganz besonders in Europa eine umfassende Bekehrung (eine Art Kulturrevolution) zum Ziel der Preisstabilität stattgefunden hätte. Hinter dieser „Bekehrung“ stand die Erkenntnis, dass die Inflation letztlich das Wachstumspotenzial unserer Wirtschaft aushöhlt – oder, positiver ausgedrückt, dass die Preisstabilität eine der wichtigsten Voraussetzungen für ein dauerhaftes Wachstum ist. Es ist daher kein Zufall, dass die Inflationsraten in einer Reihe europäischer Länder nun schon seit mehreren Jahren unter 3 Prozent liegen und in einer Reihe europäischer Länder eine rückläufige Tendenz aufweisen, deren Währungen an Wert eingebüßt haben. Dies bedeutet, dass die Inflation nicht nur infolge einer harten Währungspolitik zurückgegangen ist, sondern auch dank einer Schwächung der Kräfte, die Ursache einer hausgemachten Inflation ist. Mehr noch als eine formelle Vertragsbestimmung dürften diese Fakten dazu beitragen, in der deutschen Öffentlichkeit Befürchtungen über die Inflationsneigungen ihrer Nachbarn und in der ferneren Zukunft hinsichtlich des Eintausches der D-Mark gegen eine europäische Währung zu zerstreuen. In einer wachsenden Zahl von Ländern gehören diese Inflationsneigungen der Vergangenheit an, und ein Eintausch findet nur statt, wenn die europäische Währung ebenso stark wie die D-Mark ist, wenn nicht stärker.

Zwar bildet die der Geldpolitik zugewiesene Aufgabe der Inflationsbekämpfung einen festen Rahmen, innerhalb dessen das EWI seine koordinierende Tätigkeit ausüben kann, doch wird diese Koordinierung auch durch die Arbeit der Ausschüsse und Arbeitsgruppen und vor allem des Rates des EWI unterstützt werden. Weil das gemeinsame Ziel der Preisstabilität akzeptiert ist und das Streben nach diesem Ziel sichtbare Erfolge zeitigt, öffnet sich nun langsam die Tür zu einem Prozess des Voneinanderlernens – dies wäre kaum denkbar, wenn zwischen den EU-Zentralbanken eine doktrinäre Trennlinie über das Endziel der Geldpolitik bestünde. Da diese Spaltung jedoch nicht mehr existiert, wird sich die Debatte weniger darauf konzentrieren, was erreicht werden soll, als vielmehr darauf, wie es erreicht werden soll. Und angesichts unterschiedlicher Erfahrungen mit Geldmärkten, Arbeitstechniken, Verknüpfungen zwischen Geld- und Anleihemärkten, Finanzinnovationen, mit dem Transmissionsmechanismus, über den monetäre Impulse auf die Realwirtschaft durchschlagen, und nicht zuletzt mit haushaltspolitischen Maßnahmen und der Funktionsweise der Realwirtschaft bietet sich die Gelegenheit für einen echten Gedankenaustausch. Ihr Land als Ganzes, und die Bundesbank im Besonderen, haben berechtigterweise die Achtung Ihrer europäischen Partner (und der ganzen Welt) für eine lange erfolgreiche Periode stabilitätsorientierter Geldpolitik errungen. Die Entscheidung, das EWI und die künftige EZB in Frankfurt zu errichten, zollt diesem Erfolg Tribut. Aber Sie dürfen nicht überrascht sein, dass auch andere europäische Länder dabei etwas gelernt haben, das zu beachten sich lohnt.

Zum Schluss noch eine Bemerkung. Die Aufgabe des EWI ist nicht leicht, aber sie ist machbar. Es können „äußere“ Umstände entstehen, über die die Ratsmitglieder und ich selbst keine Kontrolle haben. Sollen solche Umstände unsere Bemühungen nicht torpedieren, werden wir die Weisheit unserer Politiker und auch ein wenig Glück benötigen. In manchen Bereichen – und ich habe heute Abend einige davon angesprochen – wird die Verantwortung für Erfolg oder Misserfolg bei uns liegen. Aber auf jeden Fall werden wir Ihre Hilfe benötigen – die der öffentlichen Meinung im Allgemeinen und die der Finanzkreise im Besonderen. Ein großer Teil unserer Arbeit wird im traditionellen diskreten Rahmen der Zentralbanktätigkeit erfolgen, an den ich mich streng halten will. Aber wir werden es mit Fragen von großer Komplexität zu tun haben, noch dazu in einem sich rasch wandelnden finanziellen und wirtschaftlichen Umfeld. Mit diesem hatte ich in früheren Positionen einige direkte Erfahrungen. Ich weiß nur zu gut, dass es keinen Ersatz für den ständigen Kontakt mit den Realitäten des Marktes gibt. Ich werde dafür sorgen, dass wir immer wieder Gelegenheit haben, gegenseitig unsere Meinungen anzuhören.

Im Westen nichts Neues

Die deutsch-französische Zusammenarbeit macht wieder Schlagzeilen. Mal sind es Fußtritte unter dem Tisch der Brüsseler Kommission, die beide Zentralmächte austauschen, für die Öffentlichkeit von Bedeutung, mal das Hintergrundgeraune des französischen Botschafters in Bonn. Militärische Begleitmusik gibt es auch. Da wollen sich die Siegermächte noch einmal so richtig der militärischen Glanzleistung der Landung in der Normandie erfreuen – und nächstes Jahr natürlich des großen Sieges über Deutschland vor 50 Jahren. Die von der „Nazi-Herrschaft Befreiten“ hätte man doch ehrenvoll einladen können. Keine Spur davon. Nur als Besiegte sind die Deutschen gerne gesehen. Das löste selbst an höchster Stelle in Bonn einen gewissen Unmut aus, der sich Luft machen konnte, als die aus

Deutschland abziehenden Alliierten zu guter Letzt bei einer für Berlin vorgesehenen Abschlussparade durch das Brandenburger Tor marschieren wollten. Der Kanzler hat dies untersagt. Durch das Tor der Einheit soll sich nicht soviel historische Zwietracht zwängen. Schließlich hat Deutschland im Oktober 1990 die volle Souveränität erreicht.

Die gegenwärtigen Verwerfungen in Europa haben tatsächlich ihre Ursache in der europäischen Geschichte der vergangenen 80 Jahre. Das zweimal niedergeworfene Deutschland hat durch die 1990 geglückte Wiedervereinigung ein wirtschaftliches und politisches Gewicht erhalten, das für kleinere und größere europäische Staaten gegenwärtig schwer verträglich erscheint. Bei dieser hinzu gewachsenen deutschen Dominanz wirkt für die Integration in Europa zusätzlich erschwerend, dass mancher Staat glaubt, das Rad der Geschichte würde geradezu zurückgedreht durch die Erweiterung Europas, die genau jene Räume homogen zusammenfügt, wofür oder wogegen früher Krieg geführt wurde.

Die Deutschen seien damit, so die unterschwellige Angst, nicht nur Wiedervereinigungsgewinnler sondern auch speziell Europa-Vereinigungsgewinnler. Letztlich flackert diese Angst auch im quälenden Brüsseler Streit über die Sperrminorität im Europa der Sechzehn mit. Norderweiterung heißt das Schlagwort – Österreich inklusive (die einigen zu nordisch ist) und die Zauberzahl „27“ (Staaten für die Union), auf die man sich aber nicht einigen kann. Auf dem Hintergrund dieses schwierigen politischen Terrains werden gegenwärtig die Bemühungen fortgesetzt, die europäische Währungsunion fahrplanmäßig voranzubringen. Dass gerade die deutsche Zugabe dafür, nämlich das Geld der unabhängigen Zentralbank dominiert, entbehrt nicht einer gewissen Pikanterie.

Die hohe Politik mit den großen Währungen hat aber einen grundsätzlich anderen Ansatz als das übliche Machtgehabe. Die Spielregeln des Machtmatchs sind verteufelt. In dem Drama wird der Gegner nicht nur niedergerungen, sondern gleichzeitig müssen die Gewinner in das Wesen des Anderen schlüpfen. Die Währungsstrategen in den Regierungen und Notenbanken verfolgen in Europa zwar ganz klar das Ziel, die Dominanz der D-Mark zu brechen und europäisches Geld an deren Stelle zu setzen. Die Deutschen haben das – einschließlich Maastricht – nicht gerne vernommen, nur ungern akzeptiert, sich aber dem Integrationsprozess nicht widersetzt in Anerkennung der Notwendigkeit eines einheitlichen Europas und eines einheitlichen europäischen Geldes.

Politisch herausgekommen ist ein beispielhafter Weg auf dieses gemeinsame Ziel hin. Dafür haben Hans Tietmeyer und sein französischer Kollege Jean-Claude Trichet einen perfekten Anschauungsunterricht geliefert. Auf dem Finanzforum im Pariser Euro-Place demonstrierten die beiden Geldpolitiker nicht einfach währungspolitische Einmütigkeit à la Maastricht und dachten dabei an Destruktion, sondern sie grenzten ihre Positionen in kluger Weise gegeneinander ab. Tietmeyer für Deutschland, Trichet für Frankreich. Jeder interpretierte die Aufgaben und Einflussmöglichkeiten des EWI, das mit Lamfalussy in Frankfurt Einzug hält, auf seine Weise, rammte Grenzpfähle ein, die nicht überschritten werden dürfen. Dabei blieb aber soviel Spielraum, dass ein Pfad für stabiles europäisches Geld offenblieb.

Der Treppenwitz der Geldgeschichte liegt aber darin, dass die Banque de France in den letzten Jahren auf das Modell Bundesbank getrimmt wurde und die französische Geldpolitik schon in den 80er-Jahren auf die deutsche Stabilitätspolitik eingeschwenkt ist. Seitdem wird kopiert, was die Deutschen seit Ludwig Erhard so erfolgreich praktizieren. Frankreich konnte zwischenzeitlich auf diese Weise reüssieren, sogar eine niedrigere Inflationsrate erreichen als Deutschland. Sie haben von der Bundesbank gelernt und großen Erfolg geerntet. Die Deutschen konnten von den Franzosen lernen, langfristige Politikziele zu entwickeln und niemals aufzugeben: Stabiles europäisches Geld, wie die D-Mark. Und wenn ein bisschen mehr „Mark“ im Europa-Geld steckt, kann das nicht schaden.

Franc fort perdu

Henning Christophersen, Vizepräsident der Brüsseler Kommission, hat sich in Paris gerade wieder ein Bonmot geleistet, das für deutsche Ohren ein reichlich abgegriffener Spruch ist, nämlich: „Das neue Geld für ganz Europa könnte doch ‚Francfort‘. Auf die Doppeldeutigkeit von Frankfurt und harter Franc hatte vor Jahren schon der ehemalige Bundesbankpräsident Pöhl nicht nur hingewiesen, sondern das Konstrukt sogar erfunden. Zwischenzeitlich wurde immerhin die Banque de France vom Tresor einigermaßen unabhängig. Damit sind die Voraussetzungen gestiegen, dass die französische Währung etwas sicherer auf Stabilität hin gemanagt werden kann, ohne immer wieder allzu große Beflissenheit der Regierung Balladur gegenüber zu zeigen.

Aufgrund eines wenigstens in dieser Beziehung erfreulichen Trends in der französischen Finanzwirtschaft vereint mit einer ordentlichen Politik des Notenbankpräsidenten, Jean Claude Trichet, erreichte die französische Inflationsrate in jüngster Zeit die Traummarke von 1,4 Prozent. Spitze! Und dennoch wertet der Franc gegenüber der D-Mark ab. Die Märkte trauen der deutschen Währung mehr als der französischen, obwohl es zwischen beiden Ländern eine Inflationsdifferenz von fast zwei Prozentpunkten gibt. Die Teuerung in Deutschland liegt immer noch bei über drei Prozent, wenn auch die zwei vor dem Komma in Sichtweite kommt. Woran liegt es?

Trichet trifft mit Sicherheit keine Schuld. Er trotzt allen Anfechtungen der Gewerkschaften und den Vorhaltungen aus Regierungskreisen. Er demonstriert Unabhängigkeit, wie sie die Bundesbank jahrzehntelang vorgelebt hat. Dabei konnte die Frankfurter Zentralbank im Laufe der Zeit nicht nur Währungsreserven von deutlich über 100 Milliarden D-Mark aufbauen, sondern auch ein fast unglaubliches Vertrauenskapital, was noch mehr wert ist. Beides muss Trichet erst für die Banque de France erwerben. Und er strengt sich an. Frankreich hat zwar einen nicht unbeträchtlichen Goldschatz, der aber überwiegend beliehen ist seit der Krise des vergangenen Jahres. Seit Sommer 1993 besitzt Frankreich kaum noch Devisenreserven, denn sie mussten damals zur Verteidigung des Franc-Kurses – in den alten Bandbreiten des EWS – ausgegeben werden. Nur mit Mühe konnte der Aufwand für die Interventionen wieder eingesammelt werden.

Trichet hat die Tresore leer. Sein Schatz heißt neuerdings Unabhängigkeit und diesen gedenkt er im Sinne einer soliden Geldpolitik einzusetzen. Er widersetzt sich nun dem vielfach geäußerten Regierungsbegehren, willfährig an der Zinsschraube zu drehen, und sucht seinen eigenen Weg zur Erreichung eines inflationsfreien Wirtschaftswachstums in Frankreich. Demnach müsste der Franc bombenfest im Europäischen Währungssystem liegen. Davon ist nichts zu spüren. Der Franc wertet ab. Dafür trägt ganz allein die Regierung Balladur die Verantwortung.

Obwohl Balladur im Parlament über eine satte Mehrheit verfügt, wird dort eine wankelmütige Gesellschafts-, Wirtschafts- und Sozialpolitik betrieben, die nicht nur die Devisenmärkte erschaudern lässt. Der Franc-Kurs kullerte jetzt aus der alten EWS-Bandbreite und kann sich kaum erholen. Die fundamentale Schwäche ist geblieben. Balladur versagte bei der Air France, in der Auseinandersetzung wegen der Privatschulen und im Streit mit den Hochseefischern. Er versagte ganz gravierend bei der Schülerrevolte wegen der Absenkung der Mindestlöhne für Berufsanfänger. Der Franc-Kurs spiegelt das.

Wenn ein französischer Finanztechnokrat wie Trichet den Kurs seiner Währung weniger beachtet, also Abwertungen in Kauf nimmt, hat dies auch reale, wirtschaftliche Bedeutung. Bei der gegenwärtig so geringen Teuerung schadet der Wertverlust des Francs zunächst nicht sonderlich. Eine importierte Inflation naht nur gemächlich. Sie kann vorläufig unbeachtet bleiben. Andererseits schafft ein abgewerteter Franc zusätzliche Spielräume für den Export. So kann der Industrie elegant geholfen und Arbeitsplätze erhalten werden.

Die Abwertungstour galt bisher unter Brüdern nicht als besonders fein. Der westliche Nachbar ist offensichtlich dazu übergegangen, die Spielräume zu nutzen, die die weiten Bandbreiten von 15 Prozent bieten. Wenn Trichet der Regierung schon nicht über niedrigere Zinsen zum Aufschwung verhelfen will, dann wenigstens über einen billigeren Franc. Balladur hat sich in den Kopf gesetzt, die Wirtschaft anzukurbeln, damit seine Chancen für die Präsidentschaftswahl im nächsten Jahr wachsen. Trichet hilft verstohlen. Im Außenwert muss es nicht immer der harte Franc sein. Franc fort perdu.

Einen Batzen Gold für jeden Deutschen

Tietmeyer weiß, was er von sich und seinem Hause zu halten hat: „Insgesamt kann die Bundesbank mit den Ergebnissen zufrieden sein“, schreibt der Präsident im Vorwort des Geschäftsberichts 1993. Welche Institution, welche Regierung kann das heute noch mit Fug und Recht von sich behaupten? Die Geldregierung in Frankfurt legt Rechnung im bankwirtschaftlichen wie im politischen Sinne. Dabei hat es die Bundesbank diesmal so gut getroffen, dass sie nicht nur auf ihre eigene Politik stolz sein kann, sondern auch noch einen stolzen Gewinn zeigen und ausschütten kann.

Das bestverdienende Unternehmen der Republik schickte an die Mutter, die in diesem Falle der Vater Staat ist, einen Scheck über 18 Milliarden D-Mark. Außerdem hat die Bundesbank im Laufe der Zeit einen Währungsschatz gehortet, der es erlauben würde, jedem Bundesbürger einen hübschen Urlaub von etwa 10 Tagen zu finanzieren. Tietmeyer sitzt schließlich als Krösus der Nation auf einem Goldberg von 3500 Tonnen. In früheren Jahrzehnten billig eingekauft und niederig bilanziert. Am Tag X, wenn die Bundesbank ihren Geist einmal aufgeben und in der Europäischen Währungsunion aufgehen sollte, könnte sie jedem Bundesbürger einen Goldbatzen von mehr als einer Unze Gewicht, also über 31 Gramm schenken.

Das wäre auch nur recht und billig, denn irgendwo haben die Deutschen in der Gesamtheit als Volk das zusammengekratzt. Zinsen von Inländern und Ausländern genommen und große Summen an Währungsgewinnen vereinnahmt. Aber was bedeuten schon schnöde Gewinne und rotes Gold für einen Geld-Regierungschef wie Hans Tietmeyer, dessen goldene Worte und geldpolitische Finessen billionenschwere Devisenmärkte erzittern lassen und Zinsen rauf und runter dirigieren. Im vergangenen Jahr ging es dabei recht zügig nach unten, bis auf den niedrigsten Kapitalmarktzins seit vielen Jahren. Da kann man großzügig darüber hinwegsehen, dass die Geldmenge außer Rand und Band geriet, besonders in den ersten Monaten 1994. Die Bundesbank bleibt ebenso stabilitätsorientiert wie M-3-vernarrt (weit gefasstes Geldmengenaggregat als Basis für Geldmengenzielbestimmung / Geldmengenwachstum), um den Zauberschlüssel für ihre Geldpolitik einmal zu nennen.

Mit vielen Details über die Entwicklung im Vergangenen übergeht die Bundesbank mit großer politischer Geste, dass 1993 das Schlagerjahr des EWS war, in dem sich die Europäer fast erschlagen hätten. Den donnernden Zeus spielte damals Helmut Schlesinger, der nur noch als „Gewesener“, als Ex-Präsident notiert ist. Die Institution schluckt ihre Köpfe. Gold bleibt' Gold und die Bundesbank unentbehrlich. Gewiss auch für die europäische Völkerfamilie.

Straßburger Parlament: europawürdig

Europa-Tag, 5. Mai 1994. In einem letzten Kraftakt vor den Europa-Wahlen im Juni haben die Parlamentarier in Straßburg die Türen für die Neuaufnahmen von Österreich, Norwegen, Schweden und Finnland aufgestoßen. Mit überzeugenden Mehrheiten stimmten sie für die Nord-Erweiterung der Gemeinschaft, die lange Zeit umstritten war. Die gewählten Mandatsträger haben davon abgesehen, die Aufnahmeanträge dieser vier Nordlichter als Brechstange für mehr Demokratie in der Gemeinschaft zu missbrauchen. Auch wurden die Einflüsse gewisser Staaten zurückgedrängt, die in der Aufnordung der Gemeinschaft einen subtilen Machtzuwachs für Deutschland sehen.

Die Parlamentarier vom Oberrhein haben sich europawürdig gezeigt. Damit darf davon ausgegangen werden, dass die Erweiterung der Gemeinschaft zum 1. Januar 1995 in Kraft tritt. Aus der Zwölfer-Union wird das Europa der 16, wenn bis dahin die Länderparlamente die Verträge ratifiziert und sich die Bevölkerung der vier Aufnahmekandidaten in Volksabstimmungen dafür ausgesprochen haben. Da sind noch Widerstände zu überwinden. Besonders fraglich scheint zum jetzigen Zeitpunkt die Zustimmung der Norweger. Einflussreiche Gruppen, besonders auch die gut organisierten Frauenvereinigungen geben sich noch oder wieder antieuropäisch. Auch von der wirtschaftlichen Seite her gesehen hat Norwegen auf lange Zeit keine großen Vorteile aus dem Beitritt zur Gemeinschaft zu erwarten. Europa hat aber auch schon zweifelhafte Volksabstimmungen in Dänemark und Frankreich durchgestanden. So dürften auch im Falle Norwegen keine unüberwindlichen Hindernisse im Wege stehen.

Die Neuzugänge für die Europäische Union bedeuten vom nächsten Jahr an einen Zuwachs an währungspolitischer Stabilität. Die Währungsunion à la Maastricht bekommt mit den neuen Kandidaten eine stabilitätspolitisch sicherere Basis. Österreich, aber auch die Skandinavier unterstützen ganz eindeutig eine Stabilitätsunion in Europa. Da wird an den Kriterien für den Einstieg in die 3. Stufe nicht gedeutelt. Nach wie vor gehört Österreich geldpolitisch zur strammen Gefolgschaft der Bundesbank. Der Schilling hängt seit Jahrzehnten an einem festen Band zur Deutschen Mark.

Sichere Kantonisten bleiben gefragt, denn die europäische Stabilitätsunion ist durchaus noch nicht in trockenen Tüchern. Nicht nur der Zeitpunkt wird immer wieder in Frage gestellt sondern die gesamten Inhalte der Verträge. Die Währungsunion kann vor 1999 nicht verwirklicht werden. Und wenn sie kommt, weiß heute noch niemand so recht, wie sie konstruiert sein wird. In Frankreich rühren sich derzeit wieder starke Kräfte, die die Politik des harten Francs und am liebsten auch die Maastrichter Verträge in toto über Bord werfen wollen.

Die Beiträge der Nordlichter werden ganz speziell auch bei der für 1996 geplanten Reformkonferenz gebraucht. Sie haben da Gelegenheit, nicht nur an einer demokratischer ausgerichteten Union mitzufeilen, sondern eben auch an der Geldverfassung ganz entschieden mitzubauen. Die Experten der vier Neuzugänge werden auch ab sofort in die weitere Entwicklung der Gemeinschaft, in alle Gremien zumindest konsultativ einbezogen. Auf dem EU-Gipel in Korfu, Ende Juni, soll z. B. – und das ist ein Anliegen des EU-Präsidenten Jacques Delors – ein sogenannter „Rat der Weisen“ eingesetzt werden.

Da passen „Weise aus den Nordlanden“ hinein. Die Weisen sollen ein europäisches Schattenkabinett bilden, in dem all das politisch aufgearbeitet wird, was der Kommission in Brüssel nicht zukommt oder wozu die Brüsseler Stellen gar nicht den Auftrag haben. Die Experten-Gruppe, die Weisen, hantieren künftig nicht nur am Problem der demokratischen Kontrolle über die „Herrscher in Brüssel“, sondern sollen auch die Vorbereitungen zur Wirtschafts- und Währungsunion unterstützen, sogar vorantreiben. Das geht bis hin zur Entwicklung des neuen Geldes für Europa. Hier aber kann schnell der Casus Belli eintreten. Diese Kompetenzen stehen nämlich allein dem Europäischen Währungsinstitut in Frankfurt zu.

In der großen Politik wollen immer viele Leute mitwirken, vieles anzetteln aber wenig Verantwortung übernehmen. Eine Hand wäscht die andere und heraus kommt ein Wischiwaschi. Handwerkliches Können und Ethik in der Umsetzung trifft man viel weniger an. Edgar Meister gehört aber zu dieser Sorte erstklassiger Fachleute.

Zahlmeister der Notenbank

Es ist durchaus nicht so, dass Edgar Meister (Jahrgang 1940), der im Oktober vergangenen Jahres Mitglied des Direktoriums der Deutschen Bundesbank wurde, sich dort erst seinen Platz hätte suchen müssen. Er wurde gleich richtig eingespannt als Leiter des Dezernats V. Damit hat er die Zuständigkeit für die Hauptabteilungen Banken/Mindestreserve und Hauptkasse übertragen bekommen. Unter Meister werden die deutschen Banknoten gemacht und unters Volk gebracht. Meister bekämpft die Falschgeld-Mafia ebenso, wie er die schönsten Blüten aus dieser Quelle für das hauseigene Geldmuseum reserviert.

Wo die Bundesbank in Mark und Pfennig konkret wird, steht Meister obenan. Er ist aber nicht nur der Zahlmeister der Notenbank sondern auch der Chef der Bankenaufsicht und Mitglied des Zentralbankrates. Daneben darf er den SPD-Vorsitzenden Rudolf Scharping seinen Freund nennen. Meister muss gleichzeitig Politik betreiben und solide Banker-Arbeit leisten. Letzteres ist ihm schon in Fleisch und Blut übergegangen, war er doch jahrelang Vorstandsmitglied der Depfa-Bank in Wiesbaden gewesen. Seine Karriere begann er bei der gewerkschaftseigenen Bank für Gemeinwirtschaft.

Die politischen Anforderungen, die an Meister gestellt werden, haben so ihre eigenen Gesetze. Von ihm als SPD-Mann wird auch im Direktorium der Notenbank SPD-Politik verlangt. Dennoch hat eine Institution wie die Bundesbank einen übergeordneten wirtschafts-, finanz- und geldpolitischen Auftrag. Die Geldregierung in Frankfurt kann eben nicht mit der Bundesregierung in Bonn verglichen werden. Während in Bonn grundsätzlich der politische Kompromiss auf dem kleinsten gemeinsamen Nenner die Richtung vorgibt, kann sich der Zentralbankrat ganz unabhängige Gedanken über Stabilitätspolitik, einfach über den richtigeren Trend der Volkswirtschaft machen und in seinem geldpolitischen Rahmen den angemessenen, den besseren Beschluss fassen.

Edgar Meister, Bundesbank-Direktorium (früher Finanzminister in Rheinland-Pfalz)

Edgar Meister befindet sich derzeit in der Konversionsphase vom Finanzpolitiker – er war in Mainz Finanzminister bei Scharping gewesen – zum Geldpolitiker unter Tietmeyer, im Geleitzug des Bundesbankpräsidenten. Nur so kann die Bundesbank in Deutschland und Europa ihr Renommee halten, wenn keinerlei parteipolitische Streitereien in dieses Haus hineingetragen werden. Landeszentralbanker in Mainz oder München schießen da zwar schon mal quer. Mit Meister ist das nicht zu machen.

Er trainiert Unabhängigkeit, ohne seinen SPD-Freund mit Scharping an der Spitze unnötige Knüffe zu verpassen. Meister zitiert seinen Präsidenten häufig und verteidigt die gemeinsam erarbeitete Zinspolitik nach draußen. Zitat: „Wir werden nichts tun, um die Zinsphantasie aus dem Markt zu nehmen“ und passt sich der präsidialen Interpretation der überschäumenden Geldmengenentwicklung an, weiß auch kein besseres Geldmengenkonzept als M 3. Und wenn er es wüsste, würde er es nach draußen nicht durchsickern lassen, sondern den dafür zuständigen Kollegen, Prof. Otmar Issing, zu überzeugen versuchen.

Mit Meister wird es im Zentralbankrat auch keine Kampfabstimmungen geben, die ohnehin obsolet sind. Darin liegt lange trainierte gewerkschaftliche Solidarität und kollegiale Solidität, die er ins Direktorium einbringt. Dem Konsens dienlich sein mag die zu beobachtende, etwas freizügigere Geldpolitik der Notenbankspitze. So rigide wie zu Schlesingers Zeiten geht es gegenwärtig im Direktorium nicht zu. Unter Schlesinger wurde, falls möglich, die Null-Inflation angesteuert und zähneknirschend in Kauf genommen, wenn die Teuerung nur auf zwei Prozent zu drücken war. Derzeit zeigt sich die Bundesbank im augenzwinkernden Einverständnis mit anderen Europäern von Bonn über Brüssel bis Paris mit der Zwei vor dem Komma recht einverstanden, auch ohne weiteren Ehrgeiz. Natürlich bleibt die Stabilitätspolitik vorrangig.

Heftiger und medienwirksamer Verfechter ist Meister, wenn es um den Sitz der EU-Bankenaufsicht in Frankfurt geht, denn da, wo die Zentralbank angesiedelt ist, sollte auch die Aufsicht hin, insbesondere wenn es nur noch eine einzige europäische Währung gibt.

Konzil von Lindau

Zum 9. September (94) hat Finanzminister Theo Waigel seine elf Kollegen der Europäischen Union und die insgesamt zwölf Notenbankgouverneure nach Lindau, auf die Insel im Bodensee, eingeladen. Dazu gebeten hat er auch die Finanzminister und Notenbankchefs der vier Beitrittsländer Österreich, Norwegen, Schweden und Finnland. Die Konferenz findet im Bayerischen Hof am Hafen statt. Die Schlusspressekonferenz ist im mittelalterlichen Rathaus vorgesehen. Ich logiere im „Goldenen Lamm“ am Paradiesplatz, Zimmer Nr. 10. So hatte ich mir das eigentlich nicht vorgestellt. Das Zimmer ist eine kalte Dusche für mich, denn es hat weder Toilette noch Dusche, noch Telefon, noch Fernseher, aber doch ein Waschbecken, ein schmales Bett, Stuhl, Tisch und Schrank. Die Stimmung drinnen wie draußen trübe.

Husch wieder hinunter, raus ins Taxi und ab zum Bodensee-Hotel, wo die Kollegen vom Bayerischen Rundfunk warten. Wir fahren nach Nonnenhorn zum Seewirt und freuen uns auf eine gute Brotzeit. Ein Tisch in der Weinstube ist reserviert. Artig empfängt uns die Seewirtin und führt uns hin. Weniger der Tisch beeindruckt mich noch die reichlich aufgefahrenen Speisen oder der Wein. Die Stubendecke, der Plafond hat es mir angetan. Über uns wölbt sich mit leichtem Gefälle zur Stirnseite hin eine gotische Holzdecke. Die Eichenplanken wurden an ihren Fugen durch schlanke, schön geschnitzte Balken verstärkt. Die elegante Schnitzerei lässt erst den Balken sich verjüngen, um dann wieder großflächigen Medaillons Raum zu geben. So bietet sich immer wieder neue Fläche für reichliche Dekoration heraldischer Grundmuster.

Die außerordentlich gut restaurierte Decke ist in der Grundfarbe dunkelbraun gehalten mit Dekors in Grün, Rostrot, Ocker. Die Wölbung und die leichte Neigung vermitteln den Eindruck, dass es sich hier um die Schreinerkunst von Bootsbauern handelt. Die Wirtin nennt die Jahreszahl 1617. Damit wird der Seewirt in Nonnenhorn eine große Entdeckung für mich. – Tatsächlich hätte ich aber gar nicht so weit fahren müssen, um die Plafondwunder am Schwäbischen Meer zu entdecken. Auch das Goldene Lamm hat eine solche Stube zu bieten, die in ihrer historischen Bedeutung die Seewirtsstube noch bei Weitem übertrifft. Die Fischerstube im Goldenen Lamm gilt bis heute als

Von Lindau kommend Besuch auf der Mainau: Bundesbankpräsident Hans Tietmayer, Sonja Gräfin Bernadotte, Finanzminister Theo Waigel.

Gesamtkunstwerk bayerisch-schwäbischer Zimmerleute um das Jahr 1600. Es ist eine ringsherum original getäfelte Wirtsstube mit gediegenen, derben Holzmöbeln, Borden mit Krügen und Keramik, alten Schaukästen, Jagdtrophäen, ausgestopften Fischköpfen – Forellen und Hechte – und einem holzgeschnitzten Kruzifix in der gegenüberliegenden Ecke. Darüber wölbt sich ganz leicht die gotische Holzdecke, wie der Wirt sagt: „Aus dem 15. Jahrhundert. Es heißt, die Deckenkonstruktion soll mal ein Schiffsboden gewesen sein.“

Dies würde natürlich keinen Sinn machen, unterstützt aber meine These, dass die Bootsbauer von Lindau früher auch geschätzte Bauschreiner waren mit hohem technischen Wissen und ausgezeichnetem Geschmack. Ein Juwel, diese Fischerstube im Goldenen Lamm. Sie könnte auch als solches weit und breit gelten, wenn sie so fachgerecht restauriert wäre wie jene beim Seewirt. Verrußt über die Jahrhunderte, dadurch einheitlich braunschwarz, produziert sie mühelos gemütliche Gasthausstimmung, lässt kunsthistorisch akzentuierte Ästhetik aber missen. Die bleigefassten Glasbilder in den Fensternischen – eher 19. Jahrhundert – steigern auch nicht gerade den ausgepichten Kunstgenuss.

Es war gut, dass ich zuerst den Seewirt gesehen und dann erst die Fischerstube errochen habe. So verfolgte ich gleich die richtige Entdeckerspur. Auch im Lindauer Rathaus gibt es Deckenkonstruktionen nach Schiffbauer Art, jedoch nicht so ausgefeilt. In seiner bunten Vielfalt innen und außen muss man das Rathaus ganz gewiss gesehen haben.

Theo Waigel hat mit seinen Gästen eine standesgemäße Abendrundfahrt auf dem Bodensee gemacht und weil Bayern sein Land und der Bodensee zudem eine politisch und historisch interessante Region ist, erzählte er ihnen einiges darüber. Er stellte Lindau und die Dreiländergruppe vor. „Mit unserer Tagung auf der Insel Lindau sind wir Österreich auch geografisch sehr nahe gekommen. Lieber Kollege Lacina, sehen Sie die Wahl dieses Ortes auch als Kompliment und als Dank für die europafreundliche Volksabstimmung Ihrer Bürger im Juni dieses Jahres an.“ Diese Freundlichkeit konnte der deutsche Finanzminister doch nicht lange durchhalten, denn er kam auf eine empfindliche Stelle der gemeinsamen Vergangenheit zu sprechen. „Lindau liegt nicht nur wenige tausend Meter von der österreichischen Grenze entfernt. Es gehörte sogar bis 1805 zu Österreich. Frankreich ist es zu verdanken, dass Lindau damals von Österreich nach Bayern gekommen ist“, erinnerte Waigel, der damit offenbar den anwesenden Franzosen, Finanzminister und Notenbankchef, eine Napoleon-Reminiszenz bescheren wollte.

In der Mitte des Sees, Waigel war mit seinen Gästen dort herumgedampft, begegnen sich Österreich, die Schweiz und Deutschland. Dieser See verbindet also Staaten mit äußerst unterschiedlichem europäischen Integrationsgrad. Obwohl die Schweiz die republikanische Bundesstaaterei erfunden hat, gehört sie nicht dem „Europäischen Wirtschaftsraum“ an, wobei sich diese Aussage Waigels auf die Europäische Union gemeinsam mit der Freihandelszone (EU und EFTA) bezieht und damit politisch stimmt, aber nicht geografisch oder wirtschaftlich. Die Schweiz ist nun wirklich ein Kernland Europas, liegt auch dort und ist wirtschaftlich voll integriert. Sie mag sich nur nicht gerne von europäischen Staatenverbünden schlucken lassen und zeigt Stolz beim Franken.

Der Bodensee ist ganz gewiss mehr Brücke zueinander als trennende Grenze. Die Grenzen zwischen den drei Staaten werden durch den See fließend. Denn der Verlauf der Staatsgrenzen im Bodensee ist zwischen den drei Anrainern weithin unbestimmt. Für den größten Teil des Sees fehlt ein völkerrechtlich verbindliches Abkommen über die Gebietshoheit. Das sei kein Manko als vielmehr ein Beweis für das gutnachbarliche Einvernehmen zwischen den drei Staaten. In der Praxis wird denn auch ein in schweigender gegenseitiger Duldung erwachsener Grenzverlauf angenommen. „Wenn Sie so wollen, ist dies ein ausgezeichnetes Beispiel für unser Europa der Zukunft, in dem Grenzen nicht trennen sondern verbinden. Die Inselstadt Lindau und der See haben sich auch deshalb“, wie Waigel meint, „für unser Treffen geradezu angeboten, zieht es doch an den Bodensee von jeher bedeutende europäische Häupter und wichtige Kongresse.“

Jetzt müssen die bedeutenden europäischen Finanzhäupter unter der Präsidentschaft Waigels in die Tiefe der Historie tauchen. „Unter allen Kongressen rund um den Bodensee ragt wohl das Konzil von Konstanz heraus mit der einzigen Papstwahl, die auf deutschem Boden stattgefunden hat.“ Mehr als ein halbes Jahrtausend ist das her, 1414–1418. Damals haben sich über 70 000 Fremde am jenseitigen Bodenseeufer ein Stelldichein gegeben, an ihrer Spitze 85 Kardinäle und Erzbischöfe, 238 Bischöfe, 39 Herzöge und rund 700 weitere geistige und weltliche Fürsten. „Der Chronist schreibt“, so sagt es Waigel, „vielleicht ist nie wieder auf deutschem Boden ein solcher Zusammenfluss der in geistigen Dingen führenden Männer Europas geschehen.“ Der deutsche Finanzminister will dem Chronisten diese Fehleinschätzung nachsehen. „Er konnte nicht wissen, dass im September 1994 sechzehn europäische Finanzminister, der Präsident des Europäischen Währungsinstituts (Baron Lamfalussy), sechzehn Präsidenten der Notenbanken, ein Vizepräsident und ein EU-Kommissar aus Brüssel, hier in Lindau beraten."

Waigel hat gewiss unbewusst verschwiegen, dass den Finanzpotentaten ein Tross von etwa 100 europäischen Journalisten gefolgt ist und ich als leuchtendes Schlusslicht darunter weile.

Einzug der Gladiatoren

Das Ereignis sollte nicht allzu martialisch gesehen werden, dennoch handelt es sich eindeutig um den Einmarsch der Gladiatoren. Geldfrieden schaffen ohne Waffen, heißt die Devise des Tages. Frankfurt wurde zur Arena der Welt-Geldpolitik, wenn hier auch ganz offiziell ausschließlich europäisches Geld kreiert und dirigiert wird. Aber Geld grenzt sich stets gegenüber anderen Währungen ab. Damit hat europäische Geldpolitik immer Auswirkungen auf die übrigen Weltwährungen wie Dollar und Yen, künftig auch verstärkt auf den chinesischen Yuan und den Russen-Rubel. Dreizehn Geld-Gladiatoren ziehen in die Mainmetropole ein. Mit dem heutigen 15. November 1994 nimmt das Europäische Währungsinstitut seine Arbeit im ehemaligen BfG-Hochhaus auf, Kaiserstraße 29. Der Mann mit dem Goldhelm an der Spitze heißt Baron Alexandre Lamfalussy. Allmonatlich bittet er die Notenbankchefs der EU-Staaten an seine Tafelrunde, um lupenreine Geldpolitik zu schmieden. Derzeit sind es zwölf Geladene.

Vom Januar nächsten Jahres an steigt die Zahl auf 16, weil sich Österreich, Finnland, Schweden und Norwegen dazu gesellen. Doch heute beginnt die Zukunft Frankfurts im Schweiße der täglichen Arbeit. Viel Trockentraining ist dabei, denn die Last des Tages liegt weiterhin auf den Schultern der Kämpen in der Wilhelm-Epstein-Straße. Die Gladiatoren werden sich noch eine Reihe von Jahren müde kämpfen, bis es zu dem gekommen ist, was Sinn und Zweck der Frankfurter Veranstaltung ist: Die Schaffung eines einheitlichen Geldes für die größte Wirtschaftsmacht der Welt – Europa.

EWI-Präsident Lamfalussy glaubt, das Jahrhundertwerk noch in diesem Jahrtausend zu schaffen. Fraglich, ob die Geldgladiatoren bis dahin ihre Diadochenkämpfe beendet haben werden, schließlich treten sie beim EWI nicht an, um ihre geballte Macht in Richtung Dollar oder Yen einzusetzen. Sie wollen erst einmal genau wissen, wer von ihnen der Stärkste ist oder wenigstens zu den Stärksten zählt. Eines Tages wird es zu Gruppenbildungen kommen von Könnern und Möchtegernen. Das Turnier wird dadurch nicht einfacher, dass der Bundesbankpräsident mal unten in der Arena ficht und mal oben auf der Tribüne sitzt, um mit dem Daumen Sieger und Besiegte zu markieren. Die Doppelrolle von Hans Tietmeyer hat da schon ihren Schick. Er ist gleichermaßen verantwortlich für die Weltwährung D-Mark und für die Ausformung des neuen Europa-Geldes, das nicht weicher als die Mark sein soll.

Dass seriöse Wirtschafts- und Finanzpolitik nur auf Basis stabilen Geldes erfolgen kann, dies hat die Bundesbank Europa in den vergangenen fast 50 Jahren schon eingetrichtert. Das wird immerhin verstanden. Jetzt muss daraus harte Münze geschlagen werden. Dies vorzubereiten ist die Aufgabe des Europäischen Währungsinstituts. Gut, dass es in Frankfurt steht. Nur so wurde überhaupt die Chance geschaffen, eines Tages gemeinsames Euro-Geld in die Portemonnaies klickern zu lassen. ECU wird übrigens kein Name dafür sein, und alle 16 EU-Mitglieder können in der 1. Runde der Währungsunion auch nicht mitmachen. Da wird es noch viele Händel geben. Jetzt, um 14 Uhr, geht es auf in den Kampf, Lamfalussy. Möge es ein guter Kampf sein.

Vom Landmaschinenmechaniker in den ZBR: Welteke

Der Mann aus dem nordhessischen Korbach ist so etwas wie Schwarzbrot in einer Politiker-Landschaft von Golden Toast. Er hat seinen eigenen Querschädel und denkt bei aller Parteitaktik, die zu verfolgen ihm angeraten erscheint oder die er auch zuweilen klassisch präzise inszeniert, vorwiegend über das nicht zu vernachlässigende Gemeinwohl nach. Der 52-jährige Ernst Welteke hatte als hessischer Wirtschaftsminister den Nachfolger des viel zu früh verstorbenen Karl Thomas in die Landeszentralbank nach Frankfurt geholt. Horst Schulmann kam auf sein Werben hin von Washington in die Main-Metropole. Welteke: „Sie wissen, dass ich wesentlichen Anteil daran hatte, dass Schulmann vor zwei Jahren nach Frankfurt gekommen ist. Dass ich durchaus auch sagen kann, ich war mit ihm befreundet. Horst Schulmann ist sicherlich eine exzellente Besetzung des Postens der LZB gewesen und eine exzellente Persönlichkeit und dadurch ist die Bedeutung der Position des Präsidenten der Landeszentralbank am Finanzplatz Frankfurt unterstrichen worden."

Nun aber meint der ehemaligen Wirtschaftsminister und jetzige hessische Finanzminister, dass nur er die geforderte exzellente Besetzung an der Spitze der LZB sein kann. „Wer meine Tätigkeit als Wirtschaftsminister und als Finanzminister, auch als Fraktionsvorsitzender der SPD im hessischen Landtag beobachtet hat, hätte merken müssen, dass ich 'ne gewisse Neigung zu dem Gewerbe – hätte ich jetzt beinahe gesagt – zu dem Geschäft in der Vergangenheit habe erkennen lassen." Welteke hat diese Perspektive für sich vor wenigen Wochen aufscheinen lassen. Jetzt wird die Ernte eingefahren. Der Hessische Wirtschaftsminister, Lothar Klemm, wird heute Nachmittag dem Kabinett Eichel in Wiesbaden Ernst Welteke als Präsident der Landeszentralbank in Hessen vorschlagen.

Damit liegt dem ehemaligen Landmaschinenmechaniker kein Hindernis mehr im Wege, der Chef der bedeutendsten Bundesbank-Außenstelle zu werden. Denn gegen den Vorschlag Hessens wird es im Bundesrat kaum eine Opposition geben und die Ernennung durch den Bundespräsidenten ist nur noch Formsache. Auch die Anhörung durch den Zentralbankrat hat nur informative Bedeutung. Welteke, der Mann des 2. Bildungsweges und diplomierte Volkswirt, hat dann die Spitze der Nation mit dem Einzug in den Zentralbankrat erreicht. Sein Gehalt wird unter 400 000 Mark liegen, seine Reputation wächst ins Fabelhafte. Schließlich macht die hessische Landeszentralbank rund ein Viertel des Geschäfts der Bundesbank mit dem Kreditgewerbe im Inland.

Er bezieht Mitte Mai 1995 das schönste Bankhaus Frankfurts, das für sich genommen schon ein Gesamtkunstwerk darstellt in Art déco – mit Szenen aus Goethes Faust – und einer hellen Piazza im Zentrum des Gebäudes. Auf dem Dach italienisch anmutende Gärten und im Keller der sagenhafte Goldschatz der Bundesbank. – Das allerdings ist Legende. – Ernst Welteke, der, wie es heißt, die toskanischen Seiten des Wohllebens durchaus auch zu schätzen weiß, kennt den Renommierbau in der Frankfurter Taunusanlage schon seit Längerem, denn als Beirat der LZB ging er als Minister mindestens viermal jährlich dort ein und aus. Der 52-Jährige kann eine Amtsperiode von zweimal acht Jahren absolvieren. Die Langlebigkeit im Amt könnte für Welteke allerdings durch Europa einen Knacks erhalten. Kommt die Währungsunion, sinkt die Bedeutung der LZB drastisch.

Schützenhof in Basel für die feine Geldgesellschaft

Unter großem Gehetze zur Bank für Internationalen Zahlungsausgleich (BIZ) nach Basel gefahren. Im Intercity schrieb ich meinen Beitrag zur BIZ-Jahrestagung (12. 6. 95) für die Mittagssendung.

Da ich nun ein Viertelstündchen „Luft" habe, gehe ich recht gemütlich zum Schützenhof, dem traditionellen Treffpunkt der Notenbankleute, wenn sie die Tagesordnung der Jahresversammlung abgearbeitet haben. Beim Apéro bin ich immer noch einer der Ersten. Zeit zum Gedanken sortieren und Beobachtungen machen. Breitbeinig stehe ich unter den Kastanien des Wirtsgartens, genauer gesagt unter dem Zeltdach, das wegen der häufigen Gewitterschauer auf halber Höhe zwischen den Baumkronen eingezogen ist. Ich harre der Dinge und der Leute, die da kommen.

Nach und nach drücken subalterne Notenbanker in die gute Kastanienblätterstube, Farbige, Narbige. Na, da der neue österreichische Nationalbankspräsident, Klaus Liebscher. Dort Leonhard Gleske, ehemals Mitglied des Direktoriums der Deutschen Bundesbank, später Polen-Sanierer im Auftrag des IWF. Vor Jahren hat er mir mal die Geheimnisse der Bundesbank bei der Anlage ihrer Währungsreserven aufgeschlüsselt. Eine gute Geschichte in der Wirtschaftswoche. Vor dem Zentralbankrat wollte Gleske nicht mehr dazu stehen. (Der hat mit mir nie geredet!)

Ich stehe immer noch brettlbreit und alleine. Siehe hier, Bundesbankvizepräsident, Johann Wilhelm Gaddum. Er geht auf mich zu. Die Dollar-Politik wird unser Thema. Präsident Hans Tietmeyer steht auf einmal da, begrüßt mich freundlichst. Frankreichs Rolle in der (zu gründenden) Währungsunion wird angesprochen. Was sonst? Tietmeyer: „Es kommt auf Frankreich an, was daraus wird." (Warum immer Frankreich das Aktionsfeld überlassen? Wo bleiben deutsche Strategien für die Wahrung deutscher Interessen in der EWU?)

US-Notenbank-Chef, Alan Greenspan, dichte bei. Er plaudert mit Tietmeyer und Duisenberg, dem BIZ-Präsidenten. Ich begrüße Markus Lusser von der Schweizerischen Nationalbank. Klingelzeichen zum Platz nehmen am Tisch. Duisenberg lade ich noch schnell in unseren Club nach Frankfurt ein. Links von mir sitzt der Repräsentant der Bank von Japan, Amano, ein gescheites Haus, rechts ein Australier, der bei der BIZ Volkswirtschaft macht, John T. Kneeshaw.

Menükarten interessieren mich immer mal wieder. Weine: St.-Veran 1992/Côtes de Nuits-Villages 1991/Château Tour de Grenet, Lussac-St.-Emilion, 1986.

Lasagne aux crevettes géantes et filet de turbot, Sauce au caviar, Saldes estivales / Médaillons de veau enrobés de sésame, Sauce au Porto, Légumes du marché, Rösti / Café blanc glacé à l'étoile de figues sur miroir de mûres et vanille/ Café, Friandises). Nach der gemütlichen Runde von anderthalb Stunden: Pressekonferenz

Alte Dame mit Vergangenheit

London, in der Bank von England. Links zwängt sich eine winzige Stiege zum „The Old Lady Editorial Office" hinauf. Am Boden der Eingangshalle ein Mosaik des St. Georg, des Schutzheiligen Englands. „Old Lady of Threadneedle-Street" heißt die englische Zentralbank, seitdem ein britischer Karikaturist im 18. Jahrhundert die alte Dame in die Arme eines stürmischen Geldliebhabers getrieben hat. „Es gibt eine würdige alte Dame in der Nadeleinfädler-Gasse, dort, wo die Schneider ihren Sitz haben." Die Old Lady hat dort vor 300 Jahren Platz genommen. Bei wachsenden Aufgaben wuchs auch ihr Raumbedarf. Sie expandierte auf das Gelände einer ehemaligen St.-Christopherus-Kirche. In dieser Tradition ließ 1921 der damalige Gouverneur Montagu Norman im Atrium-Garten der Anlage eine Skulptur des Heiligen aufstellen. Ich lasse sie mir zeigen und bin freudig überrascht.

Dieses Kunstwerk von Richard R. Goulden vermittelt mir eine ganz neue Sicht meines Namenspatrons, der sonst als alter Mann und tief gebeugt wegen der Last des Jesuskindes und des damit verbundenen Globus' als Riese durch den reissenden Fluss der Zeit geht. Hier gibt es Dynamik. Der beschwingt springende, athletische junge Mann spielt fast im Fluge mit dem Jesuskind in seinen erhobenen Armen.

Eine sehr schöne Darstellung, obwohl mir das Material – schwarz polierte Bronze – weniger gefällt. Es fehlt da das Leuchten.

Das Sachgespräch mit dem Leiter des Generalsekretariats, Footman, ist auch nicht sehr erhellend. Die Briten lehnen nach wie vor eine Teilnahme an der Europäischen Währungsunion ab.

Drei Tage recherchieren einige Frankfurter Journalisten auf Einladung der Investmentbanken in London und seiner City. Derzeit sitzen wir im Trinity-House gegenüber dem Tower. Über die Köpfe der Diskussionsteilnehmer hinweg („Wird es eine europäische Börse geben?") sehe ich durchs Fenster auf die grausame Turmburg, in der Heinrich VIII. zwei Frauen und den Lord Kanzler Thomas Morus aufs Schafott gebracht hat neben anderen Ungeheuerlichkeiten, die dort über die Jahrhunderte ausgeführt wurden. Da wiegt der Fall Rudolf Hess, des Hitler-Stellvertreters, leicht, der dort nach seinem furchtbar dumm aufgezogenen England-Flug in Kriegszeiten eingesperrt war. Er wurde vom britischen Geheimdienst in den 80er-Jahren des 19. Jahrhunderts nicht im Tower sondern im Spandauer Kriegsverbrechergefängnis erdrosselt.

Lunch hatte es im Court-Room gegeben. Da guckten von oben her auf unsere Teller besagter Heinrich (Kopie eines zeitgenössischen Porträts) und von der anderen Seite seine berühmte Tochter, Elisabeth I., deren Mutter Anna Boleyn genau dort drüben geköpft worden war.

Jetzt im Grünen Saal, schaut mir Samuel Pepys ins Blatt. Er hatte es zum Sekretär des Flottenamtes gebracht, das in diesem Gebäude Jahrhunderte residierte. Andere Ämter und Ehrenämter im Umkreis der Königs kamen nach und nach hinzu. Er hat es sogar zum Master of the Trinity House gebracht, bleibt aber der Nachwelt durch sein Tagebuch in bester Erinnerung. Darin beschreibt er auch den großen Brand von London.

Zurück ins Lanesborough-Hotel, um sich fürs Gala-Dinner im Spencer House fertig zu machen. Diese Absteige hat es in sich. Das Hotel-Management spielt mit den verrücktesten Gags, um Exklusivität und Gastlichkeit vorzugaukeln. Nach dem Einchecken wird man zunächst von einer Dame aufs Zimmer gebracht. Sie sperrt allerdings nur auf und zeigt die Räumlichkeiten. Minuten später klopft es. Vor der Tür steht ein jüngerer Mann im schwarzen Anzug. „Ich bin Ihr persönlicher Butler. Darf ich hereinkommen?" Also gut. Er instruiert mich über die technischen Finessen, wie mit raffinierten Schaltungen die Klimaanlage höher oder niedriger gestellt wird. Er hat mir noch einige Faxen erläutert, die Bedienung des Telefonapparates mit meiner höchst persönlichen Nummer, außerdem das persönliche Fax-Gerät, angeschlossen in der Schreibtischschublade. Meinen Koffer nahm er aber nicht in die Hand. Der hätte zum Auspacken noch richtig aufgestellt werden müssen. Er verabschiedet sich mit der Empfehlung, stets zu Diensten zu sein. Ich habe ihn nicht mehr gesehen, wollte ich auch nicht. Der Couch-Tisch stand voll mit allerlei Luxus.

Das Dinner im Spencer House hat zumindest seine schönen, dekorativen Seiten. Irgendein Hotel hatte die Speisen ins Spencer-Schlösschen gebracht, das einst der Familie von Lady Diana (Frau von Prince Charles) gehörte und jetzt von einer Rothschild-Stiftung in den alten Glanz des 18. Jahrhunderts (erbaut 1756) zurück versetzt wird. Es muss zwischenzeitlich ziemlich ruiniert gewesen sein, abgesehen von unliebsamen Verwandten, die die schönsten Stücke nach und nach verscherbelten. Rothschild bemüht sich, die Originale wieder zurückzuerstehen. Außerdem traf eine deutsche Fliegerbombe den westlichen Teil des Hauses am Greenpark. Der britisch barocke Bau wurde nach alten Mustern wieder schmuck gemacht, schöne Gemälde aus dem 18.Jahrhundert, aber auch alte Italiener und Niederländer in Original und Kopie hineingeschleppt. Eine liebreizende Madonna ist mir erinnerlich, auch die Kopie eines römischen Zentaurs in Pony-Lebensgröße.

Wunderwährung des 21. Jahrhunderts: Euro

Der Europäische Rat, die Staats- und Regierungschefs der EU, haben am 16. Dezember 1995 auf ihrem Gipfeltreffen in Madrid den Namen für die künftige Währung Europas festgelegt. Die Nachfolge der D-Mark tritt der Euro an! So heißt die Zauberwährung des 21. Jahrhunderts, vielleicht sogar des 3. Jahrtausends. Sie löst die Wunderwährung der zweiten Hälfte des 20. Jahrhunderts ab. Auch die D-Mark hat eine tausendjährige Tradition. Die „Mark" wurde im Heiligen Römischen Reich Deutscher Nation seit dem 11. Jahrhundert ursprünglich als Gewichtseinheit verwendet. Die „Gewichtsmark" war die Ablösung für das bis dahin gebräuchliche „Karolingische Pfund" und wurde als Maßeinheit für das Wiegen von Edelmetallen geschätzt, im Handel wie bei Gold- und Silberschmieden.

Der ehemalige Präsident der Landeszentralbank in Hamburg, Wilhelm Nölling, kennt sich in diesem Bereich der Geldgeschichte gut aus: „Diese ursprünglich nordgermanische Maßeinheit erlangte in ganz Mitteleuropa große Bedeutung. Je nach Feinsilbergehalt bildeten sich in den folgenden Jahrhunderten regional gebräuchliche Währungsgruppen heraus, z. B. diese: Flandrische Mark, Nordische Mark, Italienische Mark-Gewichte, Kölner Mark, Venedig-Nürnberger Mark, Mark von Troyes, Prager Mark, Mark von Barcelona und Wiener Mark. Im Bereich der Hansestädte an der See hatte die Lübische Mark ihre Wichtigkeit und im Rheinland und in Süddeutschland die Kölner Mark. Als Münze geschlagen wurde allerdings keine davon.

Erst seit 1502 wurde die Mark als erste talerförmige Münze der Städte Lübeck, Wismar, Hamburg und Lüneburg geprägt. Die Kölner Mark mit 229 bis 255 gr. Silber war seit den Reichsmünzordnungen des 16. Jahrhunderts das bestimmende Münzengrundgewicht. Sie blieb bis zum Jahr 1857. Parallel dazu führte im bargeldlosen Zahlungsverkehr die Mark-banco ein munteres Leben im Hintergrund. Sie war 1619 von der Hamburger Bank geschaffen worden. Sie hat bis in unsere D-Mark-Zeiten überlebt und fand im internationalen Zahlungsverkehr Verwendung als zwischenbetrieblicher Verrechnungskurs bei Banken.

Die moderne Mark war mit dem Münz-Gesetz vom 9. 7. 1873 als Währungseinheit im Deutschen Reich eingeführt worden. Es folgte 1924 die „Reichsmark“ und 1948 die D-Mark“.

Konvergenzbericht: Kaum einer Euro-tauglich

Das Europäische Währungsinstitut – EWI – sagt gleich im ersten Absatz, was Sache ist: Der Konvergenzbericht kommt insgesamt zu dem Ergebnis, dass zurzeit die Mehrheit der Mitgliedstaaten die notwendigen Voraussetzungen für die Einführung einer einheitlichen Währung nicht erfüllt.

Luxemburg hat es geschafft, vielleicht auch noch Dänemark und Irland, niemals aber Deutschland und Frankreich. Auf die kommt es aber an. In Deutschland stieg z. B. die kurzfristige Defizitquote von drei Prozent 1994 auf 3,5 Prozent 1995. Im Jahre 1996, so das EWI, wird das Defizit in Deutschland weiter auf vier Prozent des Bruttoinlandsprodukts ansteigen und damit deutlich oberhalb des Referenzwertes von drei Prozent liegen. Der Anstieg des Finanzierungsdefizits wird in diesem Jahr voraussichtlich zu einer weiteren Zunahme der Schuldenquote auf 60,8 Prozent führen, die damit den Referenzwert von 60 Prozent übersteigen wird. Frankreich steht teilweise etwas besser da. Die Defizitquote, die 1995 noch bei 4,8 Prozent gelegen hatte, stellt sich im laufenden Jahr auf vier Prozent. So bleibt die Schuldenquote damit noch erkennbar unter der Obergrenze von 60 Prozent, nämlich bei 56,4 Prozent.

Mit seiner teilweisen Staatsfinanzierung aus dem Topf der privatisierten France Telecom wird Frankreich aber klar aufs Korn der europäischen Währungshüter genommen. Sie weisen darauf hin: Die Verringerung des Defizits durch Maßnahmen mit einmaliger Wirkung gewährleistet keine dauerhafte Konsolidierung. Große Aufmerksamkeit muss der Substanz und nicht nur der Buchungsmethode bei der Messung der Defizite und der Schuldenstände geschenkt werden. Und dann das EWI für alle: Konsolidierungsanstrengungen müssen umso energischer sein, je größer die anfängliche Verschuldung ist.

Die dauerhafte Konsolidierung der öffentlichen Haushalte muss sich zukünftig zwei Herausforderungen stellen müssen: erstens der hohen und hartnäckigen Arbeitslosigkeit und zweitens derjenigen, die aus der demografischen Entwicklung erwächst, als Rentenfinanzierung.

Hinsichtlich der anderen Maastricht-Kriterien sind die EWI-Oberen recht zuversichtlich. Das gegenwärtige wirtschaftliche Umfeld mit geringem Preis- und Kostendruck sei günstig. Die meisten Mitgliedsstaaten verzeichneten verhältnismäßig niedrige Preissteigerungsraten, und viele EU-Mitglieder hätten praktisch Preisstabilität erreicht. Die übrigen Länder vermeldeten einen Rückgang der Teuerungsraten.

Das kurze Leben des EWI-Präsidenten

Alexandre Lamfalussy, der EWI-Präsident, ist ein pfiffiger Professor mit Witz. Er sei einer der wenigen, sagte er im Frankfurter Palmengarten, die auf den eigenen institutionellen Tod hinarbeiteten. Stirbt das EWI, entsteht an gleicher Stelle die Europäische Zentralbank. Die Währungsunion ist da. Ohne ihn. Kommt die EZB in absehbarer Zeit aber nicht, wird sich das EWI perpetuieren. Lamfalussy hätte dann vielleicht neun Leben, wie eine Katze, eine Euro-Geld-Katze. Schon jetzt stehen ihm zwei zu. Ende 1996 läuft sein Dreijahresvertrag ab. Er braucht einen zweiten, um 1999 zu erreichen.

Lamfalussy hat ganze Arbeit zu leisten, denn nach dem EG-Vertrag muss das Währungsinstitut bis Dezember den regulatorischen, organisatorischen und logistischen Rahmen für das gemeinsame Euro-Geld festlegen. Schließlich steht im Vertrag, dass die Währungsunion bereits 1997 geschaffen werden kann. Politisch darf dieses Datum allerdings vergessen werden. Alle starren auf 1999 und zählen sich an den Jackenknöpfen ab: Kommt sie oder kommt sie nicht?

Lamfalussy will bei solchen Spielchen aber nicht mitmachen. Er hat die Aufgabe, das Euro-Geld technisch zu ermöglichen und er hat als unabhängiger Mahner die Pflicht, pflichtvergessenen Europäern die Leviten zu lesen, bei kontraproduktivem Verhalten. So wird aus dem Mahner letztlich eine hochpolitische Figur. Bei der Vorlage seines Jahresberichts verurteilte er ganz unverhohlen die Finanzpolitiken fast aller europäischen Länder. Die hemmungslose Schuldenmacherei der Staaten sei ein Grundübel und ganz bestimmt der falsche Weg.

Lamfalussy und sein Währungsinstitut haben jetzt schon die vergleichbaren Funktionen für Europa übernommen, wie sie die Bundesbank in Deutschland ausübt, nämlich gegen alle Interessen allein der wirtschaftlichen Vernunft zum Erfolg zu verhelfen. – Währungsunion hin oder her. Mit der verhängnisvollen Überschuldung steht für den Euro-Geldprofessor nicht nur die Währungsunion auf dem Spiel, sondern – und das ist viel schlimmer – auch die Chance für das so dringend benötigte Wirtschaftswachstum. Schuldenmachen lähmt.

Auch die Spargroschen dürfen nicht ausschließlich vom Staat geschluckt werden. Sie müssen in rentable Investitionen fließen. Wir brauchen Konjunkturmotoren. Wie soll man denn den bevorstehenden Herausforderungen gerecht werden, die sich alleine schon aus dem steigenden Durchschnittsalter der Bevölkerung ergeben? Die Staatsrechnung muss selbstverständlich durch Einsparungen in Ordnung gebracht werden, nicht über Steuererhöhungen, die nur die Konjunktur kaputt machen.

Das kann auch auf eine falsch verstandene Währungsunion gemünzt werden, wenn diese nicht als absolute Stabilitätsunion konzipiert ist. Lamfalussy glaubt noch an 1999, wenn die Wirtschaftspolitik angemessen ist, die Kritierien strikt angewendet werden und die Wirtschaftsentwicklung in der Gemeinschaft zufrieden stellend verläuft: Wenn, wenn, wenn. Wenn nicht, beginnt das dritte Leben Lamfalussys in der beginnenden Unendlichkeit oder EWIgkeit.

*****

Planspiele mit Beschäftigungsverträgen führen meistens in die Irre. Gerade in Umbruchszeiten wie dieser müssen die Beteiligten immer auf unliebsame politische Einflüsse gefasst sein. Mal wieder hat es im Hintergrund zwischen Deutschen und Franzsosen gekracht. Lamfalussy geriet in einen Strudel. – Heute früh hatte es ihm noch Spaß gemacht und mittags warf er dann das Handtuch. Der Baron mutierte zum Währungskometen, der kommt und geht.

Eigentlich hätte der EWI-Präsident sein Institut bis an die Pforten der Europäischen Zentralbank führen sollen. Er sollte Chef der multinationalen Organisation sein und bleiben bis die Europäer wie ein Mann aufstehen und das gemeinsame Geld – den Euro – aus der Taufe heben. Dafür ist als Zeitziel der 1. Januar 1999 vorgegeben. Jetzt will sich Lamfalussy ganz überraschend schon Mitte 1997 aus dem Euro-Geldverkehr ziehen. Dabei war heute Morgen, am 14. Mai 96, in einem Zeitungsinterview mit ihm nachzulesen gewesen: „Um ehrlich zu sein, es macht mir großen Spaß – die Aufgabe im EWI."

Als Geschäftsführender Präsident wird dann Wim Duisenberg beim EWI einziehen. Duisenberg zeichnet seit 1982 als Chef der niederländischen Zentralbank. Er gilt als hervorragender Geldpolitiker, machte die europäische Geldbewegung von Anfang an mit und ist rund sechs Jahre jünger als Lamfalussy. Als Präsident der Nederlandsche Bank sitzt er auch seit Jahr und Tag im Gouverneursrat des EWI. An seiner Qualifikation kann kein Zweifel bestehen.

Wenn Duisenberg kommt, ist das ein Gewinn für das Währungsinstitut und für Frankfurt. Gegenwärtig ist es aber für die Weiterentwicklung des gemeinsamen europäischen Geldes ein noch größerer Verlust, dass Lamfalussy gehen wird. Wie kam es zu dieser für alle – bis in sein Vorzimmer – überraschenden Konstellation? Natürlich wiegeln die Insider ab. Da gibt es Ausreden, die die Frau des Präsidenten ins Spiel bringen. Dann heißt es, er würde im nächsten Jahr 68. Da müssten sogar die eingefleischtesten Bundesbanker aufs Altenteil gehen. Das alles verwischende Argument „Krankheit" wird nicht bemüht. Dann sprudelt auf einmal ein verräterischer Satz heraus: Lamfalussy könne doch nicht sechs oder acht Jahre so weitermachen.

Davon war bisher allerdings auch nicht die Rede gewesen. Tatsächlich kann Wim Duisenberg dann noch gut und gerne zwei Amtsperioden zu jeweils drei Jahren durchhalten, oder auch acht Jahre, wie sie für die Amtszeit des EZB-Präsidenten vorgesehen sind. Soll er verheizt werden? In jedem Falle können Fachwelt und Bürger sicher sein, dass auch bei ihm die Stabilitätskriterien Vorrang haben vor wie auch immer gearteten Zeitplänen. Aus reinem Ehrgeiz eventuell erster Präsident der Europäischen Zentralbank zu werden im Anschluss an die EWI-Zeit wird er keinerlei Ränke spielen, um die Geldwertstabilität des noch zu formenden Euro infrage zu stellen.

Duisenberg war der Mann, der bei den letzten großen Währungsunruhen 1993 voll zur stabilen D-Mark gehalten hat und den niederländischen Gulden unverbrüchlich in der engen Bandbreite von 4,5 Prozent ließ. Die anderen EWS-Mitglieder gingen auf 15 Prozent nach oben und unten. Duisenberg kann kein unsicherer Kantonist sein. Außerdem spricht er Deutsch und kann damit bei deutschen Gemütern vielleicht glücklicher für die Währungsunion werben, obwohl der jetzige EWI-Präsident hierzulande nicht nur fachlich hoch geschätzt sondern geradezu verehrt wird.

Genau genommen hätte Lamfalussy nicht vorzeitig aussteigen dürfen. Dadurch wird das unsichere Terrain der europäischen Währungseinigung noch schwankender. Aber: Duisenberg opfert sich für Europa. Das ist povitiv zu werten. Der große Durchbruch für die gemeinsame Geldzukunft ist seine jetzige Nominierung nicht.

Götterfunken lässt auf sich warten

Europa steht vor einem Neuanfang, dessen Komplexität keine historische Parallele hat. Karl der Große integrierte das römisch-germanische Europa. Die slawischen Völker blieben weitgehend draußen. Jetzt soll alles in den politischen Schmelztiegel von Irland bis an die Grenzen Russlands, von Sizilien bis ans Nordkap. 27 Staaten warten auf die Einverleibung in den monumentalen Corpus von dann 450 Millionen Bürgern. Der Quantensprung übersteigt das politische Denkvermögen vieler Europäer, insbesondere wenn sie sich Jahrzehnte im Windschatten vor oder hinter der Mauer verkriechen konnten.

In den 50er-Jahren startete die Europäische Wirtschaftsgemeinschaft EWG mit sechs Staaten. Der Binnenmarkt wuchs bisher auf 15 Staaten an. Man rückte zusammen, ohne sich allzu sehr wehzutun.

Es entwickelte sich sogar ein gewisses Wir-Gefühl. Freude über die europäische Einigung wäre zuviel gesagt. Der Götterfunken blieb uns trotz der Hymne verborgen. Der Untergang der Sowjetunion, der Krieg in Jugoslawien und die Globalisierung der Märkte haben die Welt jedoch so aufgerührt, dass Europas einzige Überlebenschance in der Integration der zweieinhalb Dutzend Staaten liegt.

Nach Ansicht des Staatsministers im Auswärtigen Amt, Werner Hoyer, muss deshalb die Währungsunion ohne Verzögerung zum 1. Januar 1999 starten und das Vertragswerk „Maastricht II" bis zum EU-Gipfel in Amsterdam Mitte 1997 erfolgreich abgeschlossen sein. Die Bundesregierung will zwar weder bei der Währungsunion noch in der politischen Union alles mit sich machen lassen. Nach Aussagen Hoyers geht es aber in allererster Linie um die Zukunftsperspektive „Europa" und nicht etwa um ein geldpolitisch puristisches Management der Euro-Währung, wenn auch ein harter Euro auf der Tagesordnung bleibt.

Daneben müsse ein neues Finanzierungskonzept für die Brüsseler Behörden entwickelt werden mit der Grundausrichtung, dass Brüssel keine Finanzierungshoheit erhält. Die oftmals alles bremsenden Mehrheitsentscheidungen müssten rigoros abgeschafft werden. – Für den Rinderwahnsinn der Briten hatte Hoyer nur die Bemerkung: Die sind in eine Sackgasse gelaufen, wo auch noch Einbahnstraße dransteht. So etwas dürfe einfach nicht mehr passieren.

Die gemeinsame Außen- und Sicherheitspolitik muss vorwärts gebracht werden. Dazu bedürfe es eines Generalsekretärs. Die Westeuropäische Union WEU muss in die EU integriert werden, damit auch gemeinsame militärische Stärke aufgebaut werden kann. Fälle wie Jugoslawien müssten von Europa selbst geregelt werden können, meinte Hoyer. Dabei soll aber nicht die starke Nato-Verzahnung mit den USA aufgegeben werden. Nicht zuletzt stehen die Zoll-, die Asyl- und Einwanderungspolitik auf der Tagesordnung. Dazu gehören auch die gesamten Visa-Verordnungen. Die EU muss um die enge Kooperation in Justiz und Inneres bereichert werden usw.

Gefragt ist aber nicht der europäische Einheitsstaat sondern ein Staatenverbund, in dem die Prinzipien der Solidarität und der Subsidiarität gelten. Die Zahl der EU-Kommissare sollte nach Meinung des Außenministeriums auf zehn beschränkt werden. In der politischen Umsetzung – so Hoyer – kommt es auf Deutschland und Frankreich an. Alles andere staffelt sich dahinter. Tatsächlich ist es aber so, dass Deutschland noch stärker als bisher die treibende Kraft bei der europäischen Integration ist. Das größte Volk mit der höchsten Wirtschaftskraft hat da seine Aufgaben. Die meisten Europäer wollen allerdings bei einer Konstruktion nicht mitmachen: Europa als Bollwerk für die Festung Deutschland-Frankreich. Das wär's dann: Frankreich dirigiert Deutschland und beide zusammen Europa.

Blauer Brief aus Brüssel und andere Moritaten

Ehrlich währt am längsten und wer einmal Klassenprimus war, muss darauf achten, dass das Niveau nicht absinkt. Mit etwas diplomatischem Geschicke – Spanien und Italien, aber auch andere hätten die Hand dafür gereicht – mit etwas mehr diplomatischen Geschick hätte es die Bundesregierung verhindern können, dass sie aus Brüssel gerüffelt wird. So erhielt sie (Anfang Juni 96) einen Blauen Brief wegen laxer Finanzpolitik, weil Deutschland die Verschuldungskriterien, wie sie im Maastrichter Vertrag festgehalten sind, nicht eingehalten hat. Der Vorwurf wiegt schwer. Die Beurteilung lautet auf ungenügend.

Im Vorfeld hatte das Bundesfinanzministerium treudeutsch zu ihren Finanzschandtaten gestanden. Sie wollte den Brief, denn es führt kein anderer Weg aus dem Schlamassel. Der europäische Ordnungsruf soll auf Bonn disziplinierend wirken: Lasst euch aber schon gar nichts mehr zu Schulden kommen, drückt eure Staatsdefizite auf die geforderten drei Prozent übers Jahr und lasst den Schuldenberg nicht über 60 Prozent der gesamtwirtschaftlichen Leistung – ausgedrückt im Bruttoinlandsprodukt – hinaus wachsen.

Finanzminister Theo Waigel spürt weniger den Tadel durch das Schreiben, als die Trümpfe, die er sich auf diese Weise verschaffen wollte: Einen innenpolitischen und einen außenpolitischen. Innenpolitisch kann die Blaue Schande als Trumpf in den Tarifauseinandersetzungen besonders im öffentlichen Dienst ausgespielt werden: Seht, ihr Gewerkschaften, Brüssel tadelt uns schon. Ihr aber treibt durch überhöhte Lohnforderungen den Schuldenberg noch weiter nach oben. Nicht Mehrausgaben sind das Gebot der Stunde sondern Einsparungen um jeden Preis.

Beim heutigen Finanzministertreffen geht es aber weniger um die inneren Angelegenheiten in Deutschland als um die Vorbereitung der Europäischen Währungsunion, an deren Zustandekommen derzeit niemand zweifelt. Die Frage heißt nur noch: Darf es etwas mehr Stabilität sein oder wird Kriterien-Schlamperei von Anfang an betrieben. Deutschland wollte auf den Blauen Brief nicht verzichten, weil ihn dann eine ganze Reihe anderer Länder erst recht erhalten müssen. 1999 soll nämlich nicht ein Jubelfest „Friede, Freude, Währungsunion" mit allen 15 (bisherigen) EU-Staaten gefeiert werden, wie es die meisten Länder und auch bestimmte Kreise in der Brüsseler Kommission planen. Deutschland will den Hartwährungsblock und wer dazu nicht taugt, muss in ein besonderes Devisenkurs-Regime – EWS II genannt – gepresst werden. Und wer da nicht mitmachen will, soll ganz draußen bleiben. Die deutsche Marschrichtung wird immer klarer: Durch einen Hartwährungsblock – mit Frankreich – Europa auf Kurs zu bringen, untaugliche Elemente abzusondern und erst später – nach ihrer Besserung – den Weg zur gemeinsamen Union zu ebnen. Als Zwischenetappe dorthin kann ein Brief aus Brüssel gar nicht blau genug sein. Blaue Wunder darf man sich davon wirklich nicht versprechen.

Bei Lichte besehen: Deutschland steht mit der Brüsseler Kommission derzeit nicht auf sonderlich gutem Fuße. Mit dem Luxemburger Jacques Santer als Präsident an der Spitze will sich die Kommission nun endgültig gegenüber dem größten Mitgliedsstaat durchsetzen. Die Lage wird nicht einfacher, obwohl gerade Deutschland es ist, das sich wahrhaft europäisch fühlt und Europa politisch und wirtschaftlich vorwärts bringen will. Das kann aber nicht heißen, dass die Bundesrepublik für die teure Brüsseler Verwaltung nun jeden Preis zu zahlen bereit wäre. Bonn will nicht mehr Zahlmeister Europas sein.

Deutschland dringt einerseits auf einen energischen Sparkurs bei der Kommission und will gleichzeitig auch weniger dorthin an Finanzausgleichsmitteln zahlen. Milliarden sollen eingespart werden. Am liebsten sähe es der Bundesfinanzminister, wenn er den überhöhten EU-Finanzaderlass direkt in deutsche Förderkanäle umlenken könnte unter Umgehung von Brüssel. Das aber geht nicht. So einfach darf das europäische Reglement nicht über den Haufen geworfen werden. Also geht das Finanzpoker Bonn-Brüssel weiter.

An anderer Stelle kassieren die Deutschen ab, wo immer es möglich ist, und gehen dabei mit den Europäischen Kassen nicht zimperlich um. Der spektakulärste Fall in jüngster Zeit betrifft die Brüsseler Subventionen für den Bremer Vulkan-Verbund, wo Hunderte Millionen Mark europäischer Fördermittel für die Werftindustrie in den neuen Bundesländern fehlgeleitet und in Bremen, in der Vulkan-Konzernbilanz verramscht wurden. Prozesse wegen Veruntreuung und Betrugs sind anhängig. Brüssel fordert – sicherlich zu Recht – das Geld zurück. Gleichzeitig stellte Frankreich einen Antrag für Finanzhilfen zugunsten der nationalen Luftfahrtgesellschaft Air France. Dabei geht es nicht immer um direkte EU-Beihilfen sondern um die Genehmigung seitens der Kommission, dass Frankreich mit Milliarden-Beträgen die herunter gekommene Air France wieder aufpäppeln kann, zu Lasten der Wettbewerber.

Die Lufthansa und die Deutschen protestieren. Es hilft nichts, die Subventionsgenehmigung für die blau-weiß-rote Fluggesellschaft kommt. Und schon basteln die Franzosen an einem neuen halsbrecherischen Subventionsfall, nämlich der abermaligen und vermeintlich endgültigen Sanierung ihrer größten Bank, des Credit Lyonnais.

Inzwischen gibt es für Brüssel aber wieder einen heißen Fall in Deutschland: Der Freistaat Sachsen steht gegen den „Überstaat" EU-Kommission auf. Ministerpräsident Kurt Biedenkopf und sein Wirtschaftsminister, Kajo Schommer, bestiegen das „Sachsen-Ross" und reiten nun ihre Attacken gegen Brüssel. Es geht dabei um nicht weniger als 20 000 Arbeitsplätze in Sachsen und damit in der Förderregion neue Bundesländer. Die EU-Kommission hatte vor einigen Wochen gegen die Stimmen der deutschen Kommissare entschieden, die Subventionen für die neuen Werke des Volkswagen-Konzerns in Mosel und Chemnitz um ein Drittel auf 540 Millionen Mark zu kürzen mit der Begründung, es gehe hier nicht um Neuinvestitionen sondern um die Erweiterung der VW-Kapazitäten. Das stimmt und stimmt nicht.

Jede Neuinvestition ist irgendwo auch eine Erweiterung. Brüssel blieb hart. Nach dem Aus der Kommission kam das Aus von VW in Wolfsburg. VW teilte mit: Ohne Subventionen in der vereinbarten Höhe werden die neuen Werke in Sachsen nicht weitergebaut. Das rief die „Kleine Gewalt", Kurt Biedenkopf, auf den Plan. Er beschloss mit seinem Kabinett in Dresden: Wir, das Land der Sachsen, überweisen fristgerecht die kontrahierten Mittel von 142 Millionen Mark. Brüssel steht Kopf und Deutschland freut sich, schließlich kann nicht einfach hingenommen werden, dass VW mit den für Sachsen geplanten Kapazitäten anderswohin abwandert, z. B. in die Slowakei. Deutschland braucht ganz bestimmt Arbeitsplätze.

Deutschland braucht aber auch ein gutes Verhältnis zu Brüssel, außerdem braucht Deutschland Freundschaft mit Frankreich und die EU braucht ihre Mitglieder. So wie es aussieht, muss da über alle intensive Basisarbeit geleistet werden, denn: Alle brauchen Europa.

Europa schlägt sich, Europa verträgt sich. Ohne einen gewissen Schlagabtausch kommen weder die einzelnen Staaten intern aus noch Völkergemeinschaften wie die Europäische Union. Zurzeit ist Schlägerei angesagt. Es geht ums liebe Geld und die europäische Krankheit der Subventionitis. Es geht um Misswirtschaft in der Brüsseler Organisation und es geht um falsche Bemessungsgrundlagen für die deutschen Überweisungen an Brüssel und um die Dotationen, die die Bundesrepublik aus Brüssel erhält.

Konsens unter den Europäern ist die Vermutung, dass irgendetwas in der Finanzierungsstruktur für die Europäische Kommission nicht stimmt. Deshalb wurde Ende 1995 beim EU-Gipfel in Madrid das Thema auch auf die Tagesordnung gesetzt. Es soll nun erarbeitet werden, welcher Finanzierungsschlüssel ab 1999 gelten soll. Genau jene Räte haben drei Jahre früher eine haarsträubende Fehlentscheidung getroffen, als sie festlegten, die Länderbeiträge für den Brüsseler EU-Haushalt nach dem jeweiligen Bruttosozialprodukt zu bemessen. Damit war Deutschland sehr schnell Europameister und Nettozahler par excellence. Reiche Länder, wie Luxemburg und Dänemark, bescherte dieses Umlagesystem demgegenüber einen Netto-Gewinnregen. Eine Berechnungsmethode über das Pro-Kopf-Einkommen hätte Gerechtigkeit schaffen können und muss künftig für Gerechtigkeit sorgen.

In den vergangenen zwei Jahren hat Deutschland jeweils rund 41 Milliarden Mark nach Brüssel überwiesen, aber nur 15 Milliarden von dort für die Bauern oder auch für die Regionalförderung zurückerhalten. Die Nettozahlerposition beträgt damit pro Jahr 26 Milliarden Mark. Es wäre ein gewisser Trugschluss zu glauben, Deutschland überweise nach Brüssel ganz ungerechterweise 26 Milliarden Mark (p.a.) zuviel. Nach den Berechnungen der bayerischen Staatsregierung, nach Ministerpräsident Edmund Stoiber, liegt der Problembetrag bei 15 Milliarden Mark. Nach Stoiber zahlt Deutschland neun Milliarden zuviel in die EU-Kasse und erhält sechs Milliarden zu wenig zurück. Erklärtermaßen ist die EU-Finanzierung eine ziemlich undurchsichtige Angelegenheit und liefert immer Munition für Streitigkeiten, vielfach auch zu Recht. Der europäische Agrarwahnsinn drückt sich z. B. darin aus, dass Deutschland dreimal soviel in den Agrarhaushalt einbezahlt, als es herausholen kann. Nutznießer seit Jahrzehnten sind Betriebe im italienischen Mezzogiorno und im französischen Midi. Deutschland hat da eine wunderbare Konkurrenz mit aufgepäppelt.

Die SPD kommt nun mit dem wohlmeinenden Vorschlag (der von grenzenloser Ahnungslosigkeit zeugt), die anderen reichen Staaten sollten nach Brüssel – mehr oder weniger zugunsten Deutschlands – eine „Mitverantwortungsabgabe" leisten, wodurch Bonn jährlich zwei bei drei Milliarden Mark einsparen könnte. Die reichen Nachbarn werden vor der grundlegenden EU-Finanzierungsreform von 1999 aber überhaupt nicht daran denken, so etwas zu tun.

Finanzminister Theo Waigel glaubt denn auch nicht an einen solchen karitativen Geldsegen. Langfristig gäbe es vielleicht Einsparungen von anderthalb bis zwei Milliarden Mark beim Brüsseler Geldaderlass.

Abgesehen von den Agrarüberschüssen und den regionalen Strukturfonds zahlt Brüssel fast nichts an Bittsteller aus europäischen Ländern. Die Kommission verfügt aber über ein absolutes Veto bei Subventionen jeglicher Art, die die Einzelstaaten ihren Firmen zuschanzen wollen. Die Brüsseler Maxime heißt dabei: Es ist alles verboten, was nicht ausdrücklich genehmigt ist. Im vergangenen Jahr gab es einige hundert Subventionsanträge, ein Drittel davon aus Deutschland. Insgesamt 180 Milliarden Mark verfütterten die europäischen Staaten im vergangenen Jahr an ihre Industrien. Eine Katastrophe. Bei VW in Sachsen hat EU-Wettbewerbskommissar van Miert nun einmal ganz energisch auf Rotlicht geschaltet. Morgen wird der deutsche Wirtschaftsminister Günter Rexrodt deshalb mit ihm telefonieren. Die Klagefrist läuft erst in einem Monat ab.

Ebenso wie ein neuer EU-Finanzierungsschlüssel auf der Agenda der Regierungschefs steht, muss die Subventionspraxis der europäischen Länder draufgesetzt werden. Ein neuer Kodex muss entwickelt werden, an den sich dann – hoffentlich – alle halten. Der gegenwärtig zu beobachtende Subventionswettlauf der Länder schadet letztlich allen.

Tietmeyer 65: Westfälische Eichen wachsen langsam

Seine Vita im Spiegel der Reden von Kollegen, Kanzler Kohl und seiner selbst

Illustrer Empfang im Gästehaus der Bundesbank, August 1996

Vizepräsident Wilhelm Gaddum eröffnet die Geburtstagsrunde wohl gesetzter Reden für den Präsidenten: Dass Geldwertstabilität nicht eine ökonomische Marotte eines Aerophags ist, dass die Voraussetzung eine freiheitliche Ordnung ist, diese These wird selten bestritten. Dass dieses Ziel nicht zum Nulltarif zu haben ist, sondern daran ausgerichtete Geldpolitik erfordert, die bisweilen Unannehmlichkeiten macht, das bedarf immer wieder neuer Überzeugungsarbeit. Ihre Kollegen im Zentralbankrat, lieber Herr Tietmeyer, sind sehr dankbar, dass es sich bei Ihnen als ihrem berufenen Sprecher gut aufgehoben wissen können, das rechte Maß zu finden zwischen einerseits der Unabhängigkeit in der Erfüllung unserer Aufgabe und andererseits dem Respekt vor dem Auftrag anderer, zwischen einerseits der Deutlichkeit, bis zur notwendigen Härte andererseits. Manche sprechen dann auch von Sturheit einerseits und der Verbindlichkeit und Courtoisie andererseits in der Zieldarstellung und Flexibilität im Hinblick auf den Weg zum Ziel, das erfordert schon ein Geschick zur Balance von dem aus der Weg zu dem Goethe'schen Axiom dann doch gar nicht mehr ganz so weit ist. Aber auch darüber hinaus sind ja die Erwartungen des Zentralbankrates an seinen Präsidenten nicht gering. Er soll einerseits in der öffentlichen Diskussion Meinungsführung erkennen lassen, ohne dass einzelne Mitglieder sich zur Artikulierung abweichender Meinungen aufgefordert fühlen. Die nicht hierarchische Verfassung unserer Bank in ihren Entscheidungsstrukturen ermuntert zu einem vielfältigen Meinungsspektrum, das dann wiederum der Präsident in den Beratungen zu möglichst einmütigen Beschlüssen führen soll. Und bisweilen geht es anderen sicherlich genauso wie mir, wir bewundern, dass das noch funktioniert.

Ihr für uns alle im Zentralbankrat und darüber hinaus in der Bank erkennbares Bemühen, lieber Doktor Tietmeyer, Diskussionen und Meinungsbildungen im Miteinander und nicht im Gegeneinander zu ermöglichen, wird sehr anerkannt und wir sind dankbar dafür. Wir wissen, dass diese Aufgabe im Vorfeld der Währungsunion, die Funktion und Status der Bundesbank ändern wird, nicht leichter macht.

Zentralbankrat und alle Mitarbeiter der Bank gratulieren Ihnen sehr herzlich zu diesem Geburtstag mit allen guten Wünschen für eine Zukunft, die Ihnen und uns interessante Aufgaben stellen wird, aber sicherlich auch viele schwierige Entscheidungen abverlangen wird. Aber Zukunft hat immer auch Geschichte und damit bin ich bei dem Geburtstagsgeschenk des Zentralbankrates, das hat etwas mit jüngerer Geschichte zu tun. Seine Entstehung hat Herr Dr. Issing in besonderer Weise begleitet und ich möchte ihn deshalb auch ans Mikrofon bitten.

– Beifall –

Dr. Otmar Issing: Herr Bundeskanzler, meine sehr geehrten Damen und Herren, Herr Präsident, lieber Herr Tietmeyer!

Herrn Tietmeyers Verdienste, zumal über das hinaus, was hier und heute zu hören ist, würdigen zu wollen, hieße M3 in die Wilhelm-Epstein-Straße tragen, obgleich wir auch unorthodoxe Mittel bei der Kontrolle des Geldmengenwachstums nicht von vornherein verwerfen sollten. Über seinem Wirken im hellen Lichte der Öffentlichkeit, dem der gebührende Respekt längst rund um den Erdball zuteil wird, gerät eine, wie ich meine, nicht minder wichtige und einflussreiche Tätigkeit in den Hintergrund. Ich spreche von dem Autor, der schon als junger Mann Texte von gedanklicher Tiefe und bemerkenswerter Klarheit geschrieben hat. Wie nach seinem Lebenslauf und – wenn ich so sagen darf – nach seinem Charakter nicht anders zu erwarten, stehen Fragen der Ethik und der Ordnungspolitik nicht nur am Ende. Sie sind bis heute auch hinter dem Text von Aufsätzen zu spüren, die sich mit dem ganzen Spektrum aktueller Probleme beschäftigen. Er weiß um die Wirkung des richtigen Wortes zur richtigen Zeit und noch mehr um die fatalen Folgen unbedachter Äußerungen. Daher seine Mahnung: Wenn in der politischen Diskussion aber einmal der Geist aus der Flasche ist, lässt er sich erfahrungsgemäß nur schwerlich wieder einfangen.

Verantwortung und Überzeugung haben ihn freilich auch dazu geführt, manche Flasche zu entkorken. Wiederum nie ohne Einfluss und einmal mit anhaltender Wirkung von historischer Dimension.

Ein Thema hat den Autor Hans Tietmeyer seit seinen Anfängen im Bundesministerium für Wirtschaft nie mehr losgelassen: die europäische Integration. Auf steil ansteigenden Stufen der Politik hat er am Bau des europäischen Hauses mitgewirkt. In einer Fülle von Artikeln hat er zur Architektur des Vorhabens beigetragen. Der organische Entwurf wiederum steht im Mittelpunkt, eben die ordnungspolitische Gesamtsicht. Auf die Dauer hat die Gemeinschaft, wenn sie sich selbst nicht infrage stellen will, keine Alternative als den Weg in die politisch fundierte Wirtschafts- und Währungsunion. Dafür genügen keine verbalen Kompromisse. Dafür sind die tatsächliche Vergemeinschaftung der Politik und die Schaffung entsprechender Institutionen notwendig. Dies schrieb der Beamte im Wirtschaftsministerium im Jahre 1971. Der damalige Oppositionssprecher Franz Josef Strauß meinte dazu im Deutschen Bundestag: ein vorzüglicher Aufsatz, der ausgerechnet die Studie eines Autorenkollektivs der Moskauer Universität zitiert.

– Heiterkeit –

Die Überzeugung vom notwendigen Gleichklang zwischen politischer und wirtschaftlicher Integration, aber auch die Suche nach dem richtigen Mischungsverhältnis durchzieht ein Œuvre, zu dem der Titel des Professors am Ende die logische Ergänzung ist.

Und schließlich das Thema, Leitmotiv fast aller Aufsätze, die Sorge um die Stabilität des Geldes. Im Beitrag zum Symposium der Konferenz der Akademien im Juni dieses Jahres – Sie sehen, Herr Tietmeyer hat uns mit seiner Schaffenskraft auch in dieser Eigenschaft bis zuletzt gefordert – zieht er die vorläufige Summe aus einer über 30-jährigen Arbeit. Jeder muss wissen, der Weg in die Währungsunion ist ein Weg ohne Umkehr. Das galt nicht nur im Vorfeld der innerdeutschen Vereinigung, das gilt auch in Europa. Deswegen lohnt es sich, für eine stabile ökonomische und politische Grundlage zu kämpfen. Gerade auch wenn man, wie ich, schon seit Langem ein überzeugter Verfechter der europäischen Integration ist.

Lieber Herr Tietmeyer, wir haben Ihre aus unserer Sicht wichtigsten Beiträge in einem Band vereint. Die Manuskripte aus Ihrer Feder, die in den Anfängen zunächst unter bekannten Pseudonymen in die Öffentlichkeit geraten sind, standen dafür leider nicht zur Verfügung, aber Mangel an Material war ohnehin nicht das Problem. Als das gemeinsame Geschenk Ihrer Kollegen aus dem Zentralbankrat darf ich Ihnen, verbunden mit allen guten Wünschen, dieses Werk überreichen, für das der Titel leicht zu finden war: „Hans Tietmeyer – Währungsstabilität für Europa".

– Beifall –

Bundeskanzler Dr. Helmut Kohl

Sehr verehrte, liebe Frau Tietmeyer, lieber Herr Tietmeyer, Exzellenzen, meine sehr verehrten Damen und Herren und vor allem ein herzliches Wort des Grußes an die ausländischen Freunde und Gäste am heutigen Tag!

Es ist Ihre Stunde, lieber Herr Tietmeyer, und es sind Ihre Gratulanten. Und wer in diese imposante Schar schaut, kann eigentlich die Laudatio sich schon sparen. Denn die, die gekommen sind – natürlich viele auch, um zu gucken, ob die Bundesbank noch so ist wie sie ist, die sind auch da – aber es sind sehr viele da, die im Laufe ihres Lebens, in 65 Lebensjahren, Weggenossen im besten Sinne des Wortes waren, mit Ihnen eine Wegstrecke gegangen sind und die es als selbstverständlich und auch gut empfinden, heute dabei zu sein. Ihnen ein Wort des herzlichen Glückwunsches zu sagen, ein Wort des Glückwunsches, was immer auch zugleich ein Wort des Dankes ist. Da wir in der neumodischen Entwicklung unserer Republik häufig so die Meinung hören, dass Danke sagen altmodisch geworden ist, will ich ganz besonders hier deutlich aussprechen. Ein herzliches Wort des Dankes und als Südwestdeutscher kann man auch dem Westfalen sagen, ein herzliches Vergelts Gott für diesen Weg.

– Beifall –

Ich will es tun natürlich in meinem Amt als Bundeskanzler und für die Bundesregierung und wenn Sie so wollen also für das amtliche Deutschland, aber ich will es sehr bewusst natürlich auch und ganz besonders gerne tun als einer, der über viele Wegstationen gemeinsam gegangen ist, der Ihnen viel zu verdanken hat. Manchen klugen Rat, manchen Hinweis vor unvorsichtiger Äußerung, manches Wort in nächtlichen Stunden bei Weltwirtschaftsgipfeln, jetzt müssen wir noch einen draufsetzen, das dürfen wir uns nicht gefallen lassen, und wie so der Alltag des Lebens geht. Es ist ein weiter Weg in diesen 65 Jahren.

Und es sind ja nicht irgendwelche 65 Jahre, sondern das führt eben zurück in das Jahr 1931. Ich denke, es ist ganz wichtig, das gelegentlich einmal zu sagen, weil ja Gott sei Dank eine neue Generation herangewachsen ist. Wenn heute in Deutschland zwei Drittel der heute lebenden Deutschen nach Hitler geboren und aufgewachsen sind, ist es dennoch wichtig, bei einem solchen Anlass daran zu erinnern, dass es noch viele gibt, die diese Lebenserfahrung sehr persönlich gemacht haben, der Nazizeit, des Krieges und der unmittelbaren Aufbaujahre. Es ist ein weiter Weg, der Sie vom Elternhaus in dieses Haus gebracht hat. Der Enkel eines Schmieds, wir haben es gerade noch einmal verstärkt, vielleicht merkt man es noch gelegentlich,

– Heiterkeit –

der Sohn eines Kommunalbeamten, der also sehr genau weiß, was geht und was nicht geht und das Augenmaß mitgelernt hat, einer, der sich das alles erkämpfen musste, der aus einer Familie kam, in der nicht als erstes die Diskussion war, wie hoch ist das Kindergeld, sondern wie viele Kinder waren zu ernähren und ins Leben zu entsenden und ihnen zu helfen, der – ich habe mich noch einmal vergewissert – 40 Kilometer brauchte, um ins Gymnasium nach Münster zu kommen, seinem Gymnasium, auf das er mit Recht stolz ist, dem Paulinum, und das ihn ganz wesentlich auch wie das

Elternhaus mitgeformt hat als einen, der in Weiten denken kann, der eine humanistische Bildung hat und der nicht arm ist, wenn er außerhalb der Geldpolitik über andere Themen diskutiert, redet und lebt, der dann studiert hat in Münster, in Bonn und in Köln, der eine Diplomarbeit geschrieben hat bei Alfred Müller-Armack, dem Weggenossen von Ludwig Erhard – wir begehen seinen, Erhards Geburtstag, wie ich hoffe in großer Form, und ich wünsche mir, dass viele von Ihnen dabei sind im Februar des kommenden Jahres in Bonn, den 100. – mit einer Arbeit – ich bringe es, glaube ich, nicht mehr genau zusammen – über Ordnungsbegriff der christlichen Soziallehre und des Neoliberalismus, vielleicht können Sie die Arbeit noch einmal auflegen wieder, denn es gibt mir zu viele in Deutschland, die von Marktwirtschaft und zu wenig von sozialer Marktwirtschaft reden, das ist auch ein Teil meines Alltags, wenn wir in der Koalition zusammensitzen

– leichte Heiterkeit –

und deswegen führt der ganze Lebensweg doch zu ganz bestimmten Zielen: Bundesministerium für Wirtschaft, Leiter der legendären Abteilung 1 Wirtschaftspolitik, Verfasser vieler Papiere, die zum Teil unter anderem Namen erschienen sind, auch das gehört zur Realität der Bundesrepublik Deutschland, Staatssekretär im Bundesministerium der Finanzen – das liest sich so einfach: Grundsatzfragen der internationalen Währungs- und Finanzpolitik -, Sherpa für die Vorbereitung von Weltwirtschaftsgipfeln, Mitglied des Direktoriums der Deutschen Bundesbank, des Zentralbankrats, ein verbrauchter Titel einer großen Zeit auch für Hans Tietmeyer, persönlich Beauftragter des Bundeskanzlers für die Verhandlungen mit der DDR über die Währungs-, Wirtschafts- und Sozialunion, Vizepräsident und Präsident der Bundesbank. Es ließe sich natürlich noch viel sagen von Ehrendoktorwürden, von Ehrenämtern, Mitglied der Päpstlichen Akademie der Sozialwissenschaften – das führt ganz direkt ums Kardinalat herum, um das einmal so zu formulieren. Das ist Hans Tietmeyer nach den Titeln, aber es ist natürlich nur das Äußere beschrieben.

Mein Freund Wilhelm Gaddum hat ja in der ihm eigenen unnachahmlichen Art die Bundesbank schon angesprochen. Ich komme mit einem Satz noch darauf zurück. Darüber will ich aber jetzt nicht reden.

Ich will reden von Hans Tietmeyer, wie ich ihn erlebt habe, wenn Sie so wollen durch meine Brille gesehen, als ein Mann, der steht. Als ein Mann, der geprägt ist von seiner Landschaft, von seinem Elternhaus, seinem familiären Hintergrund. Und warum soll man das nicht hier sagen auch in einer so erlauchten Runde in der Bundesbank: von seiner Glaubensheimat als katholischer Christ, als einer, der weiß, und das hat er von zu Hause mitbekommen und nie verleugnet, dass Prinzipien nicht altmodisch sind, dass Tugenden, die das Land und die Menschen zusammenbringen und halten, nicht Sekundärtugenden sind. Der Heimatliebe hat und das zeigt zugleich die Chance für Weltoffenheit und der natürlich – ich sage es noch einmal – als Westfale ganz stolz ist. Wilhelm Gaddum hat das im übertragenen Sinne gesagt: Das nennt man gerne dann stur. Ich empfinde das manchmal übrigens auch so.

– Heiterkeit –

Aber es ist doch besser, es ist einer stur und hat Stehvermögen, als dass einer den Finger nass macht und die neueste Demoskopie der Wegweisungen empfindet. Deswegen haben viele von uns – und das gilt besonders für mich – Sie in einer besonderen Weise schätzen gelernt. Weltläufigkeit und Heimatverbundenheit – das ist eben kein Gegensatz. Und Sie sind auf Grund Ihrer Überzeugungen, Ihrer Kenntnisse in einer ganz besonderen Weise ein ganz besonders überzeugender und überzeugter Vertreter der für mich auch besten Wirtschaftsordnung, besser gesagt Gesellschaftsordnung, die ich kenne, geworden, nämlich der sozialen Marktwirtschaft; eben im Sinne von Alfred Müller-Armack und Ludwig Erhard, das heißt Wettbewerb, sozialer Ausgleich. Das heißt, dass sich ordnungspolitische Grundsatztreue auf feste Wertvorstellungen – das glaube ich jedenfalls – gründen muss.

Ihre berufliche Karriere, ich sagte es schon, war sehr stark von dem, was Sie im Studium empfangen haben und was Sie dann an einer ersten Adresse in Deutschland, nämlich im Bundeswirtschaftsministerium leben und gestalten konnten, geprägt. Später, in Ihrer Amtszeit als Finanzstaatssekretär sind wir uns in einer besonderen Weise näher gekommen, weil wir an vielen Tagen, in vielen Kilometern und in vielen Nächten auch zusammen waren in jetzt beinahe 14 Jahren zurück Weltwirtschaftsgipfeln und auch den unzähligen Veranstaltungen früher der Europäischen Gemeinschaft und dann später der Europäischen Union. Irgend jemand – ich weiß nicht wer – hat den Titel für den Berater auf dem Weltwirtschaftsgipfel – Sherpa erfunden. Ich weiß nicht ganz genau wie es überall definiert wird, aber normalerweise ist das ein Lastträger, der aber gleichzeitig einen Kompass sozusagen im Kopf hat. Und das haben Sie genauso gemacht. Für mich ist immer noch das Bild vorhanden, wie Sie da sitzen mit den anderen Sherpas, mit kritischen Augen diese sogenannten Großen der Welt betrachten, die sich da versammelt haben, die Nase hochziehen, wenn Sie feststellen, dass die ihre Papiere nicht gelesen haben.

– Heiterkeit –

Zettel nach vorne schicken, damit das, was da auf Seite 16 steht, für uns wichtig ist, für uns unterstrichen, und dann vielleicht noch einmal ein Hinweis: das Finanzministerium ist hier anderer Meinung als das Wirtschaftsministerium.

– Heiterkeit –

Oder das, was das Kanzleramt dazu sagt, wird weder vom Wirtschafts-, noch vom Finanzministerium akzeptiert.

– Heiterkeit –

Und dann in den frühen Morgenstunden, wenn wir wenigstens ein Stück geschlafen haben, dann aber voller Engagement kommen und sagen, das haben wir durchgesetzt und das haben wir durchgesetzt, das müssen wir aber jetzt akzeptieren – ich sage es jetzt mal, wie Sie es nicht sagen, da sind Sie viel zu erhaben über solche Formulierungen, einem

Pfälzer kann man es nachsehen -: das können wir den Franzosen nicht antun.

– Heiterkeit –

So haben wir in vielen Jahren eng zusammengearbeitet. Auch in einer – das sage ich ganz gerne, nicht weil er da ist – sehr engen Gemeinschaft mit dem Bundesfinanzminister, wo es einfach darauf ankam – und auch den anderen Kollegen, die dabei waren, aber ihn hat es meistens besonders bewegt –, in einer Weise, dass wir versuchten, der Sache unseres Landes zu dienen.

Ich habe nicht ohne Grund ein Amt neben vielen besonders hervorgehoben und da sind wir uns auch in einer besonderen Weise näher gekommen. Ich habe heute in einem anderen Zusammenhang mit Wolfgang Schäuble darüber gesprochen, weil er und Theo Waigel und Sie die Hauptverhandler waren mit auch anderen, Staatssekretär Ludwig sehe ich hier, ich müsste noch viel mehr nennen, und dann rund um die Uhr verhandelt haben, etwas verhandelt haben, was die meisten für völlig unmöglich gehalten haben. Es gab auch Stunden, wo wir ziemlich allein waren vor der Wirtschafts- und Währungsunion, wo die ganz großen Gurus, die so etwas ganz genau wissen, nicht anzutreffen waren, weil sie sich noch nicht genau festlegen wollten, und Sie haben das getan mit einem ungeheuren Engagement. Aber warum soll ich das nicht auch als eine sehr persönliche Beobachtung sagen, mit einem Engagement, in dem vor allem mitschwang jetzt nicht der Staatssekretär und der Fachmann, sondern ein ganz normaler deutscher Patriot, der gespürt hat, wie man zu sagen pflegt frei nach Bismarck, dass der Mantel der Geschichte vorbei geht und dass es gilt, jetzt ihn festzuhalten.

Und so ist die Einführung der sozialen Marktwirtschaft, des freiheitlichen Rechts- und Verwaltungssystems in Ostdeutschland, die D-Mark, die da kam, als die Leipziger riefen „wenn die D-Mark nicht nach Leipzig kommt, dann gehen die Leipziger zur D-Mark“, dann ist das ein ganz wesentliches persönliches Verdienst von Ihnen und anderen. Aber Sie waren einer der Türme in der Schlacht. Ich will nicht daran erinnern, wie die Prophezeiungen waren, auch von bekannten Professoren, wie die Realität sich dann entwickelt hat später.

Heute stehen Sie jetzt seit drei Jahren als Präsident der Bundesbank an der Spitze dieses wichtigen Instituts. Und alles was Wilhelm Gaddum gesagt hat, jetzt nicht zum Innenverhältnis, das werde ich mir nicht genehmigen und trauen, das hier als meine Meinung zu sagen, obwohl ich da manchmal auch eine Meinung habe, aber was er gesagt hat zur Institution, kann ich Wort für Wort unterstreichen. Es ist wahr. Es ist nicht immer angenehm für einen Regierungschef, dass das eine völlig unabhängige Institution ist. Aber was ebenso wahr ist, es ist sehr gut, für den Bürger Helmut Kohl als Teil der Bürgerschaft des Landes, dass es so ist. Und wenn man das gelegentlich murrend erträgt, ist es immer noch viel besser als wenn man sieht, was andernorts geschieht, wenn in dieser ganz zentralen Frage der Geldwertstabilität – und das hat was zu tun mit dem Glauben und dem Zutrauen der Menschen zur Währung ihres Landes, in diesem Fall Deutschlands – keine Zweifel aufkommen.

Ich will gerne die Gelegenheit wahrnehmen, all denen zu danken, Sie stehen ja in einer stolzen Reihe der Präsidenten der Deutschen Bundesbank, der Mitarbeiter, der Gremien der Bundesbank in diesen Jahrzehnten, die dieses Werk geschaffen haben. Ich kann nur sagen, die Deutschen sind klug beraten, jetzt auch an der Schwelle des 21. Jahrhunderts, diese wichtige Erfahrung – es ist ein Stück Schatz unseres Landes in diesen Jahrzehnten geworden – ins nächste Jahrhundert zu tragen. Und es ist auch vielleicht gut in dieser Stunde einmal ein Wort zu sagen, weil viele ausländische Gäste da sind, dass wir verstehen müssen, dass dies nicht irgendein Thema ist für die Deutschen. Und dass wir – und jeder weiß das von mir im Besonderen – leidenschaftlich am Haus Europa bauen. Dass wir wissen, dass der Euro kommen muss und kommen wird unter den Bedingungen, die Hans Tietmeyer und wir alle sagen, die nicht verwässert werden dürfen aus Gründen der Tagespolitik, weil sie was mit Vertrauen der Menschen zu tun haben. Aber dass die, die von draußen uns anschauen, uns nicht für verrückt halten oder leicht hysterisch in Währungsfragen, sondern schlicht daran denken, welchen Weg die Deutschen in diesem Jahrhundert, und es leben noch viele aus der älteren Generation, die es ganz konkret noch erfahren haben, aus der ganz alten Generation, die zwei Inflationen und den Verlust der Vermögenswerte ganzer Schichten unseres Volkes erlebt haben. Hitler hat ganz gewiss viele Gründe, und es gibt keine Entschuldigung für uns als Deutsche dafür, aber wahr ist, dass der Verlust der Vermögenssubstanz nach dem ersten Weltkrieg für breite Schichten unserer Bevölkerung entscheidend zu dem Elend der Zeit beigetragen hat und dem, was dann kam und der Zeit danach.

Meine Kollegen sind immer etwas erstaunt, wenn ich ihnen bei solchen Diskussionen sage, ihr dürft halt nicht vergessen, als die D-Mark 1948 kam, war das sozusagen für viele ein Kretin, ein Besatzungsgeld, niemand hat viel erwartet, dass das was wird. Daraus ist etwas ganz anderes geworden, eine der großen wichtigen Währungen der Welt. Und bevor unsere Nationalhymne, bevor unsere Flagge und bevor der erste wenigstens teildeutsche Staat der Bundesrepublik entstand, war die D-Mark da. Deswegen ist es wichtig – und das nehme ich gerne hier als Gelegenheit wahr, das zu Ihnen zu sagen und zu Ihren Kollegen bei der Bundesbank, aber all denen, die damit zu tun haben -, dass wir auf diesem Weg Europas nicht faule Kompromisse machen. Wir tragen in uns ein großes Vertrauenskapital auf diesem Weg für die Menschen in unserem Land. Übrigens nicht zuletzt derer, die vor wenigen Jahren neu im wiedervereinten Deutschland dazugekommen sind.

Wenn wir also sagen, die Europäische Wirtschafts- und Währungsunion ist nur als Stabilitätsgemeinschaft möglich, nicht nur bei der Geburt, sondern auch dann in der Folge der Jahre, dann ist das für uns nicht irgendeine tagespolitische Aussage und schon gar nicht der Versuch, andere am deutschen Wesen genesen zu lassen. Es ist für mich eine große Freude, und Sie haben großen Anteil daran, lieber Herr Tietmeyer, dass doch in vielen Ländern Europas sich das Verständnis für unsere Position, dass wir hier nicht andere majorisieren wollen oder traktieren wollen, sondern dass es einen ganz entscheidenden Sachgrund gibt beim Bau des Hauses Europa, das Thema der Stabilität und der Qualität so nach vorne zu stellen, dass dies für alle eine gute Sache ist.

Ich habe zu Beginn gesagt, wir haben Ihnen zu danken für einen Dienst, den Sie geleistet haben und hoffentlich noch Jahre leisten werden, der was zu tun hat mit Pflicht. Ich habe vorhin von den Tugenden gesprochen. Und zu den Tugenden gehört – und das weiß gerade Hans Tietmeyer gut und er zeigt es ohne viele darüber zu reden – Pflichterfüllung. Und in diesen 65 Lebensjahren, die Ihnen geschenkt wurden, haben Sie versucht, Ihre Pflicht zu erfüllen. Und Sie haben in wichtigen Teilen unserem Land gedient mit Ihrer Lebensaufgabe. Und dafür danke ich Ihnen ganz, ganz besonders herzlich! So wünsche ich Ihnen noch viele gute, gottgesegnete Jahre im Kreis Ihrer Familie. Ich bedanke mich auch vor allem bei Ihnen, verehrte gnädige Frau, dass Sie das alles mitgetragen haben. Denn wenn man diesen Mann – ich sage es mal auf pfälzisch: dieses Mannsbild – betrachtet, dann kann man sich vorstellen, wie unkompliziert er ist, wenn er nach einem langen Arbeitstag nach Hause kommt.

– Heiterkeit –

Die Männer werden bei solcher Gelegenheit immer gerühmt, aber die Frauen ertragen es oder erleiden es, wie man es immer will.

Sie haben einen wesentlichen Anteil gemeinsam mit Ihrer Familie an diesem Weg und deswegen auch zu Ihnen ein besonders herzliches Wort des Dankes.

Ich habe nun eine besonders angenehme Aufgabe, ich habe Ihnen, lieber Herr Tietmeyer, im Auftrag des Herrn Bundespräsidenten eine hohe Auszeichnung zu überreichen –

– Beifall –

Hans Tietmeyer

Herr Bundeskanzler, Herr Ministerpräsident, meine sehr geehrten Damen und Herren, liebe Kollegen, nach all den großen Worten soll ich eigentlich jetzt gar nichts mehr sagen, denn Charles de Gaulle hat einmal gesagt: Nichts steigert die Autorität mehr als das Schweigen.

– Heiterkeit –

Würden es doch einige Mitglieder des Zentralbankrates auch einmal so tun!

– Heiterkeit –

Meine Damen und Herren, das erste Wort, das ich sagen will, ist ein Wort des Dankes. Ein Wort des Dankes an alle, die gekommen sind, an viele, die geschrieben haben und ich beziehe ganz besonders auch meinen unmittelbaren Vorgänger ein, der sehr um Verständnis bittet, dass er heute, weil er ganz draußen in der Welt ist, nicht hier sein kann. Er hat mich aber dringend gebeten, dieses auch mitzuteilen.

Aber ich möchte ein besonderes Wort des Dankes heute dem Bundeskanzler sagen dafür, dass er hier hergekommen ist, dass er sich die Zeit genommen hat und dass er so persönliche Worte gesprochen hat und dabei auch noch einige politische Aussagen gemacht hat, die mich besonders gefreut haben. Ich fühle mich durch die heutige Veranstaltung und insbesondere durch die Worte, die Sie, Herr Bundeskanzler, aber auch durch die Worte von Herrn Gaddum und Herrn Issing, sehr geehrt und ich will ein Wort aufgreifen, das Präsident Johnson einmal gesagt hat nach einer solchen Veranstaltung, er hat nämlich gesagt, das hätte meinen Vater stolz gemacht und meine Mutter hätte es sogar geglaubt.

– Heiterkeit –

Also, ich bin da skeptischer in diesem Punkt des Glaubens, zu anderen will ich jetzt nicht Stellung nehmen. Aber ich denke, ich sollte doch mit ein paar Worten zu meinem eigenen Rückblick kommen. Herr Bundeskanzler, Sie haben schon an das Jahr 1931 erinnert. Ich habe daran keine Erinnerung. Aber ich habe darüber natürlich viel gelesen. Laut meiner Mutter bin ich um 6 Uhr früh morgens zur Welt gekommen: übrigens meine Mutter, die heute 93 Jahre alt ist und ich bin glücklich, dass ich sie noch hin und wieder besuchen kann. Dieses Jahr 1931 war ein unruhiges Jahr, es war auch kein gutes Weinjahr, aber das war nicht das Entscheidende. Ich will aber so viel sagen, dass ich in bescheidenen dörflichen Verhältnissen nicht nur geboren, sondern aufgewachsen bin. Der Bundeskanzler hat erinnert, mein Vater war Gemeindebeamter. Ich hatte zehn Geschwister und wir sind in einer Familie mit elf Kindern aufgewachsen und das mit dem Gehalt eines Amtsinspektors. Da ging es nicht materiell so üppig zu, das will ich mal so formulieren.

Aber – und das ist glaube ich wichtig – damals war natürlich dieser Ort weit weg von der großen Politik, von all dem, was in Deutschland und in der Umwelt passierte. Dennoch, und das will ich doch mal nennen, in der „Münsterschen Zeitung“, die mir jetzt zugeschickt worden ist aus dem Jahre 1931, am 18. 8., habe ich gelesen, dass der Diskontsatz damals von 15 auf 12 reduziert worden ist. Er war in den Wochen zuvor bei 15 und er wurde auf 12 reduziert und das wurde als eine wesentliche Erleichterung empfunden. Am 19., am ersten Tag meines Lebens, ist etwas passiert, in Basel hat damals der BIZ-Rat, der Rat der Bank für Internationalen Zahlungsausgleich, zusammengesessen und man hat damals einen Stillhaltevertrag gegen den Abzug kurzfristiger Kredite geschaffen. Ich gestehe, dass ich das alles nicht zur Kenntnis genommen habe damals. Aber es ist damals passiert.

Meine Familie und mein Aufwachsen im Münsterland, in der münsterländischen Heimat, das alles hat mich sehr geprägt. Ich will nur drei Grundorientierungen, die mir mit auf den Weg gegeben worden sind, nennen, die ich nicht gerne in die Rubrik der Sekundärtugenden einordne. Das ist erstens die Erkenntnis, dass eigene Arbeit und eigene Leistung am Beginn zu stehen hat. Und dass Selbstverantwortung Grundlage jeglicher Solidarität ist. Und das ist zweitens die Mitverantwortung, die man als einzelner für die anderen, für die Familie und für die Gemeinschaft zu tragen hat. Und das ist drittens die Erziehung zur Selbstständigkeit und zu einem eigenständigen Urteil. Zu einem eigenständigen Urteil nicht im Sinne des vorschnellen Urteils, wohl aber des Prüfens aller Umstände und dann zu einer eigenen selbstständigen Entscheidung zu kommen. Dies sind die Grundwerte, die mir mitgegeben worden sind und die ich gelernt habe. Als ich mal vor einiger Zeit gefragt wurde in einem Fragebogen, was ist Ihre Devise, da habe ich so spontan gesagt: Tue recht und scheue niemand. Und an diesem Satz halte ich im Grunde auch heute fest.

Tue recht nach deinem eigenen Urteil und scheue niemanden, wer auch immer die Autorität sei. Ich kann das natürlich auch lateinisch formulieren, Herr Bundeskanzler, denn Sie wissen ja, ich stamme aus einem humanistischen Gymnasium. Lateinisch heißt das so, wie es der spätere Kardinal Graf Galen zu seinem Wahlspruch gemacht hat, nämlich: nec laudibus nec timore, weder durch Lobsprüche, noch durch irgendeine Furcht lass dich von deinem Weg abbringen. Das ist, wenn Sie so wollen, mein westfälisches Erbe. Das können Sie als Sturheit bezeichnen, das weiß ich nicht. Aber das ist mein westfälisches Erbe und das kann ich nicht verleugnen. Übrigens Bismarck hat mal gesagt, und zwar doppeldeutig meinte er das natürlich: Ein Westfale bleibt immer ein Westfale. Das können Sie so oder so nehmen, das weiß ich wohl. Aber er bleibt es dennoch.

Ich habe dann mein Studium, meinen Beruf gesucht, 1952 Abitur, Herr Bundeskanzler, Sie haben es nicht gesagt, aber an der ältesten Schule Deutschlands gemacht.

– Heiterkeit –

Nein, eindeutig die älteste – da kommt der Einspruch von Osnabrück. Sie müssen wissen, es ist richtig, das Karolinum ist drei Jahre vorher gegründet worden aber hat keine ununterbrochene Sukzession und deswegen gilt das nicht.

– Heiterkeit –

Ich habe dann mein Studium, wie Sie angesprochen haben, in Münster begonnen, zwei Semester Philosophie, bin dann zur härteren, oder wenn Sie so wollen, handfesteren Ökonomie nach Köln gegangen. Sie haben schon darauf hingewiesen, Herr Bundeskanzler, dass ich dort eine Reihe von Lehrern hatte und einer meiner besonderen Lehrer war Müller-Armack. Bei ihm bin ich zum ersten Mal auch in Kontakt mit politischen Gestaltungsfragen gekommen und zwar in doppelter Hinsicht. Alfred Müller-Armack war damals Leiter der Abteilung Wirtschaftspolitik, jener Abteilung, die ich dann später übernehmen durfte, und er brachte uns an einem Donnerstag morgens ins Seminar immer die neuen aktuellen wirtschaftspolitischen Fragen mit und wir haben sie diskutiert. Aber ich bin in dieser Zeit auch zum ersten Mal mit der Europapolitik in Kontakt gekommen. Denn Alfred Müller-Armack war – dies sei denen gesagt, die sich dessen nicht erinnern – der deutsche Chefverhandler in der damaligen EG. Da habe ich bspw. etwas gelernt übers Bananen-Protokoll, ein Vorgang, der mir noch heute, natürlich, sehr bekannt ist. Aber viele, viele andere Dinge. Insofern war das ganz nützlich. Aber ich bin auch in anderer Weise mit der Politik in Kontakt gekommen, nämlich ich habe ein Seminar bei Wilfried Schreiber gemacht. Wilfried Schreiber war – das sei denen gesagt, die das nicht wissen – der, wenn man so will, geistige Vater der dynamischen Rente. Wir haben damals die Dinge diskutiert schon, die heute Gegenstand sind, nämlich: ob man einen Generationenvertrag eigentlich machen kann, wenn diese Generationen in ihrem Alter auseinander driften, d. h. wenn die Generationen nicht mehr in gleicher Weise zueinander gehören. Dies haben wir damals im Jahre 1956/57 in Köln schon diskutiert. Ich sage das deswegen, dass ich also schon relativ früh auch mit politischen Fragen der Ökonomie in Kontakt gekommen bin.

Na ja, über meine Studenten-Funktionärszeit will ich nichts sagen. Leider gehört eines zu den Ergebnissen, das mir nicht immer ganz gut zu sein scheint, das ist die Frage des Honnefer Modells, daraus ist dann später das Bafög geworden. Ich gestehe, dass das, was wir im Honnefer Modell angedacht haben, eigentlich nicht so ganz richtig ausgedrückt war später im Bafög. Aber ich will darauf nicht eingehen.

Über mein Stipendium, das ich dann bekommen habe vom Cusanus-Werk ist schon heute, habe ich gesehen in der Financial Times berichtet worden. Dass die Financial Times sich mit dem Cusanus-Werk beschäftigt, ist schon was Besonderes. Aber ich habe dann auch noch eine Zeitlang dort als Geschäftsführer gearbeitet und bin der Institution noch heute verbunden, weil ich nicht nur materielle Hilfe, sondern auch viele Anregungen bekommen habe, die für mich von großer Bedeutung sind. 1962 dann der Schritt ins Bundesministerium für Wirtschaft. Sechs Minister habe ich gehabt, bei Ludwig Erhard angefangen, Kurt Schmücker, Karl Schiller, Helmut Schmidt, Hans Friderichs und Otto Graf Lambsdorff. Sechs Ministern habe ich gedient. Es wäre wirklich verführerisch, dazu etwas jetzt zu sagen. Aber das will ich mir verkneifen. Es war jedenfalls eine interessante Zeit, bis ich im Jahre 1983 ins Bundesministerium der Finanzen – übrigens das Genitivministerium, das Bundesministerium für Wirtschaft ist natürlich ein neueres Ministerium, Bundesministerium der Finanzen ein klassisches Ministerium kam. Ich freue mich ganz besonders, dass meine beide Minister, nämlich Gerhard Stoltenberg – ich weiß jetzt nicht, wo er ist, aber hier ist – und ich freue mich, dass Theo Waigel hier heute unter uns ist. Ich glaube, dass diese Zeit eine insgesamt jedenfalls für mich nicht nur herausfordernde, sondern auch gute Zeit war.

Nun, meinen Schritt in die Bundesbank im Jahre 1990 habe ich der Bundesregierung zu verdanken, denn selbst kann man darüber ja nicht entscheiden, sondern man wird vorgeschlagen und beschlossen und dann tritt man an. Ich gebe aber zu, dass ich gerne angetreten bin. Der Währungspolitik war ich nicht ganz fremd, das gestehe ich. Im Jahre 1967 habe ich nämlich das erste Mal mich intensiv mit Währungspolitik beschäftigt, als ich als junger Adlatus für Karl Schiller damals in vielen internationalen Währungsgesprächen nicht nur dabei war, sondern dafür arbeitete und dann ja auch später in der Werner-Gruppe arbeitete; aber ich komme gleich noch mal darauf.

Wichtig war für mich die Stabilitätsorientierung, die Sie, Herr Bundeskanzler, soeben in, wie ich glaube, sehr treffenden Worten, nämlich in ihrer politischen Dimension auch angesprochen haben. Ich will so viel sagen, Jakob Fränkel, der israelische Notenbankgouverneur, früher IMF-Chef-Ökonom hat einmal in einem Gespräch, als er mich präsentierte den Herren Rabin und Peres, gesagt, er war schon immer ein Centralbanker; d. h. er wurde es nicht erst, als er in die Bundesbank kam, sondern er war es schon zuvor.

Das Wort Europa, Herr Bundeskanzler, haben Sie zu Recht aufgegriffen und ich habe mich gefreut, Herr Issing, dass Sie mir heute im Namen des Zentralbankrates dieses Buch, dieses Kompendium – ich bin gespannt, was ich alles geschrieben habe – übergeben haben. Ich bin überzeugt, dass da auch das eine oder andere drin ist, was nicht so ganz up to date ist. Aber wie auch immer: Ich stehe zu dem, was ich geschrieben habe und ich bin sehr gespannt, ob ich die kontinuierliche Linie wieder finden kann.

Nur, meine Damen und Herren, meine Europa-Position ist nicht neu. Da sie bisweilen in der Öffentlichkeit auch mal angesprochen wird, habe ich – und das ist wirklich ein Zufall – ein Dokument gefunden. Im Jahre 1952 nach unserer Abiturfeier hatten wir ein Liederbuch und da haben meine ganzen Lehrer alle irgendwas reingeschrieben an dem Abend, wie man das so macht nach der Feier, da wird dann was reingeschrieben. Und ich wollte nur eine besondere Eintragung Ihnen nicht vorenthalten. Da steht nämlich drin: Dem Vorkämpfer für die Montanunion und ein neues Europa alles Gute für die Fahrt ins Leben. Franz Josef Kresing – das war mein Erdkundelehrer, und ich hatte eine Arbeit geschrieben über dieses Thema.

– Beifall – leichte Heiterkeit –

Also, Sie sehen, meine Damen und Herren, ich war schon Europäer, als andere noch Atlantiker waren. Aber wie dem auch sei, ich bin auch heute noch ein voll überzeugter Europäer was das Ziel und den Fortschritt der Integration angeht. Aber – und dieses aber kann und will ich nicht unterdrücken – das ökonomische Fundament muss dauerhaft tragfähig sein. Deswegen, Herr Bundeskanzler, bin ich Ihnen so dankbar, dass Sie auch im Hinblick auf die Kriterien heute ein so deutliches Wort gesagt haben. Es ist nicht nur so, dass das Bundesverfassungsgericht und das deutsche Parlament gesagt haben, es kommt auf eine strikte und enge Auslegung an, sondern Sie haben zurecht darauf hingewiesen, es geht hier um die Glaubwürdigkeit, es geht um die Kreditibilität nicht nur der Märkte, sondern um die Glaubwürdigkeit der Menschen. Und dies ist aus meiner Sicht ein sehr wichtiger Punkt.

Was die Dauerhaftigkeit dieser stabilitätspolitischen Konvergenz angeht, so hoffe ich mit großem Nachdruck, dass der Vorschlag von Herrn Waigel, der sogenannte Stabilitätspakt, wirklich Grundlage der Entscheidung wird. Ich hoffe, dass bspw. Die Tarifpartner sich bewusst sind, dass in einer Währungsunion lohn- und arbeitsmarktpolitische Flexibilität umso wichtiger ist. Und ich hoffe und wünsche, dass der Europäische Zentralbankrat seine Geldpolitik so formulieren und entscheiden wird, dass es tatsächlich zu einer dauerhaften Stabilität kommt.

Ich will aber dazu sagen, das ökonomische Fundament ist wichtig und unerlässlich. Aber es gehört auch dazu – und ich weiß, dass das nicht alle in Europa ganz gerne hören, aber ich halte es für wichtig und notwendig – die politische Bereitschaft zum Souveränitätsverzicht, wenn man in eine dauerhafte Union geht. Währungsunion ist kein nur technischer Vorgang, es ist auch ein technischer Vorgang. Es ist ein zutiefst politischer Vorgang. Der Zentralbankrat hatte, glaube ich, Recht, als er die Währungsunion einmal als eine stabilitätspolitische Solidargemeinschaft auf Gedeih und Verderb angesprochen hat.

In den nächsten Jahren liegen wichtige Entscheidungen vor den politischen Entscheidungsträgern, aber auch in der Arbeit im Europäischen Währungsinstitut. Unser Ziel, das gemeinsame Ziel, muss es sein, dass es ein stabiler Euro wird. Ein stabiler Euro, der, wie ich meine, wichtig ist für die Zukunft Europas. Der, wie ich meine, wichtig ist für die ökonomische Wohlfahrt in Europa und ich füge das hinzu, der auch wichtig ist für die soziale Gerechtigkeit. Wir sollten dieses Element nicht unterschätzen. Die deutschen Erfahrungen, und daran haben Sie angeknüpft, Herr Bundeskanzler, mit einer stabilen D-Mark sollten wir nicht vergessen. Ich hoffe, dass es gelingt, diese Erfahrungen nach Europa hin zu tragen. Stabilität kommt aber nicht von selbst. Dafür muss noch einiges getan werden. Aber ich meine, es lohnt sich für einen stabilen Euro zu kämpfen und zwar ob gelegen oder ungelegen. Dabei ist es wichtig, dass ein nüchterner Realismus auf der einen Seite und eine Bodenhaftung herrscht. Visionen sind wichtig und auch notwendig. Aber Illusionen sind gefährlich. Deswegen werde ich mich zusammen mit den Mitgliedern des Zentralbankrates und den anderen Mitgliedern im Europäischen Währungsinstitut – ich freue mich, dass Alexander Lamfalussy heute unter uns ist – hart an der Sache arbeiten, um die dauerhaften Grundlagen für eine tragfähige Währungsunion zu schaffen.

Meine Damen und Herren, westfälische Eichen wachsen langsam. Aber sie halten dann meist auch den Stürmen stand, aus welcher Richtung diese Stürme immer kommen.

Ich möchte Ihnen noch einmal sehr herzlich dafür danken, dass Sie heute hierher gekommen sind, dass Sie mir so viele freundliche Worte gesagt haben. Ich hoffe noch auf einige gute Gespräche, jedenfalls darf ich Sie einladen, jetzt hier die Fazilitäten, die die Bundesbank anbietet, auszunutzen.

Die Bundesbank ist nie notleidend, denn sie würde dann, wenn sie notleidend wäre, eindeutig dem Finanzminister zur Last fallen. Das wird sie aber nicht tun, sondern sie wird zusammen mit dem Finanzminister für eine stabilitätsorientierte und das heißt auch ertragreiche Politik arbeiten.

Vielen Dank.

– Beifall –

Weltökonom hadert mit Weltgeld-Regierung

Altkanzler Schmidt polemisiert gegen Tietmeyer / Eine offene alte Rechnung

Wer schreibt, bleibt, ist eine alte Weisheit und als Mitherausgeber der Wochenzeitung „Die Zeit" kann Altbundeskanzler Helmut Schmidt viel schreiben und tut es insbesondere, wenn noch alte Rechnungen zu begleichen sind. Das aber trifft für Bundesbankpräsident Hans Tietmeyer doppelt zu, erstens, weil er damals (1982) an entscheidender Stelle mithalf, Schmidt zu entmachten und zweitens, weil der Giscard-Freund Schmidt in Tietmeyer einen Widersacher Frankreichs sieht. Als dritter Knackpunkt könnte noch angeführt werden, dass Schmidt die Europäische Währungsunion, die er mit dem Franzosen angestoßen hat, am liebsten auch selbst vollendet hätte. Darüber hinaus sonnte sich der Altbundeskanzler immer gerne in dem (selbst geschaffenen Ruf), ein Weltökonom zu sein. Da musste ihm wiederum der Alte Kontinent manchesmal zu provinziell erscheinen, denn Schmidt sah sich als Atlantiker vom Rhein bis zum Potomac.

Als Hans Tietmeyer noch kleiner Abteilungsleiter im Bonner Wirtschaftsministerium war und wegen einer Währungsvorlage mit Minister Schmidt zusammenkam, hänselte jener ihn: „Mein lieber Tietmeyer, Sie sind ein unverbesserlicher Europäer." Als solcher wollte sich Bundesbankpräsident Tietmeyer auch 1996 in Erinnerung bringen, und zwar in einer Entgegnung (v. 3. April 96) auf einen „Zeit"-Artikel hin.

Sehr geehrter Herr Altbundeskanzler Schmidt,

soeben habe ich mit Interesse Ihren Artikel „Der zweite Anlauf, die letzte Chance" in der neuen Ausgabe von „Die Zeit" gelesen.

Ohne zu Ihren – meines Erachtens größtenteils nicht zutreffenden – Bewertungen der Position der Deutschen Baundesbank im Einzelnen Stellung nehmen zu wollen, möchte ich nur drei kurze Anmerkungen machen:

1. Die Entscheidung über die Bandbreitenerweiterung im Europäischen Währungssystem ist im Sommer 1993 getroffen worden, bevor ich Präsident der Bundesbank wurde. Ich habe im Übrigen in den vorausgegangenen Verhandlungen stets für deutlich engere Bandbreiten als die derzeitigen, von französischer Seite vorgeschlagenen +/- 15 % votiert.
2. Ich habe **niemals** eine europäische „Gesamtregierung" als Voraussetzung für den Eintritt in die Währungsunion verlangt. Wie ich Ihnen auch in meinem Brief vom 13. Januar 1995 mitgeteilt habe, habe ich „stets deutlich gemacht, dass es sich bei der Entwicklung der politischen Union um einen längerfristigen Prozess handelt, der voraussichtlich nicht in einem großen Schritt erreicht werden kann."
3. Entgegen Ihrer Feststellung bin ich kein „Gegner" einer Währungsunion in Europa, sondern schon seit meiner Tätigkeit in der sogenannten Werner-Gruppe im Jahre 1970 ein nachhaltiger Befürworter. Ich werde mich auch weiterhin für den Weg in eine dauerhaft stabile Währungsunion einsetzen, wobei ich allerdings die Schaffung eines tragfähigen ökonomischen und politischen Fundamentes für unerlässlich halte.

Ich stelle Ihnen anheim, diesen Brief im vollen Wortlaut in „Die Zeit" zu veröffentlichen. Mit freundlichen Grüßen – Ihr Hans Tietmeyer

Der Altkanzler scheut aber auch weiterhin keinen Zeitaufwand, um sich an der Deutschen Bundesbank und deren Präsidenten zu reiben. Es ist auch nicht alles hieb- und stichfest, was Schmidt Anfang November 1996 zu Papier bringt, enthält aber wesentliche Elemente dessen, wie kontrovers (teilweise auch falsch) in der deutschen Öffentlichkeit bis in die ersten Kreise der Nation über die Währungsunion und ihre Hintergründe gedacht und gesprochen wird und wie wenig wichtige Persönlichkeiten und maßgebliche politische Zirkel hinter den aktiven Männern des Staates stehen und die wirklichen deutschen Interessen weder wahrnehmen noch verteidigen. Schmidt wirft Tietmeyer „Mangel an strategischer Einsicht vor". Da liegt er nun wirklich falsch.

Ganz Europa ärgert sich über die Bundesbank. Unsere Nachbarn wollen nicht nach der Pfeife der deutschen Währungshüter tanzen, nach deren Maßstäben nicht einmal Deutschland dem Euro-Club beitreten dürfte. Helmut Schmidt fährt den Frankfurter DM-Ideologen in die Parade.

Die Bundesbank – kein Staat im Staate

Offener Brief von Helmut Schmidt an Bundesbankpräsident Hans Tietmeyer

Im Frühjahr dieses Jahres haben Sie mir einen Brief geschrieben (in der „Zeit" vom 26. April 96 veröffentlicht), in welchem Sie feststellten, Sie seien kein Gegner der Europäischen Währungsunion, sondern ein nachhaltiger Befürworter. Sie fügten jedoch hinzu, wesentlich einschränkend: „... wobei ich allerdings die Schaffung eines tragfähigen ökonomischen und politischen Fundamentes für unerlässlich halte". Deshalb habe ich Ihnen geantwortet: „Ich werde Sie auch weiterhin als den wichtigsten Gegner der Währungsunion ansehen – was übrigens in meinen Augen nicht ehrenrührig ist, wohl aber von einem Mangel an strategischer Einsicht zeugt."

Inzwischen haben Sie in öffentlichen Reden – zweimal habe ich Ihnen zugehört – und in Interviews viele Male ihre oben zitierte Einschränkung nicht nur unterstrichen, sondern noch zugespitzt. Offenbar halten Sie weder die heute vorhandenen politischen Fundamente für ausreichend noch die im Maastrichter Vertrag festgelegten ökonomischen Fundamente.

Sie pochen auf „strikte Einhaltung" der fünf im Maastrichter Vertrag enthaltenen Maßstäbe, an denen die ökonomische Einigung eines Staates gemessen werden soll, sich an der zukünftigen gemeinsamen Währung zu beteiligen. (Tietmeyer: Keine Erfindung von mir. Schmidt sollte sich da des Bundesverfassungsgerichts und der Beschlüsse im Bundestag erinnern!)

Den durch den Maastrichter Vertrag neu in den EG-Vertrag eingefügten Artikel 104 c und den darin enthaltenen weitgehenden Entscheidungsspielraum des Europäischen Rates – jenseits aller Kriterien – verschweigen Sie dagegen regelmäßig. Vielmehr erwecken Sie penetrant den unzutreffenden Eindruck, als ob die in den Protokollen zum Maastrichter Vertrag enthaltenen Kriterien absolut bindend seien.

Tatsächlich steht aber seit Maastricht im EG-Vertrag: Erfüllt ein Mitgliedsstaat „keines oder nur eines dieser Kriterien, so sollen alle sonstigen einschlägigen Faktoren berücksichtigt werden, einschließlich der mittelfristigen Wirtschafts- und Haushaltslage eines Mitgliedsstaates".

Außerdem haben Sie öffentlich wiederholt zum Ausdruck gebracht, ohne eine noch nicht hergestellte politische Union Europas bliebe die gemeinsame Währung in ihrer Funktionstüchtigkeit gefährdet. Der deutsche Zuhörer und Leser hat Ihre Bemerkungen und die gleichgerichteten Einlassungen einiger Ihrer Kollegen in der Bundesbank dahin verstehen müssen, dass es Ihnen unter den heutigen Umständen lieber wäre, die gemeinsame Eurowährung käme nicht zustande. Wie immer positiv Ihre theoretische Vorstellung vom europäischen Integrationsprozess auch sein mag – Ihre tatsächliche Wirkung auf die deutsche öffentliche Meinung ist negativ.

Ihre Wirkung im europäischen Ausland liegt auf anderer Ebene. Weil Sie in den ausländischen Zeitungen deutlich häufiger und deutlicher akzentuiert vorkommen als zum Beispiel Außenminister Kinkel, gewinnt man in Frankreich, Italien, England und anderswo den Eindruck, Sie seien der Herr des europäischen Verfahrens. Und die Insistenz und Penetranz Ihrer Reden machen nicht nur Sie selbst unbeliebt – was Sie ertragen können – sondern machen auch Deutschland insgesamt unbeliebt – was wir nicht verdient haben und nur schlecht ertragen können. Vielen unserer Nachbarn erscheint das von Ihnen vertretene Deutschland als herrschsüchtig und als mächtig.

Wenn die Eurowährung zum 1. Januar 1999 nicht zustande käme, so käme sie wahrscheinlich nie mehr zustande; denn inzwischen würden überall erhebliche Teile der Völker gegen die dem Maastrichter Vertrag und den Deutschen angelasteten Haushaltskürzungen aufbegehren. Die schwerste Krise des europäischen Integrationsprozesses – möglicherweise sein Ende! – wäre die Folge. Und Deutschland stünde isoliert da – genau das Gegenteil jener Einbettung, die von Adenauer bis Kohl alle Bundeskanzler als überragendes Ziel verfolgt haben, im vitalen deutschen Interesse.

(Die alte Rechnung wird aufgemacht: Machtwechsel)

Sehr geehrter Herr Tietmeyer, Sie haben sich auch früher schon bisweilen ökonomisch und politische geirrt. Irren ist menschlich; niemand, der keine Irrtümer begangen hätte. Immerhin sollten drei Ihrer Irrtümer Sie zur Überprüfung Ihrer Positionen anregen:

Erstens: Sie haben 1982 das sogenannte Lambsdorff-Papier entworfen, das den Zweck hatte, über eine zugespitzte ökonomische Kontroverse innerhalb der regierenden Koalition (SPD/FDP mit Schmidt als Kanzler) diese zu beenden und die CDU/CSU (mit FDP) an die Regierung zu bringen. (*Tietmeyer: Dass sich da jemand getroffen fühlt, kann ich verstehen.)* Tatsächlich ist seither die öffentliche Gesamtverschuldung auf das Vierfache gestiegen, die Steuer- und Abgabenlast ist höher als jemals zuvor, vor allem hat die Arbeitslosigkeit ein unerhörtes Maß erreicht – lediglich die Inflationsrate ist geringer als 1982, als sie infolge der beiden Opec-Ölpreisexplosionen vorübergehend höher war. Müssten Sie nicht zugeben, dass Ihre und Lambsdorffs Erwartungen keineswegs eingetroffen sind?

Zweitens: Sie trugen im Frühjahr 1990 als persönlicher Berater des Kanzlers für Fragen der Wirtschafts- und Währungsgemeinschaft mit der DDR hohe Mitverantwortung für schwere Fehler und utopische Versprechungen. Müssten Sie nicht heute zugeben, dass die mehr als hundertprozentige Aufwertung der Mark-Ost eine der Hauptursachen für den Zusammenbruch der alten DDR-Industrie war? (*Tietmeyer: Von Anfang an haben sich Schlesinger und ich dagegen gewehrt. Wir sind bis zur letzten Sekunde dagegen eingetreten. Es kam auch nicht zu einer generellen Umstellung von 1:1, sondern genau durchgerechnet von 1,8:1. Ein Kompromiss. Die Bundesbank wollte 2:1.)*

Oder das Versprechen, keinerlei Steuererhöhungen würden nötig werden, bodenloser Unfug war? Und ebenso die Verheißungen „blühender Landschaften" und westdeutscher Löhne im Osten binnen vier Jahren? (*Tietmeyer: Das war Sache der Regierung.*)

Drittens: Sie waren führend beteiligt an Zinserhöhungen der Bundesbank, die nach 1990 den Geldmengenstoß wieder einfangen sollten. Sie waren beteiligt an der regelwidrigen Verweigerung einer dadurch notwendig gewordenen Anhebung der D-Mark-Wechselkurse innerhalb des Europäischen Währungssystems (EWS), an dessen totaler Verwässerung, in dem die zulässigen Bandbreiten für Wechselkursschwankungen auf das mehr als Sechsfache erweitert wurden. Damit waren Sie zugleich beteiligt daran, dass dem Maastrichter Kriterium „Einhaltung der normalen Bandbreiten des EWS", gerade erst beschlossen, die Grundlage entzogen wurde. Müssen Sie nicht heute zugeben, dass damit der ECU de facto abgeschafft wurde, welcher an den Finanzmärkten der Welt gut eingeführt und für die Währungsunion hervorragend geeignet war? Ein böser Fehler. (*Tietmeyer: Die (!) Ecu war immer eine Kunstwährung und von Deutschland als solche niemals akzeptiert.*)

Die Bundesbank, deren Direktorium Sie seit Anfang 1990 zugehören, hat die Formulierungen der Maastrichter Konvergenzkriterien stark beeinflusst. Aber weder die Bundesbank noch das Finanzministerium hat jemals öffentlich begründet, warum die Gesamtschuld eines Teilnehmerstaates nicht höher sein soll als sechzig Prozent seines laufenden Sozialproduktes. Wieso funktioniert denn aber bereits seit den frühen 20er-Jahren die Währungsunion zwischen Belgien und Luxemburg, und wieso ist der Wechselkurs des belgsichen Francs relativ stabil gegenüber der Welt, obschon Belgiens Gesamtverschuldung heute bei dem doppelten und diejenige Luxemburgs bei nur einem Zehntel des Kriteriums liegt?

Ebenso ist das andere schuldenrelevante Kriterium ökonomisch nicht begründet, nach dem Sie jährliche Kreditaufnahme eines Teilnehmerstaates nicht höher sein soll als drei Prozent seines Sozialproduktes. Wenn ein Staatsvolk viel spart, dann kann der Staat durchaus höhere Kredite aufnehmen, ohne damit die Finanzierung privatwirtschaftlicher Investitionen zu behindern; wenn aber ein Volk wenig oder gar überhaupt nichts spart, dann sind drei Prozent als Grenze staatlicher Kreditaufnahme viel zu hoch. Die amerikanische private Sparquote liegt bei vier Prozent, die deutsche bei elf Prozent, die japanische bei über sechzehn Prozent – trotzdem könnte sogar Japan heute wegen des Drei-Prozent-Kriteriums theoretisch nicht als Teilnehmerstaat für den Euro in Betracht kommen. Das Drei-Prozent-Kriterium kann bei guter Konjunktur leicht unterschritten werden, in einer Rezession dagegen liegt die Schwelle zu hoch. Die Flexibilität des Artikels 104c ist also notwendig.

Deutsche Großmannssucht

Nun will Finanzminister Waigel durch einen „Stabilitätspakt" zwischen den Teilnehmerstaaten noch auf den Maastrichter Vertrag draufsatteln und quasi die Konvergenzkriterien verewigen und zwar mit der Androhung von Geldstrafen für Staaten, welche die Kriterien überschreiten. Deutsche Großmannssucht! Unsere Europäischen Partner sind über Waigels Druck schon heute verärgert, aber Sie selber geben öffentlich zu erkennen, dass Ihnen Waigel noch keineswegs weit genug geht.

Ich will einräumen: Auch mir scheint ein hohes Maß an Gleichlauf („Konvergenz") der Volkswirtschaften der Teilnehmerstaaten wünschenswert. Aber für die Funktionstüchtigkeit des Euro ist die Konvergenz keineswegs nötig. Weil die Europäische Zentralbank keiner Regierung Kredite geben darf, so wird eine sich fiskalisch nonkonvergent verhaltene Regierung am Markt höhere Zinsen als andere anbieten müssen, um ihre Schuldscheine und Anleihen unterzubringen – so what? Ist dies nicht Strafe und Abschreckung genug?

Als Bismarck 1875 die Mark an die Stelle der mehreren deutschen Duodezwährungen setzte, hat keiner vorher Konvergenz verlangt – mit Recht. Tatsächlich gab es keine Konvergenz der öffentlichen Schuldenaufnahmen der deutschen Staaten, auch keine Konvergenz der allgemeinen Lebensverhältnisse etwa zwischen Westpreußen und Hamburg oder Ostfriesland und Sachsen. Auch in unserer Zeit gilt die Mark zugleich im reichen Stuttgarter Raum und im armen Vorpommern. Und der gleiche Yen gilt im armen Okinawa wie im reichen Tokio, der gleiche Dollar gilt im armen Staate Arkansas wie im reichen Staate Kalifornien. Notabene: Für die Solidität einer Währung und der ihr zugrunde liegenden Geldpolitik ist es unerheblich, dass die Währung für Arme und Reiche zugleich gilt, für arme und reiche Unternehmen und Regionen zugleich. Voraussetzung ist allein, dass die Geldpolitik in erfahrenen, ideologiefreien Händen liegt, frei von Interessengruppen und von politischen Weisungen. Aber genau diese Voraussetzungen garantiert doch der Maastrichter Vertrag. (*Tietmeyer: Altkanzler Schmidt übersieht, dass es sich bei seinen Beispielen allesamt um Nationalstaaten handelt, die ihre Währungen managen oder, wie im Fall der Duodezstaaten ans Reich abgeben und so die neue Währung erhalten. Diesen politischen Überbau hat die EU aber nicht. Hier geht es um ein Dutzend Staaten – oder mehr, die unabhängig sind und noch lange bleiben wollen. Nur die Währung soll für alle gelten. Pöhls Krönungstheorie wurde verworfen.*)

Tatsächlich gibt es von Frankreich bis Finnland und von Österreich bis Holland oder Irland heute weitgehende wirtschaftliche Konvergenz, ob wir auf die Inflationsraten, auf die reale Höhe der Zinsen blicken oder auf die allgemeine Misere der Arbeitslosigkeit und der sozialen Sicherungssysteme. Eine der wichtigsten Ausnahmen ist die traurige Tatsache, dass zur Zeit ausgerechnet das wohlhabende Deutschland auf Nettokapitalimporte aus dem Ausland angewiesen ist.

Sie reden gern von der Deutschen Mark als von „der Ankerwährung". Tatsächlich hat die Bundesbank durch ihre relative Hochzinspolitik den Wechselkurs der Mark stetig aufgewertet, sie ist sogar noch stolz auf die Instabilität unserer „harten" Außenwährung. Tatsächlich beruht aber der im Vergleich zur Weltwirtschaft starke Anstieg der deutschen Lohnkosten zur größeren Hälfte auf der fast unglaublichen Aufwertung der Mark gegenüber den Währungen fast aller unserer Konkurrenten auf den Weltmärkten. Die von einigen deutschen Industriemanagern vom Zaun gebrochene Standortdebatte – einzigartig in Europa! – hat ihren wichtigsten Grund in der singulären D-Mark-Aufwertung, die ganze Branchen der deutschen Industrie hat verschwinden lassen.

Wenn der Euro nicht käme, so wäre eine zusätzliche erhebliche Aufwertung der Mark die alsbaldige zwangsläufige Folge – und damit ein zusätzlicher Verlust an deutschen Arbeitsplätzen. Denn unsere Exporte würden für das Ausland abermals teurer; und zugleich würden billigere Importe weitere in Deutschland gefertigte Produkte aus dem Felde schlagen, von den Autos bis zur Elektronik.

Die Bundesbank hat seit Maastricht viele unserer europäischen Partnerstaaten unter Druck gesetzt, ihrer Ideologie zu folgen. Dabei nehmen Sie – und ebenso Finanzminister Waigel – in Kauf, dass dessen verkrampfter Einspar-Aktionismus im Publikum dem Maastrichter Vertrag zur Last gelegt und dieser und der Euro deshalb von manchen Leuten abgelehnt werden.

Die Bundesbank ist nach Paragraf 12 des Bundesbankgesetzes „verpflichtet ..., die allgemeine Wirtschaftspolitik der Bundesregierung zu unterstützen". Sie könnten einwenden, angesichts des monatelangen Bonner Tohuwabohus um Steuern, Haushalts- und Sozialkürzungen sei eine allgemeine Wirtschaftspolitik nicht zu erkennen. Aber die Bundesbank ist kein Staat im Staate; zumindest ist sie verpflichtet, die Erfüllung des Maastrichter Vertrages zu unterstützen, den die Bundesregierung geschlossen und den der Bundestag in allen seinen Teilen ratifiziert hat.

Sie dagegen verlangen zwar Vertragserfüllung, aber nur zu Ihren eigenen zusätzlichen Bedingungen. Die unzulässigen Kompetenzüberschreitungen des Verfassungsgerichtes im Maastricht-Urteil 1993 und die jüngsten, von ökonomischem Sachverstand kaum getrübten Drohungen des Verfassungsrichters Kirchhof sind dabei Ihre dubiosen Verbündeten. Aber einstweilen gilt in Deutschland noch das Stabilitäts- und Wachstumsgesetz! Einstweilen ist gemäß dessen Paragraf 1 ein „hoher Beschäftigungsstand" gesetzliches Ziel jeder Bundesregierung.

Unsere Wirtschaft und ihre Unternehmen können allein durch staatliche Haushalts- und Sozialkürzungen nicht gesunden (ich rede hier noch gar nicht von sozialer Gerechtigkeit!), sondern es bedarf dringend der Deregulierung, also der Aufhebung und Vereinfachung von 2000 Gesetzen des Bundes plus 3000 Rechtsverordnungen etc. Dabei sind die Normen der EU, der Bundesländer und der Lohntarifparteien noch nicht mitgezählt.

Vor allem bedarf es ganz dringend der Vertiefung und des entschlossenen Ausbaus unserer natur- und medizinwissenschaftlichen Grundlagenforschung und unserer technologischen Forschung und Entwicklung, damit wir in Zukunft Produkte auf den Weltmarkt bringen, die in den Billiglohnländern einstweilen noch nicht hergestellt werden können. Zu diesen für unsere Beschäftigung mittelfristig entscheidenden Themen habe ich von Ihnen bisher nichts gelesen – obwohl die Bundesbank sich in jedem Monatsbericht über alle möglichen anderen Themen auslässt, bis hin zur jüngsten Forderung, die öffentlichen Transfers in die neuen Bundesländer zu kürzen.

Wenn Sie, verehrter Herr Tietmeyer, ausschließlich auf die „Sicherung der Währung" pochen, wie der Text von Paragraf 1 des Bundesbankgesetzes sagt, so dürfen Sie dabei nicht allein die Binnenwährung im Auge haben, sondern Sie müssen ebenso an die Stabilität unserer Außenwährung denken. Sollte es bei Ihrer monomanen, allein auf den Binnenwert der Währung abstellenden Ideologie bleiben, würden wir zugleich mit der fortschreitenden Globalisierung eine weitere Aufwertung, weitere Verluste unserer Wettbewerbsfähigkeit und Arbeitsplätze erleben – unsere Arbeitsplätze würden beschleunigt nach Osteuropa und nach Asien verlagert werden. Sind Sie sich darüber im Klaren? Hat uns 1930/31/32 nicht schon einmal eine Leitung der Reichsbank, Ihrer Vorgängerin, wegen monomaner deflationistischer Ideologie ins Unglück massenhafter Arbeitslosigkeit gestürzt, mit grauenhaften politischen Folgen?

Ich gehe davon aus, dass die Europäische Zentralbank, anders als Sie, sehr geehrter Herr Tietmeyer, die Außenstabilität des Euro genauso ernst nehmen wird wie seine Binnenstabilität. Dies wäre eine Wohltat: Für unsere Industrie und unsere Arbeitnehmer. Der Euro wird erstmalig den bisher fälschlich so genannten „gemeinsamen" Markt tatsächlich herstellen. Die Kosten des Transfers von einer Währung in eine andere fallen weg (sie betragen bis heute innerhalb der EU jährlich rund dreißig Milliarden Mark). (*Tietmeyer: Das ist alles sehr, sehr umstritten!)*

Erstmalig würden die Preise in Europa für das breiteste Publikum transparent und unmittelbar vergleichbar. Dazu käme mittelfristig der größte ökonomische Vorteil: Mit dem Euro würde endlich ein Gegengewicht gegen den US-Dollar und gegen die egoistische Währungspolitik in Washington geschaffen, ein Gegengewicht auch gegenüber dem japanischen Yen und gegenüber dem schnell an Gewicht gewinnenden Yuan des 1200-Millionen-Staates China.

Aber der wichtigste Vorteil: Der Euro ist der heute fällige Fortschritt auf dem Wege, den wir seit 1950 mit dem Schumann-Plan beschritten haben. Wenn er getan ist, so werden später die Schritte zur gemeinsamen Außen- und Sicherheitspolitik der EU folgen. Wenn jedoch Sie den Euro zu Fall bringen könnten, so würden Sie den Integrationsprozess abschneiden. Bundeskanzler Kohl hat hierzu gesagt: „Und hier bringe ich meine volle und politische Existenz ein."

Zwar halte ich nicht viel von Kohls ökonomischem Wirrwarr; aber mit seiner Europapolitik bin ich zufrieden. Offenbar ist er – gemeinsam mit Jacques Chirac – fest entschlossen, von den Spielräumen des Maastrichter Vertrages Gebrauch zu machen und Deutschland wie Frankreich fest aneinander zu binden und in die EU einzubetten. Richtig so! Wenn aber Sie, verehrter Herr Tietmeyer, mit Ihrer Verweigerungspolitik Herrn Kohl einen Strich durch seine strategische Rechnung machen würden, so würde nicht nur Kohl seine einzige ihn für die Zukunft legitimierende Aufgabe verlieren, sondern Deutschland geriete abermals auf einen Sonderweg; unsere Nachbarn würden uns beargwöhnen – und sich gegen unsere Macht untereinander verbinden.

Es ist nicht angenehm, wenn einer vom De-facto-Währungskönig herabgestuft werden soll zum Filialdirektor der Europäischen Zentralbank. Die Wirkung Ihrer Argumente läuft darauf hinaus, solches zu verhindern. Ihre Wirkung im Ausland weckt tiefes Unbehagen. Ihre Wirkung im Inland steigert die hypochondrischen deutschen Ängste vor jeder Innovation. Ihre Ziele mögen positiv proeuropäisch sein, Ihre Wirkungen dagegen sind negativ. (*Tietmeyer: Wie manche Passagen in der Überlänge des Artikels Falsches oder nur Halbrichtiges enthalten, so zeugt auch dieser letzte Punkt von Unkenntnis und Uninformiertheit: Der Bundesbankpräsident wird niemals Filialdirektor der Europäischen Zentralbank sein, sondern er wird im Europäischen System der Zentralbanken immer der Präsident seines Hauses bleiben, außerdem die Funktion eines Mitglieds des Rates der EZB ausüben. Was mich betrifft, so scheide ich am 30. August 1999 – dann 68-jährig – aus meinem Amte aus.)*

Ich grüße Sie, Herr Bundesbankpräsident, in der Ihnen nach wie vor zukommenden Hochachtung – allerdings gilt diese nur Ihrer Person, nicht ihrer Politik.

(Anmerkung des Autors: Die kursiv gehaltenen Tietmeyer-Zitate entstammen einem Gespräch mit dem Bundesbankpräsidenten kurz nach Erscheinen des Artikels. Auf den offenen Brief will er nicht antworten.)

G 7 in Lyon: Kalbskopf mit Vinaigrette

Weltwirtschaftsgipfel, wie Ende Juni 1996, haben mitunter ihre grimmigen Agendas, andererseits auch ihr Golddekor und schöne Hintergründigkeiten. Dazu bedarf es Köpfchen, z. B. die Häupter der G 7. Zählt man sie, schauen mehr Köpfe heraus als numerisch möglich wären. Nicht gemeint die Delegationsmitglieder: Außenminister, Finanz- und Wirtschaftsminister plus Tross. Aus sieben Staats- und Regierungschefs, die die G 7 ausmachen, werden schnell acht, denn der EU-Präsident, Jacques Santer, will auf die Gipfelteilnehme nicht verzichten. Er trägt den Kopf hoch, auch wenn er nicht zu den Großkopferten gehört bei G 7.

Zur politischen 8 – P 8 – mutieren die G 7 (bei Vernachlässigung von Santer) einschließlich Russland. Pardon Präsident Boris Jelzin blieb aber zu Hause, weil er in diesen Wahlwochen sogar um seinen politschen Kopf in Moskau bangen muss. P 8 ist ihm außerdem zu wenig. Er will zu den großen Weltwirtschaftsmächten gehören, also G 8. Santer will das auch. Nun hätten wir G 9. Das aber passt hinten und vorne nicht. Jelzin ist nicht dabei, Santer wird beiseite geschoben – also wieder G 7. Nicht ganz: Die Russen haben ihren Ministerpräsidenten Tschernomyrdin geschickt. Da damit aber die Politisch Großen – P 8 – nur unzureichend aufgefüllt sind; P 7 1/2. Da Russland irgendwo auch eine Wirtschaftsmacht ist, könnte auch G 7 1/2 zulässig sein. Aber Tschernomyrdin darf nicht überall mit hin. Doch G 7.

Auch wenn es unverschämt klingt, bei aller Sicherheit und einer perfekten Terroristenabwehr, kann ein heimtückisches Attentat nicht ganz ausgeschlossen werden. In Europa grassiert die Rinderseuche Bovine Spangioforme Enzephalopathie, die auch normale Leute zum Wahnsinn treiben kann. Nichtsdestotrotz kann es sich Gastgeber Jacques Chirac nicht verkneifen, abermals Kalbskopf in Vinaigrette anzubieten, um den Rindfleischverkauf seiner Bauern zu stützen. Für den Normalbürger Europas gehört immer noch Überwindung dazu, Rindfleisch zu essen. Hier haben sich nun die Staatschefs zu überwinden. Der Lyoner Sterne-Koch Bocuse schüttelt medienwirksam den Kopf.

Chirac hat die Staatschefs übrigens ins Museum für zeitgenössische Kunst am Tête d'Or, dem goldenen Kopf der Seidenmetropole geladen. Vorne fließt der große Strom Rhône, hinten im Park stehen die großen Tiere – Elefanten und Löwen. Die Großkopferten aber tagen dazwischen.

Ein Künstler der Moderne, Robert Racine, hat zudem Köpfchen bewiesen, indem er sich am Museum eine Intelligenz-Meile hat einfallen lassen. Er bemühte dabei das Lexikon, sicherlich die encyclopédie française. Sein Lieblingsbuchstabe wurde das K. K wie Kopf oder Kohl. Alle Worte, die er mit K finden konnte, schrieb er sorgfältig auf ebenso viele Täfelchen zum Beispiel: Kulak (russischer Großbauer), Kiwi (asiatische Frucht), Kwa Zulu (Zululand).

Die K-Meile endete (Köpfchen, Köpfchen) bei einer riesigen Plakatwand mit dem deutschen Kanzler: „Willkommen Helmut Kohl", heißt es da. Den strahlenden Opa Kohl umarmt lässig ein Kind mit Boxhandschuhen. Das Ganze eine Hommage an Kohl, die in diesen Tagen Chirac nicht so ganz passen wollte. Das französische Volk schätzt den deutschen Kanzler, ganz sicher. Auch applaudierten die Bürger bei seiner Ankunft zum offiziellen Abendessen. Chirac aber zeigte sich äußerst kühl. Es gibt derzeit gravierende politische Dissonanzen zwischen Deutschland und Frankreich, die auch in dem überraschend schnellen Truppenabzug der Franzosen aus Deutschland zum Ausdruck kommt. Man hat nicht viel davon gemerkt auf dem Lyoner Gipfel, nur dass die Franzosen niemals von den Deutschen sprachen.

Dublin: Stabilitätspakt und Goldreserve

Alles verzögert sich. Ich kann Finanzminister Theo Waigel erst am Samstagabend (21. 9.) um 19 Uhr sprechen, nach deutscher Zeit 20 Uhr. Ab 20.10 Uhr (Ortszeit) ist die Übertragungsleitung Funkhaus Dublin zum Hessischen Rundfunk bestellt. Nach der 40-minütigen Aufnahme des Interviews hetze ich um 20.50 Uhr ins irische Rundfunkgebäude. Dort wird mir eröffnet, dass die Leitung nicht zustande gekommen ist. Die Zwischenstation London habe nicht mitgemacht. Die Schrecksekunde dehnte sich in eine Unendlichkeit aus. Der Kontakt zum Schaltraum in Frankfurt ist wenigstens per Telefon gegeben. So schlage ich die Übertragung über ISDN vor, einer bis auf 7 kHz aufbaubaren Telefonverbindung. Aber nicht alle ISDN-Anlagen sind miteinander kompatibel. Der HR hat Siemens PKI. „Was hat der Irische Rundfunk?" „Ja, das wäre möglich." So beschere ich den sonntäglichen Zuhörern des „Frankfurter Gesprächs" (11.30 Uhr) doch noch die goldenen Worte Waigels. Anderes wäre auch unerträglich gewesen. Die nachrichtlichen Inhalte querbeet durch die deutsche und internationale Finanzpolitik verbreiten die ARD-Sender in vielen Details. Stabilitätspakt, EWS II und das Goldthema haben da ihren vorrangigen Platz. Auch die schreibenden Medien verbreiten die Inhalte. – Hier ein kleiner Ausschnitt aus dem Gespräch:

Herr Dr. Waigel, als CSU-Vorsitzender und Bundesfinanzminister dürften sie gleich nach Kanzler Kohl der gefragteste Mann der Republik sein, weniger geliebt als angefeindet, ebenso erfolgreich wie effektiv. Sie sind einer der Baumeister der Europäischen Währungsunion, auf jeden Fall der Schrecken des IWF-Managers Michel Camdessus und der Durchreißer bei der hausgemachten deutschen Finanzkrise. Hier in Dublin beim Europäischen Rat der Wirtschafts- und Finanzminister – ECOFIN-Rat – war die Währungsunion das große Thema. Was wurde erreicht?

Waigel: „Es wurde erreicht, einen europäischen Stabilitätspakt zu vereinbaren, der die dauerhafte Sicherung der Stabilitätsdisziplin in der 3. Stufe der Währungsunion gewährleistet, so dass wir im Dezember beim Europäischen Rat der Regierungschefs ebenfalls hier in Dublin mit einem mehrheitsfähigen Vorschlag rechnen können, der in den nächsten Tagen und Wochen vom Währungsausschuss und von der EU-Kommission erarbeitet wird. Wir haben erreicht, dass wir weitgehend fertig sind mit einem Währungssystem – EWS II, das dann die Beziehung zwischen denen, die in der 3. Stufe der Währungsunion dabei sind und denen, die noch nicht dabei sind, eben dieses gegenseitige Verhältnis gewährleistet. Und wir sind auch vorangekommen, was den Status anbelangt, bis hin zu unseren Vorschlägen, dass man bei der Prägung der europäischen Münzen das Dreischichtmaterial verwendet, um Fälschungssicherheit zu erreichen."

Frage: Wie haben Sie es eigentlich geschafft, den Dollar wieder auf über 1.50 DM zu hieven?

Waigel: „Wir haben eine funktionierende Kooperation im Bereich von G 7 – man denke auch an Plaza und Louvre. Außerdem haben die Amerikaner erklärt, sie seien an einem festen Dollar interessiert. Und sie haben das nicht nur als Lippenbekenntnis gesagt. Sie wollen ihre Haushaltskonsolidierung voranbringen. Sie haben ihre Wettbewerbsfähigkeit unter Beweis gestellt. Sie haben eine vernünftige Tarifpolitik in den letzten Jahren betrieben. Und das hat auch zu dem orderly reverse, zu dieser von uns gewünschten Richtung des Wechselkursverhältnisses von D-Mark und Dollar geführt."

Frage: Seit Jahr und Tag läuft mit dem Internationalen Währungsfonds das Gehacke wegen der von Michel Camdessus geforderten Goldverkäufe. Gold gegen die Armut in der Welt ist doch eine gute Sache. Außerdem hätten Sie ja dann auch die Chance, Bundesbankgold zum Schuldenabbau in Deutschland abgeben zu können. Wie steht es damit?

Waigel: „Sie sprechen hier ein Horrorszenario an. Und ich will ganz klar sagen: Unser Gold steht nicht zur Disposition. Wir haben das nicht vor und wir wissen auch, dass das auch nicht nur psychologisch negativ wäre. Darum haben wir im Rahmen des IWF klargemacht, dass wir gegen Goldverkäufe sind. Wir halten das auch nicht für erforderlich. Andere Mittel, andere Reserven des IWF reichen aus. Auch bilaterale Möglichkeiten sind gegeben. Und wir glauben, dass es falsch ist, jetzt für einen beschränkten Aufgabenbereich Gold zu verkaufen. Das Gold soll Reserve sein für den Fall, von uns nicht erwünschter anderer Notwendigkeiten. Und insofern sind wir hier dagegen. Wir sind möglicherweise in einer Minderheit. Das hält uns aber nicht davon ab, diese als richtig anerkannte Meinung auch weiter zu verbreiten. Und ich gehe nicht davon aus, dass bei der bevorstehenden Tagung des IWF eine Entscheidung gegen uns fallen wird. – Das Gold ist eine auch psychologische Reserve. Und ich sage nochmals: Vor allen Dingen bei uns in Deutschland steht es für einen Verkauf nicht zur Disposition. Nur wenn das ganze Weltfinanzsystem in Gefahr wäre, dann wäre so etwas denkbar. Aber bisher ist es uns jedenfalls gelungen, mit andern Mitteln die Krisensituationen, die entstanden sind, in den letzten Jahren und Jahrzehnten zu bewältigen."

Nach langem, ungemütlichem Flug, Schwierigkeiten bei der Einreise wegen kleiner Formalitäten. Am Abend des 25. September noch Akkreditierung beim Internationalen Währungsfonds in der 19. Straße. Michel Camdessus erfreute mich dann in der Pressekonferenz zum Auftakt der Tagung mit seiner unverrückbaren Haltung zum Goldverkauf.

Der blitzgescheite Franzose an der Spitze des Währungsfonds verfügt über einen Goldschatz, der etwa so groß ist wie der der Deutschen Bundesbank: Rund 100 Millionen Unzen. Davon will Camdessus in einer ersten Tranche fünf Prozent verkaufen, um gewisse Entwicklungshilfe-Projekte zu finanzieren. Eine hochherzige Tat, sollte man meinen. Was kann es denn Edleres geben, als Edelmetalle zu versilbern, um armen afrikanischen Staaten eine erdrückende Schuldenlast zu nehmen? Die Deutschen sagen nein und können dabei mit bescheidener internationaler Unterstützung rechnen. Italien und die Schweiz sind die sichersten Verbündeten dabei.

Das Nein Deutschlands bedeutet keine Absage an ein großzügiges Hilfsangebot für die überschuldeten ärmsten Länder, sondern eine Absage an eine ganz bestimmte Goldfingermentalität, die dahinter steht. Der IWF, dessen erste und vornehmste Aufgabe darin bestehen sollte, das internationale Währungssystem abzusichern, greift seine Währungsreserven an, um Entwicklungspolitik zu betreiben, insbesondere in den ehemaligen französischen Kolonien. Kurz und knapp: Die Deutschen haben die IWF-Goldverkäufe abgeblockt. Davon will aber der Geschäftsführende Direktor nichts gehört haben. In weitschweifigen Erläuterungen versucht Camdessus der in Washington versammelten internationalen Presse weiszumachen, dass bereits alles abgesegnet sei. In großer Harmonie hätten die IWF-Gouverneure die Pläne des Managements gutgeheißen. Die Goldverkäufe seien beschlossene Sache und würden erfolgen, wenn dem Währungsfonds für seine Entwicklungsprojekte das Geld ausgehe. Für dieses Jahr reichten die Finanzen, vielleicht auch noch fürs nächste. Dann aber wird der Goldschatz angetastet. Vielleicht? Die Staaten, die die Goldverkäufe unterstützen, wollen sich nämlich konsequent vor echten Kapitaleinschüssen beim Währungsfonds drücken. Diese aber kommen jetzt.

Camdessus fährt unbeirrt fort, den IWF zu einer weltweiten Entwicklungshilfe-Organisation auszubauen, obwohl dafür die Weltbank zuständig ist. Wenn es übers Gold nicht geht, dann über eine Verdoppelung der Kapitaleinlagen der 180 IWF-Mitglieder. Die Quoten sollen von 140 Milliarden Sonderziehungsrechten (selbst geschaffenes IWF-Geld, das die Mitglieder zeichnen müssen) auf 280 Milliarden SZR gebracht werden. Dies entspricht fast 400 Milliarden Dollar oder 600 Milliarden Mark. Camdessus weiß es genau: 60 Staaten hängen am Tropf des IWF und weitere 24 Staaten stehen in Verhandlungen über (möglichst zinslose und nicht rückzahlbare) Kredite oder andere Hilfeleistungen. IWF-Geld saniert die Welt.

In Washington der Welt den Euro erklären

Schon zu Beginn des Washingtoner Weltwährungsgipfels von IWF und Weltbank hatte Commerzbank-Chef Martin Kohlhaussen die Parole ausgegeben: Wir müssen der internationalen Hochfinanz die Europäische Währungsunion erklären. Die Nationen der Welt wollen wissen, was der Euro letztlich darstellt.

Beim Treffen der Großen 7 (USA, Deutschland, Japan, Großbritannien, Frankreich, Italien und Kanada) nahm die Diskussion über die neue europäische Währung tatsächlich einen breiten Raum ein. Den Amerikanern ging ein Licht auf, dass da eine Weltwährung heranwächst, die für den Dollar gefährlich werden könnte. So kam es deutscherseits zu heiligen Versprechen, der Euro werde eine harte Währung sein und schlüpfe ganz unmerklich in die Rolle der D-Mark, auch als zweitwichtigste Reservewährung der Welt. Albrecht Schmidt von der Bayerischen Vereinsbank brachte es auf den Punkt: „Der Euro macht als internationale Reservewährung dem Dollar unmittelbar Konkurrenz." Die USA wollen mit den Europäern zumindest insoweit kooperieren, dass sie den Dollar stark halten. Bundesbankpräsident Hans Tietmeyer forderte sogar einen „sehr starken" Dollar und setzte hinzu, dass eine niedrigere Bewertung der US-Währung von den Notenbanken für problematisch gehalten würde.

Die diesjährige IWF-Tagung könnte so recht der Erholung der Gouverneure des Währungsfonds und der Weltbank dienen. Die Delegationen der 180 Mitgliedsländer finden ein freundlich kühles Washington vor, gut geschaffen, um sich auf Dutzenden von Empfängen und Nobelgastmählern wohl zu fühlen. Champagner und Austern sind bei gemäßigten Temperaturen leichter verträglich. Das sonst permanent schlechte Gewissen der reichen Nationen (obwohl die „Armen" im District of Columbia auch kräftig mitpicheln) kann diesmal auf einem reduzierten Niveau gehalten werden, denn die Weltkonjunktur springt gerade an. In den alten Industrieländern beginnen die Wachstumsmotoren endlich wieder zu laufen. Das muss gefeiert werden.

Es wurde tatsächlich ein weitreichendes Entschuldungskonzept für die ärmsten, meist afrikanischen Länder verabschiedet. Dafür kamen zwei Milliarden Dollar von der Weltbank und andere Mittel vom IWF. Deutschland steuert einen Milliarden-Betrag aus dem Bundesbank-Guthaben beim IWF bei. Selbst das ist ein falscher Weg, den Deutschland aber unter politischem Druck gehen muss.

Beim Treffen der Hochfinanz in Washington geht es also nicht nur um einen Jahrmarkt der Eitelkeiten weltweit agierender Geldakrobaten, sondern ganz bestimmt auch um handfeste Arbeit, damit die Weltwirtschaft den notwendigen geld- und finanzpolitischen Rahmen hat. Da sind ständig Justierungen nötig.

Man denke nur an die Multi-Milliarden-Beträge, die täglich durch die internationalen Devisenmärkte geschleust werden und mehr Unsicherheit verbreiten als reales Wachstum fördern. Noch schlimmer sind die bis in die Unendlichkeit hochzujubelnden neuen Finanzprodukte, die sogenannten Derivate, die ungeahnte Gefährdungen für das Weltfinanzsystem in sich bergen. Erinnert sei an die Barings-Pleite und das Deutsche-Bank-Pech bei Morgan Grenfell.

Der IWF hat wirklich alle Hände voll zu tun, durch Beobachtung jedes einzelnen Landes und durch Aufbau eines Frühwarnsystems allzu häufige Finanzkräche vermeiden zu helfen, die aber immer wieder ganz überraschend und damit unvermeidlich über die Welt hereinbrechen.

Stunde der Wahrheit

Der Europäische Bankenkongress in Frankfurt steht unter dem Motto: Stunde der Wahrheit. Dabei geht es in allen Varianten um die Einführung des Euro 1999. Und in Stunden der Wahrheit sagen natürlich alle Beteiligten nichts als die Wahrheit, von der jetzigen Perspektive her gesehen. Die Stunde schlägt aber erst in zwei Jahren, und wem die Stunde schlägt, weiß heute tatsächlich kaum einer. Wer nimmt denn wirklich vom ersten Tage an teil an der Europäischen Währungsunion? Sechs, zwölf, fünfzehn Länder?

Bundeskanzler Helmut Kohl sagte heute (22. 11. 96): Es sollen möglichst viele Staaten von Anfang an dabei sein. Aber die Wahrheit wird auch bei Kohl erst rund durch seinen Zusatz: Die Maastricht-Kriterien müssen ohne Wenn und Aber eingehalten werden, und zwar „auf Dauer". In der Kanzler-Rede folgten dann einige Halbwahrheiten über die Rückführung der Verschuldung in Deutschland und die Hoffnung, dass viele Europäer das Klassenziel erreichen.

Schon hebt der italienische Finanzminister den Finger und wirft in die Debatte, „wir machen mit" und das beginnt mit dem Wiedereintritt der Lira in den europäischen Wechselkursverbund, Ende November. Im Übrigen, so Ciampi, hätte Italien viel weniger Schulden, wenn das Land nicht so viele Zinsen für die Schulden bezahlen müsste. Das ist eine Binsenweisheit und ein Seitenhieb auf die Bundesbank. Ciampi glaubt, die Kriterien einhalten zu können. Immerhin kennt sich der Italiener in den Maastrichter Verträgen aus, worin geschrieben steht, dass ein Land beim Euro nur mitmachen darf, wenn es vorher zwei Jahre lang seine Währung im Wechelskursmechanismus des EWS trainiert hat. Die Briten haben das noch nicht begriffen.

Kohl als großer Politiker, dies ist der deutsche Kanzler unbestritten, muss manchmal Wahrheiten auch doppeldeutig aussprechen. Die Einhaltung der Kriterien „auf Dauer", wie er forderte, bezieht sich auf den Waigel'schen Stabilitätspakt, der durchaus nicht unter Dach und Fach ist. Wenn dann der Kanzler auch noch hervorhebt, dass es in allen Stabilitätsfragen zwischen Bundesregierung und Bundesbank eine nahtlose Übereinstimmung gibt, dann hat das großes Gewicht und es bleibt zu hoffen, dass dies auch der Wahrheit entspricht. Am besten wir verschieben die Währungsunion lieber gleich um zwei Jahre, sonst wird aus der Wahrheit Lüge. Denn weder Deutsche noch Franzosen halten die Kriterien ein.

Der Franzosen-Franc bekommt z. B. schon Lungenentzündung, wenn ein Altpräsident – diesmal Giscard d'Estaing – mal in diese Richtung schnäuzt. Die Stunde der Wahrheit ist doch noch nicht gekommen. Der Euro ist noch nicht da. Wem die Stunde schlägt, wissen wir längst: Der D-Mark irgendwann.

Hurra, die Lira ist in den Wechselkursmechnismus zurückgekehrt. Es wächst zusammen, was zusammen gehört, schließlich zählt Italien zu den Gründungsmitgliedern der EWG, EG, EU. Nach dem großen Knall im EWS 1992 suchte die Lira vier Jahre lang auf eigene Faust ihren Weg durch die verschlungenen Pfade der Devisenmärkte. Da gab es drastische Abwertungen, dann wieder Aufwertungen, bis schließlich am vergangenen Wochenende die EU-Notenbankgouverneure und Finanzminister den neuen Einstiegskurs festgesetzt haben.

Mit Festsetzung der Rate von 1,01 D-Mark für 1000 Lire hat die Bundesbank heute morgen (25. 11.) den Stichpunkt für den Zirkel der Bandbreite – insgesamt 30 Prozent – in dem sich die Lira bewegen kann, bevor die Bundesbanker sich aufgerufen fühlen müssen, irgendwie zu intervenieren. Sie müssen erst bei 0,87 Pfennig/1000 Lire kaufen oder bei 1,17 D-Mark/1000 Lire verkaufen. In diesem Band von 15 Prozent nach oben und unten kann sich die italienische Währung komfortabel entwickeln. Dies aber wäre nur die halbe Miete. Wer von Anfang an beim Euro 1999 mitmachen will, und deswegen steigt Italien jetzt wieder ins EWS ein, muss sich jedoch im engen Band von 4,5 Prozent bewegen, 2 1/4 nach oben und 2 1/4 nach unten. Unter dieser Voraussetzung wird es schon ungemütlicher für die Wackelwährung von Rom, unbeschadet das Klassenziel zu erreichen. Aber: Wer wagt, gewinnt.

Damit vereint das EWS 12 europäische Währungen mit der D-Mark als zentralem Anker. Großbritannien, Schweden und Griechenland bleiben vorerst oder auch für immer draußen. Hat Europa mit dem Dutzend EWS-Währungen nun den Euro-Club 99 beieinander? Sicherlich nicht. Auch im Dutzend wird die Währungsunion nicht billiger zu haben. Es geht um die innere Stabilität des Geldes. Und da haben alle Staaten noch ganz erheblichen Schuldenabbau zu leisten, damit der Euro so stabil wie die D-Mark wird und nicht etwa so labil wie die Lira. Aber die Lira will ab heute wenigstens Farbe bekennen. Bravo.

Der Euro erblickt das Licht der Welt

Es wird dauernd über Europa gesprochen, handfestes bekommt man allerdings kaum zu Gesicht. Das wird sich in dieser Woche aber ändern, denn am Freitag, dem 13. Dezember (96), stellt der Präsident des Europäischen Währungsinstituts, Alexandre Lamfalussy, die neuen Geldscheine vor, jawohl: Am Freitag erblickt der Euro als Banknote das Licht der Welt. Ob damit letztlich auch eine Währung geschaffen wird, gehört zum Thema des 68. deutsch-französischen Gipfels, der zurzeit (9. 12.) in Nürnberg stattfindet, gehört aber auch zum Inhalt des EU-Gipfels, der Ende der Woche in Dublin laufen wird.

Da aber sind die Verknüpfungen ebenfalls wieder ganz eng, denn Bundeskanzler Kohl und Chirac, der französische Staatspräsident, wollen den Gipfelteilnehmern in Dublin von Nürnberg aus einen Brief schreiben. Es soll keine koordinierte Absage der Regierungschefs aus Deutschland und Frankreich an die irische Adresse sein, sondern eine Art Leitfaden. Kohl und Chirac wollen den anderen 13 EU-Mitgliedern mitteilen, wie sie es gerne hätten in und mit Europa. Und wenn sich Deutschland und Frankreich erst einmal einig sind, können die anderen Europäer nur noch ganz schnell zusehen, wie sie sich in diese Stromlinie einpassen, denn Paris und Bonn zeigen allemal an, wo es langgeht.

Leider steht es aber im deutsch-französischen Verhältnis nicht zum Besten. Die Franzosen wollen sich nicht vor den deutschen Wagen spannen lassen und die Deutschen halten die Franzosen nicht immer für die sichersten Kantonisten, wenn es um die Frage geht: Der Euro wird so stabil wie die D-Mark. Eine solche Nibelungen-Treue kann von Paris schlechterdings auch nicht erwartet werden. Für Chirac und seine Leute soll der Euro genauso stabil wie der Franc werden. Warum eigentlich nicht? Schließlich ist man ja froh über den Euro die D-Mark loswerden zu können und man will keine Über-D-Mark.

Alte französische Tradition ist es, die Währung als Instrument der Wirtschaftspolitik und damit der Exportförderung einzusetzen. Franzosen wollen mit dem Franc spielen können, Abwertungen inbegriffen, wenn es denn der eigenen Wirtschaft insbesondere zum Abbau der Arbeitslosigkeit nützt. Auf die Nachhaltigkeit solcher Aktionen achtet niemand. Reine Stabilitätspolitik à la Bundesbank ist Paris zutiefst zuwider. Der Präsident der Banque de France, Claude Trichet, ist deshalb bei seinen Leuten auch längst in Ungnade gefallen, weil er seinen Oberen zu sehr germanisiert erscheint. Andere Mitglieder des französischen Zentralbankrates haben bereits ganz offen gegen die Hartwährungspolitik von Trichet protestiert, sie zumindest in der Öffentlichkeit madig gemacht.

Jetzt will Kohl in Nürnberg jedoch den Stabilitätspakt durchsetzen mit automatischen Sanktionen und Strafen für Euro-Mitglieder, die ihre Finanzpolitik nicht ganz gezügelt und möglichst zur Null-Expansion halten. Chirac soll also in Nürnberg gutheißen, dass sein Staat in drei bis vier Jahren europäisch gemaßregelt wird. Das darf Kohl nicht erwarten. Insbesondere deshalb nicht, weil die Deutschen für die nächste Zeit kein bisschen besser dastehen als die meisten anderen europäischen Länder einschließlich Frankreichs.

Die Lüge mit dem stabilen Euro treibt derzeit schon merkwürdige Blüten. Das Beste wäre eine Verschiebung der Währungsunion, bis man sich wieder ehrlicherweise in die Augen schauen kann. Dieses dürfte aber kaum in der Depesche stehen, die die Bosse aus Nürnberg nach Dublin schicken wollen, sondern da wird herumkritisiert an den Arbeitspapieren für Maastricht II, die Weiterentwicklung der politischen Union und allgemeines Missvergnügen bei der Aufnahme neuer Mitglieder ausgedrückt, gepaart mit aufmunternden Sprüchen, Europa fristgerecht entstehen zu lassen über die Währungsunion 1999.

Der deutsch-französische Ärger – gegenseitig – wird auf verteidigungspolitischen und sicherheitspolitischen Feldern ausgetragen. Da kommen auch Militärsatelliten ins Spiel. Hier werden die Risse im Verhältnis Deutschland-Frankreich nur mühsam zu übertünchen sein. Aber genau da, in der hintergründigen Erosion, liegen die Risiken für Europa. Es sieht nicht gut aus für die ernst gemeinte europäische Integration. Da hilft auch die Null-Serie des Euro kaum weiter.

Der Euro ist durchaus kein Thema, in dem die Nation zerstritten wäre. Freudlose Diskussionen zeigen aber immer wieder, dass keine Visionen mit dem neuen europäischen Geld verbunden sind. Der große Wurf für Europa zeigt sich derzeit eher wie ein Hoppeln über steinige Strecken. Sachsens Ministerpräsident, Kurt Biedenkopf, hat gerade die geplante Einführung der einheitlichen EU-Währung als ökonomisch sinnvoll bezeichnet. Allerdings müsse zuvor in den EU-Mitgliedern die Konvergenz der Wirtschafts- und Finanzpolitiken sichergestellt werden. Der Euro müsse auf jeden Fall eine wirklich unabhängige Währung sein. Es dürfe auf keinen Fall dazu kommen, dass der Euro von einzelnen Ländern zur Lösung ihrer innenpolitischen Probleme genutzt werde, sagte Biedenkopf.

Im jetzt abgelaufenen Jahr wurden aber immerhin zwei Meilensteine auf dem Weg zur Europäischen Wirtschafts- und Währungsunion gesetzt: Die 15 EU-Staaten einigten sich auf den sogenannten Stabilitätspakt und die Bürger wissen nun in etwa wie der Euro aussehen soll. Am 13. Dezember wurden in Dublin und Frankfurt die Gestaltungsentwürfe für die Banknoten der Öffentlichkeit vorgeführt. Es wird also sieben Scheine geben, und zwar mit den Werten fünf, zehn, zwanzig, fünfzig, hundert, zweihundert und 500 Euro.

Nach heutiger Berechnung ist der Euro etwa zwei Mark wert. Der 500er-Schein entspricht von der Kaufkraft her einem Tausender in D-Mark gerechnet. Dies natürlich bezogen auf Anfang Januar 1999, wo der Euro eingeführt werden soll. Bisher ist er wirklich nur ein Stück buntes Papier, dem erst noch geldpolitisches Leben eingehaucht werden muss.

Auf der Vorderseite der Euro-Noten sind Portale und Fensternischen der verschiedenen Kunstepochen Europas zu erkennen. Auf der Rückseite die Landkarte Europas mit unterschiedlichen Brückensymbolen. Nach den Worten von Wim Duisenberg, dem niederländischen Zentralbankchef und künftigen Präsidenten des Europäischen Währungsinstituts, ist die Gestaltung der Scheine noch nicht endgültig. Fälscher sollten sich, wie Duisenberg anmerkte, noch nicht die Mühe machen, ans Werk zu gehen, um Blüten zu fabrizieren, denn da werde noch manches verändert werden. Ein Feld, das jetzt auf der Rückseite mit den zwölf Euro-Sternen belegt ist, könnte künftig mit nationalen Symbolen ausgefüllt werden. Entsprechend ihren nationalen Notenquoten können da landesspezifische Erkennungsmerkmale eingebracht werden.

Wichtig bleibt die Zielvorgabe der Geldwertstabilität. Hier gibt es aber bisher keine zufriedenstellenden Antworten. Der Verlauf des Jahres 1996 stimmt da eher pessimistisch. Die meisten europäischen Länder haben ihre Staatsverschuldung nicht abbauen können, sondern sind tiefer in die Defizite hineingerutscht. Das gilt besonders für Deutschland und Frankreich. Außerdem gibt es Dissonanzen zwischen diesen beiden Regierungen über die Methoden des Defizitabbaus und der langfristigen Stabilitätspolitik. Der gemeinsame Weg auf die einheitliche Währung hin wird steinig bleiben.

Die Bundesbank hält aber Kurs und macht Dienst nach Vorschrift. Sie hat ihren Geldmengenkorridor bereits auf Ende 1998 ausgerichtet. In ihrer erstmals so formulierten Zweijahresorientierung wurde der Zielkorridor für 1997 und 1998 im Durchschnitt auf jeweils fünf Prozent festgesetzt. Bundesbankpräsident Tietmeyer sagte dazu: „Die Bundesbank wird während der noch verbleibenden Restlaufzeit der D-Mark auf Stabilitätskurs bleiben."

Waigels Bibel-Wort: Die Kriterien bestimmen den Zeitplan

In der Euro-Dämmerung des Jahres 1997 geraten die Götter in die Krise. Sie werden mit den Geistern, die sie riefen, nicht mehr fertig. Behauptet doch Kanzler Kohl in der Bildzeitung allen Ernstes: Der Euro bringt neue Arbeitsplätze. In seinem Beitrag für die Börsenzeitung hatte der Kanzler über das Thema etwas länger nachdenken können und lamentiert: Die Abschaffung der D-Mark und ihr Ersatz durch den Euro sind für die Deutschen die schwierigsten aller europäischen Fragen. Wenn im Austausch der Währungen Arbeitsplätze eingetauscht werden könnten, wäre das Geschäft doch zu überlegen, oder? Zwischenruf von Oskar Lafontaine, dem Oppositionspolitiker: Kohl gehört abgewählt! Stark, die Forderung. Wer aber soll hingewählt werden? Doch nicht etwa Lafontaine oder Scharping. Kohl hat unterdessen bei den alten Griechen nachgeforscht, wie jene ihren Saustall bereinigt haben. Da er selbst kaum noch in der Lage ist, den Mist zu entsorgen, nimmt er sich ein Beispiel an Herkules: Der Augias-Stall der deutschen Finanzmisere muss mit dem Geldsturzbach des Euro gesäubert werden. Eine haarsträubende Vorstellung!

Tatsächlich hat die Diskussion über die Einführung der gemeinsamen europäischen Währung in den vergangenen Tagen eine neue Qualität angenommen. Der dumpfe Block des Schweigens über die Bürgersorgen wegen des Verlusts der Mark bröckelt ganz erheblich ab. Die Brechstange aber, die nach und nach alles zum Wackeln bringt, heißt Arbeitslosigkeit, ein Kriterium, das nicht einmal in Maastricht mit aufgelistet wurde. Aber bei der zunehmenden Arbeitslosigkeit und der weiterhin schwachen Konjunktur wird es immer unwahrscheinlicher, dass die Verschuldungskriterien eingehalten werden können. Der DGB-Vorsitzende Dieter Schulte sagte kürzlich, seine Organisation könne nicht mehr hinnehmen, dass die Maastricht-Kriterien mit einer Fiskal- und Sozialpolitik erfüllt würden, die allein zu Lasten der Arbeitnehmer gingen. Der Baugewerkschaftsboss, Klaus Wiesehügel, hat noch direkter die Verschiebung der Euro-Einführung gefordert. Aber auch andere in- und ausländische Verschiebetaktiker treten auf den Plan. So ließ der italienische Ministerpräsident Prodi durchblicken, dass es an den Deutschen sei, jetzt die Verschiebung des Euros in Europa zu erbitten, weil sie von ihren Schulden nicht herunter kämen – ebenso wie die Italiener (was er unterließ anzumerken).

Frankreichs Jacques Chirac, Staatspräsident im Nachbarland, hatte immer schon eine kritische Euro-Haltung. Außerdem wurden die Franzosen in dieser Woche von Bundesbankpräsident Hans Tietmeyer geärgert, als er unverhohlen den designierten EWI-Präsidenten, Wim Duisenberg, auch zum ersten Präsidenten der Europäischen Zentralbank vorschlug, obwohl Frankreich hier große Ambitionen hat. Im Zentralbankrat der Deutschen Bundesbank mehren sich außerdem die Stimmen, die eine Verschiebung des Euros bis kurz vor den St. Nimmerleinstag befürwortet, weil's mit den Kriterien nun mal nicht hinhaut. In Deutschland sackt ganz allgemein der Euro-Klima-Index erheblich ab. Von 99 auf 67 Prozent sank die Wahrscheinlichkeit, dass der Euro pünktlich kommt.

Aus deutscher Sicht entpuppt sich das gemeinsame Europäische Geld als Nibelungen-Geschenk. Die Währungsreserven der Bundesbank versinken mit ca. 3500 Tonnen edelstem Metall wie Gold im Rhein, das der Euro-Alberich in Gestalt der EZB gerne vereinnahmen würde. Gleichzeitig mimt Kanzler Kohl den Lohengrin: Nie sollst Du mich dazu befragen, wann das Gold weg und der Euro da ist. Finanzminister Theo Waigel baut sich manchmal noch als Siegfried auf, der das Ungeheuer abstechen will. Aus den Graubündener Bergen verkündete er: „Es gibt einen Satz, der ist so richtig, wie das, was in der Bibel steht, und der stammt von mir. Die Kriterien bestimmen den Zeitplan. Anders kann es nicht sein." Er versucht dadurch, Zeit zu gewinnen. Außenminister Klaus Kinkel hängt im Netz der schieren Nibelungen-Treue und kann sich nicht befreien: „Es gibt kein Zurück mehr. Dieser Punkt ist längst überschritten." Und fast alle relevanten gesellschaftlichen Gruppen dieser Nation geben ihr germanisches Bäuerchen dazu ab.

Mein lieber Schwan, so kann aber keine verantwortungsvolle Politik betrieben werden. Die Verantwortung muss sich in diesem Falle einerseits auf die Geldwertstabilität beziehen – Euro so stark wie die D-Mark – aber auch die Sorgen der Bürger berücksichtigen. Das ist oft nicht dasselbe. Landauf landab heißt die bange Frage: Kommt er oder kommt er nicht? Und wenn er kommt, wann kommt er?

Der Artikel 109 j, Abs. 4 des Maastricht-Vertrages lautet: „Ist bis Ende 1997 der Zeitpunkt für den Beginn der 3. Stufe der Währungsunion nicht festgelegt worden, so beginnt die 3. Stufe am 1. Januar 1999." Jeder versierte Jurist und Diplomat hätte hier schon mal einen Knochen, an dem zu knabbern sich lohne, wenn eine Verschiebung unaufschiebbar ist.

Soll bitte niemand von Vertragsverlsetzung sprechen. Der Maastricht-Vertrag ist verletzt, wenn die Kriterien nicht eingehalten oder ihre Interpretation in unverantwortlicher Weise strapaziert würde. Fragen wir doch die Weisen im Lande, was das Beste sei? Die Wirtschaftsweisen sind unisono der Meinung – und sie haben es schon vorausberechnet, dass die Bundesrepublik und die meisten anderen europäischen Staaten die Kriterien nicht erfüllen, folglich verschoben werden muss, wenn das stabile Geld gerettet werden soll.

Die Nichterfüllung bezieht sich insbesondere auf die Neuverschuldung. 3,0 Prozent sind als Obergrenze festgeschrieben, ein Prozent sollte es im Idealfall sein. Fast vier Prozent hat die Bundesrepublik im vergangenen Jahr nicht vermeiden können. Davor waren es dreieinhalb Prozent und im laufenden Jahr werden es wieder zwischen dreieinhalb und vier Prozent sein. Dies festzustellen ist Sache des Konvergenzberichts im März 1998. Die Weisen wissen es jetzt schon, Finanzminister Waigel in wenigen Wochen, dann nämlich, wenn die neue Steuerschätzung aufgrund der schwachen Konjunktur und der hohen Arbeitslosigkeit keinerlei Beschönigung mehr zulässt. Der Euro bringt nichts für die Beschäftigung und es zieht auch keine Katastrophe herauf, wenn er zwei Jahre später kommt. Wir haben ein funktionierendes Währungssystem auch ohne Euro und Außenminister Kinkel hätte zwei Jahre mehr Zeit, sich um die politische Union zu kümmern. Sie gehört ebenfalls dazu. Euro-Treueschwüre alleine reichen wirklich nicht aus.

Wenn sich die Vorstellungen des Devisen-Spekulanten und Großkapitalisten, George Soros, erfüllen, wird Europa in zehn Jahren größer, einiger und wohlhabender sein als heute. Für 1997 gelte allerdings, dass zuviel Gewicht auf die gemeinsame Währung gelegt wird und zu wenig auf die politische Integration, sagte Soros in Davos. Wie eine Dampfwalze komme der Euro daher und verärgere Land und Leute.

Frankreich hat eine andere Methode erfunden, Europa-Land und -Leute zusätzlich zu ärgern. Chirac will neuerdings einen sogenannten Stabilitätsrat auf Regierungsebene durchsetzen, dessen einziges Ziel es wäre, die Unabhängigkeit der EZB in Frankfurt zu untergraben. Das allerdings passt auch der Europäischen Kommission nicht. Ihr Präsident, Jacques Santer, hat massiv dagegen Stellung bezogen. Finanzminister Waigel will bestenfalls ein informelles Gremium zulassen.

Das einheitliche europäische Geld wird nach Einschätzung der Europäischen Kommission schrittweise eine der wichtigsten internationalen Währungen werden, heißt es in einem Bericht aus Brüssel. Hinsichtlich internationaler Rückwirkungen erwartet die Kommission nicht, dass nach Gründung der Währungsunion größere Bestände international gehaltener D-Mark-Reserven abwandern. Mögliche Verschiebungen in den privaten Portfolios seien zum jetzigen Zeitpunkt aber noch schwer einschätzbar.

Bisher haben noch nicht die ganz großen Umschichtungen weg von der D-Mark stattgefunden. Sie sind jedoch zu erwarten, wenn irgendetwas mit dem Euro schiefgeht, er von weltweiten Anlegern nicht als stabil eingeschätzt wird, wenn Europa nicht als sicherer Hafen gilt. Der Euro muss von Anfang an die Nr. 2 nach dem Dollar sein. Und wenn er gut gemanagt wird, steht er bald an 1. Stelle.

Während unter der Decke der Politik aber das große Boxen angesagt ist, versuchen die Währungsfachleute in Brüssel die Wogen zu glätten und das Bild zu schönen. In ihrer Frühjahrsprognose behaupten die Brüsseler, 13 der 15 EU-Staaten würden den Beitritt zur Währungsunion im ersten Anlauf schaffen. Nur Italien und Griechenland kämen mit ihren Defiziten nicht mit.

Diese Sandkastenspiele sind mehr als überflüssig, wenn den Realitäten ins Auge gesehen wird. Schon kurven die Devisenmärkte in eine weitere Runde der Dollar-Spekulation ein. Fraglich, ob damit ein neues Rennen eingeläutet wird mit unserem Ausgang oder ob die Schlussrunde angesagt ist, hin auf eine grundlegende Neuordnung des Weltwährungssystems mit der Einführung des Euro in zwei Jahren. Bis auf Weiteres läuft das Spiel aber unter den drei alten Kämpen: Dem Dollar, der D-Mark und dem Yen. Sie beherrschen nach wie vor die Szene.

Hin und wieder versuchen allerdings die Finanzminister und Notenbankgouverneure der sieben großen Industrienationen – G 7 – als Schiedsrichter regulierend aufzutreten. Ihre aktuelle Botschaft aus Washington vom IWF-Frühjahrstreffen (Ende April 1997) lautet: Stopp dem Dollar-Höhenflug. Wir pfeifen die Spekulanten zurück und weisen die Märkte in ihre Grenzen, wenn die Kurse erratisch ausarten oder das Treiben der Akteure ganz einfach zu bunt wird.

Die USA wollen keinen teureren Dollar akzeptieren, die Bundesrepublik keine schwächere D-Mark hinnehmen, allenfalls 1,70 DM für den Dollar als tragfähig halten. Gekniffen ist Japan mit seinem Yen. Seine Abwertung um die Hälfte wie in den vergangenen zwei Jahren ist eine Katastrophe. Sie beschädigt nicht nur das Renommee des Finanzplatzes Tokio, sondern puscht auch noch die so billig gewordenen japanischen Exporte in die USA, wodurch Amerika in unerträglicher Weise Schuldner von Japan wird.

Diese Konstellation reizt die internationale Spekulation, das Währungsgebräu weiter aufzumischen. Sie testet gerade die Willenskraft der G 7, den Dollar etwas herunter zu bügeln, um so den Greenback wieder ins rechte Verhältnis zu D-Mark und Yen zu bringen. Weit reichende Möglichkeiten haben die Großen 7 nicht. Mit dem abgestandenen Instrumentarium der Interventionen ist gegen Dollar-Springfluten kaum etwas auszurichten, wahrscheinlich gar nichts, wenn nicht die Devisen-Milliardäre dazu gebracht werden können, Ruhe einkehren zu lassen. Eine extreme Klopferei auf den Märkten könnte letztlich den Marktteilnehmern mehr schaden als nützen. Weil die G 7 mehr und mehr den Weg eingeschlagen hat, zu überzeugen als tot zu intervenieren, sind Erfolge schon zu erkennen.

Urgestein westdeutscher Geldpolitik: 50 Jahre Landeszentralbank in Hessen

LZB-Präsident Ernst Welteke: 28. Mai 1997 – auf den Tag genau vor 50 Jahren hat der damalige Vorstand der Landeszentralbank in Wiesbaden zu einer Eröffnungsveranstaltung aus Anlass der Errichtung der Landeszentralbank eingeladen. Besonders begrüßen möchte ich den Ministerpräsidenten des Landes Hessen, Herrn Hans Eichel, und die Vorsitzenden der im Landtag vertretenen Parteien und die übrigen anwesenden Mitglieder der Landesregierung. Für das Direktorium der Deutschen Bundesbank begrüße ich Herrn Vizepräsident Gaddum und mit ihm die Mitglieder des Zentralbankrates. Ich begrüße insbesondere unsere Kunden, die Vertreter der Kreditinstitute, Vertreter der hessischen Wirtschaft sowie die heute besonders interessierten Medienvertreter. Auch wenn es aus räumlichen Gründen nicht möglich ist, für uns sitzen Sie alle in der ersten Reihe. Und im Übrigen verweise ich auf die ausgelegte Gästeliste.

Das Rhein-Main-Swingtett hat uns mit „Take the A-Train“, einem der bekanntesten Titel des Orchesters von Duke Ellington, etwas von dem musikalischen Lebensgefühl der Zeit vor 50 Jahren vermittelt. Für die Menschen damals waren die beschwingten Rhythmen freilich nur ein musikalisches Vorgefühl auf das, was kommen könnte. Der Alltag sah anders aus. Die Sorgen um Essen, Wohnung und Arbeit waren drängend. Dazu kamen politische Zukunftsängste. Die ersten Jahresberichte der Landeszentralbank von Hessen geben davon Zeugnis. Dass die amerikanischen Ursprung hatte, war Vorbote für den überwältigenden politischen und kulturellen Einfluss, den die Vereinigten Staaten auf das neue, auf seinen Westen verkleinerte demokratische Deutschland bald nehmen sollten. Was anfangs Zwang der Besatzungsmächte war, wurde bald der Wunsch vieler, nämlich die enge Anbindung an die USA und an Westeuropa. Die Landeszentralbanken machten den Anfang. Auf Verlangen der US-Militärregierung für Deutschland wurden am 1. Januar 1947, also noch vor Gründung der Bundesrepublik Deutschland, die Landeszentralbanken von Hessen,

Bayern und Baden-Württemberg errichtet. Das amerikanische Federal Reserve System lieferte dazu das Vorbild. Bis zur Gründung der Bank deutscher Länder am 1. April 1948 zogen die Militärregierungen der französischen und schließlich auch der britischen Zone nach.

Ich will mich auf die Jetzt-Zeit beschränken, auf die Rolle der Landeszentralbank in Hessen heute und morgen. Wenn das neue Haus fertig ist, hat der Niedergang der Firma schon begonnen. Dieses als Buddenbrook-Syndrom bekannte hanseatische Kaufmanns-Schicksal gilt für die Landeszentralbanken ganz und gar nicht und das Jahr 1988, in dem dieses Haus bezogen wurde – und ich begrüße recht herzlich den damaligen Vorstand der Landeszentralbank – markiert einen nicht nur architektonisch positiven Einschnitt in die Geschichte. Der Ortswechsel fiel in eine Zeit, die in der Rückschau betrachtet für den Finanzplatz Frankfurt einem Epochenwandel gleichkommt. Es bildete sich damals nach und nach das Bewusstsein heraus, dass der Finanzplatz Deutschland ein Zentrum braucht, um im internationalen Wettbewerb der Finanzplätze bestehen zu können. Der föderale Aufbau der Bundesrepublik Deutschland ließ es zunächst nicht zwingend erscheinen, dass dies Frankfurt sein sollte. Letztlich waren es die Märkte, die den Ausschlag gaben; namentlich die Zuwanderung ausländischer Banken nach Frankfurt, das schnelle Wachstum der Marktumsätze und die Etablierung von Märkten für neue Finanzprodukte. Die Liste des bislang Erreichten ist lang und viele haben dazu beigetragen. Die Marktteilnehmer ebenso wie Bundes- und Landesregierung, die Stadt Frankfurt. Dass Finanzplatzförderung eine politische Aufgabe ist, wird heute nicht mehr bestritten. Dafür gebührt auch Ihnen, Herr Dr. Breuer, ein herzliches Dankeschön.

Die Landeszentralbank spielt in diesem Prozess eine aktive Rolle. Sie ist Währungsbehörde mit hoheitlichen Aufgaben, sie ist zugleich aber auch Dienstleister für den Finanzplatz und dessen Förderin. Das ist mein Verständnis unserer Aufgaben und so haben es auch meine beiden so früh verstorbenen Vorgänger, Karl Thomas und Horst Schulmann, gesehen. Manche der Neuerungen der letzten Jahre gehen auf ihre Anregungen und ihr beharrliches Drängen zurück. Die Landeszentralbank ist aber zugleich ein Spiegel der Märkte. Das Wachstum bestehender Märkte und das Entstehen neuer Märkte schlagen sich bei uns im erhöhten Zahlungsaufkommen nieder. Daraus entstehen beständig neue Anforderungen an Technik, Sicherheit und Aufsicht. Die Konzentration von Bankgeschäften hat die Struktur verändert. In den letzten sechs Jahren ist die Zahl unserer Zweiganstalten von 18 auf 11 zurückgegangen. Weitere Schließungen werden folgen. Bei ihrer Gründung vor 50 Jahren hatte die Landeszentralbank 22 Zweiganstalten. Die verbliebenen Filialen sind indes sämtlich in schmucken Neubauten, die ihre Standorte zieren, untergebracht.

Das zweite herausragende Charakteristikum des Strukturwandels der letzten Jahre ist die Elektronisierung. Neue Technik wurde verfügbar und das rasante Wachstum der Umsätze ließ auch gar keine andere Wahl. Ich erwähne dies hier, um Ihnen am Beispiel der Landeszentralbank in Hessen zu demonstrieren, dass die Bundesbank keineswegs der schwerfällige Tanker ist, als der sie bisweilen dargestellt wird, sondern eine flexible Institution.

Meine Damen und Herren, im Leben eines Menschen ist der 50. Geburtstag ein heiteres und fröhliches Ereignis. Die Würdigung des Lebenswerkes klingt mitunter zwar schon an, eigentlich ist es dafür aber zu früh. Der Blick bleibt in die Zukunft gerichtet, wo neue Herausforderungen warten. Dies mag auch für unsere Bank gelten.

Die große Herausforderung der nächsten Zeit für uns alle und speziell für die Bundesbank ist natürlich die Europäische Währungsunion. Für mich ist sie der große politische und wirtschaftliche Schritt am Ende dieses schwierigen Jahrhunderts, durch den sich das künftige Schicksal Europas entscheiden und sein Gewicht in der Welt bestimmen wird. Ich bin entschieden der Überzeugung, dass die Europäische Währungsunion beginnen muss, und zwar auch am 1. Januar 1999. Die monetäre Konvergenz, Inflationsrate, Wechselkurse, Zinsen haben sich weit besser entwickelt als zu erwarten war. Für sich genommen schon ein großer Erfolg. Das Stabilitätsbewusstsein hat sich stark verbreitet. Das Fiskalkriterium sollte so genommen werden, wie es der Vertrag vorsieht und nicht wie es von Parteitagsbeschlüssen interpretiert wird. Dann kann auf Initiativen verzichtet werden, die bisherige Positionen um 180 Grad verändern und Fragen nach Seriosität, Glaubwürdigkeit und Unabhängigkeit aufwerfen müssen. Der Zentralbankrat, das war insoweit meine persönliche Meinung, hat sich heute mit diesen Vorschlägen beschäftigt. Und für die anwesende große Zahl von Journalisten sei gesagt, dass es im Anschluss an diese Veranstaltung eine Mitteilung dazu geben wird, die auch hier im Hause verfügbar sein wird und hier dann auch bearbeitet werden kann.

Im Übrigen: Wir müssen uns daran gewöhnen, dass der Beginn der Währungsunion nicht von uns und unserer Meinung, sondern vom Votum der 15 Staats- und Regierungschefs souveräner Staaten abhängig ist. Ich weiß durchaus, dass unsere Gastredner eine kritische Position vertreten. Wir hielten es jedoch für angemessen und für einen Ausdruck von Toleranz und Liberalität, wenn wir Ansichten zu Wort kommen lassen, die uns nicht nur bestätigen.

Meine Damen und Herren, liest man die Rede, die Otto Veit, der erste Präsident der Landeszentralbank in Hessen, heute genau vor 50 Jahren gehalten hat, dann springen einem manche Parallelen ins Auge. Damals, ein Jahr vor Errichtung der Bank deutscher Länder, und noch zehn Jahre hin bis zur Gründung der Deutschen Bundesbank war die zentrale Frage – und ich zitiere: Wie einer Zersplitterung in der deutschen Geld- und Kreditwirtschaft zu begegnen sei. Heute geht es darum, die Zersplitterung der nationalen Geldpolitiken in Europa zu überwinden. Die Politik vollzieht damit – damals wie heute – nach, was die Märkte bereits vorgemacht haben. Die Überschrift des Vortrags von

Otto Veit kann sogar ohne jede Änderung auf die Gegenwart übertragen werden. Sie lautete: Die Zukunftsaufgaben der Landeszentralbank.

In Gesprächen über die Europäische Währungsunion wird immer wieder gefragt, was denn mit der Deutschen Bundesbank nach Beginn der Währungsunion geschehen werde. An den Reaktionen scheint mir zweierlei bemerkenswert. Erstens: Die Menschen sind zumeist beruhigt, wenn sie hören, dass die Bundesbank bestehen bleibt. Zweitens: Die Bundesbank wird vor allem als geldpolitische Institution wahrgenommen, nicht aber in ihren anderen Aufgaben. Die heute von den Landeszentralbanken ausgeübten Funktionen werden sich nach Errichtung der Europäischen Währungsunion nicht wesentlich ändern. Die Aufgaben der Bargeldversorgung, der Abwicklung des Zahlungsverkehrs, der Durchführung der Offenmarkt- und Refinanzierungsgeschäfte und der Bankenaufsicht müssen auch im europäischen System der Zentralbanken erfüllt werden. Im Zuge des Austausches der D-Mark gegen Euro werden die Anforderungen sogar noch beträchtlich zunehmen. Es wäre unklug, die bewährten Strukturen der Bundesbank jetzt zu verändern. Die währungspolitischen Umwälzungen und andere Reformen, die sich nicht weiter aufschieben lassen, sind groß und ernst genug. Das Weitere wird die Zukunft zeigen.

Was sich mit Gewissheit ändern wird, ist die geld- und währungspolitische Verantwortung. Sie wird mit Beginn der Währungsunion vom Zentralbankrat der Bundesbank auf den EZB-Rat übergehen. 16 der 17 Mitglieder des Zentralbankrates der Deutschen Bundesbank, 7 Direktoriumsmitglieder und 9 Landeszentralbankpräsidenten werden dann keine geldpolitischen Entscheidungen mehr treffen. Sie werden aber, so sieht es die Novelle des Bundesbank-Gesetzes vor, die europäische Geldpolitik mit dem Präsidenten der Deutschen Bundesbank erörtern. Ich denke allerdings, wir sollten das persönliche Schicksal der Mitglieder des Zentralbankrates nicht zu dramatisch sehen.

Meine Damen und Herren, Otto Veits Rede vor einem halben Jahrhundert war ihrem Wesen nach theoretisch, ihrem Umfang nach lang und ihrem Ton nach ernst. Die Zeiten verlangten es so. Zum Schluss erlaubte er sich aber doch eine kleine Abschweifung. Er zitierte einen namentlich nicht genannten Engländer – also vor 50 Jahren –, der Geldtheorie und Liebe Vorstufen zum Wahnsinn nannte. Wenn das so ist, um wie viel mehr droht uns dann der Wahnsinn von der Liebe zum Geld. Ja, es ist richtig, wir schätzen die D-Mark, wir schätzen ganz besonders die stabile D-Mark. Und der Euro muss sich diese Wertschätzung erst noch verdienen. Die Bedingungen sind indes so gesetzt, dass man mit einiger Zuversicht sagen kann: Der Euro wird eine gute Währung werden. Die Liebe allerdings sollten wir uns für etwas anderes aufbewahren.

Hans Eichel, Ministerpräsident des Landes Hessen

Die Gründung der Landeszentralbank war ein wichtiger Schritt auf dem Weg, das völlig zerrüttete deutsche Währungssystem, Herr Präsident Welteke hat das ja eben schon kurz nachgezeichnet, nach dem Ende der nationalsozialistischen Diktatur zu reformieren. Nach dem Vorbild der Amerikaner entstand dabei in Westdeutschland ein neues, zweistufiges, streng föderatives Zentralbanksystem. Das ist übrigens der Grund, warum wenigstens die Ministerpräsidenten, die Finanzminister der Länder mit großem Wohlwollen über das System reden. Es ist uns sehr lieb, wir hätten auch gerne etwas davon. Darauf komme ich zurück. Mittlerweile ist die Landeszentralbank in Hessen zwar keine rechtlich selbstständige Zentralbank mehr, doch föderalistische Züge trägt das System bis heute. Auf diese Weise wird verhindert, dass die Geldpolitik der Deutschen Bundesbank einseitig dominiert wird. Wobei ich an der Stelle sage, und da werde ich etwas deutlicher, beim Bundesbank-Gewinn – das ist immer wieder ein Thema, leider ohne Erfolg – wären wir ja bei seiner Ablieferung gerne dabei. Es würde eine Reihe unserer Probleme lindern, bei der Aufwertung des Goldschatzes sind wir ein bisschen zurückhaltender, falls Sie das beruhigt.

Die Landeszentralbank in Hessen ist ein fester und bedeutender Bestandteil des Finanzplatzes Frankfurt. Die Zentralbanken in dieser Stadt – also die Landeszentralbank, die Deutsche Bundesbank und mittlerweile das Europäische Währungsinstitut als Vorläuferin der Europäischen Zentralbank – sind Eckpfeiler des, so hoffe ich doch, bedeutendsten Finanzplatzes auf dem Kontinent. Aber ich denke auch – Herr Dr. Breuer, Sie haben recht, wir müssen da noch ein bisschen kämpfen zusammen und ich bin für alle Initiativen, auch Ihrer insbesondere, sehr dankbar –, dass wir uns alle darum bemühen, die Nummer eins auf dem Kontinent in der Zukunft zu sein. Die Landeszentralbank in Hessen hat einen wichtigen Anteil daran, dass Frankfurt für eine Politik des stabilen Geldes und der stabilitätspolitischen Verantwortung steht.

Meine Damen und Herren, gestatten auch Sie mir an dieser Stelle nun einige Anmerkungen zur Europäischen Währungsunion, obwohl ich ja das des Öfteren, wie Sie wissen, getan habe. Für mich ist sie ebenfalls wie für Herrn Präsidenten Welteke – und wir reden darüber auch oft miteinander – ein großartiges Vorhaben der Vertiefung auf dem Weg zur wirtschaftlichen und politischen Einheit in Europa. Ich bin sicher, dass dies ein Erfolgsprojekt ist, wenn die Bürger erst einmal die neuen Scheine und Münzen in Händen halten und die Vorteile ganz konkret spüren und erleben. Derzeit allerdings herrscht noch das Gefühl vor, dass den Deutschen die Mark weggenommen wird. Ich sage nur einmal, ich finde es unverantwortlich, dass überhaupt ansatzweise es eine Diskussion gegeben hat und sie auch gestützt worden ist, als ob das etwas zu tun hätte mit den Währungsreformen, die wir nach zwei Weltkriegen in Deutschland jeweils gehabt haben, wo es darum ging, die Kriegsschuld zu bezahlen und natürlich viele Menschen ihr Geld verloren haben. Aber das ist etwas ganz anderes. Wenn man vergleichen will, darf man es nur vergleichen mit der Währungsunion, die im Deutschland im Zuge der deutschen Einigung im vorigen Jahrhundert stattgefunden hat. Und natürlich hätte es die deutsche Einigung ohne Währungsunion gar nicht gegeben. Sie war notwendiger Bestandteil dieser Einigung.

Die augenblicklich sehr kontrovers geführte Diskussion über den Termin der Euro-Einführung oder dessen Verschiebung, die Anzahl der Teilnehmer und die Wahrung der Konvergenzkriterien geht aus meiner Sicht am Kern der Sache vorbei. Eine zukunftsorientierte, stabilitätspolitische Entscheidung über den rechtzeitigen Start der Europäischen Währungsunion ist gefordert, keine auf den Moment bezogen rein buchhalterische. Mir ist auch klar, was in zwei oder drei Jahren später besser sein soll, als es jetzt ist. Es kann bei dem Jahrhundertwerk einer Europäischen Währungsunion doch nicht allen Ernstes darum gehen, ob ein Land zu einem bestimmten Zeitpunkt eine präzise Punktlandung bei der Neuverschuldung, beim Schuldenstand erreicht. Bitte, verstehen Sie mich richtig, ich rede hier nicht einer Aufweichung der Konvergenzkriterien, aber ich rede eben auch von Konvergenzkriterien, das Wort. Aber der Vertrag von Maastricht hat den Verantwortlichen bewusst einen Ermessensspielraum eingeräumt. Und diese Flexibilität gilt es, stabilitätsbewusst zu nutzen. Wichtig ist doch, dass es eine über den Tag hinaus gehende langfristige Verpflichtung zur Stabilität gibt.

Ich sehe den inzwischen mit Frankreich und Deutschland als Impulsgebern weiter formulierten Stabilitätspakt daher als notwendigen Bestandteil der Währungsunion an. Die Einhaltung des Fahrplans zur Europäischen Währungsunion ist inzwischen zu einer Frage der europäischen Glaubwürdigkeit geworden. Ich befürchte, der Vertrauensverlust der Bevölkerung wäre bei einem Scheitern – und darüber reden wir ja zu wenig, was passiert, wenn es nicht kommt – des Euro-Projektes schwer, wenn überhaupt zu reparieren. Ganz abgesehen davon, würde der Verzicht auf den Euro für Länder mit harten Währungen – das sind wir jedenfalls im Ansehen unverändert – wie Deutschland und Frankreich einen massiven Aufwertungsdruck zur Folge haben. Bestehende Standortnachteile würden noch verstärkt und Globalisierungstendenzen nicht mehr allein aus markt- und kundenorientierten Erwägungen notwendig. Ich freue mich auch, dass jetzt mitten im französischen Wahlkampf der französische Oppositionsführer gemeinsam mit Oskar Lafontaine deutlich gemacht hat, dass auch er am pünktlichen Start des Euro interessiert ist. Das finde ich als ein gutes Beispiel für uns, dass auch wir uns darum bemühen, dieses Thema nicht zu einem kontroversen Thema im heraufziehenden Bundestagswahlkampf zu machen.

Europa ist nicht umsonst zu haben. Aber die europäische Einigung ist unabdingbar für die Wohlfahrt und den Frieden auf diesem Kontinent und die Rolle Europas in der Welt. Die Bürgerinnen und Bürger Europas brauchen mehr als Worte. Sie brauchen fassbare konkrete und verständliche Projekte. Und dazu gehört der Euro als nächster Schritt – ich betone als nächster, nicht als der letzte – auf dem Wege zur Einigung Europas.

In diesem Sinne uns allen und der Landeszentralbank in Hessen, in der künftigen Ordnung der Banken, so wie sie Präsident Welteke beschrieben hat, alles Gute und ganz dezidiert hier in Frankfurt: weiter auf diesem Wege zu einer europäischen Stabilitätsordnung, auf der die Deutsche Bundesbank und die Landeszentralbanken eine hervorragende Rolle gespielt haben.

Beim Kampf ums Gold hört die Kultur auf

Diesen Kulturkampf hätte sich die Bundesregierung ersparen können, wenn die Motivation auch durchaus verständlich ist. Das Gold gehört Deutschland. Aber dass es sich um einen Kulturkampf handelt, daran können keine Zweifel bestehen. Es geht um die Finanzkultur und um die Kultur der deutschen Geldpolitik, wenn es für den Bundesfinanzminister auch verlockend erscheinen muss, auf diese etwas uncharmante Weise den Schuldenberg loszuwerden. Vorläufig rollen wenigstens keine Köpfe im Konflikt der Bundesbank mit der Bundesregierung. Der 31. Mai (97) hätte für Tietmeyer durchaus der letzte Arbeitstag sein können, aber: „Ich trete nicht zurück. Wer mich kennt, der weiß, dass ich nicht so ganz schnell einknicke", erklärte der Bundesbankchef vor der Presse. Es liege kein persönlicher Streit vor, sondern hier werde in Verantwortung für die Sache gekämpft. Der Präsident betonte nachdrücklich, dass das starke geld- und finanzpolitische Tandem Tietmeyer-Waigel wieder die gemeinsame Arbeit aufnehmen werde. Auch Finanzminister Waigel denkt nicht an Rücktritt.

In der Sache geht es um die Neubewertung der Gold- und Devisenreserven zu marktnahen Preisen, wobei Gold mit 60 Prozent und die Dollarreserven zu 100 Prozent in der Bundesbankbilanz neu angesetzt werden sollen. Dies meint jedenfalls das Bonner Finanzministerium. Dabei entstünden Gewinne in der Größenordnung von 60 Milliarden Mark, hat die Bundesbank per Ende April 1997 berechnet. Nach Abzug notwendiger Reserven verblieben ausschüttungsfähige Gewinne von 33 bis 34 Milliarden Mark.

Die Bundesbank wehrt sich energisch gegen den als rüde empfundenen Eingriff in die Bilanzhoheit der Zentralbank, insbesondere aber sieht sie ihre Unabhängigkeit reichlich ramponiert, wenn die Bundesregierung nach diesem Schema weiter vorprescht. Jetzt mobilisieren die Zentralbanker alles, was in der Politik Einfluss und in Presse, Rundfunk und Fernsehen hohe Auflagen und Einschaltquoten – und hat damit für die Institution stabilisierende Wirkung hat. Der Bürger hat sich immer mal wieder als guter Parteigänger erwiesen, so muss er jetzt abermals den konstitutiven Charakter der Nobelzentralbank beschwören. Die körbeweise

Briefpost, die allein am 30. Mai in der Wilhelm-Epstein-Straße 14 eingegangen ist, spricht Bände: „Niemals das Handtuch werfen, Tietmeyer, lautet der Tenor. Wir brauchen die Unabhängigkeit des Instituts." Vizepräsident Wilhelm Gaddum präzisiert: „Wir haben bei Waigel darauf hingewiesen, wenn feststeht, dass die Währungsunion beginnt und wenn man weiß, mit welchen Ländern sie beginnt, wir dann auch im Jahresabschluss 1997 berücksichtigen können, dass wir in eine andere Risikosituation hineingehen, d. h. wir können von bestimmten Risiken uns eben auch befreien und das erlaubt dann auch eine höhere Gewinnausschüttung durch Auflösung von Rücklagen."

Wie kann aber der Konflikt mit der Bundesregierung beigelegt werden? Tietmeyer tritt am 5. Juni im Finanzausschuss des Bundestages auf und erläutert nochmals die Position der Bundesbank. Am 13. Juni erfolgt die abschließende Lesung der Neufassung des Bundesbankgesetzes. Am 4. Juli wird über das nicht zustimmungspflichtige Gesetz im Bundesrat beraten. Bemerkenswert ist, dass die neueste Fassung des Bundesbankgesetzes nicht die Änderung der §§ 26, 27, 28 enthält, die aber geändert werden müssten, um den Goldschatz zu heben. – Die Bundesbank kann und will auf keinen Fall Kompromisse eingehen, weil die Folgen für die „Reservewährung D-Mark" und die Glaubwürdigkeit der Europäischen Zentralbank unterminiert würden. Das Wichtigste aber ist: Die Bundesbank ist für die D-Mark so lange verantwortlich, wie die D-Mark existiert. Und zurzeit gibt es noch keine endgültigen Beschlüsse, dass der Euro wirklich Anfang 1999 kommt. So braucht auch die Bundesbank ihre Gold- und Devisenreserven bis zum wirklich letzten Tag der Mark.

Stabilitätsfanatiker und zahnlose Tiger

Die herrschende Aufregung über die Entwicklung in Europa ist groß. Sie wird auch noch weiter wachsen – bis zum Amsterdamer EU-Rats-Gipfel nächste Woche, bis zur Festlegung des Teilnehmerkreises für die Währungsunion nächstes Jahr und bis zum Start des Euro, der nach dem noch geltenden Zeitplan Anfang 1999 kommen soll. Die europäischen Querelen werden uns so lange begleiten, bis Europa wirklich zusammengewachsen ist. Das aber dauert länger. Gut Ding will Weile haben.

Von zwei Seiten wird derzeit der „Stabilitätspakt" als Brechstange gegen den Euro genutzt. Die neue Regierung in Frankreich will den in Dublin mühsam ausgehandelten Härtepakt für einen stabilen Euro nicht zu Ende denken, nicht zu Ende formulieren, nicht akzeptieren und reklamiert Bedenkzeit. Mehr und mehr wird seitens Frankreichs das Thema Beschäftigungspolitik in den Vordergrund geschoben. Theo Waigel nutzt dagegen den Stabilitätspakt eher als Hebel, um über die „reine Lehre der Geldwertstabilität" einen politischen Euro zu kippen. Politischer Euro klingt in deutschen Ohren wie „weicher Euro", das wäre er auch.

Die jetzt in Frankreich angestoßene Diskussion, den Stabilitätspakt anzuhalten, ist die ur-französische Position, die auch schon vor dem Maastricht-Vertrag formuliert worden war. Trotzdem wurde die Europäische Zentralbank mit einem starken Stabilitätskorsett versehen. Eine diplomatische Niederlage für Frankreich. Deutschland setzte – sicher ist sicher – den Stabilitätspakt oben drauf. Frankreich konterte mit dem „Stabilitätsrat", um bei der EZB doch noch von außen hineinregieren zu können. Die europäischen Stabilitätsfanatiker – Deutschland Arm in Arm mit den Niederlanden – haben diesen aber zu einem zahnlosen Tieger degradiert. Abermals eine diplomatische Niederlage der Franzosen. Jetzt aber richtet Paris seine Pfeile direkt auf den Stabilitätspakt. Das fällt der neuen Regierung leichter als der Vorgängerin. Frankreich will nach alter Tradition auf jeden Fall die Währungs- und Geldpolitik als staatliches Manipulationsinstrument erhalten. Deutschland ist dagegen. So kann am Stabilitätspakt der Euro durchaus scheitern.

So recht will das eigentlich niemand, weder die Niederländer mit dem Geldstrategen Wim Duisenberg an der Spitze noch der Franzose Jean Claude Trichet, der lange Jahre Präsident der gleichgeschalteten Banque de France war, einer Abteilung des französischen Finanzministeriums. Während Duisenberg seit Jahrzehnten die Fackel möglichst lupenreiner Geldwertstabilität vor sich herträgt, musste Trichet erst eine innere Konversion durchmachen, weg vom Staatsdiener, hin zum Maastricht-Bekenner. Da eine Jahrhunderte alte Tradition französischer Staatskunst und Diplomatie zu seinem persönlichen Status gehört, kann er schon mal „Kreide fressen" oder auch Kröten schlucken, wenn dadurch ein lohnendes Ziel zu erreichen ist. Die Chance einer echten inneren Umkehr hat natürlich auch ein Trichet. All diese Eigenschaften werden von ihm verlangt, wenn er EZB-Präsident werden will oder soll. So ist es nur logisch, dass in diesem Prozess beide Finanztechnokraten mal verdeckt, mal ganz offen aneinander geraten können.

Geschmeckt hat es den Franzosen überhaupt nicht, dass der Banker des Jahres 1996 am 1. Juli 1997 Präsident des Europäischen Währungsinstitutes (EWI) und damit Nachfolger von Alexandre Lamfalussy geworden ist. Ein Stabilitätsfanatiker folgt dem anderen, ansonsten unterscheiden sich diese Persönlichkeiten ganz erheblich. Lamfalussy ist ein zierlicher Professor adeligen Geblüts mit schütterem Haar, gebürtig in Ungarn, mit einem gewissen francophilen Habitus, den er von Hause aus mitgebracht, in Brüssel kultiviert und in Basel bei der Bank für Internationalen Zahlungsausgleich (BIZ) ausgelebt hat.

Dagegen steht Wim Duisenberg als Hüne in der Landschaft mit einem ungezügelten Haarschopf, holländischem Auftreten (manchmal sind die Holzpantinen zu hören) und europäischen Visionen. Er ist jung genug, um auch noch eine Verschiebung des Euro um wenige Jahre absolvieren zu können. Lange schon gehört der Gulden, für dessen Werthaltigkeit Duisenberg seit 1982 als Präsident der niederländischen Zentralbank verantwortlich zeichnet, zum D-Mark-

Wim F. Duisenberg – erster Präsident der Europäischen Zentralbank

Block. Aus deutscher Sicht hat sich der Holländer den EWI-Vorsitz und natürlich auch die anschließende erste EZB-Präsidentschaft redlich verdient. Frankreich denkt da konträr anders. Tietmeyer stellt klar, als er gefragt wird, ob es nicht Geheimabsprachen gebe, die dem Franzosen das Erstlingsrecht einräumen: „Also mir sind solche Absprachen nicht bekannt. Im Gegenteil, mir ist gesagt worden, dass es solche Absprachen nicht gibt. Es steht neben der Besetzung des Präsidentenamtes auch die Besetzung des Vizepräsidentenamtes an und die Besetzung des Direktoriums. Ich bin schon der Meinung, dass diese Personalentscheidungen reflektieren sollten, welche Linie will die Europäische Zentralbank gehen ... nämlich dauerhafte Preisstabilität zu sichern." (Tietmeyer im Frankfurter Gespräch des Hessischen Rundfunks am 29. 6. 97)

Und welche ethische Haltung dahinter steht und stehen muss, sagte Lamfalussy zu seinem Abschied am 30. Juni: „Wir sollten uns daran erinnern, dass sich die Reichen und Mächtigen zwar gegen einen Verlust der Kaufkraft ihres Geldes schützen – und oftmals sogar davon profitieren – können, dass aber die Schwachen und Bedürftigen immer zu den Verlierern zählen. Die Inflation war stets eine Hauptursache sozialer Ungerechtigkeit."

Als einem ethisch hoch kultivierten und promovierten Wirtschaftswissenschaftler sind Duisenberg solche Gedanken geläufig. Der polyglotte Niederländer spricht Hochdeutsch, Französisch und Englisch. Er war auch schon beim Internationalen Währungsfonds in Washington tätig und diente seiner Königin von 1973 bis 1977 als holländischer Finanzminister. Bei der privaten Rabo-Bank bekleidete er zwischendurch den Posten des stellvertretenden Vorsitzenden. Bei der De Nederlandsche Bank hatte er verschiedene Funktionen inne, bis er dort 1982 Präsident wurde. Damit hatte er auch beim Washingtoner IWF die Funktion eines Gouverneurs inne und präsidierte in Basel bei der Bank für Internationalen Zahlungsausgleich (BIZ).

Neue DM-Scheine und alte Probleme

Die Bundesbanker kehren in ihre gewohnten Stellungen zurück. Der Kampf geht weiter, wobei der Frontverlauf nicht immer klar erkennbar ist. Jetzt melden die Vereinten Nationen Bedenken gegen den Euro an, insbesondere wegen der anspruchsvollen Vorbereitungen. Die Weltorganisation kritisiert die strenge Sparpolitik für die Europäische Währungsunion. Sie habe besonders in Deutschland und Frankreich das Wirtschaftswachstum gebremst und die Arbeitslosigkeit verstärkt. Daran ist weniger der Euro schuld, als dass mit der Vorbereitung auf den Euro, es den europäischen Regierungen dämmerte, dass wie bisher nicht weiter gewirtschaftet werden darf.

Deutschland hat noch nicht den Schlüssel dafür in der Hand, wie Anschluss an die Weltwirtschaft zu finden wäre. Die Exportindustrie hält zwar mit, die davon ausgehenden Anstöße sind aber nicht stark genug für einen allgemeinen Wirtschaftsaufschwung in diesem Lande. Viele Impulse werden im Keime erstickt, weil die deutsche Politik konsensunfähig ist und ohne Visionen, wie dieses Gemeinwesen vorwärts gebracht werden könnte. Vielfach wird dies alles als Verkrustung bezeichnet. Die Weltbank hat festgestellt: Gut geführte Staaten haben die größten wirtschaftlichen Erfolge. Das Zugpferd USA allen voran. So wächst die Weltwirtschaft mit über drei Prozent noch auf Jahre hinaus schneller als die deutsche. China schafft zehn Prozent, Deutschland keine zwei Prozent dieses Jahr und nächstes Jahr. Das geht schon seit 1995 so. Ein neuer Minusrekord ist uns sicher. Deutschland verzeichnet die längste Phase einer Quasi-Stagnation nach dem 2. Weltkrieg, urteilt das Deutsche Institut für Wirtschaftsforschung in Berlin. 1998 wird die Arbeitslosenzahl auf über 4,6 Millionen ansteigen und es sind keine Strategien erkennbar, wie da herunter zu kommen wäre. Nur Steuerkompromisse, die nichts hergeben. Rentenformeln, die nichts taugen. Deregulierungen, die zu schlapp kommen. Die Durststrecke ist noch lange.

Einen Farbtupfer liefert die Bundesbank mit der Emission neuer Banknoten. Vom 1. August an gibt sie postfrische Scheine heraus, neue Hunderter und Zweihunderter. Anfang nächsten Jahres wird der neue 50er emittiert. Sie sollen etwas fälschungssicherer sein als die alten. Etwa dreimal im Jahr kehrt der Bargeldumlauf zur Bundesbank zurück. Beste Gelegenheit die alten Lappen auszusortieren und durch neue Scheine zu ersetzen. So sind nach etwa einem Jahr schon bis zu 70 Prozent vor und in den Brennöfen der Bank angelangt, nach weiteren ein bis zwei Jahren der Rest. Danach will mancher schon mit Euro-Scheinen winken.

Mit ihrer Neuemission rennt die Bundesbank der Entwicklung der Fälscherbanden hinterher. Denn das jetzige Geld hat den technologischen Stand von vor der Wiedervereinigung. Natürlich werden mit dem Neudruck auch schon Tests für die Euro-Scheine durchgeführt. Die spiegelartigen, farblich changierenden Kinegramme sollen auf ihre Fälschungssicherheit geprüft werden. Das DM-Zeichen im Farbbalken auf der rechten Notenvorderseite und neuerdings auch der Notenwert sind jetzt schneller durch den Kippeffekt auffindbar und zu sehen. Zudem ist der Kippeffekt mit einem durchgehenden Streifen in Perlglanzfarbe kombiniert.

Auf ihre Weise sorgt sich die Bundesbank intensiver um das Wohl der Nation als manche andere Organisation unseres vielfältigen und manchmal abgründigen Staates. Dort sitzen auch Leute, die sich unabhängige Gedanken und eine freie Lippe leisten können. Das Gesetz garantiert den Währungshütern aber nicht nur Gedankenfreiheit sondern ermöglicht auch eine gewisse Machtentfaltung, die aufgrund des Aufstiegs der Bundesrepublik Deutschland und der zunehmenden Wirtschaftskraft den europäischen Nachbarn auch längst zuviel geworden ist.

In der unabhängigen Geldpolitik mit der immer stärker werdenden D-Mark fokussiert geradezu die Machtentfaltung. Hätte die Bundesbank in den vergangenen Jahrzehnten so dahingewurstelt wie die süd- oder westeuropäischen Zentralbanken, würde kein gallischer Hahn nach ihr gekräht haben. Dann hätte Europa schon längst eine Melange mehr oder weniger maroder Währungen und um einen starken Euro – wie die D-Mark der letzten Jahrzehnte – bräuchte sich niemand mehr zu kümmern. Gute Geldpolitik macht aber außenpolitisch nicht nur stark sondern und das ist viel wichtiger wegen der Zügelung der Preise sozial. Antiinflationspolitik ist sozial. Daher der jetzige Kampf für eine unabhängige und allein dem Euro-Geldwert verpflichtete Europäische Zentralbank.

Noch ist es nicht soweit und die Bundesbank bleibt ihrem Auftrag verpflichtet. Die Kontrolle über die Geldmenge – in Deutschland mit den vielen Rückwirkungen auf Europa – hat sie noch nicht aus den Händen gegeben. Die Notenbanker hegen große Sorgen wegen der schwierigen Entwicklung in Ostdeutschland und rotieren auch wegen der Herausforderungen, die die Europäische Währungsunion an den Finanzplatz Deutschland stellt. Einstweilen bleibt auch die alte Rivalität zum Dollar. Die D-Mark als ständiger Junior-Partner zum Dollar, der amerikanischen Weltwährung, die als imperialistisches Instrument erst 1973 durch sie vom Sockel gestoßen wurde.

Der Wettbewerb der beiden Währungen hat seitdem in tiefen Tälern und haussierenden Kursen viele phänomenale Beispiele geliefert. Gerade positionieren sich Währungshüter, um den ungesunden Dollar-Höhenflug abzustoppen. Der neuerdings durch die Märkte hergestellte Zinsverbund mit den USA wird auf geldpolitische nutzbare Freiräume abgetastet. Die Notenbank muss in diesem Umfeld versuchen, vom Ausland ausgehende Störeinflüsse von vorneherein durch Geldabschöpfungsmaßnahmen zu begrenzen. Wie oft hat nicht die Bundesbank Freund und Feind mit ihrem reichliche gescholtenen Stabilitätsfetischismus geärgert. Es hilft nichts. Das ist ihr Geschäft und unser Vorteil. Bundesbanker sind nun mal so. Zum Glück, auch für Europa.

Mehr oder weniger gute Freunde

Mehr oder weniger gute Freunde der Bundesbank im Ausland hatten schon geglaubt, die traditionsreiche Frankfurter Notenbank würde gänzlich abgeschafft, wenn am Main die Europäische Zentralbank ihre Pforten öffnet. Davon kann keine Rede sein. Das sähe so auf wie die Schleifung einer Festung nach verlorenem Krieg. Wenn Maastricht auch schon mit Versailles verglichen wurde, so darf dies nicht für bare Münze genommen werden. Europa ist unter deutscher geldpolitischer Führung drauf und dran, eine gemeinsame Hartwährung zu entwicklen und einzuführen. Die „Wacht am Main“ wird somit durch ein Dutzend Nationen verstärkt und wird eines Tages ebenso glänzend dastehen wie die Deutsche Bundesbank heute noch und dies schon seit Jahrzehnten.

Die deutsche Hartgeld-Schmiede wird jetzt 40 Jahre alt. Sie hat am 1. August 1957 die Bank deutscher Länder abgelöst, die den Grundstock für die Währungsgloriole, für den kometenhaften Aufstieg der D-Mark gelegt hatte. Auch hier galt: Der Krieg ist Vater aller Dinge. Nach dem verlorenen Weltkrieg II waren natürlich auch die Kriegsfinanzierer in der Reichsbank am Ende. Das Geld war genau so wenig wert wie das Deutsche Reich, das als das Dritte mit den Nazis untergegangen war. 1946 und 1947 wurden in den Westzonen die einzelnen Landeszentralbanken gegründet. Erst kürzlich konnten „50 Jahre Landeszentralbank in Hessen“ gefeiert werden.

Der große Wurf war aber das Militärregierungsgesetz Nr. 60, wodurch Anfang März 1948 die „Bank deutscher Länder“ ins Leben gerufen wurde. Im Juni desselben Jahres kam im Galopptempo die Mark als scheler Kretin zur Welt, ein typisches Besatzungskind, dem kaum einer eine gute Zukunft prophezeite. Am ihrem Anfang stand die Berlin-Krise. Später hat sie entscheidend zum Zusammenbruch des DDR-Regimes beigetragen. Die Mark ist auch heute noch Parallelwährung auf dem Balkan und in osteuropäischen Staaten.

40 Jahre hat die Bundesbank gegen die Einflussnahme von Bundeskanzlern und europäischen Bundesgenossen gekämpft. Von Adenauer bis Kohl hat sich fast jeder der deutschen Regierungschefs etwas einfallen lassen, um Einfluss zu nehmen auf die Frankfurter Geldpolitik. Das größte Kunststück haben aber die Franzosen fertiggebracht: Im Vertrag über den Deutsch-Französischen Finanz- und Wirtschaftsrat wurde der Bundesbankpräsident gesetzlich verpflichtet, seine Geldpolitik bei der französischen Regierung zu erörtern. So eine degradierende Vorzugsbehandlung ist ohne

Beispiel, gibt es nicht einmal in Deutschland. Offenbar hat eine Institution wie die Bundesbank auch im nationalen Rahmen keinen Platz mehr. Sie sprengt das Gleichgewicht der Mächte.

Der Punkt ist aber noch nicht erreicht, wo die Bundesbanker sich aufgeben und ihren Auftrag vernachlässigen. Die gegenwärtigen Währungsturbulenzen, die zu einer Dollar-Hausse und gleichzeitiger Unterbewertung der D-Mark geführt haben, nur weil der Euro irgendwann kommt, sind unheilschwangere Boten. Das geht nicht einfach bis 1999 so weiter. Die Bundesbank wird das Szepter noch mal fest in die Hand nehmen, bevor allzu viele Länder in die Währungsunion schlüpfen und für die D-Mark aller Tage Abend ist.

Auftakt der gemeinsamen Währung: Ein Festkurssystem

Die Vorbereitungen für den Euro haben eine neue Qualität. Alles läuft wie am Schnürchen und termingerecht. Im luxemburgischen Mondorf haben sich die EU-Finanzminister und Zentralbankchefs auf ein Festkurssystem für diejenigen Währungen geeinigt, die von Anfang an beim Euro dabei sein werden. Erst beschließen die europäischen Regierungschefs im Mai 1998 den Kreis der Einsteiger-Länder und sofort danach servieren die Finanzminister mit ihren Notenbankpräsidenten die Wechselkurse, die von Stund an unter den Euro-Starterländern gelten sollen.

Damit verfügt Europa vom Mai nächsten Jahres an über ein Festkurssystem jener Währungen, die von 1999 an in dem Euro aufgehen. Somit beginnt die Währungsunion schon im Mai 1998, wenn auch der Umtauschkurs dieser Währungen zum Euro erst zu allerletzt – Ende 1998 – festgelegt wird. Die Währungstechnokraten von Brüssel bis zum Frankfurter Euro-Tower haben die Szene durchaus im Griff – soweit es um die Umstellungstechnik geht. Aber es gibt da noch offene politische Punkte, die zu lösen ungleich schwieriger sind. Gleichzeitig zur Auswahl der Staaten und dem Festzurren der Devisenkurse soll der Präsident der EZB bestimmt werden. Die Franzosen wollen nach wie vor den Posten für sich haben und dringen zudem auf den Kontrollrat zur EZB. Beides für Deutschland und die Niederlande unakzeptabel. Somit ist noch nicht der große Euro-Friede eingekehrt und alles möglich. Da gab doch Bundeskanzler Helmut Kohl zur Eröffnung der Internationalen Automobil Ausstellung die Richtung präzise an: „Wir brauchen den Euro (Pause) – aber nächstes Jahr im Juni feiern wir erst einmal 50 Jahre D-Mark“.

Schweizerische Nationalbank: D-Mark-Aufgabe nicht schlüssig

Nach Einschätzung der Schweizerischen Nationalbank sind die Probleme der Einführung der gemeinsamen europäischen Währung noch längst nicht behoben. Die Chancen, dass der Euro kommt, gewichtet Nationalbankspräsident, Hans Meyer, bestenfalls auf 50:50. Für Meyer ist es nicht schlüssig, dass die Deutschen die D-Mark aufgeben werden. Vor solchen politischen Entscheidungen sei es immer nützlich, den ökonomischen Kern der Dinge herauszuschälen. Der wesentliche Kern der Währungsbemühungen sei nicht die gemeinsame Währung, sondern das Streben nach einem stabilen Währungsgeflecht.

Was die europäischen Länder eigentlich wollen, sind nach Meyer stabile Währungsbeziehungen. Es geht also nicht darum, so der Frankenbankpräsident, dass sich die beteiligten Länder zu Beginn der Währungsunion im Gleichschritt der Stabilitätspolitik bewegen, sondern es sei notwendig, dass sie das auf Dauer tun. Man dürfe von den Notenbanken, auch von der Europäischen Zentralbank, viel erwarten, aber nicht alles. Die Geldpolitik müsse von der Finanzpolitik der einzelnen Länder unterstützt werden. Die Notenbanken brauchen nach Meyer ein kongeniales Umfeld, um optimal wirken zu können. So geht es letztlich wieder um die gesellschaftlichen Rahmenbedingungen, die schwer fassbar, aber deshalb nicht weniger relevant sind.

Weltwährungsgipfel in Hongkong: Eitelkeiten

Der Weltwährungsgipfel in Hongkong entpuppte sich wieder so recht als ein Jahrmarkt der Eitelkeiten, am liebsten auf höchstem Niveau. Dabei ging es weniger darum, dass sich die europäischen Banken ins Fäustchen lachen, weil es die überexpansive japanische Konkurrenz wegen der Schuldenkrise in Thailand ganz schön erwischt hat. Die Eitelkeiten begannen ganz oben, nämlich in der Rangordnung der mächtigsten Industriestaaten der Welt. Ganz klar: Amerika führt. So wurden die USA nach dem Gewicht ihrer Volkswirtschaft im Verhältnis zur Weltwirtschaft mit 18 Prozent des Kapitalanteils beim Internationalen Währungsfonds an die erste Stelle gesetzt. Da hat sich gegenüber den Vorjahren auch kaum was geändert. Die USA hatten immer eine Quote von erkennbar über 15 Prozent. Tiefer wollen sie auch nicht gehen, sonst verlieren sie in der Weltorganisation die Sperrminorität und damit viel Macht.

In den folgenden Rangstufen gab es allerdings Rempeleien, als es um die Quotenfestsetzung und Erhöhung der Sonderziehungsrechte des IWF ging. Japan, das bisher gemeinsam mit Deutschland Platz zwei hielt, wurde von den Deutschen großzügig nach oben gelassen. Japan hat neuerdings eine Quote von 7,8 Prozent. Deutschland geht von 5,7 auf 6,2 Prozent und rangiert damit unangefochten auf Platz drei der größten Wirtschaftsnationen der Welt. Dabei gönnte sich Bonn noch die großmütige Tat, Italien 0,1 Prozent Optionsrechte abzugeben, sodass sich die Italiener auf Rang zehn schwingen konnten.

Nicht ins Reine mit sich kamen aber England und Frankreich. Keiner gönnte dem anderen Platz 4 oder wollte sich mit Platz 5 begnügen. So haben sich beide Nationen auf Treppchen 4 der IWF-Rangliste gestellt. So eitel muss man sein. Dieses Gerangele, dieses Prestigedenken wirft auch ein bezeichnendes Bild auf das Verhalten der Akteure in anderen Politikfeldern.

Die Quotenerhöhungen (Kapitalerhöhung) kostet auch Geld, da es sich um eine deutliche Heraufsetzung der Sonderziehungsrechte handelt, und zwar um 45 Prozent auf 203 Milliarden Sonderziehungsrechte bzw. real um 90 Milliarden Dollar auf 290 Milliarden Dollar. So wird der IWF mit stattlichen Finanzmitteln zur Sicherung des Weltwährungssystems ausgestattet, reichlich für viele Jahre. Dafür müssen die Anteilseigner, die IWF-Mitglieder, auch bares Geld mitbringen. Die deutsche Quotenheraufsetzung um einen halben Prozentpunkt kostet z. B. sechs Milliarden Mark, von denen ein Viertel beim IWF eingezahlt werden muss, also über 1,5 Milliarden Mark. Da die Bundesbank und nicht der Bund Aktionär beim IWF ist, belastet der Geldzuschuss den Bonner Staatshaushalt nicht, sondern kommt aus den Währungsreserven. Und da ist Deutschland immer noch gut sortiert.

Abgesehen von der Erhöhung der Sonderziehungsrechte haben sich die 25 reichsten Staaten verpflichtet, den neuen Feuerwehrfonds zur schnellen Behebung akuter Währungskrisen auf fast 50 Milliarden Dollar aufzustocken. Hoppla, dachte die japanische Delegation, so einen Fonds etablieren wir auch für Asien und schlug der IWF-Mitgliederversammlung den Asiatischen Währungsfonds vor. Einlage 100 Milliarden Dollar. Hier hätte sich die Möglichkeit ergeben, japanische Währungsreserven zur Stützung japanischer Banken einzusetzen. Denn die Nippon-Banken sind insbesondere von den asiatischen Krisen betroffen, die es gibt und weiterhin geben wird. „So nicht", winkten IWF und die westlichen Länder ab. Bitte nicht noch mehr Geld ins Fenster legen. Das fordere doch Banken und Spekulanten gerade zu heraus, bis über die Grenzen der eigenen Verantwortung zu gehen. Letztlich würden sie doch, ohne selbst Schaden zu nehmen, herausgepaukt, wenn es kracht. Der Asiatische Währungsfonds wurde abgelehnt.

Ein Übriges taten IWF und Weltbank zur Entschuldung der ärmsten Länder. Mit 900 Millionen Dollar werden Bolivien, Burkina Faso und Uganda entlastet. Bis Ende dieses Jahres bekommen auch die Elfenbeinküste, Guyana und Mosambique die Auslandsschulden weitestgehend erlassen. Die Starken sind nicht nur eitel, sondern manchmal auch spendabel, wenns nottut.

Beim Hongkong-Gipfel waren zwar alle wichtigen Themen der internationalen Währungsszene angesprochen, manches auch befriedigend gelöst, aber längst nicht alles. Die asiatische Schuldenkrise brannte vielen Akteuren noch unter den Nägeln. So machte sich Bundesfinanzminister Theo Waigel kurze Zeit später nochmals von Bonn auf, um in Washington noch einiges zu klären. Natürlich begleitet ihn ein Direktoriumsmitglied der Bundesbank (die Anteilseignerin beim IWF ist). Zwei Punkte waren ihm wichtig: Erstens muss durch geeignete Hilfsprogramme den lahmenden Tigerstaaten wieder auf die Beine geholfen werden und zweitens darf der Internationale Währungsfonds nicht zur kostenlosen Kreditversicherung einer ganzen Reihe von privaten Banken und Wertpapierhäusern werden.

Michel Camdessus, der Geschäftsführende Direktor des IWF, soll die Tiger „reiten", nicht noch füttern, um sie so zur Trägheit zu erziehen. Waigel kennt das Problem Camdessus, der am liebsten die ganze Welt, vom ärmsten Entwicklungsland bis zum dreistesten Tiger-Staat mit Milliarden-Beträgen gesundpäppeln will, obwohl jeder vernünftige Ökonom weiß, dass dies keine wirklich erfolgversprechende Therapie ist.

Schon fordert der malaysische Ministerpräsident Mahatir dreistellige Milliarden-Beträge – in Dollar – um allein die Verluste, die in den vergangenen Monaten in Malaysia entstanden sind, auszugleichen. Thailand, Südkorea und Indonesien haben bisher schon Finanzzusagen in der Größenordnung von 80 Milliarden Dollar kassiert. Der japanische Staat spielt mit einer Finanzspritze von umgerechnet 100 Milliarden Dollar (jetzt ohne den Asien-Fonds), um dem eigenen Bankensystem aus der Patsche zu helfen.

Wenn der Staat bzw. die einzelnen Staaten Hauptschuldner wären, so müssten die Gläubigernationen und die internationalen Organisationen wie der IWF das Portemonnaie weit öffnen. Das aber trifft bei keinem der Asean-Staaten in übermäßigem Umfang zu. Private Geldgeber, japanische und internationale Banken, haben direkt und indirekt die halsbrecherischen Investitionen finanziert. Sie haben mitgeholfen, dass das lange Zeit beispielhafte Wachstum in Südostasien umgeschlagen ist in die sprichwörtlichen Luftblasen-Ökonomien. Diese Geldgeber sollen ihre Verluste selbst tragen und nicht den IWF und andere dafür bluten lassen.

Viele Banken, Financiers und Wertpapierhäuser sind in Thailand, Südkorea, Hongkong und Japan zusammengebrochen. Und Malaysia erreicht gerade dieser Finanz-Tsunami. Es ist noch längst nicht alles ausgegoren. Mit Unterstützung des Westens müssen in den ASEAN-Staaten gesündere Strukturen und eine bessere Finanzaufsicht aufgebaut werden. Die Krise kostet bereits Wachstumspunkte in der Weltwirtschaft. Die Tigerstaaten müssen unbedingt wieder Biss bekommen.

Die Krise ist längst nicht behoben. Sie zieht sich über Weihnachten hin. Die anfänglich in Sachen asiatischer Wirtschaftsgrippe so relaxten europäischen und amerikanischen Großbanker, Investmentmanager und Finanzminister haben über die Festtage offenbar erkannt, in welch kritischer Lage sich das Weltwährungssystem befindet, nachdem in Korea fast alles drunter und drüber geht. Außerdem konnten Thailand, Hongkong, Indonesien, Malaysia und die Philippinen durchaus noch nicht ihre Währungen und Bankenapparate in Ordnung bringen. Auch Japan kämpft mit großen Schwierigkeiten. Es brennt in Fernost und diese Lunte könnte auch das Finanzsystem der alten Industriestaaten durcheinander bringen.

Parallel laufende Krisensitzungen sind in New York und Frankfurt angesetzt. Mit der Doppelkonferenz soll ein Zeichen gesetzt werden, dass die westlichen Industriestaaten plus Japan und die großen multilateralen Institutionen wie IWF und Weltbank, auch die Bank für Internationalen Zahlungsausgleich (BIZ) mit den drei Dutzend Notenbanken, die an ihr beteiligt sind, eine Ausbreitung der fernöstlichen Finanzkrise nicht hinnehmen und auf jeden Fall einen Flächenbrand verhindern wollen. Das Signal heißt: Die Welt steht zusammen. Am 30. Dezember macht sich ein großes Durchatmen breit.

Es ist wonnig anzusehen, wie sich die Hochfinanz um die Rettung des Won und der südkoreanischen Wirtschaft kümmert. Ein solcher Enthusiasmus war bisher bei den verschiedenen Schulden- bzw. Währungskrisen seit 1982 – Mexiko – nicht feststellbar gewesen. Es ist nicht ausgeschlossen, dass Südkorea zum ersten geglückten Fall einer Krisenbehebung wird. Zum ersten Mal haben sich Privatbanken mit einem insolventen ausländischen Großkunden „Staat“ solidarisch erklärt und in Verantwortung gerade auch für das internationale Finanzsystem schnell, großzügig und unbürokratisch geholfen. Die Börse honoriert es bereits.

Es könnte ein bitteres Erwachen geben

Mit großer Aufmerksamkeit verfolgt die Bundesbank die Umkehrung der Diskussion zur Einführung des Euro. Anfangs wurde argumentiert: Deutschland und die Nachbarn müssten ihr Haus vor Einführung des Euro in Ordnung bringen, damit die Währung ein Erfolg wird. Jetzt heißt es genau umgekehrt: Mit dem Euro werde sich der Standort und mit ihm die Wirtschaftsstruktur verbessern. Diese Einstellung kann nach Auffassung von Hans Tietmeyer zu einem bitteren Erwachen führen. „Der Euro verbessert nicht die Struktur der Teilnehmer, sondern steigert ganz im Gegenteil den Wettbewerb, der akzeptiert werden muss“, sagte Tietmeyer im Internationalen Club Frankfurter Wirtschaftsjournalisten (13. 11. 97)

Jedes Land müsse sich deshalb überlegen, ob es flexibel genug sei, um mit einer einheitlichen Geldpolitik und einer einzigen Währung fertig zu werden. „Dies gilt auch für Deutschland.“ Die Anpassungszwänge blieben erhalten. Das Land brauche mehr denn je Reformen seiner Steuer- und Sozialsysteme. Denn Europa mit der einheitlichen Währung hält keine teuren Transfersysteme bereit, etwa wie derzeit noch in Deutschland, wo das Saarland, Bremen oder das Ruhrgebiet in Permanenz unterstützt werden.

Als einen Münchhausen-Witz erkennt der Bundesbankpräsident auch das Ansinnen von SPD- und Gewerkschaften, mit Lohnerhöhungen die Kaufkraft der Verbraucher zu stärken, um so die Inlandskonjunktur anzukurbeln. Das funktioniere nicht. Wenn Tietmeyer auf diese Weise den deutschen Politikern und Wirtschaftsstrategen den Kopf zurechtsetzte, so scheute er sich auch nicht, die nationalistischen Ziele einiger europäischer Nachbarn anzuprangern, die in der Personaldiskussion um die Besetzung der Spitze bei der EZB zum Ausdruck kommen. Wer eine verantwortungsvolle Position bei der EZB erhält, muss nach Tietmeyer europäische Verantwortung übernehmen, nicht die Politik seines Herkunftslandes betreiben. „Das gilt besonders für den Präsidenten.“ Schließlich mache im deutschen Zentralbankrat der LZB-Chef in München nicht bayerische Geldpolitik oder der Düsseldorfer eine nordrhein-westfälische. Er selbst, Tietmeyer, steht für den Präsidentenposten bei der EZB nicht zur Verfügung. Sein Mann ist Wim Duisenberg. Beim französischen Kandidaten, Jean Claude Trichet, hält er sich eher zurück. Der Mitte des Jahres (97) von Chirac ernannte Premierminister, Lionel Jospin, hatte eines Tages Trichet präsentiert und dazu behauptet, es läge dafür eine Zusage Kohls vor.

Eine Warnung hatte Tietmeyer noch für die Adresse südeuropäischer Zentralbank-Chefs: „Bei der Zinsanpassung für den Euro-Start wird nicht der Durchschnitt der kurzfristigen Leitzinsen genommen. Hier werde man sich an die Schrittmacher halten, die die niedrgisten Zinsen aufweisen wie Deutschland, Frankreich und die Niederlande, die gegenwärtig 3,30 Prozent vorweisen können. Tietmeyer betonte immer wieder, dass die richtige Auswahl der Länder das entscheidende Kriterium ist, ober der Euro gelingt. Die Märkte, die Spekulanten, würden Anfang 1999 sofort mit dem Test beginnen.

Am Leidensweg in Richtung Europa stand für die deutsche Zentralbank im Dezember 1997 noch eine weitere Kreuzwegstation. Wie Finanzstaatssekretär Hansgeorg Hauser vor dem Bundestag ausführte, ist die Bundesbank mit der neuesten Gesetzesnovelle nun „fit für Europa, für die Europäische Wirtschafts- und Währungsunion“. Denn sie soll künftig Höherem dienen. Mit dem Euro gehen ihre geldpolitischen Aufgaben 1999 auf die EZB über. „Das Statut der Euro-Zentralbank ist auf Stabilitätspolitik gerichtet und entspricht der Bundesbanktradition.“ Die Mutter aller Hartwährungsbanken, die Mutter der EZB, tritt zurück ins Glied, mischt sich unter die übrigen Euro-Banken, marschiert im Gleichschritt mit.

Der Bundesbankpräsident regiert in der Geldpolitik als einer unter Zwölfen in der EZB mit. Mit dem neuen Gesetz wird die Bundesbank auch aus der Verpflichtung entlassen, die Wirtschaftspolitik der Bundesregierung zu unterstützen, weil sie es nicht mehr kann. Europäische Maßstäbe werden bei ihr künftig auch bei der Rechnungslegung angewendet. Das Kapital wird erhöht, die Reserven herunter gefahren. Der Bund macht dadurch einen Milliarden-Gewinn. – Es könnte ein bitteres Erwachen geben.

Chaos der Meinungen und Wünsche

Da passt wirklich wieder alles zusammen, Anfang 1998. Die Briten haben die Präsidentschaft in der Europäischen Union übernommen und wollen den Weg zur Währungsunion bereiten, obwohl sie selbst nicht teilnehmen. Die Franzosen ziehen ihren Währungskommissar, Thibault de Silguy, aus Brüssel zurück und präsentieren in Frankfurt mit voller politischer Härte den Pariser Notenbankchef, Jean Claude Trichet, als ersten Präsidenten für die Europäische Zentralbank. Sie stiften damit erheblichen Unfrieden. Als Kompromisskandidat wird dann noch der luxemburgische Regierungschef, Jean Claude Juncker, aus der Euro-Kiste gezaubert. Juncker gehört aber typischerweise zu den Beschäftigungspolitikern, die aus dem Geld mehr machen wollen als drinsteckt.

Dazu passt, dass die Deutschen jede Lust am Euro verloren haben. Auf einer Veranstaltung der Frankfurter Börse hat Wolfgang Schäuble, Fraktionsvorsitzender der Union, den weniger leutseligen als Demokratie verachtenden Satz ausgesprochen: „Wir werden den Euro einführen auch gegen den Willen der Mehrheit des Volkes. Kurz vorher war eine Umfrage bekannt geworden, dass rund 80 Prozent der Deutschen den Euro nicht wollen, jetzt nicht wollen. Sicherlich fehlt es den meisten Bürgern bei ihrer abwehrenden Haltung gegen den Euro an klaren Argumenten. Im politischen Leben ist das meistens so. Der Bürger votiert aus dem Bauch heraus. Das ist in der Demokratie nicht anders zu haben und meistens liegt der Bürger auch gar nicht so falsch mit seinen Ängsten und Meinungen.

Jetzt aber haben sich 155 Professoren zusammengetan, die das Denken gelernt haben, und durchaus auch in der Lage sind, ihre Gedanken zu formulieren. Vier Wissenschaftler fanden sogar den Weg bis zum Bundesverfassungsgericht in Karlsruhe und reichten dort eine Klage gegen den Euro ein, besser gesagt gegen die unzeitgemäße Einführung der gemeinsamen Währung. Die Viererbande, wie sie sich selbst nennt, will sich nicht nur interessant machen sondern politisch etwas durchsetzen. Sie fordern das „Bürgerrecht auf Stabilität“ ein. Die Viererbande und die 151 Mittäter haben sich auf einen sieben Punkte umfassenden Aufruf geeinigt mit der Quintessenz: Wir brauchen den Euro, irgendwann. Jetzt aber kommt er zu früh, denn die meisten europäischen Staaten, gerade auch Deutschland und Frankreich, seien nicht reif dafür. Keines der großen Länder erfülle in Wirklichkeit die stabilitätspolitischen Anforderungen. Und schon poltert der stabile Bundeskanzler, Helmut Kohl, in Bonn am Rhein: Wir führen aber trotzdem den Euro ein – pünktlich. Dass er dies gegen die Mehrheit des Volkes tut, weiß er, sagt’s aber nicht.

Auch die übrige Politiker-Kaste – ganz gleich welcher Couleur, wenn man von der PDS einmal absieht – hält am Terminplan fest. Brüssel zeigt sich sogar ausgesprochen entrüstet über das Professoren-Volksbegehren. Das aber weiß man auch schon, dass sich die Europäische Kommission reichlich wenig für Europas Bürger interessiert. Dergleichen hat für das Karlsruher Verfahren jedoch keine Bedeutung. Allerdings gibt es Juristen, die meinen, die Euro-Klage gehöre gar nicht vor das Bundesverfassungs-Gericht sondern vor den Europäischen Gerichtshof.

Die Karlsruher Verfassungsrichter haben in den vergangenen Jahren durchaus das eine oder andere Mal eine Kostprobe ihres wachen Verstandes von Bürgernähe und entgegen den hartgesottenen Parteienstaat gegeben. „Existenzminimum“ wäre so ein Stichwort oder auch Schutz des Lebens. Zwar wurde meist der große Krach mit der Politik vermieden aber manche Klarheit dennoch geschaffen.

Klugerweise wird sich Karlruhe weniger gegen den Euro oder die Europäische Zentralbank äußern als zu dem Thema Deutsche Mark und was dem Bürger verloren geht, wenn diese nicht mehr verfügbar ist. Da dürfte dann der politische Überbau eine Rolle spielen und der Wohlstand der Nation, der durch eine nicht mehr hausgemachte Währung weniger gewährleistet werden könnte. Politisch läuft das immer auf dasselbe hinaus, nämlich auf die Frage: Wie kann Europa richtigerweise und überzeugend langfristig integriert werden.

Mit Schrammen und Rempeleien Maastricht erfüllt

Freude, schöner Euro-Funke, D-Mark, Du hast es geschafft. Nach dem deutschen Medaillen-Segen bei der Winterolympiade in Nagano kann sich jetzt auch Bundesfinanzminister Theo Waigel Gold ans Revers stecken. Mit einigen Schrammen und Rempeleien hat es Deutschland geschafft, die Maastricht-Kriterien zu erfüllen. Dabei gibt es die höchste Punktzahl für die sparsame Kreditaufnahme des Staates, anders ausgedrückt für die Defizit-Quote, die höchstens bei drei Prozent liegen sollte und nun mit 2,9 Prozent glatt unterschritten wurde. Zwar gehört zu den Maastricht-Kriterien ein ganzes Bündel von Erfordernissen, die zur Teilnahme an der Europäischen Währungsunion erfüllt werden müssen: Zinsen, Inflation, Wechselkursstabilität. Aber die Drei-Prozent-Hürde ist der sensibelste Punkt.

Dagegen hat die Gesamtverschuldung des Staates, die 60 Prozent des Brutto-Inlandsprodukts (BIP) nicht übersteigen darf, eine weit geringere Bedeutung. Ob Deutschland hier mit 61 oder 62 Prozent in den Endlauf für die Euro-Teilnahme geht, ist ziemlich gleichgültig. Wären diese ein oder zwei Prozent aber zusätzlich bei der Neuverschuldung erschienen, hätte es nicht nur Diskussionsbedarf gegeben, sondern die ganze Euro-Fantasie wäre ziemlich verflogen. Manchen Euro-Muffel hätte es zwar in Euphorie versetzen können. Schön wäre es nicht gewesen, denn eine überbordende Staatsverschuldung birgt in sich erhebliche Probleme für Gesellschaft und Wirtschaft.

Dass sich Deutschland tatsächlich für den Euro qualifiziert hat, ist nicht verwunderlich, denn in diesem politischen Geschäft geht es um die Entmachtung der Bundesbank, um die Abschaffung der D-Mark, um die Einbindung der D-Mark in das europäische Währungsgefüge, nicht nur das, sondern in einen europäischen Währungseintopf, der speziell auch als Grundnahrungsmittel für die Entwicklung des

Corpus Europa dienen soll. Die Währungsunion war immer als deutsch-französische Veranstaltung begriffen worden, unter Hinzunahme eines harten Kerns stabilitätsorientierter Länder der europäischen Union, des D-Mark-Blocks.

Nach den vorliegenden Daten hat die Maastricht-Hürde allein Griechenland nicht geschafft. Drei weitere Staaten – England, Dänemark und Schweden – wollen beim Euro nicht von Anfang an dabei sein. Die übrigen Elf beginnen in Jahresfrist mit der gemeinsamen Währung: Deutschland, Frankreich, Belgien, Luxemburg, die Niederlande, Spanien, Portugal, Österreich, Italien, Irland, Finnland. Freude schöner Euro-Funke. Bis dahin gibt es noch einige Konferenzen und Absprachen, z. B. wie die einzelnen Währungen zu welchen Kursen miteinander verkettet werden und wie letztlich der Euro-Kurs aussehen soll.

Die Brüsseler Kommission war mit dem Konvergenzbericht hoch zufrieden und hat ihren Vorschlag formuliert mit diesen elf Ländern 1999 in die Währungsunion zu gehen. Das allerdings ging der Bundesbank etwas zu schnell. Sie hat für die Bundesregierung eine Stellungnahme zur Konvergenzlage in der europäischen Union erarbeitet und einstimmig verabschiedet. Danach fallen Italien und Belgien glatt durch. Der Gesamtschuldenstand beider Länder von jeweils über 120 Prozent des BIP zeige nicht nur, dass das Schuldenkriterium um das Doppelte überstiegen wird. Auch der Schuldenabbau vollziehe sich viel zu schleppend.

Bei Italien komme hinzu, dass mittels einer unzulässigen „kreativen“ Buchführung die Defizitquote um einen ganzen Prozentpunkt auf 2,7 Prozent gedrückt wurde. Die Bundesbanker insistieren: „Die Zweifel sind nicht ausgeräumt.“ Wenn z. B. Italien innerhalb von zehn Jahren von seinem Schuldenstand herunter kommen wolle, müssten Haushaltsüberschüsse von über zwei Prozent des BIP erwirtschaftet werden. Somit besteht eine Differenz zwischen Ist und Soll von fast fünf Prozent. „Bei Belgien liegen die Dinge nicht besser.“ Die Dauerhaftigkeit der Einhaltung der Kriterien sei bei diesen Ländern schwerlich gegeben.

Glücklichste Periode deutscher Währungsgeschichte

50 Jahre Zentralbankrat / Feier in der Landeszentralbank Hessen

8. März 1998

Historische Filmaufnahmen vom März 1948 eingespielt.

Nachrichtensprecher:

... Er folgte einer Einladung des sowjetischen Generalstabs zu einem Besuch nach Moskau. Bei einer Zwischenlandung in Gatow bei Berlin erschienen hohe britische und alliierte Offiziere sowie Sir Brian Robertson, der stellvertretende Militärgouverneur für Deutschland.

Der sowjetrussische Generalstabschef, Marschall Matuschewski, wird im Frühjahr zu einem Gegenbesuch nach England reisen. – Militärmusik –

Ein Grund für die Stromknappheit in ganz Deutschland: der Wassermangel überall. Diese Bilder von der Edertalsperre zeigen, wie weit der Wasserspiegel gesunken ist. Normalerweise enthält der Edersee über 200 Millionen Kubikmeter Wasser, zurzeit nur 11 Millionen. Da viele Teile Deutschlands ihren Strom von dem Werk der Edertalsperre beziehen, lähmt der Ausfall weite Gebiete der öffentlichen und privaten Wirtschaft. Die einst bei der Anlegung des Stausees überfluteten Dörfer liegen jetzt frei. Bisher versunkene Brücken und Straßen kommen wieder zum Vorschein. Dieser seit Bestehen der Edertalsperre niedrigste Wasserstand ermöglicht Reparaturen an den sonst nicht zugänglichen unteren Teilen der Sperrmauer. Die Turbinen des Werkes werden noch in Betrieb gehalten, um ein Einfrieren zu verhindern. Man rechnet damit, dass im März wieder der normale Wasserstand und die normale Stromerzeugung erreicht werden.

Im Dom von St. Peter, der größten Kirche der Christenheit, ... der Jahrhunderte und bei besonderen Anlässen, ist den Gläubigen Roms und aller Welt beteiligt ... Hier erteilt Papst Pius XII. der Menge den Apostolischen Segen anlässlich eines Aufrufs zur Stärkung und Vertiefung des religiösen Glaubens.

Frankfurt am Main, einst die Hauptstadt des Heiligen Römischen Reiches Deutscher Nation und bis in die modernste Zeit wichtiger Knotenpunkt von Verkehr, Wirtschaft und Kultur, hat schweren Tribut in diesem Krieg zahlen müssen. Von insgesamt 45 000 Häusern wurden 36 000 teilweise oder ganz zerstört. Trümmer überall. Deren Beseitigung steht an erster Stelle des Wiederaufbauplanes. Aus allen Teilen der Stadt werden die Trümmer nach dem außerhalb gelegenen Ostpark gefahren, wo eine Fabrik zur Verwertung dieser Millionen Kubikmeter Schutt im Entstehen ist. Führende Männer der Stadtverwaltung, unter ihnen Oberbürgermeister Kolb, gehen mit gutem Beispiel voran. Sie räumen gründlich auf am historischen Römerberg. Das Goethehaus, in zwei Jahren zu des Dichters 200. Geburtstag, soll es wieder aufgebaut sein. Die Paulskirche. Hier tagte 1848 die erste deutsche Nationalversammlung. Das

Rathaus. Und hier die Hauptwache im Herzen der Stadt. Die historische Katharinenkirche und der 500-jährige Eschenheimer Turm. Unverwundet ragt er aus den Trümmern. In Oper und Schauspielhaus kann nicht mehr gespielt werden. Ein behelfsmäßig hergerichteter Saal in der teilweise zerstörten Börse dient jetzt kulturellen Zwecken. Das erhaltene Schumann-Theater. Rechts der Dichter Carl Zuckmayer, der als amerikanischer Referent für das Theaterwesen augenblicklich Deutschland bereist. Früher hatte Frankfurt 8 Mainbrücken. Heute sind vier wieder in Betrieb. Hier Aufbauarbeiten an der neuen Alten Brücke. Oberbürgermeister Kolb weiht den sogenannten Eisernen Steg nach seiner Wiederinstandsetzung ein. Frankfurts Industrie, zu 60 % kriegszerstört, lebt wieder auf. Die Adlerwerke stellen in ansteigender Produktion Schreibmaschinen, Fahrräder und Autos her. Das frühere IG-Farben-Gebäude, 1928 erbaut und unbeschädigt, ist heute Hauptquartier der amerikanischen Streitkräfte in Europa. Ein Barometer des Wiederaufstieges ist der Verkehr. Durch Frankfurts Bahnhöfe laufen täglich wieder 300 Personen- und 200 Güterzüge. In den Straßen pulsiert das Leben und hier und da, wie hier in der Kaiserstraße, gibt es schon wieder echte Frankfurter Würstchen, auf Marken natürlich. Das Café Rumplmayer jetzt ein amerikanischer Soldatenclub. Im Mainhafen werden bereits monatlich 160000 Tonnen Güter umgeschlagen.

Frankfurt heute – das Bild einer Stadt, die aus Tradition und Aufbauwillen den Weg in die Zukunft sucht.

LZB-Präsident Ernst Welteke

Meine Damen und Herren, das war Frankfurt vor 50 Jahren. Der eine oder andere mag gemeint haben, dass das mit dem Edersee begonnen hat, hängt vielleicht damit zusammen, dass ich dort am Edersee meine Heimat habe. Aber die Wochenschau war so geschnitten und zeigte zunächst die Knappheit an Wasser und den Mangel an Energie, der daraus resultierte, dann den Segen des Papstes und dann die zerstörte Stadt Frankfurt.

Meine sehr verehrten Damen und Herren, ich begrüße Sie auch im Namen meiner Kollegen, Herrn Dr. Fabricius und Herrn Laubenthaler auf das herzlichste zu dieser Feierstunde, in der auf die Anfänge des Zentralbankrates zuerst der Bank deutscher Länder und seit 1957 der Deutschen Bundesbank zurückblicken wollen.

Am 8. März, nicht wie vielfach berichtet, am 5. März, trat der vorläufige Zentralbankrat der Bank deutscher Länder im Gebäude der Landeszentralbank von Hessen in der Taunusanlage Nr. 4 zu seiner ersten Sitzung zusammen. Zur Erinnerung daran fand heute Vormittag die 986. Sitzung des Zentralbankrates der Deutschen Bundesbank an gleicher Stelle im rekonstruierten damaligen Sitzungssaal statt.

Besonders herzlich möchte ich begrüßen den stellvertretenden Ministerpräsidenten des Landes Hessen, Herrn von Plottnitz, Herrn Staatssekretär Klaus Bünger aus dem Bundesministerium für Wirtschaft, Herrn Wolfgang Artopoeus, Präsident des Bundesaufsichtsamtes, Herrn Eric Colway, den Generalkonsul des Vereinigten Königreiches, und möchte erwähnen, dass wir vor zwei Tagen hier an dieser Stelle einen interessanten Vortrag von Gordon Brown, den Treasurer aus Großbritannien, gehört haben. Ich begrüße recht herzlich Herrn Dr. Frank Niethammer, den Präsidenten der IHK Frankfurt. Und ich begrüße Sie, Herr Präsident Tietmeyer, und mit Ihnen die Mitglieder des Zentralbankrates. Aber was wäre der Zentralbankrat ohne die Mitarbeiterinnen und Mitarbeiter. Und deshalb möchte ich ganz besonders Frau Zachau-Lücke herzlich begrüßen, die erste Mitarbeiterin, die die Bank deutscher Länder hier in Frankfurt gehabt hat. Und ich begrüße Herrn Bernd Palsbröcker, den Vorsitzenden des Hauptpersonalrates. Besonders freue ich mich über die Anwesenheit von Ihnen, Herr Professor Schlesinger, und ganz besonders über die Anwesenheit der Familie Klasen, möchte ich in diesem Zusammenhang sagen; nicht nur Frau Klasen, sondern auch drei der Kinder. Ich begrüße Frau Emminger recht herzlich. Und ich weiß nicht, ob sie noch gekommen sind, ich würde gerne begrüßen die Herrn Stefan Veit und Dr. Harald Vocke. Karl Otto Pöhl hat Grüße mir aufgetragen an Sie alle. Aber er ist leider erkrankt und ich denke, wir können ihm von hier aus gute Besserung wünschen. Und schließlich möchte ich an dieser Stelle an Professor Claus Köhler einen Gruß richten. Er feiert heute seinen 70. Geburtstag.

Als müssten wir, meine Damen und Herren, uns vor Ende dieses Jahrhunderts noch wichtiger Stationen unserer Geschichte versichern, häufen sich die Jubiläen. Im vergangenen Jahr war es die Errichtung der ersten Landeszentralbank, in diesem Jahr sind es die Gründung der Bank deutscher Länder, die Währungsreform und nicht zu vergessen die Revolution und die Paulskirchen-Versammlung vor 150 Jahren. Im kommenden Jahr feiern wir das 50-jährige Bestehen der Bundesrepublik Deutschland und schließlich Goethes 250. Geburtstag. Er ist diesem Haus besonders verbunden – oder umgekehrt: Dieses Haus ist ihm besonders verbunden.

Einige der Jubiläen haben mit Geld zu tun, alle aber mit Frankfurt, auch die Gründung der Bundesrepublik Deutschland, wenn auch nur knapp. Folgt man der öffentlichen Beachtung, dann sticht die Erinnerung an das Revolutionsjahr 1848 aus den Jahrestagen heraus. Vielleicht liegt es daran, dass sich zwischen den März-Ereignissen 1848 und den Umwälzungen, die vor uns liegen, durchaus die eine oder andere Verbindungslinie ziehen lässt. Die Revolutionen, die die alte Ordnung überwinden wollten, erfassten, von Frankreich ausgehend, ein Land nach dem anderen und wurden zu einem gesamteuropäischen Ereignis. Von den Bürgerinnen und Bürgern wurde Europa als zusammenhängender politischer Raum begriffen, allerdings nur für wenige Monate. Hält man sich vor Augen, wie schwierig und zunächst vergeblich es war, zu nationaler Einheit und demokratischer Verfassung zu kommen, mag man die noch vor uns liegenden Anstrengungen ermessen, um zu einer wirklichen europäischen politischen Einheit zu gelangen, mit europäischer Identität und starker demokratischer Staatlichkeit. Und schließlich fällt einem vielleicht auch noch die Begriffsparallele ein, dass man von der damaligen Zeit als dem Vor-März und dem Nach-März spricht und vielleicht wird man irgendwann einmal von dem Vor-Mai und dem Nach-Mai des Jahres 1998 sprechen.

Der Anlass unserer heutigen Feier ist bescheidener, aber nicht ohne Stolz. Denn schließlich begann vor 50 Jahren die bislang glücklichste Periode deutscher Währungsgeschichte. Vorausgesehen oder nur geahnt hat das wohl niemand, als der Zentralbankrat zusammentrat, nahm die Öffentlichkeit davon kaum Notiz. Wir haben keine Wochenschau gefunden, in der ein Hinweis auf die erste Sitzung des Zentralbankrates gewesen wäre. Und die Tagespresse, die damals wegen Papiermangel auch keine Tagespresse war, hat nur verschiedene vereinzelte Hinweise gebracht. Wir werden Ihnen nachher einen Nachdruck einer Tageszeitung aus der damaligen Zeit überreichen können; aber es ist dort nur auf der Rückseite ein Hinweis und insbesondere über die Landeszentralbank in Hamburg enthalten.

Der Zentralbankrat des März 1948 hatte vorläufigen Charakter und war stark – Herr Präsident, nehmen Sie es mir nicht übel – hessisch geprägt. Zunächst einmal fand die Sitzung am 8. März im Gebäude der Landeszentralbank von Hessen statt, 14 Tage später gehörte dieses Gebäude schon der Bank deutscher Länder. Nur die Landeszentralbanken von Hessen und Württemberg waren durch ihre Präsidenten Otto Veit und Otto Pfleiderer vertreten. Anstelle der Präsidenten der Landeszentralbanken von Bayern und Bremen kamen die Vizepräsidenten. Und für die Länder, in denen es noch keine LZB-Präsidenten gab, schickten die Finanzminister hohe Beamte. Außerdem war der Vizepräsident der Landeszentralbank von Hessen anwesend; er führte Protokoll. Die Sitzung wurde von Mister Freeman eröffnet, einem der beiden Vertreter der Alliierten Bankenkommission. Er blieb allerdings nur kurz, dann hatte man sich auf einen ersten vorläufigen Vorsitzenden des Zentralbankrates verständigt, nämlich auf Otto Veit, den Präsidenten von Hessen. Nach und nach füllten sich die Reihen der Landeszentralbankpräsidenten. Ende Mai 1948 wurde Karl Bernhard Vorsitzender des Zentralbankrates und Wilhelm Vocke Präsident des Direktoriums. Damit hatte sich der erste vollständige Zentralbankrat gebildet.

Die Aufgaben waren so zahlreich und grundlegend, dass die Währungsreform, die für uns 50 Jahre später ein historisches Ereignis ist, nur eines von zahlreichen Vorhaben war. Die Währungsreform lag ja auch vor allem in den Händen der Alliierten. Von heute an wird eine Schrifttafel an der Straßenseite unseres Gebäudes an beide Ereignisse, die Gründung der Bank deutscher Länder und die Ausgabe der Deutschen Mark, erinnern. Ihr Text lautet: Geburtsstätte der Deutschen Mark. In diesem Gebäude nahm im März 1948 die Bank deutscher Länder ihre Arbeit auf. Als deutsche Notenbank gab sie am 20. Juni 1948 die ersten Banknoten in Deutscher Mark aus. Im August 1957 wurde die Bank deutscher Länder mit den Landeszentralbanken zur Deutschen Bundesbank verschmolzen, die bis 1972 hier ihren Hauptsitz hatte.

Mit dieser Tafel lenken wir den Blick auf jenen Platz in Frankfurt, an dem Währungsgeschichte geschrieben wurde und auch in Zukunft noch mehr geschrieben wird: rund um die grüne Taunusanlage. Begonnen hat es im Juli 1871 mit der Eröffnung der Bank Commandite de Frankfurt, der preußischen Bank, aus der im Januar 1876 die Reichsbank-Hauptstelle Frankfurt wurde. Sie hatte ihren Sitz ganz in der Nähe in der Junghofstraße. Im Februar 1933 eröffnete Reichsbankpräsident Luther den Neubau der Reichsbank-Hauptstelle in der Taunusanlage Nr. 4. Der 1929 geplante Bau im Stil der frühen Moderne drückt mit seiner strengen Geometrie Solidität und Stabilität aus. Gewisse Anklänge an Monumentales, wie sie in der Architektur der Zeit häufig zu finden waren, sind nicht zu verkennen.

Zum Gebäude möchte ich noch eine kurze Anmerkung machen. Unsere Recherchen haben nichts ergeben, was die Reichsbank-Hauptstelle in Frankfurt aus dem von 1933 bis 1945 leider Üblichen herausgehoben hätte, weder in positiver noch in negativer Hinsicht. Nach dem Ende des Krieges jedoch wurde von den Nazis erbeutetes Gut von amerikanischen Streitkräften aus thüringischen Kalibergwerken in den hiesigen Tresor gebracht. Die Gegenstände stammten ursprünglich aus dem Tresor des Berliner Führerbunkers und aus den Tresoren der Berliner Reichsbank. Sie wurden hier in Frankfurt von einem jungen französischen Experten gesichtet und bewertet. Die Schilderung seiner Tätigkeit im „Le Figaro" vom 8. Februar vergangenen Jahres macht Schaudern. Es handelte sich um Schmuck, Gold und andere Wertgegenstände aus den überfallenen Gebieten und aus den Vernichtungslagern. Darunter u. a. Hitlers Uhren, Eva Brauns Besteckkasten, Wertsachen des Ehepaars Göring, 35 000 Eheringe aus Vernichtungslagern in Polen und Hunderte von Goldbarren auch aus Zahngold hergestellt und so weiter.

In geldhistorischen Rang gehoben wurde dieser Ort jedoch erst im März 1948 mit einem vollkommenen Neubeginn, als in dem vom Krieg unzerstörten Gebäude die Bank deutscher Länder errichtet wurde. Fast 25 Jahre war dieses Haus Sitz der Bank deutscher Länder und dann der Deutschen Bundesbank.

Eingefasst von immer mehr Bankhochhäusern ist die nur wenige hundert Meter lange Taunusanlage zwischen den beiden Opernhäusern der Mittelpunkt des Finanzplatzes Frankfurt. Dem Einwand, dass die Börse fehle, kann entgegengehalten werden, dass diese mit ihrem zunehmend virtuellen Charakter eigentlich überall ist.

Vielleicht wird also einmal mit Unterstützung der zahlreichen Finanzjournalisten, die ich recht herzlich begrüße, die Taunusanlage ein Synonym für den Finanzplatz.

Meine Damen und Herren, im Anschluss an den Vortrag von Professor Tietmeyer laden wir Sie zu einem Empfang ein. Wenn sich die Mitglieder des Zentralbankrates alsbald verabschieden, bitte ich um Ihr Verständnis. Wir werden die heute Morgen begonnene Sitzung im Haus der Bundesbank fortsetzen. Zu beraten gibt es die Konvergenz der EU-Staaten im Lichte der Kriterien des Maastrichter Vertrages. So treffen sich also heute Rückblick auf die Geschichte und Ausblick auf die Herausforderungen der Zukunft. Die Aufgaben, die mit der Verwirklichung der Europäischen Währungsunion vor uns liegen, sind sicherlich nicht geringer, wenn auch von anderem Gewicht als jene, denen sich die Gründungsväter der Bank deutscher Länder vor 50 Jahren gegenüber sahen.

Noch einmal, ich begrüße Sie alle recht herzlich und darf Sie, Herr Professor Tietmeyer, nun bitten. Herzlichen Dank.

– Beifall –

Bundesbankpräsident Hans Tietmeyer

Meine sehr verehrten Damen, meine sehr geehrten Herren, ich darf an die Begrüßung von Herrn Welteke noch anfügen, dass ich mich auch besonders freue, dass das Ehepaar Reiffenstein heute hier bei uns ist aus der Familie Bernard. Ich begrüße Sie besonders hier.

Meine sehr geehrten Damen und Herren, Herr Welteke hat schon daran erinnert, dass sich hier nebenan am 8. März elf Männer versammelt haben – und er hat es besonders betont – in der damaligen Landeszentralbank von Hessen. Über das von und zu will ich jetzt nicht sprechen. Aber das wäre ein hoch interessantes Thema. Der amerikanische Offizier, der die Sitzung eröffnete gegen halb elf, die erste Sitzung des Zentralbankrates, hieß, wie Herr Welteke gesagt hat, Freeman. Und ich will nicht sagen, dass das ein besonders bezeichnender Name war. Aber auch darüber könnte man philosophieren.

Nun hat Herr Welteke über das Gebäude und seine Geschichte gesprochen. Wir wollen nicht über das Gebäude sprechen, sondern über den Zentralbankrat. Und das wird in nächster Zeit ja viele 50. Geburtstage geben, weil einfach der gewaltige Strom an gewichtigen Ereignissen für Deutschland in den Jahren 1948 und 1949 viele Anlässe bringen wird. Viele dieser Ereignisse verliefen gewiss dramatischer und spektakulärer als die erste Sitzung des Zentralbankrates und die Wochenschau hat sie dann sicher auch aufgenommen.

Wenn wir gleichwohl heute daran erinnern, dann, weil damals, wie im Rückblick festzustellen ist, eine entscheidende Weichenstellung erste Konturen annahm. Die Geschichte der D-Mark und damit vielleicht sogar die Geschichte unseres Landes wären anders verlaufen, wäre das, was am 8. März 1948 seinen Anfang nahm, nicht gelungen. Wohl wurde die Geburt der D-Mark an anderer Stelle und auch von anderen vorbereitet, insbesondere von den Alliierten selbst. Und wir werden am 20. Juni in Anwesenheit des Bundespräsidenten und mit einer Ansprache des Bundeskanzlers in der Paulskirche der Einführung der D-Mark gedenken.

Aber mit der Währungsreform am 20. Juni, als die ersten D-Mark-Banknoten in Umlauf kamen, begann das Schicksal der neuen Währung sich zugleich an die Stabilitätsorientierung des deutschen Zentralbankrates zu binden. Zwar hat der Zentralbankrat den späteren Erfolg und die hohe Stabilität der D-Mark gewiss nicht alleine herbeigeführt und auch nicht alleine gesichert. Aber er hat doch an exponierter Stelle mitgewirkt, nämlich vor allem dort, wo es um die Knappheit des Geldes ging und geht. Dem ersten Treffen des Zentralbankrates waren grundlegende Meinungsunterschieden unter den Alliierten vorausgegangen. Nämlich darüber, wie das künftige Notenbanksystem im Nachkriegs-Deutschland aussehen sollte.

Die Amerikaner suchten einen radikalen Neuanfang. Sie sahen in einer stark konzentrierten und weitgehend zentralisierten Wirtschaft ein Umfeld, in dem sich das totalitäre Regime in Deutschland hatte entfalten können. Deshalb wollten sie möglichst plurale Strukturen aufbauen. Daher übrigens auch ihr Eintreten für eine von den Weisungen deutscher Stellen unabhängigen Notenbank. Dahinter standen weniger ökonomisch-akademische Argumente und auch nicht nur das heimische Vorbild des Federal Reserve Systems. Man wollte insbesondere keine übermächtigen politischen Strukturen in Deutschland. Vor allem sollten dezentrale Strukturen her. Selbstständige Landeszentralbanken wurden gegründet in Bayern, Württemberg-Baden, Hessen und Bremen. Sie blieben zunächst eher lose miteinander verbunden. Neue Männer kamen an deren Spitze. Sie sollten eine andere, eine neue Mentalität mit- und einbringen.

Die Briten hatten damals zunächst andere Prioritäten. Sie wollten möglichst schnell ein funktionsfähiges, effizientes Zentralbanksystem. Sie lehnten sich zunächst an die alte zentralistische Reichsbank-Struktur an und schufen eine zentrale Stelle in Hamburg. Dabei griffen sie vielfach auf Fachleute mit Reichsbank-Erfahrung zurück. Erst Februar 1948 lösten sie die Reichsbank-Organisation auf und errichteten Landeszentralbanken in Düsseldorf, Hannover, Hamburg und Kiel.

Die Franzosen lagen in ihrer zoneninternen Zentralbankpolitik näher beim dezentralen Ansatz der Amerikaner. Sie schufen schon 1947 Landeszentralbanken für Württemberg-Hohenzollern, Baden und Rheinland-Pfalz. Sie waren freilich zunächst wenig angetan von dem Plan, die Landeszentralbanken über die zonalen Grenzen hinweg zu verknüpfen. Auch weil sie an einer Währungsreform weit weniger interessiert waren als die Amerikaner und Briten.

Die Liste der Teilnehmer und fast noch mehr die Liste der Nicht-Teilnehmer an der ersten Sitzung des Zentralbankrates sagt viel aus. Da waren erstens die beiden Vertreter der Alliierten Bank-Kommission, ein Amerikaner und ein Brite, übrigens Helmut mit Namen. Amerikaner und Briten waren die Architekten der Bank deutscher Länder. Da waren dann zweitens die bereits eingesetzten richtigen Präsidenten bzw. Vizepräsidenten schon fest etablierter Landeszentralbanken; das waren die aus der amerikanischen Zone. Und da waren drittens die noch von den Länderregierungen gesondert beauftragten Vertreter der noch embryonalen, gerade im Aufbau befindlichen Landeszentralbanken; das waren die aus der britischen Zone. Und viertens: es fehlten damals noch die Vertreter der Landeszentralbanken aus der französischen Zone. Sie sollten erst einige Wochen später beitreten, rückwirkend zum 25. März. Die Akten lassen als wichtiges Motiv für den raschen Beitritt der Franzosen deren überragendes Interesse erkennen, Einfluss zu gewinnen auf die ersten Personalentscheidungen in der neuen Zentralbank.

– Leichte Heiterkeit –

Ein Schelm, der hier eine gewisse Parallele zu heute sieht. Nicht dabei war fünftens ein Vertreter Berlins. Die Westmächte klammerten Berlin ja aus den Plänen zur Währungsreform aus. Das Konklave von Rothwesten hat dies ja auch scharf kritisiert. Noch bis zum Herbst 1957 nahm der Präsident der Berliner Zentralbank nur als Gast an den Sitzungen des Zentralbankrates teil mit – wie es so schön hieß – beratender Stimme. Schließlich waren sechstens nicht dabei die Vertreter aus der damaligen sowjetischen Besatzungszone. Dieser Hinweis dient nicht nur der Vollständigkeit halber. Immerhin liefen Anfang März 1948 zumindest formal noch Verhandlungen über eine vierzonale Währungsreform. Die Sowjets verließen aber am 20. März endgültig den Verhandlungstisch und die Würfel hierfür dürften allerdings wohl schon früher gefallen sein. Und hierin liegt denn auch eine gewisse Tragik dieser Tage.

Die Währungsreform verfestigte die faktisch schon im Gange befindliche Spaltung Deutschlands. Die Bank deutscher Länder wurde so die erste Institution von Trizonesien. Über die Vorgänge von damals und auch über die Gründe dafür ist viel geschrieben und viel spekuliert worden. Eines ist sicher: die Währungsreform war gewiss nicht die Ursache für die folgende 40-jährige Teilung Deutschlands. Aber sie hat die Separierung beider Teile sicherlich noch deutlicher gemacht als sie schon vorher war. Und es ist sicher mehr als ein Zufall, – ich hoffe, Sie verstehen, dass ich das hinzufüge –, dass 1990 die Einführung der D-Mark in Ostdeutschland auch den Weg zur politischen Wiedervereinigung geebnet hat. Am 12. November 1992 nach der Neuordnung der Bundesbank-Struktur war es dann soweit, erstmals gehörten zum Zentralbankrat auch Vertreter von Landeszentralbanken, die für die ostdeutschen Länder zuständig sind.

Der Zentralbankrat vom 8. März 1948 war so auch ein Spiegel der Konflikte jener Zeit. Doch das ist, wie ich meine, nur die eine Seite. Die erste Sitzung des Zentralbankrates war zugleich ein Ausdruck des Kompromisses zwischen dem amerikanischen, eher föderalen Ansatz und dem britischen, eher zentralistischen Konzept und zwar auch in jenen Fragen, die bis zuletzt umstritten blieben, nämlich: darf das Direktorium operativ tätig werden und vor allem, wie setzt sich der Zentralbankrat eigentlich zusammen.

Seither ist die Institution Zentralbankrat einerseits, wie der Name schon sagt, ein zentralistisches Element. Er sorgt insbesondere für eine einheitliche Geldpolitik. Den Landeszentralbanken bleibt hierbei kein interpretatorischer Spielraum. Sie haben bei der Geldpolitik auszuführen. Der Zentralbankrat enthält aber andererseits auch ein dezentrales Element und zwar dank seiner Zusammensetzung. In der Bank deutscher Länder gehörten dem Zentralbankrat neben den Präsidenten der Landeszentralbanken nur zwei weitere Mitglieder an, sein Vorsitzender sowie der Präsident des Direktoriums. Die Mitglieder des Direktoriums rückten erst mit dem Bundesbank-Gesetz von 1957 in den Zentralbankrat nach. Aber das dezentrale Element blieb jedoch erhalten im Berufungsverfahren für die Landeszentralbank-Präsidenten.

Der Zentralbankrat hat damit eine Art Doppelcharakter. Er ist auch heute noch zugleich zentrales Organ in seiner Funktion und teilweise dezentral in der Bestimmung seiner Zusammensetzung. Dieser Doppelcharakter war nicht unproblematisch. Er hätte den Zentralbankrat zerreißen können. So gab es ja auch zu Beginn Befürchtungen in dieser Hinsicht. Die Präsidenten der Landeszentralbanken seien ja nur Handlanger ihrer jeweiligen Landesregierung und sie könnten dann auch insbesondere Kreditwünschen der Länder kaum widerstehen. Glücklicherweise kam es anders. Der Doppelcharakter des Zentralbankrates entpuppte sich selbst in der noch stärker dezentralen Zusammensetzung der Bank deutscher Länder nicht als Sollbruchstelle, sondern, wie ich meine in Abwägung aller Argumente, als seine Stärke. Warum? Insbesondere weil sich ein Kollegialprinzip entfalten und bis heute festigen konnte. Die Mitglieder haben sich zunehmend als Teil eines gemeinsamen Gremiums empfunden, mit einer gemeinsamen Verantwortung für die Stabilität der D-Mark. Das heißt nicht, dass es nicht zu kontroversen Debatten kommt. Das heißt nicht, dass nicht unterschiedliche Positionen eingebracht werden. Aber das heißt, dass es letztlich doch alles zu beurteilen ist vor der gemeinsamen Verantwortung für die gemeinsame Währung.

Dieses Kollegialprinzip verhindert übertriebenen Zentralismus, sowohl beim Direktorium als auch beim Präsidenten. Es verhindert aber zugleich auch die Fragmentierung. Denn es gibt keinen Kuhhandel, keine Koalition, die sich an regionalen Partikularinteressen orientieren. Dominant ist bei allen Unterschieden in der Beurteilung von Details und auch in der Beurteilung von relevanten Fragen die gemeinsame Orientierung und Verantwortung gegenüber dem Ziel der Währungsstabilität.

Zwei institutionelle Faktoren haben nach meiner Meinung das Herausbilden dieses Kollegialprinzips wesentlich gefördert. Zum einen – und ich beginne bewusst damit – die Rolle des Präsidenten. Er ist Primus interpares, nicht mehr und nicht weniger. Wir haben anders als viele unserer Nachbarländer keine hierarchische Präsidialverfassung. Ja, der Präsident kann sogar überstimmt werden. Zum anderen wird das Kollegialprinzip auch dadurch gestärkt, dass bei den Sitzungen nur die Mitglieder anwesend sind. Die Verantwortlichen sind eben dann unter sich. Jeder, auch der Präsident, ist so gezwungen, sich persönlich einzubringen und seine eigene Argumentation vorzutragen. Und das wohlgemerkt in einem Gremium, dessen dezentrale Zusammensetzung ein hohes Maß an Pluralität bringt, eine Vielfalt in den beruflichen Lebenswegen, in den persönlichen Erfahrungen und natürlich auch in so manchen politischen Urteilen. Das Kollegialprinzip macht den Zentralbankrat zu einer Art Fachparlament. Tages- und auch parteipolitische Interessen sollen außen vor bleiben. Karl Schiller hat das seither oft zitierte Wort vom Frankfurter Aeropag geprägt. Dass hierin neben dem Respekt manchmal auch ein leicht spöttischer Unterton mitschwingt, finde ich im Übrigen gar nicht so schlimm.

Die gemeinsam nur dem gesetzlichen Auftrag unterworfene Verantwortung und das Selbstverständnis des Zentralbankrates als ein Fachparlament sind entscheidende Voraussetzungen für die Unabhängigkeit der Bank. Die kollektive Verantwortung ist nämlich zugleich auch ein Schutz vor politischen Einflüssen von außen. Und das fachmännische Urteil, das frei von polit-taktischen Erwägungen bleibt oder bleiben sollte, ist die Legitimationsbasis, um unabhängig von politischen Instanzen über Zinsen und Geldmenge zu entscheiden.

Die Bedeutung des Zentralbankrates als Gremium wird keineswegs geschmälert durch den Hinweis auf große individuelle Leistung. Zur Autorität eines Fachgremiums gehören immer auch Köpfe und Persönlichkeiten. Und zwar solche, die auch die notwendige Kontinuität hineinbringen. Und ich möchte deshalb einige nennen, wohl wissend, dass jede Auswahl unvermeidlich der großen Leistung vieler, die ungenannt bleiben, nicht gerecht wird.

Für die – ich nenne sie mal Dauerbrenner –, die dem Zentralbankrat rund 20 oder noch mehr Jahre angehört haben, möchte ich stellvertretend nennen Karl Wagenhöfer, Heinrich Irmler und Leonhard Leske. Und ich möchte natürlich meinen Amtsvorgänger, Helmut Schlesinger, hier ganz besonders erwähnen. Und einer – ich habe ihn noch nicht gesehen, aber er ist schon erwähnt worden, aber aus einem anderen Grunde, den muss ich natürlich auch noch erwähnen, Claus Köhler, aber der hat heute nämlich seinen Geburtstag, und er wird 70 und ihm spreche ich meine herzlichen Glückwünsche aus. Ich habe ihn noch nicht gesehen, ich hoffe, er ist da.

Schließlich möchte ich aber noch an einige große Persönlichkeiten der 50er-, der 60er-, der 70er-Jahre erinnern. Ihre Namen sind untrennbar verbunden mit der Nachkriegsgeschichte der deutschen Notenbank. Ich meine Wilhelm Vocke, Karl Bernard, Otto Veit, Otto Pfleiderer, Karl Klasen, Karl Blessing und Otmar Emminger.

Währungsstrategen für die D-Mark

Die Bundesbankpräsidenten

Karl Bernard
1948–1957
Präsident des Zentralbankrates der Bank deutscher Länder

Wilhelm Vocke
1948–1957
Präsident des Direktoriums der Bank deutscher Länder

Karl Blessing
1.1.1958–31.12.1969

Karl Klasen
1. 1. 1970–31. 5. 1977

Otmar Emminger
1. 6. 1977–31. 12. 1979

Karl Otto Pöhl
1. 1. 1980–31. 7. 1991

Helmut Schlesinger
1. 8. 1991–30. 9. 1993

Hans Tietmeyer
1. 10. 1993–31. 8. 1999

Die Geschichte einer Zentralbank geht nicht primär ein in Vitrinen, Aktenordner, Festreden und dergleichen. Nein, viel wichtiger ist: Die Geschichte einer Zentralbank geht ein in ihre Reputation, also quasi ihr Grundkapital oder die Glaubwürdigkeit oder credibility, wie es in der internationalen Welt heißt. Und sie geht auch ein in ihr institutionelles Gedächtnis. Fünf der Genannten, Vocke, Bernard, Veit, Pfleiderer und Klasen hatten übrigens entscheidend Anteil, als die Bank deutscher Länder im Oktober 1950 den ersten ernsthaften Konflikt mit der Bundesregierung durchstand. Der Zentralbankrat erhöhte damals gegen die dringende Ermahnung von Adenauer und Schäffer die Leitzinsen um 2 %. Das war ein Meilenstein auf dem Weg zu einer wirklich deutschen Zentralbank und zu einer stabilen Mark. Übrigens: die legendäre Sitzung fand im Kanzleramt in Bonn statt. Insofern hat – wohlgemerkt für diese Sitzung – geografische Politiknähe gar nicht geschadet. Aber insgesamt liegt es in der Logik eines unpolitischen Geld- und Finanzwesens, sich durch eine geringe politische Nähe vor allzu enger und herzlicher Umarmung seitens der Politik zu schützen. Und ich füge an dieser Stelle hinzu, der Finanzplatz Frankfurt leidet sicher nicht daran, dass hier nicht auch die politische Kapitale ist. Insofern unterscheide ich mich von einer Stellungnahme, die ich vor Kurzem aus der Landeszentralbank mal gelesen habe.

– Leichte Heiterkeit –

Das Jahr 1998, meine Damen und Herren, ist für den Zentralbankrat ohne Zweifel ein besonderes Jahr. Er wird im Herbst seine 1000. Sitzung abhalten. Das ist übrigens nicht getrickst, um die 1000 noch rechtzeitig vor der Jahreswende zu erreichen. Am Ende dieses Jahres, meine Damen und Herren, und Sie wissen das alle, gibt der Zentralbankrat der Deutschen Bundesbank nach dem Maastricht-Vertrag seine geldpolitische Entscheidungskompetenz ab an den Rat der Europäischen Zentralbank, dessen Tagungsstätte liegt übrigens ja nur gut 100 oder 200 Meter von hier entfernt. Nun heißt das nicht, um das gleich zu sagen, dass damit die

Bundesbank ihre Rolle aufgibt. In den Ausführungen der Politik behält sie weiterhin ihre entscheidende Rolle, aber die Entscheidungskompetenz des Zentralbankrates für Geldpolitik geht eindeutig vom, wie die Frankfurter sagen, Diebsgrund in den Eurotower.

Bisweilen heißt es nun, die Europäische Zentralbank sei eine Kopie, ja manche nennen sogar das böse Wort ein Klon der Deutschen Bundesbank. In der Tat gibt es wichtige Berührungspunkte des künftigen europäischen mit dem deutschen Notenbankwesen, insbesondere natürlich die Unabhängigkeit und die Mischung aus zentralen und dezentralen Elementen. Wenngleich es gerade bei den Letzteren auch nicht zu übersehende Unterschiede gibt, auf die ich jetzt im Einzelnen nicht eingehen kann. Freilich, das Ausfüllen der vertraglich festgelegten Strukturen, den praktischen Umgang mit der geldpolitischen Kompetenz, das kann man nicht auf einer Kopie ablichten und der Europäischen Zentralbank in den Briefkasten werfen. Das muss dort selber wachsen, wie es ja auch in der Bank deutscher Länder und dann in der Bundesbank gewachsen ist. Auch der Rat der Europäischen Zentralbank sollte nach meiner Meinung bald zu einem tatsächlichen Kollegialprinzip finden, damit die europäische Öffentlichkeit ihn anerkennen kann als ein glaubwürdiges, rein sachorientiertes Fachgremium mit Verantwortung für den Gesamtbereich der gemeinsamen Währung. Rechenschaftspflichten einzelner Mitglieder des Europäischen Zentralbankrates gegenüber nationalen Gremien oder Parlamenten oder auch gegenüber dem Europäischen Parlament dürfen nicht darauf abzielen, die Mitglieder auseinander zu dividieren und die Geldpolitik etwa an Partikularinteressen zu orientieren. Das würde das Kollegialprinzip, und das würde damit faktisch die Unabhängigkeit gefährden.

Insbesondere auch im Bereich des Europäischen Parlamentes gibt es offenbar gewisse Vorstellungen, es solle regelmäßige Konsultationen, Dialoge und was nicht alles mit dem Direktorium der Europäischen Zentralbank über geldpolitische Entscheidungen geben, und zwar nicht nur im Sinne der hinterherigen Erläuterung, sondern auch der vorherigen Diskussion. Das, meine Damen und Herren, geht sicher über die notwendige Rechenschaftspflicht oder accountability hinaus. Da geht es offenbar darum, die Geldpolitik politischen Vorstellungen und Zielen zu unterwerfen oder sie zumindest einzubinden. Der Vertrag sieht aber bewusst nicht nur ein supranationales, sondern auch ein unpolitisches, entpolitisiertes Geld vor.

Zwischen dem anstehenden Beginn der Europäischen Zentralbank und den damaligen Anfängen der Bank deutscher Länder vor 50 Jahren mag man vielleicht eine Parallele sehen. Erstes Ziel war damals und ist es auch heute, rasch Vertrauen in die neue Währung zu schaffen. Die Bedingungen hierfür sind jedoch nicht vergleichbar, glücklicherweise. Die Umstellung der nationalen Währung auf Euro ist keine Währungsreform. Niemand verliert etwas durch die Umstellung. Und die Europäische Zentralbank startet nicht bei Null. Sie kann anknüpfen an das Erbe der Vergangenheit mit allen seinen unterschiedlichen Schattierungen in den Teilnehmerländer. Besonders kann sie dabei – und hoffentlich tut sie es auch – aufbauen auf dem internationalen Renommee und dem Gewicht der D-Mark als der bisherigen Ankerwährung in Europa. Sie alle wissen, von Hans Röper stammt das viel zitierte Wort vom Besatzungskind zum Weltstar.

Ich will jetzt gewiss nicht in Beweihräucherung verfallen. Dennoch meine ich, der Zentralbankrat der Deutschen Bundesbank hat seinen Teil zu dieser Entwicklung beigetragen. Das Geld in Deutschland hatte alles in allem 50 Jahre lang gewissenhafte Stabilitätswächter. Und die Bürger haben ein Recht darauf, dass dies so bleibt, auch dann, wenn unser Geld nicht mehr die D-Mark ist, sondern der Euro. – Vielen Dank.

– Beifall –

Welteke

Schönen Dank, Herr Professor Tietmeyer, auch ich möchte eine Begrüßung nachholen. Ich möchte Herrn Kössinger recht herzlich begrüßen. Er leitet heute ein kleines Museum in der Nähe von Kassel, dort, wo die Enklave war zur Vorbereitung der Währungsreform und er war sozusagen dabei. Denn er hat damals schon dort gearbeitet in dieser Kaserne. Herzlich willkommen, Herr Kössinger.

Meine Damen und Herren, wir haben einen breiten Bogen geschlagen von den Anfängen der Bank deutscher Länder vor 50 Jahren in diesem Gebäude bis hin zu dem Übergang der geldpolitischen Verantwortung am Ende dieses Jahres vom Diebsgrund in den Eurotower, wie Sie das eben formuliert haben, Herr Tietmeyer. Vor uns, vor dem Zentralbankrat, liegen heute Nachmittag doch nicht ganz einfache Beurteilungsfragen.

Schlag auf Schlag in der Euro-Politik

Martin Kohlhaussen, Präsident des Bundesverbandes deutscher Banken, hat bei aller Liebe zum Euro den Zeitplan nicht eingehalten, besser gesagt über den Tag danach gesprochen. Angesichts des europapolitischen Konferenzmarathons um den 1. Mai herum schwindelt es den sonst so durchtrainierten Bankenmanager: Am 29. und 30. April verabschiedet das Europäische Parlament seine Stellungnahmen zu den Konvergenzberichten der EU-Kommission und des EWI.

Der Ecofin-Rat, also die EU-Wirtschafts- und Finanzminister, verabschieden gemeinsam mit den Notenbankgouverneuren am 1. Mai in Brüssel mit qualifizierter Mehrheit ihre Empfehlung an die Staats- und Regierungschefs, welche Mitgliedstaaten die Voraussetzungen für die Einführung einer einheitlichen Währung erfüllen. Am Vormittag des 2. Mai findet dann eine Sondersitzung des Europäischen Parlaments statt. Dabei werden die Abgeordneten ihre Stellungnahme zu dieser Empfehlung abgeben.

Nachmittags tagen die Staats- und Regierungschefs, um mit qualifizierter Mehrheit den endgültigen Beschluss über die Teilnehmer an der Währungsunion herbeizuführen. Hier wird auch der EZB-Präsident gekürt. Am Sonntag, dem 3. Mai, gibt der Ecofin-Rat die bilateralen Umrechnungskurse zwischen den Währungen der teilnehmenden Länder bekannt. Damit beginnt im wahrsten Sinne die Währungsunion, weil die Währungen der Teilnehmerstaaten in ihrem gegenseitigen Umtauschverhältnis endgültig festgeschrieben werden. Der Kurs zum Euro wird allerdings erst zum Jahreswechsel von 1989/99 festgelegt.

Ferner gibt der Ecofin-Rat am 3. Mai eine Empfehlung für die personelle Besetzung des Direktoriums der EZB an den Rat der Staats- und Regierungschefs ab. Parallel laufen die Bekanntmachungen des rechtlichen Rahmens für die Einführung des Euro sowie die technischen Merkmale der Euro-Münzen. Am 7./8. Mai kommt es zur Anhörung der für das Direktorium vorgeschlagenen Kandidaten durch den Ausschuss für Wirtschafts-, Währungs- und Industriepolitik des Europäischen Parlaments. Dazu wird es am 13. Mai von den Abgeordneten eine Stellungnahme zum EZB-Direktorium geben. In der Folge ernennen die Staats- und Regierungschefs das Direktorium der EZB.

Am 1. Juli wird das EWI in die EZB umgewandelt. Die gemeinsame Geldpolitik kann beginnen, wenn die nationalen Zentralbanken auch bis zum Ende des Jahres 1998 dafür verantwortlich sind. Die europäische Währungsunion beginnt damit planmäßig am 1. Januar 1999. Das gilt aber nur für das Giralgeld. Münzen und Euro-Scheine werden im 1. Halbjahr 2002 ausgegeben.

Damit ist möglicherweise noch nicht alles in trockenen Tüchern, wenn die Befürchtungen des Bankenpräsidenten Kohlhaussen Realität werden. Der Tag danach hat es in sich, wenn man sich der Worte des SPD-Kanzlerkandidaten, Gerhard Schröder, erinnert. Der Euro ist für ihn eine kränkelnde Frühgeburt. Das heißt, er muss nachbehandelt werden, damit sozialpolitisch nicht alles danebengeht. Kohlhaussen: „Die kränkelnde Frühgeburt könnte gar dahinsiechen." Für ihn und viele Europäer ein unerträglicher Gedanke.

Politik schlägt sich – Politik verträgt sich

Viele Leute können den Streit um den Präsidentensessel bei der EZB nicht verstehen. Die Mehrheit der Deutschen ist sowieso gegen den Euro, wie neueste Umfragen wieder belegen. So will sich das Volk auch nicht sonderlich an der Diskussion der mit der Währungsunion zusammenhängenden Personalpolitik beteiligen. Euro-Befürworter kommen aus ganz anderen Gründen zum gleichen Ergebnis. Sie freuen sich, dass die Währungsunion in absehbarer Zeit an den Start geht und haben kein Verständnis dafür, dass man sich noch groß über die Besetzung von Posten ärgert. Europa braucht den Euro und der Euro kommt, da sei es bedeutungslos, wie der Mann an der Spitze der EZB heißt. Diese politische Unbedarftheit ist in Deutschland vielerorts zu beobachten.

Und dennoch ist die Besetzung der Spitzenpositionen bei der EZB das A und O der Stabilitätspolitik, die dieses Institut im Sinne eines harten Euro betreiben muss. Aber auch hier gilt: In der Geldpolitik machen Männer Geschichte. Mit Statuten alleine kommt man nicht aus. Wer an der Spitze der EZB steht, hat Europa gewonnen, gewonnen für seine geldpolitischen Ziele. Obendrein ist es ein prestigeträchtiges Amt, die Präsidentschaft bei der EZB.

Die Nation, die diesen Spitzenmann stellt, kann stolz auf ihn sein. Das aber ist nicht allein der Grund, warum sich Franzosen, Deutsche und Holländer streiten. Der EZB-Präsident ist wirklich kein König ohne Land sondern ein mächtiger Herr über riesige Geldströme und der außenpolitischen Waffe einer Weltwährung. Und das würden die Franzosen schon ganz gerne für sich vereinnahmen und reklamieren seit Monaten und immer schärfer die Präsidentschaft im Frankfurter Euro-Tower: Jean Claude Trichet soll's werden. (Früher Leiter des dem Finanzministerium unterstehenden Schatzamtes in Paris. Dann Präsident der Banque de France. Die Affäre wegen möglicher Falschaussagen im Zusammenhang mit der Staatsbank Credit Lyonnais läuft noch.)

Bei aller Qualifikation Trichets käme mit diesem Kandidaten u. U. die traditionelle französische Geldpolitik zum Tragen, die mehr auf Staatseinfluss und weniger auf rigide Geldwertstabilität setzt. Premierminister Lionel Jospin hat erst gestern wieder gesagt, die Politik solle bei der EZB mitregieren. Der EWI-Präsident, Wim Duisenberg, steht eher in der deutschen Tradition: Der Euro soll so hart werden wie der Gulden oder wie die D-Mark, was identisch wäre.

Die Auseinandersetzung eskaliert: Kohl, Waigel und Tietmeyer wollen auf Biegen und Brechen Duisenberg durchsetzen. Die Holländer drohen im Rat mit einem Veto, falls der Franzose im Mai gekürt werden sollte. Frankreich schlägt gleichzeitig mit einer Veto-Drohung zurück, wenn der Holländer Kandidat bleibt. Sie kennen da kein Pardon für diesen Mann, der ihnen in den 70er-, 80er- und 90er-Jahren Seite an Seite mit Deutschland schon soviel Schwierigkeiten gemacht hat. Deutschland kann durchaus für Euro-Stabilität von Anfang an sorgen. Unter seiner Leitung kann die EZB das Profil gewinnen, wie es sich die Bundesbank über Jahrzehnte erwerben konnte: Hartes Geld für freie Bürger – gemanagt von der unabhängigen Zentralbank. Und deshalb lohnt es, für die richtige Besetzung an der Spitze der Euro-Zentralbank zu kämpfen. Die Deutschen und Duisenberg haben keine schlechten Karten. Sie müssen sie nur richtig ausreizen.

Jetzt kommt erst einmal eine Frau ins Spiel, möglicherweise EZB-Präsidentin zu werden. Sirkka Hämäläinen, Präsidentin der Suomen Pankki also der Bank von Finnland, soll die EZB führen, weil sich offenbar die großen europäischen Staaten nicht auf einen Kandidaten einigen können. Der Spanier Luis Rojo wird auch genannt.

Aber so einfach lassen sich Deutschland und Frankreich ihren Zankapfel nicht entwinden. So leicht können die Europäer Bonn und Paris nicht von ihren Wunschkandidaten abbringen. Frankreich setzt auf Trichet. Deutschland hält in Nibelungentreue an Duisenberg fest. Auch mehrere Nachbarländer unterstützen ihn. Er soll als erster die Präsidentschaft übernehmen und entsprechend dem Maastricht-Vertrag auch die volle Amtszeit von acht Jahren regieren. Die von Großbritannien vorgeschlagene Teilung der Amtsperiode, wonach nach vier Jahren der Franzose Trichet nachrücken sollte, wird als Vertragsbruch abgelehnt.

Da man bei der üblichen deutsch-französischen Kungelei aber nicht ganz genau weiß, ob sich Kanzler Kohl in einer schwachen Stunde nicht doch noch mit dem französischen Staatspräsidenten Jacques Chirac und dessen Premierminister Jospin im Kompromiss einigen könnte, wird jetzt innerhalb der Deutschen Bundesbank sehr trickreich über die Bande gespielt. Der Chef einer Landeszentralbank, hier könnte Düsseldorf ebenso infrage kommen wie München oder Berlin, hat für die nächste Zentralbankratssitzung am kommenden Donnerstag den Antrag gestellt, das oberste deutsche Währungsgremium soll unmissverständlich eine Teilung der Amtszeit für den ersten EZB-Präsidenten als Vertragsbruch brandmarken. Wenn dieser Vertragsbruch stattfände, könne die Bundesbank nicht mehr zu ihrer alten Empfehlung für die Einführung des Euro stehen. Kürzlich hat Tietmeyer dies Helmut Kohl auch schriftlich mitgeteilt.

Die einzige Bestätigung, die hierzu zu bekommen ist, stammt von Finanzminister Theo Waigel. Er sagte im bayerischen Dingolfing: „Mir ist der Vorgang bekannt." Wenn die Bundesbank tatsächlich ihr Euro-Placet wegen der möglichen Teilung der Amtszeit zurückziehen würde, wäre die Partie beim EU-Gipfel völlig offen. Dann wäre es ungleich schwieriger für Kohl, die Währungsunion im EU-Rat durchzubringen. Mit einem Votum der Bundesbank wäre der Euro kaum zu machen. Eine Verschiebung wäre angesagt. Vielleicht würde Kohl dann etwas sicherer die Wahl gewinnen. Es kann aber auch das Gegenteil herauskommen.

Einstweilen gehen die übrigen Personalentscheidungen im Umfeld von Bundesbank und EZB ihren normalen Gang. Chefvolkswirt Otmar Issing wird als Vizepräsident bei der EZB vorgeschlagen und Finanzstaatssekretär Jürgen Stark soll Nachfolger von Johann Wilhelm Gaddum und damit Vizepräsident der Bundesbank werden. Er hätte damit auch Aussichten, im nächsten Jahr als Nachfolger von Tietmeyer Präsident der deutschen Notenbank zu werden, aber nur, wenn Kohl die Bundestagswahl gewinnt. Bei einem SPD-Wahlsieg müsste Edgar Meister aus dem Direktorium eine Chance haben. Bei neuen Regierungen gibt es aber immer unvorhersehbare Entwicklungen mit anderen Personalentscheidungen.

Tietmeyer: Elch-Test für die Währungsunion

Nicht ganz ohne Katzenjammer startet das größte Währungsprojekt der Menschheitsgeschichte. Letzte Glanzlichter verblassen in Euroland. Sogar die italienische Presse sieht einen hässlichen Anfang. Der Euro-Gipfel in Brüssel am 3. Mai hat die schlimmsten Erwartungen übertroffen. Da soll eine Währungsunion für die nächsten 1000 Jahre an den Start gebracht werden, die Wohlstand mehrt und ein für allemal Kriege in unserem Alten Kontinent verhindern soll – so jedenfalls sagte es wiederholt Kanzler Kohl, um sich für sein D-Mark-Opfer zu entschuldigen – die hohen Herren beginnen aber mit verbalen Schlägereien und dem faulsten Kompromiss, der überhaupt denkbar ist. Wim Duisenberg, der Hoffnungsträger für eine stabilitätsgerechte Geldpolitik wurde in wenigen Stunden zum alten Mann zurechtgestutzt, der die Last der vollen Amtszeit eines Präsidenten der EZB auf einmal nicht mehr durchstehen kann. Das Alter Duisenbergs ist aber seit 62 Jahren bekannt und trotzdem hatte er sich verpflichtet und er wurde verpflichtet, für acht Jahre an der vordersten Euro-Front zu stehen. Darauf bauten die deutsche und niederländische Politik und das Wohlwollen noch anderer Bundesgenossen.

Und dann der jämmerliche Zusammenbruch. Duisenberg regiert auf Abruf, bis die „europäische Krankheit" ihn arbeitsunfähig macht. Diese deutsche Führungsschwäche, die erst den Bruch des Maastricht-Vertrages nach Geist und Buchstaben möglich machte. Die einzelnen Tricks, die das noch beschönigen sollen, kann man wirklich vergessen. Die Teilung der Amtszeit ist da. Glänzend dagegen die Statur Frankreichs. Paris liefert immer wieder Aktionen, die beim Beobachter neidvoll den Chapeau lupfen lässt. Die Franzosen sind glänzende Diplomaten, die ein Ziel fixieren und dieses systematisch angehen. Sie haben nun in wenigen Jahren ihren Jean Claude Trichet als ersten EZB-Präsidenten, der die volle Amtszeit absolviert, und steigen sofort mit dem Posten des Vizepräsidenten in die oberste Riege der neuen Zentralbank. Da wo Otmar Issing hingehört hätte, sitzt jetzt der smarte Christian Noyer. (Um Europa zurechtzurücken, darf angemerkt werden, dass natürlich einem Deutschen die erste Präsidentschaft zugestanden hätte und Frankreich der Vizepräsidentenposten.)

Alles andere, auch ein Abbruch der Verhandlungen (der nur sehr vorübergehend gewesen wäre) in Brüssel wäre besser gewesen als dieser unwürdige Start der Währungsunion auf dem Rücken eines alten Mannes. Kanzler Kohl wollte mit seiner Währungsunion ein krisen- und kriegsfreies Europa schaffen. Das wird immer weniger zu erhoffen sein, solange sich Deutschland nicht in der Lage sieht, einen angemessenen Platz im Gleichgewicht der europäischen Staaten einzunehmen und zu behaupten.

Die politische Säule für Europa kann so nicht errichtet werden. Was aber erreicht wurde, heißt zunehmender Einfluss der Politik auf die Europäische Zentralbank und auf ihre Bemühungen, einen stabilen Euro zu kreieren und zu managen. Die Deutschen hatten mal was von Geldpolitik verstanden, aber die Bundesbank ist in diesem Punkte nun ausgeschaltet. Die Franzosen verstehen etwas von Politik und diese wird auch beim Geld Vorrang haben.

Ernst Welteke, Präsident der Hessischen Landeszentralbank, präzisiert im Hessischen Rundfunk den „diplomatischen Kompromiss" von Brüssel: „Duisenberg, der nicht verpflichtet ist, vor Ablauf der Amtszeit von acht Jahren seinen Posten zu räumen, wird einen Nachfolger bekommen, der einstimmig von den Staats- und Regierungschefs gewählt werden muss. Bisher gibt es nur den französischen Vorschlag, Jean Claude Trichet, den jetzigen Präsidenten der Banque de France, nach vier Jahren zum Präsidenten der EZB zu machen." Weltekes Prognose: „Es wird holprig zugehen bei der EZB."

Eine knappe Woche ist vergangen. Erstmals nach dem politischen Desaster des Brüsseler Gipfels haben sich in Frankfurt die Notenbankgouverneure des EWI (das noch bis Mitte des Jahres existiert) zu ihrer Mai-Sitzung getroffen. Intern sind da die Fetzen geflogen. Nach draußen drangen allerdings nur mehr oder weniger ausgewogene Reden und zwar auf dem dafür vorgesehenen gesellschaftlichen Ereignis: Internationaler Frankfurter Bankenabend. Da kamen die Spitzen des Währungsinstituts, der künftigen Europäischen Zentralbank und der Bundesbank zusammen.

Beim Gala-Diner im Kaisersaal des Römers hatte Sirkka Hämäläinen, die Präsidentin der finnischen Zentralbank, ihren großen Auftritt. Sie war am vergangenen Wochenende in Brüssel als Direktoriumsmitglied für die EZB bestimmt worden, genau so wie Otmar Issing (Deutschland), Euginio Domingo Solans (Spanien) und Tommaso Padoa-Schioppa (Italien). Hämäläinen sprach zum Thema: „Auf dem Weg zu einer glaubwürdigen Währung für Europa". Für sie ist Glaubwürdigkeit für die Europäische Währung nur dann gewährleistet, wenn das „europäische" Interesse der Stabilitätspolitik vor dem nationalen der einzelnen Länder rangiert.

Tietmeyer kam die Aufgabe zu, der Dame zu antworten. In seiner ebenfalls in Englisch gehaltenen Rede sagte er: „Nun hat nicht alles, was sich am vergangenen Wochenende in Brüssel zugetragen hat, zur notwendigen Erwartung beigetragen, dass der Euro eine tatsächlich supranationale Währung wird. Die EZB müsse von Beginn an bemüht sein, das notwendige Vertrauen für die dauerhafte Stabilitätsorientierung ihrer Politik aufzubauen und ihre Unabhängigkeit von politischen Einflüssen unter Beweis zu stellen. Als Mitglied des künftigen EZB-Rates will sich Tietmeyer mit Nachdruck dafür einsetzen.

Indem Tietmeyer Frau Hämäläinen ansprach, gab es Seitenhiebe für die Franzosen. „Ich hoffe, dass Sie als Direktoriumsmitglied auch viel von Frankfurt haben. Denn würde künftig jedes der elf nationalen Parlamente – so wie es in der französischen Nationalversammlung verlangt wird – mit den Mitgliedern des EZB-Direktoriums regelmäßige Konsultationen abhalten wollen, würden Sie von Frankfurt wohl nicht mehr sehen als den Flughafen." Für Tietmeyer stehen die Finnen nicht nur sonntags zu Europa und nicht nur dann, wenn es Geld aus Brüssel gibt.

Der Bundesbankpräsident stellte in seiner Rede auch mentale Verwandtschaften zwischen Deutschen und Finnen fest. Sie drückten sich zwar nicht immer mit jener Eleganz und Leichtigkeit aus, die Vertreter mehr lateinisch beeinflusster Kulturen so perfekt beherrschen. Finnen und Deutsche zeichneten sich aber durch einen hohen Sinn für Realität, ein klares, wenn auch manchmal hartes Urteil und eine gesunde Bodenhaftung aus. Die Finnen mögen seine klare, realistische Sichtweise anstatt verschnörkelter Affektiertheit, sagte Tietmeyer. „Außerdem wenn der Euro einmal in Fahrt sei, müsse die Währung ihren Elch-Test bestehen. Und die Deutschen freuen sich, wenn da eine Finnin am Steuer sitzt, denn die Finnen verstehen was von Elchen." Die Deutschen hätten auch stets begrüßt, wenn das finnische Geld den Namen für die Europa-Währung hergegeben hätte: Mark bliebe Mark.

An diesem Internationalen Frankfurter Banken-Abend wollte Tietmeyer durchaus nicht zurücktreten, auch wenn Auguren am Londoner Finanzplatz dies prognostiziert hatten und die Franzosen dies vielleicht auch gerne sähen.

Tausendjähriges Frankfurt und große Zukunft

Die alte Kaiserstadt Frankfurt ist in der vergangenen Nacht in eine ruhmreichere Zukunft hineingeschlafen, als sie in der tausendjährigen Geschichte jemals hat auf sich vereinen können. Die Kaiserwahl und -krönungen in vielen Jahrhunderten hatten es in sich und verbreiteten Glanz. Da schlug das Herz des Heiligen Römischen Reiches Deutscher Nation hier am Main. Ansonsten zerfledderte aber die Reichsverwaltung auf diverse Herrensitze und Kaiserpfalzen zwischen Apulien und Aachen, Madrid und Wien. Zur Europäischen Währungsunion gehören aber auch Frankreich und die Niederlande, Irland und Finnland. Außerdem ist sie auf Zuwachs ausgelegt. Griechenland, Schweden, Dänemark und das Vereinigte Königreich kampieren im Vorhof. Andere stoßen mit der Zeit noch dazu. Und dieses Territorium mit gegenwärtig schon über 300 Millionen Einwohnern hat von Stund an Frankfurt als seinen Mittelpunkt.

Offiziell am 1. Juni 98 gegründet nahm die Europäische Zentralbank einen Tag später ihre Arbeit auf: Geld regiert die Welt. Zu einer geistreicheren Lösung z. B. der Erarbeitung und Verabschiedung einer Verfassung waren die 15 EU-Gründerstaaten bisher nicht fähig. Frankfurt profitiert aber davon. Die Europäische Zentralbank wird in den nächsten Jahrzehnten zum bedeutendsten Geldhaus der Welt heranwachsen. Der Euro wird als Weltwährung Dollar und Yen übertrumpfen. Selbst das volkreiche China wird da lange, lange aufblicken müssen. Damit aber die gemeinsame europäische Währung gut gemanagt auch entsprechend stark herangewachsen kann, müssen das Direktorium und der Zentralbankrat der EZB wie ein Uhrwerk zusammenarbeiten, allein im Interesse eines werthaltigen Geldes für Europas Bürger. Geldwertstabilität stellt ein hohes Gut dar, das jeden Tag neu erkämpft werden muss,

Die großen Feten kommen erst noch zum Monatswechsel. Premierminister Tony Blair wird als amtierender EU-Ratspräsident erscheinen und Jacques Santer, Präsident der EU-

Kommission. Ungeachtet dessen hat die EZB bereits ihre Arbeit aufgenommen, auf kleinem Dienstweg und zwar mit der 1. Sitzung des Direktoriums. Unter der Leitung von Präsident Duisenberg sind die sechs Direktoriumsmitglieder zusammengekommen. Die lockere Tagesordnung hatte ein wesentliches Thema: die Ressortverteilung! Ganz gewiss legt der deutsche Professor Otmar Issing seine Hand auf die Geldpolitik. Er beansprucht die Volkswirtschaftliche Abteilung plus Forschung.

Immerhin hat sich der 62-Jährige für volle acht Jahre verpflichten lassen. So kann er Duisenberg dienen und Trichet noch über zwei Jahre domestizieren. Insbesondere will er aber den jungen Leuten im Hause Geldpolitik deutscher Provenienz beibringen. Nach seiner Nominierung in Brüssel hatte Sieglinde, seine Frau, zu ihm gesagt: „Otmar es ist jetzt soviel Gutes über dich geschrieben worden. Das kann nicht besser werden. Hänge den Job an den Nagel und bleibe daheim.“ Drahtig, wie er ist, will der durchtrainierte Leichtathlet noch acht Jahre lang der Nation und Europa dienen.

Der Würzburger Issing (Jahrgang 36) gehörte immer zu den kritischen Befürwortern des Euro. Das wird künftig der Stabilität der Währung gut tun. Bezüglich der anzuwendenden Geldpolitik wird der Deutsche sicherlich zu den Falken im Direktorium gehören. Dabei kann er auf Duisenberg (Jahrgang 35) zählen (zuständig für Öffentlichkeitsarbeit, Sekretariat, Protokoll, Revision). Ganz bestimmt wird auch die einzige Frau im Direktorium, die Finnin Sirkka Hämäläinen, die Hand zugunsten des Issings erheben, wenn es eines Tages zu einem geldpolitischen Rütli-Schwur kommen sollte. Die promovierte Volkswirtin (Jahrgang 1939) war zuletzt Präsidentin der finnischen Zentralbank. Sie ist zuständig für Controlling und Organisation.

Bei den drei Romanen wird viel von dem Spanier Eugenio Domingo Solans abhängen, ob das Direktorium eine unangefochtene, stringente Geldpolitik verfolgt oder eher die laxe Variante bevorzugt. Er ist zuständig für Statistik, Banknoten und Informationssysteme. Der 1945 in Barcelona geborene Wirtschaftswissenschaftler verfügt in Spanien über allerbeste Kontakte zu Regierung und höchsten Wirtschaftskreisen.Solans war vor vier Jahren aus dem privaten Bankgeschäft in die spanische Notenbank gewechselt. Die typisch französische Note wird Vizepräsident Christian Noyer ins Direktorium einbringen (zuständig für Verwaltung, Personal, Recht). Der erst 47 Jahre alte Jurist und ENA-Absolvent leitete das französische Schatzamt und gehört damit eindeutig in die höchste politische Riege von Paris. Noyer wird in dieser Beziehung nicht unbedingt die Unterstützung des Italieners Tommaso Padoa-Schioppa (Internationale und europäische Beziehungen, Zahlungsverkehrssysteme und Aufsichtsfragen) finden, den Rom nach Frankfurt geschickt hat. Der 1940 in Belluno geborene italienische Geldpolitiker soll ein liberaler Mann sein. Er hat lange unter EU-Präsident Delors in Brüssel gearbeitet. Für dieses Gremium dürfte das Wichtigste sein, zu einer guten Zusammenarbeit zu kommen. Nur so können die sechs Direktoren die elf Gouverneure im Zentralbankrat einigermaßen in Schach halten. Das hat schon am 9. Juni seine Bedeutung, wenn erstmals der Zentralbankrat tagt und vorher schon der „Erweiterte Rat“ seine Sitzung hatte. Um es auf den kürzesten Nenner zu bringen: Das Direktorium macht die Arbeit. Der Zentralbankrat legt die Geldpolitik fest und der „Erweiterte Rat“ kümmert sich um die Brückenfunktion zu jenen vier Ländern, die nicht von Anfang an beim Euro mitmachen, also Griechenland, Dänemark, Schweden und England. Zum „Erweiterten Rat“ gehören die Notenbankpräsidenten aller 15 EU-Staaten plus dem EZB-Präsidenten Duisenberg und dessen Stellvertreter, Vizepräsident Christian Noyer. Die anderen Mitglieder des Direktoriums können auch an dessen Sitzungen teilnehmen, haben aber kein Stimmrecht.

Konklave für ein Wirtschaftswunder
– Eine Rückbesinnung –

15. Juni 1998

Kaum war der 2. Weltkrieg beendet, tüftelten die Siegermächte an Währungsmodellen für das zerstörte Deutschland. Und letztlich wurde wieder eine Kaserne und zwar in Rothwesten bei Kassel Fixpunkt für weitreichende Strategien des in Zonen geteilten Landes. So ist es nur logisch, dasszum Jubiläum ein Oberstleutnant die Honneurs machte. Wolfgang Köpke, Kommandeur des Gemischten Flugabwehrregiments 2, meldete: „Vor 50 Jahren, vom 21. April bis zum 8. Juni 1948, fand im Haus Posen dieser Kaserne das Konklave von Rothwesten zur Vorbereitung der Währungsreform statt. Dieses für die Bundesrepublik Deutschland so wichtigen, geschichtlichen Ereignisses wollen wir uns heute erinnern.“

Das Konklave stand unter der höchsten Sicherheitsstufe. Es wurde im Umland daher von Atom-Kriegs-Strategien gemunkelt, die hier ausgekocht werden sollten. Brisanz hatte das Projekt „Neue Mark“ aber ganz bestimmt. Bundesbankpräsident Hans Tietmeyer erinnerte an die schlechte Zeit: „Drei Jahre voller Not und Elend. Es mangelte am Nötigsten: Nahrung, Heizmaterial, Rohstoffe. Und vor allem mangelte es an einer Währung, die Vertrauen genoss. Es waren aber auch drei Jahre, in denen die Scheinwerfer der Weltgeschichte erschreckend schnell umschwenkten – von dem gerade zu Ende gegangenen, beispiellos zerstörerischen Krieg zum Ost-West-Konflikt. Doch immer mehr schob sich eine dramatische Frage in den Vordergrund: War eine vierzonale Währungsreform unter den Bedingungen eines wirtschaftlich und gesellschaftspolitisch gespaltenen Deutschlands überhaupt zu verantworten? Wilhelm Röpke etwa beschimpfte Pläne, die die Sowjets einschlossen, als eine Sabotage der Währungsreform. Am 20. März 1948 taten die Russen dem Westen dann den Gefallen, den Verhandlungstisch der Vier Mächte zu verlassen. Und so konnte das Währungsreform-Duell zwischen West und Ost beginnen.“

Es war ein munteres Machtspiel, das die Amerikaner mit der neuen deutschen Währung in Gang setzten. Tatsächlich geriet die Sowjetunion unter Druck, als die USA beschlossen, neues Geld für Deutschland zu drucken, aber keinesfalls, wie von den Sowjets vorgeschlagen, im russisch besetzten Leipzig. Mit dem 20. März war alles erledigt.

Amerikaner und Briten, dann auch gemeinsam mit den Franzosen, schufen das neue Geld, das Deutsche Mark heißen sollte. Der deutsche Einfluss war bei den vorlaufenden strategischen Beschlüssen damals recht gering. Außerdem wurden von Anfang an erhebliche Vermögensunterschiede festgemauert. Rudolf Stoepel, Bürgermeister der Gemeinde Fuldatal, wozu Rothwesten gehört, fasste zusammen: „Dabei muß man auch bedenken, daß entgegen anderer Behauptungen die Ausgangsbasis für alle im Juni 1948 eben nicht gleich war. Nicht jeder hat nur mit 40 DM ‚Kopfgeld' angefangen. Viele brachten ihr Produktionsvermögen, ihre Warenvorräte, ihr Eigentum an Grund und Boden in diese neue Wirtschaftsordnung ein und hatten daher natürlich riesige Startvorteile denen gegenüber, die nicht im Besitz von Grund und Boden und von Produktivkapital waren, die nicht im Wirtschaftsraum der neuen Währung lebten und die somit nicht das Glück hatten, in politischer und wirtschaftlicher Freiheit ihren Weg zu gehen."

Letztlich haben sich die amerikanischen Geldstrategen durchgesetzt und flankierend kam der D-Mark die liberale Marktwirtschaftspolitik von Ludwig Erhard zugute. So konnte Tietmeyer zurückblicken: „Heute – fünfzig Jahre später – wissen wir, welche Karriere das einstige Besatzungskind machen konnte. Schon zehn Jahre nach ihrer Geburt wurde die Deutsche Mark vollständig konvertibel. Bald darauf wurde sie sogar Aufwertungskandidat gegenüber dem Dollar und anderen renommierten Währungen. In den Achtzigerjahren übernahm sie zunehmend eine internationale Rolle als Anlage und Reservewährung." Die DM wurde Leitwährung in Europa, nicht nur innerhalb der EU, sondern auch darüber hinaus, und Hebelarm für die Wiedervereinigung. Nun ist sie das stärkste Fundament für die gemeinsame Europäische Währung. Die in Rothwesten versammelte Geldgemeinde drückte schließlich das Problem: Hoffentlich wird es mit dem Euro ebenso gut gehen.

Requiem für eine Weltwährung

In der Paulskirche: „50 Jahre Deutsche Mark"
20. Juni 1998

Musikalischer Auftakt: Johann Christian Hertel: Concerto D-Dur für Trompete, Flöte, Oboe, Violine, Violoncello und Basso continuo – Allegro

– Beifall –

Johann Wilhelm Gaddum, Vizepräsident der Deutschen Bundesbank:
Sehr geehrter Herr Bundespräsident, sehr geehrter Herr Bundeskanzler, Exzellenzen, sehr geehrter Herr Bundesminister, sehr geehrter Herr Ministerpräsident, sehr geehrter Herr Minister, sehr geehrte Herren Staatssekretäre, sehr geehrte Damen und Herren Abgeordnete, sehr geehrte Frau Präsidentin, sehr geehrte Herren Präsidenten, sehr verehrte Frau Oberbürgermeisterin, sehr verehrte Damen, meine Herren!

Am 20. Juni 1948 war in der „Neuen Zeitung München" zu lesen, dass das Armeeministerium und das Außenministerium der USA in einer gemeinsamen Erklärung die Währungsreform in Deutschland als eine „rein technische Maßnahme unpolitischer Natur" bezeichnet haben.

Wir Heutigen werden in der Rückschau wohl ein anderes Urteil über die Bedeutung dieses Tages haben.

Wenn die Bundesbank in die Paulskirche eingeladen hat, um nach fünfzig Jahren an den Tag der Währungsreform zu erinnern, ist dies zugleich eine Demonstration für den Auftrag, den Notenbankpolitik hat und dem wir uns verpflichtet fühlen:

Eine stabile und Vertrauen bildende Geldordnung als Fundament unserer staatlichen Ordnung zu sichern.

Ich begrüße deshalb mit großer Freude die Repräsentanten dieser Republik, ich begrüße insbesondere den Präsidenten der Bundesrepublik Deutschland, Herrn Professor Herzog, sehr herzlich.

– Beifall –

Ich freue mich, Herr Bundeskanzler Dr. Kohl, dass Sie auch aus diesem Anlass wieder zu uns gekommen sind und zu uns sprechen werden.

– Beifall –

Der Erfolg der Währungsreform 1948 war davon abhängig, dass mit der Währungsreform zugleich mutige politische Entscheidungen gegen erheblichen Widerstand die Tür zur Marktwirtschaft aufgestoßen haben.

Ludwig Erhard ist nicht der Vater der Währungsreform, aber wenn wir heute die Erfolgsgeschichte der D-Mark feiern, haben wir uns gleichzeitig daran zu erinnern, dass sein Vertrauen in marktwirtschaftliche Ordnungsprinzipien an der Wiege dieser Währung stand.

Ihre Anwesenheit, Herr Minister Dr. Waigel, unterstreicht den guten Kontakt und die gute Zusammenarbeit der Bundesregierung mit der Bundesbank, wenn es um die Stabilität unserer Währung geht.

– Beifall –

Die Ludwig-Erhard-Stiftung pflegt die Erinnerung an Ludwig Erhard. Sie steht aber zugleich für eine Politik in seinem Sinne ein und damit auch für eine stabile Währung. Ich begrüße ihren Vorsitzenden, Herrn Staatssekretär a. D., Dr. Otto Schlecht, sehr herzlich.

– Beifall –

Die Währungsreform war eine Entscheidung der damaligen Besatzungsmacht. Sie erfolgte im Umfeld zunehmender Ost-West-Spannung. Dass wir in diesen Tagen auch an die Luftbrücke nach Berlin erinnern, macht dies deutlich.

Der damalige sowjetische Oberbefehlshaber Sokolowsky erklärte am 20.6.1948 in einem Aufruf: „Mit der Währungsreform ist die Teilung Deutschlands vollendet."

1989 war ausgerechnet diese D-Mark ein wichtiger Meilenstein auf dem Weg zur Deutschen Einheit. Wir erinnern uns: „Entweder kommt die D-Mark zu uns oder wir kommen zur D-Mark", hieß es in der DDR.

Entstehung und Geschichte der D-Mark sind eng verbunden mit den Entscheidungen der damaligen Besatzungsmächte, die in den der Währungsreform folgenden Jahren – ich denke hier insbesondere an Berlin – unsere Schutzmächte wurden. Ich begrüße herzlich den Botschafter der Vereinigten Staaten von Amerika, Herrn Kornblum.

– Beifall –

In dem sogenannten Konklave von Rothwesten haben zwischen dem 20. April und dem 8. Juni 1948 deutsche mit amerikanischen Sachverständigen die Modifikationen der Währungsreform beraten auf der Basis der amerikanischen Vorschläge. Die Vorstellungen waren unterschiedlich und das Ergebnis ein Kompromiss – aber ein, wie wir heute wissen, erfolgreicher Kompromiss.

A young American officer, who at that time was secretary to the financial director of the US military government, had responsibility for coordinating the negotiations. In that capacity, Edward A. Tenenbaum played a major role in shaping the 1948 currency reform in Germany. Sadly, he was the victim of a car accident in 1975. It gives me very great pleasure to welcome her today Mrs Jeanette Tenenbaum and her daughter, Anne Tookey.

– Beifall –

We are delighted that you have accepted our invitation.
Die Bundesbank ist bei ihrer Politik für die D-Mark seit ihrem Bestehen stets mit Rat, mit Kritik und Unterstützung seitens der Fachwissenschaften und durch sachkundige Journalisten begleitet worden. Ich begrüße ihre Vertreter heute unter uns.

Dieser Gruß gilt insbesondere den Wissenschaftlern, die als Autoren an der Jubiläumsschrift „50 Jahre D-Mark" mitgearbeitet haben.

In der öffentlichen Diskussion vermitteln manche Stimmen den Eindruck, Notenbankpolitik, sei es in der Bundesbank, sei es künftig in der Europäischen Zentralbank, müsste sich notwendigerweise in streitfreier Harmonie entwickeln. Schon Meinungsunterschiede gelten als sachfremder Streit und als Übel. Aber Auseinandersetzung nicht als Übel, sondern als Methode zu akzeptieren, um zu abgewogenen Kompromissen und zu gemeinsamen Entscheidungen zu kommen, prägt auch eine erfolgreiche Geldpolitik.

Frau Oberbürgermeisterin Roth, Sie haben kürzlich von dieser Stelle hier im Rückblick auf das 48er-Parlament die Paulskirche als Ort der Auseinandersetzung bezeichnet. So fühlt sich die Bundesbank hier sehr gut aufgehoben. Wir danken, dass wir in der Paulskirche feiern können, und ich begrüße Sie, die Mitglieder des Magistrats und der Stadtverordnetenversammlung herzlich.

– Beifall

Es gibt in der Geldpolitik allerdings einen nicht unwesentlichen Unterschied zur parlamentarischen Meinungsbildung. Notenbankverantwortliche sind gut beraten, ihre Auseinandersetzungen intra muros zu führen und zu einem Ergebnis zu bringen.

– Beifall –

Öffentlich ausgetragene Meinungsunterschiede und vielfarbige Äußerungen machen das Erscheinungsbild der Notenbank unscharf, und dies schwächt ihre Führungsrolle und bekommt der Erwartungsbildung bei unseren Geschäftspartnern nicht gut.

Diese Geschäftspartner sind in erster Linie die Institutionen der Kreditwirtschaft, nämlich Banken, Sparkassen und Genossenschaften. Sie prägen den Finanzplatz Deutschland gemeinsam – wenn auch auf unterschiedliche Weise. Es verbindet sie aber die Einsicht, dass das Vertrauen in die D-Mark wesentlich auch Grundlage des Vertrauens in sie ist. Dies war bis zum heutigen Tage so und ist Basis einer guten Zusammenarbeit. Ich begrüße die Vertreter der Kreditwirtschaft sehr herzlich.

- Beifall -

Wir feiern den Geburtstag der D-Mark, aber unter uns sind auch Bürger und Bürgerinnen dieser Stadt, die heute einen ganz persönlichen Geburtstag haben, nämlich heute 50 Jahre alt werden. Ich gratuliere Ihnen sehr und freue mich, dass Sie unserer Einladung gefolgt sind.

– Beifall –

Für die Deutschen in Ost und West verbindet sich mit der D-Mark ein sehr unterschiedliches Erleben in diesen 50 Jahren. Wir verstehen unsere Währung als ein Symbol unserer wiedergewonnenen staatlichen Einheit. Und deshalb freue ich mich besonders, dass auch Bürgerinnen und Bürger aus Sachsen-Anhalt sowie aus den Freistaaten Sachsen und Thüringen unter uns sind, die im Jahr 1948 geboren wurden.

– Beifall –

Die Autonomie der Notenbank, die uns der Gesetzgeber eingeräumt hat, ist nicht Selbstzweck. Sie verbietet uns Abhängigkeiten und eine an Einzelinteressen oder Gruppeninteressen ausgerichtete Geldpolitik. Ihnen allen, die Sie als Vertreter von Institutionen, Verbänden, als Mitarbeiter – kurzum als Bürgerinnen und Bürger unseres Staates – heute in der Paulskirche sind, sind wir verpflichtet. Sie sind uns herzlich willkommen.

Unsere Verpflichtung gegenüber unseren Bürgern wird am 1. Januar 1999 die Europäische Zentralbank übernehmen. Sie hat vor wenigen Tagen ihre Arbeit aufgenommen. Ein früherer Kollege, Herr Professor Gleske, erinnerte mich kürzlich an die Bemerkung, mit der 1957 Bremens Finanzsenator Nolting-Hauf seinen Bericht anlässlich der Beratungen des Bundesbankgesetzes im Wirtschaftsrat abschloss.

„Institutionen werden für Menschen geschaffen. Was diese Menschen aus ihnen machen, hängt von ihrem Handeln ab. Hoffen und wünschen wir, dass die Persönlichkeiten, denen diese Institution anvertraut ist, den Gebrauch von ihr machen, den wir erwarten."

Ich habe diese Hoffnung und setze dieses Vertrauen in die Frauen und Männer, die in der Europäischen Zentralbank die Stafette übernehmen und begrüße sehr herzlich Herrn Präsident Duisenberg und Herrn Professor Dr. Issing.

– Beifall –

Ich bin in jüngster Zeit – und das wird nicht nur mir so gehen – gefragt worden, ob ich traurig sei, dass Geburtstag und Abschied von der D-Mark nahezu zusammenfielen.

Ich denke, wir haben dazu keinen Grund. Der Start in die D-Mark – und daran sollte man einmal erinnern – war alles andere als leicht. Er war alles andere als unumstritten. Es gab sehr heftige Auseinandersetzungen. Es gab viel Zweifel. Es gab viel Misstrauen – das kommt uns alles sehr bekannt vor – und doch wurde die D-Mark die Erfolgsgeschichte des gegen alle Widerstände durchgesetzten Zusammenwirkens von Marktwirtschaft und stabilitätsorientierter Geldpolitik.

Es gibt für mich keinen Grund, warum wir nicht bei einer Politik nach den gleichen Prinzipien auch auf den gleichen Erfolg vertrauen sollten.

– Beifall –

Dies, meine Damen und Herren, ist die Botschaft des Geburtstages der D-Mark an die europäische Währungszukunft. Somit verbindet dieser Geburtstag Vergangenheit und Zukunft, deutsche und künftig europäische Währungspolitik.

– Beifall –

Professor Dr. Dr. h.c. mult. Hans Tietmeyer, Präsident der Deutschen Bundesbank

Sehr geehrter Herr Bundespräsident, sehr geehrter Herr Bundeskanzler, Exzellenzen, Herr Bundesminister, Herr Ministerpräsident, meine Herren Präsidenten und Abgeordneten, meine sehr verehrten Damen, meine Herren!

50 Jahre – fast scheint es, als ob diese Zeitspanne zu einer besonderen Schicksalszahl für deutsche Währungen wird.

50 Jahre – so alt wurde die erste gemeinsame Währung der Deutschen: die Mark, die 1873 nach der Reichsgründung entstand und in den Wirren der Hyperinflation von 1923 unterging.

25 Jahre – also etwa die Hälfte von fünfzig – liegen zwischen dem Geldschnitt von 1923 und jenem von 1948, der die inflatorische Hinterlassenschaft der Hitlerschen Kriegsfinanzierung beseitigte.

50 Jahre alt wird heute die Deutsche Mark. Und dies wird zugleich ihr letzter Jahrestag als eigenständige Währung sein.

Doch könnte man sich das Ende dieser drei Epochen deutscher Währungsgeschichte eigentlich unterschiedlicher vorstellen? Wohl kaum!

Im Jahre 1923 ging eine zerrüttete Währung unter. Nicht nur die Währung, auch die Reichsbank war desavouiert. Die Realität hatte ihre Idee und ihr Verständnis von Geldpolitik widerlegt. Zugleich hinterließ die Inflation von 1923 auch eine schlimme Hypothek für das weitere politische Schicksal unseres Landes.

Im Jahre 1948 musste der inflatorische Trümmerhaufen des Hitler-Regimes beseitigt und die Grundlage für einen Neuanfang gelegt werden. Eine neue Währung musste quasi bei Null anfangen, also ohne an eine erfolgreiche Tradition anknüpfen zu können.

Am Beginn standen keine Jubelfeiern, keine Feuerwerke, sondern nur einige dürre, stereotyp sich wiederholende Worte des Kontrolloffiziers und Sprechers im Radio Frankfurt Robert Lochner: „Das neue Geld heißt: Die Deutsche Mark. Jede Deutsche Mark hat 100 Deutsche Pfennig. Das alte Geld – die Reichsmark, die Rentenmark und die alliierte Militärmark – ist vom 21. Juni ab ungültig." Soweit die Message von Robert Lochner.

Welch ein Gegensatz zu heute! Ende dieses Jahres wird die Deutsche Mark als eine hochgeschätzte Währung eingehen in eine neue, größere Währung, den Euro. Sie wird dabei ihre innere und äußere Stabilität mitbringen.

Wenn die Bundesbank dann ihre geldpolitische Entscheidungskompetenz abgibt, so tut sie dies als eine national wie international geachtete Institution. Das Wichtigste dabei ist: Niemand wird durch die Umstellung auf das neue Geld irgend etwas verlieren. Im Gegenteil! Auch die Deutschen werden bei einem stabilen Euro Gewinner sein.

Zum ersten Mal in der turbulenten deutschen Währungsgeschichte dieses Jahrhunderts startet eine neue Währung so nicht mit dem Auftrag, bestehendes Unheil zu lindern oder alte Fehler zu korrigieren. Nein, die neue Währung Euro wird starten mit dem Auftrag, das vorhandene Erbe der Stabilität zu bewahren, daran anzuknüpfen und es zu mehren.

Natürlich fällt der Abschied von der D-Mark vielen Menschen nicht leicht. Die D-Mark ist nämlich ein Teil, ja ein prägnantes Symbol deutscher Nachkriegsentwicklung und auch der neuen Republik in Deutschland geworden. Gewiss, jede nationale Währung repräsentiert den jeweiligen Staat. Und doch: Das Band zwischen der D-Mark und der Bundesrepublik Deutschland ist wohl ein Stück enger als üblich.

Das hat auch zu tun mit dem Ereignis, dessen wir heute gedenken. Die Währungsreform vom 20. Juni 1948 ist im Bewusstsein der Deutschen so etwas wie der Neuanfang nach dem Kriege.

Sie ist – im wahrsten Sinne des Wortes – ein Mark-Stein. Viele Menschen im Westen, die den 20. Juni erlebten, haben ihre persönliche Zeitrechnung für jene Tage unterteilt in die Zeit „vor und nach der Währung". Wie übrigens auch für viele Ostdeutsche der 1. Juli 1990 mindestens ebenso bedeutsam ist wie der bald folgende 3. Oktober.

Die Währungsreform 1948 war ein Wendepunkt für die spätere Bundesrepublik, vielleicht mehr noch als deren formelle Gründung selbst.

Doch wie die Währungsreform an der Wiege des westdeutschen Staates steht, so steht sie auch – und das ist die andere Seite – an der Verfestigung der deutschen Teilung nach dem Krieg. Hierin liegt ein Stück Tragik. Wie in der griechischen Tragödie ist die Währungsreform unschuldig schuldig geworden. Und dieses Schicksal war ab einem gewissen Punkt in den ersten Nachkriegsjahren vorherbestimmt.

Denn was waren die Alternativen angesichts der damals immer deutlicher hervortretenden Ost-West-Gräben in Deutschland und angesichts des herannahenden Kalten Krieges? Die Währungsreform hinauszögern? Das hätte geheißen, die Not vorsätzlich zu verlängern. Weiterhin alles auf die Karte einer vierzonalen Währungsunion zu setzen? Etwa um die Gefahr eines noch längeren qualvollen Tauziehens? Oder um den Preis einer Einflussnahme des Ostens auf Währung und Wirtschaftsordnung im Westen?

Nein, die Gräben waren längst zu tief. Nicht die trizonale Währungsreform hat die Spaltung Deutschlands verursacht. Umgekehrt, die faktisch bereits bestehende politische Ost-West-Spaltung hat die Währungsreform auf Trizonesien, wie es damals hieß, begrenzt.

Die D-Mark und die darauf folgende Ostmark wurden so zu Visitenkarten ihrer Systeme. Hier die frei verwendbare, zunehmend international anerkannte Währung. Dort die begrenzt funktionsfähige Währung, die sich nie aus den Klammern der Plan- und Kommandowirtschaft befreien konnte. Für die Menschen im Osten wurde die D-Mark – fast noch mehr als für die Westdeutschen – schon bald zum Symbol für Wohlstand und für Freiheit. Für mehr als vierzig Jahre jedoch zum meist fernen, unerreichbaren Symbol.

Dann, im Jahre 1989, rückte das vorher unerreichbar Scheinende plötzlich näher. Die Menschen im Osten forderten Freiheit und gleiche Lebenschancen. Herr Gaddum hat schon darauf hingewiesen, das Aufbegehren goss sich in die Formel: „Kommt die D-Mark nicht zu uns, dann kommen wir zur D-Mark."

Mit der Einführung der D-Mark am 1. Juli 1990 ging unsere Währung dem auch politisch bald wiedervereinigten Deutschland ein Stück voraus. So besiegelte die D-Mark nicht nur die Teilung unseres Landes, sondern auch das Wiederzusammenfügen.

Und Ihnen, Herr Bundeskanzler, gebührt das historische Verdienst, die von der Geschichte gebotene Chance mutig ergriffen zu haben.

– Beifall –

Die Deutsche Mark ist heute ein anerkannter Bestandteil dieser Republik. Sie ist damit zugleich Bestandteil der demokratischen, freiheitlichen und sozialen Orientierung dieses Staates.

Joseph Schumpeter hat das so berühmt gewordene Wort geprägt: „Im Geldwesen eines Volkes spiegelt sich alles, was dieses Volk will, tut, erleidet, ist; und zugleich geht vom Geldwesen eines Volkes ein wesentlicher Einfluss auf sein Wirken und auf sein Schicksal überhaupt aus."

So ist die D-Mark zugleich ein Spiegel der insgesamt glücklichen bundesdeutschen Nachkriegsgeschichte geworden. Sie genießt dabei ein ungeheures Privileg. Denn, anders als ihre Vorgängerinnen, ist sie von negativen historischen Brüchen verschont geblieben.

Die D-Mark hat diesen Kredit der Geschichte gut angelegt. Sie ist nämlich nicht nur Spiegel und Reflex dieser Republik. Sie hat ihrerseits zweifellos auch einen wichtigen Beitrag zur politischen und sozialen Stabilität geleistet.

Denn die stabile D-Mark hat dazu beigetragen, dass die freiheitliche Ordnung bei uns zu einem breiten wirtschaftlichen Wohlstand geführt hat. Die stabile D-Mark ist damit auch ein elementarer Pfeiler für die Stabilität unserer Gesellschaft und der freiheitlichen Demokratie geworden.

Denn die stabile D-Mark hat das Herausbilden wichtiger Elemente einer Bürgergesellschaft gefördert. Ohne eine stabile Währung können sich Selbstständigkeit und Eigenverantwortung nur schwer entfalten.

Und vergessen wir nicht: Die stabile D-Mark ist immer auch ein Stück Sozialstaat gewesen. Denn ein schwindender Geldwert wendet sich immer vornehmlich gegen die sozial Schwachen. Das ist das grausame Gesetz der Inflation, das uns im Nachkriegsdeutschland Gott sei Dank erspart geblieben ist.

Hier in der Paulskirche wurde vor 150 Jahren vor allem um Einigkeit und Freiheit, teilweise aber auch schon um soziale Gerechtigkeit gerungen. Hier ist es deswegen wohl besonders angebracht, daran zu erinnern: Einigkeit und Recht und Freiheit können auf Dauer nur schwer gedeihen ohne eine Währung, die dauerhaft stabil ist und ohne eine Währung, die von den Bürgern auch anerkannt und akzeptiert wird.

Deswegen machen auch die Worte „Einigkeit und Recht und Freiheit" auf dem Außenrand der D-Mark-Münze sehr viel Sinn. Auch hierin ist die D-Mark ein Vermächtnis für den Euro; und damit zugleich ein Auftrag für Europa.

Verbunden ist die Deutsche Mark natürlich insbesondere mit dem Aufstieg und Erfolg der deutschen Wirtschaft. Und damit ist sie zugleich das Ergebnis einer Reihe glücklicher wirtschaftspolitischer Weichenstellungen.

Das begann schon mit der Währungsreform selbst. Gewiss, die Währungsentscheidungen waren enorm wichtig: der scharfe und endgültige Geldschnitt, die gelungene technische und organisatorische Vorbereitung, nicht zuletzt durch die Arbeiten in Bad Homburg und im Konklave von Rothwesten. Und nicht zuletzt auch das Übertragen der geldpolitischen Verantwortung auf eine von politischen Instanzen in Deutschland unabhängige Zentralbank.

Das waren günstige Faktoren, die vor allem auch dem Einfluss der damaligen amerikanischen Militärinstanzen zu verdanken sind. Insbesondere der damals noch junge, leider zu früh verstorbene Offizier und Wissenschaftler Edward A. Tenenbaum erwarb sich dabei unvergessene Verdienste. Deswegen sind wir froh, Frau Tenenbaum und ihre Tochter heute unter uns zu haben.

Und doch: Der Start der Deutschen Mark wäre wohl nie zu jenem denkwürdigen Erlebnis geworden ohne die gleichzeitige weitgehende Freigabe der Preise.

Sie war von den wirtschaftspolitisch bedeutsamen Entscheidungen, die Deutsche nach 1945 getroffen haben, wohl am stärksten von einer einzigen Persönlichkeit geprägt: von Ludwig Erhard.

Währungs- und Wirtschaftsreform waren ökonomische Zwillinge. Neues Geld ohne freie Preise hätte wenig bewegen können. Denn was soll neues Geld Neues bewirken, wenn die marktwirtschaftlichen Kanäle verstopft sind? Umgekehrt hätten freie Preise ohne vorherige Währungsreform die zurückgestaute Inflation über Nacht angezündet. Offene Inflation wäre die Folge gewesen. Wie hätten Marktwirtschaft und Geldwesen unter solchen das Vertrauen der Menschen gewinnen sollen?

Mit dem Signal der freien Preise begann das, was man später oft Wirtschaftswunder nannte. Ludwig Erhard hat damals das Signal gesetzt, und zwar gegen heftigen Widerstand – zunächst sogar auch von amerikanischer Seite. Dieses Signal hat das Geld sogleich vor die Nagelprobe gestellt. Es war Herausforderung und Chance zugleich. Denn Vertrauen kann ein Geld nur gewinnen, wenn es sich bei freien Preisen bewährt.

Die D-Mark hat das Signal von der unverzichtbaren Lenkungsfunktion der Preise damals aufgenommen; und sie hat dieses Signal mit ihrem hohen Maß an interner Stabilität über die Jahrzehnte hinweg weitergetragen.

Soziale Marktwirtschaft, hohe Leistungsfähigkeit der deutschen Wirtschaft und die Stabilität der D-Mark, so lautete über die meiste Zeit hinweg der fruchtbare ökonomische Dreiklang in Deutschland.

Die D-Mark hat zu diesem Dreiklang entscheidend beigetragen. Ihre Stabilität hat geholfen, die Marktwirtschaft auch in kritischen Zeiten funktionsfähig zu halten. Und ihre zunehmende internationale Reputation hat Vorteile für die deutsche Wirtschaft gebracht: einen breiten Kapitalmarkt, relativ niedrige Zinsen und das Privileg für die deutsche Wirtschaft, ihren Außenhandel großenteils in eigener Währung zu fakturieren.

Doch, meine Damen und Herren, in fünfzig Jahren hat natürlich nicht immer die Sonne so geschienen wie heute.

Es gab auch Phasen, da die Stabilitätsergebnisse der D-Mark nicht befriedigen konnten; beispielsweise Anfang der siebziger Jahre. Teilweise haben interne Fehlentwicklungen den Geldwert bedroht, aber teilweise herrschten äußere Zwänge über den Wechselkurs.

Das Sichern und Rückgewinnen der internen Stabilität forderte oft auch unangenehme Maßnahmen. Bisweilen geriet die Bundesbank dabei auch in Konflikt mit der Politik; und zwar schon erstmals in den frühen Fünfzigerjahren.

Darüber hinaus hat es aber auch Zeiten mit falscher Außenbewertung der D-Mark gegeben. Die D-Mark war phasenweise zu niedrig bewertet. Das führte gelegentlich zu einer übermäßigen monetären Expansion, so vor allem in den Krisentagen des alten Bretton-Woods-Systems. Und dies sendete dann falsche Botschaften und erweckte Illusionen über die internationale Leistungsfähigkeit der deutschen Wirtschaft – zum Beispiel auch zu Beginn der Neunzigerjahre.

Umgekehrt gab es auch Perioden, da die D-Mark eher überbewertet war. Entsprechend belastete sie dann die preisliche Wettbewerbsfähigkeit der deutschen Wirtschaft.

Freilich, diese Schattenseiten – was interne Stabilität und Außenwert angehen –, waren alles in allem doch begrenzte Episoden.

Über fünfzig Jahre hinweg war die D-Mark und mit ihr wohl auch die deutsche Geldpolitik insgesamt ein guter und verlässlicher Partner für Wirtschaft und Politik in unserem Land und auch auf internationaler Ebene. Und mehr kann eine Währung auf Dauer auch nicht sein. Sie kann nicht – ja sie darf es auch nicht – die Politik selbst ersetzen. Ja, ihre Stärke wird immer auch von der Gesamtpolitik mitbestimmt. Die Währung kann mit ihrer Stabilität nur ein tragfähiges Fundament bereitstellen. Auf Wirtschaft, Tarifpartner und Politik kommt es dann an, wie stark dieses Fundament bleibt und was sie am Ende auf diesem Fundament errichten.

Meine Damen und Herren, neben der Verknüpfung mit Politik und Wirtschaft verbindet die Deutsche Mark auch ein wichtiges Stück gesellschaftlicher Kultur in unserem Land. Die Stabilität der D-Mark war niemals nur Sache von Technokraten. Das Ziel eines stabilen Geldes war und ist tief verankert in unserer Gesellschaft. Es beruht auf einem weitgehenden Konsens in breiten Bevölkerungsschichten. Es beruht auf dem, was wir Stabilitätskultur nennen.

Und so ist die deutsche Öffentlichkeit – gerade in kritischen Zeiten – immer wieder zum treuen Verbündeten einer stabilitätsorientierten Geldpolitik geworden. Wie umgekehrt die Bundesbank die deutsche Stabilitätskultur inhaltlich mitgeformt und institutionell gesichert hat.

Zum Herausbilden dieser Stabilitätskultur haben sicher die Erfahrungen von 1948 viel beigetragen. Die Menschen haben gesehen, dass mit einer gesunden Währung auch die wirtschaftlichen Verhältnisse sich schnell wieder ordneten. Hinzu kommt aber wohl auch die in Deutschland ausgeprägte Tradition, dezentrale und aufgegliederte Strukturen gegenüber einer maximalen Ballung von politischen Kompetenzen vorzuziehen. Auch deshalb mag sich unser Land relativ leicht damit tun, die Unabhängigkeit der Zentralbank zu akzeptieren.

Das Thema „Verankerung einer unabhängigen stabilitätsorientierten Geldpolitik in der öffentlichen Meinung und in der gesellschaftlichen Kultur“ wird künftig europaweit auch für die Europäische Zentralbank und für das Europäische System der Zentralbanken bedeutsam sein.

Gewiss, über längere Sicht gesehen war auch die Bundesbank nicht frei von gelegentlichen Fehleinschätzungen. Aber übers Ganze gesehen hat sie – gerade auch im Urteil ihrer internationalen Kritiker – mit ihrem oft langen Atem doch entscheidend zur Stabilitätsorientierung in unserem Land beigetragen, ja, sie ist, wie viele betonen, sogar zum Modell für andere geworden. Und diese Stabilitätsorientierung ist den Deutschen nun über fünfzig Jahre hinweg zweifellos gut bekommen.

50 Jahre D-Mark, das ist etwas Besonderes, nicht nur weil eine runde Zahl dasteht. Der heutige Rückblick ist zugleich fast auch schon ein Abschlussbericht.

Der große französische Paläontologe und Philosoph Pierre Teilhard de Chardin hat einmal gesagt: „Die Größe eines Flusses wird erst an seiner Mündung begriffen, nicht an seiner Quelle."

Die Mündung in den großen Fluss Euro ist nun bald erreicht. Umso deutlicher tritt aber auch das respektable Erbe hervor, das die D-Mark in diesen Fluss einbringt.

Neben dem größten Anteil am Eigenkapital der Europäischen Zentralbank bringt die D-Mark noch mehr ein: nämlich ihre internationale Reputation an den Märkten, die unabhängige Zentralbank als Referenzmodell, wichtige geldpolitische Traditionen wie die Geldmengensteuerung und vor allem das Stabilitätsbewusstsein der Menschen in Deutschland.

Das Erbe besteht darüber hinaus aus wichtigen Lektionen: Interne Geldwertstabilität ist im Falle eines Konflikts wichtiger als eine externe Wechselkursrelation. Der beste Beitrag des Geldes für Wachstum und Beschäftigung ist dauerhafte Stabilität. Und nicht zuletzt auch dieses: Ein den tagespolitischen Einflüssen entzogenes Geld liegt im längerfristigen Interesse der Wirtschaft, aber auch der Politik selbst.

Und so lautet die vielleicht wichtigste Lektion: Lasst die Geldpolitik tun, was der Geldpolitik ist: nämlich im Rahmen ihrer Möglichkeiten für einen stabilen Geldwert zu sorgen und so die Basis für wirtschaftliche und gesellschaftliche Stabilität zu legen.

Die große Politik kann und muss dann ihrer Verantwortung gemäß auf der Grundlage dieses monetären Rahmens entscheiden und handeln. Aber sie darf die Basis des stabilen Geldes nicht gefährden. Demokratische, freiheitlich und sozial orientierte Politik würde sich nämlich sonst den Ast absägen, auf dem sie sitzt.

Und dabei gilt natürlich: Die Balance zwischen Freiheit und sozialem Ausgleich muss immer neu gefunden werden. Das gilt gerade auch für die Zukunft angesichts der Hypothek der noch immer zu hohen Arbeitslosigkeit und den Herausforderungen in einer immer globaler werdenden Wirtschaft. Aber das Austarieren von Freiheit und sozialem Ausgleich kann auch unter den wirtschaftlichen Bedingungen von morgen nur mit einer stabilen Währung gelingen.

Dieses Erbe, meine Damen und Herren, der D-Mark geht nun an den Euro. Natürlich bringt jeder der elf Teilnehmer sein Erbe ein. Jedoch: Das Erbe der D-Mark ist sicher nicht das Geringste.

Präsident Duisenberg hat gestern in Bonn noch einmal deutlich herausgestellt, wie wichtig dieses Erbe als Grundlage für einen dauerhaft stabilen Euro ist.

Der Euro bekommt wichtige Stützen mit auf den Weg und eine gute Ausgangslage. Die monetäre Konvergenz im Euro-Land ist heute so ausgeprägt wie lange nicht mehr und die Inflationsraten sind erfreulich niedrig. Die Europäische Zentralbank ist nach dem Vertrag ebenso unabhängig wie die Bundesbank. Und der insbesondere von Finanzminister Waigel betriebene Stabilitäts- und Wachstumspakt soll Flankenschutz geben gegen stabilitätsgefährdende Ausritte der nationalen Finanzpolitik.

Der Euro ist zugleich eine große historische Chance, eine Chance für Europa, eine Chance aber auch für mehr wirtschaftliche Flexibilität und Dynamik, für mehr und dauerhafte politische Gemeinsamkeit, kurz: für ein wirtschaftlich wettbewerbsfähiges und politisch einiges Europa.

Herr Bundeskanzler, ich erinnere mich noch gut an ein Wort von Ihnen im Frühjahr mit Blick auf den Euro. Sie sagten damals nach meiner Erinnerung: „Ich hoffe und wünsche, dass unsere Nachfolger nach fünfzig Jahren die Entscheidung für den Eintritt in die Europäische Währungsunion ebenso positiv würdigen, wie wir das heute mit der Entscheidung von 1948 tun."

Ich kann mich dem nur anschließen. Und ich füge hinzu: Die Bundesbank wird auch in Zukunft ein Anwalt der Stabilität bleiben. Sie wird in dem ihr gesetzten neuen Rahmen auch weiterhin ihren Beitrag leisten, damit das Geld in unserem Land und in Europa auch in Zukunft dauerhaft stabil bleibt. – Vielen Dank.

– Beifall –

Soweit Bundesbankpräsident Hans Tietmeyer. Aus der Frankfurter Paulskirche überträgt HR 1 den Festakt 50 Jahre Deutsche Mark. Am Mikrofon Christoph Wehnelt.

Den musikalischen Rahmen der Veranstaltung besorgt das Leipziger Bach-Collegium unter der Leitung von Professor Ludwig Güttler.

Tausend Persönlichkeiten haben sich hier in der Paulskirche versammelt. Bundespräsident Roman Herzog ist gekommen, auch Wim Duisenberg, der Präsident der Europäischen Zentralbank. Viele Bankvorstände sind da, zum Beispiel der Sprecher der Deutschen Bank, Rolf Breuer, oder der Vorstandsvorsitzende der Kreditanstalt für Wiederaufbau, Gerd Vogt. Wolfgang Röller von der Dresdner Bank habe ich gesehen. Einige Persönlichkeiten aus der direkten Bundesbank-Geschichte, Professor Gleske, aber da liest man auch Professor Köhler, da liest man aber auch Namen wie Emminger, gemeint ist die Witwe des ehemaligen Bundesbankpräsidenten, oder Klasen und andere. Herr Bubis ist da vom Zentralrat der Juden, natürlich der Vorsitzende, der Präsident des Bundesverbandes Deutscher Banken.

Verbunden mit fünf Jahrzehnten Deutsche Mark ist eine beispiellose Geschichte des Wiederaufbaus Deutschlands nach dem zweiten Weltkrieg und der Rückerlangung wirtschaftlichen und politischen Einflusses Deutschlands in Europa und der Welt. Am Anfang stand das Kopfgeld von erst 40 und dann noch einmal 20 Mark. Am Ende steht jetzt die Einbringung dieser erfolgreichen Weltwährung in die Europäische Währungsunion. Mit einigen Details hat dies Bundesbankpräsident Tietmeyer schon ausgeschmückt, insbesondere die Meriten des amerikanischen Offiziers Tenenbaum erwähnt. Und Robert Lochner, der damals die Währungsreform verkündet hat, ist hier als Gast zugegen.

Die Europäische Zentralbank ist gegründet und hat ihre Arbeit aufgenommen. Duisenberg, ihr Präsident, ist hier mit dabei. Die Europäische Zentralbank wird vom Januar nächsten Jahres an die geldpolitische Verantwortung für elf Länder übernehmen; es machen ja nicht alle 15 mit. Dänemark, England, Schweden sind nicht dabei, sondern Benelux, Frankreich, Italien, Irland, Spanien, Portugal, Österreich, Deutschland, Finnland – diese alle, diese Gruppe von 11 geben gemeinsam ihre Währungen auf und gehen in den Euro mit Beginn des nächsten Jahres.

Der Euro kommt als direktes Geld als Münze und Schein erst Mitte 2002 heraus. Aber die Bundesdruckerei hat zum Beispiel gerade gestern mitgeteilt, dass sie jetzt demnächst schon den Druck von D-Mark-Scheinen einstellt und mit dem vorbereitenden Druck für den Euro im Frühjahr 1999 beginnen wird. Da geht es um ganz erhebliche Mengen. Wir haben in Deutschland ungefähr 2,6 Milliarden Stück Banknoten Deutsche Mark. Für die Erstausstattung der Bundesbürger mit Euronoten müssen immerhin auch schon mal 1,2 Milliarden neue Geldscheine gedruckt werden. Das ist schon ganz erheblich. Abgesehen von vielen, vielen Tonnen Münzen, auf denen ja, was die deutschen Münzen angeht, auch deutsche Symbole einzudrucken sind.

Die Einbringung der D-Mark ist das wichtigste Aktivum für die Währungsunion. In den vergangenen Jahrzehnten konnte sich die deutsche Währung auch deshalb so munter entwickeln, weil die Bundesbank weit weg von der Regierung in Bonn und in gesetzlich festgelegter Unabhängigkeit für stabiles Geld sorgen konnte. Dies allein hätte aber nicht ausgereicht, um aus dem deutschen Besatzungskind eine Weltwährung zu machen. Gezügelte Finanzpolitik, expansive Wirtschaftspolitik und auch eine moderate Tarifpolitik der Gewerkschaften über alles gesehen, trugen dazu bei, dass mit der D-Mark auch die ganze Volkswirtschaft, der gesamte Staat seinen Aufschwung nehmen konnte. Die Wiedervereinigung wurde dazugegeben. Sie gab es auch nur wegen der Kraft der D-Mark.

Bei dem gesamtpolitischen Konsens musste sich die Bundesbank aber immer wieder allzu unverfrorener Einflussnahmen aus Bonn und anderswo in der Welt erwehren. Die immer stärker werdende Deutschmark hebelte 1973 schließlich das Dollar-Festkurs-System des Internationalen Währungsfonds aus. Bald lehnten sich die europäischen Währungen an die D-Mark an. Das deutsche Geld wurde Leitwährung in Europa. Das Europäische Währungssystem mündet nun in Euro.

Derzeit spielt das Leipziger Bach-Collegium unter Güttler das Concerto Es-Dur für Corno da caccia, Oboe, Violine und Basso continuo – Allegro, Largo und Allegro.

Im Anschluss daran wird Bundeskanzler Helmut Kohl noch einmal die strategische Ausrichtung in Vergangenheit und Zukunft im Zusammenhang mit der Europäischen Währungsunion und der Einigung Europas darlegen.

Jetzt hören Sie etwas in die Musik hinein und dann kommt Bundeskanzler Kohl.

– Beifall –

Nach dem Concerto Es-Dur von Johann Joachim Quantz nun Bundeskanzler Helmut Kohl zum Festakt 50 Jahre Deutsche Mark.

Bundeskanzler Dr. Helmut Kohl:

Herr Bundespräsident, Herr Präsident Tietmeyer, Herr Präsident Duisenberg, Exzellenzen, meine sehr verehrten Damen und Herren!

Zum 50. Geburtstag der D-Mark – lassen Sie mich das vorweg sagen – passt das Leipziger Bach-Collegium, weil es deutlich macht, dass wir wirklich wieder ein Volk sind und weil sich deutlich auch Geld, Geldwert und große kulturelle Tradition unseres Volkes miteinander verbindet. Ich habe mich gerade eben noch einmal aufklären lassen, der 100-D-Mark-Schein mit der Silhouette von Leipzig und Clara Schumann – das gehört zusammen. Und es zeigt, Herr Präsident Tietmeyer, dass das so richtig ist, was Sie gesagt haben von den Zusammenhängen, über die wir gerade auch heute hier in der Paulskirche miteinander sprechen können.

Dies ist nicht irgendein Tag in der Geschichte unseres Volkes, der Geburtstag der D-Mark am 20. Juni 1948. Die Zeitgenossen wussten es nicht, wie auch. Aber viele haben gespürt, dass das doch die Zukunft sein könnte. Und in diesen 50 Jahren ist die D-Mark das Symbol für 50 Jahre Frieden, 50 Jahre Freiheit, für 50 Jahre Stabilität und Wohlstand geworden. Diese D-Mark half den Deutschen in einer ungeahnten Weise ein Stück Identität zu finden. Ich versuche es gerade immer ausländischen Partnern und Freunden zu sagen, es war in der Tat die erste Chance – wer es miterlebt hat – für eine bessere Zukunft. Eine vage Zukunft. Nichts Genaues wusste man nicht. Aber man muss bedenken, wie es wirklich war.

Und diese D-Mark kam zu den Deutschen, sie wurde eingeführt vor Gründung der Bundesrepublik Deutschland. Vor Einführung unserer Nationalhymne, vor Einführung unserer Bundesflagge. So ist diese D-Mark in der Tat ganz wesentlich identitätsstiftend gewesen. Und natürlich war es auch so, dass die D-Mark – Herr Präsident Tietmeyer hat das ja schön dargelegt – in gar keiner Form eine Erwartung weckte, die mit dem Späteren übereinstimmte.

Man muss sich noch einmal die Lage klar machen, heute vor 50 Jahren hier in Frankfurt. Viele hungerten, heute kaum mehr vorstellbar. Ich habe mir die konkreten Lebensmittelrationen dieses Monats heraussuchen lassen für Frankfurt und das war amerikanische Besatzungszone. Das war noch um ein gut' Stück besser als in anderen Besatzungszonen. Das war täglich 300 Gramm Brot. Schauen Sie auf die Schulhöfe dieser Stadt. 20 Gramm Fleisch, fünf Gramm Käse und eine absolut hinreißende Zugabe: je vier Wochen ein Ei.

Meine Damen und Herren, es ist wichtig, das gelegentlich wieder in Erinnerung zu rufen. Auch damit wir ermessen können, welchen Weg wir zurückgelegt haben und wie viel Grund die Deutschen zur Dankbarkeit haben. Auch das ist wichtig, immer wieder zu sagen.

– Beifall –

Da waren über vier Millionen Flüchtlinge, die ihre Heimat verloren hatten. Und in jenen Tagen wurde es für die meisten erst endgültig klar, dass dies nicht eine zeitweise Vertreibung von einigen Monaten oder wenigen Jahren sein würde. Da wuchs in vielen Familien die Erkenntnis, dass die Hoffnung nicht mehr berechtigt war, dass der Vater, der Sohn, der Bruder, der Mann aus diesem schrecklichen Krieg zurückkommen würden, aus der Gefangenschaft zurückkommen würden. Da sehen die Städte so aus wie Frankfurt, nahezu 80 Prozent der Gebäude zerstört, die Einwohnerzahl halbiert, zerstörte Betriebe. Und, Herr Präsident Tietmeyer hat es mit gutem Grund so dargestellt, auch drastisch: die Teilung Deutschlands in vier Besatzungszonen und dann auch in Ost und West.

Nach all diesen Schrecken und Leiden markierte die D-Mark mit ihrer Einführung am 20. Juni 1948 die Chance für den Neuanfang. Und deswegen ist es ganz verständlich, dass jeder, der mit wachem Bewusstsein, hinreichend bewusst auch lebend diesen Tag miterlebt hat, sich an diesen Tag mehr erinnert als an viele, viele andere Tage. Ich habe in diesen Tagen immer wieder Gesprächspartner gefragt: Haben Sie, hast du noch eine konkrete Erinnerung, wie das war mit den 40 Mark. Als Sohn eines streng auf Solidität bedachten Finanzbeamten habe ich die 40 Mark gesehen und habe dann, was für meinen Vater schon ein ausschweifender Vorgang war, zweimal Fünf-Mark-Scheine bekommen. Und so ging es Millionen und Aber-Millionen.

Und da war noch eine Erfahrung. Was hatte ich schon mit 18 vom Markt verstanden? Aber eines habe ich verstanden, meine Damen und Herren, dass am Freitag vor diesem Sonntag in meiner Heimatstadt in den Schaufenstern nichts war. Ab und zu als künstlerische Höchstleistung Stücke aus einem alten Stahlhelm, das war jetzt ein Aschenbecher. Das war wirklich eine belebende Tat der Wirtschaft. Und an diesem Montag war die Welt ganz anders. An diesem Montag waren plötzlich die Schaufenster voll, man hat nichts mehr gemerkt vom Schwarzen Markt, und es gab eine tiefe Genugtuung bei vielen, auch bei mir, dass die mit der Zigarettenwährung und mit dem Zusammenbruch des Schwarzmarktes – das war ein viel gebrauchtes Wort – die Spekulanten ihr Handwerk gelegt bekamen. Das war die Stimmungslage im Land. Und die Menschen krempelten die Ärmel hoch, eher zaghaft, aber die Hoffnung nahm zu. Und mit der Hoffnung die Tatkraft und der Mut.

Meine Damen und Herren, dieses Ereignis, Geburtstag, Einführung der D-Mark, ist wiederum nicht denkbar ohne ein Ereignis, das aus gutem Grund hier erwähnt werden muss, einige Monate zuvor. Das war der Marshall-Plan. Denn ohne den Marshall-Plan hätte es keine D-Mark gegeben. Deswegen finde ich, ist es wichtig für unser Volk, für unsere Erinnerung, für die Betrachtung unserer Geschichte auch für kommende Generationen, Harold Truman und George Marshall, der Präsident und der Außenminister, die das geschaffen haben, was dann als Marshall-Plan in die Geschichte einging als Voraussetzung für einen neuen Weg auch der Deutschen immer zu sehen.

– Beifall –

Wir schulden ganz einfach unseren amerikanischen Freunden Dank, dass sie wenige Jahre – und man kann die Zeit nach Monaten benennen – nach diesem schrecklichen Krieg, nach dem Ende der Nazi-Herrschaft, nach der Entdeckung furchtbarer Taten, die mit dem Stichwort Auschwitz verbunden sind, man in Amerika nicht auf Rache sann, sondern sagte, wir strecken euch die Hand aus, wir wollen mit euch Zukunft gestalten. Und das war nicht nur die Zahl der Dollars, von heutigem Standpunkt aus wird mancher sagen, vor allem auch der jungen Generation, was war das schon. Es war die psychologische Situation, es war die Hilfe, das Auf-die-Deutschen-Zugehen. Und daraus wuchs mit Geduld und mit Fleiß das alles, was später das Wirtschaftswunder genannt wurde, was aber in Wahrheit kein Wunder war, sondern es war die Leistung von Millionen Menschen guten Willens in Deutschland und zwar aus allen Schichten der Bevölkerung, nicht zuletzt der Flüchtlinge, Vertriebene, die sich neu in der Heimat festkrallten und Erfolg haben wollten. Es war eine vernünftige und kluge Politik. Und so wuchs das Bruttosozialprodukt mit zweistelligen Raten, mit Vollbeschäftigung am Arbeitsmarkt und einem steigenden Lebensstandard.

Meine Damen und Herren, ich sage noch einmal, es war kein Wunder. Aber es ist ein gutes Beispiel für uns heute, dass nämlich die Visionäre häufig die wahren Realisten sind. Und dieser Wiederaufstieg unseres Landes ist untrennbar verbunden mit dem Namen Ludwig Erhard. Ohne die bei ihm eigenen unnachahmlichen Kombinationen von visionärem Weitblick und Augenmaß und Sinn für das pragmatisch Machbare wäre dieser Erfolg nicht möglich gewesen. Und ohne sein Eintreten für soziale Marktwirtschaft und Wirtschaftsordnung hätte es diesen Aufstieg in dieser Form ganz gewiss nicht gegeben. Wir haben ja den Vergleich mit dem, was sich dann praktisch vom gleichen Tag aus – denn dort war auch eine Währungsreform – im anderen Teil Deutschlands entwickelte. Ludwig Erhard hat nur einen Tag nach der Währungsreform die Preisbewirtschaftung weitgehend aufgehoben. Und damit schlicht und einfach die Märkte geöffnet. Mit dieser unvergessenen Auseinandersetzung mit dem ebenso unvergessenen Lucius D. Clay, einem großen Freund Deutschlands und ganz gewiss kein Währungsspezialist als General, der Erhard vorwarf, er habe, was ja stimmte, in die Rechte der Alliierten eingegriffen, habe Bewirtschaftungsregelungen eigenmächtig geändert. Und es ist Ludwig Erhard pur, seine überlieferte Antwort damals lautete: Ich habe sie nicht geändert, ich habe sie aufgehoben.

Meine Damen und Herren, dies ist ein Satz, von dem ich finde, den sollte man nie vergessen.

– Beifall –

So wurde er auch zu einer Symbolfigur für die Hoffnung auf die Zukunft. Und nach über 50 Jahren, denke ich, kann man auch sagen mit Blick auf die Geschichte dieser 50 Jahre in Europa und weit darüber hinaus, dass seine Bedeutung als Gestalter weit über das Ökonomische hinaus gewachsen ist, er einer der bedeutendsten Gestalten dieses Jahrhunderts im Bereich der Gesellschaftspolitik wurde. Und das höre ich bei vielen Besuchen und Gesprächen in vielen Ländern dieser Erde.

Er war ein unbeugsamer Kämpfer für eine Gesellschaftsordnung mit menschlichem Antlitz. Manche, die diese soziale Marktwirtschaft als die Gesellschaft der Ellenbogenordnung bezeichnen, haben keine Ahnung von der Prägnanz, der Intuition und der Vision seiner Vorstellung auch in der sozialen Bedingung. Er wollte soziale Marktwirtschaft und eben nicht Marktwirtschaft pur. Und er hat wirtschaftliches Denken und Handeln nie als bloßen Selbstzweck, sondern immer auch im Dienste des Menschen gesehen. Und er hat seine Vorstellung von sozialer Gesellschaft so definiert, dass der Staat die Aufgabe habe, Schwächeren in der Gesellschaft zu helfen. Den Nachtwächterstaat, der die Menschen ihrem Schicksal überlässt, den hat er ebenso abgelehnt und zwar sehr scharf, wie den Versorgungsstaat, der Menschen bevormundet.

Meine Damen und Herren, aus jenen Tagen ist uns nach gewaltigen Auseinandersetzungen eine gemeinsame Gewissheit gewachsen, die heute Konsens deutscher Gesellschaft ist: Soziale Marktwirtschaft ist ein fester Bestandteil unserer freiheitlichen Ordnung. Soziale Marktwirtschaft schenkt uns die Chance der Erneuerungsfähigkeit, gibt uns die Chance, gesellschaftlichen Frieden und innere Stabilität zu gestalten. Neben der Entscheidung aller Demokraten, in Deutschland eine freiheitliche Ordnung im Grundgesetz zu verankern, neben der Politik Konrad Adenauers, die Westintegration zu gestalten, war die soziale Marktwirtschaft das zentrale Element am Anbeginn unserer Republik. Dass Ludwig Erhard, meine Damen und Herren, unglaubliche Widerstände zu überwinden hatte, das gehört auch zur Wahrheit.

Und wenn man so nach 50 Jahren sieht, wer jetzt alles im Nachhinein Erhardianer war, der kann sich nicht mehr vorstellen, wie das war, dass bei einer Allensbach-Umfrage noch im Frühjahr des Jahres 1950 er gerade in der Beliebtheitsskala bei 14 Punkten stand. Sie sehen, es ist immer so mit solchen Umfragen.

– Heiterkeit und Beifall –

Ich sehe noch vor mir das verächtliche Gesicht, als ich einmal noch am Ende seiner Zeit mit ihm redete über Umfragen, die nicht gut waren, und wie er seinen Dampf ausstieß, und Sie merken ja, das ist symbolkräftig, das wird ja imitiert heute in Deutschland –

– Heiterkeit –

und er einfach gar nichts sagte. Nicht einmal diese schönen Fürther Sprachklänge kamen, sondern er hat einfach abgewunken. Das ist nachahmenswert, meine Damen und Herren.

– Heiterkeit und Beifall –

Meine Damen und Herren, Ludwig Erhard hat immer zunächst die stabile Währung betont. Er war dafür und das ist Gesetz geworden im weitesten Sinne des Wortes, Kompetenzen für Verantwortung der Geldpolitik auf eine unabhängige Notenbank zu übertragen, zunächst auf die Bank deutscher Länder und seit 1957 dann auch mit dem Namen Deutsche Bundesbank. Natürlich, für seine Verhältnisse hatte Präsident Tietmeyer sehr freundlich, zurückhaltend, das Thema mit einem Satz hier erwähnt, natürlich gab es in diesen Jahrzehnten die Situationen, in denen die Interessen von Notenbank und Politik – ich sage das auch sehr freundlich – nicht deckungsgleich waren, wo es so gewisse Abweichungen gab. Und wenn ich alle meine Kollegen, auch die nicht mehr heute lebenden befragen könnte, von einigen wusste ich es schon früher, gab es da immer wieder diese Stimmung, da Frankfurt und da war Bonn. Aber es ist uns gut gegangen mit jenem Satz, dass die Bundesbank unabhängig war und bleiben muss und dass wir diesen Satz ganz wörtlich auch auf ihre Nachfolger in Europa übertragen. Das ist eine entscheidende Voraussetzung.

– Beifall –

Man kann es auch ironisch sagen, der Ärger eines Bundeskanzlers kommt und geht, oder des Finanzministers, einer ganzen Regierung, solange die Stabilität bleibt, haben alle den Vorteil davon.

Meine Damen und Herren, entscheidend dafür waren auch der institutionelle Rahmen und prägende Persönlichkeiten der führenden Repräsentanten der Bundesbank. Sie haben in diesen 50 Jahren ganz wesentlich zum hohen Ansehen beigetragen. Einem hohen Ansehen, das die Bundesbank bei uns, bei den Bürgerinnen und Bürgern des Landes genoss und genießt, aber auch weit darüber hinaus im Ausland. Und auch in Europa war es bei aller Kritik an der Bundesbank immer ein Grundton des Respekts. Und da ich ja nun eine Reihe von Jahren über die Treppe in das Amtszimmer des Präsidenten der Republik in Paris gerate, hatte ich die Stimmungen immer sozusagen ganz hautnah erlebt. Es ist für einen Franzosen, der spätestens auf einer der hohen Schulen im Geiste Colberts geschult war, immer sehr schwer, dieses völlig andere System zu begreifen. Aber man hat es am Ende begriffen. Und in jener dramatischen Nacht, als dann alle und als zweitletzter der Präsident der Republik und als letzter der britische Premierminister, sagten, mit dem Sitzort Frankfurt stimmen sie zu und einer von beiden dann sagte, und bei allem Ärger, es ist der richtige

Platz und die richtige Entscheidung, ist auch eine Referenz, eine Achtung und eine Gratulation für die Arbeit von vielen in der Bundesbank mit enthalten. Ich will das hier so wiedergeben, wie ich es empfinde und auch von mir aufnehme.

Wir haben allen Grund, allen Präsidenten der Bank in diesen Jahrzehnten und vor allem auch allen Mitarbeitern, auch bei denen, die in Frankfurt und außerhalb Frankfurts und auch in den Landeszentralbanken mitwirkten, ein herzliches Wort des Dankes zu sagen.

– Beifall –

Ein schönes Beispiel für die Skepsis der Zeitgenossen und auch die ungeheure langfristige Prophetie von großen Gurus der Geldpolitik, ist ein Zitat des damaligen Leiters des IWF, ... der dem ersten Präsidenten damals noch Bank deutscher Länder, Herrn Vocke, sagte, ich zitiere: „Nun, Herr Vocke, kein Geld, keine Devisenreserven, ich will Ihnen ganz ehrlich sagen, sie haben überhaupt keine Chance. Es kann aus dieser Sache nichts werden." Ich sage das zum Trost für manche, die sich schon bereits jetzt die Texte für das Ereignis in 50 Jahren zurecht legen.

- Heiterkeit –

Es ist ein ganz wesentliches Verdienst der Bundesbank, dass so die D-Mark eine der wesentlichen Währungen der Welt geworden ist. Preisstabilität war immer eines der wichtigsten Ziele, ist ja auch die beste Voraussetzung für Sozialpolitik. Das hat Erhard immer wieder gesagt. Eine wahrhaftige Sozialpolitik ist von dem Streben nach währungspolitischer Stabilität nicht zu trennen.

Vor ein paar Tagen waren wir auf dem EU-Gipfel in Cardiff. Wenn ich jetzt heute mir vorstelle, wie die Inflationsrate in EU-Europa ist – Sie, Herr Präsident Tietmeyer, haben schon die Zahlen in Deutschland genannt –, da kann ich nur sagen, das alles ist eine gute Voraussetzung für eine gute Chance des Erfolgs. Und es ist natürlich, dass die Menschen in Deutschland diese Veränderung mit Skepsis und Zurückhaltung betrachten. Die einen, weil sozusagen 50 Jahre den Begriff von Stabilität und Wohlstand für viele, viele im Lande waren, die anderen, weil sie in den Ländern der damaligen DDR die D-Mark haben wollten. Und es ist doch wahr – warum soll man das nicht aussprechen – , dass neben dem Willen zur Freiheit, neben dem Willen zur Einheit, auch der Wille zur D-Mark eine wichtige Rolle in diesen Jahren gespielt hat. Dass nach über 40 Jahren SED-Diktatur eben auf dem Transparent stand – ich sprach von Leipzig – das dort über der Straße vom Flugplatz hing, als ich zum ersten Mal zu einer Großkundgebung nach Leipzig kam: Wenn die D-Mark nicht nach Leipzig kommt, gehen die Leipziger zur D-Mark. Und in ein paar Tagen, am 1. Juli, jährt sich zum achten Mal der Beginn der Wirtschafts-, Währungs- und Sozialunion. Ohne dieses Datum – und dies behaupte ich – wäre auch wenige Wochen später das Datum der deutschen Einheit so nicht möglich gewesen. Deswegen haben wir allen Grund zur Dankbarkeit. Das war die Voraussetzung für all das, was dann kam.

– Beifall –

Meine Damen und Herren, es ist gut, dass alle die Verantwortung tragen, die Sorgen im Blick auf die Erfahrungen, positiv mit der D-Mark, in die noch nicht zu bestätigende Erfahrung mit dem Euro ernst nehmen. Und es ist ganz wichtig, dass wir die Einführung des Euro über einen Zeitraum – was viele vergessen – von zehn Jahren sorgfältig vorbereitet haben. Dies ist kein Abenteuer, wie manche bewusst wider besseres Wissen behaupten. Wir haben wichtige Voraussetzungen gemeinsam getroffen für eine stabile Euro-Währung. Die Auswahl der Teilnehmerstaaten, auf strikte vertragsmäßige Einhaltung der Konvergenzkriterien zu achten, damit Haushaltsdisziplin auch nach Beginn der Währungsunion gewährleistet ist, haben wir den Stabilitäts- und Wachstumspakt durchgesetzt. Das ist eine der ganz großen Leistungen von Theo Waigel, die ich hier dankbar erwähne. Ich habe gesagt, die unabhängige Europäische Zentralbank hier in Frankfurt, ich zitiere mich selten und höchst ungern selbst, aber auf diesem Pult habe ich vor zehn Jahren gesagt, für mich ist es selbstverständlich, dass die überaus positive Erfahrung, die wir Deutsche mit der Konzeption unserer Bundesbank gemacht haben, Richtschnur für die europäische Entwicklung sein muss.

– Beifall –

Meine Damen und Herren, wir haben uns genau daran gehalten. Wir sind glücklich, dass mit Wim Duisenberg eine ganz hervorragende Wahl für den ersten Präsidenten getroffen worden ist.

– Beifall –

Mit ihm übernimmt eine Persönlichkeit dieses Amt, die in breiten Bevölkerungskreisen bereits jetzt großes Vertrauen verdient. Und ich will Ihnen, Herr Präsident Duisenberg, ganz einfach sagen: Wir wünschen Ihnen von Herzen, auch in unserem Interesse, alles, alles Gute, Glück und eine gute Hand in diesem Amt.

– Beifall –

Es steht Ihnen eine erfahrene Mannschaft von Damen und Herren zur Seite. Auch das ist ein Umdenken dann. Es gibt auch jetzt eine Frau in diesem hohen Kreis. Auch in 50 Jahren kann sich auch auf diesem Feld etwas ändern. Aber das begrüßen wir ganz besonders.

Meine Damen und Herren, in Europa haben sich beispiellose Entwicklungen dargestellt in diesen paar Jahren an Stabilitätskultur. Wer hätte vor zehn Jahren, ich behaupte, wer hätte vor fünf Jahren es für möglich gehalten, dass die durchschnittliche EU-Preissteigerungsrate derzeit bei 1,5 Prozent liegen könnte. 1991 bei der nächtelangen Diskussion um den Maastricht-Vertrag lag sie bei 5,5 Prozent. Dass die langfristigen Zinsen heute 5 Prozent, damals über 10 Prozent betrugen, in Deutschland das niedrigste Zinsniveau seit Bestehen der Bundesrepublik. Es gibt kaum etwas Besseres als Anregung für Investitionen und Arbeitsplätze. Und so sage ich mit vollem Bewusstsein: Ich bin sicher, dass mit gemeinsamen Anstrengungen, von alleine geht es nicht, die Erfolgsgeschichte der D-Mark in eine künftige Erfolgsgeschichte des Euro einmündet. Und für uns und für alle in

Europa ist dieser Euro zwei Jahre vor Ende des Jahrhunderts und Jahrtausends eine wahrhafte säkulare Entscheidung. Sie wird das Gesicht des neuen Jahrhunderts prägen. Es ist eine der bedeutendsten Entscheidungen überhaupt der modernen Geschichte. Und diese europäische Einigung – das ist die Voraussetzung für den Euro – ist wiederum ein Glücksfall der Geschichte.

Meine Damen und Herren, dieses Jahrhundert teilt sich in zwei Teile. Die ersten 50 Jahre zwei Weltkriege, zwei Inflationen, schreckliche Entwicklungen mit zwei Diktaturen, einer braunen und einer roten Diktatur. Und die zweite Hälfte ist die Chance für Frieden und Freiheit für die Einigung Deutschlands und die Einigung Europas. Und wir alle brauchen Europa. Aber wir, die Deutschen, mehr als alle anderen. Wir sind das Land mit den meisten Grenzen, den meisten Nachbarn. Wir sind mit über 80 Millionen mit Abstand auch bevölkerungsmäßig das stärkste Land. Wir sind ohne dass das groß betont werden muss und schon gar nicht jeden Tag auch nach Wirtschaftskraft das stärkste Land in Europa. Wir haben eine schwierige Geschichte, die wir neben großartigen Kapiteln auch schrecklich gestaltet haben. Das haben die Menschen nicht vergessen. Und wir haben eine tiefe Sehnsucht beliebt zu sein. Die Chance ist relativ gering. Und wir bieten oft das Bild des Primus und der war bei mir während meiner Schulzeit mit Ausnahmen immer unbeliebt.

Meine Damen und Herren, wenn ich diese wenigen Skizzen hier vortrage, dann deswegen, um klar zu machen, was es für uns bedeutet als Deutsche, in diesem Haus Europa mitzubauen, mitzugestalten und leben zu können. Denn ohne die Einigung Europas wäre die deutsche Einheit nicht möglich gewesen. Und so wird diese europäische Währung das Leben von vielen, vielen Millionen im neuen Jahrhundert gestalten. Man muss sich das so vorstellen, auf dem Weg hier her habe ich die Kinder gesehen, die gerade zu ihren täglichen Beschäftigungen gingen. Diese Kinder wachsen doch jetzt auf in einer völlig anderen Epoche. Sie werden Zeit ihres Lebens, nach menschlichem Ermessen, in Frieden und Freiheit verbringen können. Wann konnte man das Kindern in Deutschland sagen. Es werden viele Schüler, wenn in ein paar Tagen die Ferien beginnen, auf den Bahnhof gehen und ein Interrail-Ticket lösen, und dann fahren sie vier Wochen ziemlich preisgünstig quer durch Europa. Grenzen kennen sie nicht. In den Wochen vor 50 Jahren brauchte man ein Passport um von Ludwigshafen, französische Besatzungszone, nach Mannheim, amerikanische Besatzungszone, zu kommen. Und die Jungen leben dann in Europa ganz selbstverständlich viel weiter als die Regierungen und die Völker selbst schon in Europa angekommen sind. Und sie finden überall in Europa Freunde. Und sie bezahlen dann zwischen Helsinki und Madrid mit einer Währung. Das ist weit mehr als das Wegfallen des Abholens einer neuen Währung bei einer Bank oder sonst wo.

Hier entwickelt sich ein neues Gefühl der Zusammengehörigkeit. Dieses Europa ist praktisch in Händen zu halten. Denn Währungen waren schon immer mehr als nur Zahlungsmittel. Sie bargen in sich, ich habe es am 100-Mark-Schein versucht deutlich zu machen, ein Stück kulturelle Identität und sie waren immer Gradmesser politischer Stabilität. Mit der Einführung des Euro geht auch die Verwirklichung des Prozesses der politischen Einigung weiter. Wir stehen vor schwierigen, aber ganz wichtigen und lösbaren Aufgaben, vor allem dann unter der deutschen Präsidentschaft im ersten Halbjahr des neuen Jahres. Unter dem beinahe neutralen Begriff Agenda 2000 verbirgt sich viel: institutionelle Reformen, Subsidarität, Bürgernähe, Erweiterung und vieles andere mehr.

Und wahr ist auch – und hier in die Stadt Frankfurt passt diese Äußerung besser als irgendwo anders hin -, dass dieser Euro für die wirtschaftliche Bedeutung unseres Landes von entscheidender Bedeutung ist. Deutschland ist die zweitgrößte Exportnation. Wir haben gerade in diesen Jahren erlebt, wie wichtig es ist, dass jeder fünfte Arbeitsplatz bei uns vom Export abhängt und dass Arbeitsplätze in Zukunft in der Exportwirtschaft besser mit Wechselkursrisiken nicht mehr umgehen müssen. Das waren oft sehr schwierige und auch prägende Diskussionen. Herr Präsident Tietmeyer hat ja bei Licht- und Schattenseiten dieser 50 Jahre mit Recht darauf hingewiesen.

Es ist eine Antwort auf die Globalisierung, auf den immer schärfer werdenden Standortwettbewerb zwischen Staaten und Regionen. Gerade in diesen Tagen schauen wir mit einer gewissen Bangigkeit nach Asien und nicht zuletzt in ein großes, auch währungspolitisches Land in Asien. Im Vergleich zu dieser Entwicklung wissen wir, dass hier der Euro ein höheres Maß an Chance zur Stabilität mit sich bringt. Es ist ein einheitlicher Markt mit 300 Millionen Menschen jetzt und es werden mehr werden. Und es ist ein Anteil von 20 Prozent am Welteinkommen. Das ist der Anteil der Vereinigten Staaten von Amerika. Alles, was hier zusammengefügt ist, macht deutlich die großen Chancen für den Handel, für die wirtschaftliche Dynamik, für dauerhaftes Wachstum und damit auch für mehr Arbeitsplätze. Klar ist auch – und ich will es deutlich sagen –, dass der Euro in gar keiner Form ein Patentrezept ist, um etwa unsere Arbeitsmarktprobleme über Nacht zu lösen. Das sind vor allem Probleme, die wir in der Abteilung Hausaufgaben selbst zu lösen haben. Mit mehr Flexibilität am Arbeitsmarkt, mit der wirklichen Durchsetzung aller notwendigen strukturellen Reformen. Denn zuerst wissen wir, dass Arbeitslosigkeit auch und vor allem strukturelle Gründe hat. Je flexibler die Märkte, auch der Arbeitsmarkt, sind, umso größer ist die Chance für die notwendige Vermehrung von Arbeitsplätzen und mehr Beschäftigung.

Noch einmal gesagt: Niemand nimmt uns über den Euro die Hausaufgaben ab. Wer jetzt nicht notwendige Reformen vorantreibt und sich in diesem Augenblick – und das geschieht in unserem Land in manchen Ansprachen – in europäische oder internationale Absprachen flüchtet, der wird keinen Fortschritt bewirken. Er wird kein Ziel erreichen. Denn man muss es klar aussprechen, obwohl es viele nicht gerne hören: Es ist völlig illusorisch, dass sich die Staaten Europas an unsere hohen Standards anpassen werden. Wir würden ärmeren Ländern Wachstumschancen nehmen, wenn wir dies glaubten. Deswegen macht es keinen Sinn, wenn man von einer Transfer-Union träumt. Das wäre ein Träumen, das Provokation bedeutet. Der Reformkurs muss durchgesetzt werden und zwar ohne Wenn und Aber, egal, ob Wahltermine anstehen oder nicht. Allein die Tatsache, dass wir uns nicht auf eine Steuerreform einigen konnten, hat dazu geführt, dass wir praktisch jetzt frühestens, wenn alles gut geht, am 1. Januar 2000 eine wirkliche Steuerreform haben können. Wir haben wichtige Zeit verloren.

– Beifall –

Die Unternehmen brauchen die Spielräume für mehr Investitionen und damit sie auch Beschäftigung entschlossen nutzen, das gehört zusammen, auch als ein wichtiger Auftrag des Unternehmers. Die Tarifpartner müssen moderate Lohnpolitik fortsetzen, das gilt für beide. Die Tarifverträge müssen unverändert am Beschäftigungsziel ausgerichtet werden. Der Staat und die Politik müssen Rahmenbedingungen schaffen. Wir haben vieles auf den Weg gebracht. Das ist unübersehbar, dass der Aufschwung an Breite und Kraft gewinnt, dass die Erfolge jetzt auch auf dem Arbeitsmarkt zu sehen sind. Aber es ist noch viel zu tun. Ich habe das Thema Steuerreform mit einem Satz gesagt. Es ist für mich zutiefst bedrückend, dass wir viele Investitionen, nicht zuletzt aus dem Dollar-Raum, nach allen klugen Vorbereitungen und Gesprächen letztendlich nicht, vor allen nicht in den neuen Ländern, etwa das Chemie-Dreieck bekommen, weil dann die amerikanischen Fondsverwalter da sind und sagen, aber mit diesem Steuerrecht können wir es nicht machen. Es ist kein nationaler Eigensinn, wenn ich sage, es ist ärgerlich, dass im Durchschnitt der vergangenen Jahre nach Großbritannien etwa die achtfache Zahl an Dollar-Investitionen gegangen ist statt hierher nach Deutschland, wo wir das Geld dringend notwendig brauchen. Wo übrigens jeder Amerikaner, der hier ist, gleichzeitig bestätigt, dass Deutschland ein Superstandort ist. Deswegen brauchen wir diese Steuerreform und zwar eine, die den Namen verdient. Das ist das ganz Wesentliche.

– Beifall –

Man kann nicht über die Steuerreform reden, wenn man nicht gleichzeitig redet über den Sozialstaat. Wobei es ein Unsinn ist, dass gesagt wird, der Sozialstaat soll abgeschafft werden. Er muss umgestaltet werden, er muss bezahlbar gemacht werden. In einem Land, in dem jede dritte Mark des Sozialprodukts für Sozialleistungen ausgegeben wird, werden wir international und in Europa ganz an der Spitze liegen. Da kann doch keine Rede davon sein, dass der Sozialstaat abgeschafft wird. Es geht um den Umbau. Es geht um die Absenkung von Lohnzusatzkosten. Es geht um Perspektiven für die Arbeitslosen, die Entlastung des Arbeitsmarktes und damit auch Stärkung des sozialen Netzes.

Meine Damen und Herren, man kann nicht über die Eigenverantwortung reden, wenn man nicht über die Rente redet. Mit der Rentenreform haben wir einen neuen Weg fortgesetzt und wir müssen noch zu weiteren Schritten kommen. Wir können keine Politik zu Lasten der Rentner machen, aber auch keine Politik, die der nachwachsenden Generation die ganze Last der demografischen Veränderung aufbürdet. Wenn es zwingend geboten ist – und es ist zwingend geboten –, umlagenfinanzierte Altersversorgung stärker durch kapitalgedeckte eigenverantwortliche Vorsorge zu ergänzen, muss eine Steuerreform auf diese ganz entscheidende Frage auch eine Antwort geben. Und so sind Steuerreform und Sozialreform unlösbar miteinander verbunden. Dies ist nicht eine Frage der Parteipolitik. Es ist die freie Entscheidung der Deutschen, dass sie sich dazu entschließen, weniger Kinder zu zeugen. Dass wir jetzt in der erstaunlichen Nachbarschaft – was mich immer wieder erstaunt – von Spaniern und Italienern sind mit der niedrigsten Geburtenrate in der Europäischen Union. Aber wenn wir auf diesem Gebiet Leistungen erbringen oder nicht, müssen wir auch die Konsequenzen des Nichterbringens der Leistung tragen, meine Damen und Herren.

Die gesunde leistungsfähige Wirtschaft ist eben die beste Voraussetzung jenen zu helfen, die auf Solidarität angewiesen sind. Ludwig Erhard – und damit will ich ihn noch einmal zitieren – hat immer vom ganzheitlichen Denken gesprochen. Das ist ein wichtiges Schlüsselwort. Die Pädagogik war bei uns, wie bei manchem anderen Vernünftigen, von diesem Weg abgekommen. Sie ist gerade wieder dabei zurückzukehren zum ganzheitlichen Denken. Ich plädiere nachdrücklich dafür. Denn wir können unsere – auch im besten Sinne Erhard'schen Denkens und Politik – ökonomischen und finanziellen Verhältnisse nicht in Ordnung bringen, wenn nicht in den Köpfen die entsprechende Ordnung ist, wenn nicht das Denken sich auch dieser Veränderung der Welt anpasst. Wenn wir nicht fähig sind, dazu zu lernen, ganz einfach. Das setzt voraus, dass unser Bildungs- und Erziehungswesen dieser Veränderung angepasst ist. Wenn Tony Blair vor einigen Wochen sagte, sein Ziel sei, dass Großbritannien die besten Schulen und Ausbildungsstätten in Europa habe, finde ich das prima. Ich finde es aber noch besser, wenn wir sagen, gut, Tony Blair, dann gehen wir in den Clinch, wir bauen auch die besten Schulen und die besten Universitäten und gestalten sie aus. Das wäre doch etwas völlig Neues für das neue Jahrhundert, dass wir nicht darum ringen, die besten Waffen zu haben, sondern die besten Schulen und Ausbildungsplätze.

– Beifall –

Was hier ansteht, ist ein Umdenken in allen Bereichen anzusprechen. Wir werden die Probleme am deutschen Arbeitsmarkt nicht lösen können, wenn wir uns auf die Stellen im öffentlichen Dienst oder auf die Großbetriebe, in der Großindustrie verlassen. Wir brauchen – wir sind wieder bei Erhard und in den 50er-Jahren angelangt – einen breiten leistungsfähigen Mittelstand. Wir brauchen den Mut zur Existenzneugründung. Wir müssen Existenzneugründer, junge wie alte, aber vor allem junge Leute massiv unterstützen auch im Denken und Umdenken, sich selbstständig zu machen. Den jungen Meister, der gerade seine Meisterprüfung mit Auszeichnung bestanden hat, der sich überlegt, ob er es wagen kann, dem müssen wir helfen über Risikokapital. Der Staat und jetzt auch in Gott sei Dank großem Umfange die Banken haben Notwendiges getan. Aber noch wichtiger ist das Umdenken in den Familien, in den Schulen, überall dort, wo junge Leute geprägt werden. Wer sich so einen Gedanken in den Kopf zieht und dann plötzlich hört, dass alle sagen, bist du denn verrückt, du bleibst doch besser bei den Farbwerken Hoechst, da kannst du jetzt schon mit einer Abschlagzahlung deine Pension berechnen, oder du wirst doch so ein Wagnis nicht machen, denn das ist ja keine 35-Stunden-Woche, du hast die Sonderprüfung vom Finanzamt zu erwarten, der weiß noch gar nicht, was ist das, aber er hört schon von allen, du musst diese Gefahr bestehen. Und so geht es doch weiter. Wenn in einer Umfrage herausgefunden wurde vor über einem Jahr, dass in Hochschulen fast 50 Prozent sagen, am liebsten ginge ich in den öffentlichen Dienst und in Amerika sind es 14 Prozent, wissen natürlich die 50 Prozent, dass sie nicht in den öffentlichen Dienst kommen. Aber dass sie es überhaupt erwägen, dass es ein ganz besonders lohnenswertes Ziel ist, dass man seine Lebensplanung mit 25 darauf einstellt, das zeigt einen Verlust an Zukunftsfähigkeit der Deutschen, denn die gleiche Entwicklung hatten wir in den 50er-Jahren nicht, sonst wären die damaligen Erfolge überhaupt nicht denkbar gewesen.

– Beifall –

Deswegen bin ich einfach dafür, dass wir werben, dass wir den Jungen sagen, wenn ihr schon gar nichts mehr von den Alten haltet, obwohl sie ja konkret angesprochen gar nicht so denken, aber ein Teil der verfassten öffentlichen Meinung verbreitet das, orientiert euch mal gelegentlich, wenn nicht schon am Vater, dann am Großvater, Urgroßvater, denn schließlich stammt ihr ja von denen ab, und weil diese logische Kette nicht zu durchbrechen ist, finde ich ist es schon sehr gut, wenn wir hier wieder uns auf den Weg machen. Und man kann nicht den 50. Geburtstag der D-Mark begehen und Erfolge, auch Gefahren dieser Zeit beschwören, ohne gleichzeitig sozusagen mitzunehmen, was die Botschaft jener Zeit ist. Die Botschaft etwas zu wagen, etwas zu riskieren, etwas zu unternehmen und nicht darauf zu warten, bis andere, auch der Staat, dann hilft.

So verstanden haben wir allen Grund, stolz zu sein auf diese 50 Jahre und vor allem ein herzliches Dankeschön zu sagen an die Gründergeneration. Wenn man sich einmal vorstellt – und es lohnt sich, ich kann Ihnen dies auch von mir aus noch einmal als Rat geben – und die Lebensläufe der Männer und Frauen nachzulesen, die damals hier im Zwei-Zonen-Wirtschaftsrat saßen, wo die her kamen, wie sie in der Spanne ihres Lebens in vielen Fällen praktisch ganze Epochen überbrückten. Im alten Jahrhundert geboren, in der Kaiserzeit aufgewachsen, oft schon selbst engagiert politisch tätig zu sein und dann die Zeit der Nazi-Epoche, in der inneren Emigration, in Konzentrationslagern und Gefängnissen oder in der äußeren Emigration. Und die dann ganz einfach hier zusammenkamen und ihr Dennoch zur Zukunft sagten, dann ist das doch eine Lektion, die wir zu Beginn des neuen Jahrhunderts gar nicht so hart formuliert sagen müssen: dennoch. Sondern wir können ganz einfach sagen, wir haben die Chance. Wir müssen die Chance nur in die Hand nehmen und sie gestalten. Wir haben mehr Zukunftschancen in unserem Land als je zuvor. Die größte Hoffnung für uns sind die Menschen, die hier leben, ihr Fleiß, ihre Ideen, ihre schöpferischen Kräfte.

Und wenn wir sagen, wir gestalten das 21. Jahrhundert, ist es unser Wunsch, dass es ein menschliches Jahrhundert sein möchte, dass wir die materiellen Sicherungen und Bedingtheiten schaffen können, davon bin ich absolut überzeugt. Natürlich nicht alle in kurzer Zeit, manche dauern Jahre. Aber wir können diese materiellen Grundlagen schaffen, wenn wir wieder einen gesellschaftlichen Konsens haben. Wenn wir begreifen, dass das Gruppeninteresse legitim ist. Ich habe etwas gegen Leute, die gegen Verbände wettern, nachdem gerade ihr eigener Verband alle Vorzüge in die Scheune gefahren hat.

Aber ich bin dafür, dass wir wieder begreifen, dass wir wirklich ein Volk sind. Das hat gar nichts mit Pathos zu tun. Wir sind es. Dass wir auch nicht aussteigen können aus der Geschichte der Gegenwart. Aber wenn wir eine gemeinsame Zukunft haben wollen, dann müssen wir die notwendigen Konsequenzen dann ziehen. Man kann doch trefflich streiten über viele Wege der Politik, aber die Grundlinien müssen wir uns unterhalten. Das ist eben nicht nur in der materiellen, sondern eben noch sehr viel wichtiger in der geistigen Dimension der Auseinandersetzung, im immateriellen Bereich.

Wenn ich hier ganz zum Schluss zu diesen 50 Jahren ein Wort von Werten und Tugenden sage, meine ich genau, ist das eine der wichtigsten Lektionen dieser 50 Jahre. Denn daran reflektiert sich der unlösbare Zusammenhang zwischen Freiheit und Verantwortung. Das ist wiederum die Grundlage für ein gutes Miteinander in Staat und Gesellschaft, in Deutschland und in Europa. Tugenden, das ist eine Formel, die viele junge Leute nicht mögen, ja gar nicht kennen, weil sie nichts davon gehört haben. Sie reden übersetzt von Engagement. Und richtig angesprochen, bringen sie ganz Unglaubliches auf den Weg für ihr Engagement. Ich streite jetzt nicht um den Begriff. Aber es ist schon wahr, dass aus diesem Engagement oder den Tugenden, wie ich es eben genannt habe, der Aufstieg und Erfolg unseres Landes in den letzten 50 Jahren möglich war. Dass Vieles von dem, was zum Teil eher knurrend, noch mehr aber mit großer Freude bei unseren Partnern in Europa und in der Welt festgestellt wird, seine Quellen, seinen Urgrund in diesem Handeln hat. Es war Verantwortungsgefühl und Pflichtbewusstsein, keine Sekundärtugenden, es war Gerechtigkeitssinn und Mitmenschlichkeit, es war Standfestigkeit und die

Fähigkeit, auch visionäre Gedanken zu haben und durchzusetzen.

Deswegen braucht unser Land an der Schwelle dieses neuen Jahrhunderts einen entsprechenden Kurs. Das heißt einfach übersetzt, dass wir fähig sind, das, was wir gemeinsam geschafft haben, zu überprüfen, einen Status zu machen. Was ist gut gelungen, das wollen wir behalten. Wir sind keine Bilderstürmer. Aber die Welt hat sich eben verändert und die Menschen mit ihnen. Wenn wir heute über 50 Jahre D-Mark reden, dürfen wir nicht vergessen, dass zwei Drittel der heute lebenden Deutschen nach diesem Zeitpunkt geboren und aufgewachsen sind und dass ihre Erinnerung eine ganz andere ist, eine Erinnerung, die ganz selbstverständlich leben, ohne viel zu reflektieren, warum das so ist. Deswegen müssen wir, wenn wir über das Festhalten an den Grundwerten sprechen, auch die Begründung dazu geben und zwar verständlich. Und gleichzeitig den Menschen sagen, wenn wir unseren Status, um es ökonomisch zu sagen, erhalten wollen, müssen wir Veränderungen, Reformen – der Begriff ist nicht so wichtig wie der Inhalt – für die Zukunft gestalten, weil es um der Zukunft willen geboten ist. Wenn Sie wollen, müssen wir den notwendigen Wandel mit Vertrauen verbinden. Das ist übrigens in dramatischer Zeit vor 50 Jahren geschehen.

Meine Damen und Herren, wenn wir uns darauf besinnen, ungeachtet des Streites des Tages, haben wir eine große Chance. Das ist, so verstehe ich es, die Botschaft an diesem Tag, 50 Jahre D-Mark, und hier in der Paulskirche, nicht an irgendeinem Ort in Deutschland, sondern hier in dieser Paulskirche, die wir mit nach Hause nehmen können. Ich möchte uns einladen, ganz einfach die Chancen zu nutzen.

– Beifall –

HR (Wehnelt): Es sprach Bundeskanzler Helmut Kohl. Aus der Frankfurter Paulskirche übertrug HR 1 den Festakt 50 Jahre Deutsche Mark. Am Mikrophon Christoph Wehnelt. – Ich gebe zurück zum Funkhaus.

Domenico Gabrielle: Sonate D-Dur für Trompete, Flöte, Oboe, Violione, Violoncello und Basso continuo – Allegro, Largo, Largo/Presto

– Beifall –

Empfang in der Wandelhalle der Paulskirche

Heroisierung des Geldes

Die Heroisierung des Geldes, der D-Mark entspricht ganz gewiss nicht der Tradition deutschen Geistes. Bei den alten Preußen galt: mehr sein als scheinen. Sie trugen die Pelze nach innen. Geld hatte man, aber man sprach nicht drüber. Juden sind heute noch derselben Meinung. Allein schon das Wort „stabiles Geld ist gemünzte Freiheit“ kann missverständlich sein. Völker, die über weiches Geld verfügen, fühlen sich deshalb nicht unfrei. Und Leute, die gar kein Geld haben, sehen sich gerade deshalb befreit. Die Heroisierung der D-Mark haben uns genau jene eingeredet, die uns das gute Geld jetzt wieder entwenden.

Warum hat sich das allgemeine Unbehagen über die Abschaffung der D-Mark aber so ausgebreitet? Die wohl gesetzten Worte bei pompösen Gedenkfeiern korrigieren da nichts. Sie lassen bestenfalls noch mehr Frust aufkeimen. 50 Jahre D-Mark und jetzt ein Ende. Na und? Krokodilstränen, nichts weiter! Bei aller Habgier und bei allem Neid, die bei uns virulieren, geht es beim Unbehagen über die Geldkultur durchaus nicht um Mark und Pfennig. Es geht um Ordnung. Die D-Mark hat Ordnung gebracht, ganz gleich ob sie in Bad Homburg, Rothwesten oder Frankfurt überwiegend von Amerikanern oder Deutschen entwickelt wurde.

Die D-Mark war erstes und seitdem erstrangiges Ordnungselement in diesem bis auf die Grundmauern zerstörten Staat. Durch die Einführung dieses Geldes in den drei Westzonen kam Ordnung bis an die De-Mark-ationslinie zum Stalin-Reich. Bei der Mark war von Anfang an Außenpolitik im Spiel. Durch die Ablösung der Reichsmark wurde im Währungsinland ganz gewiss geldpolitische Ordnung und damit stabile Kaufkraft geschaffen. Hier wurde Innenpolitik wirksam. Schon früher als das Grundgesetz und mit ihm hat das neue Geld nach Deutschland Ordnung gebracht.

Die Politik hätte nach der Wiedervereinigung, die auch durch die Kraft der D-Mark erst möglich wurde, diese Grundbefindlichkeit der Deutschen sogar noch etwas veredeln können, wenn sie sich an den Auftrag des Grundgesetzes gehalten hätte und 1990 eine neu geschriebene gesamtdeutsche Verfassung zur Volksabstimmung gebracht hätte. Hier wurde Innenpolitik in einem entscheidenden Punkt vernachlässigt, sogar verpasst, dafür Außenpolitik gemacht.

Die Bundesregierung stellte die von der Bundesbank gemanagte Ordnung zur Disposition, um über das Geld – mit viel Liebedienerei – Ordnung in Europa zu schaffen. Was die D-Mark in Deutschland geleistet, soll nun unter ganz anderen Voraussetzungen der Euro kontinental regeln, übrigens mit genau so wenig „Verfassungsschutz“. Wir wissen es: Der Euro wird so stabil wie die D-Mark und die Europäische Zentralbank soll noch unabhängiger als die Bundesbank sein.

Vieles von dem, was einem geschundenen Dreiviertelsvolk vor 50 Jahren gelungen ist, soll nun mit 11, 15, 25 höchst selbstbewussten Einzelstaaten mit 400 Millionen Einwohnern dargestellt werden. So gesehen muss ab sofort der Euro heroisiert werden, geradezu ins Morgengebet eingeschlossen, damit alles in Europa klappt. – Über die D-Mark reden wir nicht, die haben wir – noch. Wir wurden reich damit. Sie hat uns sogar bereichert.

Die Königin ist tot – es lebe der König

Die Frankfurter Alte Oper ist der geeignete Platz, um die Gründung der EZB angemessen zu feiern. Der Traditionsbau steht unter dem Dreigestirn des „Wahren, Schönen, Guten“ und demonstriert Wehrhaftigkeit mit der Panter-Quadriga ganz oben über dem Portal. Das Ambiente verleiht der gemeinsamen europäischen Währung und deren Leitung einen nicht alltäglichen Glanz. Von hier und heute geht eine neue Epoche der Geldgeschichte aus, denn niemals zuvor hat es eine Staatengruppe gegeben, die eine gemeinsame Währung für sich schuf und damit auch noch Erfolg hatte. Der Euro muss als höchstes Gut gelten, weniger, weil die Europäer abgefeimte Materialisten sind, sondern weil ein Gutstück europäischer Zukunft daran hängt.

Zum Euro drängt ganz Europa, mindestens zwei Dutzend Staaten. Vorläufig gilt aber: Elf Freunde sollt ihr sein, denn irgendwo geht es auch hier um eine Meisterschaft. Zu allererst müssen die elf Euro-Beginner jeweils ihre eigene Finanzpolitik meistern, Wahrhaftigkeit braucht es dazu. Bisher ist noch nicht ganz sicher, ob hier zusammenwächst, was zusammengehört. Umso größer muss die Anstrengung fürs Gelingen ausfallen. Das Schöne daran ist, dass der Alte Kontinent, der sich seit Urzeiten in mehr oder weniger gelungenen Feldzügen gegeneinander zermalmt hat, zusammenrückt und von nun an auf ewig ungeteilt sein soll. Das Gute wäre ein ganzes Stück Frieden mehr in dieser Welt. Zumindest aber ein starker Staaten-Verbund, der selbst Frieden hält und in der Welt auch für Frieden sorgen kann. Soviel Hoffnung wird tatsächlich in eine Währung gesetzt, die bisher in Deutschland die meisten Leute geärgert hat. Aber: Wer den Euro nicht ehrt, ist die D-Mark nicht wert, die darin aufgeht.

Bleiben wir auf dem Boden der Tatsachen: Die Arbeit, die hier zu bewältigen ist, grenzt an Unglaubliches. Völlig losgelöst von dem real existierenden Chauvinismus und ohne Rücksicht auf wirtschaftliche Divergenzen wird hier ein Vabanquespiel initiiert, das auch danebengehen kann. Der Schaden wäre unabsehbar, obwohl auch nach einem Scheitern kein Krieg in Europa ausbräche, wie es uns manchmal Kanzler Kohl weismachen wollte. In der Anfangszeit wird der Weg der EZB schon über steiniges Gelände führen. Politisch werden zeitweilig Koalitionen nötig, die zum Erhalt des Ganzen in Teilbereichen auch die unverbrüchliche deutsch-französische Freundschaft infrage stellen können. Es gibt Anzeichen dafür. Für den Erhalt der Unabhängigkeit der EZB zu kämpfen lohnt jedoch. Hier sind die Spitzenleute der Zentralbank zuerst gefordert. Auf in den Kampf, Wim Duisenberg.

Zeremonie zur Einweihung des Europäischen Systems der Zentralbanken

Frankfurt, 30. Juni 1998

Rede von Jacques Santer, Präsident der Europäischen Kommission

„Es ist der Beweis zu erbringen, dass eine föderal ausgerichtete europäische Zentralbank bestehen kann, auch wenn es keine wirklich föderale europäische Regierung gibt."

Mr. President of the European Council, the Prime Minister of the United Kingdom, Mr. Blair

Herr Bundeskanzler der Bundesrepublik Deutschland, Dr. Kohl

Mr. President of the European Parliament, Mr. Gil Robles

Herr Bundeskanzler der Bundesrepublik Österreich, ab Morgen Präsident des Europäischen Rates, Dr. Klima

Exzellenzen

Herr Ministerpräsident des Landes Hessen, Dr. Eichel

Frau Oberbügermeisterin der Stadt Frankfurt, Frau Roth

Liebe Freunde,

es ist mir eine große Freude, heute gemeinsam mit Ihnen die Einweihung des Europäischen Systems der Zentralbank feiern zu dürfen.

Und wir haben wirklich Grund zum Feiern, denn der Euro bildet fraglos den Höhepunkt des europäischen Aufbauwerks, so wie wir es uns seit Beginn des Binnenmarktprogrammes vorgestellt haben.

Allein die Tatsache, dass das Europäische System der Zentralbanken – um den durch den Maastrichter Vertrag eingeführten Namen aufzugreifen – nunmehr existiert, ist faszinierend: Denken wir doch nur an den Weg, den wir zurückgelegt haben, seit 1964 der Ausschuss der Zentralbankpräsidenten eingerichtet wurde!

Lassen Sie mich hier die beachtliche Arbeit herausstellen, die Herr Lamfalussy und Herr Duisenberg seit 1994 geleistet haben. Ihnen und insbesondere der Tätigkeit des Europäischen Währungsinstituts ist es zu verdanken, dass wir den Erfolg, den wir heute feiern, in so kurzer Zeit erreicht haben. Anerkennung gebührt aber auch den nationalen Zentralbanken, die in allen Phasen dieses gemeinsamen Projektes aktiv mitgewirkt haben:

- Durch ihre Mitarbeit im Delors-Ausschuss,
- durch ihre Beiträge zur Vorbereitung des Vertrages von Maastricht,
- und, insbesondere in den letzten Jahren, durch eine enge Zusammenarbeit mit der Kommission bei der Vorbereitung der Rechtsinstrumente und der gegenseitigen Abstimmung der Konvergenzberichte.

All diese Fortschritte waren nur möglich, weil wir unser Wissen gebündelt und im Laufe der Arbeiten immer weiter vertieft haben.

Alle Elemente eines soliden Fundaments für einen starken und stabilen Euro sind gegeben, und wir können – so meine ich – der Zukunft gelassen entgegensehen.

Allerdings stehen wir dann gleich vor der nächsten Herausforderung, der wir uns bereits heute stellen müssen: Wie schaffen wir es, dass der Euro auch wirklich ein Erfolg wird?

1. Zunächst gilt es, den Euro konkret einzuführen.

Die wichtigsten Voraussetzungen sind bereits erfüllt, und zwar

- der Rechtsrahmen,
- der Stabilitäts- und Wachstumspakt,
- die bilateralen Umrechnungskurse,

- und schließlich das EWS-II.

Weitere Arbeiten sind bereits gut fortgeschritten:

- die Wahl der währungspolitischen Instrumente,
- die Herstellung von Euro-Banknoten und -Münzen,
- die Umstellung der öffentlichen Verwaltungen auf den Euro
- und nicht zuletzt die Vorbereitung der Privatwirtschaft und der Bürger. Sie ist von allergrößter Wichtigkeit. Wir brauchen daher insbesondere auch eine gut durchdachte Öffentlichkeitsarbeit.

2. **Sodann muss sich die Europäische Zentralbank die notwendige Autorität verschaffen.**

Sowohl die Kommission als auch die Europäische Zentralbank wurden durch die Verträge eingerichtet. Während die Kommission als Organ der Gemeinschaft dafür zu sorgen hat, dass alle der Gemeinschaft zugewiesenen Aufgaben erfüllt werden, kommt der EZB eine ganz spezifische Rolle zu: Sie soll die Geldpolitik unter Gewährleistung der Preisstabilität steuern.

Dafür wird sie viel Fingerspitzengefühl aufbringen müssen, denn es wird nicht einfach sein, in unserer von großen Unterschieden geprägten Union eine Stabilitätskultur zu entwickeln. Doch nur auf diesem Weg werden wir unsere Wachstums- und Beschäftigungsziele nachhaltig verwirklichen können.

Zwei Überzeugungen sollten unser Handeln leiten:

- Erstens: die Erfahrung hat gezeigt, dass sich die Konvergenz nachweislich positiv auf unsere Volkswirtschaften ausgewirkt hat;
- Zweitens: Es muss aufgeklärt und überzeugt werden. Dadurch werden Sie sich Legitimität erwerben. Das wird zwar viel Mühe kosten, doch die Erfahrungen der Zentralbanken der Teilnehmerstaaten – und darüber hinaus – werden Ihnen dabei zugute kommen.

3. **Schließlich ist der Beweis zu erbringen, dass eine föderal ausgerichtete europäische Zentralbank bestehen kann, auch wenn es keine wirklich föderale Regierung gibt.** Ich bin davon überzeugt, vorausgesetzt drei Voraussetzungen sind erfüllt:

- Es muss gelingen, den europäischen Bürger davon zu überzeugen, dass es sich bei der einheitlichen Währung um ein gemeinsames Gut handelt, das gemeinsam zu verwalten ist. In diesem Sinne bilden das Europa der Euro und das Europa der Völker keinen Widerspruch. Vielmehr stärken sie einander. Entscheidend wird in diesem Zusammenhang auch das Gelingen der Integration im finanziellen Bereich sein. Die Kommission wird dieses Ziel noch vor Jahresende in einer Mitteilung umfassend behandeln. Wie Sie wissen, hat die Kommission bereits entsprechende Initiativen im Hinblick auf einen Aktionsplan für die Schaffung einer europäischen Marktes für Risikokapital ergriffen.
- Zudem wird es erforderlich sein, die wirtschaftspolitischen Koordinierungsinstrumente, die uns mit den Grundzügen der Wirtschaftspolitik, der Euro-11-Gruppe und dem Stabilitäts- und Wachstumspakt an die Hand gegeben sind, besser zu nutzen. Wie in jeder guten Ehe müssen auch unsere Staaten lernen, einander die Wahrheit zu sagen, selbst wenn das bisweilen schwerfällt. Ich begrüße in diesem Zusammenhang, dass der Europäische Rat in Cardiff diese Einschätzung unterstützt hat.
- Schließlich müssen die mikroökonomischen Reformen der Arbeits-, Güter- und Kapitalmärkte erfolgreich durchgeführt werden.

Das meine Damen und Herren, sind die Perspektiven der Union im Sommer des Jahres 1998, sechs Monate vor dem 1. Januar 1999.

Unser Vorhaben ist von historischer Bedeutung. Dies gilt für die 11 Teilnehmerstaaten, aber auch für die übrigen Mitgliedsstaaten, die sich wie ich glaube, dem Vorhaben nicht länger verschließen werden, sobald sie sich von seiner erfolgreichen Durchführung überzeugt haben. Dies gilt aber auch für die übrige Welt. Der Euro wird sich international durchsetzen. Es wird an uns sein, die Instrumente dafür zu entwickeln, dass der Euro seiner **internationalen Aufgabe** gerecht werden kann. Die Krise in Asien hat gezeigt, dass selbst Entwicklungen, die sich in großer räumlicher Entfernung vollziehen, unmittelbar finanzielle Konsequenzen für Europa mit sich bringen können. Sie hat zudem deutlich werden lassen, dass wir uns der neuen Verantwortung für das internationale Wirtschaftsgeschehen, die wir mit dem Euro bewusst eingegangen sind, vorbehaltlos stellen müssen.

Meine Damen und Herren,

bevor ich schließe, gestatten Sie mir noch ein Wort an Wim Duisenberg, den ich seit Langem kenne. Wim hat eine bedeutende und ehrenvolle Aufgabe übernommen. Er besitzt die erforderliche Erfahrung, die notwendige Kompetenz und die gebotene Entschlossenheit, um diese Aufgabe gemeinsam mit den anderen Mitgliedern des Direktoriums und den Zentralbanken erfolgreich zu meistern. Europa wird aus diesem Vorhaben als großer Gewinner hervorgehen. – Ich danke Ihnen für Ihre Aufmerksamkeit.

Grußwort des Bundeskanzlers Dr. Helmut Kohl

„Der Euro wird zu einer ähnlichen Erfolgsgeschichte wie die D-Mark.“

Meine Damen und Herren,

liebe Mitarbeiterinnen und Mitarbeiter der Europäischen Zentralbank.

Als Bundeskanzler der Bundesrepublik Deutschland heiße ich Sie hier in Frankfurt herzlich willkommen.

Dies ist ein großer Tag für Europa, für Deutschland und für die Stadt Frankfurt am Main. Die Errichtung der Europäischen Zentralbank ist ein wichtiger Meilenstein in der Geschichte der europäischen Einigung. Am 1. Juni wurde EZB offiziell gegründet. Ich bin sicher, dass es Ihnen allen gelingen wird, die neue europäische Währung, den

Euro, durch Ihre Arbeit zu einer starken, stabilen und sicheren Währung zu machen.

Meine Damen und Herren, die europäische Einigung ist ein Glücksfall der Geschichte unseres Kontinents. Dies gilt vor allem für unser Land, für Deutschland, als Land in der Mitte Europas mit den längsten Grenzen und den meisten Nachbarn. Ohne die Einigung Europas wäre die Deutsche Einheit nicht möglich gewesen. Dafür sind wir dankbar. Die europäische Einigung ist für uns Deutsche bleibende Verpflichtung.

Zugleich ist der Bau des Hauses Europa die beste Garantie für Frieden und Freiheit im 21. Jahrhundert. Die Einführung des Euro ist ein säkulares Ereignis, das das Gesicht unseres Kontinents im nächsten Jahrhundert entscheidend prägen wird.

Heute wachsen Kinder im Bewusstsein auf,
- dass sie nach menschlichem Ermessen ihr ganzes Leben in Frieden, Freiheit und Wohlstand verbringen können,
- dass die Grenzen in Europa ihren Charakter als trennende Grenzen verloren haben und sie überall in Europa Freunde finden können,
- dass sie künftig von Helsinki bis Madrid mit einer Währung bezahlen werden.

Mit dem Euro wird sich ein ganz neues Gefühl der Zusammengehörigkeit entwickeln. Europa wird so für die Menschen ganz konkret erfahrbar. Währungen waren schon immer mehr als bloßes Geld oder nur ein Zahlungsmittel. Sie waren und sind immer auch ein Stück kultureller Identität und ein Gradmesser politischer Stabilität.

Die Einführung des Euro wird auch der Fortentwicklung der Politischen Union neuen Auftrieb geben. Ich bin mirt sicher, dass die morgen beginnende österreichische Ratspräsidentschaft hierzu weitere Impulse geben wird.

Für die deutsche Ratspräsidentschaft im 1. Halbjahr 1999 steht eine Vielzahl entscheidender Weichenstellungen an. Wir haben uns vorgenommen, Europa in dieser Zeit – gemeinsam mit unseren europäischen Partnern – ein gutes Stück voranzubringen. Dies gilt insbesondere für die dann anstehenden Entscheidungen zur Agenda 2000.

Wir müssen uns ebenfalls unter deutschen Vorsitz – anknüpfend an die Debatte beim Europäischen Rat in Cardiff – intensiv der Frage der künftigen Entwicklung des europäischen Einigungsprozesses widmen. Wir werden die vor allem auch mit Blick auf die konsequente Umsetzung des Subsidiaritätsprinzips und die notwendigen institutionellen Reformen tun. Dies ist gerade vor dem Hintergrund der anstehenden Erweiterung der EU nach Osten und Südosten ein wichtiges Thema.

Meine Damen und Herren, die gemeinsame europäische Währung ist von grundlegender wirtschaftlicher Bedeutung für Europa. Zwischen den teilnehmenden Währungen bestehen künftig keine Wechselkursschwankungen mehr. Dies erhöht die Planungssicherheit für Investitionen. Der Handel wird zunehmen. Dies kommt der Wirtschaftsentwicklung in unseren Ländern zugute.

Unbestritten ist, dass der Euro kein Patentrezept ist, mit dem die Arbeitsmarkt-Probleme in vielen Ländern Europas quasi über Nacht gelöst werden können. Hierzu bedarf es – nicht zuletzt auch bei uns in Deutschland – noch größerer Flexibilität am Arbeitsmarkt und weiterer struktureller Reformen und Veränderungen. Wenn jeder von uns seine nationalen Hausaufgaben macht, eröffnet der Euro die große Chance für neue wirtschaftliche Dynamik, für dauerhaftes Wachstum und zukunftssichere Arbeitsplätze im 21. Jahrhundert.

Mit der Euro-Zone entsteht ein einheitlicher Markt mit gemeinsamer Währung für zunächst 300 Millionen Menschen und einem Anteil von rund 20 Prozent am Welteinkommen – dies ist vergleichbar mit dem Anteil der USA. Ich gehe davon aus, dass die Euro-Zone in den kommenden Jahren durch den Beitritt weiterer Länder noch wichtiger wird.

Der Euro ist eine der wichtigen Antworten Europas auf die Globalisierung, den immer schärferen weltweiten Standortwettbewerb zwischen Staaten und Regionen. Ein stabiler Euro hat gute Chancen, eine ernstzunehmende Alternative zum US-Dollar als Weltwährung zu werden. Angesichts der aktuellen Schwierigkeiten in Asien erkennen viele Investoren aus aller Welt die Vorzüge Europas und legen ihr Geld trotz niedriger Zinsen im „sicheren Hafen“ des Euro-Raumes an. Die internationale Finanzwelt hat großes Vertrauen in die gemeinsame europäische Währung – und das schon ein halbes Jahr vor ihrer Einführung.

Das Vertrauen in die Stabilität des Euro ist vollauf gerechtfertigt! Wir haben die Einführung des Euro über einen Zeitraum von zehn Jahren sorgfältig vorbereitet. Wir haben wichtige Voraussetzungen dafür getroffen, dass der Euro eine dauerhaft stabile Währung wird:
- Bei der Auswahl der Teilnehmerstaaten Anfang Mai haben wir strikt auf die vertragsgemäße Einhaltung der Konvergenzkriterien geachtet.
- Damit die Haushaltsdisziplin auch nach Beginn der Währungsunion gewährleistet ist, haben wir zusätzlich den Stabilitäts- und Wachstumspakt beschlossen.
- Die Europäische Zentralbank, deren Gründung wir heute feiern, ist **nach bewährtem Vorbild unabhängig und zuallererst der Sicherung der Geldwertstabilität verpflichtet.**

In Europa hat sich zudem bereits in den letzten Jahren eine beispiellose Stabilitätskultur entwickelt, die noch vor zehn Jahren niemand für möglich gehalten hätte.

Ich bin sicher, dass der Euro zu einer ähnlichen Erfolgsgeschichte wird wie die D-Mark, deren Einführung vor fünfzig Jahren wir Deutsche uns vor wenigen Tagen erinnert haben. Gerade für Deutschland als Exportnation liegt die Einführung der gemeinsamen Währung im ureigenen Interesse.

Meine Damen und Herren, als Hüterin der Stabilität der neuen Währung kommt der EZB in Frankfurt am Main eine große Verantwortung zu. Ich bin überzeugt, dass sie ihre Aufgabe hervorragend meistern wird. Ich bin froh, dass im ersten Direktorium der Europäischen Zentralbank hervorragende Persönlichkeiten sind. Dies ist die beste Garantie für einen stabilen und sicheren Euro. – Für die vor Ihnen liegenden wichtigen Aufgaben wünsche ich Ihnen allen viel Erfolg!

SPEECH BY THE PRIME MINISTER TONY BLAIR AT THE INAUGURATION OF THE EUROPEAN CENTRAL BANK, FRANKFURT

„The City of London is already at the vanguard of the financial services sector within Europe in welcoming the Euro."

Ladies and gentlemen,

Today, the key decisions on the foundation of the single currency are taken and behind us, and the European Central Bank officially takes over the reins of responsibility from the European Monetary Institute. It does so against a background of financial market confidence in a smooth Euro launch in January.

The launch of the single currency – on time – is a testament to the ability of Europe's leaders to work together, even when decision-making has proved difficult.

There are bound to be difficult moments in the future too. But I have no doubt that same ability to work together will be there when needed.

Our work to establish the Euro as a strong currency embodies a new consensus in Europa about how our economies can be managed successfully: that you can't take short cuts to lower unemployment by taking risks with higher inflation; that sound public finance is a pre-condition of macro economic stability and that macro economic stability is itself a pre-condition of sustainable investment and growth. In or out of EMU, these are the policies that Europe's Governments must pursue.

I also have no doubt that the ECB's monetary policy will be as credible as the quality of its leadership suggests.

There is an excellent team at the top. Wim Duisenberg has outstanding experience as a central banker. And the other members of the Executive bring a wealth of expertise. Moreover the Bank's leadership is clearly established for the next 12 years.

You start with several advantages. I pay tribute to the EMI's preparatory work and to Alex Lamfalussy, its first head – and also the staff of all 15 Central Banks who actively participated in the vital work or preparation.

You start at a time when, despite problems elsewhere, there has been a healthy upturn in the economic prospects für Europe, with renewed growth and conficence visible in many countries.

But the ECB's most prized possession is the principle of independence, guaranteed by the ECB statute. The primary objective of price stability is laid down in the Maastricht Treaty.

I support this wholeheartedly. One of the new British Government's firste decisions was theat teh Bank of England would become independet.

For Britain of course this change of policy came very late in the day. We suffered from decades of boom and bust partly because too many past economic decisions were taken on the basis of short-term expediency, not a long-term commitment to stability and low inflation.

The independence of the ECB is therefore of fundamental importance. It was to protect that principle that the negotiations were so protracted in May in Brussels. The principle must not bei tampered with if the Bank's credibility ist not to be fritteres away.

But alongside its independence, the ECB must also build a reputation for dialogue and trust. Dialogue with all the key actors in Europe's economy. A regular line of accountability to the European Parliament, as laid down in the Treaty. Transparency in explaining its actions to the public. All these are essentials für the ECB to establish is legitimacy as well as its indepencence.

Above all we need to build an effective relationship between the ECB and Europe's Finance Ministers. In the successful running of any economy monetary und fiscal policy must bei properly complementary. Rigorous implementation of the pact for Stability and Growth is vital.

Most important of all, Europe's governments must also pursue the structural reforms necessary to improve the functioning of product, labour and capital markets. Reform is essential if the single currency is to be the success we all want and need. With exchange rates locked together forever, we need more market flexibiliy, not less. The single currency will embrace a population larger than the US, but we do not have labours molility of the American kind. Nor can or should we rely an fiscal transfers between regions. That is why the successful completion of EMU will depend on effective adjustment mechanisms in individual countries.

For EMU will bring in its wake changes of a fundamental nature. Prive differentials will bei more transparent. Exchange rate uncertainty will no longer be a barrier to trans-national investment. The impact of these changes on the behaviour of consumer, producers, employers and employees will be huge.

In my view, Europe will face a simple choice. Do we attempt to hold back change, resist necessary structural economic reform and blame the ECB if we get bad economic news? Or do we accept that the ECB must act independently to secure price stability, while we ourselves work with the grain of economic change and make the most of the opportunities the single currency offers? For me there is only one choice we can make, however uncomfortable is may on occasion be, if we are to see the full potential benefits of EMU for growth and jobs in Euope – that is to accept price stability and build economic change on its sure foundation.

I was greatly encouraged by the consensus and this at the Cardiff European Summit. We agreed real commitments at national and EU level. To develop the broad economic guidelines. To give real impetus to employment action plans. To modernise the single market. And to promote entrepreneurship and the growth of small firms through better access to venture capital and a more favourable regulatory environment. It represented a new emerging consensus in Europe about a reformed European social model.

All this amounts to a tremendous challenge für governments and bankers alike. But it is one Iam confident can and will be met.

I speak of course as Prime Minister of a country that will not be part of the single currency's first wave for the reasons we have given, namely that there is not, at present, sustainable economic convergence between our economy and those elsewhere in Europe. But our position remains as it was clearly set out by Gordon Brown last October: „we believe that, in principle, British membership of a successful single currency would be beneficial to Britain and Europ; the key factor is whether the economic benefits of joining for business and industry are clear and unambiguous. If they are, there is noch constitutional bar to British membership of EMU."

We wish the single currency well and will work to make is succed and we will take our decision on the basis of the national economic interest. And we will putt that decision to the British people in a referendum.

Meanwhile, we look forward to working closely with the ECB. We are also working hard on prictical preparations for the Euro from 1. January 1999. We are working to ensure that business can use the Euro freely and efficiently within the UK and the EU. The City of London is already at the vanguard of the financial services sector within Europe in welcoming the Euro.

This speech is my last formal act in the British Presidency of the European Union – a Presidency which hat marked a sea-change in the British approach to Europa, from self-imposed isolation to full-heartet cooperation. I hope we have done a competent and professional job. I know we have shown how much both Britain and the rest of Europa have to gain from each other through working together.

We have been priviled to hold the Presidency for the launch of tow of the most historic acts in Europe's post-war history – EMU and enlargement. We have been able to push forward debate on both economic and political reform so that the ambition we all share – a Europe closer to the people – can be realised.

It is for governments to take advantage of this new Europe of change and dynamism. It is for the ECB to create the framework of stability on which this dynamism can be built. I wish Wim Duisenberg and the ECB all the very best for their future work.

*****

Für den musikalischen Rahmen des einzigartigen Ereignisses sorgte der EZB-Präsident persönlich. Der Holländer hat den „Maastrechter Staar Royal Dutch Male-voice Choir" engagiert. Im 1. Teil gab der Männergesangsverein ein europäisches Medley zum Besten. Im 2. Teil kamen Opernchöre, auch etwas Musicals und Cabaret zum Zuge. Der deutsche Beitrag beim Medley hieß ganz unmissverständlich: Auf der Heide blühen die letzten Rosen. Richard Wagner steuerte später noch den Pilgerchor aus Tannhäuser bei. Mit Don Carlos war weniger Schiller („Die schönen Tage von Aranjuez sind vorüber") als Verdi gemeint (Coro d'introduzione e scena del frate). Frankreich war im Medley mit den „Chevaliers de la table ronde" vorteilhaft vertreten, später mit Gounods Faust „Chœur des soldats" – offenbar die deutsch-französische Freundschaft berücksichtigend. Das Vereinigte Königreich bewahrte wie immer Stil: „Land of hope und glory." Zum Schluss, beim lockeren „Money, money, money" fühlten sich alle in Freude richtig verstanden.

*****

Nachmittags überreichte Finanzminister Theo Waigel dem EZB-Präsidenten, Duisenberg, die Erstdrucke der Briefmarke „Europäische Zentralbank Frankfurt am Main". Das ist sicherlich nicht das Wichtigste, aber bezeichnend für den 30. Juni, denn am 1. Juli nimmt die EZB ganz offiziell die Arbeit auf. Waigel ist nicht alleine wegen der Briefmarken nach Frankfurt gereist, sondern hat handfeste Politik im Sinn, zumindest deren Demonstration.

Nach der Euro-Fete in der Alten Oper traf sich die deutsche Hochfinanz bei der Bundesbank. Da wurde nämlich Otmar Issing verabschiedet, der jetzt als Chefvolkswirt beim Euro sein Geld verdient. Außerdem wurde Waigels Staatssekretär, Jürgen Stark, als Vizepräsident und damit als Stellvertreter von Hans Tietmeyer installiert. Johann Wilhelm Gaddum ging aufs Altenteil. Aber warum brauchen wir noch einen Vize bei der Bundesbank, wo doch die D-Mark bald mausetot ist? Der Vize wird gebraucht, weil Jürgen Stark nächstes Jahr Nachfolger von Tietmeyer werden soll als Bundesbank-Präsident und damit als deutscher Gouverneur bei der Europäischen Zentralbank. Dafür muss allerdings Kohl die Wahl gewinnen. Demnächst wird Jürgen Stark auf jeden Fall „Außenminister" der Bundesbank. Das Amt übernimmt er vom Kollegen Helmut Schieber, der künftig das Kapital- und Geldmarktressort leitet. Übrigens hat die Bundesbank noch ein langes Leben, denn die EZB funktioniert nur gemeinsam mit dem Europäischen System der Zentralbanken, dessen integraler Bestandteil die Deutsche Bundesbank ist.

Schröder und Lafontaine verändern die Welt

Die Konstellation könnte kaum vertrackter sein. Wir stehen am Ende der Bonner Republik und befinden uns am Anfang der Globalisierung. Wir starten in ein von Berlin regiertes Deutschland und begraben gleichzeitig die Deutsche Mark. Wir treten in Euro-Land ein und haben künftig eine SPD-geführte Bundesregierung, deren Finanzminister, Oskar Lafontaine, sich ein Weltwährungssystems vorstellt, wo alle gleich sind. Er will schlichtweg mehr oder weniger festgezurrte Wechselkurse zwischen Dollar, Yen und D-Mark, pardon Euro, in der gutherzigen Absicht, dass damit sämtliche Finanzkrisen dieser Welt unmöglich gemacht werden, zumindest aber gänzlich unwahrscheinlich würden. Bretton Woods ist seit 25 Jahren tot, jetzt aber lebe hoch ein neues Festkurssystem. Was tun, spricht Schröder, die Könner sind Genossen.

Früher hat hier die Bundesbank noch einen gewissen Riegel vorschieben können. Das wird mit dem Euro anders. Denn der Wahlausgang von Ende September (98) hat als konsequente – personelle – Folge, dass auch der nächste Bundesbankpräsident ein SPD-Mann wird. Der kürzlich gekürte Vize, Jürgen Stark, hat kaum noch eine Chance. Das muss natürlich nicht heißen, dass Ernst Welteke oder Edgar Meister nicht ebenfalls verantwortungsbewusste Bundesbankchefs werden könnten. Sie gehörten schließlich seit Jahren dem Zentralbankrat an. Aber auch sie können die Geldpolitik der EZB nicht umdrehen nach deutschem Gusto. Schieben wir die Repräsentanten des großen Geldes mal beiseite. Es reicht, wenn beim Bürger das Kleingeld stimmt.

Hier entsteht jedoch die verflixte sozialpolitische Debatte. Sozialabbau oder Solidarität, Reformbereitschaft oder Rückbesinnung auf das Plätzchen hinter dem warmen Ofen, wo es sich im Schatten der deutschen Teilung noch so schön kleinbürgerlich und betulich leben ließ. Ökologisch soziale Erneuerung oder eine zügige Wirtschafts- und Finanzpolitik, die unseren Staaten im internationalen Wettbewerb vorwärts bringt. Das sind die Fragen. Nach seinem historischen Wahlsieg hat Gerhard Schröder die historische Chancen, historische Weichenstellungen vorzunehmen, die das Staatswesen voranbringen.

Der neue Finanzminister findet ganz gewiss ein riesiges Betätigungsfeld vor, von der Einkommensteuerreform bis hin zum Einstieg in ein Öko-Steuersystem, von Subventionsabbau bis zu einem gerechteren Finanzausgleich und der Europäischen Union. Hinzu kommt die Europäische Währungsunion mit dem Euro und dann als ganz besondere Spielwiese ein – wie überall gefordert – gerechteres Weltwährungssystem. Der SPD war immer schon das Geschehen auf den Weltfinanzmärkten etwas schleierhaft, zumindest undurchsichtig und ganz gewiss verwerflich. Es kann doch nicht mit rechten Dingen zugehen, dass täglich Multimilliarden Dollar – völlig abgehoben von der Realwirtschaft – um die Welt kreisen und horrende Gewinne generieren und dabei, wenn es gerade passt, ganze Volkswirtschaften ruinieren? Gerade jetzt legt die Bank für Internationalen Zahlungsausgleich, die BIZ in Basel, die neueste Statistik vor.

In den Weltdevisenmärkten werden jeden Tag fast zweitausend Milliarden Dollar bewegt. Nach der BIZ-Erhebung stieg das Tagesvolumen klassischer Devisengeschäfte auf durchschnittlich 1971 Milliarden Dollar gegenüber 1500 Milliarden 1995. Vor zehn Jahren wurde nicht einmal die Hälfte dieses Betrages erreicht. Mit der Zeit machen die Kapitalströme nicht nur linksgerichteten Regierungen Angst, sondern wachsen offenbar auch den Kapitalisten über den Kopf. Zumindest befürchten viele Geldschieber, dass selbst ihnen die Risiken allmählich unerträglich werden.

Mit zunehmender Sorge fragen sich diese Leute, ob denn ihr ureigenstes Engagement in Dollar, Yen, Pfund Sterling, Franken, Cruzeiro, Rand, Bath, Rupiah oder Ringgit auch das hält, was ihnen irgendwelche Finanzberater vorgegaukelt haben? Mit Wonne stürzt man sich zwar auf irgendwelche Schwellenländer, deren Währungspolitik verfehlt ist, die aber gerade deshalb umso höhere Gewinne versprechen, bis das Land zu Boden geht. Thailand war so ein Fall. Malaysia wehrte sich.

Hals über Kopf werden die Gelder aus aller Herren Länder abgezogen und in die sicheren Häfen verfrachtet, also nach Europa und in die USA. Diese Flucht aus den Schwellenländern bedroht nun die Volkswirtschaften in Südamerika. Wenn aber Brasilien zusammenbricht, hat es die USA endgültig erwischt. Deshalb unternimmt der IWF auch alles um Dämme aufzurichten. Dämme, um die Springfluten an den Devisenmärkten abzuwehren. Wenn die Billionen-Umsätze an den Devisenmärkten nur ganz wenigen Banken und Financiers Gewinne bescheren, so ist ihre Kraft allemal groß genug, um das Weltfinanzsystem und damit große Teile der Weltwirtschaft in Grund und Boden reißen zu können.

Die Drehscheibe dafür ist London mit einem Marktanteil von 32 Prozent gefolgt von den USA, Japan und Singapur. Deutschland ist nur mit fünf Prozent beteiligt. An diesen Verhältnissen kann die neue deutsche Regierung mit Oskar Lafontaine wenig, wahrscheinlich gar nichts ändern. Die vorgeschlagene Einführung der Tobbin-Steuer auf Devisenumsätze wäre nur weltweit sinnvoll unter Verpflichtung aller 182 IWF-Mitglieder. Viel sinnvoller wäre, die privaten Geldanleger mit ihren heißen Engagements voll auf die Nase fallen zu lassen und keinerlei Auffangnetze für sie zu bauen.

Lafontaine schwebt zur Krisenbewältigung ein neues Weltwährungssystem mit festen Kursen von Dollar, Yen, Euro und anderen Währungen vor. Das allerdings wäre ein großer Fehler. Die Verwerfungen könnten dann zwar eine Zeitlang unter der Decke gehalten werden. Die Eruption bräche sich aber irgendwann Bahn und dann flöge das so geschaffene Weltwährungssystem mit großem Krach auseinander. Der Schaden wäre nicht mehr einzugrenzen.

Druck auf Bundesbank und EZB

Seitdem die neu gewählte Regierung am Ruder ist (Kanzlerwahl am 27. 10. 98), versucht sie die Bundesbank unter Druck zu setzen. Wo immer möglich, wird der Druck sogar verschärft. Rot-Grün will auch die Europäische Währungsunion im Kern treffen und beschädigen. Es ist sogar feststellbar, dass sich in allen Mitte-Links-Regierungen des Eurolandes diese Kräfte bündeln. Es geht um die unabhängige Geldpolitik in Deutschland und Europa. Es geht um die Stabilität von D-Mark und Euro. Die neuen Machthaber in Deutschland und Europa, das gilt besonders auch für Frankreich, England und Italien, wollen die Geldpolitik ihren finanz- und beschäftigungspolitischen Zielen unterordnen, auf jeden Fall die sich allzu unabhängig wähnenden Notenbanker an die Kandare nehmen und ihre zinspolitische Verantwortung vereinnahmen.

Lafontaine und seine Staatssekretäre sind angetreten, die Bundesbank und die Europäische Zentralbank in beispielloser Weise einzubinden. Die anderen Euro-Staaten machen gerne mit, ganz gleich ob damit der Maastricht-Vertrag ausgehöhlt oder das Bundesbank-Gesetz ausgehebelt wird. Drei Zielrichtungen sind erkennbar:

- Die Zinspolitik soll von den Regierungen gemeinsam mit der europäischen Kommission vorgegeben werden.
- Die Berichtspflicht über die Geldpolitik gegenüber Regierungen und Parlament soll verschärft werden.
- Zudem sollen – dies ist ein Lieblingskind Lafontaines – die großen Währungen dieser Welt in ein hartes Reglement gesperrt werden.
- Von italienischer Seite wird außerdem die Aufweichung der Stabilitätskriterien (3-Prozent-Schuldengrenze) in die europäische Diskussion geworfen.

Ein Nebenkriegsschauplatz sind die Anfeindungen des neuen Bonner Finanzstaatssekretärs, Claus Noe, gegen Bundesbankpräsident Hans Tietmeyer, dem er vordemokratische, absolutistische Politik in Sachen Geld vorwirft. In seinem Beitrag in der „Zeit“ kommt nicht die Sorge über eine verfehlte und wirtschaftsschädigende Geldpolitik zum Ausdruck, sondern er transportiert aggressive Meinungsmache mit dem Ziel, Tietmeyer möglichst schnell aus seinem Amt zu katapultieren. (Hier stand wohl „Zeit“-Herausgeber Helmut Schmidt Pate.)

In den vergangenen drei Jahren, beim Aufgalopp zur Europäischen Wirtschafts- und Währungsunion, konnten sich kaum die allerschlimmsten Miesmacher ein europäisches Szenario ausmachen, das der gegenwärtigen politischen Großwetterlage entsprochen hätte.

Die Sozialisten in den Regierungen Europas wollen die Zentralbanken zum Reparaturbetrieb für die verfehlten Wirtschafts-, Finanz- und Tarifpolitikern machen, die letztlich zu den verqueren Strukturen in unseren Volkswirtschaften führten, die uns seit Jahren so sehr zu schaffen machen. Die Strukturen sollen nicht geändert, sondern die letzten Institutionen eingerissen werden, die sich in Unabhängigkeit Gedanken über richtigere Finanz- und Wirtschaftsstrategien zum Wohle des Volkes machen. Geldwertstabilität ist ein hohes Gut. Um dies zu erkennen, muss die neue Generation der europäischen Regierungen offenbar in einen längeren Lernprozess eintreten.

Dieser beginnt schon sehr bald, und zwar am 5. November (98). Pünktlich um 9.30 Uhr hat der Zentralbankrat der Deutschen Bundesbank seine Sitzung begonnen, an der erstmals auch Finanzminister Lafontaine und sein Staatssekretär Heiner Flaßbeck teilnehmen. Wie ein Mittelsmann berichtete, gelang der Start der Besprechungen in gelockerter, geschäftsmäßiger Atmosphäre. Vorher hatte Bundesbankpräsident Tietmeyer den Bonner Besuch vom Hubschrauberlandeplatz auf dem Gelände der Bundesbank abgeholt. Tietmeyer stellte dem Finanzminister jedes einzelne Zentralbankratsmitglied persönlich vor, bis er dann den ersten Punkt der Tagesordnung ansprach: Analyse der gesamtwirtschaftlichen Entwicklung in Deutschland und Europa. Bei dieser Gelegenheit konnte sich auch der neue Chefvolkswirt der Bundesbank, Prof. Hermann Remperger, profilieren.

Dann rückte TOP „Zinsen“ ins Zentrum des Treffens. Die Meinung der Regierung war im Vorfeld schon oft genug bekannt gemacht worden, nämlich runter. Doch in Zentralbankratssitzungen haben Finanzminister und seine Leute kein Antragsrecht. In geldpolitischen Fragen genießt die Bundesbank eine gesetzlich verankerte Unabhängigkeit in ihren Entscheidungen. In scharfer Form hat gerade heute der Vorsitzende der CDU/CSU-Bundestagsfraktion, Wolfgang Schäuble, gegen die Einflussversuche Lafontaines Stellung genommen.

Wenn auch der halbseitige Artikel Schäubles „Mit Lafonaine auf den Irrweg der Jakobiner“ noch als verspätete Wahlkampfpropaganda angesehen werden kann, so haben bundesweit sehr viele Wissenschaftler, Verbandsfunktionäre und Banker in den letzten Tagen in großer Sorge Stellung bezogen und die deutsche wie die europäische Zentralbank vor allzu großer politischer Einflussnahme in Schutz genommen.

Im Vorfeld der Zentralbankratssitzung blühte ganz außerordentlich die Meinungsvielfalt. Bundesbankvizepräsident Jürgen Stark hatte da vom Verfassungsrang der Bundesbank gesprochen. Der DIHT-Präsident, Hans Peter Stihl, forderte eine schnelle Klarstellung der Bundesregierung, dass sie die Unabhängigkeit der Bundesbank nicht antasten werde. Kanzler Gerhard Schröder hat sich noch gestern diesem Meinungsspektrum angeschlossen. Er sagte, niemand wolle diese Unabhängigkeit antasten. Es werde aber doch noch erlaubt sein, über die Höhe der Zinsen in Deutschland und Europa zu sprechen.

Diese Kontroverse wurde in der Sitzung nur sehr vorsichtig und differenziert angesprochen. Über die Beratungen selbst wurde Stillschweigen vereinbart. Es gab auch kein Pressepodium für die Bonner in Frankfurt, nur eine kurze Pressenotiz: Der Zentralbankrat hat auf seiner heutigen Sitzung die Leitzinsen unverändert belassen. Danach gelten für Wertpapierpensionsgeschäfte weiterhin 3,3 Prozent, für den Diskont 2,5 Prozent und für Lombardgeschäfte 4,5 Prozent.

Abends dann, beim Internationalen Club Frankfurter Wirtschaftsjournalisten, zog EZB-Präsident Duisenberg nochmals richtig vom Leder. Für ihn sei es eine abgemachte Sache, dass Lafontaine die EZB meint, wenn er die Bundesbank prügelt. „Wir lassen uns in keiner Weise unter Druck setzen“, sagte der Niederländer aus Frankfurt in Richtung Bonn. Als eine Fragerin dann noch ganz genau wissen wollte, ob er nun nach vier Jahren zurücktrete, wie es zu seiner Amtseinsetzung hieß, konterte er massiv: „Da müsste schon der Maastricht-Vertrag geändert werden. Ich bleibe acht Jahre.“

Zinsgleichschritt: Marsch

Es war für Finanzminister Lafontaine ein Leichtes, sich einzureden, dass seine Zins-Demarche von Anfang November einen Monat später zu einer europäischen Zinssenkungsrunde geführt hat. Man freut sich eben über kleine Erfolge, die ganz anderen Zuständen zuzuschreiben sind. Die elf Staaten, die vom 1. Januar 99 an die Euro-Union darstellen, haben in einer gemeinsamen Aktion die Zinsen gesenkt und damit Entschlusskraft demonstriert, den Euro von Anfang an auf den richtigen Weg zu bringen. Euro-Präsident Duisenberg hat die Entscheidung der Kollegen von den nationalen Zentralbanken, vom Europäischen System der Zentralbanken als einmalig, als geradezu sensationell bezeichnet.

Die Sensation liegt für ihn nicht darin, dass er vorher die zu erwartende Zinsentscheidung nicht gekannt hätte. Ganz im Gegenteil, im Zentralbankrat der EZB wurde vor wenigen Tagen die Zinssenkung vorbesprochen, wenn nicht gar abgesprochen und dennoch hat es etwas Sensationelles, dass die Gouverneure der nationalen Notenbanken in ihre heimatlichen Zentralbanken heimgekehrt sind und den kurzfristigen Leitzins (für Wertpapierpensionsgeschäfte) um 0,3 Prozent auf drei Prozent bringen, wenn man einmal vom Sonderweg Italiens (Verbleib bei 3,5 Prozent) absieht.

Dabei haben die europäischen Notenbanker der deutschen Bundesbank die Referenz erwiesen, dass sie – zumindest publizistisch vorangehen konnte. Das entsprach zwar den realen Markverhältnissen im europäischen Geldwesen und dennoch ist es sensationell. Es war ja nicht zum ersten Mal, dass die Bundesbank die Führerschaft bei Zinsveränderungen übernommen hat, auch im besten Sinne für Europa. Aber was gab es da oftmals für Aufregung bei den anderen Zentralbanken, wenn sie nachziehen mussten, Aufschreie bis hin zu europäischen Krisen.

Bundesbankpräsident Tietmeyer konnte ein letztes Mal die volle Geldsouveränität seines Hauses verkosten: „Dieser Beschluss, dem eingehende Konsultationen mit den anderen europäischen Zentralbanken, insbesondere im EZB-Rat, sowie intensive interne Beratungen im Zentralbankrat der Deutschen Bundesbank vorausgingen, ist eine souveräne, von politischen Erwartungen unbeeinflusste Entscheidung der Bundesbank." Und er fügte hinzu, dass er selbst ein Motto schon mehrfach zitiert habe, das ihm besonders nahe liege: „Nec laudibus, nec timore" – lasse dich nicht durch Lobsprüche oder durch Furcht beeinflussen in dem, was du für richtig erkannt hast."

Warum denn weinen, wenn man auseinander geht?

Letzmals tagte heute, am 17. Dezember 98, der Zentralbankrat der Bundesbank in seiner vollen Autonomie als unabhängige Institution, die allein für die Geldpolitik in Deutschland zuständig war. Die erste Sitzung fand am 8. März 1948 statt. Eröffnet wurde sie damals von Mister Freeman, einem der beiden Vertreter der Alliierten Bankenkommission in Frankfurt. Seitdem tagte dieses Gremium 1006-mal. Erster Präsident des ZBR der Bank deutscher Länder war Karl Bernard. Er hatte einen – was es damals noch gab – Präsidenten des Direktoriums zur Seite; Wilhelm Vocke.

Zur ersten und größten Aufgabe des Gremiums gehörte die Schaffung der D-Mark als Nachfolgewährung der durch die Kriegsfinanzierung stark inflationierten Reichsmark. Die Mark hat dann einen unvergleichlichen Siegeszug angetreten, kam immer wieder ins Schussfeld der Politik von innen und außen und geht jetzt in der europäischen Gemeinschaftswährung auf.

Mit „Tschüss D-Mark" ist meine Beziehung zu der lieb gewordenen Währung durchaus nicht zu beenden. Das käme mir so vor wie: Warum denn weinen, wenn man auseinander geht, wenn an der nächste Ecke schon ‚ne' andere steht. Mit der Mark unterhalte ich ein gestandenes Geldverhältnis, an das ich mich über Jahrzehnte gewöhnt habe. So eine Gewöhnung kann durchaus in Liebe ausarten, ohne dass ich behaupten wollte, ich sei besonders hab- oder geldgierig. Die neue Zuckerpuppe aus der Euro-Suppe muss sich wirklich erst bewähren.

Ganz am Anfang habe ich die ersten D-Mark-Groschen – Zehnpfenniggeld auf Papier gedruckt – in Metallgroschen umgetauscht. Dieses Besatzergeld hatte die Reichsmark schon abgelöst. In Mark und Pfennig wurde meiner Mutter die Kriegswitwenrente monatlich ausbezahlt und für uns Kinder das Halbwaisengeld. Mit den damals neuen Moneten kaufte ich meine Schülermonatskarte und verdiente als „Werkstudent" mein erstes Geld auf einer Schiffswerft am Starnberger See. Für mich aufregend war die erste D-Mark-Aufwertung, die mir signalisierte „Wir sind wieder wer!"

Die ersten Auslandskröten, die ich mit der D-Mark erwarb, hießen österreichische Schillinge, die ich für einen Salzburg-Ausflug brauchte. Kräftig über den Tisch gezogen haben mich die Briten, als ich bei meinem ersten England-Besuch noch 12 Mark für ein einziges Pfund Sterling hinblättern musste. Für ein Pfund bekam ich in einem feinen Londoner Lokal ein teures Mittagessen. Das britische Geld machte auf mich durchaus großen Eindruck. 240 Pennies oder 20 Shilling gingen auf ein Pfund und 21 Shilling summierten sich auf einen Guinea. Irritiert hatte mich allerdings, dass die Engländer noch lange in die Nachkriegszeit hinein Lebensmittelmarken hatten, während die lausigen Kriegsverlierer mit der Einführung der D-Mark jede Bewirtschaftung aufgeben konnten, zumindest in den Westzonen. Als absolute Friedenswährung erlebte ich stets den Schweizer Franken. Lira und Peseten rangierten als Urlaubswährungen, die durch ihre regelmäßigen Abwertungen auch immer interessant blieben. Beim Franc musste ich immer rätseln, ob die Geschäftsleute gerade in „anciens ou nouveaux francs" rechneten. Wenn es auch über den umständlichsten Sortenhandel war, D-Mark wollten alle. Der Geldumtausch machte jeden Reisebeginn spannend. Da kam erste Exotik auf.

Das galt besonders auch bei Reisen in die DDR, wo die Exotik oft in Geldschmuggel ausartete. Man durfte alles hintragen, kleine Schiebereien machen und bekam nichts mehr raus. Schade, dass die Einführung der D-Mark im Westen die Teilung Deutschlands perfekt machte und die Mark der Deutschen Notenbank als „Ostmark" ihr von Anfang an unrühmliches Leben begann. Die D-Mark machte alles wieder gut. Die Wiedervereinigung war die Sache meines angestammten Geldes.

In dem von Vasarely gestalteten Foyer der Bundesbank steht eine Münzkanne aus dem Jahre 1873, die von oben bis unten mit Silberthalern gespickt ist. Ringsherum wurde der Spruch eingraviert: Thalers Abschied – Deutsche Einheit – Mark nun einzieht, sei's für alle Zeit. Was vor 125 Jahren galt, ist auch heute Realität: Wenn die Deutschen zur Einheit finden, verlieren sie ihre angestammte Währung. Tschüss D-Mark. Gehab' dich wohl. Es wär so schön gewesen. Gehab' dich wohl. Es hat nicht sollen sein. Kommen Eurolinchen, vielleicht wird es mit uns doch noch was?

EZB-Direktorium v. links stehend: T. Padoa-Schioppa, Otmar Issing, E. Domingo Solans; sitzend: C. Noyer, Präsident W. F. Duisenberg, S. Hämäläinen

Neue Währung – kein neues Geld

Den Europäern ist längst klar, dass sie zum Jahreswechsel zwar eine neue Währung bekommen, aber kein neues Geld. Ganze drei Jahre müssen sie noch auf Cent-Münzen und Euro-Banknoten warten. Die Deutschen empfinden das nicht als Schaden, haben sie doch weiterhin die Mark. Bis über 2000 hinaus dienen uns noch die roten Pfennige und Zweipfennigstücke, die messingfarbenen Groschen und das silbrige Fuffzigerl mit der Eichen setzenden Kopftuchdeutschen. Silberglanz verbreiten auch weiterhin die Markstücke und die Serie der neuen Geldscheine, die immer noch nicht abgeschlossen ist. Ein ideologisches Geschenk hat Tietmeyer dazu gelegt: „Auch künftig bleibt die Bundesbank voll funktionsfähig." Na also!

Was findet aber real statt, wenn der Euro am 1. 1. 1999 Einzug hält? Der Euro fürs Volk gibt nur seine Visitenkarte ab. Er ist die „Eminence grise" im Bankenapparat, der Mister Giralgeld. Es gibt ihn und es gibt ihn nicht. Der Euro blitzt hinter jeder Rechnung auf, ist als Vergissmeinnicht auf jedem Girokonto zu ertappen, ziert so manche Kneipenrechnung und steht als Doppelgänger auf den Preisschildern im Einzelhandel. Der Euro bremst eher den Geschäftsgang, denn es muss immer angegeben werden, ob in Euro oder D-Mark bezahlt werden soll. Den totalen Euro-Aufstand probt jedoch die Deutsche Börse vom ersten Handelstag an. Ganz gleich ob es einer versteht oder nicht, alle Notierungen lauten auf Euro. Diese geldpolitische Rosstäuscherei oder Doppelbödigkeit wird drei Jahre dauern. Erst ab 2002 kann es mit Fug und Recht heißen: Haste Euros in den Taschen, haste immer was zu naschen.

Die Druckvorbereitung für die Euro-Banknoten läuft schon auf Hochtouren und die Prägeanstalten prägen bereits die ersten Nullserien für die Eurocentmünzen. In den Safes der nationalen Banknoten-Druckereien liegen seit einigen Tagen schon die von Wim Duisenberg, dem EZB-Präsidenten, unterzeichneten Blankette als Druckvorlagen fürs neue Geld. In Deutschland wurden bisher die Banknoten zweimal unterschrieben, vom Präsidenten und vom Vizepräsidenten der Bundesbank. Bei der EZB macht es Duisenberg allein. Alles in allem müssen über 2,5 Milliarden D-Mark-Scheine und knapp 50 Milliarden Münzen durch vier Milliarden Euro-Noten und 12 Milliarden Münzen ersetzt werden. Allein die Münzen wiegen 60 000 Tonnen und müssen mit 4000 Lkw transportiert werden.

An diesem Schnittpunkt des Währungswechsels sollte es gerechtfertigt sein, eine D-Mark-Schlussbilanz und eine Euro-Eröffnungsbilanz aufzustellen. Dabei müssen materielle und immaterielle Werte in Ansatz gebracht werden. Gold- und Devisenreserven, Abschlagszahlungen an die ehemaligen Siegermächte (nicht die typischen Reparationszahlungen, die längst erledigt waren), auch (neue) Wiedergutmachungszahlungen spielen herein sowie Rückführungskosten für die russischen Streitkräfte und ganz gewiss übermäßige Dotierungen an die Brüsseler Kassen. Was seitens der Bundesrepublik geleistet werden musste, wird noch einige Doktorarbeiten zu beschäftigen haben. Vieles wird kaum nachvollziehbar sein. Der Aufbau Ost ist zunächst deutsches Nationalvergnügen und fällt nicht darunter.

Als unschätzbare immaterielle Werte müssen demgegenüber die Wiedervereinigung Deutschlands und die europäische Einigung genannt werden, die weitestgehend mit D-Mark bezahlt und mit dem Euro sichergestellt werden. Was kostet die Deutschen der Euro? Zunächst einmal gibt es einen erheblichen Souveränitätsverlust durch die Abgabe der geldpolitischen Autonomie der Bundesbank an die Europäische Zentralbank. Der Souveränitätsverlust ist größer als bei den übrigen Euroländern, weil die Bundesbank in vielen Bereichen für Europa schon lange maßgeblich agierte und jetzt – geldpolitisch – bestenfalls zwei Stimmen geltend machen kann im Kreise von – je nachdem – zwei Dutzend Stimmberechtigten (oder auch mehr). Als starkes Aktivum muss hier ganz entschieden der Sitz der Europäischen Zentralbank – Frankfurt am Main – genannt werden.

Mit einem Kapitalanteil von anfangs etwas über 30 Prozent an der EZB (er ergibt sich daraus, weil vier Staaten mit einem rechnerischen Kapitalanteil von ca. 20 Prozent noch nicht mitmachen) ist die Bundesbank, also Deutschland, auch der größte Gold- und Devisenbringer für die EZB. Tietmeyer hat kürzlich vorgerechnet: Die elf Euroländer bringen 40 Milliarden Euro als Währungsreserven ein, davon kommen aus der Bundesbank 12,2 Milliarden Euro bzw. 24 Milliarden Mark. Tatsächlich stehen aber sämtliche Währungsreserven der Bundesbank der EZB für währungspolitische Aufgaben zur Verfügung. Das sind 140 Milliarden Mark. Bei einer marktgerechten Bewertung der Goldreserven kommen da auch schnell 200 Milliarden Mark resp. 100 Milliarden Euro zusammen.

Mit den (rechnerischen) 200 Milliarden Mark ist der Euro zu Lasten der deutschen Kassen immer noch nicht aufgewogen. Euro heißt Europa und die Europäer ließen sich die Wiedervereinigung (die sie politisch noch verhindern wollten) gut bezahlen. Nebenbei bemerkt: Die Umstellung der Wirtschaft auf die neue Währung wird auf 100 Milliarden Euro taxiert. Der Euro kostet Deutschland in jedem Falle einen ansehnlichen dreistelligen Milliardenbetrag. Dafür bekommt Deutschland eine gute Basis für den Weiterbau am Haus Europa und die EZB in Frankfurt. Außerdem hat Deutschland ein wachsendes Gewicht – politisch und wirtschaftlich – im Europa der 11, der 15 und bald der 21 oder 27 europäischen Länder.

Das neue Zeitalter des europäischen Geldes

Wechselkurse zum Euro am Jahreswechsel 1998/99
Umrechnung der alten Währungen in Euro

Offizielle Umtauschkurse der Eurovorgängerwährungen (Einheiten nationaler Währung je Euro) und Kapitalbeteiligung der Länder an der EBZ (in %)

0040,3399	Belgische Franken	Banque Nationale de Belgique	2,8658
0001,95583	Deutsche Mark	Deutsche Bundesbank	24,4935
0005,94573	Finnische Mark	Suomen Pankki	1,3970
0006,55957	Französische Francs	Banque de France	16,8337
0000,787564	Irische Pfund	Central Bank of Ireland	0,8496
1936,27	Italienische Lire	Banca d'Italia	14,8950
0040,3399	Luxemburgische Francs	Institut Monétaire Luxembourgeois	0,1492
0002,20371	Niederländische Gulden	De Nederlandsche Bank	4,2780
0013,7603	Österreichische Schilling	Österreichische Nationalbank	2,3594
0200,482	Portugiesische Escudos	Banco de Portugal	1,9232
0166,386	Spanische Peseten	Banco de Espana	8,8935

Im Vorfeld der Euroeinführung in einem Mitgliedsland der EWU entscheiden die EU-Finanzminister über den endgültigen Umtauschkurs. Der Wechselkurs wird dabei immer auf insgesamt sechs Stellen (d. h. vor und gegebenenfalls auch nach dem Komma) genau festgelegt, um Rundungsfehler möglichst gering zu halten. – Schon im Juni 98 waren die Kapitalanteile der Euro-Zentralbanken am EZB-Kapital von 5 Milliarden Euro nach einem ausgeklügelten Schlüssel festgelegt und im Dezember leicht revidiert worden. Die Anteile der bei Beginn des Euro nicht mitmachenden EU-Staaten England, Griechenland, Schweden und Dänemark (ca. 21 Prozent) wurden reserviert.

Börse schafft die D-Mark ab

Mit Applaus und Euro-Hymne begann an der Frankfurter Börse der erste Handelstag im neuen Jahr und im neuen Zeitalter (4. 1. 99). Das hatte auch seinen tieferen Grund und höheren Hintersinn, denn ab heute lauten alle Notierungen für Aktien und Renten und allem, was sonst so an der Börse gehandelt wird, auf Euro. Die Handelswährung D-Mark ist abgeschafft. An den europäischen Börsen insbesondere in Frankfurt wurde jetzt die gemeinsame Währung ins wirkliche Leben befördert. Das symbolische Großereignis zauberte an Ort und Stelle Währungskommissar Thibault de Silguy mit seinem Countdown in den Sprachen des Eurolandes. Er konnte sich allerdings nicht verkneifen, auch das Englische zu bemühen, obwohl Großbritannien (noch) nicht an der Währungsunion teilnimmt. Aber de Silguy zählte auch zweimal deutsch, hatte doch Ex-Finanzminister Theo Waigel öfters betont, „der Euro spricht deutsch“.

Der Währungskommissar zählte nicht nur. Er hielt auch eine bescheidene Begrüßungsrede. Damit hatte er inhaltlich nicht unrecht, sicherlich müssen wir mit dem Euro alle bescheidener werden. Dagegen wehren sich aber noch ganz vehement die Frankfurter Kursmakler, die auf jeden Fall und weiterhin das Börsenparkett mit ihrem Handel bevölkern und reicher werden wollen.

Zu den großen Befürwortern und Betreibern der gemeinsamen europäischen Währung gehörten immer schon die Deutsche Börse und ihr Management. Sie konnten die Euro-Einführung kaum erwarten und die Euphorie ist überschwänglich, sich von nun an ein riesiges Stück der europäischen Finanzmärkte einverleiben zu können. Der Wettbewerb unter den Börsenplätzen dürfte immer härter werden und strategische Allianzen werden aus dem Boden gestampft.

Die Börsenhändler in Frankfurt, Paris und London müssen sich künftig bei Dienstantritt allerdings fragen, wo bin ich eigentlich? Ist das da drüben der Main, die Seine oder die Themse? Ganz gleich. Es wird überall mit Wasser gekocht und die Euro-Sauce schmeckt jetzt allerorts gleich!

Nach der ersten Sitzung des EZB-Rats am 7. Januar 99, also in der 3. Stufe der Wirtschafts- und Währungsunion berichtete Duisenberg ganz erleichert: „Am 1. Januar 1999 ist der Euro erfolgreich eingeführt worden. Mit Wirkung von diesem Tag an hat das ‚Eurosystem‘ – das heißt die EZB und die elf nationalen Zentralbanken der am Euro teilnehmenden Mitgliedsstaaten – die Verantwortung für die Geldpolitik im Euro-Währungsgebiet mit dem vorrangigen Ziel der Gewährleistung der Preisstabilität übernommen.“ Der EZB-Präsident lobte das Funktionieren des Euro-Zahlungssystems TARGET, an dem neben den Zentralbanken zurzeit 5000 Kreditinstitute teilnehmen. Der Wert der grenzüberschreitenden Transaktionen, die über TARGET abgewickelt wurden, überschitt bereits am 2. Geschäftstag den Betrag von 310 Milliarden Euro. In diesem Betrag sind die inländischen Zahlungen, die mindestens nochmals 660 Milliarden Euro ausmachten, noch nicht einmal enthalten. Der Gesamtwert der abgewickelten Transaktionen belief sich also auf fast 1000 Milliarden Euro.

Banknote mit Original-Unterschrift „Duisenberg“

In die großen Schuhe hineinwachsen

Nach und nach wächst die Europäische Zentralbank in die mächtigen Schuhe der Verantwortung für die europäische Geldpolitik hinein. Zwar haben bisher erst elf Staaten ihr Mitmachen in Euroland erklärt. Tatsächlich reicht aber der Einfluss der EZB darüber hinaus. Das beginnt mit den EU-Staaten, die nicht von Anfang an dabei sind, aber über das Europäische Währungssystem EWS 2 am Euro hängen. Das gilt für Griechenland und Dänemark. (Schweden und England wollen zunächst einmal draußen bleiben.) Außerdem wird es nicht lange dauern, bis die nächste Runde der EU-Erweiterung zusätzliche Währungen andriften lässt, die sich auch erst im EWS 2-Kanal bewähren müssen.

Wim Duisenberg zweifelt keinen Augenblick daran, dass sich hier eine neue, große Weltwährung auf den Weg macht, eine Währung, die eines Tages den Dollar überflügelt. Völlig klar, dass der selbstbewusste EZB-Präsident eine Verkettung von Dollar, Yen und Euro auf viele Jahre hinaus ablehnt. Im Konzert des weltweiten Geldes hat Duisenberg sein Terrain bereits abgesteckt und deutlich werden lassen, dass der Kopf des Währungstisches dort ist, wo die Europäer sitzen. Er warnt vor einer Dramatisierung der Krisen in Russland und Asien, gibt aber gleichzeitig zu bedenken, dass noch nicht alle Rückwirkungen dieser Krisenherde auf Europa ausgelotet werden können.

Duisenberg liebt auch die Rolle des Mahners. Er fordert Haushaltsdisziplin im Sinne des Stabilitätspaktes, die bisher nicht gegeben sei. Der gestrenge Hausherr von der Frankfurter Kaiserstraße 29 versteht sich aber nicht nur als Weltökonom sondern auch als Oberbuchhalter eines Milliarden-Unternehmens. Da muss die Kasse stimmen. Auch die vier Zaungäste – England, Schweden, Griechenland und Dänemark – müssen Kapital zuschießen und wenn es nur fünf Prozent der ihnen zustehenden Quote sind. Zudem steht schon der Schlüssel für die Gewinnverteilung fest und im Herbst dieses Jahres (1999) wird die Nullserie für die Euro-Banknoten in Druck gehen. Er sträubt sich gegen nationale Symbole. Hier sei kein Platz mehr für Geldchauvinismus.

Für ausgeklügelte geldpolitische Strategien basierend auf den zwei Säulen, Inflationsziel und Geldmenge, hat er doch den Würzburger Professor Otmar Issing im Direktorium. Dieser weiß ganz genau, wann die Geldmenge den Preis treibt und sieht seinen Sessel als Katheder der hintersinnigsten Geldtheorien, Forschung à la EZB.

Wie ein roter Faden durchzieht den Text des ersten Monatsberichts die stabilitätspolitsch ordnende Hand des Schreibers, seines Zeichens Chefvolkwirt der EZB. Wenn Issing – wie hier – die Menü-Karte seiner Recherchen präsentiert, heißt es unübersehbar: Entree Stabilitätspolitik, Dessert Stabilitätspolitik und dazwischen als köstlicher Hauptgang der harte Euro.

Die Inflationsentwicklung der vergangenen zwei Jahre liege im Einklang mit der europäischen Politik für ein stabiles Geld, schreibt der Leitartikler Issing. Wenn der harmonisierte Verbraucher-Preisindex – und darauf kommt es der EZB an – weniger als zwei Prozent pro Jahr steigt, ist dieses Ziel erreicht. Zuletzt waren es sogar weniger als ein Prozent. Damit wäre die Teuerung verjagt. Andererseits nistet sich auch nirgends die bisweilen so gefürchtete Deflation ein, die stets als Argument für eine zusätzliche Zinssenkung herhalten muss. Weil das so ist, besteht nach Issing auf absehbare Zeit auch nicht die Notwendigkeit einer Zinssenkung. Der dreiprozentige Hauptfinanzierungszinssatz soll also eine ganz Weile durchgehalten werden.

EZB hat eine europäische Mission

Neujahrsrede von W. F. Duisenberg im Kaisersaal am 19. Januar 1999

Sehr verehrte Frau Oberbürgermeisterin, sehr geehrte Damen und Herren!

Es ist mir eine Ehre, bei diesem wunderschönen Neujahrsempfang der Stadt Frankfurt einige Worte sagen zu dürfen. 1998 war ein denkwürdiges – ja historisches – Jahr für Europa im Allgemeinen und für mich und meine Kollegen bei der Europäischen Zentralbank, der EZB, im Besonderen. In diesem Jahr hat sich sehr viel ereignet – man könnte meinen, dass seit Jahresbeginn 1998 schon mehrere Jahre verstrichen sind. Vor einem Jahr gab es die EZB noch nicht einmal. Das Europäische Währungsinstitut, das EWI, Vorgänger der EZB, war damals damit beschäftigt, die Vorarbeiten für die Einführung des Euro abzuschließen.

Zu seinen Aufgaben gehörte es, den Rahmen für die Geldpolitik zu erarbeiten, Computersysteme zu entwickeln, Rechtsakte zu verfassen und den sogenannten Konvergenzbericht zu entwerfen. Dieses Dokument war in der Tat der wichtigste Bericht, den das EWI erstellt hat. Er bildete die Grundlage für den Beschluss vom Mai, dass die elf Länder den Euro ab 1. Januar 1999 einführen würden.

Der Eurotower mag von außen sehr beeindruckend wirken, aber es waren doch nur wenige hundert Menschen, die eine ganze Menge Arbeit zu bewältigen hatten. Diese Menschen kommen aus allen Ländern der Europäischen Union, darunter auch viele aus Ländern, die den Euro bisher noch nicht eingeführt haben – sie gehörten dieser Institution schon zu Zeiten des EWI gerne an und sind nun auch bei der EZB dabei. Unsere wenigen hundert Mitarbeiter haben ausgesprochen hart gearbeitet und eine großartige Leistung vollbracht. Eine neue Währung für fast 300 Millionen Menschen in elf Ländern einzuführen, ist eine aufregende Herausforderung und eine einmalige Erfahrung. Es gildt als Privileg, zu den Pionieren der neuen Währung zu zählen. Allerdings bringt diese Arbeit es auch mit sich, dass die Tage länger und die Nächte kürzer werden und wenig Zeit dafür bleibt, andere Dinge zu genießen. Ich bin mir jedoch sicher, dass die Anstrengungen nicht vergeblich waren und auch weiterhin lohnen werden.

Im Mai fiel dann die Entscheidung darüber, welche Länder den Euro einführen würden. Darüber hinaus wurden die Mitglieder des Direktoriums ernannt. Vielleicht erinnern Sie sich an das erste Wochenende im Mai, und dann, dass es in einem Fall etwas länger dauerte, bis eine Entscheidung getroffen wurde. Ich erinnere mich sehr wohl daran, für mich ist diese Angelegenheit allerdings wirklich abgeschlossen. Es gibt viel zu tun. Was vor mir liegt, ist weitaus wichtiger als das, was hinter mir liegt.

Die EZB und mit ihr das Europäische System der Zentralbanken, zu dem auch die nationalen Zentralbanken gehören, wurde am 1. Juni gegründet. In den ersten sechs

Monaten ihres Bestehens war die EZB noch nicht für die Geldpolitik zuständig, sondern setzte die Vorarbeiten, die das EWI geleistet hatte, fort und bracht sie zum Abschluss. Die EZB als Institution musste sich vom EWI unterscheiden. Ihre Hauptaufgabe würde in der Durchführung der Geldpolitik liegen. Anders als das EWI hat die EZB nicht nur ein Stück vorzubereiten, sie würde die Hauptrolle spielen müssen.

Dies erforderte eine neue organisatorische Struktur und brachte es mit sich, dass viel neues Personal gewonnen werden musste. Die überwiegende Mehrheit der EWI-Mitarbeiter schlossen sich der EZB an, aber das reichte nicht. Die EZB musste wachsen und sie ist gewachsen: Die Zahl der Mitarbeiter ist bis zum Ende des letzten Jahres auf fast 600 gestiegen. Im Laufe des Jahres wird die Zahl der Mitarbeiter weiter zunehmen, und zwar bis auf etwa 750. Dies mag sich nach einer hohen Wachstumsrate anhören, aber die EZB bleibt weiterhin eine vergleichsweise kleine Organisation. Wahrscheinlich wird die Mitarbeiterzahl in den kommenden Jahren weiter zunehmen. Mehr und Mehr europäische Zentralbanker werden Bürger von Frankfurt werden.

1999 wird ein besonderes Jahr werden, das erste Jahr des Euro. Nein – es ist schon jetzt ein besonderes Jahr. Wir haben den erfolgreichen Start des Euro bereits erlebt. Viele Menschen im Finanzsektor, auch hier in Frankfurt, haben den Jahreswechsel – wohl zum ersten und letzten Mal – auf eine sehr ungewöhnliche Art und Weise und an außergewöhnlichen Orten verbracht. Sie saßen vor Computerbildschirmen in ihren Büros und bereiteten ihre Institutionen darauf vor, ab dem 4. Januar in Euro zu handeln. Es ist bemerkenswert, wie reibungslos diese logistische Operation vonstatten ging.

Die Vorbereitungen, die im Fall eines kritischen Verlaufs hätten greifen können, blieben reine Planspiele. Der Start des Euro verlief erfolgreich, aber die Mission hat gerade erst begonnen. Der Euro muss eine stabile Währung sein, eine Währung, die ihren Wert im Zeitverlauf nicht einbüßt und auf die europäische Bürger sich verlassen können. Ich kann Ihnen versichern, dass die EZB ihr Möglichstes tun wird, um dieses Ziel zu erreichen und den Euro zu einem Erfolg zu machen.

Erlauben Sie mir einige Bemerkungen zur Geldpolitik. Keine Sorge: Mir ist bewusst, dass dies weder der rechte Zeitpunkt noch der rechte Ort ist, um ins Detail zu gehen. Deshalb werde ich mich kurz fassen. Geldpolitik ist ein unteilbares Ganzes. Regionale oder nationale Geldpolitiken kann und wird es in der Wirtschafts- und Währungsunion nicht geben. Wir können nur eine Geldpolitik für alle dem Euro-Währungsgebiet angehörenden Länder durchführen. Die Stabilität des Euro betrifft das gesamte Euro-Währungsgebiet.

Dies mag einfach klingen, und das ist es auch – aber es hat weitreichende Auswirkungen. Die Mitglieder des Direktoriums der EZB und die elf Präsidenten der nationalen Zentralbanken, die geldpolitische Entscheidungen gemeinsam treffen, müssen sich eine europäische Sichtweise aneignen. Sie vertreten nicht ihr Land, sondern müssen im Interesse des Euro-Währungsgebiets in seiner Gesamtheit entscheiden. Dies wird für uns alle ein Lernprozess sein, aber ich habe keinen Zweifel, dass es uns gelingen wird, als Europäer zu handeln – so wie wir es bei unseren ersten Entscheidungen schon getan haben.

Der Zeitpunkt der Einführung des Euro ist recht günstig. Mit einer Inflationsrate von etwas unter 1 Prozent besteht im Euro-Währungsgebiet derzeit Preisstabilität. Bei seiner Sitzung am 7. Januar erörterte der EZB-Rat die Aussichten für die Preisentwicklung und erachtete diese als gut. Nennenswerte Aufwärts- oder Abwärtsrisiken zeichneten sich nicht ab – die erkennbaren Risiken wurden für mehr oder weniger ausgeglichen befunden. Die Zinssätze bewegen sich auf einem niedrigen Niveau. Der Euro ruht auf einem soliden Fundament.

Das ist natürlich kein Grund, sich selbstzufrieden zurückzulehnen und Sie können sicher sein, dass Zentralbanker wachsam bleiben werden. Selbst wenn die Sonne hell scheint, haben wir einen Regenschirm dabei. Nächsten Donnerstag werden wir die Wirtschaftsaussichten unter Berücksichtigung aller Ereignisse der letzten beiden Wochen und allen anderen neuen Informationen erneut prüfen. Dennoch sind insgesamt betrachtet die geldpolitischen Voraussetzungen für ein anhaltendes Wachstum von Einkommen und Beschäftigung gegeben. Wir wollen hoffen, dass das Jahr 1999 uns das Wachstum bringt, das Europa so dringend braucht, um seine unhaltbar hohe Arbeitslosenzahl weiter zu verringern.

Die EZB hat eine europäische Mission. Sie hat die Aufgabe, sich zu einer wahrhaft europäischen Institution zu entwickeln. In der EZB arbeiten Menschen aus vielen europäischen Ländern zusammen, um einen Beitrag zur Wahrung der Preisstabilität als eine der Voraussetzungen für ein stabiles, wohlhabendes und friedliches Europa zu leisten. Die Gründung der EZB und ihre weitere Entwicklung kann auch Auswirkungen auf die zukünftige Entwicklung von Frankfurt als internationale – europäische – Stadt haben. Niemand vermag genau vorherzusagen, was sich in Frankfurt verändern wird. Dies hängt im Wesentlichen davon ab, wie sich die Bürger von Frankfurt – die deutschen und die ausländischen gleichermaßen – verhalten werden.

Die Stadt wird wahrscheinlich das Ihre tun, um die entsprechenden Voraussetzungen zu schaffen. Selbstverständlich ist es nicht meine Aufgabe, hierauf im Einzelnen einzugehen, aber ich wünsche Ihnen bei Ihren Entscheidungen Glück und eine geschickte Hand. Ich gehe davon aus, dass Frankfurt trotz der Veränderungen viele seiner deutschen Eigenheiten wahren wird. Bei der europäischen Integration sollte es nicht darum gehen, nationale Eigenheiten aufzugeben, sondern mehr gemeinsame Erfahrungen unter Europäern zu sammeln.

Die Tatsache, dass die EZB eine europäische Aufgabe hat, soll nicht heißen, dass die Mitarbeiter der EZB sich hier in Deutschland, hier in Frankfurt, absondern sollten. Es bedeutet einfach nur, dass wir als Institution in strikter Übereinstimmung mit dem Maastrichter Vertrag, immer eine neutrale Position einnehmen sollten. Gleichzeitig sind wir aber auch Einwohner dieser Stadt. Wir leben hier und wir sollten uns nicht als Gäste fühlen, sondern hier wirklich zu Hause sein. Und wenn ich sage „wir", meine ich nicht nur die Mitarbeiter der EZB, sondern auch deren Ehepartner und Familien. Frankfurt zu unserer Heimat zu machen, heißt auch verschiedene Angebote, wie beispielsweise Sportmöglichkeiten und kulturelle Veranstaltungen wahrzunehmen.

Es bedarf gewisser Anstrengungen unsererseits, so kann es erforderlich sein, dass wir etwas Deutsch lernen und uns bis zu einem gewissen Grad auf die deutsche Lebensart einstellen. Frankfurt eröffnet viele Möglichkeiten. Es hat eine lebendige Innenstadt, eine schöne Umgebung und es gibt vielfältige Freizeitmöglichkeiten – weitaus mehr als oft von Menschen, die nicht hier leben, angenommen wird. Trotz allem wird es von EZB-Mitarbeitern nicht immer als leicht empfunden, sich in die Frankfurter Gesellschaft einzufügen. Die Integration ihrer Mitarbeiter ist dem EZB-Direktorium ein wichtiges Anliegen. Hierbei geht es nicht nur um unsere derzeitigen Mitarbeiter und deren Familien, sondern auch um die vielen Menschen, die sich der EZB in den kommenden Jahren anschließen werden.

An erster Stelle ist es natürlich für die Leute selbst wichtig, sich hier wohlzufühlen. Darüber hinaus erbringen zufriedene Mitarbeiter bei der Arbeit bessere Leistungen, als diejenigen, die Schwierigkeiten haben, sich einzuleben und sich vielleicht sogar einsam und isoliert fühlen. Hierbei müssen vor allem unsere Mitarbeiter aktiv werden – was sie auch tun, einzeln oder in Gruppen, so haben sie z. B. einen „Kreis der Ehepartner" gegründet. Wir werden diese Bemühungen weiterhin unterstützen und bitten auch die Stadt Frankfurt, sich dieser Problematik bewusst zu bleiben. Wir dürfen nicht vergessen, dass viele unserer Mitarbeiter versuchen, unter Beibehaltung ihrer nationalen Identität und Wurzeln in Deutschland zu leben. In diesem Zusammenhang möchte ich auf unser starkes Interesse an der Gründung einer europäischen Schule in Frankfurt hinweisen. Ich hoffe, dass wir in diesem Jahr mit Ihrer Unterstützung weitere Fortschritte in diesem Bereich erzielen können.

Mit einem etwas allgemeinen Wunsch möchte ich nun schließen: Ich hoffe und erwarte, dass wir 1999 die bereits bestehende gute Zusammenarbeit zwischen der EZB und der Stadt Frankfurt noch weiter ausbauen können. Möge sich das Jahr 1999 als ein glückliches und erfolgreiches Jahr für den Euro, für Frankfurt und für Sie, meine Damen und Herren, erweisen.

Beschwerliche Routine: Glaubwürdigkeit ist gefragt

Diese Woche tritt wieder der EZB-Rat zusammen. Wenn es sich dabei auch um die übliche Routine, um den 14-tägigen Turnus handelt, dürfte die Sitzung nicht unbedingt routinemäßig ablaufen, denn es steht am Wochenende das Petersberger G 7-Treffen der Finanzminister ins Haus. Damit kommt das Thema Währungszielzonen aufs Trapez, aber auch Devisenkontrollen, wie Finanzminister Oskar Lafontaine in Rom ankündigte. Außerdem haben er und sein französischer Kollege Dominique Strauß-Kahn abermals die Diskussion über Zinssenkungen zur Wirtschaftsbelebung und Abbau der Arbeitslosigkeit angefacht, teilweise verbunden mit Drohgebärden gegenüber der EZB, wenn ihr Zentralbankrat auf dem Zinsohr allzu taub wäre.

Unmittelbar vor dem Treffen der G 7-Finanzminister in Bonn ist zwischen der EU-Kommission und der deutschen EU-Präsidentschaft ein heftiger Streit um die Vertretung der Euro-Zone bei diesem Treffen ausgebrochen. Die Kommission erklärte (17. 2.), der deutsche Vorschlag, Vertreter der Behörde sollten innerhalb der deutschen Delegation bei G 7 teilnehmen, entspreche nicht den Beschlüssen der EU. Währungskommissar Yves-Thebault de Silguy schimpfte, die Kommission werde deshalb nicht zu dem Treffen kommen. In deutschen Delegationskreisen hieß es dagegen, der Vorschlag sei als „eine pragmatische Lösung" allein für dieses Treffen gedacht.

Wenn Thibault de Silguy nicht auf den Petersberg reist, wäre dies kein Manko, denn die Euro-Zone wird durchaus nicht nur von der deutschen Präsidentschaft gut repräsentiert, sondern insbesondere auch durch den EZB-Präsidenten, Duisenberg, der ebenso geladen ist wie der Geschäftsführende Direktor des Internationalen Währungsfonds, Michel Camdessus. Auch das G 7-Treffen wird dazu dienen, dass Duisenberg nachhaltig am Glaubwürdigkeitsstatus der EZB weiterbauen kann. Die Europäische Zentralbank muss sich auf den Märkten, in der Bevölkerung aber gerade auch bei den internationalen Organisationen fest etablieren, sonst werden eines Tages die Währungsstürme über sie hinwegfegen.

Auf dem Petersberg wird nämlich nicht nur die weltwirtschaftliche Lage besprochen, wo wieder einmal die guten Perspektiven der amerikanischen Wirtschaft und die weniger guten der europäischen zur Sprache kommen. Auch eine bessere Kooperation bei den Wechselkursen soll thematisiert werden.

Einer der wichtigsten Tagesordnungspunkte beschäftigt sich mit der internationalen Finanzarchitektur, worüber sich schon US-Präsident Clinton und der französische Staatspräsident Jacques Chirac ausgelassen haben, aber auch viele andere. Ganz konkret hatte Bundesbankpräsident Tietmeyer beim G-7-Treffen im Herbst letzten Jahres in Washington den Auftrag erhalten, einen Bericht über die Verbesserung der weltweiten Finanzaufsicht vorzulegen. Dabei hatte man Tietmeyer, der auch im EZB-Rat sitzt, nicht etwa den Auftrag ins Körbchen gelegt, eine Weltfinanzaufsicht als neue Riesenorganisation zu kreieren. Sein Mandat lautete eher, ein neues Netzwerk zu entwickeln, mit dem die vorhandenen Organisationen künftige Währungs- und Finanzkrisen effektiver bekämpfen können.

Man muss sich fragen, warum überhaupt ein solcher Auftrag erteilt wurde und dann auch noch an den Bundesbankpräsidenten, wo es doch den Internationalen Währungsfonds (IWF) gibt und die Weltbank, die Bank für Internationalen Zahlungsausgleich in Basel, die OECD in Paris, die diversen Aufsichtsämter für das Bankwesen und die Versicherungen und soundsoviele wissenschaftliche Institute, die alles wissen, sogar besser wissen.

Die Problematik liegt darin, dass die Damen und Herren auf ihren Präsidentensesseln erheblich an Kommunikationsfähigkeit eingebüßt haben. Das Interesse lag mehr in der Abschottung gegenüber anderen Organisationen als in der Kooperation zur Behebung der Mängel und zur Bekämpfung der Finanzkrisen. Allein schon der Krach zwischen IWF und Weltbank spricht Bände.

Tietmeyer war und ist für die G 7-Finanzminister einer der wenigen unabhängigen Denker, denen zugetraut werden kann, das Problem zu lösen. Mit ihm ist außerdem die EZB auch gleich mit eingebunden. Das geplante Netzwerk könnte sein Zentrum in Basel haben, so ist es jedenfalls in der französischen Zeitung Le Monde zu lesen. Ein Spitzenkönner im Zentrum des Sicherheitsnetzes und wenige Dutzend Fachleute drum herum. Sie werden pausenlos Kontakte knüpfen und Verbindungen herstellen. So wird es möglich, dass sie der Welt rechtzeitiger sagen können, wo es hapert, wenn ein Flächenbrand oder eine Flut droht.

Lafontaine ist weg, die Hausse da und Eichel ante portas

Eine nicht ganz unbekannte CDU-Politikerin hat mir kürzlich einmal gesagt, mit Gerhard Schröder hat diese Republik den Kanzler, den sie verdient. Das sollte kein Zynismus sein. Bei dieser Aussage schimmerte sogar ein wenig Bewunderung für den Medienstar durch. Bei längerem Nachdenken muss man sich schon fragen, welchen Kanzler hat diese Republik tatsächlich verdient? Schröder natürlich, sonst hätten wir ihn nicht. Vielleicht hätte ihm bei der Vereidigung damals das „So wahr mir Gott helfe" geholfen. So aber muss er sich auf seine Leute verlassen: Auf Oskar Lafontaine, den SPD-Vorsitzenden und Super-Finanzminister, auf Jürgen Trittin, den grünen Aussteiger, und andere nicht immer staatstragende Säulen.

Hier zeigt sich das Traumatische an der nicht mehr ganz neuen Regierung, dass starke Kräfte dieser Koalition eine andere Republik anstreben, koste es, was es wolle. Einige Akteure von Rot-Grün haben bisher offenbar nicht begriffen, dass sich erfolgreiche Politik aus guter Psychologie und langatmigem Pragmatismus zusammensetzt. Schröder scheint so etwas zu ahnen, sonst hätte er am Abend des 10. März in seinem kabinettsreifen Wutausbruch nicht gebrüllt: „Lassen Sie das! Wir dürfen keine neuen Belastungsdebatten für Wirtschaft und Bürger heraufbeschwören."

Die unreif geführte Doppelpass-Debatte, die Stopselei bei den 630-Mark-Jobs, die unausgegorene Familien- und Sozialpolitik, die halbherzige Steuerreform mit den katastrophalen Auswüchsen für Energieunternehmen und Versicherungen, der überhastete Atomaussteig, die Verärgerungen auf europäischer Ebene, der Angriff auf die Unabhängigkeit von Bundesbank und EZB, die Währungsdebatte über Zielzonen, das angekündigte Tempo-Limit über reduzierte Smogwerte, die rein politisch Motivierten und damit Fehlbesetzungen bei der Reaktorsicherheits-Kommission und anderes mehr.

Jeden Tag wird Deutschland einem anderen Rütteltest ausgesetzt und die stets wiederholte Forderung nach Abbau der Arbeitslosigkeit kommt nicht im Minimalsten voran. Jetzt haben die Maschinenbauer die katastrophale Verschlechterung des Investitionsklimas in Deutschland beklagt. Dafür zeichnet Kanzler Schröder, der laut Verfassung die Richtlinien der Politik bestimmt, verantwortlich. Eingebrockt haben es ihm andere.

Schröder kann durchaus nicht als Feind der Wirtschaft eingestuft werden. In seinem Niedersachsen hat er immer wieder sehr segensreich gewirkt. Die Volkswagenleute können ein fröhliches Lied davon singen, wie das Land immer wieder die schützende Hand über Europas größten Autokonzern gehalten hat. Auch der jüngste Brief von VW-Chef Piëch an Kanzler Schröder, sich doch als EU-Präsident gegen die sehr teuer werdende Altauto-Richtlinie einzusetzen, basiert auf der alten Vertrauensbasis. Schröder hat auch seinem Freund Zumwinkel von der Post AG die Postbank wieder zugeschanzt. Der schwierige Heinz Dürr wurde als Bahn-Aufsichtsrat gechasst und der Thyssen-Vogel an diese Stelle gesetzt.

In Sachen der Deregulierungsbehörde „Telekommunikation" hält es Schröder eher mit der Deutschen Telekom als mit einem ruinösen Wettbewerb. Wenn auch ordnungspolitisch hinter den Aktionen Schröders manchmal ein Fragezeichen angebracht erscheint, so will er doch immer wieder als guter Hausvater die Dinge für seine Anempfohlenen regeln.

Auf der betrieblichen Ebene klappt das, volkswirtschaftlich zerrinnt ihm alles zwischen den Fingern, weil wichtige Kabinettsmitglieder ihn ad absurdum führen. Dagegen helfen weniger in Wut formulierte Rücktrittsdrohungen oder -forderungen als die Durchsetzung der Richtlinienkompetenz, die dem Kanzler zusteht. Man muss kein Parteigänger des Grafen Lambsdorff sein, um dessen Aussage für angemessen zu halten, Schröder soll am besten Lafontaine und Trittin entlassen und dann der dahinvegetierenden deutschen Wirtschaft durch eine wirtschaftsfreundliche Politik auf die Beine zu helfen.

Schröders Wutausbruch hat geholfen. Oskar Lafontaine hat das Handtuch geworfen (12. 3. 99). Da passt jetzt so manches richtig zusammen: Frühlingswetter und politische Morgenluft, Champagnerlaune an den Finanzmärkten und ein Ende des seit Anbeginn dahinmickernden Eurokurses. Lafontaine ist weg, die Hausse da. Was so Querschädel alles bewirken können, wenn sie sich zurückziehen. Die Stimmung ist so gut, dass man glauben möchte, mit dem Abtreten des bis gestern starken Mannes der SPD und dem Ausscheiden des Superfinanzministers sei in unserem Staate schon alles zum Besten gewendet, könnte die Wirtschaft schon zum Selbstläufer mit ansehnlichen Wachstumsraten werden. So ist es nicht.

Mit Lafontaine hat die deutsche Wirtschaft noch längst nicht die seit Jahrzehnten falschen Strukturen abgeschüttelt und ohne Lafontaine hat sich Rot-Grün noch ganz gewiss nicht in eine wirtschaftsfreundliche Koalition gewandelt. Mit seinem Ausscheiden hat Lafontaine auf jeden Fall den Weg frei gemacht für ein wirtschaftsfreundlicheres Klima in Deutschland und für Hans Eichel als Nachfolger.

Schröder und sein neuer Finanzminister werden ganz gewiss das Ziel verfolgen, die deutsche und die europäische Wirtschaft wieder in Schwung zu bekommen. Beide hatten auch schon als Landesväter viel für ihre regionalen Teilwirtschaften getan. Eichel, ehemaliger Ministerpräsident in Hessen, wird seinen jahrelangen Einsatz für den Finanzplatz Frankfurt mit Sicherheit nicht aufs Spiel setzen. Er wird keinen Windmühlenkampf mit der europäischen Zentralbank beginnen und in seinen Gesetzesvorlagen eindeutig wirtschaftsfreundliche Elemente einbauen. Es wird so kommen, das Eichel als Bundesfinanzminister noch segensreicher für den Finanzplatz wirken kann als früher. Die Börse hat mal wieder recht, wenn sie haussiert: Alles kann nur besser werden.

Eichel hat einen guten Start, zumindest was den Bundesbankgewinn angeht. Er beläuft sich für 1998 auf 16,2 Milliarden Mark. Das sind zwar acht Milliarden Mark weniger als 1997 aber immer noch doppelt soviel wie der Gewinn im vorletzen Geschäftsjahr 1996. Der 97er-Gewinn war durch reichliche Neubewertungen der Devisenreserven aufgebläht worden. Auch die Jahresausschüttung für 1998 enthält Sondererträge von 3,6 Milliarden Mark, die aus der Bilanzumstellung im Zusammenhang mit dem Eintritt in die Europäische Währungsunion entstanden sind.

Währungswunder mit Kinderkrankheiten

Kaum glaublich, dass der Euro nach kaum hundert Tagen schon zur Kriegswährung geworden ist. Er leidet darunter. Große Gefahren drohen ihm wegen des Balkan-Konfliktes jedoch nicht, zu mächtig ist die Nato und die geballte Wirtschaftskraft der Euro-Länder. Der Bilderbuchstart der Weltwährung kippte allerdings bald in einen gewissen Katzenjammer. Es wäre zuviel gesagt zu behaupten, der Euro kommt auf Krücken daher, aber die Crux der Währung ist nicht zu übersehen.

Die Politik hat der EZB und ihrem Kind, dem Euro, schon das Leben schwer gemacht und dies drückt sich ganz klar in dem kontinuierlichen Rückgang des Euro-Kurses gegenüber dem Dollar aus. Ist der Euro nach seinem fulminanten Start auf den Devisenmärkten am 4. Januar noch etwas in seinem Außenwert auf rund 1,19 gestiegen, so muss er seitdem einen kontinuierlichen Wertverlust registrieren auf derzeit (13. 4. 99) 1.08 in der Dollar-Parität. Die politischen Nackenschläge auf das Währungswunderkind vergaben und vergeben die elf Erzeugerländer auf zweierlei Weise. Direkt durch ständige, zumindest versuchte Einflussnahme auf die Geldpolitik, zum anderen durch eine erkennbar schlampiger werdende Finanzpolitik.

EZB-Währungsguru und Euro-Geburtshelfer wider Willen, Otmar Issing, analysiert: „Ich glaube, dass der Hauptgrund für die Wechselkursentwicklung in der Stärke des Dollars vor allem zu suchen ist, wegen der unerwartet guten Wirtschaftsentwicklung dort. Aber politische Irritationen in Europa haben sicher auch zur Euro-Schwäche auf dem Devisenmarkt beigetragen.“ Issing stellt dann noch klar, wie es um den immer wieder zitierten „Währungskommissar“ Thibault de Silguy steht. „Herr de Silguy ist kein Währungskommissar in dem Sinne, dass er in der EU-Kommission für die Währung zuständig wäre. Nach dem EZB-Statut wird der Präsident des Rates der Finanzminister zu jeder EZB-Ratssitzung eingeladen und ein Mitglied der Kommission. Da fühlte sich öfters Thibault de Silguy aufgerufen. Beide haben kein Stimmrecht.“ Politischer Einfluss schwebt natürlich immer im Raume.

Das galt besonders für die erste Zinssenkung der EZB Anfang April, die auch von höchster Stelle sofort beschönigt wurde. Christian Noyer, der Vizepräsident, sieht darin weder ein Zufallsprodukt noch einen Überraschungscoup. Diese Zinsfestsetzung auf 2,5 Prozent für Wertpapierpensionsgeschäfte sei in der 1998 aufgenommenen Strategie der Euro-Zentralbanker schon als gewisser Schlusspunkt anvisiert gewesen. Der muntere junge Mann aus Paris kann sich sogar noch weitere Zinssenkungen vorstellen. Die Wirtschaftslage sei schlecht genug und die Inflation keine Gefahr.

Die schönen Zeiten der Stabilitätsschwüre sind vorüber. Vielfach werden schon Meineide geschworen. Von einer ernsthaft gewollten Erfüllung der Anforderungen des Stabilitätspaktes kann keine Rede sein. Kreditschöpfung macht mehr Spaß als die allseits vorhandenen Strukturschwächen gezielt abzubauen. So befürchten heute schon Großbanker bis übers Jahr einen Euro-Kurs, der 1:1 zum Dollar steht. Daraufhin angesprochen antwortete Duisenberg sibyllinisch. „Der Euro ist ein Euro ist ein Euro.“ Hat er doch recht, der große alte Herr. Der Euro ist ein Euro, auch wenn unter die Dollar-Parität fällt.

Euro-Optimismus herrscht derzeit allenfalls noch in den oberen Etagen der EZB, weil die Geldpolitiker mittelfristig alles im Griff zu haben glauben. Dabei fanden die wirklich bedrohliche Schlachten um die neue Weltwährung noch gar nicht statt. Die Finanzspekulanten haben den Euro bisher nicht getestet. Defaitismus ist jedoch nicht am Platze. Die Verantwortlichen in den elf Euro-Ländern wollen, dass das Währungsexperiment klappt. Sie sehen hier den Kern für das größere, integrierte Europa und helfen mit, dieses zu verwirklichen.

Welteke soll Bundesbankpräsident werden

Ernst Welteke freut sich, dass er das große Los gezogen hat: „Es ist leichter, den Jackpot im Lotto zu knacken als Bundesbankpräsident zu werden. Davon gibt es unter den 80 Millionen Deutschen nur einen.“ Allerdings bedauert er gleichzeitig den Verlust an Freiheitsgraden, den das hohe Amt mit sich bringt. Auf der Frühjahrspressekonferenz (21. 5. 1999) der Landeszentralbank in Hessen plauderte der Präsident mit Perspektive sehr schnell und munter über Aufgaben und Ziele im künftigen Amt und beginnt ganz vorne:

Ich bin von der Bundesregierung vorgeschlagen worden für das Amt des Bundesbankpräsidenten. Der Zentralbankrat hat, wie das vom Gesetz her vorgesehen ist, dieser Nominierung zugestimmt. Aber der Amtswechsel findet erst zum 1. September statt und bis dahin ist Professor Tietmeyer Präsident der Deutschen Bundesbank. Ich möchte das mit aller Deutlichkeit hier klargestellt haben.

Diese Berufung ist sicherlich außerordentlich ehrenvoll. Ich bin mir auch der Bedeutung dieser Aufgabe, die da auf mich zukommt, bewusst. Aber dass sie auf mich zukommt, hängt auch damit zusammen, dass ich Dank schulde denjenigen, die mich bisher in meinen Ämtern und insbesondere hier in dem Amt des Präsidenten der Landeszentralbank in Hessen unterstützt haben. Denn ohne das wäre ich natürlich nicht vorgeschlagen worden. Ich möchte mich bei all denjenigen von Ihnen bedanken, die meine Arbeit positiv, kritisch begleitet haben in der Vergangenheit. Denn das wissen Sie alle, das gehört eben auch mit dazu. Ich habe auch mit Freude feststellen können, dass die Kommentierung dieser Entscheidung durchaus für mich positiv gewesen ist. Herzlichen Dank also auch an nicht nur zu dem zweiten Teil, sondern vor allen Dingen auch zu dem ersten Teil an Sie. Und ich hoffe, dass das auch in Zukunft dann so bleiben kann, wenn ich die Position übernommen habe.

Ich bin nach Karl Klasen, und das liegt schon lange zurück, dann der erste Präsident der Deutschen Bundesbank, der nicht vorher dem Direktorium angehört hat. Es war meist so, dass die Präsidenten vorher die Funktion eines Vizepräsidenten ausgeübt haben. Der Amtswechsel fällt in eine Zeit, in der die Bundesbank eine neue Rolle finden muss. Das ist ohne Zweifel so. Deshalb werde ich sicherlich auch etwas längeren Anlauf benötigen. Es ist manchmal – und das ist ein Bild, das durchaus passend ist – darauf hingewiesen worden, dass Herr Professor Tietmeyer, vor allem was die internationale Kenntnis von Zusammenhängen angeht, recht große Schuhe überlässt. Und auch da wird es für mich einige Zeit dauern, bis ich mich da eingefunden habe in diese internationalen Zusammenhänge und Tätigkeiten.

Aber wenn man das Ganze mit einem Schlagwort belegen will, dann kann man sicherlich von Kontinuität und Wandel sprechen. Kontinuität ergibt sich zunächst mal aus der nun 50-jährigen Geschichte von Bank deutscher Länder und Deutscher Bundesbank im Zusammenhang mit der geldpolitischen Stabilität, mit der Glaubwürdigkeit und dem Vertrauen in die Währung, das in dieser Zeit aufgebaut worden ist. Ich denke, das Kapital gilt es zu bewahren und in dem europäischen Heute, in dem europäischen Rahmen, im System der europäischen Zentralbanken mit der Europäischen Zentralbank dazu zu verankern und weiter zu entwickeln. Dabei kommt der Deutschen Bundesbank als Notenbank der größten Volkswirtschaft der Europäischen Währungsunion eine besondere Verantwortung zu. Sie ist und bleibt eine wichtige Säule im europäischen System der Zentralbanken, aber sie ist auch zugleich heute eine Notenbank unter gleichberechtigten Partnern, was die Geldpolitik angeht. Sie wissen, dass der Maastrichter Vertrag, der auch die Statuten der Europäischen Zentralbank umfasst, in der Geldpolitik jedem Mitglied des Zentralbankrates der Europäischen Zentralbank eine Stimme zuweist und es andere Fragen gibt, wo die Abstimmungen gewichtet werden, je nach Share oder Anteil.

Diese Situation, dass die Deutsche Bundesbank, wenn man so will, ihre geldpolitische Vormachtstellung verloren hat und jetzt eine Notenbank unter gleichberechtigten Partnern ist, verlangt ein neues Rollenverständnis und dann sicherlich einen neuen institutionellen Zuschnitt. Dieses Letztere ist der zweite Teil Kontinuität und Wandel.

In vertikaler Betrachtung wird das hier in Frankfurt ganz besonders deutlich. Wir haben hier die Europäische Zentralbank, wir haben das Direktorium der Deutschen Bundesbank, die Hauptverwaltung der Landeszentralbank in Hessen, die Hauptstelle Frankfurt und dann haben wir noch – was sicherlich auch zum Rhein-Main-Gebiet gehört – in Offenbach und Hanau Zweigstellen knapp außerhalb der Stadtgrenzen. Diese Staffelung ist zwar keine Frankfurter Besonderheit, sie gilt für das ganze Bundesbank-Gebiet, in Frankfurt wird sie aber besonders augenfällig und deshalb wird sie auch hier stärker kommentiert und diskutiert als das an anderen Standorten der Fall ist.

Es ist – ich will es nur so weit anfügen – wenn man sich diese Gliederung anguckt, wenn man sich diese vertikale Betrachtung vor Augen hält, aber auch zu bedenken, dass zum Beispiel das Bargeld, das in Offenbach bei unserer dortigen Zweigstelle eingezahlt wird, nicht von der Europäischen Zentralbank hier drüben im Eurotower bearbeitet werden kann. Wenn man sich das vor Augen führt, dann wird sofort deutlich, dass es auch mehrere Ebenen zwangsläufig aufgrund der Tätigkeiten, die die Notenbanken zu erfüllen haben, geben muss. Ich will damit andeuten, dass es in diesem System eine ausdifferenzierte Arbeitsteilung gibt und die EZB darin die oberste währungspolitische Einheit darstellt. Den größten Teil der klassischen sonstigen Notenbankfunktionen führt die EZB ja nicht selber durch, denn sie nimmt dazu die nationalen Notenbanken in Anspruch. Das Prinzip der Subsidiarität gilt eben auch hier. Dazu gehören Ausgabe und Pflege von Bargeld, der unbare Zahlungsverkehr, die Abwicklung der Refinanzierungsgeschäfte und Bankenaufsicht und so weiter.

Problematisch und reformbedürftig wird es dann dort, wo es Mehrfacharbeit und Ineffizienzen im Bundesbanksystem gibt. Diese Fragen müssen auf den Prüfstand. Sie wissen, dass der Zentralbankrat einen Arbeitskreis eingerichtet hat, der sich mit Reform und Modernisierung der Bundesbankstruktur befasst. Er wird einen Vorschlag erarbeiten müssen, einen Vorschlag an den Gesetzgeber und sicher wird der Vorschlag auch der Öffentlichkeit vorgestellt werden. Aber bis dahin haben wir in der Arbeitsgruppe Vertraulichkeit vereinbart und ich bitte das auch zu berücksichtigen. Ich bin mir bewusst und das ist auch in den letzten Tagen wieder deutlich geworden, ich knüpfe an an meine Eingangsbemerkung, dass diese Arbeit unter einem wachsenden Druck der Öffentlichkeit steht.

Zahlen, die bis vor wenigen Monaten wenige interessiert haben, sind zu – wenn man so will – politischen Größen geworden. Ich denke dabei an die ständige Gegenüberstellung der Mitarbeiter der nationalen Notenbanken im europäischen Währungsgebiet gegenüber den Mitarbeitern der Europäischen Zentralbank und die daran anknüpfenden Vermutungen, ob denn die Europäische Zentralbank bei diesem angeblichen Ungleichgewicht bei den Mitarbeitern überhaupt in der Lage sei, eine für das europäische Währungsgebiet einheitliche Geldpolitik zu formulieren. Das sind aber Vergleiche, die in die Irre gehen.

Die Bundesbank hat etwas mehr als 15 000 Beschäftigte in einem ausgedehnten Netz von rund 150 Zweiganstalten. Ich möchte, wenn ich jetzt auch nicht in die Einzelheiten gehen kann, ich verweise auf die vereinbarte Vertraulichkeit, doch einige Punkte ansprechen, um die es gegenwärtig gehen muss.

Einmal geht es um die Organstruktur. Im Bundesbank-Gesetz sind drei Organe beschrieben worden: das Direktorium, der Zentralbankrat und die neun Vorstände der Landeszentralbanken. Zusammen gibt es 32 Organmitglieder. Hier setzt die erste Fragestellung an, ob nicht die Deutsche Bundesbank in Zukunft eine einheitliche kleinere Lenkungseinheit braucht, die weniger Mitglieder umfasst.

Dann gibt es als zweites die Frage zu stellen, welche Ebene welche Aufgaben wahrnimmt, also welche wird auf der oberen Ebene, wenn man mit den heutigen Begriffen, die nicht notwendigerweise beibehalten werden müssen, operiert, muss man sich fragen, welche Aufgaben nimmt die Dienststelle des Direktoriums wahr, welche Aufgaben nehmen die Hauptverwaltungen auf der regionalen Ebene wahr, die Zentralbanken, und welche Aufgaben nehmen die Hauptstellen wahr. Das muss nicht unbedingt im Gesetz geklärt werden. Aber es muss innerhalb der Bundesbanken-Struktur geklärt werden. Das ist der Punkt, wo man das Thema Doppelarbeit mit ansprechen kann.

Und das kann man dann eben ansprechen bei der inneren Effizienz der Deutschen Bundesbank dann insgesamt, wiederum auf jeder Ebene. Ist Effizienzsteigerung auf der Ebene des Direktoriums möglich. Ist Effizienzsteigerung auf der Ebene der Zentralbanken, der regionalen Ebene möglich. Und ist Effizienzsteigerung im Bereich der Hauptstellen nötig. Diese Fragestellung leitet sich aber nicht so sehr ab vom europäischen System der Zentralbanken, sondern leitet sich eher davon ab, dass wir insgesamt, wie unsere Kunden auch, die Banken einem erheblichen Wandel unterliegen, nämlich durch die Informationstechnologie stellt sich stärker die Frage der Wirtschaftlichkeit und der Anpassung auf allen Ebenen.

In der Vergangenheit war es so, dass die geldpolitische Zuständigkeit der Notenbank doch die Prinzipien, die Organisationsprinzipien, die auch historisch begründet waren, Föderalismus, Dezentralität, Pluralität in den Entscheidungsgremium, stärker die Organisationsstruktur bestimmt haben und die regionalen Grenzen von Ländern – heute müssen die Kriterien von Kundenorientierung, von Wirtschaftlichkeit auch bei der Bundesbank stärker Berücksichtigung finden. Das ist in kurzen Stichworten das, worum es bei der Arbeit, die wir uns vorgenommen haben in der Arbeitsgruppe oder die der Zentralbankrat der Arbeitsgruppe aufgegeben hat, Fragestellungen, die wir erörtern müssen. Und wie immer hängt alles mit allem zusammen und deshalb sind kurzfristig auch keine Lösungen zu finden.

Die geldpolitische Mitwirkungskompetenz im EZB-Rat liegt heute allein beim Präsidenten der Bundesbank. Der heutige Wortlaut des Gesetzes sieht vor, dass der Zentralbankrat die Auswirkungen der Geldpolitik mit dem Präsidenten der Bundesbank erörtert. Er ist dann in seinen Entscheidungen, wie Sie wissen, vollkommen frei und damit konzentriert sich die gesamte geldpolitische Verantwortung auf den Präsidenten. Und das ist eine gänzlich neue Situation, die auch den Charakter des Zentralbankrates verändert. Da man das nicht von heute auf morgen wahrnimmt, wird es noch einige Zeit dauern, bis dieses neue Selbstverständnis, nämlich ein Erörterungsgremium für geldpolitische Fragen zu sein, neben den anderen Aufgaben des Zentralbankrates selbstverständlich wird.

Ich halte übrigens diese Einteilung der geldpolitischen Mitglieder des Zentralbankrates in Falken und Tauben für ziemlich überholt. Alle Mitglieder des EZB-Rates werden uneingeschränkt für sich in Anspruch nehmen, hinter der Aufgabe zu stehen, nämlich die Gewährleistung der Preisstabilität, wie sie im Maastrichter Vertrag vorgesehen ist. Die Vorstellung, dass sich der eine oder andere mehr oder weniger um Geldwertstabilität sorgt, ist meines Erachtens unzutreffend.

Lassen Sie mich aber noch darauf hinweisen, die Geldpolitik zur Sicherung von Preisniveau-Stabilität vollzieht sich nicht isoliert. Sie ist in den gesamtwirtschaftlichen Prozess eingebunden und das gilt natürlich auch in höherem Maße für die Stabilitätskultur. Durch die Europäische Währungsunion wird das Blickfeld über die nationalen Grenzen hinaus gelenkt. Den gesamtwirtschaftlichen Prozess zu beschreiben und zu analysieren wird weiterhin eine wichtige Aufgabe der jeweiligen nationalen Notenbanken sein. Dazu gehören dann auch Hinweise auf mögliche Fehlentwicklungen, insbesondere im nationalen Rahmen. Das wird auch in Zukunft Aufgabe der Deutschen Bundesbank sein, in ihren Monatsberichten Teilbereiche der Politik zu analysieren und dazu Meinungen zu veröffentlichen.

Hier denke ich gehört mit dazu – das ist auch irgendwo verknüpft mit der Strukturfrage –, dass auch regionale Fragen mit berücksichtigt werden. Denn wenn man sich noch einmal vergegenwärtigt, dass jeder Notenbankgouverneur im Zentralbankrat der Europäischen Zentralbank eine Stimme hat, 80 Millionen Deutsche dann 800 000 Luxemburgern gleichgestellt werden, und dann die Luxemburger Notenbank die wirtschaftliche Entwicklung in Luxemburg analysiert und die Deutsche Bundesbank undifferenziert die aggregierte makroökonomische Situation in der Bundesrepublik Deutschland ins Auge fasst, dann kann das zu falschen Schlussfolgerungen führen. Deshalb bin ich auch nach wie vor der Auffassung, wird es Aufgabe der regionalen Ebenen bleiben, Daten aus der Region in der Bundesrepublik zu sammeln und die auch dann zu veröffentlichen, um hier nicht zu falschen Schlussfolgerungen beizutragen. Es wird natürlich auch von der modernen Notenbank – und das kann man vielleicht auch noch weiter entwickeln und akzentuieren – dazu gehören, einen Beitrag zur monetären Forschung zu leisten. Das ist mit dem Forschungsbereich, den Herr Professor Issing ja bei der Bundesbank entwickelt hat, schon in Gang gesetzt. Und die Veröffentlichungen – manchmal sind sie nicht gerade so, dass sie, wenn ich an einen Teil denke bei der Frage der Preismessung, der Inflationsratenmessung, dass sie dann hinterher nicht deutlich wieder korrigiert werden müssen, weil sie falsche öffentliche Eindrücke vermitteln können, aber sie tragen zum Verständnis der monetären Zusammenhänge bei. Dazu kommt sicherlich hier bei uns der Analyse der Finanzmarkt- und Finanzplatz-Entwicklung eine prominente Rolle zu.

Das ist eng verknüpft mit der Frage, die ebenfalls diskutiert worden ist, nämlich die Frage, ob denn die Europäische Zentralbank ausreichend transparent ist. Das Thema wird ständig wieder transportiert. Für mich bedeutet Transparenz die Offenlegung der Beweggründe für geldpolitische Entscheidungen, da nur so Glaubwürdigkeit und Vertrauen in die Geldpolitik gesichert werden kann. Transparenz verbessert auch die Wirkung der geldpolitischen Entscheidungen. Ich finde, diese Anforderungen der Öffentlichkeit sind in der Vergangenheit von der Bundesbank in hohem Maß erfüllt worden. Transparenz darf auf der anderen Seite auch nicht verwechselt werden mit einer gläsernen Geldpolitik. Es muss nicht das Innerste nach außen gekehrt werden, auch wenn natürlich dafür ein besonderes Medieninteresse besteht. Das Ganze hat auch nichts mit Heimlichtuerei zu tun, sondern – ich sage noch einmal – es fördert die Effizienz des geldpolitischen Entscheidungsprozesses.

Welteke will die Stabilitätskultur in Deutschland verbessern, zumindest auf dem bisherigen Standard halten und die Bundesbank geschmeidig in das Europäische System der Zentralbanken überleiten. Der SPD-Mann sieht sich als politischer Notenbanker, der auch zu anderen Politikfeldern als ausschließlich zur Geldpolitik Stellung nehmen will. Welteke sieht auch die Euro-Abwertung in den letzten fünf Monaten ganz locker. Man solle nicht ständig auf den Einführungskurs von 1,17 Dollar/Euro weisen, woraus sich bei einem Kurs von 1.01 eine Abwertung von 14 Prozent ergibt. Man sollte eher den ECU-Kurs von vor über einem Jahr als Basis nehmen. Die Regierungschefs hätten eine solche realistischere Kursfestsetzung zum Schluss nicht mehr auf die Reihe bekommen.

Nach Welteke hat der Euro erhebliches Kurspotenzial nach oben. Der europäische Leistungsbilanzüberschuss liege bei 100 Milliarden Euro, das amerikanische Leistungsbilanzdefizit aber bei 200 Milliarden Euro.

Wachablösung bei der Bundesbank

Die Veränderung, die mit dem Wachwechsel bei der Bundesbank einhergeht, kann grundsätzlicher nicht sein. Ernst Welteke folgt Hans Tietmeyer. Das ist weniger eine Generationenfrage. Mit 57 Jahren gehört Welteke nicht mehr zu den Jüngsten und mit seinen 68 Jahren hat Tietmeyer noch vieles zu bieten. Zudem sind beide August-Löwen. Auch geht es nicht darum, dass der SPD-Mann einem eingefleischten Christdemokraten sukzediert, obwohl bei Tietmeyer das hohe „C“ noch eine ganz besondere Bedeutung hat. Für ihn galt immer der Grundsatz: Bete und arbeite.

Christ-demokratisch gesehen hat Tietmeyer am allerwenigsten parteipolitischen Hautgout. Auch Welteke will nicht nur als SPD-Parteimann dastehen. Er hat sich lange genug mit seinen roten und grünen Brüdern herumstreiten müssen, bis er jetzt abheben kann. Was für ihn heißen könnte: Über allen parteipolitischen Nebeln ist Ruh. Das wäre sogar ausgesprochen wünschenswert, wenn Welteke nach dem Aufstieg in den geldpolitschen Olymp mehr auf Distanz zu tagespolitischen Themen ging. Aber justament ereilt ihn genau der der alte SPD-Ehrgeiz, fast überall mitzustreiten und mit nicht immer tauglichen ökonomischen Mitteln die Volkswirtschaft aufmöbeln zu wollen. Er will ein politischer Präsident sein, dem es auch nicht fremd ist, mit Geldpolitik Beschäftigungspolitik zu betreiben. Zwar kann er jetzt schon ziemlich flüssig die geldpolitischen Gebetsmühlen bewegen: Stabilitätspolitik ist Stabilitätspolitik ist Stabilitätspolitik. Doch von Tauben und Falken hält er nichts. So kann er nur zu den weniger stringenten Tauben gehören.

Die Welteke-Ära wird allerdings auch eine ganz andere sein als die seines Vorgängers. Welteke ist einer unter 17 Räten der Europäischen Zentralbank. Das ist viel, aber auch viel weniger als die gelebte Souveränität der bisherigen Bundesbank-Könige.

Tietmeyer hat die deutsche Geldmacht über Jahrzehnte mit aufgebaut und damit die Potenziale für die Wiedervereinigung Deutschlands geschaffen. Die Bundesbank wurde erst zum Ärgernis für Europa und dann zum Kristallisationspunkt für die unumkehrbare Vereinigung Europas, für den Euro. In der Ära Tietmeyer, die schon mit ihm als Staatssekretär begann, wurde mit der D-Mark und der Bundesbank weitreichende Außen- und Innenpolitik betrieben. Da wollte niemand ein politischer Präsident sein und doch war es jeder in aller höchstem Maße. Tietmeyer hat es den politischen Gegnern in Europa niemals zu leicht gemacht, auch die deutsche Finanzpolitik und die gesellschaftspolitisch relevanten Kreise wie die Gewerkschaften auf Distanz gehalten.

Welteke hat sich vorgenommen, die Bundesbank exakt in das Europäische System der Zentralbanken einzupassen. Sicher ist das nötig, aber vor Übereifer muss gewarnt werden. Der Eifer muss dahin gehen, die beste deutsche Stabilitätstradition zu kultivieren und Euroland damit zu adeln. Gut, Welteke hat „Jahrende" Zeit. Irgendwann wird auch ihn der Falken-Ehrgeiz stark machen.

Festakt

Anlässlich des Wechsels im Amt des Präsidenten der Deutschen Bundesbank am 30. August 1999 um 11.00 Uhr im Gesellschaftshaus des Palmengartens, Frankfurt am Main

Musikalische Umrahmung: Clara-Schumann-Trio und Gerd Grötschel

– Auszüge aus den Reden –

Begrüßungsansprache

Dr. Jürgen Stark, Vizepräsident der Deutschen Bundesbank

Der Wechsel im Amt des Präsidenten einer Zentralbank bedeutet immer eine Zäsur. Diesmal findet der Wechsel untern anderen Bedingungen als in der Vergangenheit statt: Seit 1. Januar 1999 liegt die geldpolitische Entscheidungskompetenz bei der Europäischen Zentralbank. Aber die Bundesbank ist keine Filiale der EZB. Sie ist als integraler Teil des ESZB rechtlich selbstständig und sie hat weiterhin eine Vielzahl wichtiger Aufgaben zu erfüllen.

Mit dem heutigen Festakt würdigen wir die zu Ende gehende Ära Tietmeyer und begrüßen den neuen Präsidenten Ernst Welteke.

Im Rückblick wirkt es so, als sei Hans Tietmeyer immer der richtige Mann zur richtigen Zeit am richtigen Platz gewesen. Manchen war er zu sehr präsent, wenn nicht physisch, dann als „Idee Tietmeyer". Diese Kritik an der sogenannten „Idee Tietmeyer" war aber zu oberflächlich, um wirklich ernst genommen zu werden. Jene Kritiker haben nie die wahren Wurzeln des Denken und Handelns Hans Tietmeyers verstanden.

Herr Welteke, auch Sie werden Ihren eigenen Stil finden. Sie sind in Frankfurt kein Unbekannter. Ihr jetziges Büro trennt Sie von Ihrem künftigen – das Sie bereits kennen – nur um etwa drei Kilometer. Sie bringen einen großen Erfahrungsschatz mit, der Ihnen im Umgang mit Regierungen und Notenbanken von großem Nutzen sein wird. Sie waren Wirtschafts-, anschließend Finanzminister in Hessen und sind seit 1995 Präsident der Landeszentralbank in Hessen – Hauptverwaltung der Deutschen Bundesbank – und in dieser Funktion Mitglied des Zentralbankrates.

Sie stehen vor großen Aufgaben. Sie können bei der Wahrnehmung dieser Aufgaben auf die volle Solidarität und Unterstützung durch Ihre Kollegen und die Mitarbeiter der Bundesbank bauen. Als Vorsitzender des Zentralbankrates und als Mitglied des Direktoriums bleiben Sie in der kollegialen Verankerung. Als neuen Präsidenten begrüße ich Sie im Namen des Zentralbankrates und des Direktoriums der Deutschen Bundesbank als primus inter pares. Ich wünsche Ihnen allzeit eine gute und glückliche Hand.

Bundeskanzler Gerhard Schröder

Eine Amtsübergabe wie die heutige wird ja im Deutschen oft als „Wachablösung" bezeichnet. Überhaupt stellen wir uns die Bundesbanker gern als „Währungshüter" oder „Stabilitätswächter" vor. – Das hat etwas Beruhigendes. Und das Gefühl, gut behütet zu sein, wird noch verstärkt, wenn man weiß, dass sowohl der scheidende Bundesbankpräsident, Prof. Dr. Hans Tietmeyer, wie auch sein Nachfolger Ernst Welteke entschiedene und ausgewiesene Verfechter der Preisniveaustabilität sind. An der Stabilitätsorientierung der Bundesbank wird sich also nichts ändern.

Doch der heutige Tag macht uns auch deutlich, dass die Bundesbank weit mehr ist als eine gehobene Wach- und Schließgesellschaft für unser Geld. Erstmals in der über 50-jährigen Geschichte der Deutschen Bundesbank ist eine Veränderung im Spitzenamt zugleich mit einem Wechsel auf dem deutschen Stuhl bei der Europäischen Zentralbank verbunden. Das heißt: Der Präsident der Deutschen Bundesbank muss schon von Amts wegen auch ein guter Europäer sein. Auch dieses Kriterium erfüllen der scheidende und der neue Präsident vorzüglich ...

Die Einführung der gemeinsamen europäischen Währung war schließlich keineswegs nur ein ökonomischer Beschluss. Es war ein originär politischer Akt, auf einem der wichtigsten Felder nationaler Autorität, nämlich dem Feld der Währungspolitik, die Souveränität einer europäischen Instanz zu übertragen. Schon deshalb verlangt die Währungsunion von uns Europäern, auch bei der politischen Integration entschlossen voranzuschreiten ...

Ich habe mit Befriedigung zur Kenntnis genommen, dass die Bundesbank in ihrem letzten Monatsbericht unser Zukunftsprogramm als „eindrucksvoll" und auch für andere Staaten nachahmenswert gelobt hat. Kernpunkte dieses Zukunftsprogramms sind: Das Einsparziel von 30 Milliarden DM im kommenden Jahr bzw. 50 Milliarden DM in 2001 wird erreicht. Und unser Ziel für die nächste Legislaturperiode ist ein Haushalt, der ohne Nettoneuverschuldung auskommt.

Mit dem Steuerentlastungsgesetz 1999 bis 2002 werden Familien und Durchschnittsverdiener deutlich entlastet.

Damit wird die Nachfrageseite gestärkt. Die Senkung der Unternehmenssteuersätze auf 25 Prozent ab 2001 im Zuge der Unternehmenssteuerreform löst Wachstumseffekte von der Angebotsseite her aus. Schon jetzt ist es gelungen, mit diesem Konzept die Wachstumsperspektiven weiter aufzuhellen. ...

Dem früheren europäischen Kommissionspräsidenten wird der Satz zugeschrieben: „Nicht alle Deutschen glauben an Gott, aber alle an die Bundesbank." ...

Erfolgreiche Wirtschaftspolitik muss Kontinuität und Wandel integrieren. Sie, Herr Tietmeyer, sind dieser Aufgabe in Ihren Ämtern stets gerecht geworden. Auf Ihrem beruflichen Weg haben Sie die Wirtschafts-, Finanz- und Geldpolitik in Deutschland über viele Jahre hin geprägt und das Ansehen unseres Landes in der Welt gemehrt.

Hierfür möchte ich Ihnen als scheidendem Präsidenten der Deutschen Bundesbank herzlich danken. Gleichzeitig darf ich Ihnen zu Ihrer Auszeichnung durch das Großkreuz des Verdienstordens der Bundesrepublik Deutschland, das Ihnen am 16. August 1999 von Bundespräsident Johannes Rau verliehen worden ist, gratulieren.

Sie, Herr Welteke, beglückwünsche ich herzlich zu Ihrem neuen Amt als Präsident der Deutschen Bundesbank. Mit Ihrer persönlichen Integrität, Ihrem hervorragenden Fachwissen und Ihrem großen Engagement stehen Sie dafür, dass die Bundesbank ihren erfolgreichen Weg – nun innerhalb des Systems Europäische Zentralbanken fortsetzen wird. Ich wünsche Ihnen viel Erfolg bei der Wahrnehmung Ihrer neuen Aufgabe.

Bundesminister der Finanzen Hans Eichel

Insgesamt ist unser Land mit der starken Unabhängigkeit der Zentralbank sehr gut gefahren. Diese positiven Erfahrungen nach einer Periode in der ersten Hälfte dieses Jahrhunderts, in der die Deutschen unter extremen Inflationserscheinungen litten, hat das Modell der Deutschen Bundesbank zum Vorbild für die Europäische Zentralbank werden lassen. So wurde die Unabhängigkeit der Europäischen Zentralbank per Gesetz festgeschrieben.

Dieser „Export" des Deutschen Zentralbanksystems wäre ohne Ihre tätige Mithilfe und ohne Ihre große Leistung, Herr Professor Tietmeyer, nicht möglich gewesen. Sie haben sich damit, aber auch mit dem gesamten Wirken in den letzten Jahren große Verdienste an unserem Volk erworben. Dafür danke ich Ihnen.

Immer wieder haben Sie sich mit Fragen der Moral, insbesondere des Verhältnisses von Gesinnungs- zu Verantwortungsethik, auseinandergesetzt. Sie waren eben kein „ökonomischer Technokrat", sondern handelten nach Ihren moralischen Prinzipien. Uns verbindet das Streben danach, „das menschliche Leben in Zukunft lebenswert zu erhalten". Sie haben diese Devise einmal als den ethischen Imperativ der heutigen Zeit bezeichnet. Die Umsetzung von Werten darf nach Ihrer Vorstellung nicht Moralisten und Idealisten überlassen werden. Ich teile diese Auffassung. Es sind die Politiker und andere Personen des öffentlichen Lebens, die dies leisten müssen. ...

Als Sie 1989 zur Deutschen Bundesbank wechselten, konnten Sie an verantwortlicher Stelle an der Bewältigung der vielleicht größten Herausforderung dieses Jahrhunderts, der deutschen Wiedervereinigung, arbeiten. Ein ganzes Land, die ehemalige DDR, hat das westdeutsche Währungssystem übernommen. Eine ähnlich große Herausforderung steht uns zu Beginn des neuen Jahrtausends bevor: Das Ersetzen der DM durch den Euro.

Hierbei gilt es in Deutschland vor allem ein starkes psychologisches Moment zu überwinden. Dass die Deutschen so an der DM hängen, hat auch mit der erfolgreichen Arbeit der Bundesbank zu tun. Lieber Herr Tietmeyer, Sie haben damit Ihrem Nachfolger, Herrn Welteke, die Arbeit bei der Umstellung auf den Euro schwerer gemacht. Ich bin aber überzeugt, Herr Welteke ist der richtige Mann, um dies hervorragend zu bewältigen. ...

Die Zukunft der Deutschen Bundesbank und die Stabilität des Euros sind bei Ihnen, Herr Welteke, in guten Händen. Wir kennen uns seit vielen Jahren. Ich kann das beurteilen und aus tiefster Überzeugung sagen.

Herr Professor Tietmeyer, Ihnen möchte ich noch einmal für das Geleistete danken und überreiche Ihnen hiermit die Entlassungsurkunde. Für Herrn Welteke halte ich zwei Urkunden bereit. Zunächst übergebe ich die Urkunde für die Entlassung aus dem Amt des Präsidenten der Hessischen Landeszentralbank. – Und jetzt, verbunden mit meiner Gratulation zum neuen Amt, überreiche ich die Ernennungsurkunde zum Präsidenten der Deutschen Bundesbank. Ich wünsche Ihnen, Herr Welteke, für die neue Aufgabe viel Glück.

Prof. Dr. Dr. hc. Hans Tietmeyer, Präsident der Deutschen Bundesbank

Seit Jahresbeginn ist die D-Mark – wie die anderen teilnehmenden Währungen – Bestandteil des gemeinsamen Euro. Und die Bundesbank ist Teil des Systems der Europäischen Zentralbanken mit der EZB als Spitze. Die damit verbundene Übertragung der geldpolitischen Verantwortung auf die europäische Ebene bedeutet freilich nicht, dass die nationalen Zentralbanken nicht auch weiterhin in erheblichem Maße mitwirken und Eigenverantwortung tragen. Im Gegenteil!

Anders als gelegentlich dargestellt, sind die nationalen Zentralbanken auch im Euro-System weiterhin verantwortlich für die Umsetzung der Geldpolitik, den Zahlungsverkehr, die Devisenreserven, die Verbindung zu den internationalen Organisationen; aber auch für die Mitarbeit bei der Suche nach konzeptionellen Antworten auf den nie versiegenden Strom neuer Herausforderungen.

Schon bisher hat die Bundesbank in die bisweilen schwierigen Vorbereitungsarbeiten un den Konvergenzprozess in Europa viel eingebracht – an Stabilitätsorientierung, Erfahrung und auch an internationaler Reputation.

Auch das heutige Mehr an Geldwertstabilität in Europa ist schließlich nicht von alleine gekommen. Gewiss, das internationale Umfeld, der technologische Fortschritt und natürlich auch niedrige Rohstoffpreise haben geholfen. Aber dass wir in Deutschland in den letzten sechs Jahren mit durchschnittlich 1,5 Prozent die niedrigste Inflationsrate in der Nachkriegsgeschichte haben und dass der Euro-Raum schon seit geraumer Zeit eine Inflationsrate von deutlich unter 2 Prozent hat, das hat sicher auch mit der Geldpolitik zu tun. Dass die Bundesbank hierbei eine nicht unwesentliche Rolle gespielt hat, anerkennen inzwischen auch ihre Kritiker.

Mit dem Schritt in die Währungsunion sind die teilnehmenden Länder – wie es der Zentralbankrat einmal formuliert hat – „auf Gedeih und Verderb" in eine währungsmäßige Risikogemeinschaft eingetreten, und zwar ohne Möglichkeit zur Umkehr.

Ich bin dankbar, dass ich nahezu vierzig Jahre lang in verschiedenen Funktionen und Ämtern mitwirken durfte

- bei der Gestaltung der deutschen Wirtschafts-, Finanz- und Währungspolitik,
- bei Auf- und Ausbau der wirtschaftlichen und monetären Integration in Europa sowie
- bei der Eindämmung und Bewältigung von Problemen der internationalen Währungsordnung und an den Finanzmärkten.

Ich möchte jetzt bewusst über diese vierzig Jahre keine Bilanz ziehen. Das überlasse ich anderen. Wohl aber möchte ich sehr herzlich Dank sagen an diejenigen, die mir diesen Weg ermöglicht haben. ... Nicht vergessen werden sollte in diesem Zusammenhang auch mein früherer Bonner Fahrer, Herr Neudeck, der mich in einer besonders kritischen Situation durch seine besonnene Reaktion gerettet hat. (Anmerkung: RAF-Attentat auf den Staatssekretär 1988 in Bonn).

Ihnen, lieber Herr Welteke, wünsche ich für die neue, interessante, aber auch herausfordernde Aufgabe eine stets glückliche Hand. Möge es Ihnen gelingen, die bisherige Arbeit der Bundesbank erfolgreich fortzusetzen und die neu auftauchenden Herausforderungen zu bewältigen. Die Bundesbank sollte auch im neuen Euro-Verbund künftig das sein, was sie bisher war: ein stets verlässlicher, sachkundiger und engagierter Anwalt für dauerhaft stabiles Geld. Dafür begleiten Sie meine besten Wünsche.

Ernst Welteke

Die meisten Berührungspunkte zwischen Bundesregierung und Bundesbank bestehen naturgemäß mit dem Finanzministerium. Sie reichen von gemeinsamen internationalen Verpflichtungen, die mich schon in den ersten Wochen meiner Amtszeit fest im Griff haben werden, bis hin zu praktischen Fragen der Vorbereitung des Bargeldaustausches von D-Mark in Euro in gut zwei Jahren. Ich bin sicher, Herr Bundesfinanzminister, dass unser gutes Verhältnis dem freimütigen Dialog in all diesen Fragen zugute kommen wird.

Es hat mich besonders gefreut, die Urkunde aus Ihren Händen, lieber Herr Eichel, erhalten zu haben. Ich werde nicht vergessen, dass man als Bundesbankpräsident die Nähe zum Bundesfinanzminister nicht übertreiben darf. Wenn ich meine Freude dennoch gerne und ohne zu zögern hier ausdrücke, dann, weil ich weiß, dass die Unabhängigkeit der Notenbank für Sie den gleichen hohen Stellenwert hat wie für mich. ....

Lieber Herr Tietmeyer, Sie stehen im Mittelpunkt dieser Feierstunde, mit der vor allem Ihre Verdienste im Laufe eines langen und erfolgreichen Berufslebens gewürdigt werden. Sie sind sozusagen Doyen der europäischen Notenbankpräsidenten. Niemand in Deutschland hat vergleichbares Wissen und vergleichbare Erfahrung in internationalen Währungsfragen und genießt auch nur annähernd Ihre Reputation. Ich wünschte mir natürlich, dass sich davon etwas auf mich übertragen ließe.

Sie haben für die Großen der Wirtschaftspolitik der Bundesrepublik, Ludwig Erhard und Karl Schiller, gearbeitet und von ihnen gelernt. Jetzt haben Sie selbst einen festen Platz in unserer Wirtschafts- und Währungsgeschichte.

Ich begrüße die kritische wissenschaftliche Begleitung der Geldpolitik. Eine moderne Notenbank muss sich den Herausforderungen im Wettstreit der wissenschaftlichen Analysen und Meinungen stellen. Der monetären Forschung sowie Fragen der Finanzmärkte und Finanzplätze gebührt darin ein prominenter Platz.

Die internationale Wertschätzung unserer neuen Währung muss uns am Herzen liegen, nicht zuletzt mit Blick auf die angestrebte Rolle des Euro als zweite große Weltwährung. Stabilität des Preisniveaus im Innern ist die wichtigste Voraussetzung für Währungsstärke nach außen, freilich nicht die einzige.

Die Gretchen-Frage an den Finanzminister lautet – leicht verfremdet – und über das Goethejahr hinaus: „Nun sag', wie hast du's mit der Haushaltsdisziplin." Der Bundesfinanzminister hat mit seinen Vorschlägen zur Steuerreform und zur Haushaltskonsolidierung wichtige Schritte unternommen. Das Bündnis für Arbeit soll die strukturellen Reformen zur Modernisierung unserer Marktwirtschaft voranbringen. Hier liegt der Schlüssel für eine anhaltende Besserung der Beschäftigungslage und für die nachhaltige Gewährleistung sozialer Sicherheit.

Auf Dauer kann nur ein vereintes Europa seinen Platz in der Welt behaupten. Auch in anderen Regionen der Welt schließen sich Staaten wirtschaftlich mehr und mehr zusammen. Welche Gestalt Europa einmal haben wird, können wir noch nicht absehen. Unsere Nachbarn im Osten empfinden jedenfalls das starke Verlangen, möglichst bald dazu zu gehören. Die Anbindung ihrer Währungen an den Euro könnte den Weg dazu vorbereiten, wie es ähnlich auch in Westeuropa der Fall war. Die vor uns liegenden Aufgaben in Deutschland, in Europa und im Hinblick auf die Stabilisierung des Weltfinanzsystems sind zahlreich – groß genug sind sie allemal. An ihrer Lösung mitwirken zu dürfen, ist Ehre und Herausforderung zugleich. Soll es gelingen, benötige ich die Unterstützung, auch die kritische Unterstützung. Von Ihnen allen. Darum bitte ich Sie. Ich gehe mit Zuversicht ans Werk. Herzlichen Dank.

Arbeitsteilung im internationalen Geschäft

Kaum hatte Ernst Welteke auf dem Präsidentenstuhl der Deutschen Bundesbank Platz genommen, musste er auf dem internationalen Parkett der Hochfinanz Standfestigkeit beweisen. Die Jahrestagung von IWF und Weltbank (Ende Sept. 99) in Washington hat ihm dafür beste Gelegenheiten geboten. Dabei waren die Voraussetzungen für eine globale Profilierung für Welteke wesentlich schlechter als für seinen Vorgänger Hans Tietmeyer. Tietmeyer gehörte zu den ganz Großen der Weltwährungsszene, weil er bis zum Ende des vergangenen Jahres die hoch wichtige D-Mark vertreten hat. So konnte der deutsche Notenbankchef nicht nur in den IWF-Gremien mitregieren, sondern repräsentierte auch in der G 7-Gruppe der bedeutendsten Industrieländer die geldpolitische Macht der D-Mark, die immerhin auch schon zur zweitgrößten Anlagewährung der Welt herangewachsen war.

Der Euro hat mittlerweile die D-Mark geschluckt, somit fiel nun in Washington der geldpolitische Part bei den G7-Gesprächen dem EZB-Präsidenten, Wim Duisenberg, zu. Welteke aber bleibt Gouverneur beim Internationalen Währungsfonds, weil die Bundesbank die deutschen Anteile am Währungsfonds verwaltet, immerhin über 6 Prozent des Kapitals. Durch Euro und Duisenberg hat sich der deutsche Einfluss auf dem internationalen Parkett aber nicht wesentlich verringert, denn auf dieser IWF-Tagung wurde der sogenannte Interims-Ausschuss zur Beratung und Kontrolle des IWF-Managements in das „Komitee für Währung und Finanzen“ umgewandelt, und zwar als ständige Einrichtung. Und in diesem Komitee sitzt kein Wim Duisenberg, aber ein Ernst Welteke. Und so wie der neue Bundesbankpräsident gebaut ist, wird er sich in diesem wichtigen Gremium als politisches Schwergewicht schon Gehör verschaffen und Einfluss nehmen.

In seiner ersten Rede als IWF-Gouverneur, die er vor der Generalversammlung der 182 Mitgliedsstaaten halten konnte, hat er auch von seinem Vorgänger typisch deutsche Positionen übernommen: Die Weltbank soll Entwicklungshilfe betreiben und der IWF das Weltfinanzsystem in Takt halten. Welteke drückte dies so aus: Die Erarbeitung von

Photo: Claudio Hils

Governing Council of the European Central Bank

Back row (left to right): Y. Mersch, L. D. Papademos, J. Caruana, A. Fazio, M. Vanhala, G. Quaden, E. Welteke, N. Wellink, J.-C. Trichet, M. O'Connell, K. Liebscher, V. M. Constâncio
Front row (left to right): O. Issing, T. Padoa-Schioppa, C. Noyer, W. F. Duisenberg, S. Hämäläinen, E. Domingo Solans

Armutsbekämpfungsstrategien ist Aufgabe des betreffenden Landes und der Weltbank. Die Weltbank übernimmt die Führung in den sozialen und strukturellen Fragen. Der IWF – und das war eine Ermahnung an den IWF-Geschäftsführer Michel Camdessus – sollte sich auf die makroökonomischen Fragen beschränken. IWF und Weltbank müssen klar abgegrenzte Mandate erhalten. Bei der Schuldenentlastungsinitiative, die jetzt in Washington verabschiedet wurde und die die Schuldnerländer um 70 Milliarden Dollar entlastet, ist die Arbeitsteilung von IWG und Weltbank nicht so eindeutig erkennbar, auch nicht bei der Sonderinitiative für die allerärmsten Länder. Der wiedergewählte Weltbankpräsident James Wolfensohn hat sich die energische Armutsbekämpfung in der Welt auf die Fahne geschrieben.

Er will bis zum Jahr 2015 den Anteil derjenigen, die in Armut leben, um die Hälfte verringern. Dabei handelt es sich um 1,5 Milliarden Menschen, die pro Tag weniger als einen Dollar zu Verfügung haben. Welteke setzte in Washington folgenden Rahmen: Die durch die Schuldenerleichterungen freigesetzten Haushaltsmittel der einzelnen Schuldnerstaaten müssen im Rahmen einer umfassenden Armutsbekämpfungsstrategie gezielt zur Verbesserung der sozialen Lage genutzt werden.

In Washington kochte noch ein anderes Thema hoch. Die einen sprechen von einer Krise im Verhältnis der Privatbanken zur Deutschen Bundesbank. Andere erkennen nur den Sturm im Wasserglas, weil das Bankgewerbe mit den bankenaufsichtlichen Neuerungen nicht zu Rande kommt. Der während der IWF-Tagung von den deutschen Großbanken erhobene Vorwurf lautet: Die Deutsche Bundesbank wahre bei internationalen Verhandlungen nicht ausreichend die Interessen der deutschen Kreditwirtschaft. So werde dem amerikanischen Finanzimperialismus Tür und Tor geöffnet. Gerade bei den Verhandlungen im Kreis der Bank für Internationalen Zahlungsausgleich in Basel hätten die Vertreter der Bundesbank jämmerlich versagt.

Letztlich geht es bei dieser Runde des transatlantischen Finanzkrieges um die marktbeherrschende Stellung der anglo-amerikanischen Rating-Agenturen wie Moody's und Standard & Poors, die nach amerikanischer Lust und Laune europäische Bankinstitute auf ihre Werthaltigkeit und insbesondere auf die Stabilität ihrer Kreditrisiken taxieren. Das Rating ist für Firmen und Kredite eine Bonitätseinstufung. Schlecheres Rating heißt teurerer Geldeinkauf und auf jeden Fall größeres Risiko.

Bei den US-Rating-Agenturen dürfen allerdings die Europäer raten, nach welchen Kriterien sie ihre Bonitätsprüfungen vornehmen. Die notwendige Transparenz ist nicht gewährleistet. Ratlos sind deutsche und europäische Banken auch deshalb, weil es bisher keine europäischen Rating-Agenturen gibt und die internen Ratingssysteme der Großbanken, wenn diese ihre Kreditkundschaft taxieren, nicht anerkannt werden.

Für die neuen Eigenkapitalregeln der BIZ, Basel – und beim Rating geht es immer um die Werthaltigkeit der Kredite und damit um die Unterlegung mit Eigenkapital – kommen die Bemühungen, eigene europäische Ratingagenturen zu gründen, zu spät. Alle an die Bundesbank gerichteten Vorwürfe können, wie es heißt, weder Präsident Welteke noch das mit der Sache befasste Direktoriumsmitglied akzeptieren. Hat die Bundesbank schon soweit abgehoben, dass sie die Basis der Kreditinstitute nicht mehr versteht? Meister wehrt sich: „Durchaus nicht." Es gehe um das neue Konsultationspapier des Baseler Ausschusses für Bankenaufsicht.

Die seit etwa zehn Jahren geforderte Mindesteigenkapitalquote von 8 Prozent reiche nicht mehr aus. Nach Auffassung des Baseler Ausschusses sind die Gesamtrisiken der Banken weit höher als die Kreditrisiken. Deshalb sollen Zinsänderungsrisiken mit Eigenkapital unterlegt werden, insbesondere aber auch das schwierig messbare operationale Risiko wie Risiken der elektronischen Datenverarbeitung oder auch juristischer Auseinandersetzungen. Damit erhöht sich das Gesamtrisiko um 15 bis 30 Prozent. Über diese Beurteilung besteht zwischen Bundesbank und Großbanken auch kein Dissens.

Die sogenannte Rating-Lücke zwischen USA und Deutschland hat durchaus beachtliche Ausmaße: 8000 gerateten Nichtbanken-Unternehmen in den USA stehen nur knapp 30 geratete in Deutschland gegenüber. Die Nichtbanken sind aber üblicherweise die Risiken der Kreditinstitute. So stehen die deutschen Banken stark unter Druck. Die BIZ in Basel und die Bundesbank interessieren aber nur Ratings von Doppel-A und besser, stellt Meister klar. Danach haben die USA nur ca. 125 geratete Unternehmen mehr als Deutschland.

Der Euro ist Folklore

Geld- und währungspolitisch gesehen bestehen seit der Gründung der Bundesrepublik zwischen der Schweiz und Deutschland beste Beziehungen, hin zur BIZ oder auch direkt zur Nationalbank in Zürich. Mit Fritz Leutwiler, Präsident der BIZ, hat die Bundesbank auch schon mit Überbrückungskrediten die Mexiko-Krise bekämpft und seit den Zeiten Leutwilers als Nationalbankpräsident, sogar schon davor, gibt es die Hartwährungsachse Zürich – Frankfurt.

Jahrzehntelang hatte sich die Schweiz daran gewöhnt, geldpolitisch im Windschatten der D-Mark zu manövrieren. Dabei hatte der Franken nichts an seiner Eigenständigkeit eingebüßt. Für die Eidgenossen hat sich auch nichts geändert, als alle Nachbarn – insgesamt elf europäische Staaten – die Wirtschafts- und Währungsunion gegründet haben mit dem Euro als gemeinsamer Währung. Im Kielwasser der Geldpolitik der EZB hat die Schweiz mit ihrem Franken auch jetzt noch ausreichende Bewegungsfreiheit.

Nationalbankpräsident Hans Meyer sieht sogar eine ganz komfortable Situation. Die Manövrierfähigkeit seines Hauses sei in keiner Weise eingeschränkt. Die Eidgenossenschaft sei durchaus nicht gezwungen, den Zinsschritten der EZB direkt zu folgen. Bei Hans Meyer ist wirklich nichts zu spüren von Subkoordination gegenüber Frankfurt. Ganz im Gegenteil: Das Selbstbewusstsein der geldpolitischen Alpenfestung ist wieder gewachsen. „Wir fühlen uns in unserer Insellage zunehmend wohler."

Am Frankfurter Römerberg, im Schatten der Europäischen Zentralbank, erörterte der ehemalige Oberst im Generalstab die Perspektiven für die Europäische Währungsunion. Er fand dabei klare Worte: „Der Euro alleine ist Folklore", dabei tippt er auf den vor ihm stehenden Ebbelweibembel. Die Europäische Zentralbank mache zwar eine klar definierte Geldpolitik. Sie sei jedoch der einzige Pfeiler, der Stabilität verspricht. Eine dauerhafte Stabilität des Euro könne jedoch ausschließlich durch eine nachhaltig konvergente Politik jedes einzelnen europäischen Landes gewährleistet sein. Die Haushaltspolitik aller Teilnehmerstaaten werde letztlich über Stärke und Schwäche der gemeinsamen Währung „Euro" entscheiden. „Und damit ist dieses Rennen völlig offen", sagte Meyer. Er könne sich nicht vorstellen, dass Deutschland, Frankreich und Italien langfristig dieselbe stabilitätsgerechte Finanzpolitik betreiben. „Das Rennen ist auf zehn Jahre hinaus offen und weiterhin."

Bisher habe es noch nie eine Währungsunion gegeben, die durchgehalten werden konnte. Es sei keineswegs sicher, dass sich alle Regierungen stets an die selbst auferlegten Kriterien halten werden. Solche letztlich souveränen Entscheidungen könnten nicht institutionell erzwungen werden. Meyer will kein Pessimist sein: „Das ist kein Pessimismus, sondern Realismus." Besonders kritisch sind die Eidgenossen immer schon den Franzosen gegenüber. Da macht die Westschweiz keine Ausnahme. „Frankreich ist immer noch dem Hegemoniegedanken verfallen."

Folklore mit Trikolore und Schwarz-Rot- Gold

Zum 25. Male treffen sich die Finanzminister und Notenbank-Gouverneure beider Länder zum Deutsch-Französischen Finanz- und Wirtschaftsrat. Hans Eichel hat seinen neuen französischen Kollegen, Christian Sautter, sowie den Pariser Notenbank-Chef, Jean-Claude Trichet, und Bundesbankpräsident Ernst Welteke nach Hattersheim am Main eingeladen. Die Ortswahl hatte dreierlei Bezüge: Hattersheim pflegt außerordentlich gute städtepartnerschaftliche Kontakte zur französischen Stadt Sarcelles.

Außerdem will Eichel seinem französischen Ex-Kollegen, Dominique Strauß-Kahn, einen freundschaftlichen Gefallen tun, denn in Sarcelles war Strauß-Kahn Bürgermeister gewesen und ist dort bis jetzt 1. Stadtrat. Wegen einer Korruptionsaffäre musste er das Bürgermeisteramt niederlegen. Hattersheim ist zudem eine hessische Stadt. Und so kommt es dem hessischen SPD-Vorsitzenden Eichel gerade zupass, europäisches Flair dorthin zu bringen.

Im Mittelpunkt des Treffens stehen ein Meinungsaustausch über die Wirtschafts- und Finanzlage beider Länder, aktuelle europapolitische und internationale Themen sowie die Belebung der deutsch-französischen Zusammenarbeit auf ministerieller Ebene. Der Finanz- und Wirtschaftsrat findet zweimal im Jahr statt. Er wurde vor zwölf Jahren ins Leben gerufen, als Frankreich noch direkt Einfluss nehmen wollte auf die deutsche Geldpolitik. Jetzt ist die Europäische Zentralbank einer der Diskussionspunkte. Als gänzlich unverfängliches Thema gilt der Verkauf von wenigen Tonnen Gold für gänzlich nostalgische Zwecke.

Ausprägung einer Goldmünze

Allen Ernstes sollte die D-Mark schon zum Weltkulturerbe erklärt werden. Die Anregung kam aus dem Umfeld des Internationalen Währungsfonds. Die Welt hätte durch die Bundesbank die Stabilitätskultur geschenkt bekommen. Das sei eines Denkmals würdig. Von deutscher Seite wurde aber abgewunken. Das mit der Geldwertstabilität stimme zwar, man wolle aber den politischen Weg gehen. Die Stabilitätskultur sei noch nicht museumsreif.

Als erster Schritt der Reaktivierung der Deutschen Mark ist deren Vergoldung, nicht nur ideologisch gesehen. Der Zentralbankrat der Deutschen Bundesbank hat zum Beginn des 3. Jahrtausends die Ausprägung einer Gold-Gedenkmünze erörtert, die im Jahr 2001 anlässlich des Abschieds von der D-Mark ausgegeben werden soll.

Der Vorschlag sieht die Emission einer 1-DM-Gedenkmünze in Gold vor, die in ihrer Gestaltung weitgehend der entsprechenden Umlaufmünze entspricht. Ernst Welteke will mit der goldenen D-Mark der glorreichen Währung der vergangenen 50 Jahre in zweifacher Weise ein Denkmal setzen: Erstens wird das Geldstück, das bisher aus einer Kupfer-Nickel-Legierung besteht, zum Feingoldstück und zweitens sollen mit dem Erlös aus dieser Bonanza zwei Stiftungen finanziert werden. 100 Millionen DM für die Stiftung „Stabiles Geld", die das mit der D-Mark verbundene Stabilitätsbewusstsein in der Öffentlichkeit auf dem Gebiet der Geld- und Währungspolitik weiter fördern soll. 250 Millionen gehen an die Stiftung Preußischer Kulturbesitz zum Ausbau der Berliner Museumsinsel.

Die Goldmünze in den mit der 1-DM-Umlaufmünze identischen Abmessungen wiegt bei 24 Karat Gold 11,85 g und unterscheidet sich damit im Gewicht deutlich von der Umlaufmünze mit 5,5 g. Die Vorderseite zeigt die Eins, dann das doppelte Eichenlaub, die Bezeichnung Deutsche Mark und die Jahreszahl 2000. Auf der Rückseite rings um den Adler steht Anstelle der Inschrift „Bundesrepublik Deutschland" der Schriftzug „Deutsche Bundesbank". (Kurz gefasst: Wir sind das Gold.) Bei einer Auflage von einer Million Stück werden zwölf Tonnen umgeschmolzen.

Während die Goldmünze in den Ehrenschrank für verdiente Stabilitätspolitiker und hartnäckige Euro-Leugner gehört, hat der Neudruck des Zehn-Mark-Scheins den Anspruch für seine angestammte Nutzung als Banknote. Die

Gauß'sche Glocke läutet das Ende der D-Mark-Scheine ein. Ernst Welteke und sein Vize Jürgen Stark haben am 14. Januar 2000 die letzte Serie der Zehn-Mark-Scheine unterzeichnet. Noch einmal werden 300 Millionen Stück dieser Banknoten gedruckt. Dann stellen alle Maschinen bei der Berliner Bundesdruckerei und der Münchener Firma Giesecke & Devrient auf die Euro-Produktion um.

Der Schein mit dem Bildnis des Mathematikers und Astronomen Carl Friedrich Gauß und seiner mathematischen Formel der „Verteilungskurve" beendet die D-Mark-Geldgeschichte. Wie Welteke bei einer kleinen Feierstunde in der Münchener Druckerei von Giesecke & Devrient anmerkte, sind derzeit noch 2,6 Milliarden DM-Geldscheine im Umlauf. Insgesamt hat die deutsche Notenbank in den vergangenen 50 Jahren fast 27 Milliarden Scheine drucken lassen, im Wert von 1,8 Billionen Mark. So türmte sich ein Papiergeldberg von knapp 24 000 Tonnen auf.

Welteke empfahl nicht nachzurechnen, wie viel Quadratkilometer Wald dem deutschen Papiergeld zum Opfer gefallen sei, denn diese Banknoten bestanden von Anfang an aus Baumwolle. Diese Baumwolle ist nach und nach in den Geldverbrennungsöfen gelandet. Sie brannte wie Zunder.

Zeitenwandel schlägt auf die Organe durch

Seit 1990 befindet sich das Management der deutschen Zentralbank im Dauerstress, in einer Art Kriegszustand mit Höhen und Tiefen. Zunder gab es auf allen Ebenen immer wieder, desgleichen nach innen und außen. Diese nervliche und materielle Zerreißprobe hat auch noch kein Ende gefunden. Der Zentralbankrat der Deutschen Bundesbank hat wirklich einen schweren Stand. Mehr und mehr gerät er ins Abseits. Der politische Wind bläst Ernst Welteke und seinen Leuten auch nach der Geld- und Jahrhundertwende voll ins Gesicht. Entsprechend war die Stimmung der Direktoren und Räte auf der Zentralbankratssitzung am 24. Februar 2000 in Frankfurt.

Diskutiert wurden die Umstrukturierung der heruntergekommenen Geldregierung und ihrer Verwaltung, das von Finanzminister Hans Eichel geforderte private Schuldenmanagement und die Nachfolge auf dem Chefsessel beim Internationalen Währungsfonds in Washington, nachdem Michel Camdessus in den Ruhestand gegangen ist. In Sachen Währungsfonds hat die Bundesbank ein dezidiertes Interesse, schließlich ist sie dort die zweitgrößte Anteilseignerin und Welteke Gouverneur. Der lange für die Camdessus-Nachfolge diskutierte und letztlich zerredete Vorschlag, Caio Koch-Weser nach Washington zu schicken, wurde abgehakt. Der Name Horst Köhler ist gefallen. Als ehemaliger Finanzstaatssekretär in Bonn und amtierender Sparkassenpräsident würde er gut passen.

Da Welteke aber das Hemd näher sitzt als die Jacke, war die Reorganisation des Hauses Hauptthema. Für ihn gibt es kein Wenn und Aber: „Der Umbau der deutschen Zentralbank wird bis 2003 durchgezogen, und zwar nach dem Vorstandsmodell." Die Landeszentralbanks-Präsidenten werden als alte Zöpfe betrachtet, die abgeschnitten werden müssen. Die Bundesbank hat derzeit 32 Organmitglieder – also Zentralbankrat plus Vorstände der Landeszentralbanken. Künftig soll der Vorstand der deutschen Notenbank acht Manager umfassen: Präsident, Vizepräsident und sechs Vorstandsmitglieder. Die Abschaffung der Landeszentralbanken hat auch Auswirkungen auf bestimmte Teile der Belegschaft. „Es gibt derzeit zuviel Doppelarbeit in den Abteilungen Bau, Recht, Personal, Volkswirtschaft, auch Öffentlichkeitsarbeit und insbesondere bei der Datenverarbeitung. Einzelne Landesbanken leisten sich immer noch unterschiedliche EDV-Systeme.

Welteke, der als Präsident ganz eindeutig den Führungsanspruch reklamiert, versteht das Verhalten der Landeszentralbankspräsidenten nicht, die sich kürzlich in Hamburg getroffen hatten, um gegen die angestrebte Neuorganisation öffentlich zu opponieren. Auch die Beschlüsse der Länderfinanzminister, ihren Einfluss auf die Bundesbank wahren zu wollen, leuchten Welteke nicht ein, denn die Länder hätten keinen Einfluss. Die Bundesbank sei eine Domäne des Bundes, wie schon aus Artikel 88 des Grundgesetzes hervorgehe. („Der Bund errichtet eine Währungs- und Notenbank als Bundesbank.")

In den vergangenen Wochen hat der Bundesbankpräsident nacheinander die Ministerpräsidenten der Länder aufgesucht und dabei viel Aufklärungsarbeit über die Tätigkeit und Gesetzeslage rund um die Bundesbank geleistet. Die Regionalität werde durch die Beibehaltung von neun Hauptverwaltungen – verteilt entsprechend den jetzigen Landeszentralbanken – Rechnung getragen.

Aber das sogenannte Vorstandsmodell ist nicht das einzige Muster für die Reorganisation der Bundesbank, das derzeit diskutiert wird. Es gibt auch noch das Organisationsmodell „Zentralbankrat neu". In diesem Falle würde es sechs Direktoriumsmitglieder geben und sieben Landeszentralbanken. Nach Meinung Weltekes wäre mit dem 6:7-Verhältnis aber der künftige Konflikt Direktorium gegen Landeszentralbanker und umgekehrt vorprogrammiert, weil das künftige Bundesbankgesetz nicht mehr genau die jeweiligen Zuständigkeiten festlege.

Die Länder präferieren aber diese Marschrichtung für die Neuorganisation der obersten deutschen Währungsbehörde. Welteke will nun in den nächsten Monaten genau durchkalkulieren lassen, welches Modell die größeren Rationalisierungschancen und Kostensenkungspotenziale bietet. Für das weitere Vorgehen ist vorgesehen, dass eine Arbeitsgruppe von Bund und Ländern die Kriterien für die Restrukturierung der Zentralbank festlegen und dann ein externes Beratergremium Vorschläge für die Reorganisation macht. Welteke ist felsenfest davon überzeugt: „Das Vorstandsmodell kommt, wenn vielleicht auch nicht 1:1."

EZB entwickelt Eigendynamik

Mehr und mehr entwickelt die EZB eine Eigendynamik, die von der Politik so nicht vorausgeahnt worden war. Wenn es den politischen Überbau für Europa nicht gibt, so muss sich die EZB um ihre eigenen Angelegenheiten kümmern. Die Erweiterung der EU bietet dafür die beste Gelegenheit. Hier reklamiert die Frankfurter Geldzentrale von Anfang an ein Mitspracherecht in Sachen Währungsunion, in Sachen Geldwertstabilität. Der angestrebte Beitritt von 13 Ländern, von denen, wenn die Türkei außen vorgelassen wird, zwölf heiße Kandidaten aus Mittel- und Osteuropa sind, hat bereits jetzt für diese Staaten währungspolitische Implikationen, merkt die EZB in ihrem Monatsbericht für Februar 2000 an.

Ein Großteil der Länder, mit denen Beitrittsverhandlungen geführt werden, verfolgt eine Wechselkurspolitik, in deren Rahmen ihre Währungen mehr oder weniger eng an den Euro angebunden sind. Ferner sind die Beitrittsländer im Begriff bzw. planen sie neue Gesetze, um die Einhaltung der Bestimmungen des EG-Vertrages sicherzustellen.

Jedes dieser zwölf Länder will sich in irgendeiner Weise an die Euro-Währungsunion heranpirschen. Das sieht die EZB mit einigem Missvergnügen. Sie verlangt Einfluss. Das Europäische System der Zentralbanken, kurz Euro-System genannt, hat eindeutiges Interesse am Aufbau von Beziehungen mit den Bewerberländern und daran, in Bereichen, in denen es allein- oder mitverantwortlich ist, in den Beitrittsprozess eingebunden zu sein, der schließlich in der Einführung des Euro in diesen Ländern münden wird. Brüssel hin oder her, wer sich der Währungsunion nähern will, kommt an der EZB nicht vorbei. Das müssen die beitrittswilligen Staaten ebeno akzeptieren wie die EU.

Die Zentralbanken der Beitrittsländer nutzen bereits verschiedene Formen der Zusammenarbeit auf Expertenebene und nehmen in zahlreichen Fachgebieten technische Hilfe in Anspruch. Um die permanente Kommunikation pflegen zu können, werden verstärkt auch Verbindungsbüros der EZB in den Beitrittsländern und vice versa in Frankfurt eröffnet. Es wird Jahre dauern, bis die Beitrittsländer entsprechend den Maastrichter Verträgen getrimmt sind. Vor dem EU-Beitritt müssen die Kandidaten die Unabhängigkeit ihrer Zentralbank sicherstellen, den Kapitalverkehr liberalisieren und ihre Gesetzgebung dahingehend anpassen, dass die Bedingungen für stabile Bankensysteme und Finanzmärkte gewährleistet sind.

Mit ihrem Beitritt zur EU werden die Zentralbanken der neuen Mitgliedsstaaten Teil des Europäischen Systems der Zentralbanken und ihre Präsidenten werden in den erweiterten Rat der EZB aufgenommen. Damit vollzieht sich auch die Teilnahme am Wechselkursmechanismus, dem sogenannten EWS 2. In der Geldpolitik haben die zwölf Kandidaten aber längst noch nichts mitzureden. Erst bei der Vollmitgliedschaft wird das aktuell und dann ist es sehr fraglich, ob es wirklich einen Zentralbankrat von 30 Leuten geben wird. 17 wie jetzt reichen bei Weitem aus.

Euro rutscht unter die Dollar-Parität

Das zunehmende Selbstbewusstsein der Frankfurter EZB-Strategen wirkt durchaus nicht belebend auf den Euro-Kurs. Ernst Welteke ist eigens nach Davos gereist, um der dort versammelten Hochfinanz und Großindustrie ein richtiges Bild vom Euro zu vermitteln. Die Peinlichkeit war groß genug, weil ausgerechnet in den Tagen des Weltwirtschaftsforums die europäische Gemeinschaftswährung deutlich unter die Dollar-Parität gefallen ist. Mit einem Gegenwert (1. 2. 00) von rund 97 US-Cents stand der Euro im Frankenland nicht sonderlich gut da. Der schäbigste Kurs war mit 82 Cents erreicht. Etwas von oben herab ließ denn auch der britische Premierminister, Tony Blair, in Davos wissen, dass der Erfolg des Euros ganz sicher auch im Interesse Großbritanniens sei. Blair ließ allerdings offen, wann er England die Segnungen des Euros zuteil werden lassen will.

Welteke hat klargestellt, dass die EZB den Außenwert des Euros nicht aus dem Auge lasse, auch wenn direkt nicht interveniert wird. In ihrer Zwei-Säulen-Strategie mit der Geldmenge auf der einen und einer Vielzahl von Inflationsindikatoren auf der anderen Seite gehöre der Wechselkurs zu den Größen, die die EZB sehr genau beobachtet. Vorrang hat die innere Stabilität. Welteke, der im Rat der EZB mitregiert, setzte auch einige Fragezeichen hinter die amerikanische Position. Die Amerikaner müssten erst noch nachhaltig beweisen, dass ihr hoher Schuldenstatus durch Dynamik, Innovationspotenzial und Effizienz auch wirklich gedeckt sei. Derzeit befindet sich der Euro eben noch nicht in der komfortablen Situation wie der Dollar, der für die Amerikaner und die Welt immer ein Dollar sei.

Der amerikanische Wirtschaftswissenschaftler Fred Bergsten tröstete die Europäer mit der Aussage: Der Euro-Gleichgewichtskurs zum Dollar müsse bei 1,25 Dollar liegen. Somit besteht ein Aufwertungspotenzial von 30 Prozent. In der Schweiz rangiert der Euro nicht nur hinter der US-Währung sondern auch deutlich nach dem Franken. Adolf Ogi, der eidgenössische Präsident, verkündete denn auch voll Stolz: Die Schweiz hat in Davos gezeigt, dass sie zur Welt gehört und auch in Zukunft dazu gehören wird.

Mit der wahren Welt konfrontiert wurde der Graubündener Marktflecken durch die wegen Bill Clinton angerückten Randalierer. Der US-Präsident warb in dem verschneiten Winterkurort für die amerikanische Art der Globalisierung. Als Begleitmusik gab es ähnlich Proteste wie zur Welthandelskonferenz in Seattle. Greenpeace hat nicht mitdemonstriert, weil ihr Chef, Thilo Bode, drinnen im Kongresszentrum mit den ganz Großen dieser Welt am Tische saß. Bode hatte aber Rückgrat genug, weitere Aktionen seiner Organisation in Aussicht zu stellen. Greenpeace hat den richtigen Dreh gefunden: „Man muss drinnen und draußen sein", sagte er wörtlich.

Allen geladenen Gästen des Weltwirtschaftsforums tut es immer wieder gut, sich Ende Januar im Davoser Winter zu sonnen. Das gilt für die Kür auf den Pisten von Parsenn und

Jakobshorn ebenso wie für die Schaukämpfe vor dem internationalen Publikum und der reichlich versammelten Weltpresse. Clinton zeigte seine ganze Größe, als er ein gutes Wort für die Randalierer fand: Man müsse die Proteste gegen einen freien Welthandel ernst nehmen.

Der vielfach gepriesene Geist von Davos, der in Jahrzehnten die Voraussetzung für ein weltoffenes und im besten Sinne hintergründiges Gespräch war, durch das Großartiges schon bewegt wurde, z. B. in der israelisch-arabischen Annäherung oder auch im deutsch-russischen Dialog – hat einen Knacks bekommen. Selbst wenn Klaus Schwab, Gründer und Präsident, wieder 30 Staats- und Regierungschefs sowie Legionen von Bankern und Industriellen begrüßen konnte, ist bei ihm der Lack ab. Es kursiert der Vorwurf, dass er das einer gemeinnützigen Stiftung gehörende Forum mit persönlichen Kapitalinteressen vermengt hat.

Weltgeist Sanio: Das Alte stürzt, es ändert sich die Zeit

In einem der schönsten Bankgebäude Frankfurts residiert Hans Reckers, Präsident der Landeszentralbank in Hessen. Er verknüpft die Tradition der Reichsbank mit der der Bundesbank und atmet mit seinen Faust-Dekorationen den Weltgeist Goethes gleichzeitig auch die florentinische Heiterkeit der Toskana. Er hat für seine Frankfurter Banker als Referenten Jochen Sanio vom Bundesaufsichtsamt für das Kreditwesen geholt. Der Gast sprach über „Basel II" und zitierte Wilhelm Tell: Das Alte stürzt, es ändert sich die Zeit, und neues Leben blüht aus den Ruinen. Dabei lässt die neue Eigenkapitalvereinbarung manchem Banker das Blut in den Adern gerinnen. „Was Ihnen blühen wird", so Sanio vor der Frankfurter Geldgemeinde, ist nichts weniger als eine Revolution der Bankenaufsicht, ein grundlegender Wandel der bisherigen Ordnung, der auch auf Ihre Geschäftsstrukturen nachhaltig einwirken wird."

Über 500 Seiten Regulierungsstrapazen für die Geldhäuser, die Sanio so interpretiert: „Hinter der wissenschaftlichen Fassade liegt jede Menge Sprengstoff, teils leicht erkennbar, teils gut kaschiert. Es müssen noch einige Zündschnüre ausgetreten werden." Die Zeit drängt, die Financiers stöhnen. Auch Peter Gloystein, Chef der BHF-Bank: „Die Konsultationsfrist bis Ende Mai ist viel zu kurz. Aber das Regelwerk muss Anfang 2002 stehen.

Bundesbankpräsident Welteke hadert immer lauter mit der Ämterpolitik seines Finanzministers und Freundes, Hans Eichel. „Warum Allfinanzaufsicht? Das Aufsichtsamt für das Versicherungswesen gehört inhaltlich nicht dazu. Da geht es um Verbraucherschutz, bei der Bankenaufsicht um Systemsicherung. Achtung, die Franzosen wollen eine gesamteuropäische Finanzaufsicht in Paris. Das kann nicht akzeptiert werden. Die deutsche Bankenaufsicht gehört unters Dach der Bundesbank in Frankfurt und nicht zum Amt Sanio nach Bonn.

Die europäischen Finanzminister wollen verhindern, dass die EZB mit dem Europäischen System der Zentralbanken noch stärker wird. Deshalb wird die Bundesbank gevierteilt: Geldpolitische Souveränität weg, Bankenaufsicht weg, Schuldenmanagement weg. Der Rest ist Behördenkram. Zurzeit werden Aufsicht und Schuldenmanagement herausgebrochen. Schuldenmanager Peter Jabcke (Bundesrepublik Deutschland Finanzagentur): „Frankreich beharrt auch auf einer Euro-Finanz-Agentur in Paris." Er warnt vor einem Bankenkartell, wie es die Franzosen jetzt schon praktizieren. Jabcke und sein Mitgeschäftsführer Gerhard Schleif wollen beweisen, dass sie besser sind als ihre Vorgänger in der Bundesbank. Die Verkürzung der Anleihelaufzeiten und intensive Marktbearbeitung sollen Einsparungen von jährlich einer bis anderthalb Milliarden Mark, später Euro, ermöglichen.

Die ab 2002 vereinigte Aufsichtsmacht für Banken, Versicherungen und Wertpapierhandel wird in Bonn sitzen, wenn auch die Sparte Wertpapieraufsicht weiter in Frankfurt Heddernheim arbeitet. (Einwurf von Klaus Wächter, Chef der Sparkasse von 1822: „In Bonn gibt es überhaupt keine Banken, nur eine einzige Sparkasse") Die Bundesbank selbst wird ein Vorstand leiten, der durch den Bundestag entlastet werden soll. Nach Eichel wird die Stellung des Bundesbankpräsidenten künftig so gestärkt, „dass er eine der wirtschaftlichen Bedeutung Deutschlands angemessene Position im ESZB einnehmen kann." Der Zentralbankrat wird abgeschafft. Davon kann überhaupt keine Rede sein. Eichel und die Bundesregierung vernachlässigen jede Fürsorgepflicht für das einstige Paradepferd bundesdeutscher Innen- und Außenpolitik in der Bonner Republik.

Wem die Stunde schlägt

EZB-Präsident Wim Duisenberg geht den 13. Internationalen Frankfurter Bankenabend von der familiären Seite an. „Fast vier Jahre bin ich nun schon in Frankfurt, so darf ich Sie als liebe Freunde ansprechen." Gastredner ist ein geldpolitischer Star aus den Vereinigten Staaten: William J. McDonough, der achte Präsident und Vorstandschef der New Yorker Fed. Er wählt für seinen Auftritt im Kaisersaal eine fröhlich martialische Variante an. Während er ans Rednerpult schreitet, zeigt er auf das Gemälde des grimmig dreinblickenden Heinrich V. mit seinem zwei Meter langen Schwert: „Das wäre der richtige Bursche für eine effiziente Bankenaufsicht."

Das Publikum aus der europäischen Finanzwelt lacht kräftig. McDonough ist auch Vizepräsident der Bank für internationalen Zahlungsausgleich, BIZ Basel, und in dieser Funktion auch mit weltweiter Finanzaufsicht und Banksystemsicherung (Basel II) befasst. Der amerikanische Heroe der Geldpolitik sorgt sich auch um kontinuierlich verlaufende Geldströme in der Welt. Kapitalflucht aus den Schwellenländern wäre, so meint er, für eine gute Entwicklung der Weltwirtschaft sehr nachteilig.

Interessant wird es immer dann, wenn ein Redner von seinem Manuskript abweicht. McDonough ist dazu wohl von Duisenberg und Welteke ermutigt worden. Unversehens legt der Gast seinen Finger tief in die offene Wunde von Finanzminister Hans Eichel, der instinktlos gegenüber den tatsächlichen Marktnotwendigkeiten die deutsche Bankenaufsicht aus der Bundesbank herauslöst und in die Allfinanzaufsicht einbringt. Der Fed-Politiker verurteilt dies als weltfremd: „Wir in Amerika haben die Bankenaufsicht stark auf unser Zentralbanksystem konzentriert. Denn wir verstehen etwas von Finanzsystemen und deren Funktionsweisen. Wir verstehen etwas von Banken. Und das trifft bei jeder Zentralbank zu. Es kann nicht sein, dass die Notenbanken in diesem wichtigen Punkt ausgegrenzt werden. Sie müssen auch bei der Aufsicht im Zentrum stehen." Oberbürgermeisterin Petra Roth war sich anschließend mit Duisenberg einig: „McDonoughs Ausführungen müssen als gewichtige Frankfurt-Remarks gewertet werden."

Zu guter Letzt überreicht Petra Roth dem amerikanischen Geldpolitiker ihre Gastgeschenke: frühe Arbeiten Goethes in Faksimile und eine ziemlich minimierte Goethe-Büste (schwarz), eine Hartplastik von Otmar Hörl mit der für ihn typischen schrägen Auflagefläche. McDonough weiß gar nicht wie er verhindern soll, dass der puzzelige, schwarze Dichterfürst immer wieder auf die Nase fällt. Ein gutes Symbol für die Finanzaufsicht in Deutschland und die Welt.

Zwischen Trüffelrisotto und Mango-Soufflé wird noch manches Dilemma offenbar: So blieb der Platz zwischen den Finanzaufsichtskontrahenten Edgar Meister (Bundesbank) und Jochen Sanio (Bundesaufsichtsamt für das Kreditwesen) längere Zeit leer. Um Gerüchten entgegenzuwirken, dass hier eine Politik des „leeren Stuhls" betrieben würde, rücken Meister und Sanio schließlich freundschaftlich zusammen. Das hatte Folgen. Der etwas später eintreffende Klaus Wächter (Chef der Frankfurter Sparkasse) hatte keine Bleibe mehr und wird an einem anderen Tisch platziert. Dabei landet er genau neben dem Frankfurter Finanzdezernenten, Albrecht Glaser, der bei Wächter im Verwaltungsrat sitzt. Glaser nutzt die Gelegenheit und drückt seinem neuen Nachbarn prompt eine Pressemitteilung über die Umwandlung der freien Frankfurter Sparkasse in eine Aktiengesellschaft in die Hand.

Von diesem Zeitpunkt an geht es mit der „freien Frankfurter Sparkasse" und ihrem hoch verdienten Chef, Klaus Wächter, Stufe für Stufe abwärts. Am Ende steht der Verkauf an die Hessische Landesbank und die Umwandlung in ein öffentlich-rechtliches Institut. Dabei kommt noch einmal die Aktiengesellschaft ins Spiel.

Die Euro-Uhr im Zentrum Frankfurts will nur noch 197 Tage zählen bis zur Einführung der Jahrtausend-Währung. Mit Herz und Hand müssen jetzt die letzten Aktionen zur reibungslosen Ein- und Fortführung des Euro umgesetzt werden. Damit den Deutschen der Abschied von der D-Mark versüßt wird, schlug der FDP-Politiker Hermann Otto Solms eine Amnestie für Schwarzgeldbesitzer vor, eine Pauschalbesteuerung von 30 Prozent. Der Hesse beweist damit Sinn fürs Reale: Der Staat würde reicher und die Bürger freier.

Frankreich ist auf diesem Weg schon vorausgegangen. Finanzminister Laurent Fabius will den Währungswechsel durchaus nicht für eine „Steuerinquisition" nutzen. Er hilft, wo er kann. Bis zum 30. Juni 2002 müssen in Frankreich Bargeldtauschaktionen von maximal 10 000 Euro nicht mehr gemeldet werden. Um das Schwarzgeld hinter dem Ofen vorzulocken, können in Paris und seinen Provinzen von sofort an auch zinslose, anonyme Konten bis zu einem Betrag von zwei Millionen Francs eröffnet werden.

Da sind doch die Deutschen schlafmützig traditionsbewusster und ordnungspolitisch unanfechtbar: „Her mit den Schlafmünzen", fordert im Auftrag der Bundesbank ein verschlafen wirkender Günther Jauch. „Jetzt mitmachen und gesparte Münzen und Geldscheine zurückbringen!" Da wird offenbar mancher Jonglierkünstler erwartet. Ernst Welteke rechnet vor: „Wenn die 2,6 Milliarden Stück D-Mark-Noten, die in den nächsten acht Monaten eingesammelt werden, als 100-Mark-Päckchen gebündelt und aufeinander gestapelt werden, entsteht eine Säule von 300 km Höhe und damit bis fast zur Raumstation ISS." Außerdem müssen 100 000 Tonnen Münzen zurückgeholt werden. Peter Walther, Hauptabteilungsleiter Kasse der Bundesbank, beteuert: „Die Euro-Bargeld-Einführung ist bestens vorbereitet, aber es gibt ganz sicher Pannen."

Klaus Jürgen Timm, Präsident des Hessischen Landeskriminalamtes verbreitet gefühlte Sicherheit: „Banken, Geldtransporte und Handel werden polizeilich unterstützt, damit Diebstahl und Raub möglichst vermieden werden." Allerdings könne explosive kriminelle Energie schnell aus östlichen Ländern einsickern. „In jedem Fall beginnt jetzt eine kriminalitätskritische Phase."

Bis Ende Dezember (2001) werden dem hessischen Kreditgewerbe plus Handel Münzen und Papiergeld im Wert von 4,66 Milliarden Euro angeliefert. Das sind 40 Prozent des erwarteten Umlaufs an Banknoten und etwa 75 Prozent der Münzen. Hans Reckers, Präsident der Landeszentralbank in Hessen wirbt für Vertrauen ins neue Geld: „Der Euro hat alle Voraussetzungen, ähnlich stabil zu werden wie die D-Mark und genauso beliebt." Euro – unser Geld, heißt die EZB-Kampagne.

Duisenbergs Träume und Albträume

Bei der Vorstellung der neuen Scheine erlaubte sich der Übervater des neuen Geldes einen emotionalen Höhenflug, der – er sagte es selbst – eigentlich einem Währungsmann nicht zusteht. „Er soll nur über Zahlen sinnieren und sprechen. Vergeben Sie mir für dieses Mal meine Träume." In 100 Tagen haben die Bürger der zwölf Länder (Griechenland ist 2001 dazu gekommen) die knisternden Scheine und die klirrenden Münzen in der Tasche, dann werde offenkundig: „Der Euro ist mehr als eine Währung. Er ist das Symbol der europäischen Integration. Er gibt uns ein größeres Zuhause." Duisenberg als notwendige Integrationsfigur ganz Europas: „Heute streift uns der Mantel der Geschichte." Der Ausdruck Mister Euro, wie er schon betitelt wurde, ist für seinen großzügigen Zuschnitt zu kleinkariert.

Der Hüne träumt vom ökonomischen Zusammenwachsen des Kontinents. „Der Euro ist Symbol für alle grenzüberschreitenden Initiativen und beseitigt die Barrieren, damit die Leute gemeinsam arbeiten, handeln und zusammenleben können." Er leistet einen wertvollen Beitrag zur Vermeidung wirtschaftlicher Unsicherheiten, mit denen Bürger und Unternehmen in der Vergangenheit wegen vieler Währungsturbulenzen konfrontiert wurden. So hat er einen integrierten Markt geschaffen. Das einheitliche Geld befördert nach Duisenbergs Überzeugung auch die politische Integration, wurde zum Symbol für Stabilität und Einheit. Weg mit dem Grauen der Kriege früherer Jahrhunderte. Die Werte von Freiheit, Demokratie und Menschenrechten haben Platz gegriffen. „Europa, das ist dein Geld."

14 Milliarden Banknoten und 50 Milliarden Münzen, die im nächsten halben Jahr an die 300 Millionen Europäer verteilt werden, erhalten so von Duisenberg idealistische Traumflügel. Damit aber keine schlimmen Fälscherblüten auf den Tisch der Bürger geschmuggelt werden, empfiehlt der Euro-Vater den dreifachen Banknoten-Test: Fühlen, sehen, kippen. Zwischenruf von der Pressebühne: „Nehmen Sie doch einen Euro-Schein, befühlen und kippen Sie ihn für die Bildpresse." – „Ich habe keinen", bekennt der EZB-Präsident, „niemand hat derzeit privat Euro". Doch es gab einen. Die Tagesschau brachte es an den Tag. Ernst Welteke guckte, befühlte und kippte die Banknoten fachmännisch für die Kameras. An diesem Griff mit Pfiff erkennt er seine Euroscheine.

Finanzplatz-Solidarität mit New York

Niedergeschlagenheit aber auch Aufbruchstimmung zeichneten den Finanzplatz Frankfurt nach dem 11. September aus. Solidarität mit den Vereinigten Staaten war die Synthese daraus. Bestes Beispiel lieferte der Blumenteppich vor der Alten Oper. Gedacht als Morgengabe der belgischen Floristen an die Euro-Stadt zum Start der Jahresend-Rallye für die Einführung der gemeinsamen Währung bei den 300 Millionen Euroland-Bürgern, mutierte der Begonienblüten-Segen dann zur europäischen Solidar-Aktion mit Amerika nach dem Terror-Angriff auf das Welthandelszentrum in New York und das Pentagon in Washington. Wo im Zentrum des Teppichs das Euro-Zeichen geplant war, wuchsen deshalb „Stars and Stripes". Zusammen mit den Flaggen Europa wandelte sich der Opernplatz für vier Tage zum „Platz der Solidarität".

Manfred Pohl, Vorsitzender des Vorstands des Vereins Euro-Point Frankfurt, der sich die Ausrichtung diverser Festivitäten anlässlich der Euro-Emission zur Aufgabe gemacht hat, stellte vor dem bunt gemischten Publikum mit reichlichem konsularischen Dekor am Blumenteppich treulich fest: „New Yorks Skyline ist beschädigt worden. Aber die Skyline gehört zu Manhattan wie die Skyline zu Frankfurt. Das und vieles mehr verbindet beide Metropolen."

Otmar Issing, Mitglied des Direktoriums der Europäischen Zentralbank, lobte die Zusammenarbeit der großen Notenbanken dieser Welt, um ein mögliches Desaster auf den Finanzmärkten nach den Anschlägen im Keine zu ersticken: „Die EZB hat reichlich Liquidität zur Verfügung gestellt, weniger, weil es notwendig war, als um die Gemüter zu beruhigen." Natürlich kam es zu heftigen Marktreaktionen, wie Ernst Welteke hervorhob. „Das dominierende Nervenzentrum der westlichen Finanzmärkte wurde empfindlich getroffen." Noch fehle Klarheit über die menschlichen Opfer. Viel weniger wissen wir über die Konsequenzen für die Weltwirtschaft." Da dürfte eher eine Rezession im Anzug sein als ein baldiger Aufschwung.

Eines hat der Anschlag in New York ganz sicher bewirkt, nämlich dass neben der Solidarität mit Amerika auch ein engeres Zusammenrücken Europas zu verspüren ist. Der Euro bekommt daher eine zusätzliche politische Dimension. Er wird zum symbolischen Dach Europas, das auch eine bessere Friedenssicherung verspricht. Mit genau diesem Akzent soll der Jahreswechsel in der Mainmetropole gefeiert werden. Pohl und seinen Leuten liegt hierzu ein ausgezeichneter Entwurf für eine Hochhausbeleuchtung vor, kulturvoll und repräsentativ.

Bei der Frankfurter Sparkasse von 1822 geht es wieder praktischer zu. Sie will mit einem riesigen Gong die Geldzeitenwende einläuten. Am 17. Dezember, Null Uhr, gibt es bei der 1822 am Börsenplatz nicht nur den Paukenschlag, sondern auch die ersten Euro-Geldsäckchen im Wert von 20 Mark. Bis dahin werden aber noch einige Hochs und Tiefs durchzustehen sein. Der militärische Gegenschlag wird ebenfalls auf die Märkte durchschlagen und niemand kann bisher sagen, wie.

Parallel zur Katastrophe am Hudson stürzten weltweit die Kurse. Jetzt warten alle auf die Wiedereröffnung von der Wallstreet, damit auch die Frankfurter Wertpapiermärkte ihre Orientierung finden können. Einstweilen ist der Ölpreis gefallen und der Euro leicht gestiegen. Gerade an diesem Wochenende wollte die Deutsche Börse das Handelssegment Xetra US Stars für amerikanische Aktien und Optionen starten. Es war nicht nur ein Akt der Solidarität, das Ereignis zu verschieben, bis die amerikanischen Märkte wieder intakt sind. Im Umfeld der Börse wurden fieberhaft konspirative Konten gesucht und Kursmanipulationen nachgespürt, die möglicherweise von terroristischen Elementen mit Insiderwissen vor dem Anschlag ausgeführt wurden. Aktien von Fluggesellschaften und Versicherungen könnten betroffen gewesen sein.

Solidarität der Notenbanken heißt Gleichschritt bei den Zinsen. So begleiteten die G 7-Geldpolitiker die Wiedereröffnung der Wall-Street-Börse mit beachtlichen Zinssenkungen. Die Fed ging voran. Die Europäische Zentralbank folgte und die übrigen reihten sich ein. So konnte auf den Finanzmärkten das Schlimmste vermieden werden. Dennoch weiß jeder, dass die ohnehin schlappe Weltkonjunktur durch den Terrorangriff einen weiteren Schlag bekommen hat. In Washington und Frankfurt wird tapfer gegen den Pessimismus angekämpft. Die vorgebrachten Argumente haben jedoch große Ähnlichkeit mit Durchhalteparolen.

Der ehemalige deutsche Sparkassenpräsident und jetzige Geschäftsführende Direktor des IWF, Horst Köhler, erkannte den Ernst der Lage: „Die Erholung der Weltwirtschaft wird sich um einige Monate verzögern", sagte er in Washington. Aber schon vor Jahresende soll es wieder aufwärts gehen. Die Zinssenkungen würden irgendwann Wirkung zeigen. Der unsicheren weltpolitischen Lage fällt diesmal auch die Jahrestagung des IWF zum Opfer. Im Herbst findet üblicherweise der deutsche Finanzplatz im Ausland statt, und zwar im Dreivierteltakt: zweimal IWF-Tagung in Washington, einmal sonstwo in der Welt. Bei solchen Gelegenheiten haben die Frankfurter Kreditinstitute meiste große strategische Pläne entworfen (Herrhausen zum Weltschuldenerlass) oder sich auch schon mal den heimatlichen Ärger von der Seele geredet (in Hongkong hatte die Dresdner Bank ihre Steuerkalamitäten erläutert). Diesmal bleibt nichts anderes übrig, als sich daheim dem Katzenjammer hinzugeben.

Unterdessen setzt Bundesfinanzminister Hans Eichel seine Marter im Umfeld des Frankfurter Finanzplatzes fort. Er kassiert nun die Unabhängigkeit der Bundesschuldenverwaltung in Bad Homburg. „Eine weisungsunabhängige Behörde ist im parlamentarischen System der Bundesrepublik ein Fremdkörper." Die bisherigen Aufgaben (z. B. Einzelschuldbuchkonten für Private) soll die Behörde weiterhin wahrnehmen. Ob sich der Bundesschuldenausschuss allerdings so einfach abschaffen lässt, ist fraglich. Die CDU-Opposition wettert gewaltig. Eichel: „Es handelt sich um eine sensible Angelegenheit."

Frankfurter Geldmuseum mit Kaiser Karl in Gold

EZB und das Gold der Deutschen und andere Kuriositäten

Anfang des Jahres 2002 wurde mit Schmackes das neue Bargeld eingeführt. Alles funktionierte bestens. Innerhalb weniger Wochen wurden sechs Milliarden nationale Banknoten und 29 Milliarden nationale Münzen durch acht Milliarden Euro-Banknoten und rund 38 Milliarden Euro-Münzen ersetzt. Da kam die D-Mark ins Museum. So wurde im März 2003 der Einfluss der Bundesbank auf nahe Null reduziert. Eine Änderung des Art. 10.2 der Satzung der Europäischen Zentralbank brachte das Rotationsprinzip und damit Ausfallzeiten für den Bundesbankpräsidenten im EZB-Rat. Die Rotation setzt ein, wenn die Zahl der Präsidenten der nationalen Notenbanken 15 überschreitet. (Die Einführung kann allerdings bis zur Zahl 18 aufgeschoben werden.) Andersherum ausgedrückt: Die Zahl der stimmberechtigten Präsidenten ist bei 15 festgeschrieben. So fällt die Bundesbank künftig bei jeder 5. Zinsabstimmung durch das Sieb. Dafür haben nun die Bundesbanker mit ihrer Mark 50 Jahre gekämpft und Europa sowie der Welt Stabilitätspolitik beigebracht. Ab ins Museum.

Das Frankfurter Geldmuseum hält viele Schätze für die Besucher bereit, weniger zum Mitnehmen als zum Bestaunen. Jetzt lohnt es sich aber ganz besonders den historischen Geldort in der Wilhelm-Epstein-Straße aufzusuchen. Karl der Große ist dort eingezogen in voller Schönheit auf einer Goldmünze. Sie war 1996 in der Nähe der Kaiserpfalz in Ingelheim gefunden worden. Die Sensation war perfekt. „Zunächst war nicht bekannt", so Bundesbankvorstand Jürgen Stark (im April 2003), „dass Karl der Große überhaupt Goldmünzen außerhalb Italiens hatte prägen lassen und dann schon gar nicht mit seinem Porträt und dem Kaisertitel. Erhalten waren vor dem Ingelheimer Fund nur 30 Silbermünzen mit Kaisertitel und Porträt." Bei der Präsentation dieses Kleinods zog Stark weitreichende historische Vergleiche, die Frankfurt schon im 8. Jahrhundert als imperiale Stadt des Geldes erkennen ließen. „Karl hat eine neue Währung in Europa eingeführt. Dies war ein ambitioniertes Projekt damals ebenso wie 1200 Jahre später beim Euro."

In den Jahren 793/794 fand in der Königspfalz in Frankfurt eine große Synode statt, auf der auch das Münzwesen reformiert wurde. Gute Vorarbeit dazu hatte schon Pippin geleistet, der die Anzahl der Münzstätten im Reich von 800 (unter den Merowingern) auf 40 reduzierte. Die Herstellung der Münzen war auf Weisung Karls künftig nur noch in den Kaiserpfalzen erlaubt. Er bestätigte zwar die Silbermünzwährung seines Vorgängers, führte aber neue Münzen ein. Stark: „Seine neuen Denare koppelte Karl an ein von ihm eingeführtes Normgewicht: das Karlspfund. Ein Pfund entsprach 20 Solidi oder Schilling und ein Solidus bestand von nun an aus 12 Denaren oder Pfennigen." Real existierte nur der Denar. Der Solidus und das Karlspfund waren nur Recheneinheiten. Stark hat auch nachrechnen lassen, welche Werthaltigkeit der Denar ungefähr hatte. „Der Wert war verhältnismäßig hoch. Er wurde vereinzelt mit 100 Mark bzw. 50 Euro verglichen." Die Porträtmünzen in Silber sollen erst ab 806 geprägt worden sein, im Wert ungeheuerlich und die Goldversion unbezahlbar. Möglicherweise erschien die Goldprägung erst nach dem Tod des großen Königs und Kaisers. Karl war es, der das alte Europa in seinen Dimensionen abgesteckt hat. Diese Territorien sind heute die Kernlande des Euros.

Geldpolitisch gesehen beherrschte schon die Bundesbank mit ihrer D-Mark in den vergangenen Jahrzehnten das Gebiet des Heiligen Römischen Reiches Deutscher Nation und einiges mehr. Um fundamentale Sicherheit in die deutsche Währung zu pumpen, hortete sie mit gutem Grund Gold und Devisen. Mit einem Bestand von 3500 Tonnen Gold verfügte sie über einen weit größeren Schatz als alle

Herrscher von damals. Auch hat sie sich, als sie ihren geldpolitischen Geist schon aufgegeben hatte, eine Art Porträt-Büste geleistet mit der Prägung der goldenen D-Mark.

Nach fundierten Schätzungen lagern in den privaten Haushalten auf der ganzen Welt rund 50 000 Tonnen Gold in Münzen, Barren und Schmuck. Wahrscheinlich ein Zehntel davon, also rund 5000 Tonnen, gehört den Bundesbürgern. Dazu kommt der Bundesbank-Goldberg, sodass es nicht übertrieben sein dürfte anzunehmen, dass sich acht bis zehn Prozent des jemals – seit Karl dem Großen und schon früher bis jetzt – auf der Welt geförderten Goldes von über 100 000 Tonnen in deutschen Händen befinden.

Die europäischen Nationalbanken verfügen, alle zusammengenommen, über einen Goldschatz von 14 000 Tonnen. Die europäische Zentralbank hat davon bei ihrer Gründung zunächst fünf Prozent für ihre Währungsreserven beansprucht. Flotte Rechner kamen dann zu dem Ergebnis, dass 13 000 Tonnen über kurz oder lang auf dem Markt verkauft werden. Somit wären Europas Zentralbanken für die nächsten 20 Jahre die ergiebigsten Goldminen der Welt. Briten und andere haben als Anbieter schon ein mehr oder weniger gutes Beispiel gegeben. Was aber macht die Bundesbank? Hat Berlin hier eine Bonanza, um den eigenen Schuldenberg abzubauen? Diese Hoffnung hat Bundesbankpräsident Ernst Welteke schon reichlich gedämpft, genauer gesagt, abgeschmettert, und zwar in einem der letzten Monatsberichte. Weder der Bundesbürger wird irgendwelche Reichtümer daraus ziehen können noch der Staat. Heißt es doch da ganz bescheiden: „Mit 89 Milliarden Euro entfielen Ende September 2002 rund 26,5 Prozent der insgesamt von den nationalen Staaten des Eurosystems gehaltenen Währungsreserven – Devisen und Gold – auf die Bundesbank. Dies ist beispielsweise deutlich weniger als der deutsche Kapitalanteil an der EZB, der – umgerechnet auf die zwölf derzeit zum Eurosystem gehörenden Länder – bei etwas über 30 Prozent liegt."

Die Bundesbank bereitet Regierung und Öffentlichkeit darauf vor, dass das in Jahrzehnten mit der D-Mark aufgehäufte Volksvermögen auf dem Euro-Altar geopfert werden könnte, ebenso wie die geldpolitische Souveränität. „Die Währungsreserven sind eine Art ‚Vorsichtskasse', falls die Europäische Zentralbank Nachschüsse benötigt, und sie dienen der Wahrnehmung der „fiscal-agent-Funktion" durch die Bundesbank. „Im Ergebnis steht der weitaus größte Teil der deutschen Währungsreserven für ‚alternative' Verwendungszwecke nicht zur Verfügung", heißt es im Bundesbankbericht. Wenn man doch „ins Jeschäfte" (Bismarck) rechtzeitig und richtig gerechnet hätte: Wer 30 Prozent EZB-Beteiligung hat, soll 30 Prozent Währungsreserven beisteuern, soll aber auch 30 Prozent der Stimmen auf sich vereinigen. Karl dem Großen wäre das nicht passiert. Wahrscheinlich deshalb hat ihn Friedrich Barbarossa 1165 heiligsprechen lassen.

Weg frei für Frankreich und Trichet

April 2003 – Frankreich und sein Notenbankpräsident Jean-Claude Trichet (60) haben ihr Ziel nahezu erreicht, die Präsidentschaft bei der Europäischen Zentralbank zu übernehmen. Irgendwann in den nächsten Monaten wird der von der französischen Justiz etwas geschundene Zentralbanker die Nachfolge von Wim Duisenberg im Euro-Turm an der Frankfurter Kaiserstraße antreten. Er wird das bekommen, was auch sein Vorgänger erhalten hatte, nämlich einen Acht-Jahres-Vertrag. Der kleine Unterschied liegt aber darin, dass Duisenberg auf Betreiben der Franzosen die volle Vertragslänge nicht ausschöpfen kann, während keiner der europäischen Staaten daran denkt, Trichet ähnliche Daumenschrauben anzulegen, wie 1998 Chirac es bei Duisenberg getan hat. Aber andere wollen die politische Stunde nutzen, um sich für die Zukunft dauerhaften Einfluss im Direktorium der Europäischen Zentralbank zu verschaffen. Belgien will für die Benelux-Staaten ein Direktoriumsmitglied durchsetzen. Warum das eigentlich jetzt? Die Ländergruppe hat doch mit dem Niederländer Duisenberg den ersten Präsidenten der EZB gestellt.

Wirklich wichtig wäre die Entwicklung weitreichender deutscher Strategien zur Sicherstellung der deutschen Präsenz im Direktorium (wenn Chefvolkswirt Otmar Issing in wenigen Jahren ausscheidet) und der Besetzung des Chefpostens durch einen deutschen Geldpolitiker spätestens in der Nachfolge Trichets. Das wäre mehr als wünschenswert, schließlich brachte Deutschland hohe Anteile am des EZB-Kapital ein und sorgt mit mehr als einem Drittel der europäischen Währungsreserven für die Sicherheit des Euros. Abgesehen davon stellt Deutschland die größte Volkswirtschaft in der Union. Bundesbankpräsident Ernst Welteke wird in acht Jahren aus Altersgründen nicht mehr für die EZB-Präsidentschaft zur Verfügung stehen können und ein Issing-Nachfolger muss auch erst aufgebaut werden. Öfters wäre es sehr angebracht, wenn die deutsche Politik einiges von den diplomatischen Strategien Frankreichs lernte. Im Zusammenhang mit seinem Verfassungsvorschlag für Europa („nicht perfekt aber unverhofft") hat Konventspräsident Giscard d'Estaing erwähnt, er hätte schon in den 70er-Jahren mit Bundeskanzler Helmut Schmidt die Währungsunion als „großen Wurf Europas" angedacht. Drei Jahrzehnte haben die Nachbarn in Paris die dicken Bretter gebohrt, bis sie die europäische Geldgeschichte für sich ebenso unverhofft wie perfekt ausrichten konnten.

Immerhin etwas mehr Unabhängigkeit für die EZB

Der EZB-Rat hat sich Anfang August 03 ganz offiziell zu seinem Kandidaten für die nächste Präsidentschaft bekannt. In einer Empfehlung an den Rat der Europäischen Union unterstützen die Europäischen Zentralbankräte den Kollegen von der Banque de France, Jean-Claude Trichet. Im staksigen Amtsdeutsch lautet der Kernpunkt der Stellungnahme so: „Die oben genannte Empfehlung, die den Staats- und Regierungschefs der Mitgliedstaaten, die den Euro eingeführt haben, nach Anhörung des EZB-Rates und des Europäischen Parlaments zur Entscheidung vorgelegt wird, sieht vor, Herrn Jean-Claude Trichet zum Präsidenten der Europäischen Zentralbank (EZB) für eine Amtszeit von acht Jahren mit Wirkung zum 1. November 2003 zu ernennen. Der Präsident der EZB, Herr Willem F. Duisenberg, hat in einem vorangegangenen Schriftwechsel mit dem Präsidenten des Rates seine Absicht zum Ausdruck gebracht, nicht bis zum Ablauf der achtjährigen Amtszeit, für die er am 3. Mai 1998 ernannt worden war, im Amt zu bleiben, sondern am 9. Juli 2003 zurückzutreten. Im Folgenden hat er sich entschlossen, zu einem geeigneten Zeitpunkt zurückzutreten, um einen reibungslosen Übergang im Amt des Präsidenten der EZB sicherzustellen." Der vorgeschlagene Kandidat sei eine in Währungs- und Bankfragen anerkannte und erfahrene Persönlichkeit im Sinne von Artikel 112, Abs. 2 b des Vertrages zur Gründung der Europäischen Gemeinschaft." Es gebe also keine Einwände gegen die Empfehlung.

Wenn in diesem Falle Frankreich sich etwas robust gegen die Währungsgemeinschaft durchgesetzt hat, kann die Europäische Zentralbank in der Rechtssache „OLAF" einen nicht unbedeutenden Zuwachs in ihrer Unabhängigkeit gegenüber der Europäischen Kommission verbuchen, wenn die EZB auch vordergründig vor dem Europäischen Gerichtshof eine Schlappe hinnehmen musste. Es ging dabei um die Maßnahmen der Betrugsbekämpfung im Europäischen System der Zentralbanken. Die EZB stand auf dem Standpunkt: Das können wir. Das machen wir. Aus Sicherheitsgründen lassen wir keinen anderen unser Betrugsabwehrsystem durchleuchten bzw. in unserem Hause ermitteln. Diese Haltung passte der Brüsseler Kommission nicht und sie klagte vor dem Europäischen Gerichtshof: auch bei der EZB sei OLAF, das Europäische Amt für Betrugsbekämpfung zuständig, und obsiegte damit in Luxemburg. Die EZB nahm daraufhin Mimikry an: „Die EZB erkennt das Urteil des EuGH an, wonach die genannte Verordnung (OLAF) auf sie anwendbar ist und der Schutz der finanziellen Interessen der EZB vor Betrug und sonstigen rechtswidrigen Handlungen daher im Rahmen dieses allgemeinen europäischen Systems zu erfolgen hat und nicht wie bisher getrennt hiervon." Damit war der Anpassung an Brüssel aber reichlich Genüge getan.

Jetzt zeigt die EZB ihre im Verfahren einkassierten Trümpfe. Schlag auf Schlag geht es da:

- Die EZB begrüßt, dass der EuGH in seinem Urteil die Unabhängigkeit der EZB hervorgehoben hat, indem er darauf verwiesen hat, dass „die Verfasser des EG-Vertrags offenkundig gewährleisten wollten, dass die EZB in der Lage ist, die ihr durch diesen Vertrag übertragenen Aufgaben unabhängig zu erfüllen." Demzufolge sollte die Anwendung der EG-Verordnung über die Untersuchungen des Europäischen Amtes für Betrugsbekämpfung die Unabhängigkeit der EZB bei der Erfüllung ihrer Aufgaben nicht beeinträchtigen.
- Natürlich werde die EZB die notwendigen Maßnahmen beschließen, um eine enge Koordinierung mit OLAF in der Betrugsbekämpfung zu gewährleisten. Aber, aber, aber ...
- Diesbezüglich begrüßt die EZB die Bekräftigung seitens des EuGH, dass es bei der Umsetzung der Bedingungen und Verfahren, die aus der Regulierung der Tätigkeiten des OLAF in Bezug auf die EZB resultieren, „nicht auszuschließen ist, dass etwaige Besonderheiten, die sich aus der Erfüllung der Aufgaben der EZB ergeben, gegebenenfalls von dieser berücksichtigt werden", und dass „die EZB die Erforderlichkeit der von ihr insoweit angeordneten Beschränkungen nachzuweisen hat."
- Die EZB nimmt zur Kenntnis, dass nach Auffassung des EuGH bestimmte Arten sensibler Informationen über die Tätigkeiten der EZB der Geheimhaltung unterliegen müssen, damit die Erfüllung der ihr durch den EG-Vertrag übertragenen Aufgaben nicht gefährdet wird.

Fazit: OLAF bleib lieber weg von der EZB, sonst verbrennst du dir die Finger.

Im Wochenausweis der EZB wird mitgeteilt, dass eine nationale Zentralbank des Eurosystems in der 3. Juliwoche 3,4 Tonnen Gold verkauft und dafür 33 Millionen Euro erlöst hat. Die Deutsche Bundesbank war es nicht. Sie hat nämlich bis ins nächste Jahr Enthaltsamkeit bei Goldverkäufen geschworen. Was dann kommt, weiß noch niemand. Insgesamt sitzt die EZB (bzw. ihre System-Zentralbanken) auf Gold und Goldforderungen im Werte von knapp 120 Milliarden Euro. Der Banknotenumlauf übersteigt 386 Milliarden Euro. Das Schärflein der Deutschen dazu ist das Beachtlichste.

EZB denkt an alles: ans Gold und die Verfassung

Seit Jahr und Tag erregt der Goldberg der Deutschen Bundesbank – immerhin rund 3500 Tonnen – die Gemüter von Politikern und Journalisten. 1997 hat die Bundesregierung mit Finanzminister Theo Waigel eine herbe Attacke vorgehabt. Goldraub tönte es vom Alpenrand bis zum Nordsee-Strand, obwohl Waigel nichts Schändlicheres vorhatte, als mit den Golderlösen die leeren Bundeskassen zu füllen. Vielleicht wollte er auch gar nicht erst Begehrlichkeiten der europäischen Freunde aufkommen lassen, die möglicherweise im Zusammenhang mit der (damals noch) bevorstehenden Währungsunion nicht nur die geldpolitische Souveränität sondern gleich auch noch die deutschen Währungsreserven internationalisieren wollten. Waigel konnte zwar einen zusätzlichen Bundesbank-Gewinn einstreichen. Der große Coup war ihm jedoch nicht gelungen. Bisher hat es auch nicht den europäischen Griff aufs deutsche Gold gegeben. Andeutungen in dieser Richtung schon.

Nachdem mit dem Bundesbank-Gold schon manche Luftschlösser gebaut wurden, auch künftige Flutwellen durch flott finanzierte Dämme, Deiche und Überlaufbecken unmöglich gemacht werden sollten, schlägt nun die sogenannte Herzog-Kommission die Verwendung erheblicher Golderlöse für die Pflegeversicherung vor. Der Pragmatiker an der Spitze der Deutschen Bundesbank, Präsident Ernst Welteke, will künftig Gold verkaufen, weil es zur Sicherung der Währung nach derzeitigen Erkenntnissen keine große Bedeutung mehr hat. Er denkt ganz kaufmännisch an die Umschichtung des Bundesbankvermögens „Gold raus, Wertpapiere rein" und stellt damit langfristig einen höheren Bundesbankgewinn für die Bundeskasse in Aussicht. Es bleibt aber fraglich, ob die Deutschen beim nächsten Goldabkommen, in dem die Verkäufe des Edelmetalls durch die Notenbanken der Welt geregelt werden, mitmachen werden. Irgendwie ist sie nicht mehr so frei in ihren Aktivitäten. Der große Bruder passt auf.

Die Europäische Zentralbank bleibt politisch sehr rege. Sie verabschiedete jetzt eine Stellungnahme über den Entwurf einer Verfassung der EU. „Nach Auffassung der EZB ist es sehr wichtig", teilt die Bank dem Europäischen Rat mit, „dass der Inhalt der Satzung des Europäischen Systems der Zentralbanken (ESZB) und der EZB und der anderen Protokolle, die für die Wirtschafts- und Währungsunion von Bedeutung sind, nicht geändert wird und dass diese Dokumente der Verfassung beigefügt werden, deren Bestandteil sie sind." Wie der Papst – ganz zu Recht – in der Präambel der neuen EU-Verfassung einen Hinweis auf Gott sehen will, kann die EZB auf den Topos Stabilitätspolitik nicht verzichten. Einer der Hauptvorschläge an die EU-Räte lautet deshalb: „einen Hinweis auf ‚nichtinflationäres Wachstum' oder ‚Preisstabilität' in die Verfassung aufzunehmen, um die bestehende hervorgehobene Stellung stabiler Preise am Anfang des EG-Vertrags und als richtungsweisenden Grundsatz für die Union beizubehalten." Wichtig erscheint auch die Forderung, „anzuerkennen, dass die nationalen Zentralbanken unabhängig sind und weiterhin bleiben."

Königin Beatrix besucht Willem, den abfliegenden Holländer

Es ist zwar etwas übertrieben, letztlich stimmt es aber: Willem Duisenberg und Manfred Körber waren ein Traumteam an der Spitze der Europäischen Zentralbank und sind es bis Ende Oktober (03) immer noch: Wim, der Präsident, und Manfred, sein Kommunikationschef. Nur in puncto Orden gehen die beiden nicht konform. Körber lehnt Orden ab, so weit sie nur deshalb verliehen werden, weil man Jahrzehnte seinen Dienst ordentlich versehen hat. Duisenberg kennt dagegen den sozialen und psychologischen Wert von Orden und wenn er sie bekam, dann nicht deshalb, weil er alle Zeit dienstfertig war, sondern weil er zu den historischen Gestalten des niederländischen Volkes, ja ganz Europas gehört.

Beim Farewell-Dinner mit ausgewählten Frankfurter Journalisten trug er den „Orden des Kommandeurs des niederländischen Löwen". Am 21. Oktober wird die niederländische Königin Beatrix Duisenberg im Euro-Turm an der Frankfurter Kaiserstraße besuchen und ihn zum „Ritter von Oranje" schlagen (oder so ähnlich. Die Vorbereitungen für die Sonderklasse eines unverwechselbaren Duisenberg-Ordens sind streng geheim). Die viel geliebte Königin der Holländer muss schon das Äußerste Herausrücken, was ihr Thron an Ehrungen hergibt, denn der Hüne von Heerenveen (dort geboren am 9. Juli 1935) hat kürzlich erst vom Nautikervolk der Portugiesen die Auszeichnung „Heinrich der Seefahrer" erhalten. Ein Nonplusultra. Duisenberg: „Ich bin für alles dankbar." Damit meinte er sein durchaus abenteuerliches Leben und dessen glücklichen Verlauf. Er hat Geschichte gemacht und kann darüber erzählen wie Sindbad in 1001 Nacht. Polyglott, erfolgreich, gebildet und weise wie er ist, hört ihm jeder gerne zu. (Natürlich kann er von jedem EU-Land eine Trophäe erwarten.)

Den Dank an seinen Kommunikationschef sprach er in Deutsch: „Damals als Sie, Herr Körber, zum EZB-Pressechef bestellt wurden, hieß es sofort: Das ist der Versuch der Bundesbank, ihre Politik durchzusetzen. Sie waren aber vom 1. Tage an ein EZB-Mann gewesen." Wim, der Mister Euro, hat von der Redaktion der Börsenzeitung eine besondere Auszeichnung erhalten: ein T-Shirt mit dem Aufdruck eines Duisenberg-Ausspruchs: „Der Euro ist ein Euro ist ein Euro ..."

Wenn Notenbanker Abschied feiern, fallen gewiss die Ehrungen anspruchsvoll aus, aber nicht die Gelage. Große Essen und Feierlichkeiten sind verpönt. „Ich werde am 22. Oktober im Kreise meiner Mitarbeiter hier im Hause feiern." Bei einer Belegschaft von 1200 Leuten kann das Fest groß, aber ganz gewiss nicht überbordend werden. „Beim Abschied von Paul Volcker – damals bei der Fed in Washington, gab es keinen großen Empfang", erzählt der abfliegende Holländer weiter. „Sie werden sehen, das wird eines Tages auch beim Abgang von Alan Greenspan so sein. Der britische Notenbankgouverneur hat nur ein Essen mit seinem Court abgehalten." In Japan habe es ebenfalls keine große Party gegeben. – Ein klares Fazit: Die Leute, die das Geld machen, geben es nicht unbedingt mit vollen Händen aus.

Im Zusammenhang mit den monatlichen Treffen bei der Bank für Internationalen Zahlungsausgleich in Basel steuerte Duisenberg ein interessantes Detail bei: „Da fand sich nach und nach unser ‚hochdeutscher Verbund' zusammen mit Leutwiler (Schweizerische Nationalbank), Pöhl (Deutsche Bundesbank), Kohl (Österr. Nationalbank), Wallich (Fed) und mir. Wallich war zwar Amerikaner, aber er kam ja ursprünglich aus Berlin." In dieser Gruppe hatten sich die Strategen zur Bewältigung der Weltschuldenkrise (seit Mexiko 1982) und zur Bekämpfung erratischer Devisenströme vereinigt. „Wir tranken meistens einen doppelten Whisky, Wallich einen doppelten Passugger." (Mineralwasser).

Körber, der scheidende Kommunikationschef, hielt sich an die Etikette und bediente sich der Dienstsprache Englisch. „20 Jahre in der Kommunikationsverantwortung erst bei der Bundesbank, dann hier sind genug." Er hätte noch ein knappes Jährchen bei der EZB bleiben können, aber ohne Einfluss, denn Jean-Claude Trichet bringt neue Leute mit, auch im Kommunikationsbereich. Körber hat irgendwann einmal einiges aus seiner Studentenzeit erzählt, als er in Hamburg oder sonst wo als Stauer tätig war, jedenfalls den ganzen Tag über schwere Säcke schleppen oder diese im Hauruck-Verfahren auf verschiedene Stapel verteilen musste. Das fiel dem nicht sonderlich robust gebauten Jungmann nicht immer leicht. „Aber ich habe nie schlapp gemacht." Das gilt bis heute. Erst musste er lange warten, bis er bei der Bundesbank Nachfolger von Rüdiger von Rosen werden konnte. Dann wurde die PR-Stelle beim Europäischen Währungsinstitut mit der Portugiesin Rosario d'Almeida besetzt, die auch das erste Jahr bei der EZB als Kommunikationschefin fungierte – wenig erfolgreich. 1999 kam Körber.

2. Präsident der EZB: Jean-ClaudeTrichet

Am 1. November 2003 begann für den bisherigen französischen Zentralbankspräsidenten, Jean-Claude Trichet, die achtjährige Amtszeit als Präsident der Europäischen Zentralbank. Er ist Nachfolger von Wim Duisenberg.

Der Finanzplatz platzte geradezu wegen seiner Aktivitäten in der ersten November-Woche (2003). Der Hessische Rundfunk hat sich gemeinsam mit der Evangelischen Akademie Arnoldshain und guten Gästen weit reichende Finanzplatz-Gedanken gemacht. Die hessische Staatskanzlei und die Frankfurter Oberbürgermeisterin plackten sich mit „Perspektiven und Herausforderungen der neuen Europäischen Union" ab und dies an einem historisch äußerst gewichtigen Ort, der Paulskirche. Wie das Währungseuropa zurechtgezimmert wurde, darüber plauderte sehr munter Alt-Bundesbankpräsident Karl Otto Pöhl im Congress Center der Messe. Tags drauf stellte sich der neue EZB-Präsident, Jean-Claude Trichet, erstmals der Presse.

Trichet hatte einen sympathischen Start, oder aber er wirkte an diesem 6. November viel sympathischer als früher schon mal. Im Gegensatz zu Wim Duisenberg fehlt ihm Bärbeißigkeit. Doch, doch, Duisenberg war manchmal durchaus witzig – so weit hat es Trichet noch nicht gebracht, die Jahre werden es aber bringen. Trichet sah sich gleich einem typisch europäischen Kulturkampf ausgesetzt. Franzosen waren angereist zu dem großen Ereignis der öffentlich sichtbaren Inthronisation ihres Landsmanns als EZB-Präsident. Und Franzosen sprechen – zu Recht – französisch auch auf Pressekonferenzen anderswo. Sie fragten halt ihren Präsidenten, wie ihnen der Schnabel gewachsen ist. Laut murrten dagegen die Anglo-Amerikaner. Englisch sei hier die Amtssprache. Einer der Angereisten konterte: „Französisch sei auch eine europäische Amtssprache." Eine winzige Hilflosigkeit überschattete Trichets Gesicht: „Ja, ja, ich werde erst französisch antworten, dann englisch." – Aus dem englisch-amerikanischen Lager kamen wieder die sturen Fragen zu Inflation, Geldmenge und Wachstum.

Jean-Claude Trichet, Präsident der Europäischen Zentralbank

Ein beherzter Deutscher fühlte sich europäisch aufgerufen, wirklich Perspektivisches beizutragen, in deutscher Sprache natürlich, aber europäisch weitblickend (es wurde getuschelt „jetzt kommen die"): „Herr Präsident, Sie treten jetzt eine lange Regierungszeit von acht Jahren an. Was wollen Sie erreichen?" Nach den ersten vier Worten verlangte der Präsident den Kopfhörer für die Dolmetsch-Anlage. Die Frage wurde wiederholt. Dann sprudelte es aus Trichet heraus: Geldwertstabilität, Vermeidung jeglicher Inflation, starker Euro, Wachstumsförderung, Unterstützung der Länder bei ihren Strukturreformen. „Die finanzpolitischen Entwicklungen und der Stabilitäts- und Wachstumspakt befinden sich derzeit an einem kritischen Punkt, an dem die Glaubwürdigkeit der institutionellen Grundlagen der Wirtschafts- und Währungsunion gewahrt werden muss." Nicht schlecht, aber als großer Wurf für eine achtjährige Amtszeit kann es kaum durchgehen. Geben wir dem Neuen Zeit. – Der Neubau der EZB-Zentrale wird viele Chancen für große Worte bieten. Obwohl damit für diesen Tag alles gesagt war, stellten sofort andere Deutsche noch Fragen – natürlich in Englisch.

Die Zinsen waren unverändert geblieben. Trichet nörgelte doch erkennbar an der Inflationsrate von leicht über zwei Prozent herum. Stabilitätspolitik meint er offenbar ernst. Trichet ist ein ernst zu nehmender Zeitgenosse in Bundesbank-Tradition, vielleicht.

Ein hervorragender Vertreter dieser großen deutschen Vergangenheit unterhielt am Abend vorher sein Auditorium in vortrefflicher Weise. „Zeitzeugen im Gespräch" muss als in jeder Weise glanzvolles Ereignis hervorgehoben werden. Der Sparkassen-Verband Hessen-Thüringen hatte zu einer ausgedehnten Plauderstunde mit Altbundesbankpräsident Karl

Otto Pöhl eingeladen. Der Interviewer hat es als seine vornehmste Aufgabe angesehen, dem redseligen Pöhl freie Bahn zu lassen.

Der Abend gehörte Pöhl. „Du, Wim", soll Pöhl nach dem Europäischen Rat in Hannover 1988 den Niederländer angerufen haben, „weißt du, was diese ... beschlossen haben? Eine Europäische Währungsunion!" Dafür wurde die Delors-Kommission eingesetzt, an der als einziger Deutscher Pöhl Sitz und Stimme hatte. Selbst so kleine Länder wie Dänemark waren mit drei Leuten vertreten. Die neue Funktion hat Pöhl überhaupt nicht gefallen. „Ich sah keine Veranlassung Vorschläge zur Abschaffung der Deutschen Bundesbank zu machen. Das wollte ich nicht." Sein Vize, Schlesinger, hat ihn dann etwas umgestimmt. „Gehen Sie doch hin, damit Schlimmeres verhindert wird."

Die Ausgangslage erwies sich insofern als katastrophal, weil Pöhls „Mentor und Förderer" Helmut Schmidt schon vor Jahren den Standpunkt eingenommen hatte: „Wir brauchen ein vereintes Europa mit einer gemeinsamen Armee, die von einem Franzosen befehligt wird, und eine europäische Zentralbank mit einem Franzosen als Präsidenten." Diese deutsche Grundhaltung hatte sich auch unter Helmut Kohl nicht wesentlich verändert. Pöhl: „Erst hatte der Luxemburger Finanzminister Pierre Werner seinen Plan vorgelegt für eine gemeinsame Währung. Dann gingen Giscard d'Estaing und Schmidt daran, eigene Pläne zu schmieden."

*****

Am 6. November sah die Stadt am Main, wie schon angedeutet, auch einen Europa-Tag unter dem Motto: Unsere Zukunft Europa. Petra Roth, die Oberbürgermeisterin, hatte dazu eingeladen und der hessische Ministerpräsident Roland Koch. Diese beiden Persönlichkeiten waren auch die besten Redner in der Paulskirche. Vom Verfassungskonvent forderte Petra Roth die Rechte der Kommunen ein und Koch mit seiner unglaublichen Redegewandtheit sprach sich für den Gottesbezug in der Präambel aus. Dagegen zeichneten sich alle anderen europäischen Potentaten als gewisse Schwätzer aus.

Für Giscard d'Estaing gab es nur dieses Credo: An der so vorgelegten EU-Verfassung dürfe nichts mehr verändert werden. Der luxemburgische Ministerpräsident Jean-Claude Juncker versuchte es immer wieder mit Witzchen. Er korrigierte den Moderator: „Luxemburg ist kein kleines Land. Es ist ein Großherzogtum. In Europa gibt es nur zwei große Länder: das Großherzogtum und Großbritannien." Dann mokierte er sich über die „Spätberufenen beim Euro". „Wenn die katholische Kirche soviele Spätberufene hätte, wie die EU Spätberufene bei der Liebe zum Euro, hätte der Papst keine Sorge wegen des Priesternachwuchses." Auch entschuldigte er sich, dass er noch nie in einer Kirche (Paulskirche) gesprochen hätte.

EU-Kommissar Günter Verheugen kritisierte die Bundesregierung, die offenbar der Meinung sei, dass die EU-Kommissare die Interessen ihrer Länder vertreten müssten. „Wir arbeiten an Europa." Die musikalische Begleitung kam vom deutsch-polnischen Jazz-Quartett Janusz Maria Stefanski. Die zweimal angesetzte „Ode an die Freude" Beethovens kam etwas dürftig daher.

Euro rein – D-Mark raus / D-Mark rein – Euro raus

(8. 12. 03) Die Währungsunion ächzt wegen der Verletzung des Stabilitätspakts und schon titelt die Bild-Zeitung: D-Mark kommt zurück. Das Massenblatt stützt sich dabei auf eine Aussage von FDP-Vorstandsmitglied Michael Theurer: „Nach dem Aufweichen des Stabilitätspakts durch Deutschland (und Frankreich) kann es schnell zu einem Scheitern des Euro kommen, wenn auch andere Staaten ins Schuldenmachen verfallen. Dann muss man sich gleich überlegen, wie man die D-Mark wieder einführt." Zitat Ende. Am nächsten Tag war in der Bild-Zeitung zu lesen: Bundesbankpräsident Welteke lehnt eine Rückkehr zur D-Mark kategorisch ab. So hat sich die Lage ins Gegenteil verkehrt. Der Zentralbankrat der Deutschen Bundesbank hatte zu Zeiten Pöhls die Einführung einer Gemeinschaftswährung kategorisch abgelehnt. Jetzt das! Aber: Bei einer Abschaffung des Euro müsste die Bundesbank auch nur die Beschlüsse der Politiker umsetzen, genau so, wie es bei der Einführung des Euro gewesen war. Es stellt sich also die Frage, kann der Euro in Deutschland überhaupt abgeschafft und die D-Mark wieder eingeführt werden, wenn ja, wie?

Auch bei Verträgen ohne Ausstiegsklausel, wie der Maastricht-Vertrag, kann es natürlich eine fristlose Kündigung geben, wenn die politischen Verhältnisse unerträglich geworden sind. Im Falle der Bundesrepublik Deutschland würde dies aber nicht direkt zur Wiedereinführung der D-Mark führen, erstens, weil die deutsche Politik zu einem solchen Kraftakt überhaupt nicht in der Lage wäre. Zweitens aber, weil die Verschwisterung mit Frankreich zugenommen hat, im guten wie im schlechten Sinne, im schlechten Sinne deshalb, weil Deutschland jetzt dieselbe Weichei-Geldpolitik betreibt wie Frankreich. Anfang der 90er-Jahre (1992/93) wollte Frankreich tatsächlich Deutschland aus dem damals geltenden Europäischen Währungssystem hinauswerfen. Das scheiterte an den Niederlanden. Heute aber würde Frankreich auf den größten politischen Nachkriegserfolg der Abschaffung der deutschen geldpolitischen Souveränität niemals verzichten. Daraus folgt, dass auf jeden Falle bei großen währungspolitischen Turbulenzen Deutschland und Frankreich Seite an Seite bleiben, was im Sinne Europas nicht nur begrüßt sondern auch unterstützt werden muss.

Das heißt aber noch nicht, dass das Währungseuropa nicht auseinanderbrechen kann. Bei einer falsch aufgezogenen Währungspolitik – z. B. übereilte Euro-Vollmitgliedschaft – bei der nun anstehenden Erweiterung der EU könnte sich die Explosionsgefahr wesentlich erhöhen. Wenn es dann zu einem Bruch käme, würde dies aber nicht in die totale Währungskleinstaaterei der Nachkriegszeit zurückführen. An den deutsch-französischen Kern würden sich nämlich sofort die Benelux-Staaten, Österreich und Irland ankristallisieren. Auch die Schweiz würde sich in alter Tradition in diesem Kontext bewegen wollen. Bei sehr ernsten Zerwürfnissen – und um diese geht es bei dieser Betrachtung – würde die Südschiene von Italien über Spanien bis Portugal in Schwierigkeiten kommen, aber eben auch jene Länder der EU-Neuzugänge.

Hier könnte es starke Auflockerungen und teilweise chaotische Verhältnisse geben. Doch auch diese Staaten würden sich sehr schnell wieder auf den starken Kern – Deutschland/ Frankreich – hin orientieren. Ein neues Geflecht währungspolitischer Zusammenarbeit entstünde im Umfeld des Kerns, für das es auch schon Vorbilder aus der Nachkriegszeit gibt. Volle Aufnahme in die Währungsunion wäre für die Randstaaten in weite Ferne gerückt. Andererseits bestünde die Möglichkeit eines nun viel gesünderen Aufbaus in Euroland, dabei würden die Staaten, die nicht zum Kern gehören, ihre Verhältnisse auch viel besser ordnen können und besäßen weiterhin das Ventil der geordneten Währungsanpassung, wenn mit den Staatsfinanzen und der eigenen wirtschaftlichen Entwicklung mal wieder alles quer läuft.

Bundesbank reduziert Belegschaft um fast ein Drittel

Die Deutsche Bundesbank (alt) war für ihre Aufgaben in der Geldpolitik gut aufgestellt. In betriebswirtschaftlicher Hinsicht ließ ihr Management jedoch einiges zu wünschen übrig. Diese Kritik kam jetzt von Bundesbankpräsident Ernst Welteke (Nov. 2003). Er brachte u. a. das Beispiel seiner Heimatstadt Korbach, wo jahrelang dreimal am Tag ein Bundesbankkurier vorbeikam, um bei Sparkasse und Volksbank die Belege des bargeldlosen Geschäfts abzuholen. Welteke am Reformationstag in Frankfurt: „Seit dem 1. Mai 2002 ist der neue Vorstand der Deutschen Bundesbank im Amt. Mit dieser neuen, gestrafften Leitungsstruktur hat der Gesetzgeber die institutionellen Voraussetzungen für eine rationellere und wirtschaftlichere Aufgabenerfüllung geschaffen." Neue Besen kehren gut. So wurden die Filialen nach 200 Parametern durchgefilzt, zusammen mit anderen Rationalisierungmaßnahmen kann auf diese Weise sozial verträglich und ohne betriebsbedingte Kündigungen der Personalstand um 30 Prozent von 15.834 Mitarbeiter (nach Köpfen) auf 11.100 abgesenkt werden, und zwar im Zeitraum von Anfang Januar 2003 bis Ende 2007. Von diesem Zeitpunkt an kann die Zentralbank jährlich 280 Millionen Euro einsparen. Zum Vergleich: Im vergangenen Jahr hatte die Bundesbank einen Personalaufwand von einer Milliarde Euro und einen Sachaufwand (ohne Notendruck) von 280 Millionen Euro.

Parallel dazu wird das Dienstleistungsangebot im Barzahlungsverkehr, aber auch in anderen Geschäftsfeldern (Kontoführung für Wirtschaftsunternehmen) auf das Kerngeschäft konzentriert. Im Ergebnis wird beispielsweise die Leistungspalette im Münzgeldbereich deutlich auf die im Euroraum vereinbarten einheitlichen Standardleistungen gestrafft. Letztlich wird es nur noch 45 Filialen geben. 42 davon stehen bereits fest. Die übrigen drei ergeben sich aus den Paarungen in Bremen/Oldenburg, Kassel/Göttingen und Mannheim/Ludwigshafen. Sie liegen dicht beieinander, gehören jeweils anderen Bundesländern an. Eine von beiden muss aber fallen. Welteke: „Obwohl das Filialnetz in Zukunft durch die Entscheidungen grobmaschiger wird als bisher, bleibt die Präsenz der Deutschen Bundesbank in der Fläche im Grundsatz erhalten. Die Versorgung mit Notenbankdienstleistungen wird hierdurch nicht berührt, sondern bleibt sichergestellt."

Im Clinch mit der Politik: Welteke stellt die Vertrauensfrage

Die Deutsche Bundesbank führt einen fast verzweifelten Kampf gegen die Politik in Deutschland und Europa. Soweit es da um Geldwertstabilität geht, hat die Bevölkerung das Vertrauen verloren, das von den Deutschen beim Abschluss des Maastricht-Vertrages noch reichlich investiert worden war. So hat der Vorstand der Bundesbank jetzt (15. 12. 03) eine Stellungnahme zum Entwurf eines EU-Verfassungsvertrags und zum Stabilitäts- und Wachstumspakt veröffentlicht.

„Der vorliegende Entwurf für die EU-Verfassung und der leichtfertige Umgang mit dem Stabilitäts- und Wachstumspakt geben dem Vorstand der Deutschen Bundesbank Anlass zu großer Sorge", heißt es da. Im Konvent bestand zunächst politischer Konsens, die Substanz der Währungsverfassung des Vertrags von Maastricht nicht zu ändern. Dennoch weicht der nun vorliegende Verfassungsentwurf in entscheidenden Punkten vom Vertrag von Maastricht ab

* im Ziel der Preisstabilität, in der Unabhängigkeit der teilnehmenden nationalen Notenbanken,
* in der Stellung der Europäischen Zentralbank (EZB) in der Union und
* in der Ermächtigungsklausel für erleichterte Änderungen des EZB-Statuts. Das betrifft insbesondere Änderungen der Zusammensetzung und der Aufgaben des EZB-Rats und des EZB-Direktoriums.

Dies war nicht die Ausgangslage für den Beitritt Deutschlands zur Währungsunion. Blieben die oben genannten Punkte im Verfassungsentwurf unverändert, würde dies die Durchführung einer stabilitätsorientierten Geldpolitik erschweren.

Sollte die Regierungskonferenz, so Präsident Welteke und seine Kollegen, die Verfassung in der vorliegenden Form annehmen, stünde der Bundestag bei der Ratifizierung faktisch vor der fatalen Abwägung zwischen der im Grundsatz von allen Parteien gewünschten EU-Verfassung auf der einen Seite und den institutionellen Grundlagen stabilen Geldes auf der anderen. Der Vorstand der Deutschen Bundesbank plädiert daher entschieden dafür, nicht hinter die Errungenschaften der Währungsverfassung des Vertrags von Maastricht zurückzufallen. „Jede Lockerung des Stabilitäts- und Wachstumspakts als einem Grundbaustein der Währungsunion würde den entstandenen Vertrauensschaden noch vergrößern. Eine Währungsunion braucht bindende und transparente Regeln für die Finanzpolitik."

Welteke wird in die Enge getrieben

Etwas übermäßigen Wirbel entfachte Anfang April 2004 eine Magazin-Geschichte über den Berlin-Aufenthalt zur Euro-Einführung (Hotel Adlon) von Bundesbankpräsident Ernst Welteke. Dazu hat Welteke folgende Stellungnahme abgegeben: „Anlässlich des historischen Ereignisses der Euro-Bargeldeinführung zum Jahreswechsel 2001/2002 habe ich verschiedene Einladungen erhalten. Ich habe die Einladung der Dresdner Bank AG für ihre Veranstaltung am Pariser Platz am Brandenburger Tor angenommen, weil mir dieser Ort auch angesichts der Symbolik für das Zusammenwachsen Europas als am besten geeignet erschien. Ich habe auf der Veranstaltung eine Ansprache gehalten sowie am 31. Dezember und am Neujahrstag an verschiedenen Medienauftritten teilgenommen. Die Dresdner Bank bot mir an, die Reservierung des Hotels einschließlich der dort anfallenden Kosten zu übernehmen.

Mein Aufenthalt, so Welteke weiter, hat in der Öffentlichkeit zu Kritik und Missverständnissen geführt. Die Bundesbank hat den Sachverhalt eingehend geprüft und ist angesichts der auch für die Bundesbank besonderen Bedeutung der Euro-Bargeldeinführung zu dem Ergebnis gekommen, dass der dienstliche Anteil der Veranstaltung im Umfang von zwei Tagen von der Bundesbank bezahlt wird. Die verbleibenden zwei Übernachtungen werden von mir persönlich übernommen. Die Überweisungen an die Dresdner Bank sind heute erfolgt." Soweit die Stellungnahme des Bundesbankpräsidenten.

+++++

Der Vorstand der Deutschen Bundesbank hat in seiner Sitzung am 7. April die gegen Präsident Welteke im Zusammenhang mit einer Veranstaltung zur Einführung des Euro-Bargelds in Berlin zum Jahreswechsel 2001/2002 erhobenen Vorwürfe geprüft. Präsident Welteke wurde zum Sachverhalt angehört, heißt es in einer Pressenotiz der deutschen Zentralbank. Und weiter: Der Vorstand bestätigt seine am Montag, dem 5. April 2004, getroffene Entscheidung, dass die Kosten für die Teilnahme von Herrn Welteke an der Veranstaltung für zwei Tage von der Deutschen Bundesbank übernommen und darüber hinausgehende Kosten privater Natur von Herrn Welteke getragen werden.

Die Bewertung des Sachverhalts auf der Grundlage des ESZB-Statuts, des Bundesbankgesetzes und des Anstellungsvertrages von Herrn Welteke bietet dem Vorstand keinen hinreichenden Grund, einen Antrag auf Abberufung des Bundesbankpräsidenten aus seinem Amt zu stellen. Der Präsident einer nationalen Zentralbank kann nach Art. 14 Abs. 2 des ESZB-Statuts nur entlassen werden, wenn er eine schwere Verfehlung begangen hat. Der Vorstand der Deutschen Bundesbank hat Herrn Präsident Welteke im Hinblick auf die wegen eines Anfangsverdachts auf Vorteilsannahme aufgenommenen staatsanwaltlichen Ermittlungen empfohlen, seine Amtsgeschäfte mit dem heutigen Tage ruhen zu lassen. Präsident Welteke hat dem entsprochen. Vizepräsident Dr. Jürgen Stark wurde mit der Wahrnehmung der Aufgaben als Mitglied des EZB-Rats betraut.

Die Mitglieder des Vorstands der Deutschen Bundesbank üben ihre Funktionen auf der Basis ihrer Organverträge sowie nach Maßgabe des Bundesbankgesetzes aus, so heißt es in einer Pressenotiz des Hauses vom 8. April. Die darin enthaltenen Regelungen liefern auch wesentliche Grundlagen für die Entscheidung des Vorstands vom 7. April. – Der Vorstand der Deutschen Bundesbank hat beschlossen, mit sofortiger Wirkung den Verhaltenskodex für die Mitglieder des EZB-Rates ausdrücklich analog anzuwenden. Dies schließt die Ernennung eines Beraters in ethischen Angelegenheiten ein. „Damit werden die bisherigen Regelungen konkreter und transparenter gemacht."

Jürgen Stark hat sich auch gleich mit Umsicht zu Wort gemeldet und die Bundesregierung zur Zurückhaltung aufgefordert. Sie solle sich jeder Einflussnahme auf die Unabhängigkeit der Deutschen Bundesbank enthalten. – Die sogenannte Hotelkosten-Affäre hat immer offensichtlicher zwei politische Aspekte: erstens den Aufbau einer neuen Führungsstaffel in der Bundesbank bis hin zu frei werdenden Ämtern in der Europäischen Zentralbank. Da die Bundesregierung allerdings etwas zu tollkühn vorgegangen ist, um neue Verhältnisse zu schaffen, fühlen sich die Deutsche Bundesbank, das gesamte System der Europäischen Zentralbanken und damit die Europäische Zentralbank selbst in ihrer Unabhängigkeit angetastet. Hier fand bereits ein Zusammenrücken statt. Die Bundesbank steht in engem Kontakt mit der EZB und erhält von dort auch Rückendeckung. Zweitens geht es um den Bundesbank-Goldschatz von 3.442 t, den Welteke und seine Mannschaft immer wieder gegen Berliner Zugriffe verteidigt haben. Auch in diesem Punkte haben Finanzminister Eichel und Bundeskanzler Schröder die Gesamtheit der EZB gegen sich.

Welteke der Kabale erlegen

Ernst Welteke hat am 16. April 2004 das Handtuch geworfen. Dazu gab der Vorstand der Deutschen Bundesbank folgende Erklärung ab: Bundesbankpräsident Ernst Welteke hat heute sein Rücktrittsersuchen an den Vorstand der Deutschen Bundesbank übermittelt. Der Vorstand hat das Rücktrittsersuchen entgegengenommen. Der Vorstand hält diesen Schritt im Hinblick auf das Ansehen der Institution und die Wahrnehmung ihrer Aufgaben für angemessen. Der Vorstand dankt Herrn Welteke für die vertrauensvolle Zusammenarbeit und die erfolgreiche Führung der Deutschen Bundesbank seit September 1999. Bundesbankpräsident Welteke hat auch den Bundeskanzler über das Rücktrittsersuchen unterrichtet.

Welteke hat eine persönliche Erklärung zu seinem Rücktritt veröffentlicht. Er formulierte sie in einem Schreiben an Vizepräsident Jürgen Stark und die Vorstandskollegen:

Sehr geehrter Herr Vizepräsident,

sehr geehrte Herren Kollegen,

die Missachtungen der grundgesetzlich garantierten Unabhängigkeit der Deutschen Bundesbank und ihrer Organe halten an. Insbesondere der Vorstand wird in unverantwortlicher Weise unter Druck gesetzt. Das Vertrauensverhältnis zwischen dem Bundesministerium der Finanzen und mir ist irreparabel zerstört. Meine Integrität, aber auch die der Bundesbank, wird ständig weiter mit verzerrenden und falschen Darstellungen verletzt. Und noch immer weiß ich nicht, was dem BMF an anonymen Schreiben zugegangen ist und was weiterhin den Medien zugespielt wird.

Die Bundesbank benötigt aber in schwieriger Zeit einen Präsidenten, der unbeeinflusst im Rat der Europäischen Zentralbank an der europäischen Stabilitätspolitik mitwirkt, der unvoreingenommen die notwendigen Reformen umsetzen kann, der vor allem frei ist, die Bundesregierung zu beraten und im vertrauensvollen Einvernehmen mit dem Bundesfinanzministerium in internationalen Gremien für Deutschland einzustehen.

Das ist in meiner Person nicht mehr gewährleistet. Daher bitte ich hierdurch den Vorstand, mein Ausscheiden aus dem Amt als Präsident der Bundesbank vor Ablauf der Amtszeit zu billigen und dem Bundespräsidenten zu empfehlen, mich aus meinem Amt zu entlassen. Ihnen danke ich für die vertrauensvolle Zusammenarbeit und vor allem, dass Sie meiner Familie und mir in schwieriger Zeit Ihre Solidarität nicht verweigert haben. Den Mitarbeiterinnen und Mitarbeitern der Deutschen Bundesbank danke ich für eine fachlich und persönlich stets harmonische Zusammenarbeit. Ihnen allen wünsche ich für die Zukunft alles erdenklich Gute.

Mit freundlichen Grüßen Ernst Welteke.

Halali

Um Welteke zur Strecke zu bringen bedurfte es einer Hundertschaft von Treibern, die bei der Großwildjagd auf diesen 18-Ender munter Hirschfänger wetzten, in ihre Hörner bliesen oder ganz einfach Ohrenbläserei betrieben. Die Europäische Zentralbank dürfte auch nicht immer hilfreich gewesen sein. Bei der unsäglichen Abstimmung in der EZB über das Rotationssystem für die Präsidenten der nationalen Notenbanken im März 2003 (Änderung des Art. 10.2 der Satzung der EZB) – hier war Einstimmigkeit verlangt – sah sich Welteke nicht in der Lage dagegen zu stimmen. Er gab zu Protokoll, dass er sich dem Zwang nicht entziehen könne zuzustimmen, aber dies protokolliert haben wollte. (Welteke: „Es ist ein Irrsinn, was damals passiert ist. Die Bundesregierung hatte niemals ein politisches Konzept oder eine Strategie für die EZB und die deutschen Interessen darin. Die haben offenbar niemals damit gerechnet, dass die Währungsunion wirklich kommt.") So etwas vergessen die Leute um Trichet nicht – bis hin zur französischen Regierung. Da gibt es dann schnell mal einen Kontakt von Paris nach Berlin. Auch der Bundesbankvorstand ließ es an Geschlossenheit mangeln, stand nicht klar hinter dem Präsidenten. Nur ein knappes 4:3 für ihn.

Am Anfang der Bundesbankkrise stand wohl ein Telefongespräch von Kanzler Gerhard Schröder. Welteke: „Er hat mir den Posten des Bundesfinanzministers angeboten!" Das muss Hans Eichel aus den Gleisen geworfen haben. Obwohl Eichel ganz gerne die Berliner Bürde losgeworden und Chef der Kreditanstalt für Wiederaufbau geworden wäre, wenn Ingrid Matthäus-Maier irgendwie anderweitig versorgt werden könnte z. B. mit dem Präsidentensitz bei der Bundesbank. Jedoch wäre es unmöglich gewesen, gleichzeitig einen gekränkten Finanzminister und einen aneckenden Bundesbankpräsidenten auszuwechseln.

Eichel schritt zur Exekution, kräftig unterstützt von Hilfswilligen aus dem eigenen Haus oder dessen Umfeld (Jörg Asmussen, Abteilungsleiter im Bundesfinanzministerium, Klaus-Peter Schmidt-Deguelle, früher auch schon Regierungssprecher in Wiesbaden). Eine Jahrzehnte alte Freundschaft, die immer wieder von hohem politischem Nutzen für Eichel war, wurde in drei Tagen füsiliert und zwar über die allermieseste Variante einer konstruierten Bestechung.

Über 30 Jahre haben Welteke und Eichel kooperiert, gemeinsam gekämpft, sich gegenseitig eingeladen, Männerfreundschaft gepflegt. Als Walter Wallmann hessischer Ministerpräsident war, saß Welteke der SPD-Fraktion im Landtag vor und konnte so einiges dazu beitragen, dass Eichel 1991 Ministerpräsident wurde. Im Frühjahr 1994, als die Landesregierung im öffentlichen Ansehen stark gelitten hatte und eine Lotto-Toto-Affäre (Eichel sprach selbst von einem Sumpf) zu beseitigen war, wechselte Welteke aus dem Wirtschaftsressort ins Finanzressort und hat mit großem persönlichen Einsatz eine ganze Reihe von landespolitischen Problemen zu lösen geholfen (Blindenstudienanstalt/Marburg, Verkauf von Schlössern, Finanzierung der hessischen Industriemüll AG, Personalentscheidungen am Frankfurter Flughafen und bei der GS-Wohnungsbau, Nachfolgeregelung bei der Hessischen Lotto-Toto-Gesellschaft und Aufklärung der dortigen Vorwürfe etc.) Und so hat Welteke auch dazu beigetragen, dass Eichel erneut Ministerpräsident werden konnte. Dankbarkeit gibt es in der Politik nicht!

Ethik fürs Volk

Es ist leicht erklärlich, mit der Ethik steht es schlecht in unserem Lande. Die Deutsche Bundesbank braucht einen Berater für diese flüchtige Materie. Übrigens gilt diese Forderung auch für alle Räte der Europäischen Zentralbank und damit für das gesamte System der Europäischen Zentralbanken. Da werden bald die Ethik-Professoren im Alten Kontinent die bestbezahlten Leute sein, denn der Preis reguliert den Markt. Das aber wäre schon wieder unethisch. Auf jeden Fall soll diesen kritischen Bereich für die Bundesbank Prof. Theodor Baums von der Johann-Wolfgang-Goethe-Universität richten. Hätte Ernst Welteke einen Ethik-Berater gebraucht? Alle Welt wird schreien: Natürlich, gerade der. Welteke hat doch vorgeführt, wohin man ohne Ethik kommt! Mit Sicherheit hätte Welteke einen guten Freund gebraucht, der ihn rechtzeitig und in väterlicher Weise auf sein Verhalten hingewiesen und diese problematisiert hätte.

Dass aber die Institution Bundesbank unter der Hotel-Affäre gelitten hat, sollte doch niemand ernstlich behaupten. Heimtückische Briefschreiber und Zuträger bedürfen auf jeden Fall eines Ethik-Beraters.

Man tut so etwas nicht. Sie haben den Zirkus veranstaltet, durch den die Bundesbank in den vergangenen Wochen in aller Munde kam und dort zerfleischt wurde. Finanzminister Eichel braucht dringend einen solchen Berater, so geht man mit Freunden nicht um, die Jahrzehnte treue Wegbegleiter waren. Der Ernst musste weg, weil er im Kräftedreieck Bundesregierung, Bundesbank und Europäische Zentralbank im Wege stand. Das ist reiner Machiavellismus, bar jeder Ethik.

Ethik hat es wirklich in sich. Sie wird tatsächlich von anderen Mitmenschen, wenn es sein muss auch von Professoren vermittelt, weitergegeben und entwickelt. Sie hat aber einen wichtigen Bezug, der außerhalb der Menschen liegt. Und wenn dieser Bezug verschüttet ist, klappt es mit der Ethik immer weniger. Wenn die Kinder schon früh richtig erzogen werden, brauchen die alten Knaben keinen Ethikberater. Hals über Kopf stecken wir damit in der Diskussion über die neue europäische Verfassung und den „Gottesbezug". Die Präambel des Grundgesetzes beginnt: „Im Bewusstsein seiner Verantwortung vor Gott und den Menschen ..." Diese Bewusstseinsbildung muss kultiviert werden. So wahr mir Gott helfe. Diesen Zusatz der Eidesformel hatte Kanzler Schröder damals leider vergessen. Frohe Ostern gehabt zu haben und demnächst hoffentlich ein glänzendes Pfingsten der neuen Ethik-Generation gewünscht. (17. 4. 04)

Da fällt mir doch aus dem Zettelkasten meines Gedächtnisses folgender Satz von Edgar Meister aufs Papier, noch aus der Zeit als er Mitglied des Direktoriums der Deutschen Bundesbank war: „Von Anbeginn meiner beruflichen Tätigkeit habe ich meine Geschäftsreisen immer äußerst penibel abgerechnet. Denn ich wusste, wenn sie einen loswerden wollen, beginnen sie mit den Reiseabrechnungen."

Axel Weber soll Nachfolger werden

Es mehren sich die Anzeichen, dass die Ablösung von Ernst Welteke des Längeren vorbereitet wurde, und es mehr Mitwisser gab als die anonymen Briefschreiber. Am Anfang dieser Entwicklung muss ein riesiger Krach zwischen Finanzminister Eichel und Bundesbankpräsident Welteke gestanden haben – verschiedene Themata, hauptsächlich Gold. Dabei hatte sich Welteke gegenüber Eichel endlich einmal politisch emanzipiert. Das brachte den Bruch. Eine solche Auseinandersetzung rechtfertigt aber nicht die Methoden, die schließlich angewandt wurden, um Welteke zu Fall zu bringen. Wenn die politische Verkommenheit in dieser Republik so weitergeht, wird der bestellte Rufmord in absehbarer Zeit durch bestellten Mord abgelöst.

Auch die Anwerbung des tadellosen Axel Weber als neuer Zentralbankchef war keine Angelegenheit von zwei Telefonaten (Eichel Weber/Weber Eichel) am 20. April. Rechtzeitige Eruierungen in solchen hoch wichtigen Personalfragen machen auch Sinn und müssen sein. Übrig bleibt, dass der ausgezeichnete Jürgen Stark abermals um die Präsidentschaft gebracht wurde. Doch bleibt dem Bundesbank-Vizepräsidenten durchaus noch eine Chance – als Nachfolger von Otmar Issing (Gott erhalte ihn uns möglichst lange) im Direktorium der Europäischen Zentralbank. Das wäre ein schöner Abschluss für Starks Karriere. Er kann dann sogar Wegbereiter werden für die Ablösung von Jean-Claude-Trichet, wenn dieser in 7 Jahren bei der EZB ausscheidet und – potztausend – Deutschland redlich verdient hätte, den nächsten EZB-Präsidenten zu stellen. Bis dahin hätte dann auch Professor Axel Weber (47) die nötigen Erfahrungen gesammelt und sich hoffentlich Meriten bei der Führung eines weltpolitischen Großunternehmens verdient.

+++++

Der Vorstand der Deutschen Bundesbank hat erfreut seinen nächsten Chef in die Arme genommen. Die Anhörung zur Nominierung von Prof. Dr. Axel A. Weber zum Präsidenten der Deutschen Bundesbank hat am 27. April in sehr harmonischer Atmosphäre stattgefunden. „Der Vorstand hat keine Einwendungen erhoben", teilte die Bundesbank mit, und mehr noch: „Der Vorstand freut sich auf die Zusammenarbeit mit Herrn Prof. Dr. Weber." Na also! „Drei Tage später kam folgende Eilmeldung: „Der Bundespräsident hat mit Wirkung vom 30. April 2004 Herrn Professor Dr. Axel A. Weber für die Dauer von acht Jahren zum Präsidenten der Deutschen Bundesbank bestellt. Die Ernennungsurkunde hat Bundesfinanzminister Hans Eichel heute (30. 4.) in Frankfurt am Main überreicht. Herr Professor Weber wird in Kürze im Rahmen einer offiziellen Feierstunde in das Amt eingeführt."

Axel Weber als neuer Bundesbankpräsident eingeführt

Ohne Pomp und Pleureusen wurde am 12. Mai Bundesbankpräsident Prof. Axel Weber in sein Amt eingeführt. Schauplatz war das Gästehaus der Deutschen Bundesbank in Frankfurt. Zu den Gästen zählten EZB-Präsident Jean Claude Trichet und natürlich Bundesfinanzminister Hans Eichel, aber auch noch 100 andere Persönlichkeiten des öffentlichen Lebens. Ernst Welteke, der Vorgänger, wurde durchaus nicht totgeschwiegen. Weber sagte: „Die mir nun anvertraute Institution Deutsche Bundesbank hat in den vergangenen Wochen eine ausgesprochen schwierige Phase durchlebt. Sie stand im Rampenlicht wie nie zuvor, und sie wurde in einem bislang ungekannten Ausmaß und in einer bis dato ungekannten Schärfe kritisiert. Nachdem Herr Welteke sein Amt ruhen ließ, übernahm Vizepräsident Dr. Stark die Amtsgeschäfte als amtierender Präsident." Stark bekam vom Präsidenten großes Lob dafür: „Es ist Ihr persönliches Verdienst, dass der Reputationsverlust der Bundesbank begrenzt blieb."

Wenige Minuten später konnten sich Eichel und die Opposition einen Tadel einfangen. Weber: „Die aktuelle Haushaltslücke wäre deutlich geringer, hätte die Regierung ihre Einnahmen konservativer eingeschätzt und ihre Ausgabenkonsolidierungsziele engagierter verfolgt. Einige Konsolidierungsvorhaben scheiterten an dem nicht erreichbaren Konsens zwischen Regierung und Opposition. Im Interesse unseres Landes appelliere ich an diejenigen, die in unserem Lande politische Verantwortung tragen, sich dringend über die Eckpfeiler einer nachhaltigen Konsolidierungsstrategie zu einigen. Dies gelang bei der Gesundheitsreform in Ansätzen und ich möchte meine Hoffnung ausdrücken, dass dies auch in der Finanzpolitik gelingen möge." Dem Finanzminister empfahl Weber den Stabilitäts- und Wachstumspakt der EU als ordnungspolitische Leitplanke zu akzeptieren. „Die gegenüber den Partnern in der EU eingegangene Verpflichtung, das strukturelle Defizit jährlich um 0,5 Prozentpunkte zu verringern, darf nicht weiter infrage gestellt werden."

Webers Regierungserklärung enthält auch Sentenzen zum Gold: „Der in Gold angelegte Teil der Währungsreserven der Bundesbank weckt seit jeher Begehrlichkeiten. Auch in der gegenwärtigen haushaltspolitischen Schieflage mangelt es nicht an Vorschlägen, dieses Vermögen zu aktivieren." Dann kommt es aber kräftig: Über Goldverkäufe entscheidet die Bundesbank im Rahmen des mit den anderen G 10-Notenbanken abgeschlossenen Goldabkommens. Über die Verwendung der bei eventuellen Verkäufen realisierten Bewertungsgewinne entscheidet das Parlament im Rahmen der gesetzlichen Regelungen für die Verwendung des Bundesbankgewinns. Eine solide Finanzplanung sollte also weder mit einem nennenswerten Finanzierungspotenzial aus den Goldreserven noch mit einer merklichen Entlastung des Bundeshaushalts rechnen.

Weber sieht für die vor ihm liegenden acht Jahre vier Schwerpunkte seiner Arbeit: „1. Die Stabilität zu bewahren. 2. In der Kontinuität der vergangenen Jahre das Profil der Bundesbank weiter zu schärfen, indem wir zu den großen Themen der Währungsunion fundierte Beiträge leisten und die Währungsunion aktiv mitgestalten. 3. Als unabhängige Stimme die wirtschafts- und finanzpolitische Debatte Deutschlands vor allem über den Weg zu einem steileren Wachstumspfad zu bereichern, und 4. die innere Reform der Bundesbank zu einem guten Abschluss zu bringen."

Vizepräsident Jürgen Stark erinnerte auch an den „turbulenten" Monat April. Es war „eine extrem schwierige und kritische Zeit, wahrscheinlich die kritischste Phase in der Geschichte der Bank. Einmalig war die Heftigkeit der öffentlichen Reaktion, sowohl auf die Vorgänge in der Bank als auch um die Bank." Stark würde sich für die Zukunft mit dem neuen Präsidenten wünschen – „und ich weiß, es ist auch Ihr Wunsch, Herr Minister Eichel – zwischen dem Bundesfinanzministerium und der Deutschen Bundesbank fair und sachorientiert im gemeinsamen Interesse zusammenzuarbeiten".

Stark verwies dann auf die immensen Aufgaben, die angegangen werden müssen. „Dies gilt auch für die im Gang befindliche strategische Neuausrichtung und die inneren Reformen der Bank." Dabei kommt sogar noch ein Lob für seinen Vorgängerpräsidenten heraus: „Hier ist in der Amtszeit von Ernst Welteke mehr auf den Weg gebracht worden, als von der breiten Öffentlichkeit erkannt wird. Die Reform der Bundesbank ist eines der wenigen Beispiele für eine erfolgreiche Reorganisation im öffentlich-rechtlichen Bereich."

Retrospektive Katharsis der Bundesbank-Vorstände

Professor Theodor Baums hat Mitte Mai einen ersten Rechercheberichtvorgelegt. Baums ist der vom Vorstand der Deutschen Bundesbank ernannte Beauftragte für Corporate Governance. Manche würden hier gerne das Wörtchen „Ethik" lesen. Das gefällt aber Baums nicht sonderlich, weil es ihm zu hochtrabend erscheint. „Meine Aufgabe ist es, dem Vorstand Orientierung bei der Auslegung und Anwendung der für die Vorstandsmitglieder geltenden Verhaltensregeln zu geben, die sich aus dem Bundesbankgesetz, den Organverträgen und dem Verhaltenskodex der Mitglieder des EZB-Rats ergeben."

Nach Beratung durch Baums haben sich die Vorstandsmitglieder einer Prüfung für die Zeit ihrer Mitgliedschaft im Vorstand der Deutschen Bundesbank unterzogen. Diese Prüfung ist auf der Grundlage der mit ihm eingehend erörterten Verhaltensregeln für die Vorstandsmitglieder durchgeführt worden. Die von Baums geführten Gespräche mit den Vorstandsmitgliedern und den zuständigen Stellen innerhalb der Deutschen Bundesbank über bestehende interne Kontrollmechanismen und die Zusammenarbeit mit externen Prüfern sowie die von den Vorstandsmitgliedern unterzeichneten Erklärungen haben keine Anhaltspunkte darauf ergeben, dass die an der Prüfung beteiligten Vorstandsmitglieder unerlaubte Vorteile für ihre Amtsausübung in Anspruch genommen haben, unerlaubten Nebentätigkeiten nachgegangen sind oder sich im Widerspruch zu dem analog angewandten Verhaltenskodex der Mitglieder des EZB-Rats verhalten haben. Baums: „Auch künftig werden sich die Verhaltensstandards für die Mitglieder des Vorstands der Deutschen Bundesbank eng an die für die Mitglieder des EZB-Rats geltenden Regeln und ihre Interpretation anlehnen."

Axel Weber will die Bundesbank innerlich wieder aufrüsten

Bundesbankpräsident Prof. Axel Weber hat Ende Mai (04) seine erste große Pressekonferenz in Frankfurt abgehalten. Er will künftig häufiger vor die Presse treten, als dies die Vorgänger getan haben. Er will auch nur mit dem Pressechef erscheinen, während Welteke meist mit dem gesamten Vorstand aufmarschierte (Tietmeyer übrigens auch). Weber nimmt da auch gerne einige Unannehmlichkeiten mit in Kauf. Zum neuen Design der Bundesbank gehören z. B. zwei hochmoderne Stehpulte vor einer neu gestalteten Stellwand. Stehpulte fordern vom Referenten und seinem Pressechef einen regelrechten Stehmarathon ab. Rund anderthalb Stunden stand Weber seinen Mann vor der Presse und Wolfgang Mörke auch. Der Präsident hat in Windeseile ein 19 Seiten langes Manuskript vorgelesen und anschließend jede Frage fast mit einem Ko-Referat beantwortet. Er hat seine Themen wirklich alle perfekt drauf, braucht niemandem, der ihm geldpolitisch, wirtschaftspolitisch oder finanzpolitisch irgendeine Gedächtnisstütze liefert. Er weiß schlichtweg alles, was auch nur im Entferntesten in seine Kernbereiche hineinragt und er weiß es schnell zu formulieren.

Weber hatte sich fünf Themenkreise vorgenommen, die er auch akribisch genau abarbeitete:

1. Konsequenzen aus den jüngsten Ereignissen / Rücktritt Welteke
2. Künftiges Profil der Bundesbank
3. Geldpolitik und Kreditentwicklung
4. Konjunktur und Preise
5. Finanzpolitik und Stabilitäts- und Wachstumspakt.

Eine etwas akribischere Exegese seiner Ausführungen lässt erkennen, dass es sich hier tatsächlich um eine hervorragende Programmatik Webers handelt, die bei der Bundesbank mit dem Untergang der D-Mark weitgehend abhanden gekommen war. Das lag damals nicht am Direktorium, auch nicht am Vorstand der Bundesbank. Das lag schlichtweg an einer völlig falsch aufgezogenen deutschen Europa-Politik insbesondere des Finanzministers, wodurch letztlich die Institution in unangemessener Weise zurechtgeprügelt wurde. Die souveräne Geldpolitik war perdu, das Bundesschuldenmanagement wurde herausgebrochen, die Bankenaufsicht eher gedrosselt als aufgewertet, der EU-Ausschuss für die Bankenaufsicht nach London vergeben für das Linsengericht der Versicherungsaufsicht. Fünf Jahre lang war die Bundesbank der Steinbruch für den Aufbau Europas, bei dem Deutschland mehr verloren als gewonnen hat. Und dann noch diese katastrophale und ebenso falsch auf- und durchgezogene Hotel-Affäre.

Weber arbeitet an einem Paradigmen-Wechsel und kann dabei mit der vollen Unterstützung seines Vorstands, des Kreditgewerbes und weiter Bevölkerungskreise rechnen. Rein zufällig, aber historisch wegweisend nehmen der neue Bundesbankpräsident und der neue Bundespräsident zeitgleich ihre schwierigen Missionen auf. Bisher unausgesprochen, aber doch erkennbar haben beide ähnliche Ziele. Weber: „Die Deutsche Bundesbank stand in den letzten Wochen in bisher ungekannter Weise in der öffentlichen Kritik. Auf den Vorstand der Bundesbank wurde nicht zuletzt von politischer Seite, großer Druck ausgeübt." Mit seinen Beschlüssen sei es dem Vorstand in dieser schwierigen Phase gelungen, die Unabhängigkeit der Bundesbank zu verteidigen und den Reputationsschaden zu begrenzen. „Zweifellos ist durch die Ereignisse jedoch ein Ansehensschaden für die Institution Bundesbank entstanden. Mein Ziel – und das des gesamten Vorstands – ist es, dass die Bundesbank in der Öffentlichkeit wieder durch ihre konzentrierte und erfolgreiche Sacharbeit wahrgenommen wird, denn das öffentliche Ansehen der Bank lebt in erster Linie vom Vertrauen in ihre Arbeit und ihre Kompetenz."

Webers Ziel ist es, die Strukturreform, die unter der „Präsidentschaft von Herrn Welteke" eingeleitet wurde und deren Umsetzung bereits in vollem Gange ist, 2007 zu einem guten Abschluss zu bringen. Bis dahin werden 60 Prozent der Standorte geschlossen sein gegenüber der Ausgangssituation zum Jahreswechsel 2002/2003: von 118 (derzeit 88) Standorten auf dann 47 Filialen. Die Mitarbeiterzahl wird um 30 Prozent auf 11.100 sinken. Geschätztes Einsparpotenzial bei Personal- und Sachkosten ca. 280 Millionen Euro pro Jahr.

Das künftige Profil der Bundesbank muss sich nach Weber an drei wichtigen Zielen ausrichten:

1. Als unabhängige währungspolitische Autorität in Deutschland ist und bleibt die Bundesbank Hüterin der Stabilität.
2. Die Bundesbank sollte eine angemessene Rolle unter den nationalen Zentralbanken des ESZB einnehmen, die der volkswirtschaftlichen (!) Bedeutung Deutschlands und „unserer Stabilitätskultur" entspricht. „Mein Ziel ist es, das Profil der Bundesbank im Europäischen System der Zentralbanken weiter zu schärfen, indem wir zu den großen Themen der Währungsunion fundierte Beiträge leisten und die Währungsunion mit unserer Kompetenz, unserer Erfahrung und unseren Ressourcen aktiv mitgestalten.

3. Die Bundesbank sollte als unabhängige und kompetente Stimme die wirtschafts- und finanzpolitische Debatte Deutschlands bereichern.

Bei der Übertragung der Verantwortung für die Geldpolitik auf die EZB bestand Konsens, dass solide öffentliche Finanzen ein wichtiges Fundament für das Vertrauen in eine stabile Währung darstellen. Der Maastricht-Vertrag und der europäische Stabilitäts- und Wachstumspakt wurden nicht zuletzt in Deutschland als entscheidende Voraussetzungen für den Verzicht auf die währungspolitische Souveränität angesehen. „Diesem stabilitätspolitischen Grundkonsens ist der Präsident der Bundesbank in besonderer Weise verpflichtet."

Epilog

Geschichtsklitterung Trichets beim Neujahrsempfang

Es ist ein langfristig beobachtetes Phänomen, dass sich die Redner zum Neujahrsempfang des Internationalen Clubs Frankfurter Wirtschaftjournalisten immer etwas schwer tun. Wirklich interessante Geschichten werden nicht präsentiert und jede Aktualität gemieden. Eine Ausnahme machte im vergangenen Jahr, zum 50. Club-Geburtstag, der überaus legere und brillant formulierende Karl Otto Pöhl, der sogar fast eine kleine politische Lebensbeichte hervorbrachte, als er bekannte, im Kontext der Wiedervereinigung Deutschlands von grundsätzlich falschen Einschätzungen ausgegangen zu sein.

Er hatte die deutsch-deutsche Wirtschafts- und Währungsunion zunächst abgelehnt und dann nur mühsam betrieben. Insbesondere wetterte er gegen den Umtauschkurs von 1:1 Ostmark gegen D-Mark. Pöhl: „Das sehe ich heute ganz anders. Es bestand sicherlich eine politische Notwendigkeit dazu." Die ökonomische Entwicklung hat Pöhl zwar Recht gegeben, aber die Jahrhundertchance der Wiedervereinigung musste mit allen Mitteln und sofort genutzt werden, auch hatte die DDR-Bevölkerung nichts anderes verdient. Pöhl hat schließlich selbst die Konsequenzen gezogen und seinen vorzeitigen Rücktritt eingereicht. Auf diese Weise kam Helmut Schlesinger, der Vizepräsident, doch noch zu den hohen Ehren, für zwei Jahre den Präsidentenstuhl bei der Bundesbank einnehmen zu können, was ihn selbst überraschte. Helmut Kohl machte es möglich.

So gut wie Kohl die Wiedervereinigung managte, so mangelhaft betrieb er die europäische Währungsunion. Mangelhaft im Sinne der Wahrnehmung richtiger deutscher Interessen. Er ließ alles laufen, sich auch nicht scheuend auf mögliche kriegerische Auseinandersetzungen hinzuweisen, wenn die europäische Einigung nicht umgehend und mit Macht, will sagen, koste es, was es wolle, umgesetzt würde. Die Krönungstheorie Pöhls „erst die politische Union, dann die Geldunion" verwarf er mit Schmackes. Und so verschenkte er die deutsche Bundesbank, irgendwelche Versprechungen einlösend, die er und andere deutsche Politiker französischen Regierungschefs von Giscard d'Estaing bis Mitterrand und Jacques Chirac gegeben hatten. Für Paris ging die Rechnung voll auf.

Das ist Geschichte. Sie muss zwar festgehalten, kann aber nicht geändert werden. (Es sei denn, die Türkei und die Ukraine stoßen noch zur EU und alles bricht wieder auseinander, was auch nicht gerade wünschenswert wäre.) Schlimm ist nur, dass durch deutsche finanzpolitische Unzulänglichkeit und politische Unbedarftheit auch noch der Stabilitätspakt zugrunde gerichtet wird. Letztlich schwenkt jetzt die gesamte EU in die Tradition der romanischen Inflationspolitik ein, wie sie seit eh und je außerhalb des D-Mark-Blocks gegolten hatte. EZB-Präsident Trichet kennt die Entwicklung aus dem ff. Er hat seinen wichtigen Teil dazu beigetragen, dass die Banque de France, deren Chef er war, sich an die von der Bundesbank vorgegebenen Stabiltitäskriterien, auch hinsichtlich ihrer Unabhängigkeit, angepasst wurde.

Trichet wurde zum Neujahrsempfang am Abend des 24. Januar 05 von den Journalisten begeistert empfangen. Der Club-Vorstand gab zweisprachig und literarisch mit einem Goethe-Zitat sein Bestes. Es wurden allseits Freundlichkeiten ausgetauscht. Das belebt denn auch Veranstaltungen dieser Art. Etwas weniger elegant ging Trichet mit der gemeinsamen europäischen Geschichte der Geldpolitik um. Es ist sein gutes Recht, die Erfolge der EZB in ihrer Öffentlichkeitsarbeit und ihrer erarbeiteten Transparenz für Journalisten, Analysten und den europäischen Bürgern herauszustellen, wenn es auch etwas überzogen ist zu behaupten, dass die EZB detaillierte Kommunikation in zehn Sprachen und Realzeit betreibe. (Hier kann ich nur prophezeien, dass es zum richtigen Sprachenstreit in Europa und auch bei der EZB erst noch kommt.)

Immer wieder freute sich der EZB-Präsident, dass er und seine Räte (I and the members of the council!) Geldpolitik für über 300 Millionen Europäer betreiben und das aus Frankfurt heraus. „Das hatte es früher niemals gegeben. Jedes Land in Europa war für seine eigene Geldpolitik zuständig und verantwortlich gewesen." Für ihn beginnt die große Frankfurter Nummer erst 1998, als der Euro festgezurrt war. Davor hätten die geldpolitischen Entscheidungen aus der Main-Metropole gerade mal die Deutschen erreicht. Aus Europa waren auch keinerlei Reaktionen zu vernehmen. Jeder Staat habe unabhängig von den anderen EG-Mitgliedern seine Geldpolitik gemacht. Solche Aussagen können nur als Geschichtsklitterung bezeichnet werden aus abermals gänzlich überflüssigem französischem Ehrgeiz. Zu Recht hat Trichet im Frankfurter Hilton erwähnt, dass die Währungsunion entsprechend den ökonomischen Gewichtungen der Länder zusammengefügt wurde. So entfielen fast 30 Prozent auf Deutschland. Leider haben die deutschen Unterhändler und Bundeskanzler Kohl vergessen, diese Gewichtung auch für den Einfluss auf die Geldpolitik durchzusetzen. So sitzen sie im Rat mit einer Stimme und die ist nicht einmal sicher, wenn es zu dem erweiterten EZB-Rat nach der erweiterten EU kommt. Anfangs 30 Prozent des ökonomischen Gewichts der EU haben dann Null-Stimmen. Und der Bundesbank-Goldschatz bekommt ebenfalls schon europäische Füße, ist auch bald abgewandert. – Das ist die deutsche Geschichte vom Hans im Glück, dem zum Schluss noch die Wetzsteine in den Brunnen gefallen sind. Er hatte seinen langen Heimweg mit einer dicken Goldkugel in Händen angetreten. Politisches „squeeze out“ comme il faut.

Skepsis mit Zukunft

August 2007. Bei allen Turbulenzen auf den Finanzmärkten hat der Bundesbankvorstand doch noch Zeit für die schöneren Dinge des Zentralbanklebens nach dem Motto: Mach’ es wie die Sonnenuhr, zähl die heit’ren Stunden nur. Zum 50-jährigen Bestehen überreichte Finanzminister Steinbrück dem Bundesbankpräsidenten, Axel Weber, eine Münzneuprägung über 10 Euro (warum eigentlich nicht 50 Euro, oder 25 Euro = 50 DM) und einen Satz Briefmarken. Er sagte zur Feier des Tages: „Die Bundesbank hat dafür gesorgt, die D-Mark zur zweitwichtigsten Reservewährung

55 Cent für 50 Jahre Bundesbank

der Welt mit der niedrigsten Inflation zu machen.“ Um der historischen Wahrheit eine Gasse zu öffnen, muss hinzugefügt werden: Und die Bundesregierung hat dafür gesorgt, dass sie fast in Bedeutungslosigkeit abesunken ist. Ein echtes Geburtstagsgeschenk des Finanzministers wäre gewesen, ihr die volle Bankenaufsicht für Deutschland zu übertragen und sie damit aus dieser Lähmung zurückzuholen ins richtige Leben. Auch war es kontraproduktiv, dieser Zentralbank nach dem Verlust der Geldsouveränität das Schuldenmanagement des Bundes zu nehmen.

Früher hat die Bundesbank die Währungsschlachten für Europa geschlagen und mit jeweils guten Ergebnissen abgeschlossen. Heute sagt ihr Präsident Axel Weber: „Die D-Mark ist inzwischen Geschichte, die Bundesbank ist es nicht. Auf jeder Packung, auf der Euro draufsteht, ist Bundesbank mit drin.“ Überall zu finden sind Packungen, auf denen zu lesen ist: Der Inhalt kann tödlich sein.

Im Bundesbank-Magazin (Nr. 5/2007) anlässlich des großen Festes stehen zwei bedeutende Beiträge der ehemaligen Präsidentenheroen Karl Otto Pöhl und Helmut Schlesinger. Zitat Schlesinger: „Die Verantwortung für die gemeinsame Währung von nun 13 Staaten ging an die Europäische Zentralbank (EZB) und ihre Entscheidungsorgane über. Die EZB hat in ihrem Aufgabenkatalog dieselben Verpflichtungen wie die Bundesbank hinsichtlich der Geldwertstabilität und hat auch die verbliebenen außenwirtschaftlichen Verpflichtungen übernommen. ... Der Übergang zur einheitlichen europäischen Währung war ein wichtiger Schritt für die weitere politische Integration der west- und mitteleruopäischen Länder. Aus der inneren Sicht der Bundesbank erscheint dieser Prozess als ein Verlust an Einflussmöglichkeiten, an Eigenverantwortung und Geltung. Es ist zwangsläufig ein schwieriger Anpassungsprozess, besonders im Hinblick auf den Abbau der Beschäftigtenzahl ...

Die D-Mark war zwei Jahrzehnte der primäre Gegenpol zum Dollar und bildete dann den Mittelpunkt des EWS. ... Die Bundesbank sammelte auch positive und negative Erfahrungen mit der deutsch-deutschen Währungsunion. Es ist schon denkbar, dass deutsche Einstellungen zur Geldpolitik nicht immer von Ländern geteilt werden, die diese Erfahrungen nicht haben. So wünsche ich der Bundesbank, dass sie ihre Rolle, ihre Verantwortung in allen Gremien des Eurosystems mit Freude für die neuen Aufgaben, aber auch mit Blick auf die besondere Vergangenheit der Bundesbank wahrnehmen kann.“

Schlesinger und Pöhl haben über lange Zeiträume wichtige Erkenntnisse und Erfahrungen gesammelt. Sie sind weise genug, auch nicht davon abzurücken, nur weil es der Zeitgeist gerade verlangt. Hier das Vermächtnis von Altbundesbankpräsident Pöhl im Hausmagazin: „Die Europäische Währungsunion funktioniert seit nunmehr acht Jahren nahezu reibungslos. Länder wie Italien oder Spanien sind in den Genuss der niedrigen Euro-Zinsen gekommen, Deutschland profitiert davon, dass es für einen erheblichen Teil seines Exports keine Wechselkurse mehr gibt. Trotzdem ist der

Bestand der Währungsunion keineswegs für alle Zeiten gesichert.

Die Gefahr von Spannungen besteht u. a. darin, dass die nationalen Volkswirtschaften sich unterschiedlich entwickeln, vor allem die Lohnkosten. Schon heute ist Deutschland wieder „Exportweltmeister", während z. B. Italien ständig an Wettbewerbsfähigkeit verliert. Der Ausweg der Abwertung ist aber in der Währungsunion, kein Wunder, dass der Euro fälschlicherweise für die eigenen Versäumnisse (von Italien etc.) verantwortlich gemacht wird.

Die Zustimmung der Bundesrepublik zur Aufgabe der geldpolitischen Souveränität war zweifellos ein großer Schritt auf dem Weg zur Integration Europas. Diese Entscheidung ist aber nur zu rechtfertigen, wenn sie von entsprechenden Schritten auf anderen Gebieten begleitet wird. Die gemeinsame Währung erfordert letztlich eine politische Union. Ob aber der Wille dafür in einem größer gewordenen Europa noch vorhanden ist, kann bezweifelt werden." ... Skepsis, die Zukunft hat.

Prof. Otmar Issing, Deutsche Bundesbank/EZB-Direktorium

Der große Issing muss es wissen

In sein Buch „Der Euro – Geburt. Erfolg. Zukunft", das 2008 erschienen ist, investierte der ehemalige Chefvolkswirt der Deutschen Bundesbank und der Europäischen Zentralbank viel Geschick, Doppelbödigkeit und Herzblut. Er schrieb ein janusköpfiges Buch. Er zeichnete eine große und vielschichtige Vergangenheit der deutschen und europäischen Geldpolitik, erkennt aber kaum Zukunft, obwohl diese doch noch viel größer seine sollte. Der scharfsinnige Volkswirt, Geldtheoretiker, Geldpolitiker und Währungsfachmann zweifelt und verzweifelt letztlich, ohne es ausdrücken zu wollen, zu können. Claus Köhler, damals – 1990 – gerade noch Mitglied des Direktoriums der Deutschen Bundesbank, hat Otmar Issing überreden können, den Katheder im etwas verstaubten Würzburg zu verlassen und in die Hauptstadt der Euro-Geldbewegung zu wechseln, eben in die Bundesbank, und zwar als Chefvolkswirt und damit als Nachfolger von Helmut Schlesinger. So hatte Issing den Marschallstab im Tornister und die Chance „ganz groß" zu werden. Er nutzte sie.

Da und dort jeweils acht Jahre Chefdenker kennt er die Geldpolitik von ihrer politischen und ihrer monetären Seite. Da steht er theoretisch auf festen Füßen und mindestens zwei Säulen und hält Ausschau nach einem einzigen Ziel: der Geldwertstabilität. Das Buch ist lesenswert von vorne bis hinten und wird dabei immer politischer. Das beginnt schon auf Seite 58. Hier nämlich greift er den Artikel 105 des Maastrichter Vertrages frontal an. Die Formulierung dort: „Die EZB solle die allgemeine Wirtschaftspolitik unterstützen, soweit dies ohne Beeinträchtigung des Zieles der Preisstabilität möglich ist, führt zu anhaltenden Kontroversen. Die Auffassung, die Notenbank könne ihre Politik ändern, will wohl heißen, ihre Zinsen senken, sobald die Preisstabilität erreicht sei, unterliegt einem fundamentalen Irrtum." Gewährleistung der Preisstabilität sei keine Frage des gegenwärtigen Zeitpunkts, sondern müsse immer nach vorwärts gerichtet, auf die Zukunft hin orientiert gesehen werden. „Die Preispolitik von heute ist das Ergebnis der Geldpolitik von gestern. ... Die Notenbankzinsen von „Heute" beeinflussen entsprechend die Preisentwicklung von „Morgen", wiederum in Jahren gerechnet. Das Notenbank-Zinsniveau, das aus heutiger Sicht die Preisstabilität in der Zukunft gewährleistet, öffnet keinen Spielraum für die Verfolgung weiterer Ziele."

In deutscher Denktradition kann das möglicherweise begriffen werden. Wenn dieses Denken in der Bundesbank (alt) auch nicht immer so lupenrein umgesetzt wurde, hat man es voll und ganz anerkannt und Erfolge damit eingeheimst. Die Akteure in der Europäischen Zentralbank haben diese Stabilitätsorientierung nicht mit der deutschen Milch der frommen Denkungsart eingesogen. Deshalb wird bei der EZB irgendwann einiges schiefgehen, nämlich die Orientierung auf eine klare Stabilitätspolitik hin.

Issings Buch merkt man an, wie dieser klar sichtige Geldmann in der Läuterung eines Säulenheiligen Jahre gekämpft hat, um die innere Struktur und die internen Arbeitsabläufe auf die Stabilität des Euro hin auszurichten. Issings Vermächtnis in diesen 211 Seiten liegt darin, die vergangenen zehn Jahre in der Entwicklung der EZB transparent zu machen. Schwächen und Unklarheiten im System – Gesetzestexte und Management – aufzuzeigen und Verkehrsregeln mit Warntafeln aufzustellen. Und je weiter er schreibt, um so weniger glaubt er selbst, dass es funktionieren kann, eine Währung ohne den Staat zu machen, weil die zwei Dutzend und mehr EU-Mitglieder letztlich noch zu sehr in den eigenen Egoismen verfangen sind und weder die großen Politikfelder – Außenpolitik und Innenpolitik – noch ihre Finanzpolitiken verträglich abstimmen. Das muss letztlich negativ auf die Stabilitätspolitik der EZB durchschlagen. Die größte Gefahr erkennt der Euro-Professor aber in den Bestrebungen, aus der Währungsunion auch noch eine Sozialunion zimmern zu wollen, die nicht ohne Finanztransfers auskäme. Das wäre die Götterdämmerung.

Issing sieht auch, dass die gemeinsame Erfahrung der europäischen Kriege in Europa mit den alten Leuten ausstirbt, eine traurige Erfahrung, die aber viel dazu beigetragen hatte, dass es in den vergangenen 60 Jahren überhaupt zu einer europäischen Einigung gekommen ist. „Mit der zeitlichen Entfernung vom Jahr 1945 droht die Erinnerung an Krieg und Zerstörung und den nachfolgenden Aufstieg Europas unterzugehen."

So glaubt Issing auf der letzten Seite doch noch einen optimistischen Ansatz gefunden zu haben, einen, der auch für die Zukunft Europa-Hoffnung zulässt. Er steuert eine kleine höchst persönliche Erinnerung bei.

„Es war im 1. Jahr der EZB als ich eines Tages alleine mit dem damaligen Vizepräsidenten Christian Noyer beim Mittagessen zusammen saß. Über den Austausch persönlicher Erfahrungen kamen wir zu folgender Erkenntnis. Zur gleichen Zeit, als sein Vater als französischer Soldat in einem Kriegsgefangenenlager in Deutschland interniert war, befand sich mein Vater in der deutschen Besatzungsarmee in Frankreich. Gut fünfzig Jahre später wirkten die Söhne dieser beiden Männer in der EZB zusammen, um dem Euro, dem gemeinsamen Geld nicht nur in Frankreich und Deutschland, zum Erfolg zu verhelfen."

Na ja! Die deutsch-französische Freundschaft hat auch schon einiges zu ertragen gegeben. Und selbst wenn sie funktionierte, könnte Europa davon alleine auch nicht leben.

Stopp des EZB-Neubaus

So hatte man sich die Europäische Zentralbank nicht vorgestellt. War es schon schwer genug, die großartige Institution an den Main zu holen, so gerät sie jetzt schon an ihre Grenzen. Doch, es ist ein Treppenwitz der Weltgeschichte, dass jenes Haus, das das Geld selbst macht, nicht genügend Geld aufbringen kann, um die notwendige Expansion zu finanzieren. Lässt doch Präsident Jean-Claude Trichet die Vorbereitungen für den Neubau stoppen, weil das angesetzte Budget von 500 Millionen Euro für den Wolkenkratzer nicht ausreicht. Mit Sicherheit hat das österreichische Architektenbüro falsch kalkuliert, möglicherweise auch vorsätzlich, um überhaupt den Zuschlag für seine Pläne zu erhalten. So wird aus dem Himmelblau-Bau ein Wolkenkuckucksheim. Jedenfalls finden sich keine Bauunternehmen, die in das österreichische Preisdumping einsteigen. Ein ganzes Jahr wird das Trichet'sche Wolkenkuckucksheim zu einer unsichtbaren Bauruine über dem Main.

Andererseits kann man kaum glauben, dass die kalkulierenden Architekten gleich einen Festpreis errechnet haben. So blauäugig können sie nicht gewesen sein, das kann nur das Startbudget gewesen sein. Die EZB will nun analysieren, welche Optionen sie hat und wie weiter vorgegangen werden soll. Reine Geldbeschaffung müsste einfacher sein.

Bei der Europäischen Zentralbank geht es aber stets um höchste Politik. Das kann bedeuten, dass der Baupreis auf alle Mitglieder der Währungsunion umgelegt werden soll. Das könnte also heißen, dass jeder der 15 ein Fünfzehntel der Baukosten bezahlt. Schließlich macht dieser Rat der 15 auch die hohe Zinspolitik und trifft alle anderen EZB-politschen Entscheidungen: 15 Länder, 15 Nasen, 15 Stimmen. Das riefe jedoch reine Empörung hervor, der wirtschaftliche Schlüssel muss her, die Kapitalbeteiligung. Deutschland zahlt dann ein Fünftel und die anderen entsprechend weniger. Diesen Fehler haben die Deutschen schon einmal gemacht: Alles abgeliefert – geldpolitsche Souveränität sowie Gold- und Devisenreserven – und fast nichts dafür bekommen, außer einer Stimme im Rat, die bei Einführung des Rotationssystems ab und zu auch noch abhanden kommt. Aber sie haben den Sitz der EZB, so würde auch jetzt die deutsche Reaktion nicht so hart ausfallen, eher wieder großmütig.

Die Himmelblau-Geschichte muss vielleicht noch viel ärger, viel politischer ausgelegt werden: Der Ausbau der EZB soll nicht mehr in Frankfurt stattfinden sondern anderswo. Paris und Amsterdam wollen nun endgültig ein richtiges Stück EZB erhalten, möglichst auch noch London. In diese Richtung bohrt der französische Staatspräsident Sarkozy mit Sicherheit. Dann aber ist die Hans-im-Glück-Geschichte perfekt. – Im Herbst erhält Trichet die Trophäe des Europäischen Bankers 2007, ebenso wie vor Jahren Wim Duisenberg. Ein Bundesbanker hatte das niemals geschafft, obwohl hier die größten Meriten lagen. Da orakelt doch ein ehemaliges EZB-Ratsmitglied: Das wird auch niemals stattfinden, denn ein Deutscher hat keine Chance EZB-Präsident zu werden.

Bildnachweis

Ministerpräsident Roland Koch	Bild: Hessische Staatskanzlei	Seite 10
Prof. Claus Köhler	Privatfoto	11
K. O. Pöhl mit Journalisten	Privatfoto	29
Midtown New York	Foto: Mathias Popp	38
Georgetown University	Foto: CW	44
Prof. Otmar Emminger	Bild: „50 Jahre Bundesbank“	57
Weltgeld DM – Yen – Dollar	Montage CW	62
Prof. Claus Köhler	Privatfoto	78
Banknote Bettina v. Arnim	Montage CW	95
Bundeskanzler Helmut Kohl mit Journalisten	Privatfoto	97
Estampas Mexicanas	Broschüre Bundesbank	104
Prof. Rüdiger von Rosen	DAI-Bild	110
Prof. Helmut Schlesinger	Bild „50 Jahre Bundesbank“	113
Prof. Hans Tietmeyer	Bild: Bundesbank	137
Edgar Meister	Privatfoto	155
Theo Waigel und Freunde	Foto: Roland Rasemann	156
Wim Duisenberg	EZB-Pressebild	186
EZB- Direktorium	EZB-Pressebild	225
50-Euro-Banknote von Duisenberg signiert	Privatbesitz	227
EZB-Rat	EZB-Pressebild	239
Jean-Claude Trichet	Bild: Banque de France	251
Sonderpostwertzeichen	Privatbesitz	260
Prof. Otmar Issing	Bild: Bundesbank	261

Christoph Wehnelt

Der Preußen Clan

Geschichte, Geist und Katastrophen

352 Seiten, Format 24 x 28 cm
ISBN 978-3-89870-228-7
Euro 24,– / sFr. 42.10

Sechs Generationen preussischer Bürger bauen entschieden mit am Königreich Preussen, an seiner Entfaltung zur europäischen Mittelmacht, am Kaiserreich, am Führerstaat aber auch an den Fundamenten der Bundesrepublik. Sie nehmen an den Befreiungskriegen teil, sind 1871 in Paris zur Kaiserproklamation oder stehen wie Walther Wenck, Chef der legendären 12. Armee, an sehr prominenter Stelle im Endkampf bei der deutschen Katastrophe von 1945. Gleichzeitig wird sein Schwager, bei Pibrans von tschechischen Partisanen aufgegriffen. Trotz allem entwickelte sich Zuneigung, ja echte Kameradschaft mit dem Partisanen-Kapitän, der den deutschen Soldat für seine Familie erhalten will, aber es letztlich nicht schafft. An dieser Stelle wird das Buch zu einer Brücke der Freundschaft zum heutigen Tschechien.
Eine schöne Chance.
Tatsächlich geht es beim Clan aber um Geistesbürgertum. Es geht um gläubigen Protestantismus, um Forschung und Lehre in Naturwissenschaft und Philosophie, um Zoologie, Botanik und Elektrotechnik. Für Arthur Wehnelt war sie die Basis seiner Erfindungen: Der Wehnelt – Zylinder, ein unverzichtbarer Teil der Fernsehbildröhre von K. F. Braun. Zusammen haben sie den Fernseher erfunden. Fernsehsendungen gab es in Berlin als Weltneuheit von 1935 an.
Der Königsberger Zoologe, Max Braun, rettete die schon reichlich herunter gekommene Vogelschutzwarte in Rossitten, studierte vor Island und den Färöern das Leben der Wale. Er machte weit reichende Zugvogelbeobachtungen, befasste sich in seiner Würzburger Zeit mit den Vögeln Frankens und lehrte Jahrzehnte an der Universität von Königsberg, wo er auch den Zoo aufbaute.
Der Clan bezieht sich auch heute noch gerne auf seinen Stammvater, Johann Christian Dressel, Stadtpfarrer in Charlottenburg. Ende des 18. Jahrhunderts entwickelte er dort das Schulwesen. Er predigte zum Tode der preussischen Könige Friedrich II. und Friedrich Wilhelm II. 1791 machte er mit dem Einspänner eine „Reise durch Chur-Brandenburg und Sachsen bis an die Fränkischen Grenzen". Er kommentierte dabei das Spektakel um den Leipziger Frauenmörder Jonas.
Beim Baseler Frieden kommt „von hier und heute" Goethe ins Spiel und der Philosoph Otto Braun liefert seine „Vision" über die Neujahrsnacht 1800 beim Weimarer Dichterfürsten. Nora Braun steuert sehr gute Gedichte und schöne Erzählungen bei, wie jene über die Reise zum kaiserlichen Jagdschloss in Rominten/Ostpreussen. Sie überreichte Chamberlain Blumen für seinen Friedenserfolg in München 1938 und setzte 1945 den KZ-Gefangenen aus Dachau, die in die Alpen getrieben wurden, ein dichterisches Denkmal.

Die herrlichsten Teile des vielfältigen und hinreißend schön ausgestatteten Bandes mit aus der jeweiligen Epoche stammenden Illustrationen sind Schilderungen eines wunderbaren Familienlebens in zwei Jahrhunderten. Ein großartiges Familienbuch.

Erhältlich im Buchhandel oder direkt beim Kunstverlag Josef Fink, Hauptstraße 102 b, 88161 Lindenberg
Telefon (0 83 81) 8 37 21, Telefax (0 83 81) 8 37 49, E-Mail: info@kunstverlag-fink.de, Internet: www.kunstverlag-fink.de